U0950380

长安四千年

于朝阳 著

都城史视角下的王朝兴衰史

新世界出版社
NEW WORLD PRESS

图书在版编目（CIP）数据

长安四千年 ：都城史视角下的王朝兴衰史 / 于朝阳著. -- 北京 ：新世界出版社，2025. 9. -- ISBN 978-7-5104-8163-5

Ⅰ. K294.11

中国国家版本馆 CIP 数据核字第 2025HK6219 号

长安四千年：都城史视角下的王朝兴衰史

作　　者：于朝阳
责任编辑：刘　颖
责任校对：宣　慧　张杰楠
责任印制：王宝根
出　　版：新世界出版社
网　　址：http：//www.nwp.com.cn
社　　址：北京西城区百万庄大街 24 号（100037）
发 行 部：（010）6899 5968（电话）（010）6899 0635（电话）
总 编 室：（010）6899 5424（电话）（010）6832 6679（电话）
版 权 部：+8610 6899 6306（电话）nwpcd@sina.com（电邮）
印　　刷：三河市嘉科万达彩色印刷有限公司
经　　销：新华书店
开　　本：710mm×1000mm　1/16　　尺寸：170mm×240mm
字　　数：640 千字　　印张：43.5
版　　次：2025 年 9 月第 1 版　　2025 年 9 月第 1 次印刷
书　　号：ISBN 978-7-5104-8163-5
定　　价：168.00 元

版权所有，侵权必究
凡购本社图书，如有缺页、倒页、脱页等印装错误，可随时退换。
客服电话：（010）6899 8638

自序

市面上关于中国古都以及长安古都史题材的图书，已有众多佳作珠玉在前。但这些书多从城市史学、城市科学、考古学和历史地理学等方面出发，研究古都本身的城市属性，很少结合史事去剖析历代政治人物议都、择都、定都、迁都的决策过程，对历代帝王通过驻跸地点变动，以多都制转移实际政治中心为筹码，从而在激烈的政治博弈形势中取得主动权的做法，更是少有着墨。

都城的选择，对一个政权，尤其是地广人众的半壁王朝或统一王朝而言，是关乎根基和国本的，足以称之为牵一发而动全身的重大政治战略抉择。历代大大小小的政权，因都城选择不当或迁移不合时宜，有与政权壮大机遇失之交臂的，有引发朝堂全面政治斗争的，更有迅速分裂、灭亡的。韩愈说："京师者，四方之腹心，国家之根本。"这些都说明，要厘清古代政治史，要剖析帝王的政治手段和方法，都城问题都是一个绝对不应绕开的议题。想要全方位看明白古代政治史，必不能绕开都城史。

本书的创作思路，是将"天下"形势、社会阶层结构、生产力条件等宏观面的历史演变作为分析背景，将古代政治人物所面临的具体都城选项、定都博弈、基本盘战略、决策心理等微观面作为阐述对象。本书跳脱出既往的讨论建筑、形制、布局、古迹等以城论都的古都分析框架，以史论都，以事观城，把一系列定都事件放到整个中国大历史变迁中，更深入地去窥探古都变迁和政治中心转移背后的历史动因。

本书以长安这座古都为"主角"，横跨从夏代到清代的四千年历史时光，把长安放到国史而非地方史、城市史的框架中，讨论历代政治人物为何又如何选择长安为古都，并进一步解析一代代帝王的都城战略决策与国政方针的配合程度，以及最终收获多少政治利益；同时介绍了其他古都的形成与发展；展示了中华古都变迁的全景画卷。

在创作过程中，我本想仅以定都长安的那些朝代展开讨论，却发现几个关键问题不解决，便讲不好古都的故事。

第一个问题是，在第一个定都长安的朝代——西周之前，长安是否从未登上过历史的舞台？如果不讲透这个问题，似乎长安都城史的骤然开启只是一次毫无积淀、基于运气的意外。这对于历史本质规律的揭示，无疑是残缺的。

笔者有着绕开尚未面世的证据，通过可能性分析提前触碰真相的小小“野心”，故而将探讨都城史的跨度提至四千年前，将城市历史直直插入了关于远古时代的内容。这段时期的历史信息虽然有考古发现的大量器具文物作为印证，但出土的文字证据依旧极度匮乏。各种文献记载之间也多有矛盾，本书中势必会有所取舍。笔者在这部分结合远古时代的考古信息，以及夏、商、西周时期的考古与文献信息，进行了猜测与假想性质的推演，才勉强将信息更为匮乏的西安一地之历史补充完整。为了探究古都的形成原因，而不是片面陈述古都之成就，本书对远古时代的王朝历史和地缘格局，也结合都城史做了大量的分析、推演和假想，试图还原出早期社会演变中符合客观规律和常规逻辑的部分。

当然，即使仅做可能性分析，也必须是文献有依，考古有迹。本书第一部分“崇周大推想”，便是以文献中的崇国丰镐说为依，以考古学中客省庄二期文化及相邻考古学文化系统的相关发现为迹，对西安作为上古崇邑及周都的历史，进行一场合理的发散性想象，力图逼近远古社会和早期历史中纷杂难辨的众多真相之一。

虽然在当代的考古进展下，笔者的很多观点和说法暂时难以被证实，但本书也尽可能避免推理链条相对于现象本身存在的时间过于长、过于曲折，尽可能做到自洽。

第二个问题是，如果只讲定都长安的那些朝代，这样断断续续地以果推因，更容易向帝王一己喜好的主观层面去解释都城史，更容易向城市史光辉一面去片面展示，无法将政治、经济、军事等客观形势的演变全景展现。只有同时探讨长安因何屡屡失都，把那些长安不做都城的时期，尤其在唐朝之后再也不复为都的时期加入讨论，才能讲清长安为何屡屡为都，直到盛唐。

任何一座古都，都有其成为都城的优势，也有相较于其他古都的劣势。

如果存在占据绝对优势的古都，那么政治中心就不会反复迁移。任何一种都城战略抉择，都有收效和代价。做定都决策的历史人物也面临着各种时代局限性，无法随心所欲地去选择。因此，定都与失都，恰好是一座古都优劣势的客观反映，一体两面。因此，本书也将一一探讨未定都长安的朝代，这是为了更完整深刻地阐释都城博弈背后的历史规律。在中国历史前半段，长安与洛阳常交替为都；在中国历史后半段，政治中心东移至北京；这些现象的背后都是本书试图探讨的规律。

第三，乱世与治世，地缘格局不同，政治制衡形势不同，主次矛盾不同，帝王对都城议题的优先级认识不同，都城的功能与都城博弈的激烈程度亦有差别。

每个朝代，若都用一个模式去解释每段择都史，难免抓不住时代的脉搏，失焦于阶段性的主要矛盾。因此本书每个章节的分析侧重点不尽相同。比如，在秦汉部分，本书着重于地缘分析，毕竟秦汉是帝制时代大地缘格局的形成阶段。而在魏晋南北朝部分，则结合乱世中各种维度的社会矛盾进行分析。隋代部分强调帝王个人主观决策对都城格局的影响。唐代部分则将个人主观决策背后的经济形势、地缘形势和阶层构造，做进一步的延展性探讨。而对于宋代以后的朝代，因政治、经济中心东移完成，则突出转移前后两大历史阶段的对比，挖掘暗藏在王朝周期性更迭背后的更大的时代之变。

本书内容纵贯上下四千年，很多词语、术语的含义在不同历史时期并不相同，尤其是有一些词语的古义与其现代含义不同。笔者在书中依照史料使用了这些词语——显然，历史作者们并不能预知词义的演变，但很有必要在此厘清概念，避免让各位读者产生困惑。现举一些例子来说明：

比如，“国”的古今含义不同，“国”与“朝”的概念也不同。古代中国人奉行一种地域、文化、民族、疆界等多维度标准相杂糅的天下观。“朝”对应天下，“国”则对应区域。

我们今天所说的“国”，是疆域型的现代主权国家。而在远古时代与夏、商、西周时期，“国”不仅不是现代意义上的国家，甚至不一定指代某个独立的行政单元，而仅仅是指某个方位、地域。如青铜器“何尊”铭文中的“宅兹中国”一句，其中的“国”就是指洛阳一带的居中区域。东周开始，

“国”通常被认为是诸侯国，是由一方诸侯作为统治者的独立行政单元。秦实现大一统之后，“国”则更多是指藩国、封国，用来区分天子和朝廷直接行政管辖的大一统中原文化区和在边疆实行自治的属国。中原王朝称自治区域为藩国，而藩国常称共主王朝为大国、上国。

在国之上，则是“朝”。“朝”最早是指夏、商时期方国君主朝觐共主，如《史记·夏本纪》中就写到“朝天下”，天子共主统治天下就是“朝”。后来，“朝”被延伸为王朝。藩属国承认皇帝为天子、共主，是王朝的一部分，相比统一行政的朝廷辖区，自治程度很高。

在秦汉统一前后，王朝概念也略有不同。秦汉统一之前，实行分封制，天子所直接管辖的王畿区域通常较小，诸侯国均拥有很大的自治权。王畿内也有公卿的采邑。秦汉大一统之后，实行以朝廷垂直管理为特征的郡县制，诸侯王的封国也逐渐由朝廷直接治理。因此，中华腹地往往是治权统一的状态，统治王朝仅仅是在边缘地带对一些少数民族自治区域设置自治权较高的藩属国。夏以前的“朝”，更像是万国之首。夏到周的“朝”，更像是国上之国。而秦统一后的“朝”，内涵上大体等于我们今天所说的统一的中国。

再如，本书中的“华夏”一词，在不同阶段也有一些含义差别。比如，西周时期的华夏，更多是指诸华、诸夏，泛指包含周人在内的夏朝时期古国、方国联盟成员，是一个文化圈概念。到了东周，“华夏”在尊王攘夷的思潮下，成为汉民族前身之族群概念。秦汉大一统之后，“汉人”之民族概念产生，“华夏”则更多指奉行中华文化理念的多民族国家，是中国的代指。

又如，今人更多熟悉的“训政”一词，是民国时期孙中山先生提出的概念。但早在1898年戊戌政变以后，慈禧以光绪的名义颁布的圣旨中就已经使用到该词：“因念宗社为重，再三吁恳慈恩训政。”[①] 因此，本书也提及慈禧太后垂帘听政为“训政”。

本书作为通俗读物，为了方便大众阅读，还使用了一些我认为更适合入门历史读者理解的词汇。其中有一些学术界并不普遍使用，或者在学术界有

① 中国第一历史档案馆：《戊戌政变后清政府惩处康梁党人档案（上）》，《历史档案》2018年第2期。

不同看法。如“城邦”一词，我认为这个中文词语从字面上更容易被国人理解：邦即国。城邦是指一个独立、自主、单独的以城镇为中心的国家，也就是城市国家。但这个字如其义的汉语词语，由于在西方历史译著中被译为（古希腊）“城邦”，且“古希腊城邦”这个概念又被广泛接受，许多人便先入为主，将其与西方历史中的城邦画上等号，国内学术界论及早期城市国家时，多想绕开它，用新创词指代中国早期城市国家。因此，考古学界已故泰斗苏秉琦曾提出了考古学意义下的“古国”概念，用其来形容中国早期城市国家。但对于非专业的大众而言，“古国”一词无疑也是多义词，古代的、古老的国家皆可称为古国。比如，最深入人心的古国，就是包含中国在内的四大文明古国。学术界、专业人士做研究时自可辨析词义，但大众读者难免望文生义。这可能会干扰通俗历史读者的阅读兴趣，以及对这类概念的理解。

笔者的一大创作理念就是用最通俗易懂的文字，讲清原本最抽象、最晦涩难明的事情和道理，这也是本书的目标。《满天星斗：苏秉琦论远古中国》一书中，其实也将“古国”的内涵阐释为“社会确已进入了早期城邦式原始国家的阶段”，“不迟于四五千年前大体都进入了古国时代，亦即城邦、万国林立的时代”。可见，其实考古学界也是认同中国存在城邦阶段的。古国就是城邦。本书为便于理解，则直接采用城邦、城邦联合体等词语来描述中国早期社会的原始国家。

“二元帝国”“二元政治”等词亦然，原多为西方作者使用。学术界对北魏前期胡汉杂糅的二元政治体制、二元性也多有论述。但施展在《枢纽：3000 年的中国》一书中，更直接使用二元帝国的概念描述北魏早期格局。受此启发，笔者认为就北魏末期出现，一直到隋唐日臻完善的两都制和二元格局而言，“二元帝国”恰可点出相隔数百年乱世的隋唐大一统与秦汉大一统之区别，故在本书中使用这样一个概念。

为了方便读者理解，本书还借助了古人的一些话术、概念来解释不同时代实施的具有共性的战略。如夏、商史料极度匮乏，很难说清楚当时的人如何描述四面八方，因此本书将商、周之际的东土、西土、南土、北土、中土一系列概念向前延展至夏代。类似的情况，还有将春秋战国时高度凝练的合纵、连横等外交词汇，用到了后世如三国时期。

跨古今中外地借用词汇概念，大幅拓展词汇使用的历史场景，只为方便读者更直观地理解不同时代间相同的历史规律。古今词汇，只要概念不冲突，叙事不错位，含义足够清晰准确，措辞足够凝练，笔者均尝试加以利用。需要说明的是，此类用词仅为个人观点表达，若读者存在不同见解，我愿意持开放态度虚心接受。

本书中沿用史料中的“西戎”“戎狄”“蛮夷”“东夷”“胡人”“杂胡”“五胡”等古代称谓，均不带有任何歧视性色彩。这些词汇虽在现代语境中易引发歧义，但其在古代文献中的原初含义并无贬低之意。例如，“西戎”“东夷”等概念，本是早期华夏文明对不同文化族群的客观指称，历史文献更有“戎禹”“禹出西羌”等记载，将华夏文明缔造者之一禹与“戎”“羌”相联系。

为确保历史解读的准确性与完整性，避免信息在转译过程中产生扭曲，本书基于历史语境与学术规范，保留了这些古称。采用这一处理方式，仅为还原历史本貌，既不代表作者认同现代语境下的歧视性内涵，更不包含任何对少数民族的不尊重。事实上，本书始终秉持各民族平等的理念，着重展现历经四千年民族大融合，中华各族人民携手共创辉煌历史的壮阔图景，特此郑重说明。

四千年历史浩瀚如渊，非一人之力所能尽述。本书仅是我个人深耕历史研究的心得结晶，在尊重史实和学术定论的基础上，融入了个人对历史的深入思考与见解。书中虽包含诸多观点性内容，但无论如何推演论证，皆以确凿史实为据，绝无背离历史真实与学术规范之意。书中观点皆为一家之言，对于事实陈述与观点阐释的边界划分、论证逻辑的严密程度，恳请读者独立思考、审慎甄别，对于推论按需采撷。

纵论古今难免有得有失，感谢读者包容。希望拙作能够抛砖引玉，为读者打开一扇窗，带给大家更多历史思考的启发点和新思路，这便是本书创作的初衷。

于朝阳

2025 年 4 月

目录

第一部分 崇周大推想

第一章 古都起源探秘

第二章 夏：崇伯与西土

第三章 夏：青铜变局下的关中

第四章 商：商代崇国寻踪

第五章
商：西伯昌拔崇

第六章
西周：周武王翦商

第七章
西周：赫赫宗周

第八章
西周：东南与西北

第九章
西周：秩序的崩溃

第二部分 秦汉大一统

第一章
秦：彼黍离离，周秦换位

第二章
秦：从栎阳到咸阳

第三章
秦：虎视东方

第四章
秦：骤亡的帝国

第五章
西汉：金城千里锁天府

第六章
西汉：神宫起建章

第七章
西汉：汉武帝西略

第八章
西汉：无乱而终的西汉

第九章
新 / 玄汉：历劫失都

第三部分 隋唐铸盛世

第四部分 宋明称大府

第一部分

崇周大推想

崇邑
（夏商）

丰邑
（先周）

镐京
（西周）

宗周
（西周）

在中国历史进入信史时代之前的原史时代，时间越往前，历史信息越匮乏，甚至西周还有众多历史悬案至今争议不断，众说纷纭。夏、商时期的西安历史，自然也难辨面目。可对现有的历史信息稍加梳理，我们也能模糊地窥见一些大体轮廓。本书第一部分，在有据可依、合情合理的前提下，会结合相关考古发现和文献中的记载，尽可能用推理的形式和大胆的假设，补充西安早期历史的缺环，力求将零碎且有限的历史信息贯通起来，描摹出西安远古历史的轮廓。本部分有些观点可能会在证据出现前，借助主观工具提前逼近和碰触到历史的本貌和原有脉络；有些观点或许在推理链中因证据偏差，在未来新物证出土后被证伪，因此本部分取名为“大推想”，谨以最大努力探索历史真相的一种可能性，揭开历史朦胧的面纱，带领读者走入一场对远古史的追想与推理盛宴中。

第一章 古都起源探秘

泰华云开仙掌出，
昆明水冷劫灰空。

公元前2500年至公元前2000年，中国进入了新石器文化的最后阶段——龙山时代。根据夏商周断代工程的《夏商周年表》显示，考古学时代划分中的龙山时代晚期，对应着历史学时代划分中的五帝至夏代早期。西安曾出土过半坡遗址、姜寨遗址等仰韶文化典型遗址，以及杨官寨遗址这样的仰韶时代大型聚邑遗址，到了龙山时代，整个关中却只陆续发现了一些规模很小的遗址。

这些小型遗址反映出，关中地区存在一种特有的考古文化类型。由于该类型首次发现于西安客省庄村的三期西周文化层之下，一期仰韶文化层之上，因此被命名为“客省庄二期文化”，简称“客省庄文化”。但由于没有发现大型聚邑，考古界一般认为客省庄文化只是一种短暂存在，对王朝或国家的形成与建立没有太大贡献和影响力，最终衰败不知去向的小型地域文化。这类观点认为，作为仰韶时代文化高地的西安在国家文明形成的前夜，在夏朝建立的前后，已经辉煌不再。

（一）神秘的古遗址现世

20世纪80年代，考古工作者在距离客省庄村不远的长安斗门镇花园村进行西周镐京遗址发掘工作时，在遗址核心区的花楼子台地上，意外发掘了客省庄文化层。这处遗址被称为“花楼子客省庄二期文化”遗址。

该遗址发现规模和等级一般，但除了发现一些住宅基址和器具外，竟然还发现了带有刻辞的卜骨。据考古简报判断，其中一些刻辞是简单符号，而另一些很可能是原始文字。考古报告中提到：“其结构形体，有些与殷墟甲骨文相差无几。这些刻文小如粟米，大如豌豆，笔画繁多，线条清晰，可以明显看出笔画先后叠压的关系。”带有骨刻字符的骨器只有十九件，出土字符数量非常少，大部分字符内容也无法释读破译。

花楼子遗址叠压于西周镐京遗址5号建筑基址之下，这次考古原本计划的目标是对西周镐京遗址进行抢救性发掘，并非针对新石器龙山时代遗存进行考古，因此，这次虽然发现了龙山时代的古字符，但在考古报告发布之后，相关人员和单位没有继续回应学界对花楼子客省庄文化遗址的一些提问和探讨。这次考古事件不了了之。而客省庄文化考古在近几十年来如石沉大海，出现停滞。可如果这附近有古字符出现，难道不会形成一座大规模的人类聚邑?

就在中国经济飞速发展，西安城市骨架不断被拉大时，转机出现了。

2013年，当西安市规划在汉唐昆明池遗址的低洼区建设斗门水库，寻找汉唐昆明池东岸遗迹时，考古人员在距离花楼子遗址不远的斗门镇太平庄一带发现了一处环壕文化遗址。根据对遗址出土的标本进行碳十四测年，初步判断这个遗址的年代范围是4060年到3400年前，已经进入夏商周断代工程中的夏、商纪年范围。这个时期的文化遗址很可能会为国家起源提供关键信息。但此时挖掘条件尚不成熟，还不能确定这个遗址的内涵。

2016年，在斗门水库试验段建设期间，考古人员再次对昆明池遗址进行勘探，又发现大量的与此前环壕遗址同期的遗迹，而且在环壕西南东西九百五十米、南北三百五十米的勘探区内发现了大量灰坑及文化层堆积，这说明这个遗址的实际聚落规模超过了环壕范围，堪称上古时代的“大都市”。这次发现遗址内的大量灰坑，印证了史料中“昆池劫灰”的典故。

据南朝梁僧慧皎《高僧传》与东晋干宝《搜神记》记载，汉武帝开凿长安昆明池时，在池底挖到大量黑灰，问东方朔为何物，东方朔不知，说要问西域人。后来东汉时，汉明帝就此事询问白马寺的西域僧人竺法兰，竺法兰说这是世界终结时劫火留下的灰烬。后来，昆明池劫灰在文学中泛指遭受巨大灾祸或变故之后的余烬，比喻历经乱世时艰。但古人或许从未想到，真正的昆明池劫灰，是一座地处西安的夏代古邑所留下的劫火余烬。昆明池紧邻

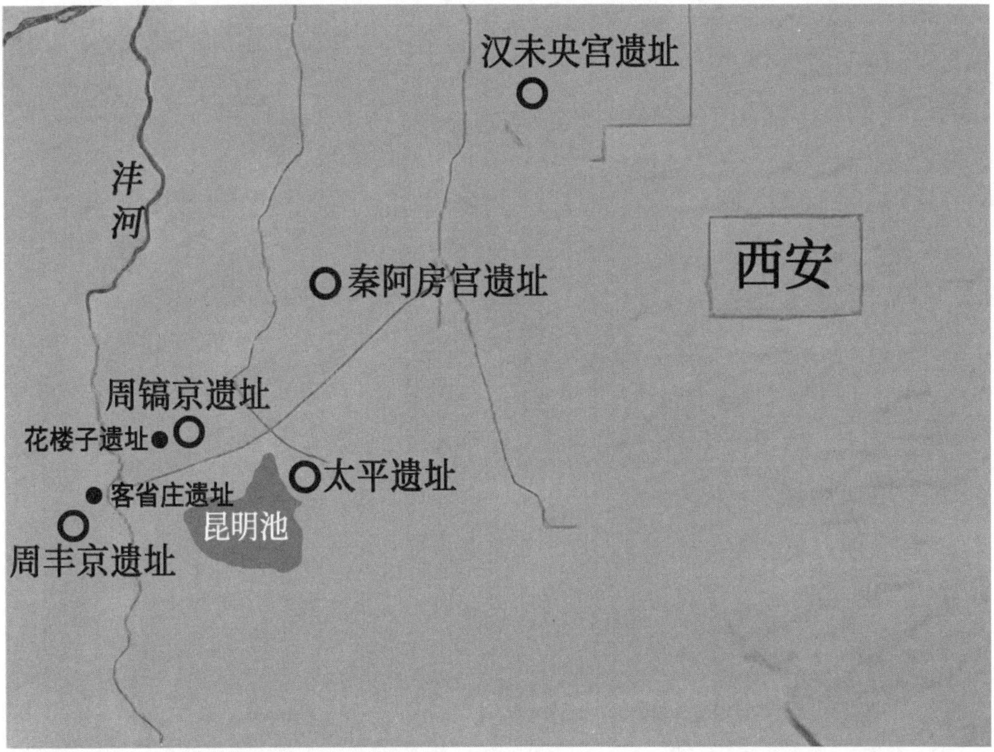

图 1 西安西部古遗址方位示意图

西周丰镐遗址，加上旁边这座身份不明的大型夏商遗址，说明昆明池所在的西安市西南部，很可能埋藏着西安在夏、商、周三代的大量城建历史信息。由于 2016 年时，这里仍被现代城中村所叠压，这座遗址依然没有被大规模发掘。让它重见天日的时机还需继续等待。

2020 年，在斗门水库工程持续推进之下，西安市决定对太平庄及附近村庄进行整村拆迁。就在此时，太平遗址联合考古队成立，并兴建太平遗址考古基地。这座被最早发现于太平庄村的遗址，被正式命名为“太平遗址”。

2021 年 3 月，太平遗址进入发掘阶段，这是陕西省重点发掘的考古遗址。可考古讲究慢工出细活，相比其他同时代大型遗址累积了半个多世纪的考古成果和数万平方公里的发掘面积，对太平遗址的探索只是刚刚起步，刚触及冰山一角。

2023年，尽管发掘进度有限，太平遗址联合考古队还是公布了一些初步判断：

> 太平遗址是一处大型的客省庄二期文化聚落遗址，由东西并列的两个环壕构成，遗址面积不小于100万平方米，年代约为距今4150～3700年……太平遗址是迄今为止在关中地区发现的规模最大、保存最完整的龙山时代环壕聚落遗址，为了解黄河中游地区文明起源和早期发展提供了更为全面的信息。关中地区是中华文明起源、发展的核心区域之一，太平遗址的资料弥补了这一核心区域文明化进程探索的薄弱环节。太平遗址已出现了以礼制为核心的早期文明特征，与周边同时期文化联系密切，表明太平遗址具备中心性聚邑的地位，是四方文化交流的辐辏之地，奠定了关中盆地中部以周、秦、汉、唐为代表的都城文明的史前基础。在距今4000年前后的中国史前社会动荡、整合的广阔背景下，以太平遗址为代表的客省庄二期文化，在区域文化互动中扮演了重要角色……太平遗址的考古工作仅仅是刚刚开始，其重要发现修正了我们过去对关中地区文明起源和早期发展阶段的认知，证实在中华优秀传统文化的主根区，文明从涓涓溪流到江河汇流的发展历程是从未断裂的。

这座神秘的遗址，证明关中的客省庄文化贯穿龙山时代，并不是昙花一现，而是在西安形成了大型中心聚邑，并一直延续到了夏代晚期。此前西安历代城址在夏代遗失的关键拼图，终于被找到。该遗址证实，西安在夏代也形成了一处区域中心聚邑，有了自己的一席之地。

这座神秘的遗址，究竟是什么，又属于谁？在文献中有没有关于它的记录？

（二）西安最早的名字——崇

一些学者考证夏朝范围时，往往绕开关中地区。以被广泛认为是夏朝晚期都城的洛阳二里头遗址为中心，所形成的迄今发现最早的二里头广域王权国家，被认为是夏朝的范围。但二里头文化类型遗址的分布，向西止于关中东部的渭南华县南沙村遗址与商洛东龙山遗址，触角未能伸到西安。这似乎印证了西安顶多只是夏朝势力范围的边缘地带，甚至是化外之地。

但西安夏代太平遗址这样一个似乎名不见经传的古遗址开始发掘后，很快就出土了卜骨、陶牌饰、陶铃、玉器、朱砂墓葬等当时的高等级器物。根据对太平遗址出土文物器型的分析，这些器具汇聚了来自东南西北的当时各大文化区的特征。因此，太平遗址是一处四方文化交流的辐辏之地，是当时一处都会级的区域中心。考古显示，这座古邑具有完整的玉器生产、加工、操作链条，尤其是出土了被推测是只有尧舜时代与夏代的都邑级遗址才发现过的礼器陶铃等，被考古工作者初步定性为已经出现了以礼制为核心的早期文明特征。

太平遗址的周边也有很多同时期客省庄文化遗址，比如客省庄二期文化得名的客省庄遗址，距离太平遗址仅 5 公里；出土过骨刻文的花楼子遗址，距离太平遗址仅 3.5 公里。在龙山文化晚期和夏代，太平遗址俨然关中地区一座众星拱月的区域中心都会。

2021 年，考古工作进一步展开后，太平遗址的测年范围修正为距今 4150 至 3700 年前。而客省庄二期文化的时间，此前一般认为是距今 4600 到 4000 年前。按照夏商周断代工程的夏代纪年范围，夏朝大概建立于约 4090 年前。因此，太平古邑应是关中本土的客省庄文化发展到后期，最终形成的夏代关中地区中心聚落。

考古学界常说，二里头文化兴起之前，中国的古遗址、古文化是“满天星斗”式的。二里头形成广域王权国家之始，则有一颗星最夺目——二里头文化一家独大。其实，即使太平遗址的规模前不及良渚遗址、石峁遗址、陶寺遗址，后不及二里头遗址，而且同汉代以前历代西安城址一样没有发现城墙，但从陶寺废弃到二里头兴起之间的距今约 3900 年到 3800 年前之百年时间范围内，作为面积能够超过一百万平方米的遗址，太平遗址算得上是凤毛麟角，它甚至比可能是夏朝前中期都城的王城岗遗址与新砦遗址都要大，它们与太平遗址是同时期遗址。那么，太平遗址即使不是夏朝都邑，它作为一方大型中心聚邑也绝非泛泛之辈。

太平遗址的测年范围，从夏朝建立之前，一直贯穿到夏朝晚期。这样一个存在感极强的考古遗址，史料中真的没有任何关于它的蛛丝马迹吗？

一个大型遗址，往往需要经过几十年或上百年的考古发掘才能获得基本的历史信息，建立较为清晰的考古学叙事，找到遗址的具体身份，也可能始终无法找到出土文字证明它的身份。首先可以非常明确的是，太平遗址附近曾经是西周都城丰京与镐京的所在地。丰京的建立时间在镐京之前，属于商代晚期。丰京遗址就在太平遗址以西 5 公里处。

丰京建立之前这里又叫作什么呢？《诗经》有关商周之际的诗歌中，给出了地名线索。

《诗经·文王有声》中有一句：“既伐于崇，作邑于丰。”通过对《诗经》中所有同类句型的总结分析，凡是以衔接副词“既”开头的此类语句中，前后两句所表述的内容，均存在紧密的因果递进关系。《文王有声》中的这一句不追求对偶，而是加了这个“既”字，显然前一句的“崇”对后一句的“丰”存在指向性。

鄠县府西南七十里。西北至乾州武功县百里。夏为扈国地。殷为崇国地。周为丰邑地。（顾祖禹《读史方舆纪要·卷五十三·陕西二》）

故而后代史家多认为周文王“伐崇”就是“作丰”的前提和原因。周文王伐灭崇国，在崇国故地上建立丰京。因此崇国的位置，就在西周丰京一带。即使丰京是新建都邑，不是崇邑，也至少是在崇国境内修建的。不过，由于历史上传说丰京是在鄠县，即今鄠邑区境内，而考古发现的丰京遗址是在与鄠邑区相距不远的长安区境内，所以位置有一定偏差。出现偏差，可能是唐长安县相较汉长安县南迁，长安县界可能刚好南移至丰京遗址一带，或者鄠邑区的丰京灵台遗址被错传为丰宫等原因所致。丰京与崇国，大体就是在西安西南部一带。

《毛诗正义》引《尚书中候·雒师谋》注解：“唯王既诛崇侯虎，文王在丰，丰人一朝扶老至者八十万户。是受命六年而伐崇居丰也。”司马迁的《史记》记载：“伐崇侯虎，而作丰邑。”《毛诗正义》与《史记》也都用衔接句型表明了两个事件的因果关系，点出了商代崇国的位置就在西周丰京一带。

《史记》中还记载，崇侯虎曾向商纣王进谗言构陷周文王，商纣王于是囚禁了周文王，但并没有说明崇侯虎是在哪个地方进谗言。《今本竹书纪年》有一段记载：“（帝辛）二十二年冬，大蒐于渭。二十三年，囚西伯于羑里。”这里是讲纣王去渭河沿岸检阅军队，没多久就将周文王囚禁。

《竹书纪年》与《史记》相反，这里没有记载崇侯虎进谗言的事件，只记载了纣王到关中不久后就囚禁了文王。但若同时结合《史记》与《竹书纪年》两部史料的这部分记载，反而让我们更加清楚地印证了崇国就在关中渭河流域：纣王几十年也不来一次关中，恰好是在来关中渭河行大蒐礼，即检阅部队这个时间点，崇侯虎向纣王进了谗言。怎么会那么巧？显然，纣王巡游关中渭河一带，渭河边的崇国国君崇侯虎在接待纣王时，借机挑拨商纣王与崇国的邻居、关中渭河流域另一个大国周国的关系。无论是时间、地点、动机，都明确指向崇国就在关中渭河附近。

如果商代的崇国就在西周丰京一带，那么商代以前的夏代，这里是否也叫崇国呢？先秦史料十分匮乏，对此并没有相关记载。但尧舜时期却有一个崇国，国君是崇伯鲧，在唐尧、虞舜的部落联盟任职。

> 其在有虞，有崇伯鲧。（《国语·周语下》）

唐张守节《史记正义》曾引魏晋皇甫谧对于崇国地望的说法："故《春秋传》曰谓之有崇伯鲧，国在秦晋之间。"北宋李昉等人编纂的《太平御览》也引皇甫谧《帝王世纪》提到："虞、夏、商、周，皆有崇国，崇国盖在丰镐之间。"

> 又国名。尧时崇伯鲧，商崇侯虎，今西安府鄠县。（《康熙字典·崇》）

尧舜与夏商的崇国是一个崇国，是历代传统说法。皇甫谧本人从陇右迁居到洛阳，是亲身途经并游历过关中的。那时当地的历史地名记忆损耗至少没有近代这么严重。他不仅指出崇国的位置在秦国与晋国之间，而且指出了虞、夏、商、周都有崇国这个国家，一直都在丰镐一带。

崇国从唐尧、虞舜时期一直延续到了夏商时期。但崇国不是被周文王灭掉，改为丰京了吗？为什么皇甫谧又说周朝也有崇国呢？

《左传》对周代的崇国有过记载："晋赵穿帅师侵崇……秦师伐晋，以报崇也，遂围焦。"可见，春秋时期也有崇国，而且崇国在秦国与晋国之间，是秦国的盟国。显然周代关中也有崇国。崇国的这些历史，后续章节都会有详述。

历史上崇国地望说，除了丰镐说，还有三国时期吴国韦昭的嵩山说，以及汉代扬雄的汶川说。嵩山说认为嵩山古作崇山，故为崇国。清代段玉裁的《说文解字注·崇》详细论证了嵩山古名并非崇山，反驳此说，而且《史记·五帝本纪》中提及"放驩兜于崇山，以变南蛮"，尧舜时期的崇山是在南

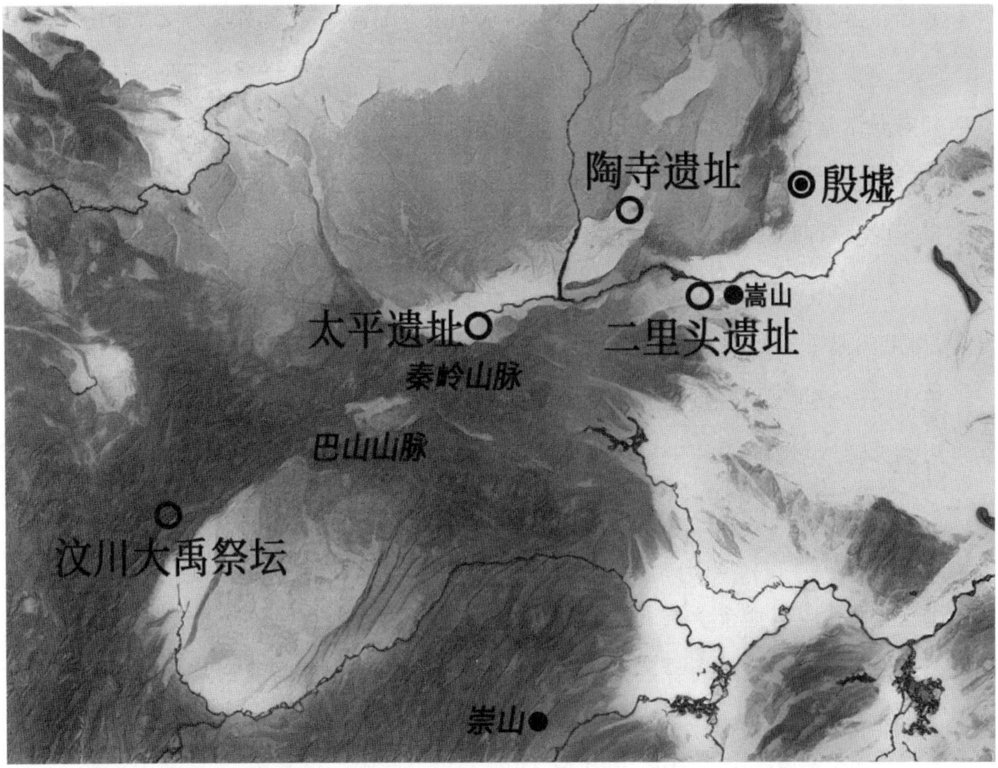

图 2　或与古崇国有关的部分古遗址与地名

方，崇山不一定是崇国。此说推导过于薄弱。汶川说是源于扬雄在《蜀王本纪》中记载："禹本汶山郡广柔县人。"崇伯鲧就是大禹的父亲，但汶川与疑似尧都的晋南陶寺遗址足足有九百多公里的直线距离，而且有"不与秦塞通人烟"的秦巴山区阻隔。从考古上看，在当时的交通与生产力条件下，政治联盟的骨架恐怕拉不到那么大，中原与巴蜀的考古文化特征也相差较大。当然，几种说法都是自成一家之说。丰镐说、嵩山说、汶川说，在实物证据出土之前，皆不能证伪，本书权且采信丰镐说。

太平遗址的考古测年显示，该聚邑兴建于距今约 4150 年前，而考古学界对夏代的起始年份的推定是约 4090 年前。两者相差六十年，除去测年技术上的误差范围，恰好是夏朝建立前两三代人的时间。这也符合皇甫谧说崇国的建立时间早于夏，在尧舜时期就已经存在。太平遗址与崇国在起始时间上也较为吻合。这条文献在时间上与空间上，都将太平遗址与崇伯鲧的崇国对应起来。应该说，太平遗址极有可能就是崇国。

崇伯鲧是大禹的父亲，那么崇国可能就是大禹的故乡。大禹与丰镐一带，是否有明显的文献关联迹象？

（三）丰水东注，维禹之绩

《诗经·文王有声》有诗句："丰水东注，维禹之绩。"在提到丰京旁边的沣河时，穿插着赞颂了大禹的功绩。大禹治水，走遍九州，所以九州之内都是禹迹，到处也都歌颂禹绩。但后世歌颂大禹治水，多认为治的是黄河。沣河只是黄河的支流渭河中一条全长不到八十公里的较小支流，在这里却突然提及了大禹。

《诗经·信南山》中也有相似的情况："信彼南山，维禹甸之。"南山是关中人对终南山的简称。这是一首出自西周镐京地区的雅乐，是周天子祭祖祈福的诗歌，描绘了终南山下，西周镐京附近的农业生产画卷。但开篇第一句却指出，终南山下的这片土地是大禹曾经耕作、治理的地方。虽然全国各地的禹迹不少，但在惜字如金的先秦史料中，不止一次将一个具体的地名如此明确清晰地与大禹联系在一起，实属罕见。将大禹明确地与丰镐一带联系在一起的先秦记载，仅《诗经》中就有两处。尤其《信南山》这一处并非描述治水的禹迹，而是描述开垦田亩的禹迹。

再看《诗经·韩奕》中的"奕奕梁山，维禹甸之"，也提到了"禹甸之"。大禹治理过的梁山，是关中东部，今渭南韩城市的梁山。另外《诗经·閟宫》中，也提到周朝的祖先后稷在关中有部氏发展农业的"缵禹之绪"。关中西部的武功与杨陵有古部国遗址。《诗经》这部古老的诗歌总集中，大禹共出现六

图3　关中与崇相关的部分地名

次，其中四次与关中有关，两次是歌颂殷商继承了大禹的事业。关中与大禹相关联的频率不可谓不高。

> 帝钦罚之，乃伻我有夏，式商受命，奄甸万姓。（《尚书·周书·立政》）
>
> 惟文王尚克修和我有夏。（《尚书·周书·君奭》）

另一部先秦的档案式权威资料《尚书》中，周王朝屡屡将自己称为有夏的说法也颇为微妙。按周人自己这些早期的说法，周就是有夏，周灭商，就是有夏灭商。类似记录《尚书》中不止这两处。通常认为，殷商统治中心的中原地区就是有夏故地，但为什么关中的周人却自称有夏？要知道，周文王时期，中原根本不在周国的势力范围内，那时候连东都也尚不存在。纵然关中的客省庄文化可能是夏朝联盟的成员，但有夏毕竟是指夏邦，这或许就是受到夏禹与崇国关系的影响。

周室东迁，秦国进入关中后，仍有这类情况出现。

> 不显朕皇且，受天命鼏宅禹迹，十又二公，在帝之坯。（《秦公簋》）
>
> 秦公曰：丕显朕皇祖，受天命奄有下国，十有二公。（宋代出土《秦公钟》）

在秦公簋与秦公钟的铭文中，秦公认为秦国是禹迹。《左传·季札观周乐》记载，季札欣赏各地音乐，听到《秦风》之乐时就说“此之谓夏声”，说秦乐就是夏乐。

众多文献记录表明，关中地区至少不该像现在很多人认为的那样，被排斥在夏朝统治范围之外。关中很可能是先夏与早夏的重要组成。之所以后来夏朝版图没有延伸到关中中西部，是因为被视作夏朝晚期都城的二里头文化影响范围，恰好止于西安以东。但这又如何能证明，早夏与中夏的势力范围没有覆盖西安，如何证明夏文化的西部版图在晚期没有缩小呢？太平遗址的纪年范围也恰巧是在夏代晚期终止，这中间是否有关联？

> 禹学于西王母。（《荀子·大略篇》）
>
> 故禹兴于西羌。（《史记·六国年表》）
>
> 后嗣修纪，见流星，意感生白帝文命戎禹。（《潜夫论·五德志》）

其实，文献资料中关于大禹出生于西戎、西羌、西方的记载有很多。但后世往往以为大禹时期的西羌，是夏商周持续向西迁到川、甘、青地区的秦汉时期与中原再次取得联系的羌族。

在商代甲骨文中，“姜”与“羌”同源，而根据《水经注·渭水》所载：“岐水又东，径姜氏城南为姜水。按《世本》，炎帝姜姓。《帝王世纪》曰：炎帝，神农氏，姜姓。母女登，游华阳，感神而生炎帝，长于姜水，是其地也……故渠又东径姜原北。”姜水、姜原在关中，可见尧舜之时的西羌大抵就分布在关中中西部一带。这些似乎能说明，同出于关中，周人为什么敢在占领中原之前就自称为有夏。因为大禹最早也出自西羌，出自关中。

太平遗址紧邻鄠邑区，从鄠邑区到周至县一带，又有关于大禹传说的三过村、禹王庙，以及首阳山上有关崇国传说的崇济大王殿，还有关于崇伯鲧的祖国古骆国的传说。笔者虽然认为将地方传说当证据需要非常谨慎，但如果地方传说与权威的国史文献能够相互呼应，至少给文献增添了一些可信度。

但仅凭这些，就将崇国与太平遗址对号入座，证据似乎仍然显得单薄。其实，我们通过传统语言学中的训诂角度，从早期的古文字演变去看，还有更多非常清晰的证据和线索显示，崇国就在丰镐。

（四）崇国，宗国

周公在洛阳修建好东都新邑之后，岐山周原仍然保有自古的“周”之地名，而洛阳被称作“成周”，镐京被称作“宗周”。

后世在解释镐京为什么叫宗周时，多依据皇甫谧的说法：“武王自丰居镐，诸侯宗之，是为宗周。”但这种解释可能忽略了“宗”本就是丰镐一带地名的可能性。“宗”周，会不会本来就是叫作“宗”的这个地方的周都呢？皇甫谧只知道丰镐也叫“崇”，但他恐怕没想到，“宗”和“崇”曾经是一个写法。

先看《说文解字》中的“宗”：“尊祖庙也。从宀从示。作冬切。”宗字，从商代甲骨文到小篆到隶书的写法，有清晰的演变过程，而且变化并不是很大。再看《说文解字》的“崇”：“嵬高也。从山宗声。锄弓切。”崇字是一个形声字，意符由“山”来充当，声符由“宗”来充当。它们的发音可能相同或相近。由于现代的上古汉语拟音不像中古汉语有《广韵》和《切韵》等韵书作为依据，拟合发音的推导准确性较为薄弱，各家争议也多。因此，从上古音韵很难探定“宗”字与“崇”字的关系，还是要从文字与训诂着手。

图 4 《说文解字》中的“宗”与“崇”

目前，“崇”字还没有在两周金文或甲骨文上发现过。金文就是刻在青铜器上的铭文。最早的《说文解字》秦代小篆中，“崇”字就是“宗”的头上加了一个“山”，应是一个形声字。

> 故昔者尧问于舜曰：“吾欲伐宗、脍、胥敖，南面而不释然。其故何也？”舜曰：“夫三子者，犹存乎蓬艾之间。若不释然何哉？昔者十日并出，万物皆照，而况德之进乎日者乎！”（《庄子·内篇·齐物论》）
>
> 昔者尧攻丛枝、胥敖，禹攻有扈。（《庄子·内篇·人间世》）

《庄子》中记载，尧舜时期就有一个国家叫作宗国，在另一处也被记作丛国。它和崇国一样，曾被尧舜针对，却最终没有被讨伐，与崇伯鲧时期的崇国命运吻合，应当就是崇国。

> 钟、崇、府、最、积、灌、聚、朴，丛也。（《小尔雅·广诂》）

> 丛……崇……宗，聚也。（《广雅·释诂》）
>
> 丛，聚也。（《说文解字·丛》）

“丛”字的古繁体为“叢”。上古时期，“丛”与“崇”互通，“丛”与“宗”也互通。

> 宗丧循哀，不可使慈民。（《墨子·非儒》）
>
> 崇丧遂哀，破产厚葬，不可以为俗。（《史记·孔子世家》）

图 5　上海博物馆藏（后文简称“上博”）战国楚简《容成氏》中的“崇”写作“宗”

“宗”与“崇”也互通。在上海博物馆收藏的楚国竹简《容成氏》中，商代“崇国”也被直接写作“宗国”。宗国与崇国，到战国时仍然互通，就是一个国名的两种写法。在主体成书于两周的《逸周书》之《程典解》篇章中，提到“商王用宗谗，震怒无疆。”这当是指《史记》中记载的崇侯虎向商纣王进谗言构陷周文王一事。显然，崇侯虎的崇国之“崇”，在《逸周书》中也被记载为“宗”。那么，崇国就是宗国，“崇”国所在的镐京，后来又被西周叫作“宗”周……上古史料与上古文字错综流变之下，仿佛一切都有了明确指向：“崇”通“宗”，宗国就是崇国，宗周就是崇周。

王占奎先生也曾撰文指出：“宗周一名当指宗地之周。商代有崇，《诗·文王有声》‘既伐于崇，作邑于丰’，皇甫谧说：崇‘盖在丰镐之间’，这显示出文王伐崇与迁丰之间的关联，而崇与宗音可通。宗周之宗亦取自旧有地名即崇侯虎之崇。”①

夏代建立前后，或许只有简单的字符，没有成熟的文字，所以这里的“崇”，只是一个文字成熟以后，后人挑出的一个发音相近的字。它可以是“宗”，也可以是“崇”，也可以是“丛”。但是从逻辑上讲，它最开始应该是“宗”字。“崇”字字形最早见于小篆，出土最早可见西汉时期的马王堆汉墓，但不是“宗”字之上加“山”，而是“宗”字之上加“高”。因此“崇”字相比于商代甲骨文就已经出现的“宗”，显然是一个后起字。它的字义，也与宗祖之国相吻合。“宗”字之所以会有“祖宗”的意思，源头很可能来自宗国。周成王改镐京为宗周，后世的人们总以为这个“宗”字仅是因为它是周朝的立朝之大宗所在，这恰好是容易被混淆的地方。但如果去掉这个“周”字，镐京其实仍然叫“宗”，与宗国这个地名一致。因此，宗周可能是既取地之名、又取字之意的“一语双关”式的命名方式。宗周，就是宗国之周。

不知是不是巧合，连西安旁边的山，其实也叫“宗”，因为“终”也通“崇”。

终通崇，敬也。（《毛诗诂训传》）

崇，终也。行不终朝，亦喻近。（《毛诗郑笺》）

《书·仲虺之诰》：钦崇天道。又终也。（《康熙字典·崇》）

《诗·卫风》：谁谓宋远，曾不崇朝。〈注〉言行不终朝而至也。（《康熙字典·崇》）

秦岭西安这一段的终南山之名，早在《禹贡》中就出现了，可以说是最古老的山名。后世以为“终南”二字是古人所知道的最南边的山，但禹贡九州的梁州就在雍州之南，考古发现秦岭南麓的汉中与安康也属于仰韶文化区，

① 王占奎：《成周、成■、王城杂谈——兼论宗周之得名》，《考古研究》2003年第0期。

因此古人不可能对秦岭以北一无所知，以为这里就是最南边的山。

其实搞明白了崇国的名字，也就明白这个夏代以前就存在的上古山名是什么意思了。这座大山正是因其在宗国之南，因此叫作“宗南山”。古代地图，上南下北，根据宗国与宗南山的位置，山在宗邑之上，于是人们给“宗”字顶上加山字，为宗国南边拔地而起的巍峨山脉，新发明了一个表山的“崇”字，与“宗”字同音同义。

因此，夏商的“崇”国很可能本就被写作“宗”国。西周改称其为“宗”周。到了东周，战国楚简《容成氏》仍以“宗国”记之。但秦汉之时，“崇”字出现，后世文献于是将“宗国”改记作“崇国”。宗南山就是崇南山，就是终南山。但后人在文字成形后录写《禹贡》时，不明“宗”之音之义，便用到通假字“终”来记录此山，这座山于是被最终转写为“终南山”。此后读着

图 6　上博战国楚简《容成氏》中的崇国之“崇”写作“宗”

“终南”二字长大的人们，无法将终南与崇国联想到一起。

春秋之后，崇国的历史记忆消失了，有崇氏部族最终完全融入秦人，加之周王室携大量古国与古地名东迁，地名混淆普遍出现，崇国地名最终成了一笔糊涂账。

“宗”通“崇”，“宗”通“终”，“终”通“崇”，不仅镐京的正式城名通“崇”，连镐京南边的远古山名也通“崇”。一个城市的古地名中，能够同时有三个字在远古文字中互通，难道只是巧合？

当考古重新发现这座被遗忘的远古邑——太平遗址时，这些互通的地名是我们可以联系起来的、较为直接的语言文字线索。

太平遗址很可能就是夏代崇墟，这是一个大胆的猜想。但这个猜想并非只有语言文字线索可循。被世人遗忘的花楼子遗址出土的骨刻文，或许早在太平遗址出现之前，就已经亮明了它的名字——宗。

（五）花楼子遗址的骨刻文“朩”

崇国若在西安太平遗址，那么这里就是大禹父亲鲧的封地，是大禹在西方的故乡，是夏朝的宗国所在。如果在太平遗址或周围找到了“宗”字，是否就能印证这条推理链呢？

在夏代建立前后，最早出现的“宗”字，或是有崇氏的“族徽”符号，很可能不直接写作“宗”这个带偏旁的写法，而是一个没有偏旁部首的初创写法，是最源头的独体字。

太平遗址发掘较晚，还未出土字符信息，但寻找太平遗址身份之谜的考古线索不必局限于太平遗址本身。因为太平遗址周边的同文化类型遗址就有很多。其旁侧的花楼子客省庄二期文化遗址，早就出土过骨刻文字符。我们有了崇国的文献与语言线索之后，可以回看花楼子那十几个尚无法破译的骨刻文。

这批骨刻文数量少，并没有得到学界太多的关注。后来，无法看到实物的学者也通过推测提出了一些质疑，他们认为这些刻在小型骨器上的细微字符，可能只是植物根茎与地下昆虫侵噬而成的纹路，并非人类刻画上去的。但由于该遗址属于西周镐京遗址考古项目，对考古发现的龙山时代遗迹没有做出进一步回应，此探讨最终不了了之。

但无论这十几个骨刻文字或符号是否有被侵噬的痕迹，都应该注意到考古简报中有一个字符是反复出现多次的。昆虫恐怕没有意识和能力总是反复“勾画”出一模一样的作品。那么，至少这些重复的字符不会是啃噬而成。反复出现的字符中，有一个类似“爪”字的字符——“爫”引起了笔者的注意。这个字符的背后，可能就藏着解开太平遗址身份之谜的钥匙。

图 7　花楼子客省庄二期文化遗址中重复出现的骨刻字符

看花楼子遗址骨刻文中反复出现的这个“爫”字形的字符，它像宗吗?硬说它是“宗”字，未免太过主观和牵强。可如果说，它更像是“宗”底下的“示”这个字呢?

郑州商城出土的甲骨文中，有一片带有“乇”字的甲骨，是“亳”字的下半部分，最后被释为商代的“亳”字，证实了郑州是早商都城亳都。同理，“崇”字通“宗”字，但“宗”字的初创写法不一定就是加了宝盖头的“宗”，很可能像郑州商城出土的那个“乇”最后被释为“亳”一样，只有下边那个“示”字。

十分凑巧的是，“示”的古体写法之一就是“爫”，就是“宗”字不加

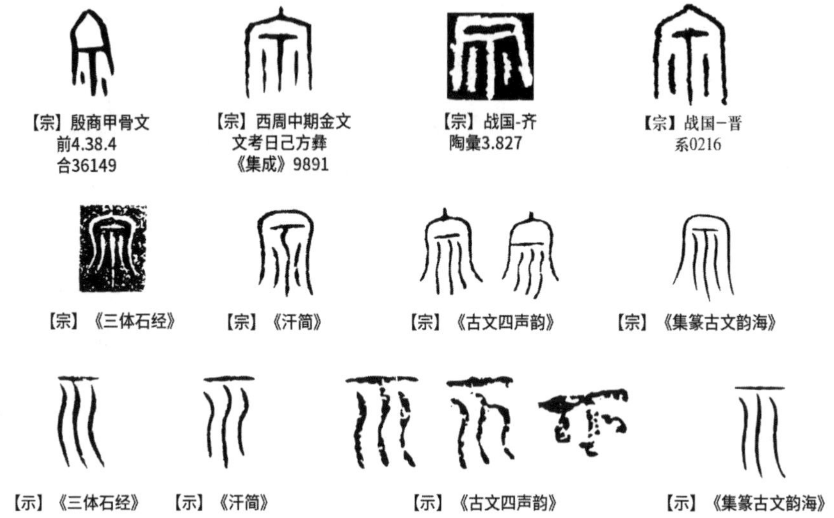

图 8　“宗”与“示”列举源自先秦的单横写法

陶——高明：《古陶文汇编》，中华书局，1990 年
系——汪庆正主编：《中国历代货币大系 1 · 先秦货币》，上海人民出版社，1988 年
前——《殷虚书契前编》（八卷） 1913 年珂罗版影印本，1932 年重印本
合——《甲骨文合集》
其他古文字出处为徐在国《传抄古文字编》（全三册）中“示”字、“宗”字

宝盖头且少一横，恰恰与花楼子遗址骨刻文中不止一次出现的像“爪”字形一样的字符十分相近。而且考古简报中同样反复出现的“兀”字形，粗看之下也像是“爫”被磨损了一撇后的字形，有可能原本也是“爫”字。这些骨器上的字符，像族徽标识一样被刻在显眼却易磨损的位置，很可能就是氏族之名。

其实，“示”字在商代甲骨文与西周金文中出现了很多不同场景下的众多不同写法，尤其是商周时期就出现了现代汉字“示”的两横写法。这个两横的“示”，应该就是现代中文“示”字的源头本尊，也是“示”字的“展示”之本义。两横“示”源自商朝甲骨文，而不一定源自夏代宗国的国名。只有一横，更像是“爪”字形的古体“爫”，在周代也有使用。孔壁中书《说文》中的古文体，就是这个古体字的字形，是“示”在周代的写法之一。到秦朝小篆统一文字，二字最终汇流合一。后世研究六书的学者，会将这两个字都释作“示”字，却时常把它们分开并列表述，也无法解释单横古体“兀”的来历。它或许就是夏商“宗”国或“崇”国的字源，但后人已经无法辨识。

若“兀”这个骨刻字真的就是“示”，通“宗”，那这些出土器物就是早期崇国为当地贵族们生产的饰品或兵器，记录的正是这个古国的徽识和名字。那么，在太平遗址旁边几里之遥的位置，早在20世纪80年代就已经发现这座古邑的名字——宗。如果这一条成立，太平遗址的崇国身份，几乎已经实现了出土文字自证。即使不成立，也只能说这未免太过巧合。

如果太平遗址就是大禹的家乡崇国，那么为什么大禹建立的王朝不叫“崇”，而叫“夏”呢？夏都为什么被普遍认为在环嵩山一带，而不是太平遗址呢？大禹为什么三过家门而不入呢？讲完了城址，就该细讲一下这座城址的故事，通盘推演一遍夏代崇国与夏朝的兴衰命运，还原出一个西部地缘战略视角下，不一样的夏朝轮廓。

要知道，夏启建立家天下制度的立威之战，就发生在西安……

第二章

夏：崇伯与西土

信彼南山，维禹甸之。
丰水东注，维禹之绩。

从史书中看，黄帝成为部落联盟共主之后，共主之位一直在黄帝家族内传承。黄帝之后，黄帝之孙帝颛顼成为共主。颛顼之后，颛顼之侄帝喾成为共主。帝喾之后，帝喾的儿子帝挚成为共主。这是共主传承第一次出现父死子继，是联盟对建立以“家天下”为标志的王朝国家的进一步尝试。可惜这次尝试是失败的，帝挚在巨大的反对压力下交出了权力，内禅给了自己的弟弟——帝尧。帝尧以贤德著称，各部纷纷归服，但帝尧晚年再次面临继承人选择难题。支持各部族地缘集团，势必会得罪共主身后的氏族血缘集团。选择身后的氏族血缘集团，又肯定会让各部族地缘集团失望。但尧都已然形成了大型邦国社会，建立王朝国家的时代条件正逐渐成熟。帝尧需要一个既能淡化血缘色彩，又能让家族接受的接班人……

（一）尧、舜对鲧的放黜

陶寺遗址被学界广泛推测为五帝时代的联盟共主陶唐氏的尧都。这里出土了圭尺和圭表，说明当时这里被视作“地中”和“中土”，是尧时代部落联盟的政治中心所在。作为共主的帝尧，想要维系陶唐氏的中心地位，最重要的就是平衡东南西北各大板块。其中，今天陕西境内的石峁遗址与太平遗址，就是陶寺北边和西边最大的两个遗址。

晋南盆地、关中盆地、环嵩山地区在史前曾同属仰韶文化区、庙底沟二期文化区的核心部分。到龙山时代，庙底沟二期文化受到山东大汶口文化的冲击，最终晋南、关中、环嵩山所处的中原龙山文化区分化为多支区域性考古文化类型，主要有陶寺文化、陕西龙山文化（关中客省庄二期文化）与河南龙山文化（含环嵩山王湾三期文化、豫北后岗二期文化、豫东造律台文化等）。

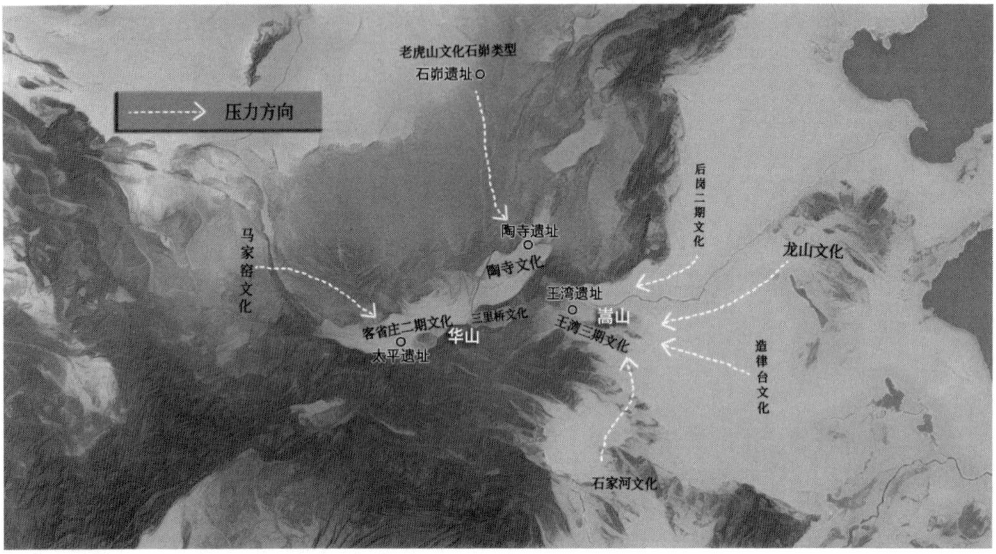

图 9 中原龙山文化与周边各大类型文化

其中，陶寺遗址就是晋南陶寺文化的中心聚邑，是中原龙山文化区的第一大都邑。太平遗址是关中客省庄二期文化的中心聚邑。河南龙山文化在豫西则主要分为三门峡的三里桥文化、环嵩山的王湾三期文化。可见仰韶、庙底沟二期文化区在大汶口文化西进之后形成分崩离析的局面。但它们也在背靠着背，同时对抗来自三个方向的更外围的强大势力。

关中客省庄二期文化在西方对抗甘青的马家窑文化、齐家文化东进。环嵩山王湾三期文化在豫中对抗南方石家河文化北上，北方的后岗二期文化南下，东方的山东龙山文化西进。尤其是山东龙山文化取代了大汶口文化后，成为一支强大的势力。陶寺文化则抵御着一支更强大的北方力量。

陕北的石峁遗址，是当今考古发现的史前第一大城址，并延续使用到了夏代前期的纪年范围。石峁遗址代表的陕晋蒙交界一带，显然有一支强大的部族力量。到尧、舜时代，晋南陶寺文化成为中原龙山文化区的龙头，与北边的石峁遗址针锋相对。

陶寺遗址作为尧、舜时代的抗压中心，成为中原地区的龙头之后，与关中客省庄二期文化、环嵩山王湾三期文化等呈互相背靠之势。

晋南、关中、三门峡以华山为中心，作为环华山区域，应即华夏之“华”，就是这个联盟的重要组成部分。其中，关中的客省庄二期文化，很可能就对应着崇国。太平遗址作为客省庄文化区的中心，应即崇国的都邑——崇邑。

有崇氏出身的崇伯鲧，即大禹的父亲，是唐尧主持的华夏部落联盟的治水大臣。这个职位能够调动天下各部落的青壮劳动力。治水队伍的集中化管理程度应当很高，更像是职业军团的早期雏形。崇伯鲧作为崇国君主，兼任治水大臣，可谓是位高权重，控制着华夏联盟的核心人力资源。从后来舜与禹的禅让关系来看，治水大臣能够给予任职者巨大的军事实力和声望影响力，与帝位继承人无异。

其实尧原本不愿意让鲧担任这个关键职务，但重卿四岳极力推荐鲧，尧只好同意，可见鲧有不小的声望。尧一脉是黄帝嫡脉。帝尧是帝喾的亲生儿子、帝挚的弟弟，所以他身为一个家族内禅下的世袭共主，肯定希望自己的家族能够延续黄帝嫡脉的辉煌。然而，随着生产力的发展，黄帝一系垄断核心技术的优势逐渐被淡化，黄帝嫡脉垄断共主的条件逐渐勉强，因此帝尧为了优先保证政治集团利益不变，放弃了家族世袭，并不打算传位给儿子丹朱。可如果就这么将共主之位拱手让给与自己非亲非故的异邦君主崇伯鲧，帝尧也不甘心。这或许才是崇伯鲧后来被定罪的根本原因——继承权之争。

> 鲧作城郭。（《世本·作篇》）
>
> 奚仲作车，仓颉作书，后稷作稼，皋陶作刑，昆吾作陶，夏鲧作城，此六人者，所作当矣。（《吕氏春秋·君守篇》）
>
> 昔者夏鲧作三仞之城。（《淮南子·原道训》）

太平遗址的发掘刚刚起步，并未发现城墙遗迹。但汉代以前西安历代城址均未发现城郭的考古现实，似乎预示着太平遗址也很难发现城墙。可是众多史料又记载了崇伯鲧的一大功绩，就是修筑了城墙，这又是怎么回事呢？

尧曰："鲧负命毁族……"（《史记·五帝本纪》）

尧在第一次拒绝让鲧负责治水时，对鲧的评价中用了"毁族"这个词。说明在尧看来，鲧对自己的族人不够好，崇国贵族对他们这位崇伯怨气不小。

鲧筑城以卫君，造郭以守民，此城郭之始也。（《吴越春秋》）

鲧筑城是用来"卫君"的。那么鲧筑的城，恐怕不仅不在崇国，还额外动用了鲧在崇国的资源，是为尧都修筑的。考古发现，陶寺遗址有内城，有外郭，城郭之制俱备，比晚夏时期二里头遗址还要齐备。根据学界的一些推测，当时的城墙功能主要不是防卫，更多是防洪。这可能也是鲧治水的一个措施，符合鲧用湮堵方法治水的理念，但用本国的地方资源讨好联盟的共主，从崇国向尧都输送利益，崇国贵族中肯定有反对鲧的人。

崇伯鲧的预期目标部分达成，起码尧都里的公卿大臣们对崇伯鲧的印象非常好。按夏、商、周等邦国林立时期的上古王朝的惯例，公卿大臣一般是临近都城的封君和镇守四方的诸侯领袖，毕竟不是陶唐氏一家的土著贵族，他们无所谓陶唐氏还是有崇氏成为共主。但对尧而言，崇伯鲧一旦成为共主，有什么理由不向崇国贵族倾斜，而是继续保护陶唐氏贵族的利益？

帝尧对崇伯鲧高调收买人心这一套，应当是厌恶的。他嘴上说不会让自己的儿子做继承人，但又没打算让崇伯鲧做继承者，而是属意大臣们举荐"疏远隐匿者"。亲尧的大臣马上就意会了帝尧的心思，推荐帝尧素来"闻之"的平民舜。

舜不是一般人，他虽然出身平民，但其资历过硬，有过在历山的耕种经验，有过在雷泽的渔猎经验，有过在寿丘的制陶经验，有过在负夏跑买卖的经验，最后还仅用了三年就推动一个大型聚落的形成。尤其是舜在家族继承权斗争中，总能避开父母与弟弟的迫害，还能坚持维护孝敬父母、友爱兄弟的伦理，做事可谓滴水不漏。想要挤掉鲧，尧需要的不就是这种人才吗？而且尧所谓的“闻之”，说是他早就知道舜这个人，但恐怕是尧早就认识舜这个人。舜很可能已经依附于尧，成为尧的麾下。如果没有这层亲近互信的关系，尧岂会轻易把两个女儿许配给一个陌生人，后来还无条件地信任舜？

更重要的是，舜出身平民，不至于让舜摆脱陶唐氏的控制。舜的父亲叫作瞽叟，意为“瞎老头”，显然不是贵族的名字。所谓舜是颛顼之后，大概率只是攀附黄帝一脉的说法。黄帝后来执掌过联盟的有两支嫡脉，一支是帝颛顼，一支是帝喾。帝尧是帝喾的儿子，其他贵族不敢直接攀附帝喾一脉，于是像鲧与舜这样的新贵，只能往黄帝另一脉颛顼的血统攀附。但舜这种没落贵族或平民，需要七拐八绕地追溯好几代人才能攀附上颛顼，恐怕就是在放烟幕弹，让他人不好追查。

舜是平民，又出身有虞氏，即古虞国（在今山西南部）。有虞氏临近尧都陶寺遗址，同属于一个地理单元，就难以摆脱陶唐氏贵族势力的影响。帝尧虽然没能传子，但舜是以娶了尧两个女儿的亲女婿身份在文祖庙继位，与入赘无异，也算是尧的亲族得位。对尧来说，这是两全之策。当时并没有后世的宗法意识，女婿继位并非不可理解。舜成了女婿后，尧相继安排舜掌百官，管外交，让他巡游四方各国，积极地为他积累人脉。

> 于是舜归而言于帝，请流共工于幽陵，以变北狄；放驩兜于崇山，以变南蛮；迁三苗于三危，以变西戎；殛鲧于羽山，以变东夷：四罪而天下咸服。（《史记·五帝本纪》）

此时，崇伯鲧的怨气应当很大，毕竟公卿大臣原本支持他，他肯定没少给尧、舜使绊子。后来，舜巡游四方，尤其到崇国等国，对当地贵族进行了安抚游说。“舜归而言于帝”，尧、舜二人便给鲧定了罪，夺去了鲧的崇君之位，将其驱逐到东方的羽山，鲧至此也就再难翻身。

《庄子》中记载，尧对舜说，他想要讨伐宗国等国，但舜劝谏尧不要动用武力，要用道德感化。这里的宗国就是崇国。尧、舜决定用最小的代价完成这次政治清洗，最终没有演变为与崇国的战争，只是流放了素有声望的崇伯鲧本人，以及另外三个有威胁的国君。这次行动成功后，与其说是“天下咸服”，不如说是支持鲧的力量都学乖了。

但这次继承权斗争，由于没有军事征服，所以带有一定的妥协性，其他部族要求陶唐氏交出权力的诉求只是暂时被压住，利益格局没有发生根本改变。

> 克殷谒祀，籥人奏崇禹生开。三终，王定。〈孔晁注：“《崇禹》《生开》皆篇名。”按：夏后开即启，避汉景帝讳云〉（《逸周书·世俘》）

崇伯鲧被定罪后，新的崇伯就是崇伯禹。到了西周时期，还流传着夏代著名的乐章，叫作《崇禹生启》。史料中的伯禹，起初是指崇伯禹。

（二）舜与禹的合作

尧死后，舜继位。相比黄帝嫡脉的大贵族尧，舜平衡四方的压力要更大。帝舜为了掌权而除掉西土大国的国君鲧，来自西土的压力尤其大。加上陶寺遗址及山西一带考古显示，尧的后代也你攻我伐，并不一定真心服从他们的姐夫舜帝。北土石峁集团在蓬勃发展，南土三苗也一直在军事对抗中土。舜必须优先解决与西土的龃龉。

舜的策略是大力提拔“尧时皆举用”，却未有“分职”的崇伯禹，以及其他关中西土势力。其中包括姬周的祖先，关中有邰氏的弃，也叫后稷。他们位列“虞舜五臣”，可见舜的肚量颇大，并未冷落西土势力。当然，舜只是平民出身，其实没有太多贵族包袱。他控制天下的一个手段，就是从东南西北四面广揽各方贵族到部落联盟任职，充分发挥分权共享的精神，不再继续搞家族传袭。事实上，他也很难再继续传位给自己的亲族。

尧、舜翁婿二人斩草却未除根，说明崇国当时应该是颇具实力的一个大国，能够令尧、舜投鼠忌器。可舜继位后，又是四岳向舜推举崇伯禹为司空负责治水，可见四岳一直是崇国的铁杆盟友。四岳一说是东南西北四岳，一说是一个人。但从史记中提到“（四岳）皆曰”来看，四岳应是四个人。舜这次没有像尧一样反对，而是同意让禹担任司空治水。因为舜明白，他这个布衣共主要想连横东西，必须放权。

当舜决意任用禹治水，再次将权柄交予禹时，禹心中明白，治水权相当于兵权，一旦沾染，将来要么问鼎天下，要么就和自己的父亲一个下场。禹的第一反应竟是辞让不受，但舜坚持让他治水。禹从此开始了如履薄冰的韬晦时光，与其父的高调风格截然相反。这让舜也很放心。

禹一边勤勉工作，成为舜的得力助手，一边“兴九招之乐”，制造祥瑞事件，不遗余力地向全天下宣传舜帝的明德，也让全天下明白，西土大国崇国是坚定地站在舜帝一边的。更重要的是，禹为自己谋划了一个以退为进、移花接木的大战略，即弃西从东，弃崇从夏。

有崇伯鲧，播其淫心，称遂共工之过，尧用殛之于羽山。其后伯禹念前之非度……皇天嘉之，祚以天下，赐姓曰“姒”、氏曰“有夏”……（《国语》）

崇国与夏国是什么关系？曾经的崇伯，变成了后来的夏伯，但崇国与夏国不是一个国家。《国语》中其实讲过，是皇天——其实应是代表皇天的帝舜——为了嘉奖崇禹的功劳，于是赐其姓为“㚶”，赐其氏为“有夏”。这里的氏，其实就是国，是地名。大禹的㚶姓和有夏氏，是后来建立功业后被赏赐的，也就是徙封的。氏从父，大禹原本是有崇氏。姓从母，他的母亲是有莘氏。但他建功立业之后，被改封为有夏氏，定新姓为㚶。

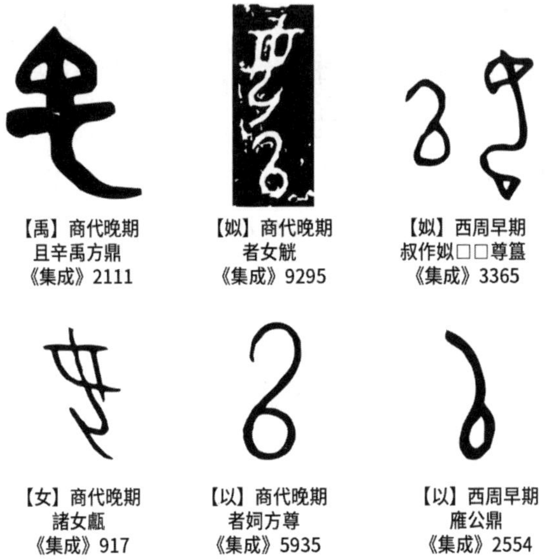

图 10 与大禹姓名有关的甲骨文、金文

说明：全书凡《集成》都是指《殷周金文集成》，凡《合集》都是指《甲骨文合集》

从金文看，“禹”字字形像一只虫子。“㚶”字右边的“以”，也像一只虫子，或都与大禹的新图腾有关。㚶姓，可能本身就是为大禹改姓氏之后重新量身定制的。崇伯禹变成了夏伯禹，那么夏国在哪呢？

昔者鲧违帝命，殛之于羽山，化为黄熊，以入于羽渊，实为夏郊。（《国语·晋语八》）

又东为渊潭，潭浑若沸，亦不测其深浅也。(《水经注·伊水》)

自洛汭延于伊汭，居阳无固，其有夏之居。(《逸周书·度邑解》)

史书中所谓鲧被流放羽山后化为黄熊，真正意思可能是鲧取得了羽山当地的古老氏族黄熊氏的支持。夏国在今天称为洛阳的地方，羽渊是夏郊。渊可能是指伊河东岸的古渊潭，即今洛阳市洛川县的潭头镇。不过《左传》记载了高辛氏曾“迁实沈于大夏，主参，唐人是因，以服事夏、商”。西方的参星与东方的商星相对，实沈的大夏在西方，后被唐人继承。唐人就是陶唐氏，那么最初的大夏则是在陶唐氏所处的晋南地区。

好货财珍怪，则邪人进，邪人进，则贤良日蔽而远。赏罚无位，随财而行，夏后失以亡……昔者西夏性仁非兵，城郭不修，武士无位，惠而好赏，屈而无以赏，唐氏伐之，城郭不守，武士不用，西夏以亡。(《逸周书·史记解》)

在《逸周书·史记解》同一篇章中，则记录了一个叫“西夏”的方国。夏后氏、西夏两者对举，说明即使它们都是有夏，都是诸夏联盟的成员，却是两个概念。夏后氏不等于西夏，而且西夏曾被陶唐氏讨伐，在夏朝建立之前就存在。伐灭西夏的唐氏应该通汤氏，就是陶唐氏，也就是帝尧。帝尧讨伐了西夏，西夏君主亡了国。这是夏朝建立之前的事件。而灭夏后氏即夏朝的是成商，也就是商汤。西夏为陶唐氏帝尧所灭，大夏也是陶唐氏所取代，可见“西夏”应为“大夏”的另一种叫法。

《史记·郑世家》：迁实沈于大夏，主参。(【集解】：服虔曰：“大夏在汾浍之间，主祀参星。”杜预曰：“大夏，今晋阳县。”)唐人是因，服事夏、商。(【正义】：……夏后盖别封刘累之后

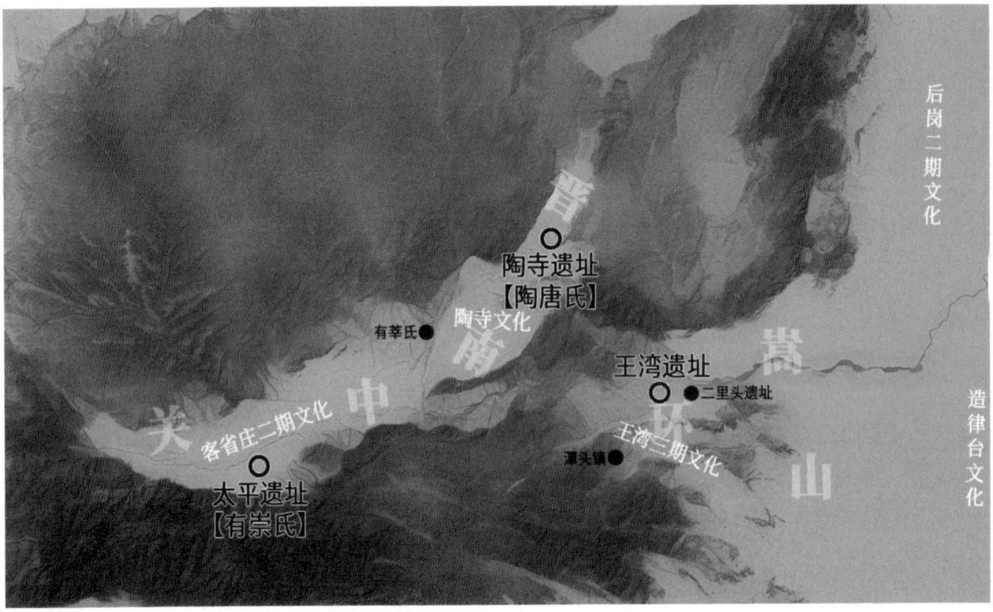

图 11 关中、晋南、环嵩山的主要遗址

于夏之墟，为唐侯。……地记云‘唐氏在大夏之墟，属河东安县。今在绛城西北一百里有唐城者，以为唐旧国’。”）

根据《史记集解》和《史记正义》的说法，古人对大夏的地望，一般持两种观点：一种是古晋阳县，也就是今太原市。还有一种就是陶寺遗址、陶唐氏所在的晋南临汾市。

《逸周书·王会解》禺氏騊駼。大夏兹白牛，兹白牛野兽也，牛形而象齿。犬戎文马，文马赤鬣缟身，目若黄金，名古黄之乘。（《逸周书·王会解》）

《逸周书·王会解》也记载了大夏国，方位在禺氏、犬戎等偏西北的方国附近。《史记·秦始皇本纪》则记载了“东有东海，北过大夏”。《史记·秦始皇本纪》也记载了“皇帝之土……北过大夏”以及“禹凿龙门通大夏”。大夏在秦朝版图的北部，与黄河龙门相邻，符合晋南到晋中之方位。

大体上，以临汾陶寺遗址为中心的晋南和晋中，都应属于古人所指的大夏。大夏是在唐尧入主晋南时所灭亡的高辛氏所封实沈之夏国，是禹、启父子建立夏后氏之前的先夏政权的夏方国。

大禹获封有夏氏之后，最早应是在晋南夏国为君。待到大禹治水，向环嵩山迁移之后，“夏”这个地名才随着大禹经营环嵩山基本盘，放弃了尧舜故地所在的晋南，最终转移至洛阳盆地。学术界也一直有先夏或早夏在晋南一说。

鲧作为崇国国君，是有崇氏。在当时的部落或城邦联合体制度下，崇伯的君位，很难像西周大封建后，被莫非王土王臣的天子在法理上剥夺。尧、舜对鲧这样的地方贵族，恐怕不是后世意义上的流放，只是配合当地贵族反对派，借故将其国君驱逐出自己的国家，就像周厉王被驱逐出镐京一般。后来周厉王在汾河一带的彘这个地方站住了脚。

身为大贵族，即使被驱逐，也应是带着少量兵马离开的。那么鲧在东方的羽山可能还有一定的经营，并最终取得黄熊氏的支持。禹在后期治水与争天下时，应该也借助了父亲在洛阳盆地的这支力量。最终，他让出了经营几代的聚邑崇国，反而选择继承刚刚起步的夏国，改封为有夏氏。这一点，应该会让舜比较放心。但禹能继承夏国，也与他在后期全力经营东土有关。

崇伯鲧原本是重点经营西土的。鲧的妻子、禹的母亲是有莘氏之女。有莘氏地望历来众说纷纭。一说是在关中渭南市的东北部，也就是韩城、合阳与大荔一带，距离“奕奕梁山，维禹甸之”的梁山不远。周文王的王后太姒的故国姒姓莘国，就被《诗经》等先秦史料记载地处渭南东北部的合阳一带。渭南市还出土过刻着“辛邑疾”的西周初期辛邑矛。《太平御览·居处部·卷三》记载了《赵书》中提到的一次古人的考古事件：“刘曜筑建德殿，取土城西南郭内，得圆石，状若水碓，其铭曰：律推石重四钧；同律度量衡，有莘氏造。”早在东晋十六国时期，前赵在长安修建宫殿时就出土过一件上古有莘氏制造的古物。长安正是有莘氏的邻邦与姻亲国家有崇氏所在。莘国另一说是在东方，但山东的莘国故址出土的莘国陶文为“侁”字，也念“莘”。这一支有莘氏在当时应记作有侁氏，并非姒姓莘国。所以东西两个有莘氏应该是同音的国名，被后世记为一字，又进一步误当作一国。

崇伯鲧联姻的莘国，应当就是渭南市的姒姓莘国，与崇国同在关中，二者是相邻的两个大国。渭南市处在关中东部，与陶寺遗址所在的晋南盆地隔黄河平地相望。莘国恰好处在尧都陶寺遗址与鲧都太平遗址之间的必经之路上，而且在正中间控扼黄河大渡。崇伯鲧与莘国联姻，与周文王联姻太姒的战略如出一辙，实则是控扼住唐尧时期往来西土的交通门户。崇、莘联盟，就是西土力量的轴心。唐尧放弃攻打崇国，也是因为有莘国这个大国在中间阻碍。

但大禹不同，他在东西南北各处治水，重点经营东方，即水患风险更大的黄河中下游。治理黄河泛滥，最大的受益方就是黄河沿岸的嵩山一带，夏国所在。

禹接任了治水大臣后，似乎就不再亲近族人。从三过家门而不入、十三年不回家的记载，就可以看出一些端倪。《史记・夏本纪》记载这里的措辞也值得玩味，说他是“不敢”回家。大禹再怎么勤政，身为崇伯十三年不回自己的部族封国，就意味着他已经放弃了对祖部的治理责任。这条信息背后反映出，禹在鲧死后，忌惮于舜以及崇国国内得势的反对派，就像刘秀在哥哥刘演被更始帝刘玄杀死后，表示不记前仇，主动离开河南招抚河北，以麻痹刘玄对他的戒心一样，当时的大禹也不再继续经营父族有崇氏与母族有莘氏的西土地盘，以打消舜帝的戒心。

在《史记・夏本纪》禹与皋陶的对话中，皋陶劝他说要“敦序九族”，似乎也是在提醒他不应该和自己的族人太疏远。

舜帝有一次恼怒于丹朱不服管教，禹就赶紧向舜帝表态说，自己成亲才几天就离开了家，儿子启出生后都没有亲自抚养过，所以才能治水成功。如果不用道德视角去审视，这似乎是在表达：我虽然控制着治水的巨大人力，但我连家族都放弃了，是不会结党营私，不会总记着父辈的私仇，甚至不会向着那些为父亲鲧打抱不平的西土国家的，请舜帝放心。

> 三十年，葬后育于渭。（《今本竹书纪年》）
> 陈仓，有上公、明星、黄帝孙、舜妻育冢祠。（《汉书·地理志》）

舜显然也在西土不停动作。舜的妻子后育，也就是娥皇去世后，舜帝没有将她葬在中土或东土，而是葬在了关中最西边的宝鸡市渭河旁。崇国所属的考古文化是关中本土的客省庄二期文化，而宝鸡陈仓处在客省庄二期文化与齐家文化的交界地带，这背后恐怕是娥皇在处理作为华夏屏藩的崇国和陇山以东的齐家文化族群的战争。如商王武丁的王后妇好就是一名战将，娥皇作为帝尧的女儿、帝舜的妻子，恐怕也是当时一名重要的政治家。关中以崇国为核心的客省庄文化族群，在为联盟坚守西部门户。帝舜对崇国势力范围的介入大概也不少。

禹隐忍十三年，放弃经营故国势力，以极低的姿态获取了尧与舜的放心。禹通过治水之便，后来掌握了父亲晚年被放逐到羽山时经营的另一方土地，就是夏国。而且禹还联姻了东土的涂山氏。最终，禹同时依靠东西两方的力量，让舜不得不禅位于自己。

（三）大禹、夏启背后的西土

作为老牌大国的崇国，通过姻亲与族人控制着大片的西部国家，或是当时西部关中地区的核心力量。夏禹成为共主后，无论崇国贵族与此前的崇伯鲧及崇伯禹是否有过斗争，肯定还是支持崇伯禹登上大位的。崇国，自然也就是夏朝的宗国。崇国的写法就是宗国。

当禹全力开辟东方势力范围时，身后以崇国为首的西土力量到底有多大？

崇国有众多西部盟友，第一大助力肯定是姻亲莘国。

崇国还有一个重要盟友，就是姬周的祖先后稷弃。弃的母国和封地，关中西部的邰国，在今天的杨陵、武功一带。大禹登位后很照顾这个关中邻国，从大禹立朝到太康失国，后稷作为掌管农业的重卿，都由有邰氏的弃之家族担任。

> 武帝广开上林，南至宜春、鼎胡、御宿、昆吾。（《汉书·扬雄传》）

另外，关中一带还有一个昆吾国，始终是夏朝的铁杆盟友。《古史考》载："夏时昆吾氏作瓦。" 现在考古发现中国最早的瓦就出土于西安东南部马腾空遗址，靠近蓝田。蓝田自古就有昆吾山、昆吾亭的记载。一般认为昆吾氏最早活动在西方，因此昆吾国也是一支西土力量。

关中中部的崇国是大禹的父国，关中东部的莘国是大禹的母国，关中西部的邰国是大禹的友国。加上昆吾国等亲夏国家，可以肯定西土集团是支持大禹的后盾。西方是大后方，无后顾之忧，大禹的经略方向就一路向东。

在东方，中土的黄熊氏、夏国是支持大禹的。大禹又与东土的涂山氏联姻，娶了涂山女并生下了嫡子启。有涂山氏的支持，大禹才会在涂山举行会盟，并在涂山会盟时为一件小事就公开斩杀东方大国的防风氏，以确立东方的朝贡秩序。防风氏有可能就是杭州良渚古国的后裔或地盘继承者。

大禹最终死在了东方的会稽山，可见大禹后半生的经略方向始终是东进。

大禹在舜帝时就因讨伐南方的三苗而立功。他的祖部是西土，曾平定南土，又最终徙封到中土附近，并联姻了东土，在黄河积石治水时恐怕也没少

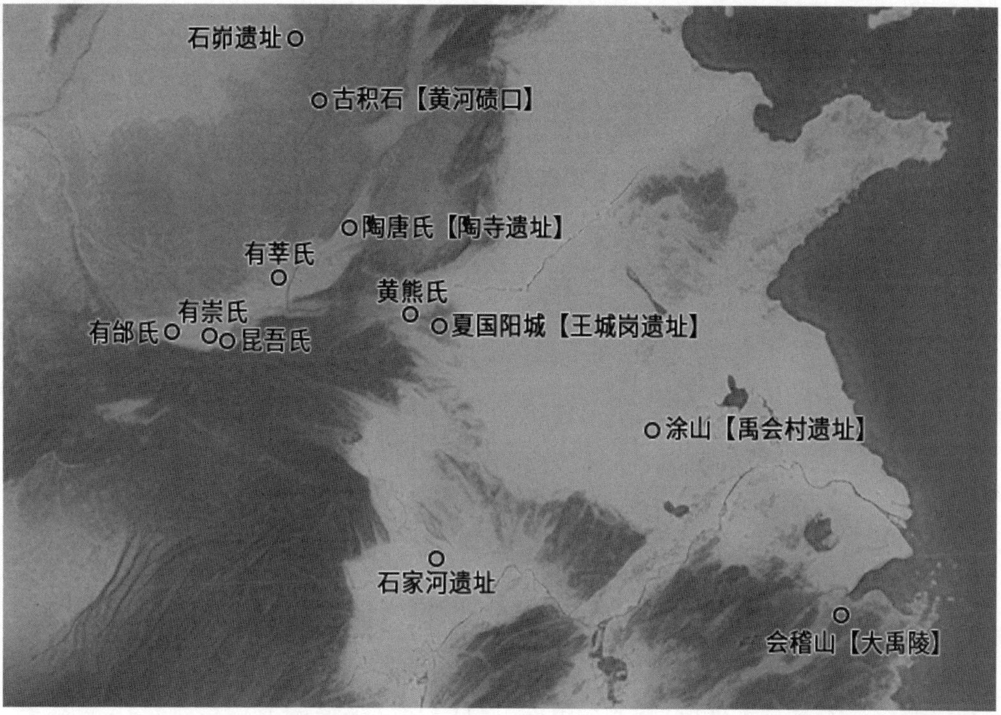

图 12　与大禹相关的主要地点

和北土国家打交道……大禹成了在东、南、西、北、中五土中都有不少人脉和影响力的天选之子。他成为共主，以及他的儿子能依靠他的能量建立第一个王朝，成为黄帝嫡脉家族后的第二拨共主家族，舍之其谁？

但是大禹的儿子启，相比大禹对各大板块的控制能力就相对要弱一些了。

首先，莘国是禹的亲姥姥家，与禹关系还是比较近的。到了启，关系就有点疏远了。后稷弃与大禹是亲密战友。到了启的时代，启虽继续让后稷弃的儿子不窋担任后稷之职，但两人毕竟不像父辈那般是过命的交情。更可怕的是启的祖国崇国，他们有可能想扶持启的哥哥有扈氏，脱离启建立的王朝秩序。

在启的时代，关中的姒姓宗亲之国就已经很多了。其中就有崇国的邻国扈国，即有扈氏。

禹三十未娶，行到涂山，恐时之暮，失其度制，乃辞云：“吾娶也，必有应矣。”……禹因娶涂山，谓之女娇。（《吴越春秋·越王无余外传》）

《吴越春秋》记载，大禹娶涂山女的时候岁数已经不小，不符合那个年代的婚配年龄以及大禹本人的地位。很可能大禹在治水、结交涂山氏之前，在老家崇国附近就有过妻儿。

昔有扈氏为义而亡，知义而不知宜也。（《淮南子·齐俗训》）高诱注：“有扈，夏启之庶兄也，以尧舜举贤，禹独与子，故伐启，启亡之。”

有扈与夏同姓，恃亲而不恭。（《尚书孔氏传》）

比大禹联姻的正妻涂山氏之子夏启出生更早的庶长子，就是有扈氏。有扈氏，在紧邻太平遗址的西安鄠邑区。史料记载，有扈氏不仅与夏后启同为姒姓，还是启的庶长兄，都是禹的儿子。有扈氏是关中本土长大的孩子，封国就在祖父的崇国的旁边不远处。按照那个时候共主大封亲族的惯例，姒姓如前所讲又可能是为大禹专门而创的新姓，有扈氏都很可能是父亲大禹所封。

大禹死后，夏启一反三王禅让的前例，夺取了帝位。刚刚继位，就发生了有扈氏的叛乱。从形势上看，有扈氏守着西部崇国之西，如果要造反，直接威胁的就是夏朝的西部根基崇国。反过来说，有扈氏造夏朝的反，是隔着崇国的。崇国作为大国，完全可以直接出兵帮助夏启平定有扈，但它并没有。

这场叛乱逼得夏启远赴关中亲征有扈氏，说明崇国要么是压制不住有扈氏，遭遇了重大威胁，要么是崇国已经倒向有扈氏，类似于支持本地王爷造京师皇帝的反。而有扈氏最大的目标，可能也是先啃下关中的西土集团。毕竟他的威望和人脉距离直指天下、让四土宾服还差得远。

夏后氏作为嫡子，成为共主，背后更大的支撑力量其实是中土的夏国，以及夏启位于东土的母国涂山氏。从考古叙事上看，河南龙山文化的三支文化，豫西王湾三期文化、豫北后岗二期文化、豫东造律台文化，都是在不断向洛阳一带融合汇聚，最终形成了二里头文化。造律台文化在豫皖交界一带，涂山氏很可能就是造律台文化区的一个国家。这说明夏朝一直在整合中原各方的政治力量。夏国地处关东，毕竟与崇国太远。想要更好地生存发展，政策上还是优先中土，尤其是保障环嵩山板块的稳定。东略，是地处中土的夏朝不得不走的方向。夏启也不例外。因此，夏启与崇国贵族及西方宗亲力量，恐有一定疏远。

有扈氏起兵叛乱，无论是以兄弟争位还是维护禅让制为名头，本质上都是作为姒姓宗亲争抢权力威望与地盘。有扈氏代表的正是从地理上被疏远的西土宗亲一派，夏后氏代表的则是优先中土的朝堂派。

西土虽非经略前沿，却是大后方。如果夏启刚成为共主就丢掉崇国老家，政治影响将是非常恶劣的。因此夏启被逼得从嵩山一带远赴关中，亲征有扈氏。这是夏启的立威之战，其作用大概相当于周公平定三监之乱，可以说是建立王朝时最重要的镇压战争。

夏启把与有扈氏的主战场压制到离太平遗址很远的甘泽一带，在鄠邑区西部。显然有扈氏的进攻还没有推到鄠邑区以东的太平遗址。

有些观点认为太平遗址可能是有扈氏遗址，但太平遗址所属的客省庄二期文化类型遗址，在沣河、泾河、浐河附近均有发现，而鄠邑区尤其是西部反而罕有。可见太平遗址的崇国势力范围，应该在沣河下游及沣河以东为大，在偏东的西安主城区，而非偏西的鄠邑。因此，太平遗址不是夏代的扈国。

夏启亲自来到关中后，很可能就是坐镇太平遗址的崇国，阻止这座西方大邑落入或叛入族兄有扈氏之手，对宗亲许以利害，以保证夏朝西土的安定。

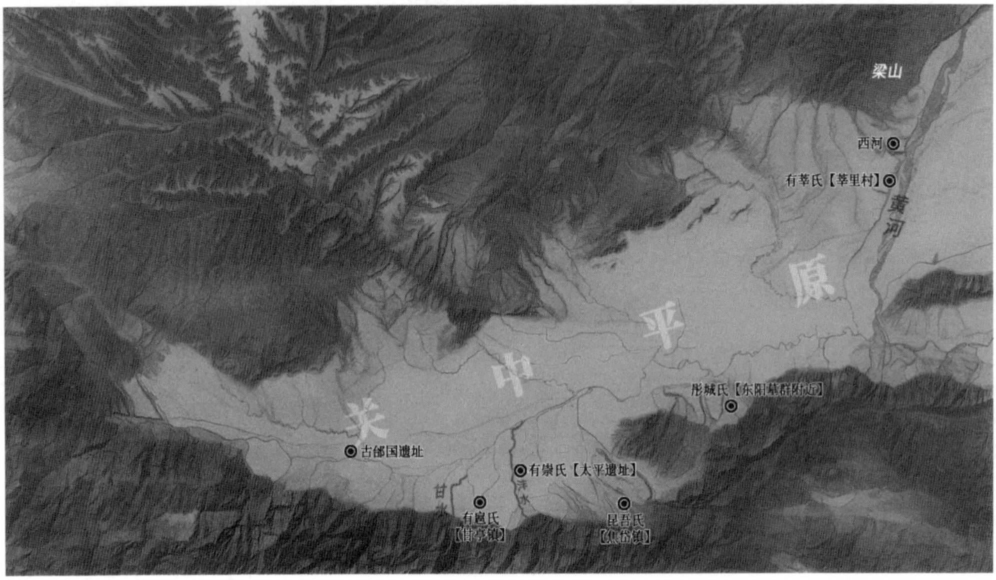

图 13 夏代关中主要古国位置

可夏启最开始竟然没能打赢有扈氏。于是他厉兵秣马，休养生息，勤俭立德，一年后才最终战胜了有扈氏。

> 有扈氏不服，启伐之，大战于甘。将战，作《甘誓》，乃召六卿申之。启曰："嗟！六事之人，予誓告女：有扈氏威侮五行，怠弃三正，天用剿绝其命。今予维共行天之罚。左不攻于左，右不攻于右，女不共命。御非其马之政，女不共命。用命，赏于祖；不用命，僇于社，予则帑僇女。"遂灭有扈氏。天下咸朝。（《史记·夏本纪》）

决战事关重大，夏启对着士兵们大谈祖先赏僇，要在祖庙奖赏有功者。很明显，这场兄弟间的战争，夏启是以祖先为名而战的。而夏启身后的太平遗址，就是他们祖先的故地，夏启很可能就是在这里驻跸补给，休养了足足一年多，才最终战胜了哥哥有扈氏。这也侧面体现出崇国与夏王的关系之密切。

这场大战的根本原因，是夏禹从崇伯变为夏伯的基本盘撕裂。被《夏本纪》记载的同为姒姓的夏朝西部宗亲国家，就有关中的有崇氏、有扈氏、有莘氏、彤城氏，汉中的褒氏。夏朝在西土的宗亲分布，可一点都不少。

夏启赢得这次战争后，发现自己相比大禹，对西土的控制力较弱，于是开始重视对西土的经营。

> 姒姓，夏后启别封支子于莘，子孙去草为辛，遂为辛氏。（《元和姓纂》）

关中有扈氏之乱被平定后，夏启又封自己的庶子到莘国为君。他持续任用邰国国君，姬周的第二代祖先不窋为后稷。昆吾氏始终亲夏朝，应该也是站在启一边的。

在西部，夏启还有一处主要经营的据点城市，就是西河。

> 夏世侯伯有西河国，后启征之。（《路史》）

西河是一个夏代建立前后固定的国名与地名，在《禹贡》中就出现了。

西河，在黄河西岸。古黄河不像现在偏正东而行，是斜向东北方向入海的，那时可以有三块西岸。上游西岸即甘肃河西走廊，中游西岸即陕西沿黄一带，下游西岸即太行东麓华北平原一带。《今本竹书纪年》中战国时魏人自注西河是卫县，即太行与黄河所夹的河内区域。但陶寺遗址多被认为是尧都，在晋南。史料中出现的南河、西河，应是以尧都陶寺为中心坐标来定位。魏人所注显然不对。

东河之西，西河之东，南河之北，皆冀州也。（《史记正义》）

《尚书·夏书·五子之歌》中又有一句："惟彼陶唐，有此冀方。"明确地说尧都是在冀州。《尚书·夏书·禹贡》中，"黑水、西河惟雍州"，讲明西河在雍州与冀州的边界上，属雍州。雍州不可能在冀州的东边。晋南是冀州的话，西河就可以排除是黄河下游西岸的卫县。西河又靠近雍州东界，就只能是陕西沿着黄河这一边。《禹贡》的雍州部分记载："浮于积石，至于龙门西河，会于渭汭。"西河国的位置，应该在黄河龙门到渭河口之间的黄河西岸。

春秋时期，晋国在渭南地区莘国故址的北部设有夏阳邑，后来到宋朝都有夏阳县。这个夏阳，指的可能是夏朝中后期曾一度迁都至西河城留下的夏墟之阳。故而夏代西河城应在夏阳邑以北，有可能在今合阳县夏阳村以北，夏东寨以东，灵井村以北的百良镇南部黄土台塬上。在灵井村曾出土过"夏阳邦工鼎"。这里所处的徐水沟系恰好是合阳县新石器文化遗址密度最大的地区，到周代也常称作西河。但西河城遗址至今还未被发现。

西河从尧、舜到夏朝，都是西方重镇。夏启在位后期，他将小儿子武观外放到西河，也是想让武观替自己巩固西方。不承想武观效仿自己的大伯有扈氏，后来竟然在西河发动叛乱。夏启无奈，又派将领赴西河平叛，最终抓回了武观。这是夏启时代，仅次于有扈氏叛乱的第二场战争。夏启在位时期，大型叛乱都是宗亲发动的，还总是在西土方向。这背后，是夏朝的西土亲族国家对王朝平衡东与西的政策利益诉求。

华夏联盟由环华山的"华"与环嵩山的"夏"组成。联盟的中心由尧、舜时代的晋南诸华，转移至夏代夏禹、夏启的环嵩山诸夏，意味着原本陶寺遗址抵御的北方压力趋弱，而环嵩山抵御的东方压力趋强，联盟的重心受到地缘压力的挤压，从北方向东方转移。果不其然，夏朝建立仅三代后，就被东夷集团一度亡国。作为昔日仰韶文化区、庙底沟二期文化区、中原龙山文化区三翼之一的关中，在这波乱局中起到什么作用呢？

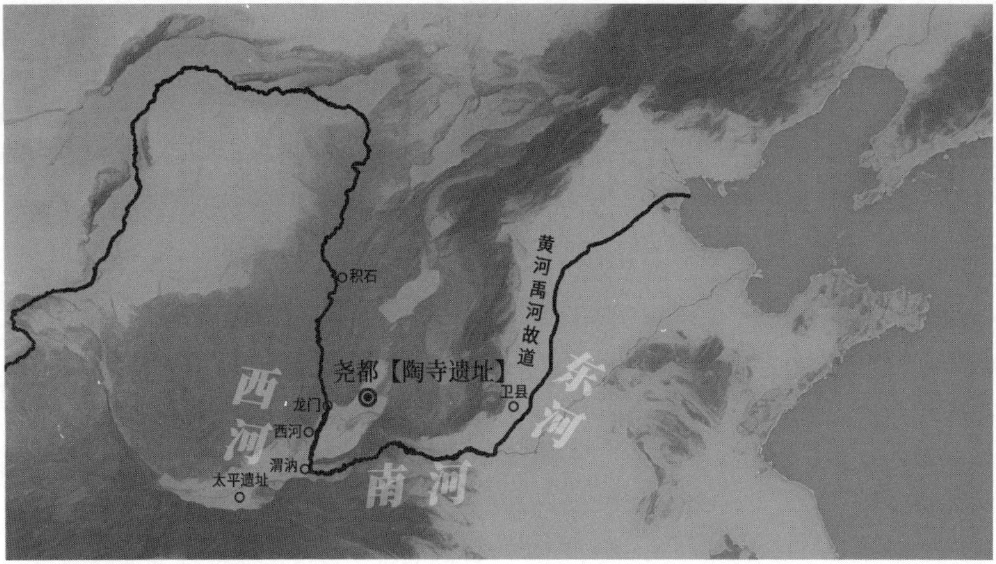

图 14 西河的位置

夏禹是一个能够平衡东西方的权威人物。夏启尚能巩固西方，但夏启的儿子太康就哪头都抓不住了。

第三章

夏：青铜变局下的关中

笃公刘，于豳斯馆。
涉渭为乱，取厉取锻。
止基乃理，爰众爰有。

夏禹死后，联盟推举出了新的首领。但夏禹的儿子夏启却公然夺取共主之位，从此建立了中国历史上第一个世袭制王朝国家——夏。世袭制能够落地，是因为这种制度已经拥有了广泛的社会基础。

此时，随着生产力条件的成熟，阶级分化、分工越发显著，统治贵族已经掌握了大量的生产剩余价值，拥有了常人难以撼动的庞大的社会、政治、军事和文化资源。贵族们在绝对的实力和稳固的秩序之下，更倾向于亲亲之道，将职位传袭给自己的直系子孙，而不愿继续奉行亲贤之道的首领推举制度。事实上，在契约精神匮乏的上古时代，推举制度的不确定性会导致部族之间为夺权而发生激烈战争，破坏力越发严重。反而是靠亲缘伦理意识这套枷锁，可以让血缘集团保持最大程度的互信、协作和相互克制，从而弥补地缘集团难以跨区整合的局限性，实现对更大范围的国家版图的整合与治理。这将促进联盟内的稳定发展，有利于集中资源建立更具优势的军事力量，增强了国家竞争力。

整个天下已经从远古部族社会向上古贵族社会转型，到处都是大大小小的城邦、部落在实行世袭制度。这是第一批从氏族、部族社会发展而来的原生贵族。夏启正因为是这些世袭家族的最高代表，才能够建立“家天下”的王朝法理。当然，这场社会变革的背后，还伴随着地缘关系的重塑。

（一）东土社会大崩溃

夏禹是一个能够平衡东西方的权威人物。而夏启时代，西方已经出现松动，但夏启尚能震慑。到了夏启的儿子太康失国，被东夷集团的后羿夺权，说明太康连东方都已压制不住。

一般认为，“后”字是夏代君主的称号。夺取夏国政权的后羿的“后”

字，同样是指夏后。大禹建夏仅第三代，夏国就被外来部族所控制，夏后之位很快就被夺取，而自己的姒姓子孙却被驱逐出夏国，这侧面反映出大禹祖孙三代人经营夏国的时间可能本身不长，根基没有一般人认为的那样牢固。

太康失国，并不只是一个宫廷故事或者一个简单的断代概念，它背后是一场血淋淋的人间浩劫，甚至比一般的改朝换代更加惨烈。

表1 龙山时代到二里头时代的黄河中下游聚落数据①

	龙山时代中晚期	二里头时代早期
黄河中下游地区聚落总数	1669个	180个
黄河中下游地区聚落总面积	21833万 $m^2$②	4705万 m^2
山东聚落总数	677个	44个
山东最大聚落面积	尧王城遗址（367万 m^2） 两城镇遗址（256万 m^2） 桐林遗址（200万 m^2）	西寺遗址（10万 m^2）
晋南聚落总面积	近2000万 m^2	不足300万 m^2
晋南最大聚落面积	陶寺遗址（280万 m^2） 周家庄遗址（495万 m^2） 方城遗址（200万 m^2） 县底遗址（110万 m^2） 南柴遗址（110万 m^2）	东下冯遗址（30万 m^2）
豫北聚落总数	44个	8个
豫南聚落总数	30个	2个
关中最大聚落面积	太平遗址（＞100万 m^2）	老牛坡遗址（＜30万 m^2）

① 图表主要数据出处：张莉：《文献之外的夏代历史——考古学视角》，《中国文化研究》2018年秋之卷；张弛：《中国史前文化格局的改变与青铜时代全球化的形成》，《文物》2017年第6期。

② m^2表示平方米。

以夏后氏为代表的中土华夏集团，与后羿、寒浞为代表的东土东夷集团之间的斗争持续了数十年之久。整个黄河中下游经历了一次社会大崩溃，史前各大考古文化区数千年的积累，近乎消耗殆尽。从龙山时代到二里头时代，整个黄河中下游地区的聚落总数量十不存一，总面积也锐减到只剩两成。“太康失国”四个字的背后，是人口的凋敝，文明的倒退，大大小小的部落、城邦灭绝。陶寺文化所在的山西与龙山文化所在的山东，作为龙山时代两大文化高地，都曾有众多积累数百年的数百万平方米的超大型聚落，却在二里头时代凋零到最大聚落也不过十几二十万平方米之小，整个黄河中下游能超过百万平方米的遗址也是凤毛麟角。

中国考古遗址从龙山时代的“满天星斗”，到二里头时代形成了“月朗星稀”的格局，并非自然演变，而是血腥的杀戮造成的。从夏后相到少康复国，再到后来的夏后胤甲，夏王长期活动在豫东地区，与东土集团持续进行博弈，争夺中土的控制权。这次夏朝中东部混战的结局，是整个黄河下游的大崩溃，是中原与山东两大板块的两败俱伤。

从太平遗址的使用年代持续至夏朝最后的几十年，姒姓莘国更是延续到晚商时期来看，中土集团与东土集团厮杀的同时，西土集团的震荡或许要小一些。经历了夏启时代两次讨伐西部的战争，西土集团的贵族势力、西土势力与夏朝的关系均得到巩固。崇国、莘国作为同姓之国，毕竟都是姒姓宗亲，在外敌当前这种颠覆性的时刻，至少是亲夏的，大概率仍支持夏朝。他们不在西方给夏后氏添堵，却趁机加强独立性。毕竟，虽为同祖的同姓之国，但中土夏文化与关中客省庄文化到底还是有明显差别的。西土集团只能优先自保。远距离的“勤王救驾”，恐怕对当时的城邦、部落国家而言，仍是比较困难的，而且利益驱动不大。当时的王朝统治，与其说是搞内政，不如说是搞外交。这种条件下，想从关中到胶东发动上千公里距离间隔的方国大战，本身就只有王朝国家的动员能力才能做到。西土集团的水平显然不够。

而山东地区的东土国家之所以可以冲击夏朝，是因为龙山时期与夏纪年范围内，中国大地步入铜石并用时代——青铜文明的前夜。山东、甘肃是夏代以前出土铜器遗存最多的两大高地，比中原都多，尤其在兵器领域。分布于这两地的可能就是戎与夷两大族群，是可以比肩诸夏联盟的强大势力。

傅斯年先生曾提出过夷夏东西说，认为上古时期，中原以西是夏文化族群，中原以东是夷文化族群。山东龙山文化就被认为是东夷族群创造的文化。后来夏、商、周持续挤压东夷的生存空间。到西周时，东夷变成了淮夷、东南夷、南夷，至西汉时，最终成了西南夷。冯时先生认为东夷就是商代甲骨文中的“人方”，他还用古彝文释读出了山东丁公龙山文化遗址出土的文字。夷族曾经创造过辉煌的文化，曾在北方长期与夏人分庭抗礼。他们最终迁徙到西南，成了如今的彝族。甚至今天彝族的一些方言中，仍然称汉族为“夏”。戎、夷等词虽然在后世是对少数民族或外族的称谓，但在当时应是对陕甘与山东两大与夏比肩的强大文化族群的称谓。

因此，太康失国这一事件，其实就是东方的制铜大族——东夷，对中原夏王朝发起的挑战。这背后是生产力水平发展到族群间技术落差出现，是石器时代与青铜时代之交的数千年未有之大变局。

朝，最开始，就是诸侯都去朝见哪个国君，哪个国就是朝。按文献所讲，夏是第一个自称或被继承者商周称为“朝”的存在。它是“朝”这个概念的首创者。但夏与商周的国家结构和王朝形式可能发生过大幅改动。如果我们非要要求最早称“朝”的夏符合我们后世理解的王朝形式，未免以今度古。

从考古来看，在文献记录的有夏之居发现的二里头遗址，是最早的广域王权国家。即使各种争议繁多，总有一条共识性的推测，即二里头遗址最有可能是晚夏都城，而且是夏朝最后一个都城。中原龙山文化考古成果非常丰富，但并没有发现晚夏之前的夏代遗址有二里头那种广域王权的迹象。那么，反过来看，二里头之前的夏朝存在了那么长的时间，就只有晚夏是广域王权国家，夏朝前中期不是广域王权国家。

前中期的夏朝应该还处在与尧、舜、禹时代相同的城邦联盟的状态，夏国这个核心仍然是实力强大的邦国。正是因为早夏仍然保持着联盟的特点，所以考古信息上才很难像对二里头晚夏那样，把这个共主夏朝轻松地识别出来。龙山时代的古遗址是“满天星斗”，邦国林立，没有绝对的中心。这说明，即使早期夏国是最强大的国家，也不是强大到独步天下，对其他国呈现碾压性控制的存在。早夏到中夏，夏朝可能仍只是万国之首，而不是万国来朝的王朝。

面对其他先进技术族群的进攻，居中的夏后氏无法平衡东方与西方，就会失国。后来的夏后氏长期在豫东一带活动，是重新争取东土集团的支持，大概也是在着重吸收东方的制铜技术，后来终于实现少康复国。

夏朝失国这段时期，西土亲族力量应该是没帮上什么大忙。但在夏后氏与东土集团的后羿及寒浞势力持续斗争时，西土集团也没有给夏后氏捣乱，应会给在东边奋战的夏朝一定的侧翼与后方支持。

太平遗址的使用时间延续到夏朝晚期，应该是抵挡住了王朝前期这波大崩溃的冲击。当然，其间太平遗址的统治集团是否出现什么变数，客省庄二期文化是否跨越整个太平遗址时间范围，还是要等未来遗址发掘更深入后，交给专业的考古工作者来解答。姑且当作在这次王朝大崩溃中，崇国是挺住了，延续到西周的莘国也挺住了。不过面对这场大冲击，西土的姒姓国家纵然能抱团取暖，但一些外姓国家似乎挺不住了，比如邰国，也就是姬周的祖部。

（二）姬姓先祖公刘渡渭

邰国君主是朝堂上的重臣，姬周的第二代祖先后稷弃的儿子——不窋。太康失国，导致夏朝突然亡了。不窋失去了身为王朝公卿的身份，没有了王朝的庇护，加上夏启在关中进行两场镇压战争时他应是持支持态度，可能崇国、莘国等姒姓国家也并不怎么待见他。

邰国的位置，和后来的姬姓周国仅有六十里之遥。这一带本身就是周人的祖居地。当时也有一个鄅国，是黄帝时期分封的。但现在通过一些考古信息推断，商代的姬姓周人从豳国迁到岐山周原之前，这里原先的周国统治者很可能是妘姓周氏。妘姓是东方大姓，后羿、寒浞等篡夏的君主都是妘姓。妘姓在西土比较罕见。那么结合太康失国，妘姓代夏的这段历史，有理由推测妘姓周国就是在夏朝崩溃时，在东方妘姓后羿、寒浞等势力的派遣下入侵了古鄅国，成为妘姓夏后在西土的同姓据点方国。当时的鄅国具体位置也在关中西部。妘姓入侵鄅国时，鄅国的邻国应有邰国。因此邰国很可能就是被妘周所灭。后来商代时，作为邰国后裔的姬周，才又重新回到关中。

太康失国这段崩溃期，显然姒姓国家熬住了，而异姓的不窋却被迫率领族人离开邰国，迁徙到“戎狄之间”。由于后稷是夏禹的亲密战友，是夏王朝的世袭重卿，所以他们即使远离了关中，身处戎狄间，仍然坚定地自称为夏人。

夏朝建立大约半个世纪后，距今约四千多年前，邰国的后稷不窋因亡国而身份坠落，向北方的黄土高原一带迁徙。邰国后裔在戎狄之间的历史，连后来的西周王朝自己的记载都非常模糊。不过邰国亡国后，与夏朝血缘关系越来越远的崇国与西土诸国承平日久，和夏朝的唇齿关系也渐渐变得不可靠，全然不知西土集团的大崩溃，只是相对于中土集团与东土集团而言来得稍晚一些。到了夏朝后期，崇国太平古邑覆灭的危机正在悄然临近……

> （帝少康）三年，复田稷。后稷之后不窋失官，至是而复。（《今本竹书纪年》）

少康筹谋复国时，邰国后裔一度恢复了世袭稷官的职位。少康为了复国，必然是要拉拢有邰氏这样一个有重要渊源和情谊的部族盟友，哪怕邰国后裔已经在黄土高原一带立足，建立北土国家。当时黄土高原的气候环境比后来要优越很多，有榆林石峁遗址、延安芦山峁遗址等超大型城址的盘踞，说明当时的陕北地区有多股强大邦国势力的存在。当时的陕北高原不失为一片繁荣富饶的区域。

但夏代晚期，黄土高原的气候急剧恶化，作为最擅长农业的农师之国，有邰氏终究还是想回到土地肥沃又风调雨顺的关中平原，坐拥雍州上上等级之黄土土壤，重新开展农业。率领他们南下回迁关中的领袖，就是姬周的又一位重要先祖——公刘。

> 夏道衰，而公刘失其稷官，变于西戎，邑于豳。其后三百有余岁，戎狄攻大王亶父，亶父亡走岐下，而豳人悉从亶父而邑焉，作周。其后百有余岁，周西伯昌伐畎夷氏。后十有余年，武王伐纣而营洛邑，复居于酆鄗。（《史记·匈奴列传》）

《史记·周本纪》记载公刘是不窋的孙子。但从时间上推算，从夏朝建立时的后稷到周文王姬昌之间，先周一千年的时间只传了十五代，每代人至少要在位六七十年。这显然极不合理，这个世系序列中间必然漏掉了一些先周君主。再结合《史记·匈奴列传》中，公刘建豳国到古公亶父建立姬周，是三百年到四百年之间。如果公刘在位数十年的话，对应的应该是夏朝灭亡前后。

太康失国，邰国灭亡，不窋及子孙北上，到公刘建豳，不窋与公刘二人至少也差了二三百年的时间。因此《周本纪》所载公刘是不窋之孙明显不对。这段历史由于邰国后裔迁往戎狄而不清不楚，记载应该有误。《古本竹书纪年》残存一句“不窋之鼻孙”，《汲冢纪年存真》认为在讲公刘是不窋的鼻孙，也就是六世孙，笔者觉得这个时间和辈分应该差不多。因此，公刘所处的时代，更可能是距今约 3600 年前的夏朝灭亡前后，这样就与《史记·刘敬叔孙通列传》中刘敬所指的“公刘避桀居豳”的时间大致对应起来。

> 公刘虽在戎狄之间，复修后稷之业，务耕种，行地宜，自漆、沮度渭，取材用。（《史记·周本纪》）

《诗经·大雅·公刘》记载，公刘在建立豳国后，“涉渭为乱，取厉取锻，止基乃理”，“乱”是横渡河水的意思。这句话是讲公刘进入关中并横渡渭河，到渭河南岸攫取各种自然资源。

> 公刘居于邰，而遭夏人乱，迫逐公刘，公刘乃辟中国之难，遂平西戎，而迁其民邑于豳焉。（《毛传》）
>
> 后桀之乱，畎夷入居邠、岐之间。成汤既兴，伐而攘之。（《后汉书·西羌传》）

《毛传》称公刘自邰国迁豳并不准确，公刘应是自戎狄迁豳。这派史家之所以认为公刘以及此前的邰国后裔在关中，是因为他们无法解释公刘如果不在关中，又怎么会跑到渭河南岸攫取资源。但公刘本身就处在夏商之交的混乱局面下，史载夏桀时期，畎夷等西戎族群已经进入关中平原，居住在豳国与岐山之间。因此，公刘此时趁乱南下，并渡过渭河到南山大量攫取材用和资源。但公刘未能成功在关中扎根立国，而是回到关中以北，依靠这些攫取来的资源在黄土台塬上建立豳国。

公刘渡渭，西戎进入关中，说明此时关中固有的秩序已经崩溃。崇国和昔日的夏朝西土集团，恐怕已经覆灭。

有关公刘建豳的这段史料，其实埋藏着一个很大的谜团，就是漆沮水到底是哪条漆沮水。由于周人在关中地区多次迁徙，所以地名的重讹现象较为严重。仅与公刘沿着的漆沮水同名的河流，关中就有不下七处之多。而梁山这个地名，也有关中西部乾县的梁山，和关中东部的黄龙山脉古称之梁山（在渭南韩城一带）。由于后来的岐山周原地望是确定的，彬州（豳州、邠州）

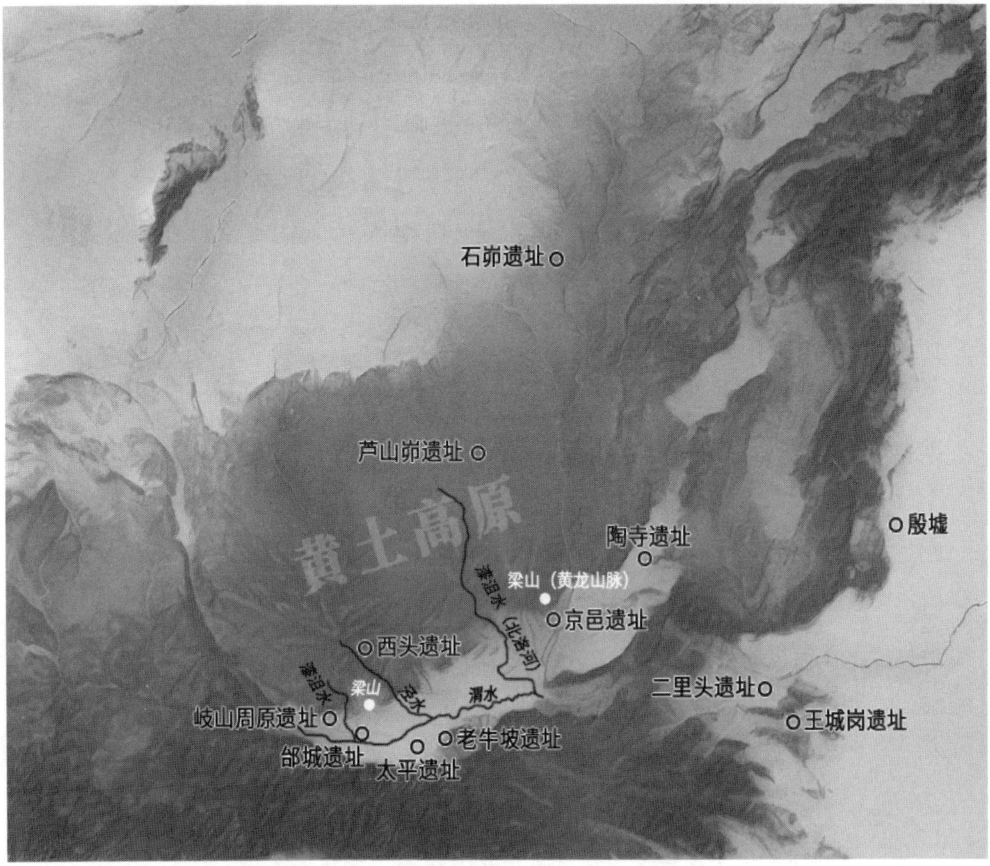

图 15 或与周人祖先迁徙相关的夏商周遗址分布

地名与部城遗址也流传至今，所以后世普遍认为漆沮水是关中西部的漆沮水，梁山是乾县的梁山。

但《禹贡》中的漆沮水却在泾河以东，加上《周本纪》记载周太王放弃豳国流亡之时，行走路线为“度漆沮，逾梁山”，《禹贡》《诗经》中的上古梁山是“奕奕梁山，维禹甸之”的关中东北部山脉，即今天的黄龙山。那么挨着梁山的漆沮河，也有可能是今天关中东部的漆沮河，即北洛河下游。因此，公刘沿着的漆沮水，也很可能是关中东部的漆沮水与韩城梁山。

陕西韩城陶渠遗址的考古发现，证明韩城一带最可能是西周的畿内诸侯国京国所在。从紧邻晋国所在的晋南盆地的位置来看，也是清华简《系年》中，周平王被晋文侯拥立时所处的“京师”（非后世首都之意）所在。《诗经·公刘》中记载有“乃觏于京”“京师之野”“于京斯依”等诗句。“京”“京师”在先周甚至西周时，其实是一处地名，而这个地名就在豳国境内。因此，韩城陶渠遗址的西周京国以及西周“京师”之发现，无疑为豳国地望提供了另一条重要线索。

现有证据仍无法推翻流传两千多年的旬邑与彬州为豳国地望说，但豳国地名在关中东北方向的韩城附近出现大量重复，这只是巧合吗？《史记·周本纪》中，周武王伐商之后，先“登豳之阜，以望商邑”，然后才回到周都。豳之阜，就是豳之丘，意为已经成为废墟的豳墟。如果豳墟在韩城陶渠遗址附近，这条西归路线就显得更加合理。而武王在豳国遥望商邑的方向与距离，也显然比在旬邑遥望更合情理。

> 笃公刘，于豳斯馆。涉渭为乱，取厉取锻，止基乃理。（《诗经·大雅·公刘》）
>
> 公刘卒，子庆节立，国于豳。（《史记·周本纪》）

那么，豳国到底是在关中西北方向的陶渠遗址，还是关中东北方向的旬邑西头遗址？其实，豳国很可能也发生过位置变动。公刘建豳和公刘的儿子庆节“国于豳”，很可能是两次事件，没有一般认为的那么简单。

> 公刘从漆县漆水南渡渭水，至南山取材木为用也。（《史记正义·周本纪》）

如果公刘此前建立的豳国是在关中东北部，那么从公刘的路线上来讲，

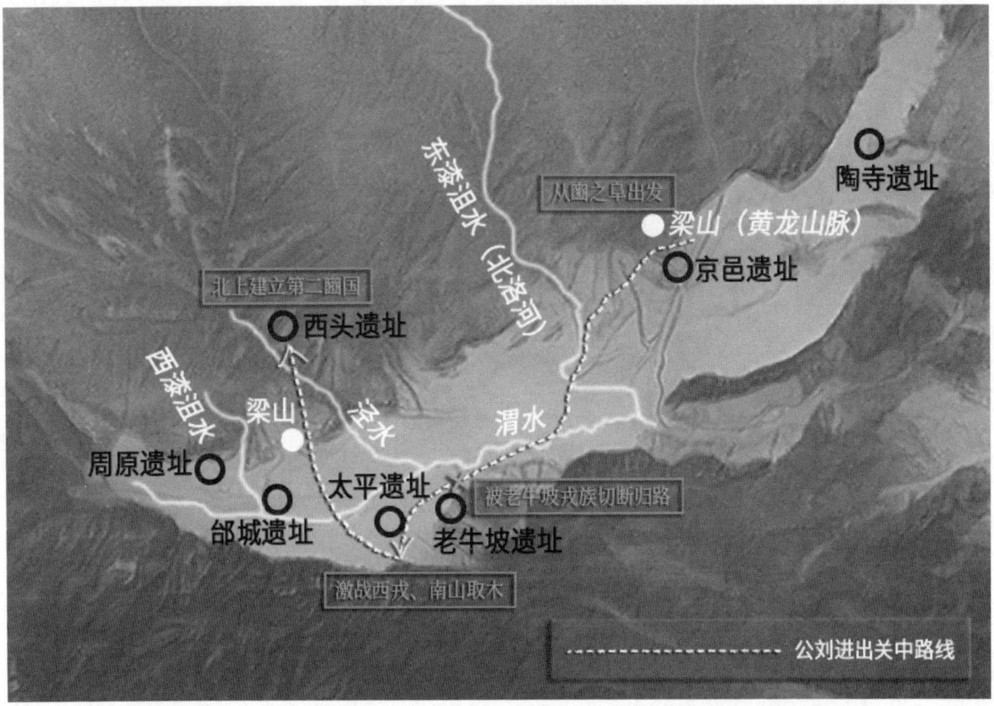

图 16　公刘进出关中渡渭路线猜想

公刘很可能是从关中东北部的黄土台塬一路南下，经过了漆沮水与梁山，从渭南或临潼方向渡过渭河，然后向西沿着白鹿原头，来到西安所在崇国区域，进入终南山，也即南山攫取资源。

太平遗址在距今约 3700 年前覆灭。公刘所处的夏末是距今约 3600 年前，此时崇国已成一片废墟，夏代崇国已经灭亡。公刘可能试图进入关中讨伐占领崇国的西戎，前往渭河南岸的关中南山一带攫取资源，带走了崇国的遗产和部分有崇氏后裔，回到北方建立豳国。这很可能是《毛传》中公刘“平西戎”的一场战役。夏桀时，“畎夷人居邠、岐之间”，已经进入关中。公刘来到夏代崇墟，会遭遇夏崇太平古邑覆灭后一个西安当地最强大的势力。这个势力很可能就是灭亡夏代崇国的刽子手，是齐家文化东进后留下的畎夷，也就是大戎的一支。它就盘踞在白鹿原头的灞河边，公刘行进路线的必经之路上。

公刘虽然越过了这支盘踞在西安东部的强大势力，到达了夏崇之墟，但这支势力在公刘的身后，截断了公刘原路向东返回豳国的道路。公刘只能向关中西北方向继续行进，最终到达旬邑一带继续经营，最终死在这里。司马迁于是记载了公刘的儿子庆节继位后“国于豳”，很可能是在旬邑一带建立新的豳国，而东北方向的公刘的故豳国，则成了豳之阜，即废墟。也就是说，公刘渡渭之前的公刘之豳国，和公刘渡渭之后的庆节之豳国，很可能是两个豳国。

这支阻拦公刘的西安的强大势力，到底是谁呢？它为何能灭亡崇国太平古邑？

（三）西土社会大崩溃

约 3700 年前，夏代崇国太平遗址的生命走到尽头的这个时间点，夏朝突然发生了胤甲、孔甲迁都西河的事件。当时的夏后氏已经重新制霸关东，进入全盛时期，夏代的两位帝王为何突然出现在西方？

夏朝都西河的时间可能很短，是临时性的。这个“都西河”的时间点，恰好与西土的太平遗址废弃，二里头遗址即将成为都城，处在同一阶段，显得颇为微妙。想要接近太平遗址的覆灭真相，就离不开对夏朝晚期命运的大背景推演。想要接近夏朝的命运走向，则绕不开夏代后期都城二里头遗址所透露出的历史信息。这里对夏商的年代问题做出一些设想。

根据《夏商周断代工程报告》的推定，可知夏代时间范围为约 4090 年到 3620 年前。然后，我们看一下二里头的年代范围（见表 2）。

二里头文化一期是距今约 3770 年到 3700 年。这个阶段的二里头已经达到一百万平方米的面积，成为伊洛地区的中心，是较大的区域中心聚邑。但

表 2　龙山晚期至夏商遗址使用时间推测

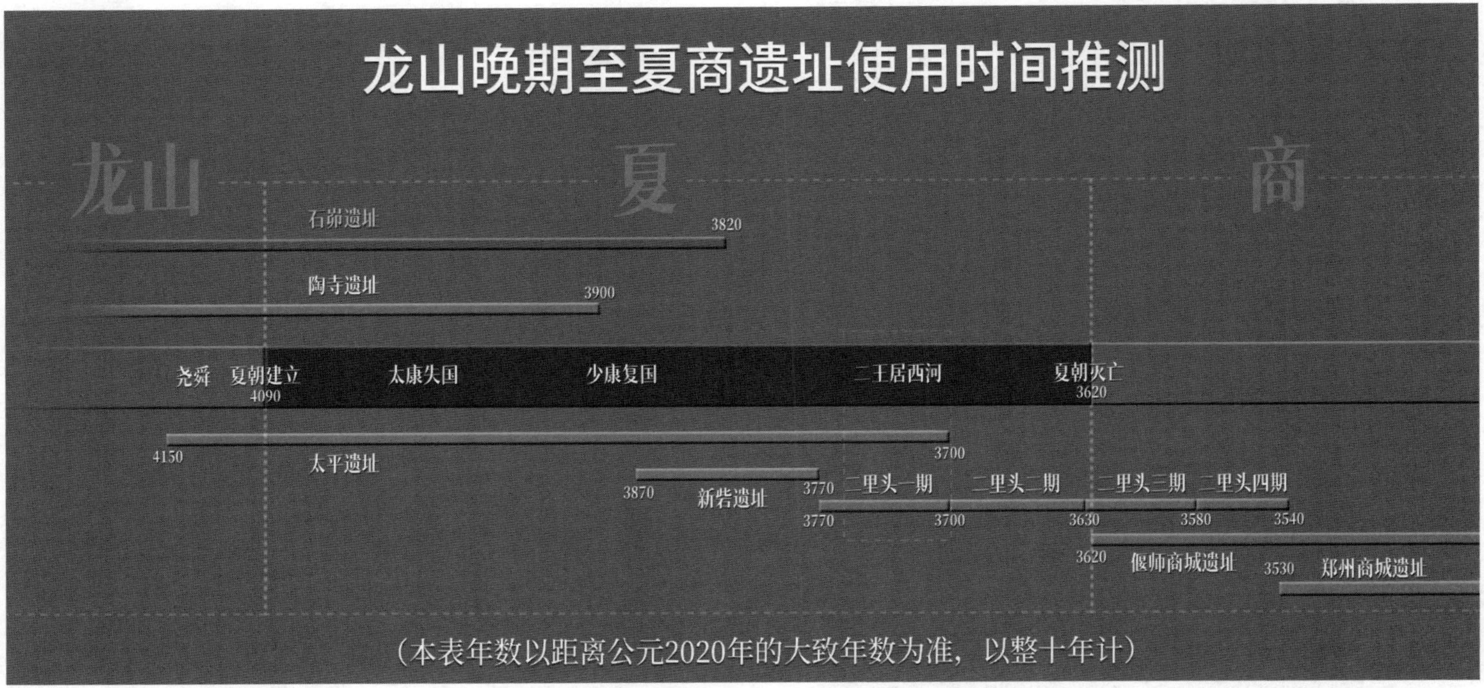

图 17 关中、亚南与环嵩山的主要夏商时期遗址

这个时期从多方面规格来看，二里头遗址还未达到广域王权国家都城的规格。

二里头文化二期距今约 3700 年到 3630 年。这个阶段的二里头的面积已经达到三百万平方米，进入全盛阶段，宫殿区得到开发，显然已经是广域王朝都城的规格。

二里头文化三期是距今约 3630 年到 3580 年。这个阶段仍保持着都城的规格，更加奢华，青铜礼器开始出现。可是二里头三期与二期相比，建筑格局、形制与宫殿区功能发生了重大变化，并且兴建了宫城城墙，将宫城与居民区隔离开，城市布局出现剧变。

另外值得注意的是，大致就在 3620 年前到 3580 年前之间，与二里头文化三期大约同时期，距离二里头几公里之遥的偃师商城已经开始兴建。也就是说，当二里头夏文化进入三期时，商朝文化就已经深入夏朝的核心禁区，夏都之侧。这个时间点是夏商周断代工程推测的夏商之交。考古界对于偃师商城遗址与偃师二里头遗址的关系一直众说纷纭，认为夏朝的都城与商朝的都城距离如此之近很难解释得通。但有一点达成了普遍共识，就是偃师商城应属于较纯粹的商文化，而且与二里头以及后来同时期的郑州商城遗址相比，其规模较小，更偏重于军事作用。偃师商城对三期以后的二里头来说，更像是一个在卧榻之侧、具有极强震慑力的监视者。

二里头文化四期的时间范围是距今约 3580 年到 3540 年。这个阶段的二里头在前段仍然繁荣发展，后段逐渐衰落，走向废弃。旁边的偃师商城则继续持续使用了一百多年。但在约 3530 年前，郑州商城已经兴建，几乎与二里头的废弃时间衔接在一起。郑州商城最终取代了二里头，成为王朝都邑。

二里头有多长时间是夏文化，学术界有诸多观点，争议颇多。包括二里头一期为夏，一、二期为夏，一、二、三期为夏，四期全部为夏，等等。

夏商周断代工程对夏、商年代的划分，支持二里头一期、二期为夏，三期、四期为商的观点。如此，则二里头二期为夏朝后期都城，三期像明清之际的北京城一样，商汤与夏桀在鸣条决战，而夏都二里头则被商国和平占领，成为夏、商两朝都城。

商汤入主二里头之后，并没有毁掉二里头，而是在二里头的旁侧修建了一座军事性质的辅都。二里头若是夏桀之都斟鄩，那么这座偃师商城应该就是西亳。商汤保留了夏社，二里头依然依靠成熟的城市基础设施作为统治天下的中心，对夏遗民采取怀柔招抚政策，却改变了二里头原来的宫殿区格局，兴建宫墙以加强宫殿区对外城的防卫作用。商汤实行两都制，在二里头与紧邻的偃师商城之间往来。二里头作为商初都城又兴盛了近百年的时间。其间，伊洛夏国一带的贵族伊尹成为几代商王的佐政大臣，不仅能够拥立商王太甲登临大位，甚至还一度软禁太甲，自己摄政当国。二里头衰落之后，商文化迅速壮大，商王便迁都到了新建成的郑州商城，摆脱了故夏贵族的掣肘。郑州商城原本对应冀南、豫北的先商文化——下七垣文化之北亳，称为南亳，扩建后则对应洛阳偃师商城之西亳，称为东亳。但后世因商朝后裔获封于宋，遂将宋国讹称为南亳，造成了南亳在商丘的历史误会。这样，基本可以厘清

图 18 老牛坡遗址、东龙山遗址与太平遗址

几座都城间的关系。

浅析完夏朝晚期命运的大背景，再看西土。太平遗址兴起于约 4150 年前，废弃于约 3700 年前。二里头进入二期恰好也是约 3700 年前。也就是说，二里头成为都城规格的时间点，恰是太平遗址覆灭之时。

太平遗址在西安西部，这时候西安东部还盘踞着一个关键的古遗址，它就是公刘从东路南下想要讨伐的西戎、畎夷人，灭亡太平遗址之崇国的最大主犯，即此时正属于齐家文化的老牛坡遗址。

老牛坡遗址的文化属性经历过多次变化。从客省庄文化到齐家文化，再到晚夏二里头文化，后来又成为早商二里岗文化，统治集团更换频繁。但恰恰是太平遗址这个邻居反而能够给我们一个关于太平遗址命运的线索，让我们能够猜想是谁灭掉了太平遗址崇国。

老牛坡地处白鹿原与骊山之间的灞河谷口，是齐家文化东进后，迅速替代原关中客省庄土著文化，霸占该聚邑形成的齐家文化在关中的第一个据点，它是一支初来乍到的新锐势力。西安东南部的古道上，与老牛坡遗址对应的灞河—丹江一线另一边的商洛东龙山遗址，与老牛坡同为一个文化性质，应是老牛坡齐家文化在进入关中的商丹盆地内设置的又一据点。齐家文化很可能是从汉江流域东进后抵达商丹盆地，然后从丹江与灞河一线进入关中。同时，老牛坡集团在蓝田县附近也占据了一些小遗址。

老牛坡遗址在夏代前期属于客省庄文化，规模原本并不大，但其客省庄文化的陶器器型传统后来忽然突变为老牛坡传统，可见齐家文化对关中崇国的客省庄文化已经发动了攻势。崇国面对的这个主要敌人，齐家文化，正是来自当时另一大铸铜高地甘肃东部地区。齐家文化灭亡崇国，是继东方铸铜大族东夷集团，在东土掀起第一波王朝危机，导致太康失国后，西方铸铜大族西戎从西土掀起的第二波夏王朝危机。齐家文化可能对应着当时的西戎强国，已经开始大量使用铜制兵器，技术远比作为夏朝西部屏藩的客省庄文化崇国更为先进。“戎”字本为兵器、军事之意。华夏以“戎”称之，说明西戎武力强大。

当陇西的铸铜族群围困崇国时，承平日久、长期依赖于夏朝大树庇荫的崇国，在石器时代升级到青铜时代的大变局下，技术上逐渐落后，末日已然来临。西部出现此等重大变故，此时是夏后胤甲在位。他为了救这个夏朝在西土的核心盟友，被迫临时迁往关中，定都西河，支援崇国。

齐家文化的西戎与华夏共主夏后氏，以及垂死挣扎的客省庄文化西土集团，三方势力的大会战于此展开。结局是崇国灭亡，夏朝的西土秩序大崩溃。夏朝壮士断腕，大幅切割西部势力范围。但齐家文化显然也没有达到预期的目标，没能完全坐定关中为自己的势力范围，因为老牛坡集团改换了门庭。

太平遗址毁灭后，夏王朝对关中大部分地区尤其是核心腹地的统治就算结束了。老牛坡遗址并没有遭遇太平遗址那样的毁坏，反而规模迅速膨胀，成了后太平时代的西安乃至关中的最大遗址，把晚夏的二里头文化成功阻挡在华县以西，划定了势力界限。从结果上看，老牛坡是第一大既得利益方。

但是文化属性上，老牛坡集团原本是齐家文化。如果是夏朝和崇国胜利，那么即使太平遗址毁于战火，老牛坡遗址也应该去除齐家文化属性，恢复客省庄文化或者转向二里头文化。如果是齐家文化胜利，则应继续将齐家文化整体向东引入关中。可老牛坡遗址既不是恢复客省庄文化，也不是继续延续齐家文化，更不是成为二里头文化，而是在保持自身文化独立性的前提下，部分引进和吸收二里头夏文化。这意味着，老牛坡集团臣服于二里头夏文化，又不完全臣服于二里头夏文化。老牛坡与东龙山这两座老牛坡集团的核心聚邑沾染了二里头的文化元素，但其色彩并不鲜明，严格说应该叫作亲二里头文化的老牛坡文化。

显然，老牛坡背离了自己出身的齐家文化，选择在保持自主性的同时，拥抱二里头文化，选择了固有的中原秩序，不再与夏朝继续对抗，试图巩固既得利益。这个老牛坡集团，既不是崇国，也不是夏朝，在进入关中之后与齐家文化也发生了脱节，应该形成了一股独立的力量。

夏朝割去关中西土，难道会就此罢休吗？

（四）孔甲的乱政与改革

考古发现，夏代早期并没有一个像二里头文化那样的广域王权国家的存在，而是邦国林立。那么，夏代中后期一定发生了一次制度剧变，才逐渐形成了二里头广域王权国家。这样震撼世人的时代变革，文献中会没有一点蛛丝马迹吗？

在关于夏朝的传世文献中有一个现象，那就是史料对夏朝历任君主的记载，从夏禹、夏启建立国朝，到太康失国，又到少康复国，内容篇幅还算比较多。但少康复国之后，对历任夏王的记录就成了通常被一笔带过的流水账。直到夏后孔甲，史料对他的记载突然多了起来。而且除了对他的负面评价外，还有一些比如孔甲豢龙、养子断足等让人看不出是好是坏，摸不着头脑的事件。但从记述篇幅上来说，孔甲时期的夏朝君王的记录显然大幅增加了，意味着又出现了一些大的变局。

太平遗址毁弃，夏朝西部社会崩溃，是西戎啃肥肉，咬掉了夏朝的西土。夏朝虽然没能挽救崇国，却可能获得了老牛坡势力的顺服，让其在夏朝与齐家文化间做缓冲国度。夏朝在名义上应该是继续做西部新秩序下的共主，只是失去了对西土的实质影响力。这背后必然有夏朝的妥协。这个决定壮士断腕、舍弃西土的夏王，应该是孔甲。

按《古本竹书纪年》记载，胤甲在位四十年，后期迁都到西河。太平遗址的废弃时间，应该是在胤甲、孔甲都西河时期。这段时间不长，是胤甲晚年和孔甲继位初。

显然胤甲坐镇西河，其路线主张是救崇国。但西安东部的老牛坡切断了西河与崇国之间的通道。远来关中的夏后氏只能驻跸西河，与齐家文化势力、老牛坡集团作长期对峙。老牛坡集团顶住胤甲的压力，最终灭亡了崇国，夺取了崇国的地盘。

夏朝东线的压力应该也在增大，因为商国这个新晋的青铜大族也在冉冉升起。胤甲没能平定齐家与老牛坡的入侵，把援崇之役打成了长期消耗战，本人还死在了西河。他的堂弟孔甲趁机上位，继位后全面推翻了堂兄的路线主张，决定招安老牛坡集团。这次堂兄弟之间的传位，既不是父子，也不是亲兄弟，背后肯定伴随着朝堂上的激烈斗争。老牛坡集团也是很务实的，接受了孔甲这种互有妥协的招安。胤甲作“西音”，而孔甲巡幸东方后作“东音”，彻底放弃西部与崇国，回迁中土建设都城二里头，以全力应对东土的压力。

3700 年前，夏朝无法挽回的那场西土社会大崩溃中，虽然崇国太平古城覆灭，但毗邻西河城的姒姓莘国，以及二里头文化类型的华县南沙村遗址等据点应该都保下了。这背后应是新西土与夏朝的势力划界协议。夏朝的西部疆域于是缩到了黄河西岸，不再深入关中腹地。中土与西土间的要道门户，夏朝总算是守住了，放弃西土不至于牵连中土全盘崩溃。

《史记·夏本纪》评价孔甲为“帝孔甲立，好方鬼神，事淫乱。夏后氏德衰，诸侯畔之”，称之为“孔甲乱政”。孔甲时期夏朝衰落应该是当时公认的，这恐怕与太平遗址覆灭有关。孔甲不救，或无法挽救，大量西土盟国看到共主放弃西土，于是脱离夏王朝。这一次西部大乱，西土的铁杆盟友昆吾国也东迁至中土。因此，崇国败亡后，虽然老牛坡占据了关中资源，但走妥协路线的孔甲也把关中能带走的人口和资源尽可能带走了。从考古上看，二里头时代的洛阳盆地聚落总数量相比此前增长了两成，聚落总面积增长了八成，这意味着人口的大幅激增，明显需要大规模外来移民才能实现。二里头的兴建时间距离第一次太康失国的大动乱已经很远，那么这次大移民，大概率源自毁灭太平遗址的西部大动乱，是从西边补进人口。

清华战国竹简《厚父》记载有“王乃竭失其命，弗用先哲王孔甲之典刑”，由于断句有争议，有学者认为“先哲王孔甲”连读，孔甲就是文中再造夏朝的“哲王”。有学者认为孔甲另起一句，“弗用先哲王，孔甲之典刑”，孔甲不是哲王，而是昏君。后世对孔甲的评价也似乎呈现两极化，有说他是明君的，有说他是昏君的。但至少《厚父》提供的明确信息是，孔甲是一位主张严刑峻法的夏王。

《左传·昭公六年》记载：“夏有乱政，而作禹刑。”夏朝有三次乱政，太康失国是亡国，夏桀亡国也是亡国。只有孔甲这次乱政不是亡国，而是需要制定刑法。夏朝的刑法《禹刑》可能对应着孔甲乱政时期，是孔甲所制定。他的在位时间与二里头成为都城的时间接近。

以二里头二期作为夏朝都城的时间，是七十年左右，这与夏朝最后四任君主，孔甲到夏桀，时间上基本能对应吻合了。孔甲回到中土后，面临的是大量西土移民与中土本地居民间的土地矛盾。他需要兴建二里头都邑以重新加强夏国实力，以及巩固西河防线，防范齐家文化再次东进，可能还有东土的商国崛起的压力。在西部崩盘后，夏朝势力版图大幅折损之后，不仅是崇国灭亡，还有陶唐氏的刘累东逃。晋南是尧、舜故国，文明高地，是大禹所建夏王朝重要的基本盘。尧的后代刘累东逃，说明夏朝在晋南的贵族开始背离夏朝，转投商国势力。面对东西方两大铸铜大族崛起的压力，孔甲首先要解决的是如何强国的问题。孔甲选择了与后世商鞅相同的做法，重"典刑"，其实就是加强集权。

自孔甲始，二里头时代的夏朝在崇国灭亡后进入青铜时代大变局的激荡时期，面对越来越大的形势压力，由此前邦联性质的松散联盟，着力进行广域王权国家的集权化改革，构建新型央地结构和体制，形成早期的广域王权国家。

这就是早夏、中夏万邦歌颂，但在考古上却始终没有发现这期间夏朝形成一个广域王权国家的原因。人们歌颂太平时期松散联盟的宽和，它却无法在生产力大发展时代，一次次的天灾人祸与社会崩溃中拧成一股绳，集中力量抵御大敌、办成大事。

面临大变局，孔甲实行集权化改革，严刑峻法之下，受到被限制与被触犯地方利益的贵族们的普遍指责与污名化。但二里头却成了同时代一骑绝尘般的都邑，在诸夏邦联的中心区域形成了夏朝前三百多年不曾有过的中国历史上第一个广域王权国家。

从这个角度说，是孔甲丧失了西土的大部分联盟势力范围，所以他被贬低。尤其是经营西土的周朝更要贬低这位丢失西土的国君。但孔甲依靠集权改革，改变了松散联盟，开创了中国第一个广域王权国家。这次集权改革，在经历了中土、东土与西土两次社会大崩溃后，支撑夏朝继续前行了半个多世纪之久，所以又有人赞美孔甲。《厚父》描述了商朝人对孔甲的评价，商朝继承了这个广域王权国家，所以称孔甲为哲王，这是对前朝法统的继承。

可后世凡是搞集权改革之人，哪个不是毁誉一身、充满争议？这就是强化秩序的代价，孔甲也不例外。人类在技术领域不断进步，但在社会领域，在收权与放权、集中与分治之间，人类自始至终都在反复探索新平衡。一抓就死，一放就乱，是人类亘古不变的政治命题。这一命题也是倒逼人类螺旋进步、震荡上扬的社会发展曲线之动力。要想在这个历史天平摆动中有效地弥合社会撕裂，需要先进的文化作为黏合剂，用文化来影响每个个体与集体的潜意识，让大家明白每个人的权责，各司其职，互相支持。

政治改革作为软件，固然可以为硬件升级换代争取时间，却依然无法取代硬件实力的决定性作用。国家最终能否生存下去，还是要靠技术与生产力说话。二里头二期末期之前的夏朝，仍然没有出土青铜礼器。直到二里头三期的商朝，青铜礼器才横空出世。商朝重新武装了中原，在技术上把诸夏联盟彻底拉进了青铜时代，维系了中原在东亚文明中的核心地位。青铜大变局终于结束了，一个豪放洒脱、精美绝伦的青铜时代开始了。

从孔甲开始，夏朝的势力范围迅速缩小到了关中东部边缘。老牛坡表面上奉夏后氏为共主，实际上可能在全力整合关中残余的客省庄文化力量，以坐实西部霸主之尊，不让二里头文化进入华县以西。结果就是，晚夏二里头文化进行集权升级以应对青铜时代的周边压力，开始整合汇流内部各方国文化时，其没能伸入关中腹地。老牛坡两边通吃，控制了夏朝与齐家文化间的西部廊道和商路，顺便摆脱了西戎标签。它名义上接受夏后氏为共主，实际上自行其是。

此时，始终作为新石器时代主要文化核心区的关中地区，在晚夏的西部大崩溃中，在多方撕扯下被掏空了；在夏朝最后百年，迟迟难以恢复元气。直到夏朝灭亡，商朝建立。

商汤建立商朝后，对关中的西戎“伐而攘之”，老牛坡遗址自始至终都是商王朝在西部的重要据点、宗亲国家、铁杆方国。西安自此成为商朝这个广域王权国家的一部分。在商王的扶持下，老牛坡遗址最终发展为超过一百万平方米的规模体量，是商代前期西安与关中最大规模的商代遗址。老牛坡遗址更是在二里头三期文化之后，或主动或被动地彻底转型为商人的二里岗文化，成为商朝在西土的坚实据点。

当夏王朝走到尽头之际，齐家文化也衰败了。商朝取代夏朝，是东方的青铜技术大族灭亡了水利技术大族，用青铜重新武装起中原地区，阻止了西北方向的青铜大族进入中原。夏代的崇国被灭，在改朝换代后，商代的崇国又是谁建立的呢？

第四章

商：商代崇国寻踪

临冲闲闲，崇墉言言。

……

临冲茀茀，崇墉仡仡。

夏朝完成了世袭制王朝国家的建立，又初步完成了广域王权国家的新型地缘格局构建。商朝则需要进一步依靠金属冶炼技术革命，扩大这个广域型国家。在这个过程中，关中平原作为西土的重要板块，也开始迅速吸收制度革命与技术革命的成果，成为商王朝的重要支撑板块。

（一）从商代崇国建立说起

商代晚期的关中，主要是西部的周国与中部的崇国两个国家的博弈场。其中，周国是商朝的挑战者，而崇国是商朝的拥护者。

结合《竹书纪年》与《史记》两本书的记载，在商纣王“大蒐于渭”，前来关中渭河流域视察的这个时间点，崇侯虎向商纣王告发西伯昌私下培植西土势力，于是商纣王将西伯昌囚禁。后来，西伯昌向商纣王献上洛西之地，也就是北洛河西岸的土地，纣王才释放西伯昌，并向西伯昌出卖了告密者崇侯虎。西伯昌受命后称周王，即周文王。他最终灭掉崇国，并在崇国境内修建了新都城丰邑，也就是丰镐两京中的丰京。

在周国迁都到西安以前，西安的主要势力应当就是崇国。但最有可能是夏代崇国遗址的太平遗址在商代已经废弃，那么商代崇侯虎的崇国会在哪里呢?

西安在商代规模最大、最主要的方国遗址，就是西安灞桥区的老牛坡遗址。前文提到，西安太平遗址之夏代崇国，很可能就是亡于这个老牛坡古国势力。老牛坡遗址，当时具有西方的齐家文化特征。在太平遗址废弃后，老牛坡遗址成为新的区域中心聚邑。成为夏代西部变局的既得利益方后，老牛坡遗址又开始接纳二里头文化的部分特征。但到了早商的二里岗时期，老牛坡遗址却突然彻底转变成了二里岗型商文化，与郑州商城遗址所代表的商朝都城文化具有高度一致性。郑州二里岗商城遗址，又称郑州商城遗址，基本衔接了二里头遗址的年代。在二里头文化三期、四期，商朝贵族仍旧与伊洛地区的夏朝遗留贵族，如以权臣身份摄政，甚至软禁商王太甲的伊尹合作。商人仍将夏人的都城二里头，即斟鄩，作为统治天下的中心，只是在二里头旁侧修建了一座军事用途的辅都——西亳，即偃师商城遗址。

但大致在商王太甲从伊尹手中重新拿回权力后，二里头的统治中心作用也就基本终结，商朝从西亳正式迁到位于今天郑州的商城。这座都城也叫亳，相对于先商时期的北亳或称南亳，相对于西亳或称东亳。郑州出土了东周的“亳”字陶文，也出土了被考古推断为商代早期“亳”字的甲骨文字。汉代的郑州亦有薄亭。因此，郑州商城如今被普遍认为是早商延续时间最长的亳都。由于新都城仍被称为亳都，所以可能商朝前期对西亳与东亳有所混淆，后来周朝分封商遗民到宋国，宋人又错将宋国传为祖先的亳都，造成了如今考古与文献记载不一致的现象。郑州商城的二里岗文化就与晚商的殷墟文化有了非常明显的传承关系，因此早商的都城应该就是郑州商城。

但关中的西安怎么会在商朝迁都郑州商城之后，突然出现了与商朝都城一致性很强的二里岗型商文化遗址呢？其实西安东部到了东周时，还活跃着商汤后裔之汤杜亳王。商代的崇国在上海博物馆藏的战国楚简《容成氏》中也被写作“宗”国，可见崇国可能不只在夏代是王族宗亲国家，到了商代也是王族宗亲国家。

老牛坡遗址的族属很可能原本就是东进关中的齐家文化。从东龙山遗址与老牛坡遗址的文化一致性来看，这股力量很可能是沿着汉江、丹江进入商丹盆地后，从灞河河谷进入关中。老牛坡遗址处于灞河进入关中平原的出口，是老牛坡集团与太平遗址之崇国所属的关中本土客省庄文化，相互竞争时优先盘踞和建设的据点。老牛坡集团最终击败崇国，短暂取得了对关中的区域霸权，并逐渐摆脱齐家文化标签而着重吸收二里头文化，形成了其在两大强权间作为战略缓冲带的独立性。

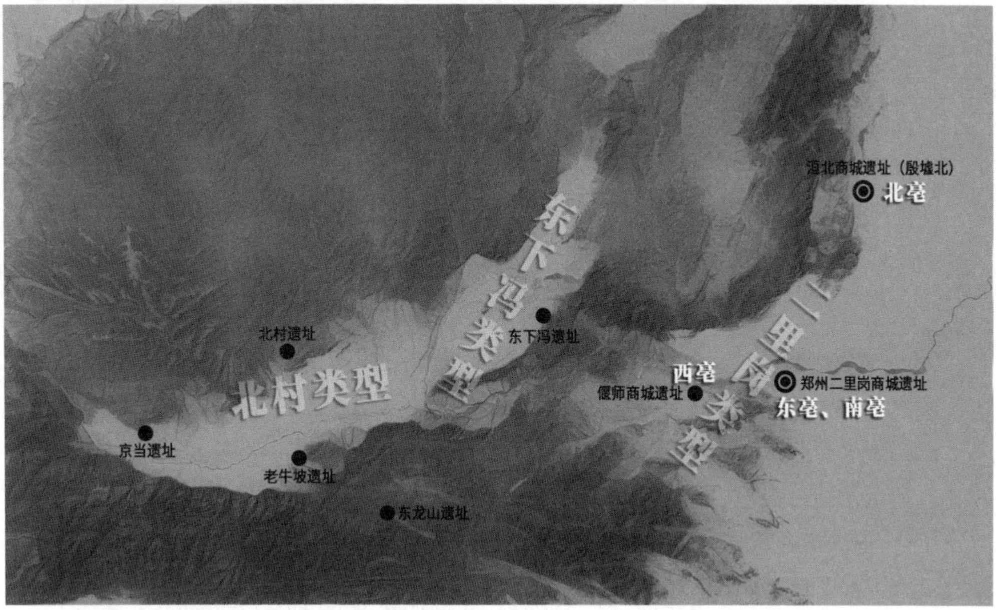

图 19 商代都城遗址及关中商文化类型分布

商朝建立之后，商王沿着豫西关中一线西征，最终占领了老牛坡古邑，扫除了晚夏控扼二里头文化与齐家文化之间通道的老牛坡集团。

西安东部的老牛坡遗址，与西安西部的太平遗址距离二十多公里。老牛坡遗址地处灞河通道和渭河通道两大要道的交会处，相比沣河东岸的太平遗址，从地缘关系上表现出对东方夏朝更强的警惕性。

商朝西征，就是要消灭老牛坡集团，需要当地被老牛坡集团镇压的土著有崇氏部族的配合与支持。最终，商朝借助被晚夏老牛坡集团灭国的有崇氏部族之手，又消灭了老牛坡集团。

商朝替有崇氏报了亡国之仇，取得了有崇氏部族的民心，于是商王就分封西征的商朝的宗族子弟为崇侯，入主老牛坡古邑，恢复了崇国之名，治理有崇氏。“崇”为“宗”义，作为商朝宗亲之国，这个名称仍然合适。这或许就是商代崇国复夏代崇国之名的原因。从此，老牛坡就落入商王朝手中，成了商朝在西部的坚实据点。由于最初的商代崇侯是商族贵族，所以早商的老牛坡遗址全盘接纳商文化，与商朝都邑亳都以及商王畿的中枢性质的二里岗型商文化高度一致。老牛坡遗址是隔着东下冯型等地方类型商文化的二里岗型商文化在遥远关中的一块商朝飞地，这背后反映出的就是这种血缘分封的逻辑。

有理由认为商朝建立之初，商汤或者早期的某位商王可能曾亲自西征至老牛坡古城，消灭了此前的老牛坡统治者，在此驻跸了一段时间，并分封自己的子弟于此，将老牛坡古城打造成为商王朝的“总部直营店”。西安老牛坡遗址与商洛东龙山遗址，在早商时期都具有较强的二里岗文化特征，说明包括东龙山古聚邑在内的老牛坡集团被商朝一起拿下。这里后来被称为“商山”，形成了“商洛”之名，恐也与这里是商族宗亲的封国势力范围有关。因此，从崇国建立的角度推断，老牛坡遗址是商代崇国的可能性是最大的。

（二）从商代崇国覆灭说起

老牛坡的二里岗型商文化形成后，商朝在耀州一带又形成了关中东北部的北村型商文化。后来，又在岐山一带形成了关中西部的京当型商文化。在关中地区，渭河北岸一东一西共两处，渭河南岸正中一处，商王朝三角据点控盘西土的格局由此形成，商朝的西土势力范围达到巅峰。

到了盘庚迁都后的晚商时期，由于商朝政治重心离开与关中相连的豫西一线，向豫北转移，对关中的控制力转弱。老牛坡遗址由与郑州商都高度相近的二里岗型商文化，逐渐演变为更具地方特色的老牛坡型商文化，脱离了中枢类型而转化为地方类型。

关中西部的先周文化也同时崛起，京当型商文化最先于殷墟二、三期之际消失。北村型商文化则在殷墟三期后段也被先周文化所征服。到了殷墟四期后段，老牛坡型商文化是最后一个被先周文化拔掉的商朝西部方国。老牛

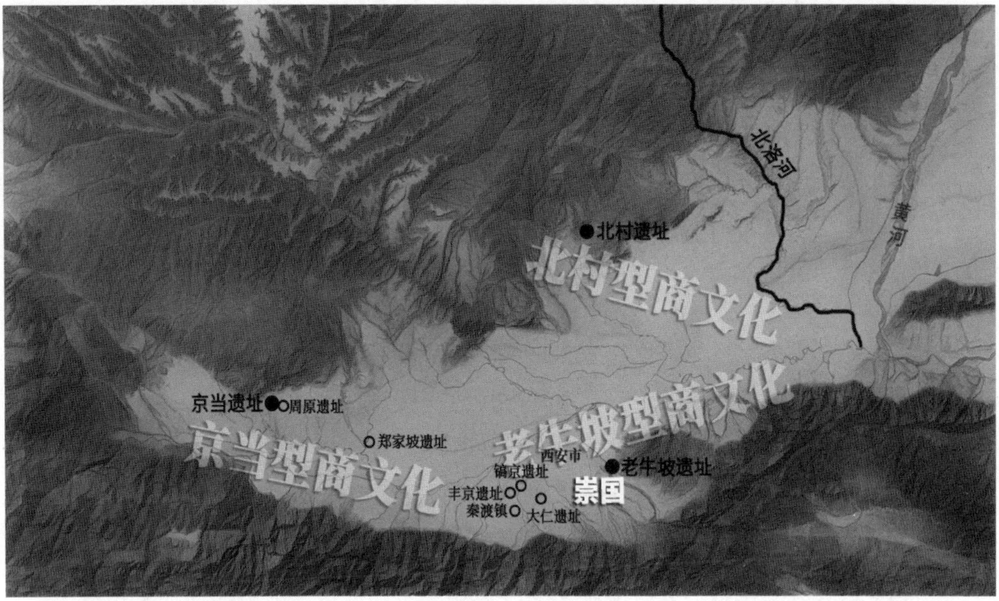

图 20　关中商周遗址分布

坡遗址的墓葬考古显示，该族群最终是被武力征服的，连贵族墓葬都被毁坏了，明显是被灭国绝祀。

从亡国时间点、亡国形式以及后来的归属来看，刘士莪与李学勤等学者都曾指出老牛坡最有可能是史料中所记载的崇侯虎之崇国。但遗址特征与史料记载，仍有两个关键差异。

第一个差异就是商代崇国遗址位置与地方志中记载的不同。

> 鄠县府西南七十里。西北至乾州武功县百里。夏为扈国地。殷为崇国地。周为丰邑地。秦为鄠甘亭……酆城在县东五里。殷为崇侯虎国，文王伐之。（顾祖禹《读史方舆纪要·卷五十三·陕西二》）

不少史料记载的西安崇国位置，是在鄠邑区一带，而不是灞桥区。按此说，商朝的崇国位于夏代太平遗址西南十余公里处，鄠邑区境内的秦渡镇。这里在魏晋时期还有残城，叫作丰城，如今叫作丰盛堡。陕西各类地方志中长期流传着丰京在鄠邑秦渡镇的说法。周文王的丰京灵台遗址就在鄠邑区秦渡镇北的平等寺院内。而在灵台遗址的南边，秦渡镇南的扶托村东北部又有一处周文化的滹沱村遗址，与灵台遗址在沣河西岸呈对峙之势。按西周园囿制度，丰京应该是包含了丰宫以及灵沼、灵台、灵囿的整个园囿区在内。但考古发现的丰京遗址主体核心区，即宫殿区，应该是在距离镐京和太平遗址不远的长安区马王客省庄村一带。这说明丰京的实际范围非常大，尤其是拥有众多的池沼园囿。丰京灵台实际上并不在丰京城市区域，但由于灵台遗址的存在，让后世古人误以为灵台位于丰京核心区。而后人推测崇邑的位置，是依靠周文王伐崇作丰来对照，也就误以为丰京灵台遗址附近是古崇国所在。

实际上，商代崇国最可能是西安东部的老牛坡遗址，西安西部的夏代崇国太平遗址已经沦为了商代崇国的郊鄙地带，也就是远郊。在距离太平遗址东南八公里的位置，考古人员发现了商周时期的西安大仁遗址。考古显示，大仁遗址与老牛坡商墓地的遗存比较接近，也有很大的关中西部先周文化成分。这座遗址显示出，太平遗址所在的西安西部在商代后期成了先周文化与老牛坡型商文化的拉锯地带，是商代崇国的边境。而且这里有夏代崇国太平遗址，因此周文王灭亡崇国后，号称是伐崇作丰，表明周国的新都邑丰京其实建立在夏代崇国的基础上，商代崇国的边境上。这一系列的细节偏差，最终导致流传下来的夏商崇国位置出现了偏差。

刘士莪先生在老牛坡发掘报告中指出，老牛坡文化遗存第五期对应时间段应为“帝辛亡国之后”，呈现出明显的破败景象，说明西周建立后关中的商遗民仍然聚集在老牛坡。周文王不可能选用商崇旧邑，但应是在崇国范围内的夏崇之墟建立丰邑。关于西周的历史记忆，到了东周就已经产生很严重的偏差。商代崇邑遗址的历史记忆出现偏差，或许与对西周丰京遗址的讹传有关。当然，也不排除有崇氏后来仍在迁徙，也是讹传的因素。

第二个遗址特征与史料的差异，是崇国是否有城墙。

老牛坡遗址尚未发现城墙遗迹，但根据《诗经·皇矣》记载，商代崇国的一大特征就是有高大且坚固的城墙，即“崇墉言言”“崇墉仡仡”。但无论是太平遗址考古还是老牛坡遗址考古，都暂未发现有明显的城墙痕迹，不大可能有城墙存在。如果该诗歌的创作时间晚于商代，可能是后来的周人对周文王创业时期历史记忆开始模糊所导致。现今的太平遗址考古，也给了一些新的解释思路。

《诗经·文王有声》中“筑城伊淢，作丰伊匹”这两句诗，是讲周文王挖壕筑城，修建丰邑。丰邑似乎也是有城墙的。但后面一句“王公伊濯，维丰之垣”，却又说王公贵族们保持高尚的德行，才是丰邑最牢固的城墙。这句又说丰邑是没有城墙的。很多学者认为，古代最初的“邑”，就是没有城墙的聚邑。甚至像殷墟、秦朝咸阳这样的王朝都城，都没有发现外郭城墙。因此，丰京既然在金文中作“丰邑”，显然就是没有城墙的大型聚邑。整个丰镐遗址都没有发现城垣遗迹，连镐京也属于早期王朝大都无城之典型。

太平遗址被发现后，考古发现这座遗址是双环濠遗址，也就是由两个独立的环水聚邑共同组成。环濠是引周边河流而成的活水，而聚邑的实际范围不限于环濠之内。也就是说，夏代崇国很可能也没有城墙，而是用两圈护城河围住贵族聚集区。再结合古人对丰镐以及西周创始的明堂、辟雍之形制的记载，会发现辟雍本身也是环水而建的形制，应是传承自西周。传世文献中的西周丰京、镐京，出土金文中的蒡京，又被记载为湖池遍地，尤其镐京常与辟雍并说。近年来对丰镐遗址的考古发现显示，西周丰京遗址、镐京遗址与夏代太平遗址形制类似，均是双环水而建的双中心聚邑。没有城墙，是从夏代到商代，再到西周，关中中心城址的地方传统。这个传统甚至影响了秦咸阳的宫城形制。连汉长安城的外郭城墙，也是汉惠帝时期才修建的。

那么，我们自然可以解释说，老牛坡遗址没有城墙，因为这是地方传统。而《诗经·皇矣》中的“崇墉言言”“崇墉仡仡”，与《诗经·文王有声》中的“筑城伊減，作丰伊匹”和“王公伊濯，维丰之垣”一样，实际上是把崇国牢固的地方大国实力比喻为坚固的城墙。“崇墉言言”“崇墉仡仡”反映出的，其实是崇国作为周朝五百年老牌宗亲大国，在西土的尊贵地位和强大影响力。

老牛坡遗址有一百万平方米的规模，而且发现了大型的宫殿基址、冶铜遗迹，以及大量高规格文物。老牛坡应该是一处商朝治下的大国无疑。从考古上看，京当型、北村型、老牛坡型，这三大关中商文化地方类型，只有老牛坡型是在商周之际被伐灭的，与崇侯虎的记载时间一致。因此，从崇国灭亡的角度推断，老牛坡遗址是商代崇国的可能性是最大的。

（三）谁是甲骨文中商代的“崇”

崇国是商朝西土一处重要的同姓大国，在甲骨文中不应该毫无存在感。但现在出土的殷商甲骨中尚无法明确对应崇国之“崇”的国名和甲骨文字体。甲骨文与同时期的金文、陶文、帛书，有时候会出现同字不同形的现象，甚至不同时期的甲骨文同字都不同形。当“宗”字成为“祖宗”之意时，尤其是二横“示”字底的“宗”字开始普遍使用之时，崇国的“崇”作为国名，有可能在甲骨文中，甚至商代所有文字体系中，都出现了不同于“宗”的转体写法，甚至商代甲骨文中的崇国，只是发音与“宗”音相似，国名字体采用了全新写法。既然甲骨文中没有直接被写为“崇”或“宗”的国家，我们就只能寻找疑似崇国的国家。

甲骨文中，晚商的西土有一个古倉（仓）国，是对商朝忠实的方国。商王武丁时代的倉国国君，也叫作倉侯虎。这个倉侯在甲骨文的记载中频繁出现，他经常跟随商王在西部作战，他的国应是商朝的西部方国无疑。倉国和关中西部的周国在甲骨文中经常一起出现，说明倉国与周国同为西土之国，相距较近。

古文献中也记载了一个倉国地望。《左传》哀公四年，“左师军于菟和，右师军于仓野”中的仓野，据《清一统志》记载，就在今陕西商州东南一百四十里处，也就是商洛市。商洛流传着一个上古时期的地名叫“倉”，属老牛坡文化的商洛东龙山遗址，可以与这个“倉”对应上。商洛东龙山遗址很可能是当时仓国扩张至老牛坡之前最早的仓邑。

“倉”是今天“仓”字的繁体字写法。在距离太平遗址东南仅有几里远的地方，有一座仓颉造字台遗址。考古学家确认这只是一处秦汉时期的高台建筑遗址。不过，仓颉是黄帝时期的传说人物，比夏商要早很多。全国有很多仓颉庙和造字台，仅关中区域就分布于商洛、渭南、西安。它们是连在一起的三个市，恰好对应关中东部曾属老牛坡型考古文化的势力范围。其中渭南白水的仓颉庙更是全国仓颉遗迹中文物保护等级最高、历代碑刻古迹最悠久的一处。

那么，这个倉国是不是崇国在甲骨文中的写法呢？

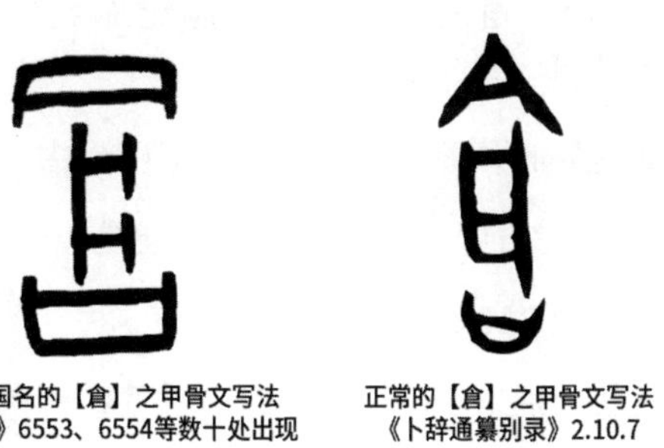

图 21　国名之“倉”写法与正常“倉”字写法的不同

甲骨文中的前一个古字释作“倉”字，只是一种权且之说。这个字其实不是“倉”，只是与“倉”字高度相似。这个倉国“倉”字的甲骨文写法，中间是“爿”字。而正常的“倉”字的甲骨文写法，中间应该是个“户”字。两个字的甲骨文字形十分相近，但是写法明显不同。由于这个字形仅仅作为国名出现，并没有在其他场景出现过，所以难以释读。但这个字与“倉”字相近。“床”“墙”“戕”等古字形从“爿”，发音也与“倉”相近，因此这个字很可能作“倉”音。

如今不少观点认为，这个字就是崇国之“崇”的殷商甲骨文写法，将其直接释为“崇”，认为这个国家就是崇国。该国武丁时期的国君，也叫作虎，与文献记载中商纣王时期的崇侯虎重名。而“崇”“宗”与“丛”互通，“丛”的发音在南方一些方言中与“倉”相近。

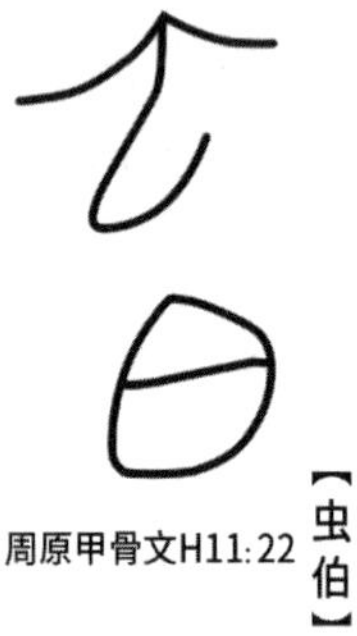

图 22　周原甲骨文中的“虫伯”

除了殷商甲骨文中的倉国外，在宝鸡周原甲骨中，周人的一片卜骨上面刻着“虫伯”二字。学者推测，这个虫伯也可能是崇伯。

先来看下“虫”字的演变。

虫字最开始就是一条虫子的形状，这个没什么问题。再看曾为崇伯的大禹的“禹”字。

其实早在20世纪，就有顾颉刚等学者不断提出“大禹是一条虫”的说法。因为大禹的“禹”字，早期的甲骨文写法确实像一条虫。

再看大禹的姓，“姒”字：周代金文“姒”的女字旁在右边。左边的“以”，其实也像条虫子。大禹的名字像条虫，大禹的姓也像条虫。这是巧合吗？

二里头遗址出土的绿松石龙，还有石峁出土的龙形石雕，都很像大禹名字形状的那条虫。禹和虫形，应当是有些关系的。

在战国竹简《容成氏》中，崇国被写作宗国。或许夏人把禹的祖国写作宗国。而自称夏朝农官后裔，与商朝为敌的周人，把夏代崇国也写作宗国。商周之际的周人把商代的崇国写作虫国。那么商代的崇伯，也可能就是周人甲骨上的虫伯。

庚午卜，缶弗□蚰。（《合集》7010/1）

殷墟甲骨文中也有一处记载，缶国曾经攻击商朝控制的蚰地。古字中，虫、蚰、蟲这三个字是互通的。那么这个蚰，也可能就是虫国。据考证，缶国的位置邻近于郇。郇地在今山西临猗县西南的郇城，这个地方就在关中东部合阳县的黄河对岸。甚或说，当时缶国的地盘可能已经伸到黄河西岸。若假设虫国就是崇国，那么关中中部的虫国与跨过黄河进入关中的缶国发生战争，从距离上可以解释得通。

因此，虫伯和蚰国，在商朝可能对应着崇伯和崇国。当然，这些是孤证，无法找到更多的印证。

除了倉国与虫国，垂国也可能是商代崇国。

《合集》4918
【垂】

图 23　甲骨文中垂国的“垂”字写法

垂国这个甲骨文中的“垂”字大概也是不念垂的。部分学者只是根据它的字形，借用一下今天简体字里的“垂”字来临时记读一下。它也是作为国名出现在现在已经发现的甲骨中。在甲骨文中，这个垂国出现了二十多次，常是和周国、倉国一起出现，三者应为邻国。比如商王去倉国，就会途经这个垂国。这样看来，这个垂国也有可能是崇国。毕竟关中这块地方说大不大，能出现在甲骨文中的区域强国说多不多。周国后来建立王朝，史料丰富，可以排除是崇国。那么商代崇国如果不是倉国，是垂国的可能性就不小。毕竟它们与周国距离很近，知道周国所在，那么通过距离来猜测才是最稳妥的方式。周国、倉国、垂国，能在甲骨中出现几十遍，而且是经常一起出现的西土国家，也许它们就是关中的三大势力，那么其中一个是崇国的可能性就很高了。

再有一个原因就是这个“垂”字的字形像是垂下的树枝。与《春秋左氏传》和《春秋穀梁传》记载宣公元年的“晋赵穿帅师侵崇”不同，《春秋公羊传》在这里写作：“晋赵穿帅师侵柳。”这里的崇国被写作柳国。如果殷商的垂国就是崇国，那么这个殷商甲骨文的“垂”字字形太像柳条形状，或是因此被东周的齐人释“崇”为“柳”。

但《公羊传》注释却问道：“柳者何？天子之邑也。”东汉何休的《春秋公羊解诂》解云：“欲言是国，又复未闻；欲言是邑，文无所系，故执不知问。”显然“柳”这个地名该如何解释让公羊氏产生了困扰。

赵坦在《春秋异文笺》中做出解释：“谨案《尚书大传》云：‘秋祀柳谷、华山。’郑注：‘祭柳谷之气于华山。柳，聚也。齐人语。’《广雅·释诂》云：‘崇，聚也。’此必齐人读‘崇’为‘柳’。故其训同公羊‘崇’作‘柳’，正齐人方音之转。”他引用郑玄之说，依训诂之说推“崇”通“柳”，并认为当时的齐人方言将“崇”读为“柳”。《史记集解》又在《五帝本纪》的“居西土，曰昧谷”注引徐广云“昧谷……一作‘柳’，柳亦日入处地名”。郑玄注：“《书》曰：‘分命和仲度西，曰柳穀（谷）。’”东汉王充在《说日篇》也提及：

“儒者论日旦出扶桑，暮入细柳。扶桑，东方地；细柳，西方野也。”也就是说柳谷是古人认为太阳落地的西方之地。

柳谷与华山并称，作为日落的极西之地，恐怕在华山更西边。而公羊氏作为齐学代表，将崇国通为柳国，或也有视崇国为极西之国的含义。从考古上看，商朝建立初期和晚期，老牛坡遗址所在大部分时间是商天子能够控制的最西边的“根据地”。若国名像柳条一样的垂国就是商代崇国，那么殷商崇人后裔以此国名自居，造成了崇伯鲧之虞夏崇国和崇侯虎之商代崇国的国名出现一名多字现象，也并非不能理解。

> 太史公曰：余以颂次契之事，自成汤以来，采于书诗。契为子姓，其后分封，以国为姓，有殷氏、来氏、宋氏、空桐氏、稚氏、北殷氏……（《史记·秦本纪》）
>
> （北殷氏）系本作“髦氏”，又有时氏、萧氏、黎氏。然北殷氏盖秦宁公所伐亳王，汤之后也。（《史记索隐》）

除了垂国，《史记索隐》也给出了一条线索，说西周灭亡后，东周初期盘踞在西安东部杜邑的汤杜亳王是商汤之后。杜邑距离老牛坡遗址不远，一个在白鹿原西侧，一个在东侧。《史记索隐》称《秦本纪》中司马迁所说的北殷氏，也作髦氏，那么甲骨文中出现的商朝西部方国“髳方”，也有可能是崇国。商代的崇国老牛坡遗址，作为商汤后裔，或不称有崇氏而称北殷氏。不过髳国后来还参与武王伐纣，是《牧誓》八国之一，学者一般认为髳国在汉江流域或陕州一带。甲骨文中还多次记录倉国追随商王讨伐髳方，说明髳国虽是殷商宗亲，但与商朝的关系常剑拔弩张，与老牛坡遗址显示出的商朝西部据点的特征不符。倉国与髳国只有一个可能是崇国的话，还是倉国的可能性更大。

商代的崇国到底记作什么，我们只能这样泛泛地猜测。至于商代崇国的具体位置，应该还是在西安一带。因为那时候更偏于城邦社会，方国纵然实力再强，同时控制不止一个聚落，但版图面积不会特别大。

有一派观点否定崇国在西安。如上海博物馆藏战国楚国竹简《容成氏》公布后，一些学者就否定丰京是崇国故地的说法。楚简《容成氏》列出了周文王讨伐的九邦，是丰、镐、郍、石、邘、鹿、耆、崇、密须。丰与崇并列，这些学者认为这已经证明了丰与崇是两个地方。但按该简所言，这九国不满商纣王的暴政，于是反叛商朝。而周文王反而认为这九国背叛商王朝是不忠不义。于是周文王作为商纣王的大忠臣，受纣王派遣，攻打九国，平定叛乱。仅就这个历史叙事而言，已经与其他所有存世文献所讲大相径庭，与当下考古发现的周文王时期，先周文化不断挤压殷商文化的现象也不符。而且丰与镐，现在考古已经确定仅隔着沣河，仅仅距离三公里。就算该简所言非虚，距离如此之近的丰与镐尚且是两个方国，那丰、镐、崇三个国家紧挨在一起，如何就不可能呢？

这些国家显然是虚构出来的。首先，镐国就不可能存在。镐京在建都前后，在西周青铜金文以及周原甲骨文、青铜器上的金文，还有清华简《摄命》中，其实写作“蒿”，通“郊”，而不是“镐”，应源自丰京之郊的意思，像阿房宫一样是一个临时的叫法。后来周成王时期，镐京被正式定名为“宗周”后，与《容成氏》的“宗”国反而取一字。

豐国也同样存在问题。西周时期，丰京的丰字，繁体写法是豐。但这个“豐”其实是西周首创的新字。之前商代甲骨文中出现的“豐”，上面并不是从二丰的西周丰京之“豐”字，而是从壴从二亡，从壴从二木的另两个字。古文字学家林沄教授认为“豐”字是西周为都城丰邑专门新创的字。此前殷商甲骨文并无这个“豐”字，只有从二亡从二木的商代“豐”字。这两个字到了西周金文中，仍然有与其对应的具体字形，并不对应丰京的“豐”。

那么，“豐”作为一个周文王为新都城专门发明的后创字，《容成氏》楚简中一个豐国，就想推翻丰国与崇国是一个地方，未免显得孤证难立，解释

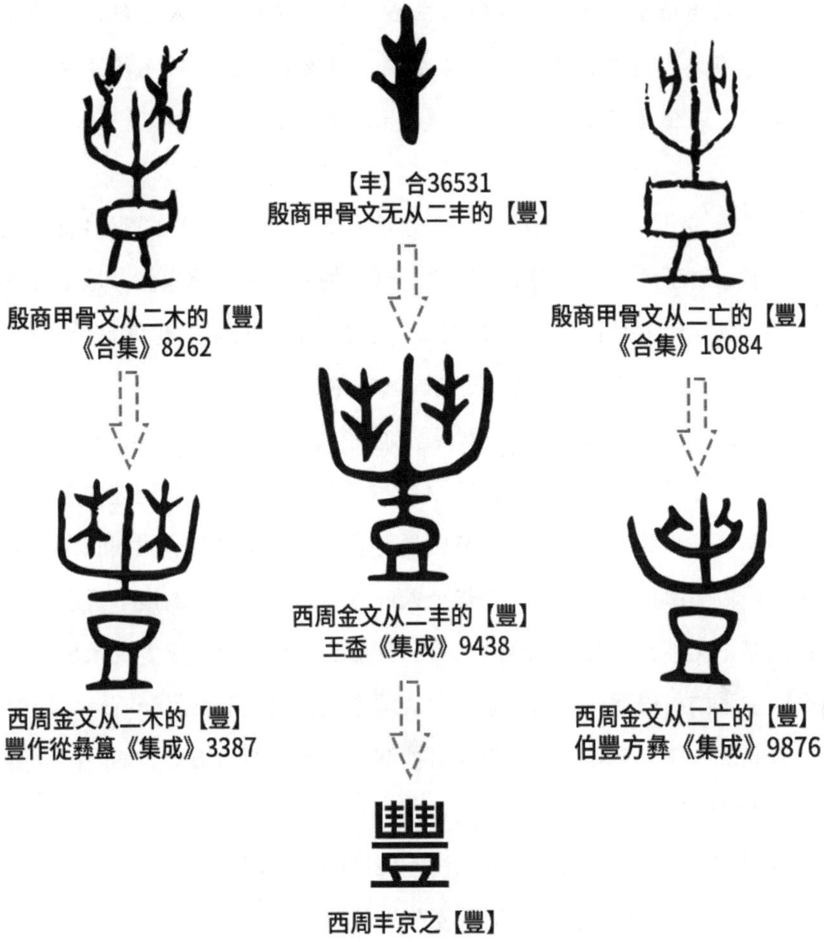

图 24 商周金文中多个“豐”（丰）字的演变

牵强。何况丰、镐如此之近即可为两国，崇国又如何能因距离就被排除？由于后来汉字形成后，这些金文字体都统一为“豐”，以及简写为“丰”，所以难免让今人混淆。

《容成氏》用到一个孤见的后创字“豐”，而称之为一个不见于其他任何史料和出土文字的国家，又描写了一段周文王对商纣王忠心耿耿、镇压叛乱的故事，显然像是小说家的演义之言。

以西伯昌、九侯、鄂侯为三公。九侯有好女，入之纣。九侯女不喜淫，纣怒，杀之，而醢九侯。鄂侯争之强，辩之疾，并脯鄂侯。西伯昌闻之，窃叹。（《史记·殷本纪》）

在《殷本纪》中有一段记录，倒是可以看出《容成氏》的剧情错在何处。其中记载，纣王杀九侯，周文王叹之。这里的九侯，也称鬼侯，是鬼方建立的媿姓侯国，也就是仇国。古书中把“仇国”通“九国”，也就是说“九国”不是九个国家，而是一个叫“九”的国家之名。

显然，《容成氏》更像是误把九侯当成了九个国家的九个侯，然后硬凑了九个国名，讲了一个政治寓言故事。《容成氏》无署名，只以记述的第一个帝王之名草草题于简背作为书名，终归是无名氏的一家之言。战国时人，本身就流行托古喻事，制造谶纬，兜售个人或派系思想。知名的诸子百家之历史说辞尚显“文不雅驯”，十分轻浮，更何况无名氏。《容成氏》更像是一部表达个人主张的历史演义，因此丰国、镐国之说，也只能姑且一听，可信度太低。以此说为凭，无异于以小说《封神演义》考证西周历史。崇国仍然更可能是在丰镐一带。

倉国最有可能是崇国，但我们也不能排除倉国和崇国是商代老牛坡古邑的前后两个名字。毕竟，晚商时期老牛坡从二里岗型商文化转变为老牛坡型商文化，经历了一些变故。如果晚夏的西戎老牛坡集团的国名是倉国，也不排除早商时期的这个方国采用了“倉”而非“崇”为国名。而晚商该国变成了文献中的崇国，一种可能就是崇人灭倉复国偏晚。总之，由于史料与出土文字严重匮乏，我们的推理只能行进到这一步。

第五章

商：西伯昌拔崇

文王受命，有此武功。既伐于崇，作邑于丰。

环嵩山一带酝酿出了第一王朝，推动中国历史从远古部族社会进入上古贵族社会。然而后来历史重复了一大现象，那就是当作为天下之中的环嵩山控扼四方，酝酿出一种新的社会阶层生态后，将这种生态推向巅峰与鼎盛的，却往往不是环嵩山地区，而是关中。周人的崛起，意味着关中将接过环嵩山的夏、商王朝之手，诞生贵族社会的极盛时代——西周。

（一）京当型覆灭与姬周取代妘周

公刘在夏代灭亡前后率领族人向南渡过渭河，大量攫取了渭河南岸的资源，赚得复立为诸侯的第一桶金。但公刘未能在关中平原建国，而是北上到关中以北的黄土台塬区域建立了豳国。

公刘的儿子庆节继位后，或臣服商王朝，并配合王朝西征诸戎，于是豳国被商王正式册立为商朝诸侯，成为商朝的一员。后来，经过数代豳侯的发展，尽管未能触及富饶的关中平原，但豳国已经是关中平原北边的一个大国。其文化属性应是先周文化的一支——碾子坡文化。

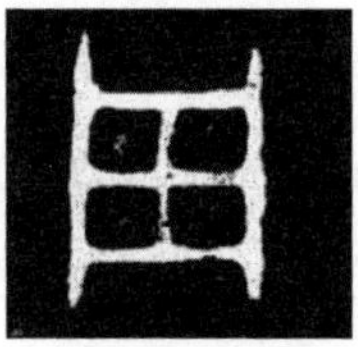

姬周之【周】
《集成》02661

妘周之【周】
《集成》03915

图 25 金文中两个“周”字

从黄帝到夏代那段时间，关中西部的周国，原本写作“鄅国”。通过对晚商出土的青铜器铭文中出现的族徽、族氏、族姓的分析，学者发现了西周贵族中，还有一支与姬姓周氏不同的妘姓周氏，且其族徽是“周”，和后来姬周的“周”之写法有明显区别，应为姬周进入岐周之前的前一支周侯家族。这也能说明，姬周为什么称姓而不称氏。因为妘姓周氏虽然失去了对周国的统治权，但始终生活在这片土地上，以“周”为族徽。姬周为了区别两支周氏，改称姓而少称氏。妘姓周氏与姬姓王族之间存在通婚，很可能是被姬周最终所拉拢，也是先周各贵族中的一支。

殷墟甲骨文显示，从商王武丁到祖甲时期，商王朝发动过一系列连续性的针对周国的翦周之战。在殷墟二、三期之交以前，周原由京当型商文化盘踞，是商朝直控地带。京当遗址就在周原遗址范围内。这说明周原所在的岐山之阳，原本其实是商王朝的据点。岐山京当型、铜川北村型与西安老牛坡型三大商文化地方类型，作为晚商的关中三大据点，共同构成了具有掎角之势的大三角战略结构。

作为商朝重要方国的京当遗址紧邻周原遗址，当时并不是周国。或许周国最早并不在后来的周原，而是在稍远一些的武功郑家坡遗址附近。殷墟二、三期之际，岐山一带的京当型商文化被先周郑家坡文化所取代。岐山京当型消失的时间点，恰发生在商朝对妘周长期作战的殷墟一二期之际，郑家坡遗址取代了京当遗址成为关中西部的最大聚邑。姬周立国之前这段时间，与周原邻近的郑家坡遗址有可能就是妘姓周国。妘周攻克京当古邑，毁灭了京当型商文化，商王朝的西土三角据点被妘周拔掉第一个。但商朝西部重镇被夺，商王武丁到商王祖甲，仍长期对妘周进行翦周之战，最终也击败了妘周。这场漫长的翦周战争中，很可能是崇国君主的倉侯虎也有参与，说明关中中部的崇国与关中西部的周国之间的地缘矛盾始终存在。

京当型商文化作为外来者，原本也含有一些郑家坡文化成分。京当遗址周边的小遗址普遍为郑家坡文化。这说明商朝占据了京当，但妘周代表的郑家坡文化势力作为本地的土著，商朝对其采取了笼络态度。当商朝在西土最

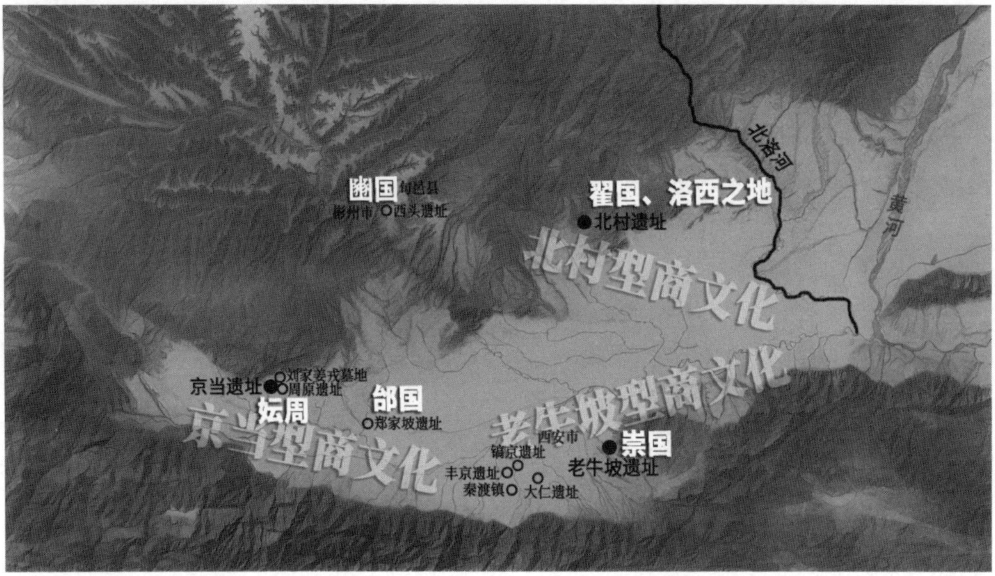

图 26 关中周边主要关道图

西边的统治力下降，妘周远离东方的商朝核心区，坐拥肥沃土地，天高皇帝远，商朝对妘周的约束力随之下降。周原之京当型商文化与郑家坡文化之妘周，在关中西部逐渐形成了竞争关系。妘周拔掉了商朝控制的周原京当方国，而商朝也动用举国之力消灭妘周，杀鸡儆猴，震慑其他想要啃食商朝据点的诸侯。但妘周灭亡后，鞭长莫及又实力受损的商朝最终没能在这里重新建立起直属的据点，可谓两败俱伤。

到了商王武乙时期，对应考古分期的殷墟三期后段，商朝只能默认让北边的姬姓豳侯南下入主周原，是为姬周。姬姓豳侯很可能就是在商朝与妘周出现矛盾与战争、玉石俱焚之后，最终得到商王支持入主周国，回到了自己祖先后稷所经营的关中平原。

周原、郑家坡与姬姓先祖后稷的部国，本就距离不远。夏代的部国也在杨陵、武功一带。但后稷不窋北奔戎狄后，姬姓部国一支已经离开关中数百年。从考古上看，商朝前中期的周原一带，各种小型考古文化交错林立，姬周建立后，关中西部杂乱的各方势力才开始得到整合。

甲骨文中，商朝剪周的最后一战，发生在祖甲时期。而文献中记载的姬姓入主周国，是武乙时期，中间还隔了两代商王。从《今本竹书纪年》来看，从盘庚一直到武乙的殷商时代，姬姓的豳侯始终接受商王调遣。在妘周衰败之后很久的武乙时期，豳国的实力大概已经达到了质变点。关中以北的泾河流域黄土台塬考古显示，与碾子坡文化面貌相近的旬邑西头遗址之规模已经十分庞大，姬豳的国家实力已成气候，是泾河流域在晚商的大型方国势力。

历史记载，西戎入侵，豳侯古公亶父为了避战而南下，恐怕只是姬姓放弃豳国的表面原因。实际上姬姓部族从不窋北奔戎狄，到公刘一度南下关中平原后，一直在寻求回到关中平原立国的机会。关中边缘还分布着大片的刘家文化势力。刘家文化可能对应着姜姓诸戎。后稷弃的母亲，姬周的始祖母姜嫄，是有邰氏之女。姜姓诸戎也是有邰氏的后裔，而且是姬周从建立王朝之前到西周王朝后期始终积极联姻的族群，它们很可能是协助姬姓回迁关中的盟友和向导。

岐山的京当商族与妘姓周国相继覆灭后，关中平原西部出现了区域权力真空。商王武乙此时已经失去了京当据点，亟需一个关中西部的盟友来稳定商朝在关中西部的脆弱统治。于是商朝顺水推舟，“赐以岐邑”，改封豳侯古公亶父为周侯，允许他进入肥沃的平原。姬姓倾举国之人，放弃豳国，回到关中建立周国后，整合了碾子坡文化之姬姓豳族、京当型商文化之商族、郑家坡文化之妘姓同族、刘家文化之姜姓诸戎，最终站稳了脚跟。姬周建立，意味着关中西部诸部以姬周为核心，实现了历史性和解，商王无法再制衡这几大部族。古公亶父是进入关中建立周国的第一代周侯，所以周朝后来追封其为周太王。

周太王完成了从豳侯到周侯的移封。此时姬周继承祖先夏代后稷的事业，已经成为农业技术首屈一指的先进部族。加上商朝历经数百年，各大部族也已经完成了向青铜时代的升级，商王朝赖以独霸天下的青铜技术垄断优势也已经趋弱。姬周身为农业大族、夏代农师后稷的后裔，坐拥《禹贡》土地评级上上等的关中平原（其土质是适合早期农具耕作的黄壤细土），可谓是如鱼得水。

先周文化之所以至今脉络纷杂难辨，大概就是因为它是姬豳碾子坡文化、京当型商文化、郑家坡文化、刘家文化等多种文化融合的产物，各种贵族族群、平民族群、联姻族群交织，因此很难找到单一源头。姬周统合了关中西部三支强势文化，开始迅速壮大崛起，出现席卷之势。于是周太王的儿子周王季开始了强国扩张之路。但周王季尽可能避免与商朝发生正面冲突，处处避让商朝。

姬周能够入主周国，是得到商王朝首肯和册封的。周王季的扩张怎么好意思先对支持自己建国的“恩公”商朝下手呢？何况，他还是殷商的女婿……

（二）商、周蜜月期

周王季本名季历，排行第三。按说周人崇尚嫡长子继承制，按继承顺位，王季的大哥太伯，二哥仲雍都排在他前面。他们三兄弟都是古公亶父的正妃太姜所生，但古公最终选择了王季作为接班人。为了让父亲与弟弟安心，太伯与仲雍出走。古公为什么要排挤长子而扶持幼子？

《史记·周本纪》中的说法是，因为古公喜欢季历的儿子，即后来的周文王姬昌，他认为姬昌有帝王天命，太伯两兄弟知道父亲要把国君之位先传给季历，将来再传给姬昌，所以很识相地主动让贤……这当然是后来周人为文王制造天命舆论的说法。真正的原因是文王的母亲——太任。

太任与太姜都是贤妇人。太姜是有邰氏之女。有邰氏后来分为了北入戎狄的姬姓一支和留在关中边缘的姜姓诸戎。豳侯古公为了重新回到关中平原，与同祖的有邰氏姜姓部族联姻，在关陇一带缔造姬姜同盟。但季历的妻子太任却是来自殷商的贵族。《诗经·大明》记载："挚仲氏任，自彼殷商，来嫁于周，曰嫔于京。乃及王季，维德之行。大（同"太"）任有身，生此文王。"

周文王在古公活着的时候已经出生。那么，古公让自己家的三儿子娶了殷商贵族之女，可以印证古公晚期联姻殷商王朝的战略方向。大概正因为古公立殷商贵族的女婿季历为接班人，殷商才会放心让古公南下进入关中平原，入主周国，成为周侯。这背后，作为一代贤后的太任，恐怕也没少为商、周两大势力在中间牵线搭桥。而太任又已经生了姬昌，姬昌就是殷商贵族的外孙。季历继位，殷商至少能以姻亲关系影响两代周侯。从周王季时代，显然就是姬周与殷商的蜜月期，周国长期奉行亲商路线。

周王季继位后，不仅是一代雄主，更是商朝晚期尊王攘夷的赫赫功臣。他作为殷商贵族的姻亲，怀着感恩之心，尊崇商朝和商王，积极前往殷商觐见和朝贡。殷商也给予他极大的支持。周王季伐义渠，伐西落鬼戎，伐燕京之戎，伐余无之戎，伐始呼之戎，伐翳徒之戎，而且将捕获的戎族首领献给商王。他所讨伐的戎族，很多距离殷商更近。这显然是报答商朝的恩情。

商王文丁为了嘉奖周王季的功劳，赐之圭瓒、秬鬯，九命为伯，给予他最高的权势。就是从周王季这时开始，周侯首次成为方伯、西伯，成为拥有了征伐之权的西部霸主、西土诸侯之长。

姬周作为初来乍到的新封国家，势必要先巩固周原所在的关中西部基本盘。周王季尊王攘夷的战略前提是后方要稳定。他继位后发动的第一场战争，就是消灭了岐周以西不远处的程国。打扫干净后院，他才开始征讨四方。其间，他又在程国故地修建了程邑，并且长期居住在这里，史称"王季居程"。程邑于是就成了周国的陪都。后来，周文王在正式迁都丰邑之前，也时常居住在这里。比如《逸周书》中的《程寤》，就记载了周文王在程邑居住时的事情。

周国的陪都程邑具体位置在哪里呢？周王季与程国军队的决战，是在程国境内的毕。毕，后来很有名，就是西周王族的王陵墓葬区。周文王、周武王、周公等都葬在毕。因为毕在商代的程国，所以程国也叫毕程，或者毕郢。据说这里最早是毕程氏部落。只要知道毕在哪里，也就大致确定了程国的位置。

后世历代多认为，毕原就是咸阳原。现在的咸阳市渭城区周陵镇还有周文王陵和周武王陵两座封土，从宋朝开始就有对文王、武王的国家祭祀，留下了历代题碑，这里可谓是咸阳一处知名的名胜古迹。根据《逸周书·作雒解》记载，周武王死在镐京，然后在岐周出殡，之后又葬到了毕。如果毕在咸阳，等于周武王死在西安，尸体先运到一百公里外的宝鸡岐山县出殡，然后又拉回到距西安二十公里内，贴着西安的咸阳安葬。这个不顾尸体腐烂程度、折返跑冤枉路的路线明显有问题。

毕之地望，不止咸阳一说，仅西安就还有郭杜镇、杜曲镇、沣西、终南山四处说法。但现代对咸阳原的周陵进行了考古探测，发现咸阳周陵镇的周文王陵与周武王陵两座封土，实际上是战国时期秦王的陵墓。这两座周陵只是历史的误会。其实文献中记载，周朝王陵不树不封。不起封土坟丘，就是一片平地，所以时间久了，一般很难发现陵墓的确切位置。

2003 年，考古工作者在宝鸡岐山县周公庙遗址附近的凤凰山山腰，发现了十座有四条墓道的西周大墓。要知道，亚字形四条墓道，在东汉以前，是天子陵墓才可以享有的墓葬规格，诸侯全部低于四墓道。考古人员抢救性地发掘了其中的一座。令人遗憾的是，第一座墓打开是空的。因为这座墓从西周到近现代，已不止一次被盗掘，早已空空如也，仅留下一些陶瓷残片，什么也证明不了。这批四墓道的陵墓规模大小参差不齐，墓道虽多，却有些短窄，墓室大小不一。因此，考古界选择保守判断，认为这些陵墓临近周公封地，可能是周公家族这类等同天子规格的非天子陵墓。但历史记载，周公陪葬在周文王与周武王之侧，也葬在毕，仍说明这里极大概率才是真正的毕，同样即商代程国和周国陪都程邑所在。

结合这个考古发现，若毕本就在岐山附近，周武王遗体运到岐周出殡，方便埋葬，就显得合情合理。

其实，周公庙大墓此前就出土过“新邑戈”以及刻着“新邑”的甲骨片，当时学界以为这个“新邑”是周成王时期的东都成周。因为成周正式建成与定名之前，对应原来的洛邑，也叫作新邑。但于少特先生认为这个新邑不是西周建朝后，周成王时期的洛邑新邑，而是周王季与周文王时期，相对于首都岐邑的陪都程邑，也就是周王季与周文王时期的新邑。临近周原的程邑作为故都，在西周建立后突然不再被提及，或许就是因为周王朝将程邑分封给了周武王之弟姬旦。周新邑成了姬旦的采邑，于是姬旦封号为与国号“周”相同的“周公”。由于其曾摄政监国，故而陵墓形制为天子之制，却采用窄墓道以区别天子陵墓之规模，一切就都可以得到圆满解释。

程邑很可能就是今天的周公庙遗址。岐山是自西向东的关中北山山系，在周原段从北向南凸出的一片山脉。当时周国在岐山东，而程国在岐山西。妘周衰落后，程国在关中西部也得到了极大的扩张和发展。姬周建立后，周王季肯定不容许有这样让自己如芒在背的国家，随时可能在岐周的后方威胁自己，所以先发制人消灭了程国。

周王季东征西讨，声望和实力逐渐提升，被商王文丁所警惕与猜忌，终究逃不过功高盖主、兔死狗烹的命运。像后来商纣王软禁周文王一样，文丁借嘉奖王季为由，将王季软禁起来，最终将其杀害。

父亲被共主所杀，年轻的周文王临危受命，担起了国家的重担。此时，他正值婚配的年龄。他的祖母邰国的太姜，他的母亲殷商的太任，都还健在。他会娶哪国的宗室女，联姻哪个国家呢？既不是姬姜同盟，也不是殷商。他像崇伯鲧一样，迎娶了关中东部的姒姓有莘氏之女，以打造一个更大的关中同盟。《诗经·大明》记载：

> 文王初载，天作之合。在洽之阳，在渭之涘。

文王嘉止，大邦有子。大邦有子，伣天之妹。

文定厥祥，亲迎于渭。造舟为梁，不显其光。

有命自天，命此文王。于周于京，缵女维莘。

长子维行，笃生武王。保右命尔，燮伐大商。

周文王继位之初，在合阳渭水边迎亲，并举行了西周五礼之一的嘉礼，即婚礼。这次周文王娶亲，迎娶的应该是关中东北部合阳县的姒姓莘国之女，即后来的周文王王后太姒。

夏后启封支子于莘，夏后故姒姓，今同州合阳县有故莘城。（《唐书宰相世系表》）

但嘉礼完成后，周文王又娶了大邦，也就是大邑商的天子之女，即“大邦有子，伣天之妹”。“妹”一说是少女之意，即商王的女儿。一说是商王的妹妹。

帝乙归妹，其君之袂，不如其娣之袂良。（《周易》）

《周易》中提到了“帝乙归妹”，按顾颉刚先生在《〈周易〉卦爻辞中的故事》中所说，是指商王帝乙将妹妹嫁给了周文王。帝乙是文丁的儿子。商王文丁临死前杀害了周王季，帝乙继位后为了修复与周文王的关系，于是将自己的妹妹、文丁的女儿嫁给周文王。周文王的母亲太任是商女，周文王又娶商女，就是商、周两代联姻。但这段卦辞用夫君的衣服，不如其妻子的衣服好作为隐喻，又显示出周文王在这段婚姻中有委屈情绪，并非良缘。归妹卦在周易中并非一个吉卦，而是一个多有缺憾之卦象。

但周文王自有天命照拂。陕西韩城陶渠遗址应为西周的畿内诸侯国京国。

莘国则在韩城与合阳交界一带，是一处黄土大塬，与“京”字高地之意吻合。莘国后来可能与京国合并为一国。“缵”是“续”的意思。缵女就是续妻，居次妃的地位。“于周于京，缵女维莘”，是从周国到京国，也就是到莘国，当初嫁给周文王的合阳莘国之女太姒，因为周文王被迫又娶了殷商的帝妹为正妻，也不得不居于次妃的地位。但可能帝妹去世了，甚至是被退亲回到殷商，因此太姒成为正妃。长子伯邑考虽然早逝，但太姒生下了周武王。周国最终保有天命，伐灭大商。

关中西部的周国，与关中东部的莘国，从此紧密结盟在一起。殷商要再想像当年对妘周一样，对姬周发起剪周战争，恐怕面临的第一道屏障就是立国千年的老牌强国莘国。如夏朝晚期的形势演变，商朝应对周国的方略若实施不当，其很可能又将面临西部的反叛。

如果说周太王为儿子周王季迎娶了殷商贵族，周太王和周王季都秉持不刺激商朝的路线，周文王这个殷商外孙和短暂的女婿，反而把剪商路线公开化了。

就在周文王与太姒成为天作之合时，还有一个夹在周国与莘国中间，追随商朝数百年的崇国，即关中中部的西安老牛坡型商文化，开始焦虑起来。因为它被亲周势力包围，越来越像是周文王砧板上的一块肉。

（三）北村型、老牛坡型覆灭与周文王拔崇

周文王继位后，开始针对商朝势力进行吞并扩张。文王早期的一个动作是攻伐了关中中北部的一个国家——翟国。楚汉时期的三秦之一就有翟国，位置就在关中的北边。这个翟国，很可能就对应着关中北部、洛西之地的今铜川耀州区的北村型商文化，它是商朝在西部三大据点型方国之一。

继妘姓周国拔掉商朝在关中的第一个据点京当型商文化后，姬姓周国的周文王也消灭了商朝在关中的又一个“加盟店”。从关中西部周原的京当型商

表 3　商本部与关中各类型文化的存续时间对照

<table>
<tr><th colspan="3">商本部</th><th colspan="2" rowspan="3">时期</th><th colspan="7">关中</th></tr>
<tr><th rowspan="2">核心区域</th><th colspan="2" rowspan="2">都城遗址或疑似遗址，以及可能对应的商王</th><th rowspan="2">老牛坡遗址</th><th rowspan="2">北村遗址</th><th rowspan="2">京当遗址</th><th colspan="4">先周各支文化汇流过程推测，以及可能对应的周王</th></tr>
<tr><th>碾子坡文化（姬姓）</th><th>郑家坡文化（妘姓）</th><th>刘家文化（姜姓）</th><th></th></tr>
<tr><td rowspan="7">豫中</td><td rowspan="2">亳邑
【偃师二里头遗址】
西邑
【二里头遗址】</td><td rowspan="2">成汤—太甲</td><td rowspan="6">早商</td><td>二里头文化三期</td><td rowspan="2"></td><td rowspan="3"></td><td rowspan="5"></td><td rowspan="8">姬姓居豳
【旬邑西头遗址】</td><td rowspan="8">妘姓居周
【郑家坡遗址】</td><td rowspan="10">姜姓戎族分布于关中姜水流域
【扶风刘家墓葬】</td><td rowspan="10">周太王
迁周前</td></tr>
<tr><td>二里头文化四期</td></tr>
<tr><td rowspan="4">亳邑（东亳、南亳）
【郑州商城遗址】</td><td rowspan="4">太甲—中丁</td><td>二里岗文化下层一期</td><td>形成二里岗型商文化</td></tr>
<tr><td>二里岗文化下层二期</td><td rowspan="4"></td><td>形成北村型商文化</td></tr>
<tr><td>二里岗文化上层一期</td><td rowspan="5"></td></tr>
<tr><td>二里岗文化上层二期
（白家庄期）</td><td>形成京当型商文化</td></tr>
<tr><td>傲（嚣）【郑州小双桥遗址】</td><td>中丁、外壬</td><td rowspan="2" colspan="2">中商</td><td rowspan="2"></td></tr>
<tr><td rowspan="5">豫北冀南</td><td>相、邢、庇、奄；
殷【洹北商城遗址】</td><td>河亶甲—阳甲—盘庚</td></tr>
<tr><td rowspan="4">殷（大邑商、北亳、蒙）
【安阳殷墟】</td><td>盘庚—武丁</td><td rowspan="4">晚商</td><td>殷墟一期（50年左右）</td><td>发展为老牛坡型商文化</td><td rowspan="2">亡于妘周
【商剪周之战】</td><td rowspan="2"></td><td rowspan="2">妘周灭京当商方国，入居岐阳【京当遗址】
殷商发动剪周之战，将妘周灭国</td></tr>
<tr><td>武丁—祖庚</td><td>殷墟二期（50年左右）</td><td rowspan="2"></td></tr>
<tr><td>祖庚
—帝乙</td><td>殷墟三期（110年左右）</td><td>殷墟三期后段
亡于姬周
【文王取洛西】</td><td>京当商方国所在周原被封予豳侯；
商族子姓残部归入姬周</td><td>豳侯古公徙封为周侯（周太王），建立姬周
【周原遗址】</td><td>妘姓周族残部【郑家坡遗址】归入姬周</td><td>姜戎辅佐姬周，建立姬姜同盟</td><td>周太王
周王季
周文王</td></tr>
<tr><td>帝乙、帝辛</td><td>殷墟四期（50年左右）</td><td>殷墟四期晚段
亡于姬周【文王灭崇】</td><td></td><td colspan="4">汇聚为先周文化
在武王克商、建立周朝之后，兼收并蓄华夏各族文化，形成周文化</td><td>周文王
周武王</td></tr>
</table>

文化到关中北部的北村型商文化，无论消灭它们的是妘周还是姬周，都意味着关中本土力量在持续抗衡和驱逐商朝在关中的据点势力。妘周灭亡，让露水姻亲的姬周入主，只是商朝面对西部统治崩盘压力的缓解之举，但晚商在关中的崩盘趋势已经很难从根本上扭转。对应着殷墟三期末的北村型商文化消亡，姬周这家“经销商”公然吞并“集团”在该地的“加盟店”，商王朝统治关中的大三角，就只剩下一个老牛坡型。

周文王灭翟后，有诸侯开始朝见周文王，这引起了商王朝的极大不满，但商朝已经无力与周国进行大规模战争。

到商纣王在位期间，他要在关中搞一次“蒐阅”（检阅军队），以震慑周国以及关中诸侯。他到渭河一带举行大规模的蒐阅，即纣王“大蒐于渭”，这个时候，商朝的部队驻扎到了关中中部，渭河南岸的崇侯虎地盘。这是商朝昔日在关中平原三大据点中仅存的最后一个“加盟店”——老牛坡型商文化之崇国。

与周国存在竞争和威胁关系的崇国国君崇侯虎，对于周国染指关中中部可能也十分不满和恐惧。于是，崇侯虎对纣王说，周侯姬昌一直在暗地里笼络人心，很多诸侯已经归附于周国，恐对商朝和纣王不利。其实崇侯虎所讲倒也符合事实，但周文王此时见到纣王的大军开进关中，发现以周国当下的实力仍不能和商朝直接叫板，于是束手就擒，被纣王抓走并软禁。

此时的周文王，面对的是和他父亲周王季一样的局面，很可能会被朝廷杀害，但周文王身后的那股西部联盟势力开始营救他。周文王的大臣向纣王献上了周文王王后太姒母国——关中东部莘国的美女，以及一大堆奇珍异宝。其中有关中中部骊山的骊戎国之文马，也叫鸡斯之乘，有可能位于桥山黄帝陵附近的有熊国的九駟，还有驺虞这种很可能是分布在中国西部高山的雪豹。这些珍奇多出自西部，代表着西部众多邦国为营救周文王而献宝，支持周文王之心很坚决，也让纣王从侧面看出文王在西部的影响力之大。

或许纣王与文王达成了某种临时协议，加上文王愿意和平割让洛西之地以赎回自己，也就是将此前吃掉的翟国一带归还商朝。纣王恐怕也忌惮直接与周国开战后西土会存在巨大的不确定性，进而带来风险，于是见好就收，最终放了文王。而且纣王向文王讲明，是崇侯离间他们君臣，他才囚禁了文王。

从文王的角度，他大概是表达了周国愿意替商朝安抚西部诸国，绝不敢再造次的忠心。从纣王的角度，此时他若杀了文王，恐怕不会像之前杀王季那次那么风平浪静，而是会激起西部诸国的整体反叛。现在一些观点认为纣王当时还在和东夷作战。纣王大概希望关中的崇国冲在前面，与周国展开拉锯战，让崇国当炮灰冲在前面与周国对耗。这样他只需坐看关中乱局，用盟友冲在前沿的消耗战来疲周，最终坐收渔翁之利。因此，纣王释放文王前离间周国与崇国，并挑明了自己不会再帮崇国。老牛坡遗址在早商时曾是与商都二里岗型高度一致的商文化，是关中的第一家商朝“直营店”，并且延续到了商朝末年。但数百年下来，从二里岗型演变为老牛坡型，老牛坡遗址在盘庚北迁后，与王朝血缘渐行渐远，最终成了商文化的地方类型，成了有所疏远的“加盟店”。商代崇国的命运与夏代崇国类似，最终也是被王朝所抛弃。

对纣王而言，洛西之地的北村型与老牛坡型一样是“加盟店”。但“经销商”周文王吐出的洛西之地，反而成了商王的直控地盘。那么，纣王只是挑拨崇国这个不一定能被“经销商”吃下的“加盟店”与周国的关系，却能直接换来一个洛西翟国“直营店”，是很划算的生意。在商朝这次短暂收复洛西之地的过程中，很可能伴随着莘国不幸被商朝报复。莘国是商朝重新连通洛西之地的必经之地，商朝势必要重新控制它。于是到了西周时期，莘国附近有京国、韩国等畿内诸侯的存在，却再没有见过有关莘侯的记录，最终这里成了春秋霸主晋国的莘地。然而，纣王低估了周国的实力和胃口以及周文王韬光养晦的肚量。

周文王回到程邑后，于次年率领诸侯朝贡商王。纣王赐予文王弓矢斧钺，让文王获得专征之权，成为西伯。商、周交易正式达成，但周文王深知崇国

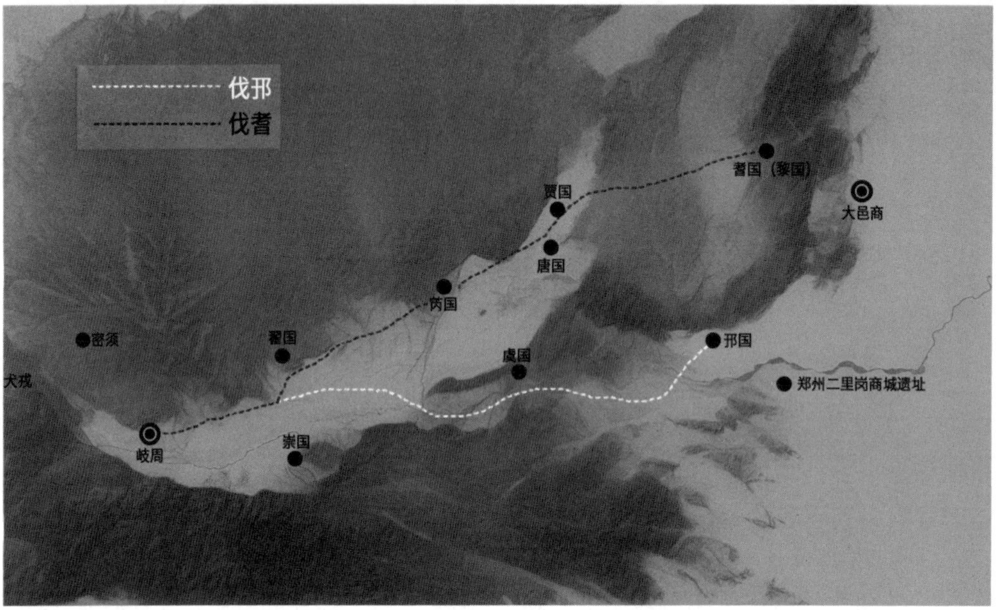

图 27 周文王东征路线图

是关中最难啃的老牌强国，不能因纣王的一时挑弄就先与崇国这块硬骨头硬碰硬。

不久后，文王觉得时机成熟，他受命称王，正式脱离了殷商王朝，并由此开始了晚年的一连串密集的征伐。此后数年间，文王实施了以下行动：

第一年，断讼虞国与芮国之争。虞国在今山西运城市平陆县。芮国在今关中东北部。

第二年，灭犬戎。今关中西部，岐山周原附近。

第三年，灭密须。今甘肃平凉市灵台县，岐周北边。

第四年，灭耆国。今山西长治市黎城县，殷商的西北边。

第五年，灭邘国。今河南焦作市沁阳市，殷商的西南边。

殷墟所在的安阳，沿着太行往南是邘国。穿越太行往西是耆国。灭邘、灭黎（耆国）后，周文王就已经对殷都形成战略上的犄角夹攻之势。那个时候并不是领土国家，而是邦国与方国的联盟。周文王并不是面型扩张，而是跳蛙式作战，用切香肠战术进行蚕食。当时的国家小，战争目的并不是设立官府进行统治，以形成后世意义上完整的领土，而是要扶持代理人国家，控制要道上的城邑。

周文王伐耆国时，洛西之地的故翟地与故莘地的黄河交通枢纽，应该就已经重新拿回自己手中。周国东征走渭北，渭河南岸其实并不需要完全占据。周文王没有优先伐崇，只是提防渭河南岸的崇国。文王的都邑在岐山，打败关中中北部的翟国后，渭北大通道就已经贯通。当周文王又进一步打通耆国的晋南上党道、虞国与邘国的晋南轵关道后，周国就取得了对商朝的战略压制优势。在伐商之前，周国在关中的敌人就只剩下被孤立的崇国。

在正式伐崇之前，周文王的基本盘还是在关中西部。但程邑与岐邑都在渭北，渭北通道一直是通畅的，占领耆国及邘国后，钳住了殷都，然后周文王才回师关中，全力进攻渭河南岸的崇国。后世定都栎阳的刘邦采取了完全一样的战略路线：东出拔掉殷王，并且打到彭城后，才回师关中水淹废丘，消灭了坚守关中南部的雍王章邯。先对渭河南岸的对手实行战略封锁，斩断关东救援的可能性后再“关门打狗”，这是周、汉等渭北势力通常的路径选择。把灭崇放在最后，是怕如果没有先平定东方要道上的小国，商朝来援时反而会畅通无阻地进入关中，使周国军队在关中中部的渭河南岸陷入两面夹击的境地。把最硬的骨头放最后啃，是为了提前阻断商王对崇国进行支援的可能性。当初，夏代后期的老牛坡势力吃掉太平遗址的夏代崇国势力，可能也采用了与周、汉两朝同样的战略，先将夏王拒于关中腹地之外的西河，然后依靠北洛河防线封锁关中中西部，围杀夏代崇国势力。

《诗经·棫朴》：淠彼泾舟，烝徒楫之。周王于迈，六师及之。

周文王出征，经常走泾河水路，他应是直接从岐山进入泾水支流，然后东征。彼时渭河河道还没有发生大规模的北移，渭河中部南岸部分比今天要狭促很多，崇侯虎实际上是被压制在角落里。周文王要正式东出灭商，需要向东迁都到关中中部，缩短与殷商决战阶段的补给线。夺过崇国，将其作为向东剪商最后阶段的大本营，是最合适的选择。但崇国是一个有实力的大国，不同于夹在关中各大方国城邦之间的戎国或小国。崇国与殷商的关系比较亲密，是殷商经营西方的坚实盟友、最后一个关中据点。此时的殷商虽已被周文王捆住手脚，可夺取崇国的这场关中大决战依然不会太轻松。

文王受命第六年，周国正式发动对崇国的征伐，夺取崇邑的基础设施。

根据《诗经·皇矣》“崇墉言言”的说法，崇国的防御能力异常强悍。从地理上看，商代崇国老牛坡遗址，西面是两百米高的白鹿原，东面靠着骊山缓坡、四百米高的洪庆山，南边的灞河河谷作为腹地直抵秦岭高山。所以，历代文献都将伐崇之战视作周文王军事生涯中最后、最难也是最关键的一战。此战过后，周文王才算独霸关中。

> 文王闻崇德乱而伐之，军三旬而不降，退修教而复伐之，因垒而降。（《左传·僖公十九年》）
>
> 文王伐崇，再驾而降为臣。（《左传·襄公三十一年》）

根据《左传》的记载，文王伐崇并非一次就成功，而是对峙了一个多月，第二次时才成功。

> 文王将欲伐崇，先宣言曰：“余闻崇侯虎蔑侮父兄，不敬长老，听狱不中，分财不均，百姓力尽，不得衣食，余将来征之，唯为民。”乃伐崇，令毋杀人，毋坏室，毋填井，毋伐树木，毋动六畜，有不如令者，死无赦。崇人闻之，因请降。（《说苑·指武篇》）

周文王最后还是靠与民无扰的政治许诺，才让崇国人放弃抵抗。周文王想要以崇国为新的大本营，势必不能在战争中失去崇国民心。这一仗如此艰难，显然还是因为周国与崇国邻近，后勤能够跟得上才能耗下来。

啃掉崇国这最后一个关中大国后，周文王紧接着在崇国境内建造丰邑，从岐邑与程邑迁都到故崇国境内的夏代崇墟。这本身就体现着夺崇为都的战略目标，和后来刘邦消灭南岸雍国的废丘后，从北岸的栎阳迁都到南岸的长安的战略又如出一辙。

> 维周王在酆，三年遭天之大荒，作《大匡》，以诏牧其方，三州之侯咸率。（《逸周书·大匡解》）
>
> 三十五年，周大饥。西伯自程迁于丰。（《今本竹书纪年》）

周文王作丰邑时，周国遇上了三年饥荒。可见周文王伐崇的时机，除了军事考量，也有切实的天时考量。崇国离周国不远，周国此时遭灾，无论是需要夺取崇国的粮仓，还是崇国此时也遭灾缺粮，比周国更加虚弱，总之周文王选择这个时机伐崇，也带有天灾的因素。

> 帝谓文王：询尔仇方，同尔弟兄。以尔钩援，与尔临冲，以伐崇墉。（《诗经·大雅·皇矣》）【郑玄笺】询，谋也，怨耦曰仇。仇方，谓旁国诸侯。

诗经《皇矣》中，讲到伐崇这里，说天帝告诉文王，应和邻国一起谋划讨伐崇国。显然这场最终的恶战，也有周国在关中及西部的盟国参与。崇侯虎表面上与西伯井水不犯河水，背地里却在纣王面前谮西伯，周文王的报复也合情合理。

周文王消灭了商朝在西部的所有力量，在崇国西境建成丰京。文王又派太子姬发在丰京之侧、沣河的对岸主持营建镐京。自此，西安第一次成为帝王之都。

（四）更庞大的西土联盟

西北属上古地理区划中的雍州，其黄土土壤是一种很轻细、松软的粉土，适合早期农具进行农耕作业。加上关中四面环山，黄河第一大支流渭河居中，沿着狭长的地堑直穿东西，犹如一条天然的水路干线。渭河两岸是天然向居中的渭河下行的缓坡。关中南面的秦岭与北面的北山，均形成众多河流从高山流下，汇入渭河。这种地形少有涝灾。这种土质适合早期耕作，又有天然密布的水网适合于灌溉的水土禀赋，被《禹贡》称为“厥土惟黄壤，厥田惟上上”，是天下九等中的第一等农田。关中无疑又是雍州耕作条件最好的一片平原区域。

但《禹贡》也称雍州“厥赋中下，厥贡惟球、琳、琅玕”，雍州的主要特产是珠宝美玉，可税赋只能排在中下，仅列天下九等中的第六等。之所以税赋居后，是因为雍州多高山沟壑，交通建设成本较高，人口相较东部大平原而言较为稀少。关中平原，就成了楔入雍州群山之间的拥有纵深的廊道型平原，又有关道连接中土、东土，是雍州天然的经济中心所在。

商朝有重巫不重史、重鬼不重人、尚武好杀、好酒喜猎等文化特征。周人是与综合经济奔放的商人截然不同的农业至上之族群。周人本就是夏朝掌管农业的后稷之子孙，从戎狄之间回到农业高地关中平原后，他们更是异常崇尚农业发展。周人祛除了夏商时泛滥的神教文化，加强世俗王权，注重用“历史”这个工具记录过往经验。农业族群讲究看天吃饭，人力是当时的第一生产要素，所以周人废除人殉，表现得更加敬天畏民、重史不重巫、重人不重鬼。周以民为本，形成了天人观以及王道德治之思想，奠定了华夏族特有的世俗化政治观。

关中中小型河流纵横交错，拥有温和少涝又均匀密布的河道、水网优势，

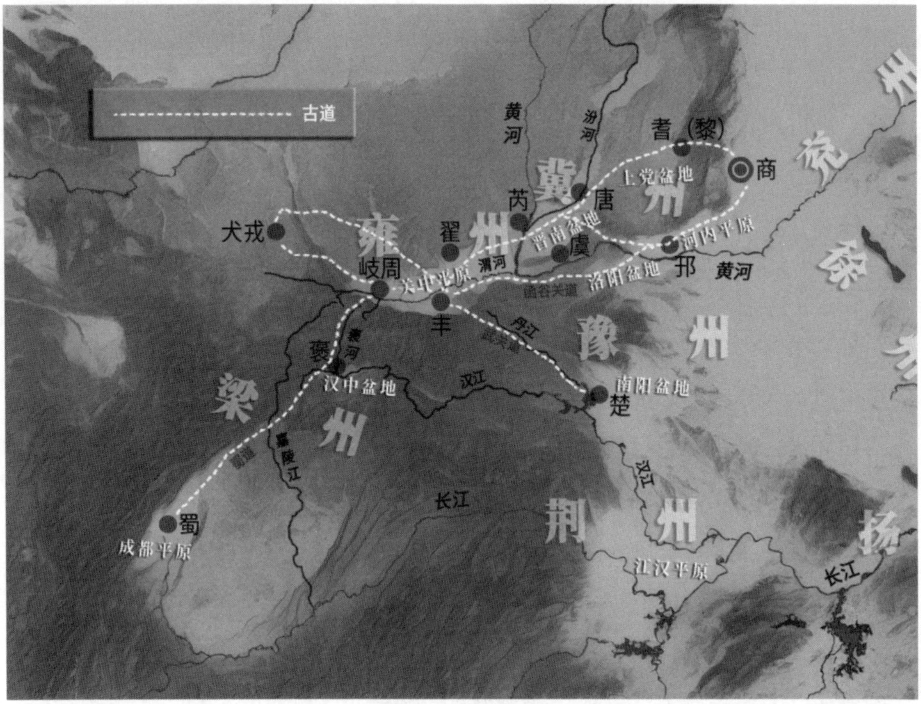

图 28　商周之际周人东出通道

这让周人在内河航运技术上也取得了一定的发展。周原遗址考古就发现多处大型水池、壕沟。周文王伐崇作丰，是在夏代崇墟太平遗址的旁边修建了丰邑。夏代崇墟太平遗址由双环濠组成，是流水合围之双邑形制。因此丰京与镐京，依崇墟传统，行辟雍之制，为环水而建。灵沼、滈池、滮池、辟池、大池、滈水、沣水等水系环绕其间。西周时丰镐临着沣水，沟通有众多池沼，或为一片泽国景象。后来的汉代昆明池就是把这片池沼湿地整体挖掘而成的人工湖。

近年来的殷墟考古发现显示，商王室核心成员居住生活之所也很可能是在被河池环绕的两座“核心岛”上。近年来对丰京遗址考古也发现，丰京遗址内的曹寨南至大原村西之间有一条西周时期的人工河道，将丰邑隔河划分为北部、南部两个中心。《水经注·卷十九·渭水》记载古沣水的走向有两支："丰水出丰溪西，北流分为二水，一水东北流为枝津，一水西北流又北交，水自东入焉。"当下普遍认为沣河下游，位于沣河与新河之间，已经干涸的一小段叫作沙河的古河河道就是沣水的西北主河道。这样看来，丰京北部，有沣水从西、北两个方向环绕，北部的西、南方向分别是西周的灵沼河和曹寨至大原村西的人工河，丰京北部显然是四面环水之制。同样，丰京南部在北是这条人工河，在西是灵沼河，在东是沣水，在南则是引沣水入灵沼再入灵沼河，是封闭的。那么，周文王所建之丰邑，其实是典型的南北两部均为四面环水之制，是与夏代太平遗址并列双环濠和商代殷墟核心岛宫殿区并列双环水相似的聚邑形制。①

镐京是后来对丰邑的进一步扩大。2012 年，考古工作者通过勘探昆明池遗址，在昆明池池底发现一条位于镐京遗址东、南侧，为西南—东北走向的西周时期人工沟渠。该沟渠是镐京的东界、南界。那么，镐京西为沣水，北有镐池，东、南侧为该沟渠，镐京也是四周环水之都邑。如果尚未发现的镐京辟雍在沣河东岸与镐京并列，那么镐京也是并列双环水双中心聚邑。从太平遗址的双环濠，到殷商的双水岛，再到西周丰镐的辟雍，说明夏、商、周曾流行过环水建宫的传统。

周文王娶亲时在渭河架桥为梁，东征时则行船于泾、渭。后来西周在关中守着温和的中小型河流，继续加强水路开发，经常沿着渭水、泾水、汾水，以及丹水、汉水，乃至长江一带征讨，大大拓展了周人的征伐半径。甚至周昭王就是南征返回时意外死在了汉江中。

后来，沿着丹江与汉江沿线都有姬姓国家分布，一直延伸到江汉平原，又从汉江流域进入淮河流域与长江流域，一直向东直抵淮夷。替姬姓势力在沿江一带取得对商周最大的铜矿产区的影响和控制。

① 参考王一凡《沣西水系与莽京新考》(《故宫博物院院刊》2023年第7期)。

周国甚至积极与汉中的宝山文化，应是姒姓褒国建立合作，沿着汉江一路结盟南阳与荆襄一代的小国。

伐蜀。（周原甲骨文 H11:68）

有了汉中作为战略前沿，周人甚至将势力伸到了秦岭与巴山另一边的成都平原，征服了文明悠久的蜀国，使蜀国也成为自己的西部盟友。可见虽远隔重山，但周文王时期的周国已经与川西建立了密切联系。从关中经褒斜道至汉中盆地，再通过金牛道到达成都平原的蜀道，在此时已经开发得较为成熟。但此时四川盆地东部的巴山与巫山仍旧险峻，尚未得到充分开发，连西周的姬姓巴国都仍在汉江沿岸，可见四川盆地通往中原的主要交流通道还是关中到蜀中的蜀道。关中实现了对西南贸易的控制。

文王卜曰：我暨唐人弘战贾人。（山西曲沃北赵晋侯墓地 M31 出土玉环铭文）

周文王还联合晋南盆地的唐国讨伐贾国，打通晋南盆地，最终又攻克了上党高地的耆国，加上断讼虞国、芮国，讨伐河内的邘国，关中通过晋南盆地的上党道、轵关道，两路制约殷都的通道全部被打通。

周武王伐纣时，周国以关中为中心，实现了对晋南道—上党盆地 / 河内平原、函谷关道—洛阳盆地、武关道—南阳盆地、蜀道—成都平原的“X”形控制。以关中为核心的西部贸易网络和西土军事联盟已经明显成型，这就是周武王能够直指殷商的底气和动力所在。

周人将霸权杠杆运用在以德服人上，避免西土盟友之间零和博弈与内耗，组织西土盟国进行分工协作。比如周文王断讼虞国、芮国的纷争，让两国都心悦诚服，自此投效周朝。周文王一定是做到了存量利益分配公平，而且在创造和做大利益增量时，让两国做到有效配合分工，提高产出，互利双赢。

全新的利益生成与整合机制，更先进的治理理论，加上周人在关中平原的农业发展实践，积累出大量的农业技术优势，让西周能够在四方建立姬姓国家据点以对盟国提供技术支持，并通过朝贡体系来消弭地区差异，建立高度互补的贸易往来。这些是周人在天下建立起封建统一的制胜法宝。

周人打通整个西部商路与贸易通道，整合并控制住西部各地理板块的货源，在关中进行集散，使关中成为整个西部的中心。可若不拔掉居中的商国，仍无法进一步整合东西方的贸易。因此周人剪商，其实是形势使然，必须打通整合贸易的最后关节。当周人剪商并消化掉商朝过往积累的技术优势，如先进的青铜铸造技术等，周人势必成为当世最先进、发达的族群。融合商、周两大文化族群之优势，是西周后来能够垦殖更广袤国土的基础。

周文王已经天下三分有其二，多数西土诸侯已经倒向周王。周文王与周武王的西土同盟骨架，已经拉大到前所未有的庞大。但周文王没有足够的时间进行下一步的伐商大业了。丰京建成的次年，文王就驾崩了。带领西土联盟继续剪商中土、征服东土等最后的大业只能留给继承王位的周武王姬发去做了。

第六章

西周：周武王剪商

考卜维王，宅是镐京。

周文王之死，或给了纣王一时的喘息机会。周武王上位后，座下有他的亲兄弟们，周公旦、召公奭、毕公高、管叔鲜、蔡叔度等姬姓亲族力量，还有周文王留下的亲信大臣，姜尚、太颠、闳夭、散宜生、南宫适等外姓卿臣。可以说，周武王的班底由两系人马组成，一系是父亲的旧臣、老臣，一系是自己年轻的少壮派兄弟们。虽然这新老两派的最终目标一致，就是完成文王的未竟之业——剪商夺天下，但抢蛋糕容易，分蛋糕难。

（一）大邑商，贵族背叛潮

在武王伐纣之前，周文王时期，商朝的公卿大夫如太颠、闳夭、散宜生、鬻子、辛甲等人就已经前往周国，归顺了周文王。到了周武王继位初，他又与商朝官员胶鬲，以及商朝宗亲重臣微子歃血为盟。周武王对胶鬲许以高官厚禄，对微子许诺将来让他的家族成为统治商国和商族的诸侯。微子与胶鬲遂成为周武王在商朝内部援助周国的内应。

> 武王即位，观周德，则王使叔旦就胶鬲于次四内，而与之盟曰："加富三等，就官一列。"为三书，同辞，血之以牲，埋一于四内，皆以一归。又使保召公就微子开于共头之下，而与之盟曰："世为长侯，守殷常祀，相奉桑林，宜私孟诸。"为三书，同辞，血之以牲，埋一于共头之下，皆以一归。（《吕氏春秋·诚廉》）

胶鬲原本是鱼盐贩子起家，他姓氏又为"胶"，从这两方面判断，他很可能出身于胶东半岛，是沿海地区的大商巨贾。商朝原本就重商，先商时期的商祖王亥，就传为发明了牛车、推动商业贸易发展的关键人物。相比周人这个更凸显农耕文化属性的族群，商朝是一个农业、商业、渔猎、手工业都非常发达、更倾向于综合经济的族群。早商继承夏后氏的环嵩山王朝基本盘，处在中国二、三地理阶梯线上的地形豁口处，居华夏之中，扼守着东南西北四面八方的交通咽喉。商朝的强盛基因中就有垄断交通要道、掌控天下商路和四方贸易的立国方针。因此，胶鬲这样的商人才会被推举成为王朝重卿。

位居关中盆地这条新月形通道上的周国，作为西土中心控制着西方的商业网络，给东方的胶鬲与西方的生意造成了阻碍。胶鬲作为沿海地区的大商人，商业利益是他最大的实力资本，于是他暗地里倒向了西方的周国。而商朝无法再控制西方，甚至连太行山的耆国等国都被周文王拔掉，商朝已经没有实力和能力为东方商人继续开拓西方，维系商路的畅通。那么，东方经济集团放弃地理位置居中却无法打通商路的商朝，也就是情理之中的事情了。

> 周有玉版，纣令胶鬲索之，文王不予；费仲来求，因予之。是胶鬲贤而费仲无道也。周恶贤者之得志也，故予费仲。（《韩非子·喻老》）

胶鬲曾奉纣王之命，前往周国求取玉版。西部多山，玉矿丰富。关中的蓝田玉就是四大名玉之一。而四大名玉中的独山玉，产自河南南阳，这里是晚商楚国的所在。

> 楚子来告。（周原甲骨文 H11:83）
>
> 周文王之时，季连之苗裔曰鬻熊，鬻熊子事文王……（《史记·楚世家》）

周人沿着汉水和丹水越过秦岭，早已经与楚国建立了同盟关系。楚国的独山玉贸易恐怕也被周国控制。玉器是上古重要的礼器，是顶级贵族的权力和等级之象征。纣王想得到商朝境内的上乘玉版材料，竟需胶鬲去周国求取，看周人的脸色。西方的高山矿藏、皮毛等物资贸易大概都被周国所控制并垄断。加上纣王讨伐东夷不力，东南铜矿主产区可能也脱离了商朝的控制。商朝作为经济仲裁者的这个角色功能势必衰微。

胶鬲作为东方商人，代表纣王去向周文王索求玉版时，恐怕也携带了东方的各种物产，可周文王为离间胶鬲与纣王，拒绝和胶鬲进行交换。这无疑也让胶鬲这类东方商人和东方经济利益集团明白，依附商朝，已经无法打开西部的贸易渠道，对谋利的商人而言，这是致命的。为了得到东西贸易间最重要的政治庇护，胶鬲岂能不起另投周王之心？但是，商国居中，虽然号令西方失灵，成事不足，可在中间干扰东西贸易，却是卡着咽喉，败事有余。

自商朝经历九世之乱，从环嵩山一带的亳都迁到太行与古黄河所夹的河内之殷都，它已经在一定程度上放弃了居中锁钥之策略，转而选择在形胜与腹地之间取得平衡。但从武丁到纣王的尚武好战的个性，仍体现着商朝习惯用武力来解决外服方国的离心力问题。商朝这个以先进青铜技术立国的兵器大族，一贯靠战争巩固强权震慑四方，以控制四方贸易。纣王仍旧延续着以武压人的霸权思维。

商朝在立国之初，是强大到不可一世、令其他国家难以望其项背的青铜技术大族。那时，只有青铜兵器先进，才可以用武力强行冲破上古邦国社会之间顽固的行政壁垒，统合四方。这符合商朝崛起的时代需求。但到了商朝末年，铸铜技术逐渐普及到其他族群，不只周国崛起，像老牛坡遗址也有自己的铸铜遗迹。而陕北清涧的寨沟遗址考古显示，与周侯西伯同为三公之一的仇侯之封国鬼方，也拥有先进的铸铜技术和精致的青铜器具。该遗址的贵族物质文化特征与殷商非常接近，说明在武丁征服鬼方后，鬼方已经是殷商的方国。但纣王囚禁周侯，又杀死仇侯，意味着纣王的对外政策还是以强迫屈服为主。

这个时候，大邑商的郊野地带已是“麋鹿在牧，悲鸿满野”。商朝的农业经济已经空心化，兵器技术的垄断优势又逐渐消失，却仍想以武力震慑四方强国，而非以组织更大规模的生产和产出更先进的物质来维系自己的霸权地位，势必会逐渐力不从心。

周人为了保障农业经济体系更高效地运作，提倡仁治，禁止滥杀殉祭，存蓄人力。通过礼乐文化，强调贵族的自我约束，以保证生产秩序。通过道德理论，减少国与国之间的战争摩擦，以稳定生产环境。可商朝始终没能意识到以农为本的重要性，体现出一贯的好战、尚武、好酒、刑杀、敬鬼、殉人、崇奢等特点。商朝对农业的荒废，导致殷都之郊的土地荒芜，麋鹿乱跑，虫蛇遍地。商朝立国时的武力征服，对打破远古以来万邦林立的行政壁垒有极强的推进作用，顺应了生产力发展规律。但到了人口逐渐增长，社会生产分工体系越发精细的商周之际，这种破坏存量经济的凝聚方式，势必落后于积极组织协作、促进增量经济的凝聚方式。

商周交替，已经是大势所趋，但周武王继位后，对与商朝的决战仍非常谨慎。又经过一段时间的发展，周武王才决定伐商，完成周文王的未竟之业。为了借助周文王的声威，周武王自称太子发，奉文王灵位东征。从丰镐出发的周国大军浩浩荡荡地开向殷商，携数百年未有的改朝换代之声势，威震四方。

武王到达洛阳孟津区一带的黄河名渡盟津，与周结盟的八百诸侯纷至沓来，准备作为周王的盟友参与伐商。就在各路诸侯摩拳擦掌，眼看就要到达殷都所在的河内地区，决战已是临门一脚时，周武王突然说，天命和时机都不成熟。通过观察，周武王认为商朝的防卫力量仍不足以一击而败之，于是又让大家都散了。武王放弃进攻商朝本部，班师回朝，回到丰镐继续休养生息。

周武王到底在等待什么呢？等待作为商朝畿内诸侯与殷都的重卿大夫放弃支持商纣王；等待作为西方同盟的几大主力全部到齐。

果不其然，周武王第一次伐商到周武王第二次伐商成功之间的两年时间内，商朝内部又发生了一些大事。商纣王在此期间得罪了许多宗室贵族，比如杀了德高望重的比干，定罪囚禁了箕子，商朝的太师疵和少师彊（强）也逃亡到周国，还有一位宗亲贵族商容则逃亡到太行山中。纣王看起来已经众叛亲离。

周武王看到商朝的畿内诸侯已纷纷反商，商国内部已分崩离析，认为时机已成，他再次率领诸侯正式讨伐殷商天子。

（二）西土伐商——牧誓八国

时隔两年，武王认为时机已经完全成熟，他率大军浩浩荡荡地又一次奔向东方。这次，武王渡过盟津，众诸侯再次与周王会合。

> 武王至鲔水，殷使胶鬲候周师，武王见之。胶鬲曰："西伯将何之？无欺我也！"武王曰："不子欺，将之殷也。"胶鬲曰："曷至？"武王曰："将以甲子至殷郊，子以是报矣！"胶鬲行。（《吕氏春秋·贵因》）

当周武王到达鲔水时，又恰恰是胶鬲在迎候周国军队。武王甚至将到达殷都的时间提前透露给胶鬲，并马不停蹄地按时抵达。此时，早已暗地里投靠周武王的胶鬲与微子，自然已经在商都内做好了与周武王里应外合的准备，按时进行策应与煽动工作。

当西土联军开到殷商郊外的牧野时，周武王举行了誓师大会，尤其提到了八大盟国，史称"牧誓八国"。它们分别处在关中盆地及四周山脉，四川盆地及四周山脉，南阳盆地及四周山脉。加上此前周文王已经掌控的晋南盆地及四周山脉，这四个盆地将是周、秦、汉、隋、唐五个全国性政权的西部战

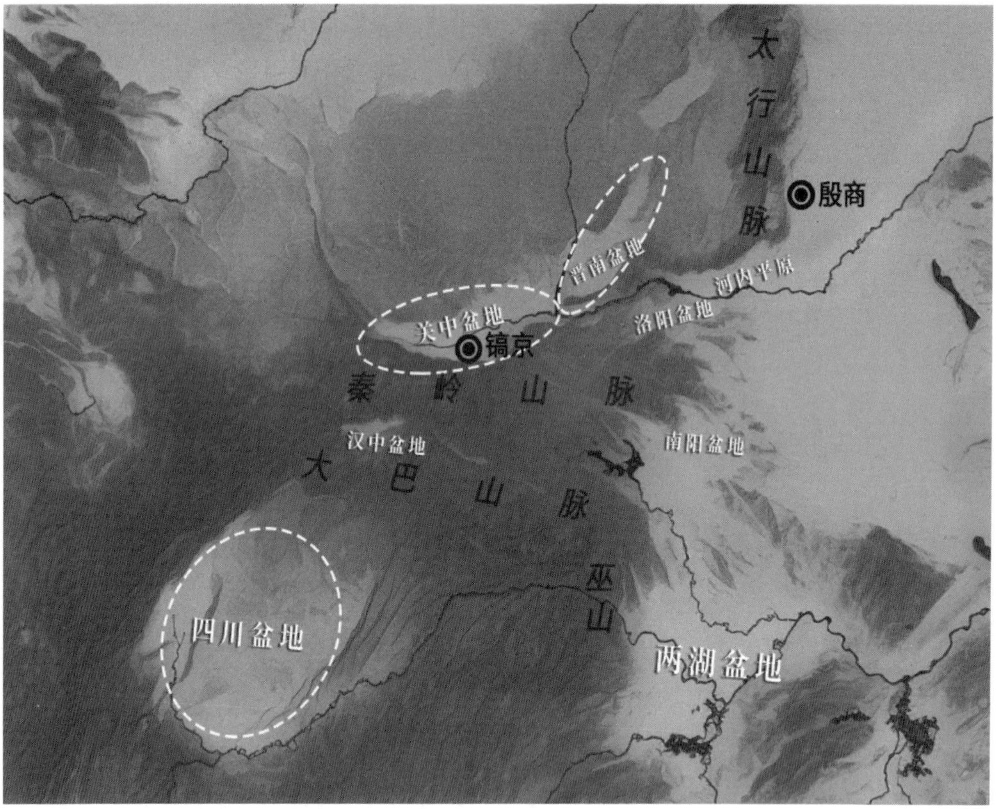

图 29 关中以南的山脉、盆地

略基本盘雏形。西部王朝一波波开创帝业，西安历史的黄金时代，正是从这次牧野誓师开始的。

牧野之战，殷都的正规军所剩无几，却能组织起数十万的奴隶军队抵抗周师。奴隶一般都来源于刑罚和战争。如此庞大的都城奴隶规模，可见殷商发动战争之频繁，它仍旧试图以武力维系霸权。现在有一种观点认为，殷都之所以组织不起来更庞大的正规军，是因为殷商同时在与东夷交战，是东西两线作战。若果真如此，说明殷商的对外战争已无法停止，几近失控。

要知道，早在周文王打败耆国、在商朝的卧榻之侧建立起周国据点时，殷商宗亲祖伊就非常恐惧、焦急地禀告给了纣王。但纣王却满不在乎地说商朝是天命所在，周国成不了事。纣王已经无法正确评估和管控对外冲突的规模和风险水平了，而且纣王不恤下民，这些奴隶中可能东夷战俘居多，他们趁牧野之战倒戈相向，跟随周武王攻打殷商。这些说明纣王时代殷商的霸权杠杆已经处在极为脆弱，随时会崩断的状态。

商朝有内外服制度。内服即商王直接管理的王畿区域；外服即邦伯、方国、盟国统治的商朝“王朝俱乐部”内的联盟“朋友圈”。商朝采用的更像是邦联国家制度。

商纣王面临的困局，首先就是外服邦伯坐大，实力最终超过了商朝王畿。内服贵族又对商纣王大为不满，而纣王也大肆打压内服贵族。内服贵族的核心是王族宗亲大臣，他们是拱卫大邑商基本盘的王朝力量，然后是一些王畿内的贵族公卿。他们与纣王的关系越来越差，恐怕最根本的利益冲突就是商纣王时期的商朝基本盘核心区，已经没有多少土地可分了。如商纣王的王叔王子比干，其封地是在距离王畿六百里的汾河以西之比地。另一位王子箕子的封地箕也有四百里之遥。他们的封地与殷墟都隔着太行山。另一位王子微子，虽然其封地微在上党高地，距殷墟只有二百里远，但中间仍隔着太行山。这些封地与商都和王畿不在同一个地理板块内，利益方向势必有所冲突。

当周文王控制住太行山屏障时，这些太行山以西的宗室也难免不为了自身的利益出卖太行山以东的王都，如微子那样。殷商的宗亲反叛潮，恐怕是源于王畿内可封授的土地资源的枯竭，殷商宗室人口又不断膨胀，众多宗室贵族嗷嗷待哺，亟待赐土封爵，商朝内部的矛盾势必愈演愈烈。他们被远封到其他的地理单元，即使兼具宗亲、公卿身份，实际上仍是外服诸侯，恐怕也难以心向国朝。

面对这种局面，商王只有两条路可选。要么集权，强化王权，削弱贵族力量；要么放权，放弃王室利益，以讨好贵族力量。选择前者，风险很大。

但选择后者，在邦国林立的商朝，又无异于主动放弃霸权和共主之资源。怎么选是两难，商纣王最终选择了前者。他“用其妇人之言”，实则就是重用后妃家族等外戚作为自己集权的姻亲力量。商纣王、周幽王这些上古万邦林立时代的亡国之君，他们选择的姻亲力量主要是妲己、褒姒这样的侧妃、宠妾出身的外服国家。因为正妻多是他们作为太子时联姻的大国，是既得利益方，不会支持他们集权。而外服国家献上美人，意味着这类国家已经臣服于天子本人。

商纣王“断弃其先祖之乐”，并逼走了掌管礼乐制度的宗室贵族商容，其实是拒绝按礼法传统继续对宗室贵族实行赐封，拒绝倾向于团结同宗，拒绝受祖先留下的祖制礼法的禁锢。其实从武乙继位开始，到帝辛（纣王）继位，商朝一改以往历代商王优先兄终弟及的继承规则，连续四代实行父死子继，这背后意味着王室大宗垄断王权，强化集权程度的改革趋势和与宗亲的斗争博弈已经持续了数代人之久。

纣王不断弹压内服宗室大臣力量，试图强化王权，但他的解决方案最终失败了。因为这毕竟是一个万邦林立的时代，他在顶住内部巨大压力、尝试进行畿内集权改革实验的同时，也遭受了激烈的外部干预。两重压力最终将他压垮。

周武王在牧野与商朝军队决战时，与《牧誓》八国共进退。当周武王喊道“逖矣，西土之人”，一群西部最强大的国家，共同杀向了叱咤风云五百年的天下共主——殷商。

> 周武王伐纣克殷，微子乃持其祭器造于军门，肉袒面缚，左牵羊，右把茅，膝行而前以告。（《史记·宋微子世家》）

商朝灭亡了，纣王自焚而死。作为殷商宗室贵族，早就变节的微子，果不其然地第一个拿着王朝礼器在城门外带头投降……第一个西部王朝——西周，由此横空出世。

西周王朝应运而生，将奠定后世近两千年东、西向竞争为主的华夏地缘形势格局。秦岭北麓的关中盆地，太行西南的晋南盆地，巴山南麓的四川盆地，这三个盆地，正是这两千年里，周、秦、汉、隋、唐等强势的西部王朝接受天命那一刻起，历史标配的三大西部王朝起始板块。建都于西安的政权，也开始了从商朝到明朝，一连串灭朝伐罪的逐鹿史。

周武王克商成功，于周文王受命之后，再次表示承受天命，成为公认的天子。他返回关中，将都城从丰邑迁入旁侧刚刚营建完的镐京。此时此刻的西安，以镐京之名，以历史上第一次作为西部同盟核心的地位，终于登上历史最高舞台，成为赫赫天子之都、天下首善之大邑、整个天下的中心。十三朝名都的辉煌历史，由此刻拉开了帷幕。

武王却夜不能寐。因为他知道，庞大的殷商遗民仍然具有巨大的能量。而那些已经开始坐定地盘的东方功臣，甚至是西方功臣，又该如何保证他们始终心向周王朝呢？

（三）周武王的忧虑

灭商后回关中的途中，武王率领九州诸侯登临豳地高处。豳国，正是周人祖先成为诸侯的龙兴之地。他在周人故乡望着商朝殷都的方向，心中无限感慨。一个持续了五个半世纪的天下霸主，就这样被自己轻易地推翻了？这一切，如梦似幻，来得太快了……那么，自己是不是也会被轻易地推翻呢？

终于登顶天下、成为天子的周武王，在商朝这个西土最大的共同敌人和外部矛盾消失之后，并没有就此宽下心坐享荣华，反而充满了忧虑。周人未能消灭殷商全部的有生力量，只是暂时地压制住了殷商贵族。一旦周国没有分割好天下这块蛋糕，反周力量就会迅速出现和壮大。

周武王曾经许诺殷商宗亲贵族微子启，要将殷商分封给微子的家族管理。

可按照周人崇奉的宗法制，纣王的儿子武庚（禄父）应该作为商国的继承者，继续掌管殷商。为了大局稳定，周武王只得违背对微子的诺言。

> 封商纣子禄父殷之余民。（《史记·周本纪》）

周武王选择让武庚继续管理殷商，让微子启的儿子微史剌祖来周国做了大夫和重卿。而且周武王让其家族世代做史官，不忘借机从微子家族偷师殷商的治理经验。但这些为了维系道义和德行的措施，其实不只让仍然握有殷商遗民这巨大资源的武庚时刻怀有反周复商之心，也会令很早就投靠周武王，却没有被兑现许诺，没能继承商国的微子家族心怀不满。武庚与微子这样的殷商贵族仍然是不稳定的存在，矛盾随时会爆发。

周武王知道，周人虽然建立了以西土为中心的新秩序，整个华夏东、西方的贸易线路将被积极对接，但居中的殷商残余势力仍旧尾大不掉。那些追随周国推翻商朝的功臣部族，一旦在周武王主导的分封方案中稍感不公，可能会翻脸比翻书还快，成为周国的敌人。没有了商朝作为外部矛盾对西土联盟进行外部制衡，被天下紧盯和索取的目光，就会指向周人。

周国到底能从推翻商朝中获取多少实际利益，又该如何做到滴水不漏，让反周联盟不会像反商联盟那样瞬间起势？五百多年的商朝，到底是凭借什么做了天下共主，它又给予了各方的方国什么好处以维系人心，又如何震慑内外大大小小的数千个居心叵测、各怀诉求的诸侯呢？

周朝建立了，但周武王对如何构建稳定的新秩序、新体系、新规则，心中还是有很多疑惑。他为此专门请教殷商宗室贵族箕子，问箕子殷商衰亡的原因。但箕子不愿意说自家祖先的坏话，不愿深入探讨，只和周武王讨论了一些天道上的事情，并不直言殷商统治秩序的内在运行逻辑与得失。周武王恐怕并没有得到他想要的答案。

要想克制天下大大小小的邦国、部族的战争冲动，抑制掌握地方实权的自治贵族的奢靡滥政，不可能像后世的集权帝国那样用刑法进行约束，因为这些贵族多是原始社会自然形成且传袭下来的，拥有牢固自治法统的原生贵族。针对这些原生贵族，只能用文化意识和价值观，针对性地塑造一种贵族间的鄙视链，让贵族在道德层面对自己的行为进行自我约束。这就是礼法建设。当贵族能够自我约束，整个天下初步的契约精神才能建立，才能实现全社会的经济、政治、军事之统筹整合。因此，周武王明白礼乐制度建设的迫切性和重要性。

武王想要任命殷商宗亲贵族、掌管殷商礼乐的商容担任周朝的三公，推动礼法建设，但被商容婉拒了。可见殷商贵族，即使是反对纣王者，也普遍在内心不接受周朝的天命地位，拒绝将殷商的统治方法和经验传授给周武王。

周武王回到丰镐后经常失眠，难以入睡。他的弟弟周公旦曾为此与他讨论天下未来的新秩序该如何建立，试图为他分忧。周武王说出了自己夕惕若厉的原因，并阐述了自己的地缘方略。他还告诉这个自己信任的弟弟，他想要在夏朝的故地伊洛之地再建造一座新都城……周武王说，为了保证西土的安定，他已经在有夏之居的洛阳盆地、伊洛河一带选定了周城洛邑的位置并开始营建，并打算以此作为战争基地“悉求夫恶”，以惩治这些对周朝有恶意的国家。这就是周武王的东都洛邑营建计划。

周武王又以行弥兵政策为由，要“纵马于华山之阳”，“放牛于桃林之虚”。华山在潼关西边。华山之阳应是指包含少华山和太华山在内的整片秦岭华山段的南麓，今洛南盆地内。洛南盆地向北是潼关，向南是武关。周武王要将马匹这么重要的战略物资放在两关之间，其用意何其明显。而桃林，就是后来的桃林塞，处在潼关与函谷关之间临近潼关的位置，是关中与关东之间最早出现的名关要塞。牛车作为同样重要的战略物资，要囤积在桃林

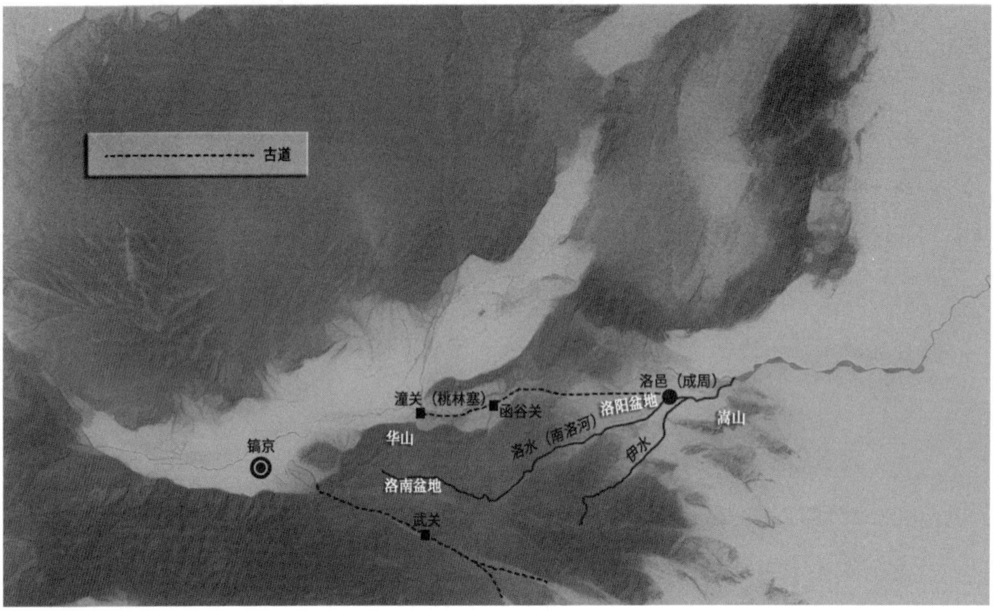

图 30 武王的洛邑、华阳、桃林战略防线构建

塞，显然是要建关立卡。西周与春秋的桃林塞、战国的函谷关、魏晋以后的潼关，就是关中与关东的分界。周武王的设计，可谓是关中之“关”最早的概念雏形。

周武王以关中平原作为大后方基本盘，以洛阳盆地作为据守四土之中的直控门户，发挥其四贡均里的优势，把洛邑作为收敛关东赋税、经营东方的前沿和中心。而且洛阳盆地是早商的腹地，是商朝从夏朝手中夺取的。因此，洛阳盆地也是殷商的重要国土，有大量殷人聚集。可这其中有很多是夏之遗民。周武王利用有夏之地，创造诸夏、诸华、华夏的概念，对商文化系统下的方国诸侯进行分化，拉拢和团结以环嵩山、洛阳盆地为主的自称夏裔的一派，以切割殷商遗民的整体实力。这是周武王对周朝秩序的设计，也是将来应对殷商后裔反叛，对关东进行二次战争清洗的基础。

其实在周武王时期，殷商遗民的势力仍然很顽强，他们控制着中原一带。

周武王时期的分封并不是后来周成王时期才奠定的“封建亲戚，以蕃屏周”的大封建体系，周王仍然是类似于夏、商两代，控制王国基本盘，然后号令天下大大小小的非血亲部族共同朝觐的霸权共主，周王朝本质上还是一种盟约型王朝，而非统治型王朝。

周武王分封了自己的几个亲弟弟以及外戚，他的弟弟周公旦被封于鲁，宗族兄弟召公奭被封于燕，他的岳父兼重臣、被尊为“师尚父”的谋主太公望被封于齐。但按傅斯年先生《大东小东说》的推论，周武王时期的鲁、燕、齐等国，和周成王时期实行大封建之后的位置不同，武王时的鲁、燕、齐是拱卫和环绕着周朝新建的东都，分别位于今河南省的鲁山、郾城与南阳古吕城一带。周武王的分封方案，目标仍然是消化中原一带的商国腹地。毕竟在周武王时期，纣王的儿子武庚仍然在伺机复国，在中部阻遏着周朝继续东拓。待后来周公平叛后，才施行了对全天下实行分封的大封建制度改革，实现了封建式统一。鲁、燕、齐等国才由此被迁徙和远封。

周公与召公是周武王的左膀右臂。周武王共有十个同母兄弟，他本人排行第二，长兄伯邑考早逝，最年长的弟弟、排行老三的是管叔鲜。周公旦排老四，只是次弟。但周武王生前就很信任四弟周公旦、族兄弟召公奭、异母弟毕公高等人，将他们封公。周武王对最年长的弟弟管叔鲜却罕有重用的记录。

武王克商后，将自己的兄弟大部分封到了故商国一带做诸侯，其中包括三弟管叔鲜和五弟蔡叔度。周武王还让管叔鲜、蔡叔度、霍叔处等亲弟围绕纣王之子武庚统治的殷都建立据点，对武庚和殷商遗民进行合围、监视和管控，史称“三监”。此外，周武王还想尽一切办法分封自己的亲信。比如他表面上借礼义之名创三恪之制度，分封神农后代于焦、黄帝后代于祝、帝尧后代于蓟、帝舜后代于陈、夏禹后代于杞。但现在可考的受封于陈的帝舜之后，叫作妫满（陈胡公），他的父亲遏父是周武王的陶正，是负责制陶的周朝官员。妫满又是周武王长女大姬的丈夫，实则是周武王的女婿。可见，周武王只是借着远古血统的名义，变着法地分封自己的亲信大臣家族为诸侯，以作为拱卫王朝的亲周诸侯。

周武王消化殷商故地的计划，已经在有条不紊地进行着。可周朝上下和周武王自己都没有想到，周武王克商后仅仅三年左右，他就在经营这庞大王朝的巨大压力下病倒。他没能解决掉这个棘手的现实问题就病重崩逝，他的儿子周成王继位，但成王年幼，只能由周武王最信任的弟弟周公旦暂时代行王权，摄政理国。

为什么必须让这个孩子继位，而不能兄终弟及，择贤而立呢？因为周文王子嗣众多，如不设定明确规则，那就人人都想夺取继承权。仅仅是周公与召公两公辅政就引发了其他兄弟的叛乱，遑论让某个兄弟继位，何以服众？想要让新生的王朝不乱，就必须严格遵守嫡长子继承制度，断绝一切野心家的念想。

周武王没能继续实践的制度改革，只能由周公旦继续推进。但主少国疑，周朝内部反对周公者与殷商贵族合流，三监之策随着武王的崩逝而破产。

周武王的剪商之战如闪电般实现，看似辉煌，实则没有实现对殷商贵族有生力量的歼灭性打击。刚刚建立的周王朝其实危如累卵，暗流涌动。关东的反叛力量，趁武王驾崩之机席卷而起。

拥有权威的开国君主死了，仅留下一个年幼的儿子，他在镐京宫殿中牵着叔叔的手，战战兢兢地面对着朝堂之下的满座衣冠，面对着成群结队的仇家与野心家……

周公领着周成王，只能用武装战争的方式二次剪商，用风险和收益都最高、最激烈的方式，彻底肃清殷商的有生力量和周朝内部怀有异心的力量。不过，周公首先面临的是周都镐京距离中土太远的问题。他需要一座更前沿的军事大本营，以应对这次危机。

第七章

西周：赫赫宗周

驻车丰邑镐池东，想像周家帝业隆。

周公执政时，尤其是面对关东大规模叛乱时，他想起了周武王在洛阳盆地建设新都的战略。周公将以武王遗愿为名，建设东都成周。而且他不仅要建新都，更是要迁新都。刚刚成为天子之都的西安丰、镐两京，竟这么快就遭遇了失都危机。

（一）成周——天下之中

管叔鲜身为周武王长弟，却不受武王重用。他被周武王外放到关东监控殷商，还要坐看自己的弟弟周公旦在武王驾崩后成为辅政大臣，掌管王朝和天下。周公旦历来贤能，管叔鲜却心胸狭隘。管叔鲜早就不服气姬旦凌驾于自己之上，不仅在关东受封鲁公，由其长子代行就国，而且还在畿内称公，拥有周邑为封地，在朝堂上总揽朝政，而自己却形同外放，被置于远离岐周和丰镐的关东。于是，管叔鲜联合蔡叔度等同封在关东的兄弟，竟借殷商顽民复国之心，与殷商的武庚站在一起背叛自家周朝，发动叛乱，史称三监之乱。

管叔鲜与蔡叔度首先向关中传播消息，说周公摄政属于僭越，已有不臣之心，借此挑拨周公与召公奭、太公望的信任关系。召公是其族兄、宗亲之首；太公是武王岳父，是功臣与外戚之首。周公向召公与太公表明心迹，称自己只是为了周朝的基业能够稳定，只是以忠臣之志暂代王政，等将来周成王长大便会归政。召公与太公这才放心，站到了周公一边，而非管叔鲜一边。但为了让周公能够放开手脚平定关东叛乱，并且避免周公日后因权力过大遭受更多质疑，周王朝决定让周公与召公共掌王畿，分陕而治。

西周的王畿，从关中西部的岐周一带，到关中中东部的丰镐一带，再经过崤函古道连接洛阳盆地。陕，就是今三门峡市陕州区一带，古称陕原、陕

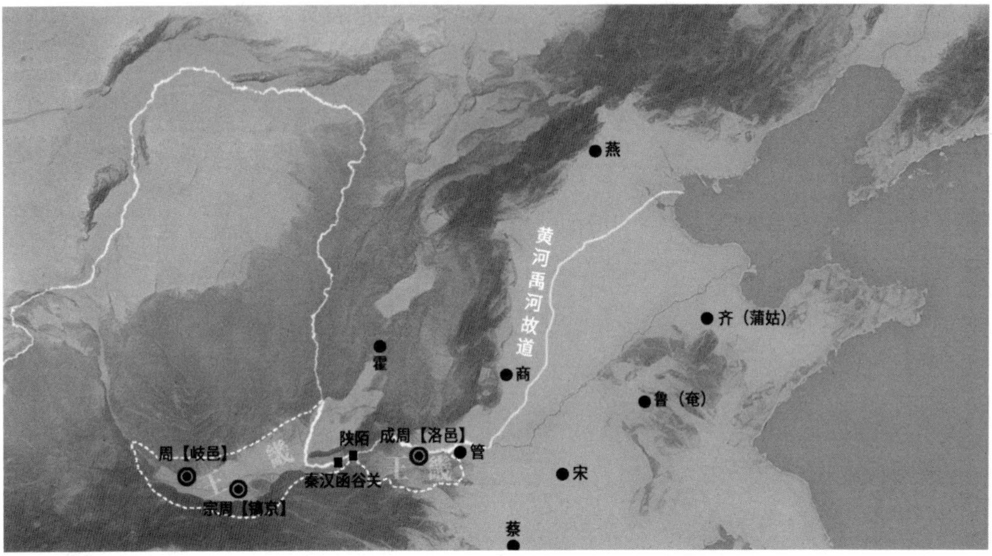

图 31 西周王畿与部分封国

陌，位于秦汉函谷关附近。召公治陕西七百里王畿，涵盖整个关中平原，实则是坐镇关中大后方，为领兵平叛、坐镇关东的周公提供后方补给。而周公治陕东三百里，在洛阳盆地内建立成师，则是扼守王畿门户，以周武王当年属意的洛邑为中心，方便于对关东各方攻防，利用洛阳三面环山、一面临河的优势，向关东地区的南、北、东三面出击，进退自如。

从政治角度讲，周公仍为辅政之臣，统率周朝的精锐部队。但周公暂时离开了关中朝堂，实际上是由召公辅佐成王理政。军权与政权暂时分离，既不损周公之威，周公又让渡出一些关键权力，以召公和太公为首的周朝贵族才会放心。

周公不负众望，很快就平定了东土的大规模叛乱。管叔鲜与武庚被杀，其他参与叛乱的诸侯被流放。周公对殷商进行更具深度的二次清洗，让周朝彻底控制住了环嵩山地区的中原一带。东土大定，更东方的东夷成为下一个征服目标。周公以洛阳盆地为军事指挥中心，继续向东经略。周公率军征服了奄国、蒲姑等东夷大国，将环泰山地区也收入囊中。周公的长子伯禽替父受封鲁国，与太公望的齐国，成为钉在东夷区域的两大周朝的坚实据点，直插泰山两侧。召公长子受封燕国，在燕山南麓抵住了黄淮海平原的北角。汾渭平原、华北平原、江汉平原无不被周公分封出去的大量姬姓同盟国家，则占据了险关要隘和平原沃土。中间还穿插着不少姬周的关中同盟姜姓之国与其他功臣之国。

> （周公）兼制天下，立七十一国，姬姓独居五十三。（《荀子·儒效》）

封建亲戚，以蕃屏周的大封建制度与格局，就此形成。从陇山到黄海岸，由西周王朝封邦建国的诸侯拉成一条长带，切割了济水以北和淮水以南。昔日的东夷地区已经成为西周王朝的新东土。周王朝已经实现俯扼天下之背的共主形势。周公快刀斩乱麻，王朝初建的隐患被挑破了脓包，令周武王忧虑失眠的危机，终于被化解。

周公开始分化殷商故地，迁徙殷商遗民，一部分迁入关中，另一部分跟随当年投靠周武王却没能如约被封为诸侯的微子启家族去了东方。但微子启不再像武庚一样继续受封在殷地，而是被徙封到了宋国以奉殷商国祚。

周公二次克商后的殷商顽民，主要被周公集中到自己坐镇的伊洛河一带的成师洛邑，成为东都城市移民。兴建东都，也就是成周，让殷民成为周王畿的国人，就是周公要做的下一件大事。

后世学者往往认为宗周得名是因为“诸侯宗之”，成周得名是因为“周道始成”。但王占奎先生提出宗周之“宗”与成周之“成”可能均为两都原本的地名。“成”与成周建立之前的西周王师成师有关，或就是夏商“郕”之真实地望所在。

周人自谓西土之国，但周公营建成周，就是继承周武王此前的规划，要

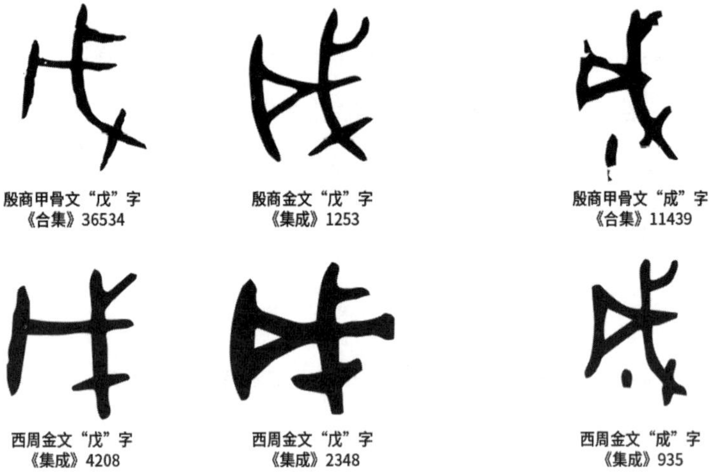

图 32 甲骨文与金文中的“戊”与“成”

在天下之中建立周王朝的东都。周人将城邑称为“国”，东都成周就是地处天下之中，是四方入贡道里均的“中国”，可以作为王畿的前沿门户统治与震慑关东，同时还可方便周王朝收取关东诸侯的贡赋，成为与关东诸侯进行朝贡贸易的枢纽。

成周作为时人心中的“天下之中”，其实选用“成”字，也可能本就从“戊”。戊，中宫之位，恰好在十个“天干”次序的居中位置，因而古人也常以其指中央方位。因此，“成”这个字是金文中“戊”加“丁”，是在中央钉桩筑宫，本身带有“居中”的意味，符合成周四土之中的定位。如此看来，成周的“成”很可能也是此前就有的当地地名，后来与宗周一样，被一语双关地使用，其地名来源并不纯粹是“王末有成命”或者“名为成周者，周道始成”。后世成国之所以被认为是在今山东地区，大概与齐、鲁、燕等国在周公时代被徙封至新征服的东夷区域是一样的情况，成国也在成周建立之后被迁移到东夷区域。

结合被认为是夏代末期都城的二里头遗址之侧，发现有偃师商城遗址，很可能是郑州商城亳都建设投用之前的商初西亳，是商汤建朝之初的都城，那么，商汤也被称作成汤，这个“成”字或也是成周之“成”，为洛邑一带的古地名。

> 隹（唯）王初■（遷）宅于成周復■（禀）珷（武）王豐（禮）■（福）自天才（在）三（四）月丙戌王■（诰）宗小子于京室曰昔才（在）尔考公氏克■玟（文）王■（肆）玟（文）王受兹大令（命）隹（唯）珷（武）王既克大邑商则廷告于天曰余其宅兹中或（國）自之（兹）■（乂）民……隹（唯）王五祀。（何尊铭文）[1]

1963年陕西宝鸡市出土的何尊铭文，曾对西周都城史撂下一颗深水炸弹。该铭文不仅出现了迄今为止最早的“中国”二字之记录，其首句的“唯王初■宅于成周”的“■”字该如何释读，也曾颇有争议。

何尊出土后，唐兰先生曾将前两句释为：“唯王初迁宅于成周，复禀武王礼福自天。”他认为当时周朝已经正式从镐京迁都到成周，但又补充说：“但是后来不知由于什么原因，周王朝的政治中心还是在宗周，一直到幽王时西周王朝覆灭，平王才真正东迁。”（《何尊铭文解释》）

杨宽先生则认为，第一句的断句应该是“唯王初遷，宅于成周”。他虽然认为该字为“迁”的古体“遷”，但他依据《说文解字·遷》的古义解释“遷，登也”，认为此处的“遷”不是指周成王初期迁宅到成周，而是周成王“初登王位，居住在成周”（《释何尊铭文兼论周开国年代》），是践祚之意。

李学勤先生认为这个字形不是“遷”，而是“禋”，是祭祀之名，并断为“唯王初禋”（《何尊新释》），认为没有迁都之意，洛阳是东都。

---

① 为便于释读，铭文中一些字保留了繁体写法。

再就是李守奎先生对学界主流看法的总结性观点，他认为“迁”可以是迁宅，也可以是“新都建起，旧都可以不废，对于国君来说，也就是多了一个办公与居住的场所……‘迁宅于成周’就像清代皇帝由紫禁城移居圆明园一样，对于周王来说实际上暂时是迁离镐京，别居成周，并不是一去不回了”。(《出土文献中迁字的使用习惯与何尊迁宅补说》)

周成王营建成周，是营建东都。(岐)周、宗周、成周，三都并存，符合出土金文的记载。而依据绝大多数的古籍文献所言，宗周镐京仍是主都。

(二)礼法诞生——贵族的自我约束

周成王五年二月，召公在丰邑接受王命后，出发到达洛阳盆地，对新邑进行选址考察。随即周公也到达此地并考察了新邑的选址，然后祭祀天地，正式开始主持兴建东都。召公于是将兴建东都的币帛财用交给周公。四月，周成王也到达洛邑，他第一次视察了新邑的建设情况，并宣布在此土中建都。

成王六年，周公又做了一件大事，就是制礼作乐，建立了封建等级秩序并规范了各级贵族应该恪守的礼仪与行为原则，也就是遵守礼法。自原始社会以来，贵族形成之后，周人第一次向全天下的贵族阐释政治存因之逻辑，也就是贵族为什么会接受天命，为什么天生就接受万民奉养而享受富贵，又为什么要敬畏天命，为什么要克制自己无尽的欲望去体恤和抚育万民。如果说，贵族和阶级是在生产力落后的时代局限下不得不出现和存在的社会特征，那么至少周人用敬天爱民的德政思想，教贵族如何自我克制和自我约束，并将之立法。这相对夏、商而言是进步的表现。

周公制礼作乐，实际是把周文王与周武王所提倡的“德”给归纳为实体化的守则。但也正是这套礼乐制度，让身为臣子的周公给自己加上了一道“紧箍”。他必须身先士卒，以身作则地去实践自己君臣有序的政治主张，只能将执政权归还给成年后的周成王。这样，他才能“以身殉剑”，完成对自己政治遗产的推崇和保护。

成王六年这一年，周公制礼作乐，并大朝诸侯于宗周明堂，确立各级诸侯之位。宗周明堂也就是镐京明堂，应就是蒿宫与蒡京之间的辟雍。一方面，这场盛大的会盟确立了诸侯们期待的封建合法性；另一方面，也明确了周王朝的诸侯们必须遵守周王朝的礼乐制度和等级制度。

成王七年，周公营建的东都新邑——成周城宣告落成。周公与成王到成周明堂举行了成周明堂之会。成王六年的宗周明堂之会，周成王南面群臣，三公则在堂上中阶之前，面朝北，以东为尊。成王七年的成周明堂之会，成王仍然南面而立，但唐叔、郇叔在左，周公、太公在右，分别站在成王两侧。此时召公未参与成周之会，应是留守宗周。这次大会，是周公归政后的大会。周公遵守了自己制定的礼乐制度，回到了臣子之位，将执政权交给了成年的成王，履行并实现了自己对“德”的追求。

但周公经营陕东数年，又主持营建东都成周，实际上，他的派系人马和实力筹码，都在他经营的东都成周。反而是陕西，常年以来是召公治理，他甚得此地民心。召公四处巡行西土乡邑，曾在棠树下决狱政事。自侯伯至庶人，各得其所，无失职者。后来召公去世，西土百姓思念召公之政，怀念这棵棠树，不愿砍伐，而且作《甘棠》之诗歌，咏颂召公的功绩。召公作为王畿的西土派领袖，至少在西土的声望绝不低于周公。周公虽然交权，但为了维系自己身后关东的东土功臣一派，自然希望周成王迁都到成周洛邑。

成周既成，迁殷顽民。（《尚书·多士》）

甚至从某种程度上说，周公平定三监之乱、二次克商后，成周的殷商贵族就从此跟随和仰仗于周公本人。周公已经开始代表关东利益。

伐奄三年讨其君，驱飞廉于海隅而戮之，灭国者五十。（《孟

子·滕文公下》）

周公东征，不仅是克殷一役，包括后续征伐参与三监之乱的东夷奄国，讨伐东南徐州的淮夷，应持续有两三年之久。

> 王伐录子圣，虘厥反，王降征令于大保，大保克敬亡遣，王永大保，赐休余土，用兹彝对令。（《太保簋铭文》）
>
> 召公为保，周公为师，东伐淮夷，残奄，迁其君薄姑。（《史记·周本纪》）

其间，召公也曾带着成王前往奄国前线，召公还负责追击逃亡的纣王之子武庚。

从奄国回到宗周镐京后，周成王作《多方》，对正在兴建洛邑的殷遗民宣布，只要诚心归顺，愿意做东都的周国国人，会向殷遗民开放入朝为官的政治权利。此举大大鼓舞了周公身后的东土集团，赋予了平殷功臣与降周殷民极大的中枢政治权利。周公也为东都臣民作《多士》，向东土的功臣、贵族许诺，成周将成为天下的贡赋中心，成周国民将成为世代富庶的群体。

周、召分陕而治，实际上把周朝王畿一分为二，召公代表西土关中利益，周公代表中、东土成周利益。周公与成王回到丰镐，作《周官》《立政》，意味着周公通过制礼作乐掌握了制度设计的权力。而迁都关东，以满足自己身后的成周集团之愿望，是周公的一项更大的规划。可显然，来自西土集团与成王的阻力并不小。

> 王曰："公！予小子其退，即辟于周，命公后……"王曰："公定，予往已……"周公拜手稽首曰："王命予来承保乃文祖受命民，越乃光烈考武王弘朕恭。孺子来相宅，其大惇典殷献民，乱为四

方新辟，作周恭先。曰其自时中乂，万邦咸休，惟王有成绩……”……王命周公后，作册逸诰，在十有二月。惟周公诞保文武受命，惟七年。（《尚书·洛诰》）

其实，《洛诰》中已经较为露骨地记载了周成王与周公的迁都之议。成王七年冬，成王说自己将要离开洛邑，让周公继续治理东都，而且承诺让周公的子嗣将来都治理东都，延续分陕而治的政策。但周公却不断地向成王提及迁都计划是文王、武王的遗志，并且强调相宅的目标是要依靠成周的居中地位，让周成王有更显赫的功绩。但显然，周成王获得亲政权力后，仍然是让周公管理东都，不接受周公迁主都的主张。

此下成王留周公治洛也。成王言我退即居于周，命公留后治洛。盖洛邑之作，周公本欲成王迁都以宅天下之中，而成王之意，则未欲舍镐京而废祖宗之旧。故于洛邑举祀发政之后，即欲归居于周，而留周公治洛。【朱子曰：上文“王曰”两段周公无答辞，疑有缺文。成王言我当归即政于宗周，而命公留于洛犹唐节度留后之意。】（《书传大全·卷三》）

后世史家，包括朱熹都能看出《洛诰》似有删节，没有记载成王自言要回到关中时周公的答话。显然，周王朝所删减的周公之言，很可能就是更为直接的劝都成周之谏言。但成王不采纳，最终未成行。为了维护周公与成王的君臣和谐形象，掩盖迁都之议以避免动摇人心，这里可能被刻意隐去。因此何尊铭文中，无论“迁”字是否为迁都之意，迁都是周公代表的东土集团之策动方向，但非朝堂共识。

成王亲政后，西土派看周公代表东土，不断有裹挟成王迁都的动向，也趁机动作。有人向成王进谗言，说周公曾诅咒成王生病，吓得周公逃奔楚国。

待成王打开周公当年为成王祷告消灾的册文，戳破谣言，他才被感动，又请回周公。周公之所以能轻易奔楚，恐怕因为他当时仍在东都。从地理交通上，从洛阳到南阳更方便。成王表面上说让周公世代掌管东都，但若真的如此，岂非天有二日，将周国王畿一分为二，分裂自家基本盘？成王借此谗言敲打周公，实际上也是借机把周公迎回宗周，卸了周公之权。这就是功高震主的宿命。

成王十年，周公在丰京病逝。临死前，他让成王一定要把他葬在成周，以表明他不敢离开成王。这是周公最后一次侧面暗示，让周成王将来也葬在东都成周，将主都东迁。但成王最终还是拒绝了他，以自己不敢把周公当成臣子为理由，将周公葬在关中的毕，也就是周文王与周武王所在的祖陵。他这是侧面拒绝了周公临终的迁都请求。

此后，周成王往来于宗周与成周之间，并将九鼎置于成周，也在成周会盟诸侯。他按照诺言，让第二代周公继续负责治理东都，但成王后期的大量轨迹仍然出现在宗周。

三十四年，雨金于咸阳。【约案：咸阳天雨金，三年，国有大丧。】

三十七年夏四月乙丑，王陟。（《今本竹书纪年》）

周成王最终病逝于临近战国时咸阳的宗周丰镐。但他不再让周公之子辅佐自己的儿子姬钊，即周康王，而是命召公、毕公辅佐。另有一说是召公、芮伯、彤伯、毕公、卫侯和毛公诸卿夹辅太子，偏偏就是没有周公的事情。可见，西土畿内诸侯此时更得成王信任。而东都畿内诸侯的代表，周公家族，在此时仍然是被排挤在关东的一方。这从侧面反映了周成王时期的迁都之争延续之久。

这只是西安与洛阳第一次作为都城双子星，一同登上历史的舞台，并纠缠在一起。此后两千年间绝大部分的时间，西安都将与洛阳交替为都，或者互为陪都。凡周、汉、晋、隋、唐，西安与洛阳均为两都。这种纠缠甚至延续到元、明、清，成就了中国古都史上最相爱相杀、相生相克的华夏双城记。

西周王朝能够建立，说到底是因为周人有一套道德伦理，可以在刑法之外形成礼法，支撑广域国家建立更大范围的秩序。当生产力发展到商周之际，重建自远古形成而来的地方制度体系，探索一套可以集中有效管理更广袤国土的新体制，是商朝和周朝绕不过的历史命题。纣王选择用个人的独断专行在畿内强推集权，显然是失败的。如何构建崭新的社会文化，以凝聚起一个更庞大的王朝版图？像商王朝利用青铜技术优势那样物理征服与武装地方，显然已经不够了。周文王、周武王推行德文化，但尚未将德文化制度化，仍不足以解决新王朝面临的与老王朝同样的问题。

德文化是出路，但如何实现制度化建设？制礼作乐。这个武王没来得及解决的问题，最终由周公解决。周公在面临西周王朝于风雨飘摇中可能夭折的政治考验和制度建设难题时，通过二次征服、二次剪商，彻底消灭了殷商集团的有生力量。如此，西周的礼制方案，才有可能真正被接受，在东方进行推广和普及。但在这场冲突后，长期坐镇关东的周公实际上又成为关东的中土、东土利益诉求的代言人。周公希望成王迁都，将都城建设也纳入为他整体设计的礼制建设的一部分，希望以此让自己的政治派系和政治遗产得到最大化的保留。可惜，周公对抗的其实是一个新兴王朝的基本盘——关中。他不可能成功。因为如果他成功了，关东居上了，那么关中集团数十年来剪商的努力岂非为关东做嫁衣裳？这大概才是西周初年的地缘格局。宗周丰镐渡过了这次迁都危机的难关，将发展为一个大型都邑圈。

（三）宗周——王畿之中

在周公依武王遗愿建设东都洛邑之前，周人有两处主要都城：周原的岐邑，沣河两岸的丰邑、镐京。周文王灭亡崇国后，在崇国境内兴建了一座新的都城，即丰京。丰邑建成后，周文王又令太子发，即后来的周武王在与丰京相望的沣河对岸，兴建又一座新都。新都最终在武王继位后建成并投入使用，叫作镐，即后世所称的镐京。但西周的都城体系并不是这么简单，远比后世认为的要复杂。

首先，在西周的青铜器铭文中，文王作邑之“丰”，为金文“豐”。清朝才有“丰京”之名，古人不称“丰京”，只称“丰邑”。

镐京则更为复杂。一般认为，周武王在沣水东岸营建的都城镐京，就是西周的主都。镐京在两周文献中屡屡出现。但奇怪的是，在考古出土的西周青铜器铭文中，却从没有发现“镐京”这个名字，甚至没有“镐”这个字出现过……那么镐京的“镐”在金文中又是什么样的写法呢？

> 惟三月，王在成周，祉武王祼自蒿，咸，王赐德二十朋。用作宝尊彝。（德方鼎铭文）
>
> “虘又司土北征蒿鏄。”（虘又司土鏄铭文）
>
> 祠，自蒿于丰。（西周甲骨文 H11：20）
>
> 祠，自蒿于周。（西周甲骨文 H11：117）

镐京的“镐”字，在西周金文与甲骨文中的本字，应为“蒿”。对此，也有一些文献有过记录。

> 周德既隆，草木茂盛，蒿堪为宫室，因名蒿室。（《今本竹书纪年》）
>
> 周时德泽洽和，蒿茂大，以为宫柱，名蒿宫也，此天子之路寝也。（《大戴礼记·明堂》）

这些文献对“蒿”的解释，是蒿宫，而非蒿京。李学勤先生提出，西周金文中的“蒿”字通“郊”字（《释“郊”》），实为郊宫之意。蒿宫，即丰邑郊野地带的宫殿。

镐京的“镐”在青铜器铭文中从未出现，只在文献中出现。“镐”字只是东周开始才有的后起字。毕竟，汉代以前的古文字流变一直很复杂，很多字到汉代时才有明确的单一写法。

可即使“蒿”字，也仅仅在西周早期的金文中出现。据卢连成先生的研究，镐京在西周初期的青铜器铭文中被写作“蒿”，但自周成王后期往后的青铜器铭文中，“蒿”字就不再出现，“宗周”一词开始频繁出现。文献中，同样出现了大量的“宗周”这个都城名称。

> 宗周，镐京也，谓之西周。（《毛诗正义·卷四·王黍离诂训传》）
> 宗周，镐京。丰，文王所都。（《尚书正义·卷十八·周官》）

文献记载，镐京就是宗周。杨宽先生在《西周史》中也指出：“当时把洛邑称为成周、丰镐称为宗周。”蒿宫的官称就是宗周，“蒿”是俗称。在前述章节我们已经详细讲过，宗周之所以叫宗周，是一语双关。其中一个重要原因就是，古崇国即古宗国，所以宗周就是崇周，使用了西周以前的该地古名。

但镐京的“京”，也远非指“蒿”为京师之意。京师作为首都指代，是东周以后的事情了。在西周时，京师指的是驻扎在京国的王师，是周天子的西六师之一，是京国王师的番号。

那么镐京的“京”又是什么？这个“京”，由于东周开始的后世之人逐渐误解为后世所指代的首都之意，在这一时期的文献中失传了。但出土的西周金文中，却大量出现，即周天子时常驻跸的莽京。

王国维先生指出：“莽字虽不可识，然与旁鼎之‘旁’、旁尊之‘旁’皆极相似，当是从茻、旁声之字。”（《周莽京考》）郭沫若先生也主张该字之“旁”部分“从亼，方声，当即旁之古字”，这个金文就是莽字的繁文。唐兰先生也认同此说，并认为蒡京“或以为京专名之故耳”。所以笔者认为这个字释为“蒡”最合适。《诗经·小雅·六月》有诗句“侵镐及方”，其中的“方”应即“蒡”。镐及方，也是蒿宫与蒡京并称。

周原甲骨文“蒿” H11:20　德方鼎“蒿”《集成》02661　静簋“蒡京”《集成》04273　井鼎“蒡京”《集成》02720　麦方尊“蒡京”《集成》06015

图 33　周原甲骨文与西周金文中的“蒿”与“蒡京”

蒡京恰恰与镐相反，它只在西周青铜器铭文中出现，从未在文献中出现。蒡京，也被记作蒡或京。因此，后世史料中的镐京，并不是指一座城市，而是丰邑郊区的蒿宫与蒡京的合称。

“京”字在商、周时期的字意，就是高地的意思。蒡京，很可能就是在蒡这个高地上建设的宫殿。金文中可见蒡京上宫。从麦方尊铭文来看，周王在宗周接见井侯，第二天就在蒡京辟雍举行射礼，可见宗周与蒡京紧邻。有一些学者认为，“蒡”就是秦始皇在上林苑中所建阿房宫之“房”。上林苑的“上”，就是蒡京上宫的“上”。“蒡”古音为方声，同“房”。“阿”字在陕西方言中是“那里”的意思，古义为“近”。阿房本身就是秦始皇在丰镐之间选址的新朝宫建成前，所取临时之名，意为“蒡那个地方附近的宫殿”。蒡京若在秦阿房宫附近，即镐京遗址的东北部十里左右，则蒿、京是紧紧相邻在一起的。

而基于考古发现的丰京被曹寨－大原村西的人工河分割为两个四面环水的双中心之制，尤其是考察沣西水系的规划作用以及该人工河道的分界功能与存废时代，并结合金文中“蒡京”称呼出现与消失的时间点，以及传世文

图 34 西周关中两大都城圈

献与地理志书的指引，发现丰京南部中心这一功能区与蒡京的存废时代相始终。那么，今天的丰京遗址，可能是北部丰邑与南部蒡京两大部分所组成。据此说，位于沣河西岸南部地区的丰京南部环水区域，很可能就是蒡京所在。蒡京之名是在周成王时期才开始出现，但周文王建丰京之时，应已在尚未分离出蒡京概念的丰京之南（后来的蒡京之南）修建了丰京灵台、灵沼、灵囿等宫苑设施。蒡京的实际范围，或要超出今天的丰京遗址南界很多。

丰镐附近其实还有一处西周都城——犬丘。周懿王曾一度迁都到犬丘。《汉书·地理志》记载，汉代的槐里县，就是西周懿王的都城犬丘，被秦朝改名为废丘。槐里县，一般认为是今天的陕西咸阳兴平市，在咸阳市区的西边二十公里处。兴平市东南部的南佐村曾发现一处战国时期遗址，此前学者多认为这个遗址可能就是古废丘城遗址。

但在 2019 年，考古工作者在西安市长安区高桥街道的东马坊村，即丰镐遗址北边十二里处，发现了一座更高等级的战国时期遗址，并出土了带有

“废丘”古文字的陶器。根据史料记载，项羽分封诸侯时，将章邯封为雍王，都废丘城。刘邦还定三秦时，通过水淹废丘城击败了章邯。东马坊遗址也同样发现了城池被大面积水淹破坏的遗迹，与该事件对应。经过分析，东马坊遗址临近沣河古河道，从地势上讲很容易实现水淹城池。而兴平的南佐村遗址，距离渭河河道很远，且相比河道，其处在高地之上，并没有可利用来大面积灌淹城池的引水条件。考古工作者判断，真正的废丘城应该是西安的东马坊遗址，而非南佐村遗址。由于这里是长安县的边缘，在隋唐长安县南迁之前，或许这里曾在槐里县界内。

丰邑、蒿宫、菊京、犬丘，宗周丰镐实际上是一个由多处宫邑组成的大型都城圈、都邑群。

另外，周穆王也曾迁都到西郑，很可能是今宝鸡市凤翔区，即东周时期秦国的雍城大郑宫。周文王时期在岐山附近有周原岐邑、程邑作为都城。后来程邑或被封给周公作为采邑，但其依旧是关中西部的重要都邑。岐山一带，实际上也组成了一个关中西部的都城圈。

金文中，“蒿”改称“宗周”，甚至周代文献《尚书》《逸周书》中的“周”变为“宗周”，都是以周成王作为分界线。周成王时期为什么要给丰镐改名呢？因为东都洛邑建成了。原本岐邑为“周”，但文王、武王都丰镐，又称丰邑、蒿宫为“周”。现在又多出了东都洛邑，若三地都称“周”，那就十分混乱了。于是，周成王将三都改正式都号以做区分。成周即洛阳，一般没有异议。但宗周若是丰镐，周是哪里？不少学者会对“周”与“宗周”所指产生不同观点，是因为后世失去了崇国最早被记作“宗国”的历史记忆，不理解宗周就是崇周，宗本身就是丰镐地名，认为周原才是周人的祖宗之地。于是不少人望文生义，认为周原是宗周。

周原遗址附近的宝鸡扶风白家村曾出土窖藏青铜器史墙盘（《集成》10175），其铭文中有“微史烈祖来见武王，武王则令周公舍宇”的记载，是说周武王灭商之后，周武王令周公在“周”地给予殷商的微史氏家族安排了

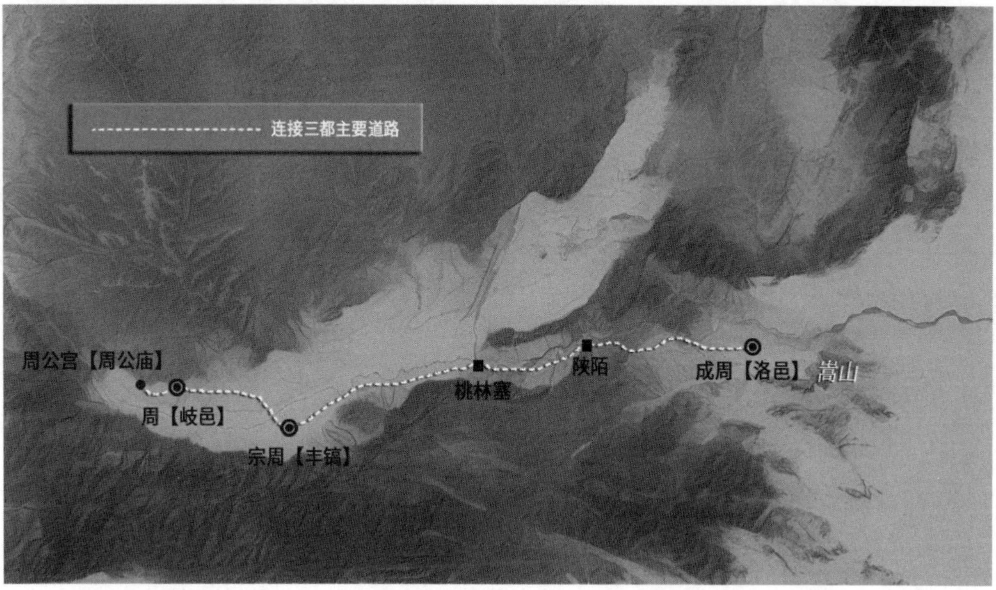

图 35 西周三都

住处。学界多据此判断，史墙盘出土之地就是铭文中微史氏家族在周原的世居之地。这是史墙盘文字自证，地处岐山下的周原遗址，也即岐周，就是金文中的“周”。这说明西周青铜器中出现的“周”不是指蒿，而是指周原。

学者一般会用对举法，认为同一件或同一组青铜器的铭文中，如果同时出现两个地名，就可以视作这两个地名不是一处。根据这个方法，我们很容易看出西周三处都城的都号。

周原甲骨文中，有“自蒿于丰”及“自蒿于周”，“蒿”“丰”分别与“周”对举。这也说明周原甲骨文的周与丰、镐不是一地，与史墙盘所反映信息是吻合的。

小克鼎、史颂鼎、应侯见工钟，这三件青铜器铭文中，周、成周对举，周不是成周。

小臣傳簋铭文中，蒡京、成周对举，蒡京不是成周。

高卣盖铭文中，䒩京、周对举，䒩京不是周。

臣辰盉铭文中，宗周、䒩京、成周对举，䒩京不是宗周。但周王在宗周祭祀后，在䒩京宴飨诸侯，䒩京与宗周距离很近。麦方尊铭文中，井侯在宗周朝觐天子，也是次日就陪同周王在䒩京行射礼。䒩京不属宗周，却紧邻宗周。

大盂鼎、小盂鼎组器铭文中，周与宗周对举，周不是宗周。

大克鼎、克钟、小克鼎组器铭文中，周、宗周与成周对举，周不是宗周，不是成周。

史颂鼎、颂鼎组器铭文中，周与宗周对举，周不是宗周。

另外，晋侯苏钟铭文记载，周王从宗周到成周，是在春季少雨时节，用时三十多天。令方彝铭文记载周公的儿子明保在岐山附近的周公宫接受周王任命，去成周任职。他应是整备一小段时间后就出发。周公宫应即周公庙遗址，位于周原遗址以西五十余里。从周原西边到达洛阳，恰逢秋季多雨时节，用时五十多天。丰镐到洛阳是三百多公里，周原到洛阳是四百多公里，这个时间大致能对应起来。因此，丰镐在这个案例中的时间、距离，刚好与宗周吻合。

总结这些，我们就能明显区分周成王以后的都号：岐山周原是“周”，丰镐是“宗周”，洛邑是“成周”。

根据考古发现，周文王与周武王迁都到关中中部的沣水一带后，岐山周原遗址仍然长期保有西周都城的地位，并非像后世多数文献认为的只有西都丰镐与东都洛阳，岐周其实仍然作为宗教祭祀中心与西周都城存在。包括王陵很可能就在周原、岐山附近。

从古公亶父自豳迁周，到西周灭亡，周原是周人和平与稳定发展时间最长的区域。这是贵族聚居的大型城市。周原与镐京的直线距离也不过九十多公里。相比丰镐遗址被城中村叠压严重的情况，周原遗址的考古条件反而更好。但周原方位太过靠西，毕竟距离关东太远，因此坐拥西土关中与中土洛阳的西周王朝，其实是以关中中东部的丰、镐宗周为中都，以周原为西都。

宗周之所以更多地被周王所选择，是因为它被视为王畿的中央，尤其是西周王朝基本盘——关中七百里王畿的中央。成周虽为天下之中，但周王的王畿止于嵩山，对嵩山以东是据点式分封。嵩山以西，尤其是桃林塞以内的关中，那是真正属于周王自己可以近距离高效管控的疆土。

（四）关中试验田

夏代四百余年，商代五百余年，西周不到三百年。虽然夏、商均比西周延续的时间更长，但从都城反映出的王朝基本盘的延续性与稳定性来讲，夏、商虽然国祚更长，但多次迁徙改变了王朝的地缘格局，西周却将开国之初的地缘格局延续到了灭亡之日。

如果说夏、商时代的共主是土著方国的“盟主”，方国仍然是地方土著、原生贵族高度自治，那么，西周开启了大封建制度，实则是让自己的宗亲、姻亲等周国贵族逐渐替代了各方土著贵族，从地方自治、承认天子为共主，变成了天子亲族代替天子到地方上分治。天子不仅是共主，而且普天之下莫非王土，率土之滨莫非王臣，天子是所有土地、臣民与财产在法理上的唯一主人。这种大封建体制无异于剥夺了地方土著、原生贵族成为国君甚至国卿的权利。西周的诸侯不再像夏、商的诸侯那样只是“加盟店老板”，而是被授权的“直营店店长”。

尽管处于青铜时代的西周，至多能做到法理上的主人，只能宣称“所有权”，没有现实条件像铁器时代大一统郡县制国家那样同时获得“使用权”，但这也是一次相对夏、商而言不小的变革。西周是上古邦国与方国林立的时代，是夏、商、周三代对早期国家构建探索的高潮与鼎盛阶段。某种程度上说，虽然西周还远远没有到单一制国家的层面，但已经从“邦联制国家”蜕变为“联邦制国家”。这是西周相对于夏、商的进步。

西周能够完成封建制统一国家的构建，一是找到了改造全民文化心理的软件，二是找到了能够长期维系国家地缘平衡的硬件。

这个软件，首先是封建制，即分封制，是礼法所维系的目标。这个封建是指中国历代传统上对“封建”的解释，即柳宗元《封建论》中“夏、商、周、汉封建”所指的封邦建国。“封建亲戚，以藩屏周”，就是周朝封建制的精髓。与之对应的则是“裂都会而为之郡邑，废侯卫而为之守宰”，“公之大者”的百代皆行之秦制，即中央集权制。中央集权制恰恰是周代封建制分权分治理念的对立面。近代学者从日本引进对“feudal”一词的“封建”之翻译，又将其套用在中国历史上的中央集权之帝制时期，实在是与中国古人对“封建”一词的传统解释大相径庭。故本书所言“封建”，皆为中国古代传统意义上的封建。①

夏、商的方国联合体制度，其实更偏于地缘集团形态。比如周文王与商纣王，既不是宗亲，二人也未结姻亲，但纣王却将西伯这个西方众诸侯之长的职位交给了尚未反叛的周文王。这是由于纣王控制着整个华夏集团，而这个华夏，是从远古的氏族部落联盟发展而来，到了夏、商形成的方国联合体。纣王只是占据了中土，然后扼喉东、南、西、北四土。

但西周建立封建制，周初七十多个诸侯封国，有五十多个都是姬姓国家，还有十几个是姜姓国家。在商代甲骨文中，姜与羌同源，均为有邰氏后裔。根据《水经注》所载，姜水在关中，大抵就在关中中西部一带。姬周的祖先后稷就是姜嫄所生。周文王的祖母是太姜。周武王的王后是邑姜。邑姜的父亲是周朝开国名臣姜太公。整个西周时期，姜姓贵族是周王朝首要的联姻对象。姜姓诸侯与姬姓周王形成了一个较为亲密的姬姜同盟。关中历代周王姜姓王后，如康王之王姜，穆王之王俎姜，懿王之王伯姜，厉王之申姜，桓王之纪季姜。西周诸君，不是娶了姜姓女，就是姜姓女的儿孙。其他与王室联

① 参见冯天瑜《“封建”考论》（中国社会科学出版社2010年10月版）。

姻的受封诸侯同样是姻亲，如陈国的首任国君陈胡公也娶了周武王的长女大姬，是周武王的女婿。

西周之所以能建立相比夏、商更稳定的统治，首先，它塑造了一个跨地缘的血缘纽带。从原始社会形成以来，公社主要以家族血缘为纽带。到氏族公社形成了大型村落或部落，又主要以共同家园形成地缘纽带。到了尧舜时期的城邦国家，形成了强大的以城邦利益为本，在同一个地理单元内生活的地方利益集团。但多个部落、城邦结合为联合体后的方国形成，势必又需要跨地域的政治组织来平衡国内不同城邦、部落之间的利益诉求。这个时候，以家族承袭的王权，可以通过血缘纽带构建隐性的人际互信网络，来保证不同城邦、部落之间遵守共同的规则，不会为了利益争端大打出手，造成两败俱伤的后果。

一个上古政客，杀死政敌，甚至在利益方向转变时杀死盟友，都可以没有什么心理负担。毕竟那个时候，根本不会有健全的法治和契约精神。万邦林立，不同文化族群之间也没有共同的道德标准。这个时候，没有血缘关系的政治组织成员之间，不同的国族之间，恶斗一定是高频且激烈的。但在有血缘的家庭成员之间，显然背叛亲人的心理成本与道德成本会非常高。因为父母子女之间，兄弟姐妹之间的亲情，虽然不总是那么牢固，但至少在大部分人中间是牢固的。信任和友善亲人，是人的天性与成长经历使然，会形成本能。在国家文明壮大之后，一个家族统治的地理单元越来越多时，势必无法跳开血缘纽带这个高凝聚力工具。

西周的封建制，就是用血缘信用纽带，构建更大规模地缘格局的立法实践。为了实现稳定的封建制，西周还建立了宗法制，规定了家族成员间的伦理、礼仪、权利。很难说是周人发明了宗族关系，而是周人顺着人类最朴素的家庭情感关系，将这种关系归纳出来，并提升到了法理的高度，显化了血缘纽带的政治作用。包括嫡长子继承制，其最大限度地避免了主少国疑情况的频繁出现，以及各方争夺权位的不确定性内耗。西周建立后，只有作为殷商后裔的宋国，仍然在早期多次沿用商朝常见的兄终弟及继承制，导致了长期内乱，为诸侯所耻笑。但春秋宋襄公，这个近乎固执的奉行周礼的弱霸出现后，虽然没有强大国家，却扭转了宋国的文化形象，把宋国塑造成了支撑周朝礼乐制度的一面旗帜。

礼法也是法。西周的礼乐制度，是约束上层贵族的一种行为规范，敦促贵族群体在道德层面自我克制。刑法，则是约束下层民众，对底层群体的过失进行暴力惩治。

夏、商、周都是贵族社会，但西周能够察觉到，阶级社会发展到这一阶段，贵族的行为需要被约束，否则破坏力与内耗程度惊人。商朝最终就因为无法约束贵族，首先是商纣王这个天子肆意而为，然后是商朝的宗室贵族、公卿重臣，竟都无视王朝利益而纷纷叛国。当社会发展到这一阶段，贵族掌握的社会资源比重越来越大，越来越集中，如果不建立规矩，就无法守住这天下方圆。而建立这套约束制度，必须令行禁止，天子能够对地方诸侯施加直接影响和奖惩，不仅仅是武力上的，更是伦理上的。避免夏、商那样的方国自治，尾大不掉，不听号令，破坏全局，则需要构建跨地缘体系的隐性血缘纽带，用宗法制、礼乐制去与封建制进行互补。

周虽旧邦，其命维新。西周不可能跳脱生产力限制和时代条件，但它做到了顺应时代的方向，同时成功发现和尽力修补时代的弊病。比如，那时候书写工具的制造成本异常高，普通国民根本没有识字的条件，也就很难拥有管理技能，跻身统治阶层。无法换掉统治贵族，至少要利用血缘纽带的约束力，在世卿世禄制度中督促世族卿臣的子弟，让他们遵守规矩，做个善良尽责的贵族。既然无法消除贵族的存在，不如用宗法让不得不守礼的优秀子弟去做贵族。这是时代限制下最现实的做法，也是让周朝不会重蹈商朝覆辙的解决方案。这是上古贵族社会为统一国家所做的最后探索与变革，是一次时代实验。

夏、商也尝试过畿内集权的实验。夏孔甲与商纣王加重刑法，试图用武力和暴力集中权力，突破分权自治的国家形态瓶颈，结果无不是王朝崩溃。实验总是失败，但如果不推进王朝国家实体化、统一化、集中化的实验，又只会在乱局中不断内耗。建立不了强大中枢的实力杠杆，迟早又会亡于其他崛起并日益强大的族群之手。

夏、商的畿内实验之所以失败，无不是因为一次次被外部力量中断。夏被商所中断，商被周所中断。但商朝相对夏朝，其实有一个进步方向，那就是夏朝在环嵩山会遭遇东土崩溃、西土崩溃。和平时居中之地，意味着战时又是四战之地。每当内部改革的敏感期，外部干预力量会随时出现在四方。早商定都在环嵩山的亳都时，也是同样的情形。郑州小双桥遗址等可能是商朝九世之乱时的隞都遗址，反映出当时商朝发生了与东夷的战争。但商朝从环嵩山北迁到了殷墟，利用黄河与太行山作为三面屏障，同时控制中土环嵩山，这是一次地缘战略进步，因为晚商开始利用北土构建基本盘，而非单纯盘踞中土卡位枢纽点。这让晚商迎来了两百多年的新地缘平衡。

用地理形胜构建中枢防御外壳，相比在中原处于四战之地更加稳定。晚商已经在实践控制中原的同时，以河内地区为王畿腹地，探索出前沿中心点加后方基本盘之模式。晚商即使到了纣王统治的乱象之下，也没有出现类似九世之乱的基本盘崩溃局面，但殷、邶一系都城之形胜、险要条件，相对关中还是差一点，导致殷商的实验最终失败，被外服的周朝所中断。

西周坐拥关中四面环山的形胜优势，以西土控制中土，进而降服东土，是对晚商基本盘思路的发扬。西周到周公建东都之时，也完整构建起了前沿中心点加后方基本盘之模式，也就是关中腹地加洛阳门户的王朝基本盘格局。这个王朝地缘基本盘模式后来很常见，催生出了秦、西汉、东汉、隋、唐等王朝。

关中所在的整个汾渭盆地，封闭又不是绝对封闭。关中的北山山系与秦岭山脉呈合围之势，形成关河四塞。关中，这个三面高山环绕，东面黄河开路冲出关道的地形，成为西周进行深度统一国家实践的试验田。西周的地缘格局能够稳定近三百年，完成中国以礼制、宗法为核心的传统文化改革与建设，奠定中华文明贯穿三千年的社会心理，而不是像夏、商那样断断续续，每次只有一百多年，还最终被中断，这种半封闭性带来了稳定和安全。中央王朝在这里进行国家实验，外部很难轻易介入并打断。没有关中地形这个重要的硬件因素，恐怕就不会有西周，不会有深彻的礼制改革。

相比之下，洛阳适合诞生最早的广域王权国家，但洛阳盆地的地理腹地偏小，到了周、秦两朝，幅员更加辽阔，洛阳仅百里之地作为中枢基本盘已经遇到了规模瓶颈。关中作为一个更大的独立地理单元完成内部整合之后，拥有更大的腹地和更坚硬的保护壳，探索统一超大型帝国的历史使命，显然开始从居中的河洛转向西土之关中。

第八章

西周：东南与西北

周虽旧邦，其命维新。

想要稳定地实现制度改革，首先需要“闭关修炼”的场所有坚墙厚壁，牢不可破，外力难以介入、干预和中断，但也要有随时可以打开与外部沟通，在战时又固若金汤的关隘作为大门，关中无疑也是符合这个历史条件的。西周近三百年依靠形胜进退攻守，西制、东控，为周朝礼乐文化改革的推广与普及，为文化层面的统一意识的形成与扩散争取到了足够长的时间。

（一）西周的地缘平衡

西周在关中平原与洛阳盆地一带的畿内诸侯，构成了西周的西土和中土。晋南盆地与华北平原的畿外诸侯，构成了西周的东土和北土。南阳盆地与江汉平原一带的畿外诸侯，构成了西周的南土。围绕（岐）周、宗周、成周三座王都，也有一些周天子直接控制的王邑、公邑。而这些周天子直接控制的区域周边，又夹杂着众多畿内诸侯。

畿内诸侯与畿外诸侯都是封君或采邑主，在礼制中的地位差别原本不大，但畿内诸侯临近王室，受周天子的直接影响更多。比如畿内诸侯往往要入朝为官，为天子奔走效劳。周代虽然已经开始有职业官僚的雏形，但官僚体制远未成熟。那时连官员俸禄制度都没有建立，公卿重臣在朝为官，主要的收入就是采邑的税赋和天子赏赐的财物。

虽然畿内诸侯跟随天子往往能够登堂入殿成为公卿重臣，但临近天子都邑，也势必被严格限制扩张。畿内诸侯不像天子鞭长莫及的畿外诸侯，如东土齐国，动辄吞并夷狄与周边较小诸侯国的城池，甚至自行迁都。当天高天子远的畿外诸侯已经从城邦国家向领土国家转型的时候，畿内诸侯显然受到王权对其扩张的限制，仍然在邦国规模上止步难前。不过，畿外诸侯往往需要听命参与周天子的会盟与军事征伐行动，其城邦本质上是对外的屏藩之国。

在和平时期，他们也需要向周朝朝贡，然后由周天子对贡品物资进行封赏和再分配。这个贸易循环链条中，畿内诸侯实际上也是近水楼台先得月。

周天子构建的三个处在地理咽喉的王都，是控制畿内诸侯的杠杆支点。畿内诸侯在内为基本盘，畿外诸侯在中为屏藩据点，“戎狄蛮夷”在四方为华夏之对手。畿内诸侯有变，王都力量与畿外诸侯封藩可以包夹制衡畿内诸侯。畿外诸侯局部有变，天子率领畿内诸侯与其他畿外诸侯可以讨伐反叛诸侯。

西周的诸侯国并不大，只是占据重要城池为据点，而城池周围杂居着各种蛮夷部落。这个时候的生产力限制还在于人力不足，而非土地的紧俏。贵族垄断的主要生产要素依旧是人口、劳动力，即奴隶。与战国以及帝制时代相比，西周的农业开荒还处在一个初始阶段。农业当时算是非常先进的生产方式。因此，能够从事农业或者具备其他渔猎畜牧技术的产业人口，比土地更稀缺。虽然华夏族往往掌控着交通要道，但诸侯国之间的版图通常没有完全接壤，仍旧有蛮夷部落夹杂在中间，所以华夏诸侯国之间吞并领土的国战动力并不强。属于周文明的诸侯国，还在对自己域内及周边的夷狄势力进行清除。

西周的土地开发远未饱和，所谓周朝，不是一个完整的疆域国家。那是地广人稀的时代，有很多以零星的城邑以及周边的郊鄙构成了邦国，或者多个城邑联为方国，散布在广袤中华大地的各个区域。周天子和诸侯控制城池、飞地为据点，把文明从城市向四周的夷狄区域扩张。

周朝构建的是跨地缘的血缘统治网络，畿外诸侯国更像是周王朝的“分店”“子公司”，需要周朝本土提供技术与经济支持，以及政治与军事庇护。否则，在被蛮夷威胁和包围时，如果与同为周文明的兄弟之国撕破脸，甚至是背叛“总部”的共主周天子，那么被孤立后反而会遭到周边夷狄国家的威胁，这对诸侯而言是得不偿失的。西周时期的诸侯，城邦国家居多，还没有经历小鱼吃小虾，大鱼再吃小鱼的领土型国家膨胀。面对夷狄，华夏的团结至关重要。

因此，周天子的王都与畿外诸侯对畿内诸侯制衡，王畿与多数畿外诸侯对少数畿外诸侯制衡，夷狄作为外部矛盾又在更外围制衡。这一层层大大小小的制衡，使得西周处在了一个相对稳定和平衡的状态。

周成王与周康王父子两代时期，天下安宁，刑措四十余年不用，形成了中国最早的太平盛世——成康之治。这是西周王朝的全盛时期，也是大封建制度初生的红利期。因为这就是各诸侯国刚刚迁徙到夷狄之间，诸侯们最依赖周王朝的支持，也必须与华夏族的周朝诸侯们抱团取暖才能扎根蛮夷之地的时期。这时候的诸侯国仍是周王朝的据点，诸侯国之间也远远没到扩张至彼此完全接壤从而产生边境利益纠纷的阶段。成康之治时期，周朝境内团结对外，政令通达，社会稳定。周朝对周边异族区域的文化与技术代差优势也极为显著。

在周王朝内部的制衡中，北土有燕国这个召公后代封国作为心腹据点；而且经晋南盆地通往北土，有晋国这个宗室强国作为门户；从函谷关道经洛阳盆地去向东土或者折向北土，也有东都成周洛邑作为门户。东土的环泰山一带则有姬姜同盟的齐国、周公后代所封的鲁国作为两大心腹据点。西周初期，北土、东土都有强大的据点，真正薄弱的是南土。成康之治结束后，南土统治最先出现了问题。

（二）控制东南

西周其实很重视经营南土。因为从今天的两湖到江西、安徽的长江中下游沿江一带，是商周时期铜矿资源的重要分布地，是制造青铜礼器、兵器的战略资源重要产区。如湖北大冶铜绿山遗址、江西瑞昌铜岭古矿冶遗址，都是商代和两周时期的重要铜矿产区。对于青铜王朝而言，国之大事，在祀与戎，无论是制作礼器还是制造兵器，铜矿产区的重要性都不言而喻。不过，这里附近分布着淮夷。

当年周武王讨伐商纣王的牧誓八国，除了渭河流域的国家，就以汉江流域的国家居多。岐山周原向南五十公里进入太白山就是汉江支流褒河的源头。丰镐沟通汉江流域，则以秦岭武关道的汉江支流丹江为主要联络线。丹江在南阳盆地西缘汇入汉江，汉江最终汇入长江。

汉江流域作为西周南土的主要联络线，南阳盆地可谓是控扼南土的命脉。处在渭河流域的周武王与汉江流域的牧誓诸国结为主要的战略伙伴，恐怕就是为了方便周人从汉江南下，才拉上汉江流域盟友一起经略汉江下游，然后进入长江，共享南土这片战略资源富藏区。

西周建立后，周人大举南下，从武关道和宛洛道双管齐下，进入南阳盆地，再经汉江与随枣走廊，从南阳盆地进入江汉平原，控制沿江铜矿。周王朝在这里广封姬姓诸侯，形成了著名的汉阳诸姬，负责替周王朝维系这条战略物资与贸易要道的通畅。其中，姬姓随国（也称曾国）可谓是汉阳诸姬之首，卡在随枣走廊的咽喉部位，应为南土的核心藩国。

可西周失策的地方就在于，南阳盆地到江汉平原，盘踞着一个始终让其头疼的国家——赫赫有名的楚国。

楚国王室的祖先鬻熊曾经是周文王的盟友，其部族长期盘踞在丹江口附近的丹阳，可以说是为周文王守着从武关进入关中的南土要塞。但当时鬻熊一系，可能处于刚刚崛起的状态，实力和声望不大。在周武王伐纣时，鬻熊的子孙没有被提及，而且也没有获封为诸侯。到了周成王时，成王才将鬻熊的后代熊绎分封为爵位较低的子爵，令其于熊氏部族所在的丹阳正式建国。

楚国在丹阳恰好控制着汉江上游与丹江进入南阳盆地和江汉平原的咽喉，扼住南土与王畿之间的战略通道。周王朝既不尊重楚国，也没有消灭楚国，实则是为自己埋下了一个定时炸弹。楚人祖先筚路蓝缕，从丹江口附近一路南拓至汉西，又逐渐将势力扩张至汉东。可以说就是在与西周争夺这条通道，并与南土的周朝心腹诸侯竞争，挤压汉阳诸姬的势力范围。

就像洛邑之于西土，晋国、卫国之于北土，鲁国之于海岱，丹阳也是一个直接把持着南土与西土往来的要隘。但周成王在岐山之阳的岐周会盟诸侯

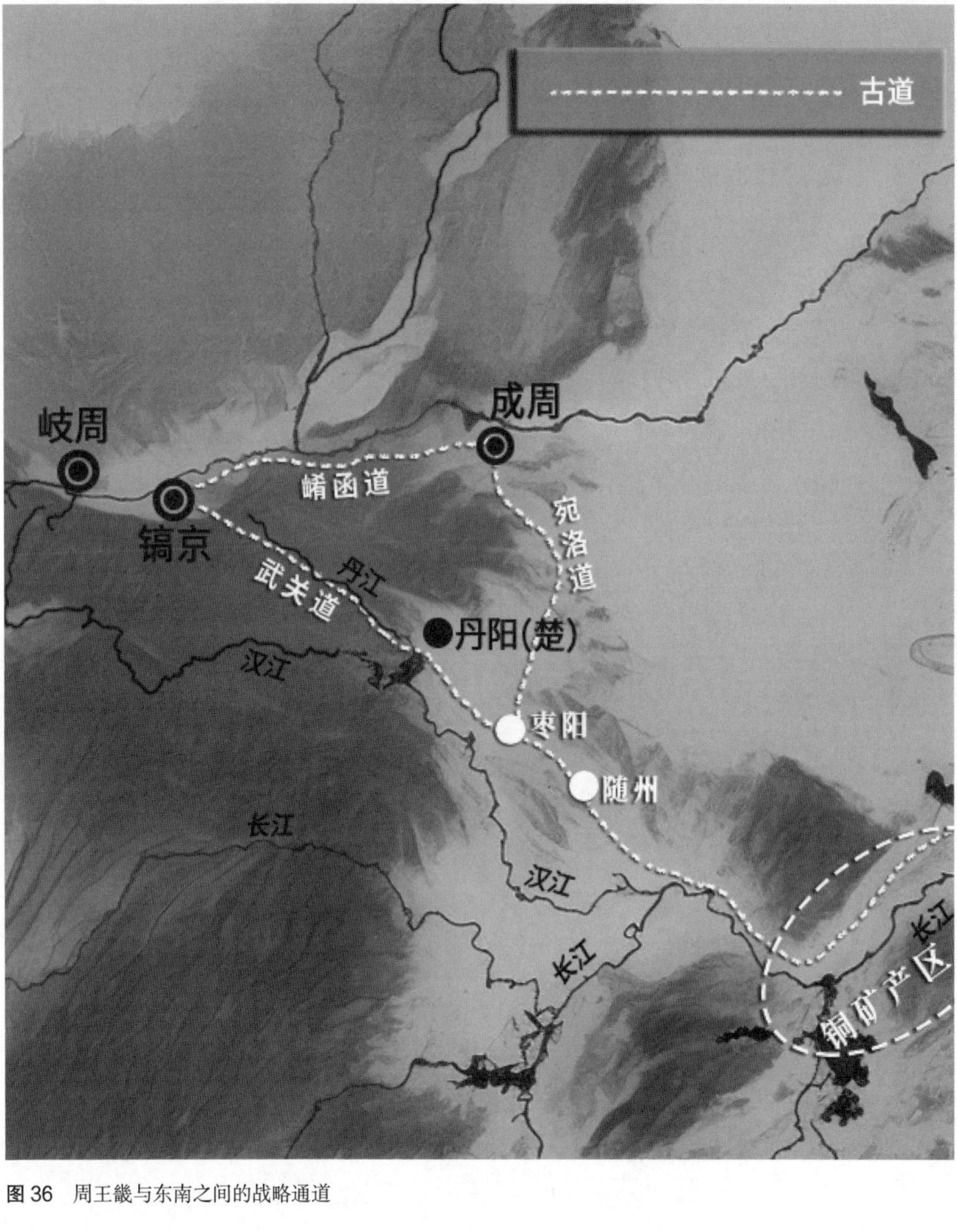

图 36　周王畿与东南之间的战略通道

时，却以楚为荆蛮，歧视楚人，不把熊绎当作诸侯礼遇，反而让他和其他夷狄首领一起做置茅蕝、设望表、守燎等打杂的工作。周成王这次在岐周的会盟，还举行了大蒐之礼，类似于联合军事演习加阅兵的性质，史称“岐阳之蒐”。这是列定诸侯名位的一次特大会盟，楚国被视作蛮夷，排定的地位极其低下，这无疑让楚国感到耻辱。

周成王的岐阳之蒐，与周武王的盟津之誓、周康王的酆宫之朝、周穆王的涂山之会并为西周历史上几次罕见的大规模诸侯会盟。成康之治时期，以成王的岐阳之蒐和康王的酆宫之朝这两次大会诸侯为西周鼎盛的标志。

酆宫就在丰镐的丰邑。有学者认为《诗经·大雅·下武》就是一首创作于举行酆宫之朝时的诗歌。它描写了康王的叔叔、应国的首代君主应侯在丰镐之旁的莠京与酆宫的一些活动与感想。

成康之治，西周王朝处于全盛时期。根据大盂鼎、小盂鼎的铭文记载，周康王后期，盂奉王命征讨鬼方。陕西清涧寨沟遗址显示，鬼方曾与商王武丁等商代强主为敌，后来臣服商朝后，上层贵族明显倒向商文化，成为商朝的重要方国，是一方发达的青铜大国。在晚商时期，鬼侯甚至与时为商朝西伯的周文王同为商朝三公，实力强大。但面对全盛期的周王朝，鬼方最终惨败。盂带领的周军大获全胜，光俘获的敌军人数就超过一万，这在那个年代可谓是罕有的胜利。

周朝在成康之世有这样强悍的武装实力，让遭到周朝排挤的楚国未敢与之在明面上爆发冲突。《今本竹书纪年》记载，周康王十六年，“王南巡狩至九江庐山”，周康王远巡南土，到达了沿江矿区一带。可见此时周朝对南土的控制是较为有力的。但到了康王之子周昭王继位后，昭王却屡次南征，多次讨伐楚国，而且昭王的讨伐多与“孚金”有关。

过白（伯）从王伐反荆，孚（俘）金，用乍（作）宗室宝尊彝。

（过伯簋铭文）

在那个时代，金指的就是铜，孚金就是俘获的铜。昭王讨伐楚国得到的战利品往往是铜，可见楚国已经很大程度上控制了铜料资源通道。因为当时铜矿产地应在鄂东南，而楚国的势力范围可能在南阳盆地到江汉平原北部，并未直接控制矿区。而且如果楚国本国有足够的铜矿资源，贸易地位和政治地位应呈上升趋势，应该加大与周王朝的贸易往来，而非一次次局部战争对抗。

随世服于楚，不通中国。（《左传·哀公元年》杜预注）

昭王之所以屡次远伐楚国，恐怕还是因为楚国控制了这条物资通道，挤压了姬姓诸国。尤其是处在随枣走廊，被周王朝寄予南土中心之厚望的姬姓随国（曾国），在西周灭亡后甚至迅速成为楚国的附庸国。可见楚国在西周时，就已经对汉阳诸姬产生了极大的压制性。

昭王率领的是以宗周镐京为中心的西土六师，而非以成周洛邑为中心的东八师。根据学者董珊《启尊、启卣新考》中的考证，昭王的行进路线是从宗周镐京出发，穿越南山，也就是秦岭，由褒斜道的褒河到达汉江，然后沿江而下，或者由武关道到达丹江，然后沿江而下。可见西周对河运内航，以及秦岭关道的开发已经较为成熟。

周昭王亲将征荆。辛余靡长且多力，为王右。还反涉汉，梁败，王及蔡公抎于汉中。（《吕氏春秋·季夏纪》）

十九年春，有星孛于紫微，祭公、辛伯从王伐楚。天大曀，雉兔皆震，丧六师于汉。王陟。（《今本竹书纪年》）

昭王之时，王道微缺。昭王南巡狩不返，卒于江上。（《史记·周本纪第四》）

昭王十九年，昭王最后一次伐楚时“梁败”，也就是桥梁突然坍塌，昭王坠河被淹死，六师全军覆没。周人避讳昭王之死，称昭王南巡不返。

昭王溺水而死，有可能是一次意外。因为昭王是在“还反涉汉”，已经回师的途中遭遇这场意外。连数百年后的宋襄公都知道趁对方渡水时袭击不是礼仪之邦的做派，周天子如果被楚国这样害死，当时的周朝纵然元气大伤，也不会放任楚国两百年而不报此仇。而且楚国一直到春秋时期都拒不承认周昭王之死与楚国有关。或许，楚国确实只是战败于昭王，并没有谋害昭王。昭王是死于意外。

周朝丧失了西土精锐，也无力再进行远距离征伐。但宗周钟铭文记载“遣闲来逆邵王，南夷东夷，具见廿又六邦”，说明昭王在最后一次南征遇难前，已经大体征服了南夷，当时南夷、东夷有二十六国朝觐周昭王。其实汉阳诸姬就是在昭、穆时期被大量分封，可见昭王虽然最终身死，但战略目标基本达成。昭王死后，楚人也不敢再过分刺激周朝。

不过，西六师全军覆没，对于西北方向的关中王畿而言，意味着兵力骤然空虚。周王朝在西北方向上的军事压力陡然增强。

（三）抗压西北

西周与后世的领土国家不同。周天子只有三处都城和周边王邑属于自己直管，只有关中与洛阳两片王畿区域属于高度控制区域。但三都与诸侯甚至戎狄之间并没有明显的边界，这就导致周王不可能放弃任何一个都城，他必须反复在三都之间巡游。如果哪个都城被长期冷落，就会被外敌觊觎和入侵，而周天子应对侵略时又会因都城被困而前往驻跸。

说到底，周天子也只是拥有三片直接属于自己管辖“封国”的“首席领主”而已。《今本竹书纪年》记载，周穆王时期就有“徐戎侵洛”与“翟人侵毕”等事件。周朝王畿是一条狭长带，放弃哪一头都会造成顾此失彼，只有天子长期巡游在各个都城之间，持续经营每座都城，才能保证关中基本盘与洛阳咽喉门户同时发挥功能。

整个西周王朝，初期的内乱来自东土的殷商残余势力以及海岱的东夷势力。周公与成王平定东线后，姜姓齐国与姬姓鲁国成为东土大国。周王朝奉行姬姜联姻的政策，一般每两代周天子之中，至少有一位娶姜姓后妃，到了西周后期更是连续出现三代姜姓王后。从西土的关中姬周王畿到东土的姜姓齐国，陇海一线展开了一道与周王朝极为亲密的封建力量切割带，让北狄与东南一带的淮夷无法合流。殷商的基本盘在洛阳盆地到太行东麓一带，深入北土。西周平定殷商后，北土的叛乱较少。而巴蜀又处在封闭地形，高度依赖蜀道与关中联络，西南战事也比较少。贯穿整个西周的战争，主要是面对东南的淮夷与西北的西戎。

昭王生前已让南夷、东夷二十六国臣服，东南战事暂时消停。昭王之子周穆王继位后，《书序》记载“巢伯来朝，芮伯作《旅巢命》”。巢国即东南的淮夷之国，可见此时东南局势大致稳定，东南暂时不是主要的战略威胁方向。

周穆王的战略方向在西土。他向王畿周边的戎族区域扩张，试图以最快的速度填补丧失六师的王朝实力，于是转而向西北一带经略，反复西征。他曾长期在南郑居住，而南郑多被认为是在岐周西边的凤翔大郑宫一带，可见他是以此处为西征的主要据点。岐周作为先周都邑，在考古上看，在西周始终具有都城地位，恐怕就是因为西北方向的战略压力始终非常大。

被断为可能是穆王或恭王时期的盠驹尊，是一匹马的形状，铭文记载的也是周天子执驹礼并赏赐大臣马匹的事件，可见西周中期开始，非常重视马匹的培育和养殖。各种文献中经常提到周穆王时期的马政相关事件，比如《古本竹书纪年》中的北唐之君献骊马，以及《史记·秦本纪》中的周穆王获得多匹骏马后西巡。周穆王在西北一带的征伐，显然一大目标是西北牧区的马匹，这也是古代至为重要的战略物资。如果说西周天子常年讨伐东南是为了掌控制造礼器与兵器所需的铜矿资源，那么讨伐西北就是为了掌控交通与战争所需的马匹资源。有了这两项资源，周王才能真正成为天子。否则，在上古这种按下葫芦浮起瓢的邦国社会，根本不会形成一个让天下咸服的实力杠杆。

何况周天子与商天子不同，商天子只是四处拉土著国君向自己臣服，是开“品牌加盟店”，周天子虽然还没有像秦汉天子那样，让全部土著都成为自己的“分公司”，但周天子已经向各地土著强加自己的亲族、姻族为国君，虽然其仍旧独立运营，可至少也到了“控股子公司”的地步。周天子要让东方的周朝诸侯认自己这个周之“品牌”，认自己这个“总公司”，不一定要面面俱到地控制所有资源，但势必要掌握天下最关键的几种战略资源。

如果说，二十一世纪初的关键资源是石油、芯片，那么在西周就是铜料和马匹。铜料，周人需要从武关道或崤函道向东南远征来控制，马匹则是周人周围的西戎之物产，西周的关中王畿原本就是近水楼台先得月。周人控制了这些关键的战略贸易物资，再通过朝贡贸易对周朝内部各板块进行贸易再分配，使得各板块物产互补。周天子再在朝贡贸易中稍稍抽利，就会获得匹配共主天子的巨大霸权利益。从这个角度说，无论王道还是霸道，其实最终目的都是成为贸易操盘方和主导方，成为天下财富分配游戏的大庄家，本质目标就是财富利益。

周昭王反复南征是为了开发东南的铜资源，周穆王反复西征是为了开发西北的马资源。周昭王赢了几把，但最后一把输了，周穆王则是开局就不利。周穆王要西征犬戎前，大臣祭公谋父表示反对，他认为犬戎氏此前一直遵守对天子的礼仪，按时朝宫和觐见，没有犯错而被讨伐会导致周朝变得无道，并且犬戎内修德政，有一定的抵御周朝的实力。但周穆王不听，硬要征讨犬戎，结果仅获得四白狼、四白鹿，原本臣服于周天子的戎狄国家，却从此不来朝见周朝了。

周穆王西征虽然首战失利，但他并未气馁，后来又持续西征，最终征服了犬戎的五个部族，将犬戎迁到了大原，也就是甘肃平凉一带。西征期间，

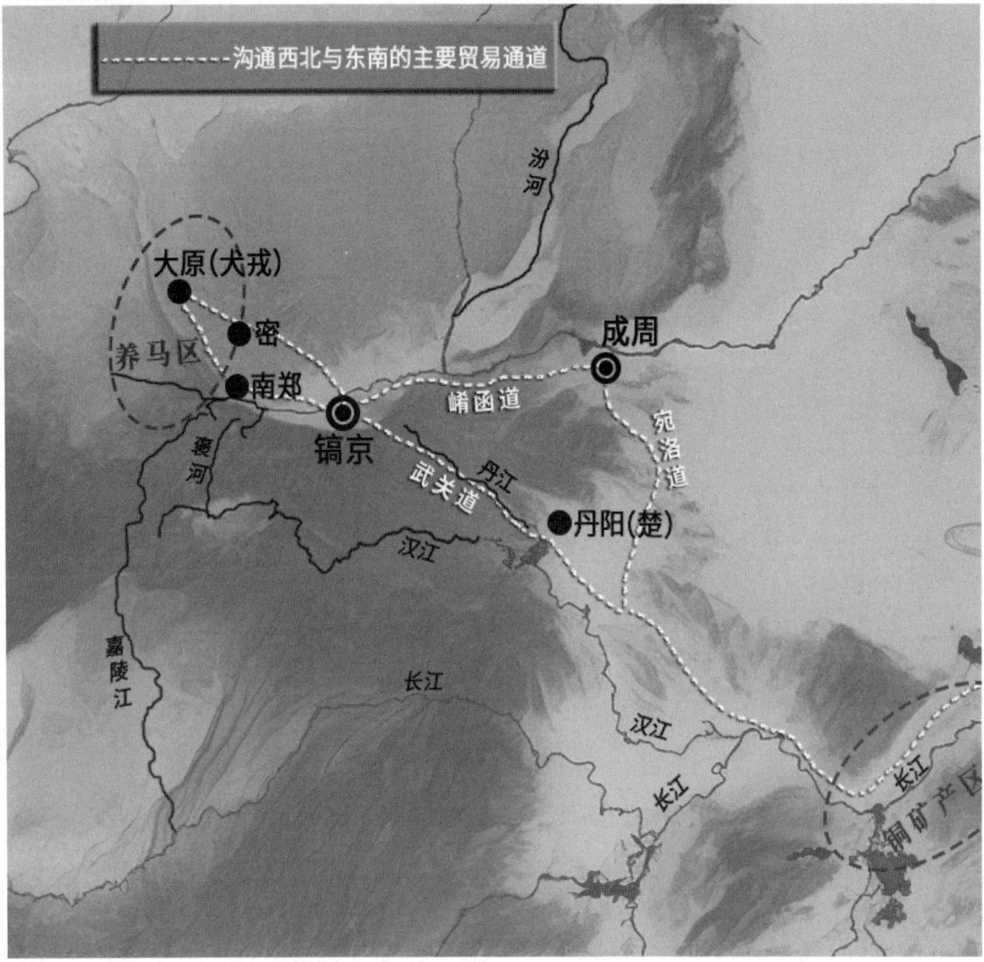

图 37 西周在东南与西北的战略资源分布

周穆王还到达了据传为黄帝之国的昆仑丘，见到了当地首领西王母。西王母也自此开始朝见周天子。这应该是一场大胜，周穆王得到了对西戎诸邦的控制权。于是，周穆王在他的行都南郑举行了一次大规模的诸侯朝会。这意味着周天子手上的贸易筹码更重，应是对西戎的马匹资源实现了有效控制。

周穆王在位五十多年，征服西戎后，东南淮夷又出现一波变故。他携战胜西北之威，亲率九师讨伐东南，东至九江，又大会诸侯于涂山。周穆王的两次朝会，一次是获得了马匹战略资源，一次是再次巩固了铜料战略资源。朝会的背后是大规模的朝贡贸易交换，这些都意味着穆王西北战略的成功。

此后，西周后期的天子，主要就是在征讨东南淮夷和西北西戎之间来回反复。其内在规律，就是为了实现周王朝对最重要的两种战争物资的持续控制，以维系夏、商未曾拥有过的千里之巨的王畿。关洛王畿一带，最终成了西北与东南的居中通道，成了周天子控扼东西的地缘利器。

不过，昭王反复征讨，最终战死。穆王晚年垂老，无力率军征讨。周朝的稳固不能仅凭天子亲力亲为，必须有一个更强壮的官僚集团来支撑王朝路线。到了西周中后期，天子开始加速构建官僚体系来保持王朝的运转，以减轻西周对外战争过分依赖周天子本人造成的压力。

周穆王晚年，命吕侯在丰邑制定并颁布西周王朝的刑法《吕刑》。历来严推刑法都与加强集权相匹配，周穆王此时制定刑法，无疑是在昭、穆两世完成对东南和西北的战略控制后，企图利用王权正值强势之际推行集权。

实际上，制定法律与建立完善的中枢官僚体系，也是替天子减轻压力，让其不用事必躬亲的一种方式。周穆王推行刑法，其实就是想要礼、法结合，让大臣和诸侯还有国人被约束后，都按照既定规则履行自己的职责，以达到周天子不用事必躬亲也能让官僚体系常态化运转的目的，解放天子本人的精力。

史墙盘铭文记载：“祗显穆王，井帅宇诲，申宁天子。”周穆王安定了天下，周共王于是做了太平天子，垂拱而治。周共王时期被记载下来的大事也确实很少，天下似乎很太平，但共王灭密事件背后却可能蕴含着其他信息。

周共王巡游泾河上游，封地在泾河上游的密康公陪同。当时有三个姐妹想要投靠密康公，密康公的母亲劝儿子，一定要把这三个女人送到周天子那里，不能留给自己，不然会有亡国之祸。其实抛去那些神秘化的说法，密公的母亲就是劝儿子不要娶这三个女人，不然会让周王猜忌。密国是姬姓诸侯，但其地处甘肃平凉一带，恰好作为周王畿的屏障，处在周王畿与周穆王此前迁徙的犬戎五王所在的大原之间。娶了这三个女子会让周王产生敌意，很可能是因为这三个女子是犬戎氏部族的贵族女。如果密国国君绕开周王和犬戎部族联姻，肯定犯了周王的大忌。果不其然，一年后周共王就灭了密国。但密国后来到西周灭亡时还存在，可能是被更换了统治家族。

这个时候，西北的犬戎已经恢复了一定的元气，又开始蠢蠢欲动了，甚至在暗地里拉拢和联姻西北边疆上拱卫周王畿的姬姓诸侯。密康公只是被发现的一个而已，没被发现的像密康公一样首鼠两端、藏在暗处的诸侯又有多少呢？若不是这些诸侯为了自己的领地不遭战争之祸，背地里勾连犬戎，恐怕犬戎在西周后期也不会反复攻入周王畿。共王时代的太平之下，实则暗藏巨大的危机。

> 懿王之时，王室遂衰，诗人作刺。（《史记·周本纪第四》）
>
> 戎狄交侵，暴虐中国。中国被其苦，诗人始作，疾而歌之曰：靡室靡家，猃允之故。（《汉书·匈奴传》）
>
> 七年，西戎侵镐。十三年，翟人侵岐……二十一年，虢公帅师北伐犬戎，败逋。（《今本竹书纪年》）

到了共王的儿子周懿王时期，西戎竟大规模入侵。猃允即严允，是犬戎诸部的古称。此时，戎狄一次次深入关中腹地，先后威逼镐京与岐周两都。周懿王只得将都城暂时迁至犬丘，也就是丰镐正北，渭河边的西安东马坊遗址。西周之时渭河河道偏南，应恰好是在沣水入渭的沣河口附近。懿王实际上是将正都北移，以天子之身防护身后的丰镐王都。周人常从汉水、丹水沿江河南下讨伐东南诸夷，可见其行船技术较为先进。利用关中水网，从犬丘向南可达丰镐，向东可达岐周。

周懿王疲于应对屡次深入腹地的犬戎。当初，穆王将犬戎迁至泾水上游，导致犬戎后来屡屡能够沿泾水而下，“侵镐及方，至于泾阳”，镐即镐京，方即旁京。也许穆王是想要周人更方便地控制犬戎，却没想到这竟为犬戎反杀周人提供了便利。此时，关中内部的防御形势和体系亟待加强。

（四）两线博弈与王权更替

从共王开始，关中周王畿北边的泾河谷道逐渐失守。想要重建周王朝的防御体系，只能从两方面着手。一是强化对王畿周围的畿外诸侯的指挥和征调能力，强固外围屏障。共王灭密国就是这个路数。二是强化对王畿和王都贵族及国人的动员和组织能力。根据乖伯簋的铭文记载，共王或懿王曾命益公征伐眉国。眉国本身就是镐京与岐周之间的畿内诸侯国，周王对畿内诸侯下手，说明已经在实行这样的畿内收紧政策。

但周天子从外围和内部同时收权，势必引起内外诸侯的同时反弹。被断为懿王器的牧簋铭文记载：“厥同事包，迺多乱。不用先王乍井。亦多虐庶民。厥讯庶右辨。不井不中，迺侯之耤。”李学勤先生分析认为：“当时朝中有事，出现不合法律的囚禁，对民众也多有暴虐的情形；审讯嫌犯时不公正，一味置之死地。”如果周懿王亲口说出官僚存在歪曲穆王制定之刑法的情形，虐害庶民，要司法大臣必须严肃处理，这本身也是约束大臣和贵族之举。周懿王奉行的无疑是被贵族所忌惮和憎恶的束官路线。此时王族与贵族的矛盾应已加剧。

周懿王虽然得罪了大臣，但仍然没能达到强化王畿组织和动员能力的目标，没能改善王畿的危机形势。在他的任内，犬戎更是首次沿泾水而下，“侵镐及方，至于泾阳”。懿王纵然迁居犬丘以组织王畿保卫战，后来又派虢公率师北西征犬戎，但始终没能平定犬戎。

这一次，犬戎进入王畿威胁王都，可谓是震动了整个西周王朝。周懿王让国都遭遇如此险情，他在贵族与国人面前可谓威望扫地。于是，王都贵族与畿内诸侯想在懿王死后，采取拥立其他王子的方式推翻周懿王路线。此时，王族内部的斗争已经愈演愈烈。

周懿王驾崩后，西周的宗法制遭遇罕有的中断。周懿王的太子没能顺利继位，而是由周懿王的叔叔继位，是为周孝王。

周孝王作为在诸侯和贵族支持下破坏宗法制，以非正常、不合法的手段继位的周王，势必要与诸侯和贵族亲善，但他亲善的主要是王畿周围的西土诸侯，如西申国以及当年从东夷迁徙到西北的嬴氏部族。申国是骊山姜戎的后代，与齐国姜氏同祖，但世居西北。西周奉行姬姜联姻政策，姜姓是姬周在西北抵御诸戎的重要屏障力量。申国的祖先也与嬴氏的祖先世代联姻，结成了申嬴同盟，在西北震慑诸戎。

周懿王用虢公伐犬戎，无功而返。周孝王则用申侯伐西戎。申侯仗着申嬴同盟在西戎中原本就具有威望，这一次果然奏效。西戎再次臣服周朝，向周朝进贡马匹。周孝王的威望自然压过了他的侄子周懿王。不过孝王也明白，鸡蛋不能都放到一个篮子里。他后来又扶持嬴氏的养马高手嬴非子在汧水与渭水附近，即今天陕西陇县的关山草原与关山牧场一带为周王朝养马。这是距离王畿最近的一片草场，被周朝所开发。周王朝建立了自己的马场。

周孝王绕开了诸戎中威望很高的申国，让嬴氏部族首领大骆的庶子嬴非子带来养马技术，专为周人服务，让西戎有了养马产业上的竞争对手。这是挖走了申戎的技术人才，本就让诸戎心中不满，周孝王还想让嬴非子继承其父大骆的部族，申国此时站出来表示抗议，说申侯已经把女儿嫁给大骆，生下了嫡子，非子无权继承。周孝王为了避免进一步刺激申侯与西戎，只好将非子别封秦邑。可见，周孝王在以申国为首的西疆势力面前仍然很被动，毕竟，他的继位就是这些西北诸侯促成的。

周孝王没几年就死了，他的侄子、懿王的儿子又重新拿回王位，是为周夷王。夷王再次走回自己父亲的路线，他早就迎娶东南铜矿区的淮夷之首鄂侯的女儿王姞为妻，不与姜姓结亲。此举已经是给姜姓申侯泼了一盆冷水。

他又用父亲的旧臣虢公率兵讨伐大原的犬戎，大获全胜，得到良马千匹。

王畿之内，夷王在距离镐京最近的杜国境内大肆举行狩猎活动，震慑畿内诸侯。王畿之外，夷王借东土姜姓之间的矛盾烹杀齐哀公，震慑东方。其实，齐国是姜姓诸国之首，在西北的影响力也很大。正如姬姓的燕国是召公之后，在西土有召国作为内援，姬姓的鲁国是周公之后，在西土有周国作为内援，连微子的宋国在关中也有微史氏同族做内援，同为姜姓的齐国与西土申国的关系想必匪浅。姜姓申国可能是姜姓齐国的内援。夷王杀齐公，或是在杀整个姜姓的威风，以表明自己与向姜姓与申国低头的周孝王不同。

夷王一改孝王路线，对西土与东土的姜姓诸国狠狠敲打，但他对其他诸侯却采取拉拢的态度。

> 觐礼，天子不下堂而见诸侯。下堂而见诸侯，天子之失礼也，由夷王以下。（《礼记·郊特牲》）
>
> 至于夷王，王愆于厥身，诸侯莫不并走其望，以祈王身。（《左传·昭公二十六年》）

夷王不仅不对其他诸侯强横，而且破了天子不下堂见诸侯的礼仪，以表示对亲善自己的诸侯之亲宠与笼络。夷王礼遇诸侯，也得到了众多诸侯的拥戴。在他病危时，诸侯都为他奔走祈福，希望他能够恢复健康，可见夷王拉一派打一派的策略还是比较成功的。

但就在夷王病重前后，楚国却趁机征伐庸国，并打到了夷王联姻的鄂国。可见夷王收买诸侯，弹压西北，从鄂国那里得到了更大的资源支持，导致楚国面对当时西土与南土之间繁荣的贸易，再次产生争抢欲望。

夷王驾崩后，他的儿子周厉王继位。厉王上台后，新君新路线，新朝新气象。他一反自己父亲联合东南鄂国、弹压西北申国的路线，再次娶了申国的姜氏之女为后，并且与此前侵犯鄂国的楚国讲和，楚国来献龟贝以表示归顺。

这次轮到被放弃的鄂侯恼怒了，他率领淮夷大举侵犯成周洛邑。周厉王派虢公前往平叛，但未能克乱。不过据禹鼎铭文的记载，周厉王后来亲自征讨了一次淮夷，后又动用西六师、殷八师，相当于举全部十四个卫戍区的兵力前去讨伐淮夷，并俘虏了鄂侯驭方，最终取得胜利。不过淮夷并没有真心归顺，一直到宣王时还在不时发起叛乱。周天子历经数代，在或西北，或东南的反叛中反复两头救火，顾此失彼。如此长时间内耗后，西周王朝真正的衰落与艰难时刻，即将来临。

第九章

西周：秩序的崩溃

赫赫宗周，褒姒灭之。

西周缔造了一个鼎盛的大封建时代。然而，这种大封建的稳定，建立在西周王畿基本盘远大于地方封国之规模、周天子拥有绝对的优势实力、拥有绝对的中枢杠杆实力之上，如此其才能在封建诸侯林立的形势下，履行护道执法的万邦仲裁者职能。当周天子的王畿基本盘遭遇损耗，周天子的绝对实力不再，而畿外诸侯又通过大鱼吃小鱼的形式开始膨胀，去中心化的分裂形势就开始酝酿了。西周这个整合有序的封建式统一时代，是自夏代王朝国家诞生以来，原生贵族们创造的贵族社会之巅峰。西周以后，贵族们不再能建立起这样稳固且井然的秩序，转而走向了竞争、内耗与战乱。西周的灭亡，正是这个时代结束的标志。

（一）王朝的失衡——国人暴动

频繁的战争，消耗了王室的实力，而且战事总是起自东南或西北——均为重要战略资源的输入地。没有对上游核心战略资源的垄断，就不会有以周天子为分配主导方的朝贡贸易体系的稳定。但到了周厉王，战争规模已经大到需要西六师、殷八师同时出动，却依然无法实现战略目标，战争已然成为入不敷出的烧钱游戏。

周厉王要填这个财政窟窿，于是选择对有钱的国人下手。西周实行国野制，或叫都鄙制、乡遂制。国，就是指城邑内。野，就是指城外的广大郊野地区。国人，是指居住在城中的贵族和为贵族服务的商人、手工业者。相比野人，国人拥有不小的问政权利，即类似于西方城邦社会中自由民的公民权。他们是城邦君主的政治基础。

西周中后期的国人群体中，不仅大大小小的贵族林立，还有富可敌国的大商贾、组成王畿军事力量的强兵悍将，哪一方都是一个不小的利益集团。

贵族方面，关中中南部的散国与夨国在王畿之内起了领土争端，两国便大打出手。最终夨国失败，与散国正式划定领土界线，公然绕开天子，在王畿之内、王都之侧私下进行土地交换。更显示出天子对畿内诸侯失控的是，夨国此时竟然公开僭越，自称王号。而散国与夨国这两个畿内国家的地界，其实是周初微国、眉国、豆国等多国的地盘，可见此时王畿内的诸侯力量已经洗牌，大规模的诸侯国兼并已经发生。周初的戍卫“点”形态之畿内诸侯，已经慢慢地变成了拥有主权的领土“面”之形态。周天子原先能够形成百鸟朝凤、众星拱月的局面，是因为其都城王邑构成的是面，诸侯只是散布在周围的点。但此刻，天子也是面，诸侯也是面，天子又能依靠什么压制众多实力越发接近天子的诸侯，持续把握住制衡各方诸侯的实力杠杆呢？

商人方面，裘卫的崛起最为典型。裘卫出身于一个专业制作各种皮毛、裘服的手工业家族。他们家族多是司裘，即为周天子专管毛皮服装与皮革事务的小官，也是贩卖皮毛、裘衣的大商贾。有一次，周天子要在丰邑举行大型朝会典礼，需要参会的诸侯和大臣身着华服，佩戴礼器，以保证礼仪。矩伯身为王室贵族大臣和诸侯邦君，却空有受封田地，家中穷得没有什么值钱的财物，于是他用自己的土地去和身为官商的裘卫交换了所需的服装和礼器。这种情况并不罕见，裘卫也曾与邦君厉，用和矩伯差不多的方式换取了土地。还有一次，矩伯带着颜林的领主找到裘卫，以在颜林中狩猎的权利，换取了一些车马、皮革、布帛和财宝饰品。由此可见，商人利益集团已经渗透王朝的封建统治肌理。

军人方面，以周天子近臣膳夫克为代表的军队将领，封地从渭河南岸到渭河北岸，直抵泾河，在反复的战争中逐渐成长为关中强族。虽然最初他们只是负责周天子膳食工作的小官，但其最终的势力甚至超过了多数畿内诸侯，雄踞王畿一方。

这些利益群体都属于国人。国人并不等同于后世的平民百姓，他们中间已经形成了众多大号利益集团。尤其当厉王继位之初，淮夷首次来犯时，老贵族虢公率军平叛屡次失利，厉王应当已经感受到畿内动员力的全面下降。周厉王就是要拿这个国人群体开刀，重新提振与扩充王室的实力。他让荣夷公负责财政制度改革，试图从崛起的国人群体中获得更多的税赋之利。这无疑是在关中实行强化集权的政策，走上夏、商后期的老路。

同簋铭文记载，周王命令一个叫同的贵族帮助吴大父管理场、林、虞、牧等官。同的右者即上司，就是荣伯，即帮助厉王敛财的荣夷公。厉王任用荣夷公实施管理，其实就是由周王室官方垄断了王畿之内的山林川泽之利，将矿林资源收归王室所有。这个政策遭到贵族大臣芮伯的反对，他认为此举是与民争利。周厉王不听，一意孤行。这对贵族、商人和强族可谓是夺其饭碗，国人群体对周厉王可谓憎恨到骨子里了。国人对他怨声载道，舆论越来越不利于周厉王。周厉王又监视国人言论，有批评国政的人即下令处死，国人于是敢怒而不敢言。厉王以为没人批评，舆论形势已经好转。

召公劝谏周厉王说“防民之口甚于防川”，让周厉王停止阻塞言路时，厉王自我感觉良好，仍旧不听劝告。此时，以召公为首的贵族大臣恐怕也对厉王失望透顶。

周厉王十一年，犬戎再次杀向周王畿。根据出土于丰镐遗址，有两百七十九字长篇铭文的多友鼎记载，犬戎这次杀到了京师。此时的京师尚非都城之意，并非指镐京或蒡京，而是驻扎于京地之王师。西周的京国应为关中东部的韩城陶渠遗址。这次犬戎虽然没有打入关中平原腹地，但对王畿的震动依然不小。周厉王施行粗暴政策已经三年，国人苦不堪言，战争的压力犹如火上浇油。周厉王对内部危机管控不当，未能察觉压力与隐患的剧增，还再次加大敛财的力度，终于引发了国人暴动。

国人冲入王宫，周厉王被迫出逃。叛乱的国人又追杀周厉王的太子姬静，试图斩草除根。混乱之下，整个镐京与王畿进入无政府状态。这是西周王朝第一次出现倾覆之势，随时可能灭亡。当暴动的国人追杀太子静时，召穆公虎将太子藏了起来，并把自己的儿子交出去，骗叛乱者说是太子，于是召穆公的儿子为太子做了替身而死。

此时的镐京中，杀红了眼的国人没有认识到他们已经在颠覆周宗室和周王朝。国人中，以中小贵族、商人、军官为主的利益群体，只是想推翻不利于自己的暴政，他们其实并没有长远考虑王朝覆灭之后的政治后果。但以当年劝谏周厉王的召公为首的有远见的宗室大臣，肯定明白周王朝这个体系崩溃后，不只是西北与东南的沉疴外患会瞬间复燃，整个周朝内部都会陷入失去首脑而四分五裂的境地，前述夨国与散国在关中混战，并在王畿内僭越称王之事很可能就发生在国人暴动之后。那时王畿面临的已不只是犬戎和淮夷之患。

周厉王逃往了汾河流域的彘，从此没有人再听命于他，甚至没有人搭理他。召穆公从此护佑起太子静，试图帮助周王朝渡过此次难关。

《史记》记载，召公与周公二相从此共同联合执政，叫作共和。但《竹书纪年》记载，此时是共伯和站出来代天子摄政，叫作共和。晁福林先生依据大量的考证信息，断定“共和行政”就是共伯和代行王政，而且共伯和就是卫武公和，也即青铜器铭文中出现的“伯龢父”“师龢父”（《试论“共和行政”及其相关问题》）。伯龢父的下令用辞与周公相似，且被尊称为“皇君”。

以往学者多认为《史记》的周、召共和行政，与《竹书纪年》的共伯和行政是不可调和的两种说法，但近来也有一种新的观点，认为召公与周公在太子静身边辅佐，而共伯和则执掌军政大事，是三人联合执政。

> 召穆公思周德之不类，故纠合宗族于成周而作诗曰：“常棣之华，鄂不韡韡，凡今之人，莫如兄弟……”其四章曰：“兄弟阋于墙，外御其侮……”（《左传·僖公二十四年》）

召公曾在成周洛邑纠集宗族，安抚东土宗室人心，他又辅政太子静，其施政作用也十分明显。显然，共伯和、召公、周公三人联合执政甚至暂时实行三公协商会议制度的可能性也很大。

可共伯和又为什么能起到主导作用呢？共伯和即卫武公。周厉王前期未被驱逐时，“武公”在青铜器中出现的频次就很高。

十月敔簋铭文（《集成》4323）记载，在厉王继位之初，淮夷侵犯成周的战争中，敔率兵抵抗淮夷立下功劳，受到奖赏。其中有一句“武公入右敔”，是说武公是敔的右者，即敔的直属上司。

禹鼎铭文（《集成》2834）中，“武公乃遣禹率公戎车百乘”，“禹以武公徒御至于噩”，征讨淮夷并俘获反叛首领鄂侯的禹也是武公的部下。而且禹作此器，不按惯例称颂周天子，而是“敢对扬武公丕显耿光”，只称颂武公。

南宫柳鼎铭文（《集成》2805）记载，周厉王册命南宫柳为西六师管理牧场的官员。其中有一句“武公右南宫柳”，南宫柳这个掌管西六师后勤的官员也是武公的属下。

多友鼎铭文（《集成》2835）记载，“武公命多友率公车羞追于京师”，“多友乃献孚讯于公。武父乃献于王”，周厉王未被驱逐时，参与平定西戎叛乱的多友也是武公的手下，而且多友也只称颂武公。

元年师兑簋铭文（《集成》2835）记载，“师龢父（司左）右走马、五邑走马”。师，是太师之职。与姜尚曾称为师尚父一样，师龢父，就是太师伯龢父。“龢”即“和”。走马是官职，也作趣马，是负责管理马政的高级官员。五邑，是天子五邑。太师伯和父，即武公共伯和下辖左右走马和五邑走马，相当于整个王畿的马政都归属他管理。西周的兵车、马政与戎事不分，走马实际上也是军职人员。

由这些可见，周厉王时期的两场大战，平定东南淮夷之乱与平定西北犬戎之乱，都有武公的部下参与作战，而军队后勤也由武公的部下所掌控。可见，武公很可能就是这两场战争的统帅，在厉王前期就已经深度控制了关中王畿的西六师。掌控了军权，又平定两次大乱，颇具声威，卫武公必然是无政府状态之下真正能够压制暴乱的核心权力人物。

之所以让卫武公做太师，为三公之首，就是因为此时只有他有声望和实力安抚和镇压此次动乱。自从共伯和行政之后，身为暂行天子之权的权臣，共伯和与西汉的周勃、霍光、王莽所面临的选择类似，要么往前一步夺位，要么退一步还政。周勃选择还政给汉文帝，霍光选择自己死后才还政给汉宣帝，王莽选择夺位。结果是，周勃善终且保族，霍光善终却灭族，王莽身死且族灭。

共伯和则选择等流放在外的厉王死后，将权力归还给厉王的儿子。厉王死在远疆，太子静继位，是为周宣王。共伯和交出权力，最终回到封地，也得到善终。这背后，一是有力保周宣王的召公对共伯和的制衡因素，二是因为西周封建亲戚遍地，一旦共伯和越线，势必会给天下一个不忠不孝的讨伐借口，反而会让他失去继续执政的合法性。届时不仅天下大乱，他还会成为众矢之的。

关中虽有形胜之势，四塞之固，可作为抵挡关东讨伐势力的一大屏障，但在西周晚期，且不说外围有乌泱泱的封建诸侯与异族环伺，崩坏的力量本身就先来源于关中畿内，情况并不乐观。卫武公实则也没有条件篡位。周王朝垮掉，也会迎来东周那样的五百年大乱世，而不会立刻在关东形成一个现成的，如西周一般的封建统一之核心力量。

从某种程度上说，如果不是西周的文化革新，从夏、商盟国自治一直到大一统制度形成，应该都是碎片化的割据自治时代，甚至会不会有秦一样的统一都另说。西周的宗亲封建性统一尝试，更像是一个特例和偶然。西周为了构建这种靠血缘理念维系的封建制统一，其实进行了很多的探索。比如，西周已经在探索一套适用于统一跨地域国家的职业官僚制度。

西周作为贵族时代的巅峰，虽然实行保护贵族利益的世卿世禄制度，但也仅仅是优先任职官员的子弟继承父业，王室还是要对这些世家的后备子弟进行一定的考察的。西周都城，如镐京的明堂辟雍，也承担着大学的功能，正是周王朝对贵族子弟进行文化教育的最高学府。这些贵族子弟即使能够成为继承父祖的世卿，也需要接受朝廷的专业培训。

西周的官职也具有明显的职级，在晚期的分工也逐渐专业化和专职化。对诸侯方伯的册命权不仅掌握在周天子手中，周天子对专职高级官员也拥有实际上的提拔、晋升与任免权力。西周之所以与夏、商、东周都不同，不仅因为西周是封建性统一，而东周是割据乱世，更是因为西周还有命卿制度，彰显出周天子拥有对封建藩国的地方官员的册命权。西周分封的诸侯国中，据《礼记・王制》记载，“大国三卿，皆命于天子”，“次国，三卿、二卿命于天子，一卿命于其君”，“天子使其大夫为三监，监于方伯之国，国三人”。西周的诸侯不仅要按时朝觐天子，以保持中枢对诸侯的控制和影响力，而且连诸侯国的主要国卿重臣都需要天子任命，这说明诸侯国虽然高度自治，但并没有摆脱王室的管控和监督。这才是到了西周后期，周夷王还能烹杀齐哀公的根本控制力所在。

西周所谓王室衰微，但封建统一的制度约束犹在。从东周开始，天子才真正对诸侯失去控制。西周的灭亡，其实就是由戍卫点发展壮大成为领土面的诸侯国，想要摆脱周王朝的束缚，借机向中枢要回完整治权的一次浪潮，给周王朝共同施加的一次“脑死亡”。最终，西土诸侯与东土诸侯，畿内诸侯与畿外诸侯，都参与进来让周朝成为“植物人”。他们既想保留秩序，又不想被约束，让这个王朝僵而不死就是最好的选择。贵族终于要夺取最大的蛋糕，贵族尚能够克制自己的贵族社会最巅峰之时代——西周，也就走到了尾声。

（二）回光返照的强盛

周宣王在位期间，创造了宣王中兴，这更像是西周王朝最后的回光返照。宣王之所以开创这次中兴，是因为王畿贵族，包括赶走了天子的镐京国人，终于又和天子站到了一边。因为他们可能发现，赶走了天子，没有真正的王朝第一责任人，日子过得同样混乱且不安。

周厉王十二年（采用《今本竹书纪年》纪年），厉王被驱逐出王畿。十三年，周王朝开始共和行政。

周厉王十四年，犬戎再次进攻到了镐京西鄙。鄙就是郊鄙，相当于远郊区。镐京的西鄙，当为今西安市鄠邑区或周至县一带。没了天子，犬戎钻了空子。继此前的周懿王时代之后，犬戎再次进入关中王畿，直接威逼首都，兵临城下。这次首都保卫战应是共伯和率兵抗击，最终王都解围。但同一年，召公虎在成周洛邑抗击以楚国为代表的荆蛮，最终击退敌军。如果说以前周朝是在西北与东南两股势力之间摇摆天平，那么共和行政的第二年，周王朝的宗周与成周两片王畿，镐京与洛邑两座都城，则同时遭到了西北与东南两个方向的入侵，局面一度岌岌可危。

然后从周厉王二十二年到二十六年，周王畿连续五年大旱，可见没有了天子对畿内诸侯的约束，贵族们各自为政，王朝无法统筹畿内各国，抗旱的水利设施等基础建设也逐渐荒废。也许，这种困难也是由于缺失了天子的约束，关东诸侯已经不再向关中进行朝贡，关中王畿地区顿时损失了巨大的贸易利益所致。

也许，这个时候国人已经明白，没有天子，没有王朝体系，他们就是一盘散沙，会被敌人大举侵犯。此时，关中不仅无法调动关东的力量来救援，甚至关中的夨国已公开僭越，自称王号，关中畿内的秩序都要崩解。但已经得罪了周厉王，又不可能让这个暴君回来，国人就放过了太子静，重新按宗法制承认其太子地位，仍然承认被流放的周厉王之王位，只是不让他回来。最终，厉王驾崩，国人接受了由召公培养教导的太子静，即周宣王登基。周宣王继位后，要一改整个周朝天下人心涣散的局面，开始了历代周王罕有的南征北战。他试图恢复西周过去的秩序，重振周朝。

宣王是厉王后申姜的儿子，是申侯的外孙。他的联姻对象也是姜姓，却不是申国，而是齐姜。齐国为诸姜之首，应与申国关系亲近。联姻齐国，是一次西土与东土的连横。齐国与周王室再次结姻亲，对周宣王的支持力度非常大。师寰簋铭文中，周宣王讨伐淮夷的一场战争，就是以今山东地区的齐国、莱国等国的军队为主力。

周宣王偏袒姜姓齐国，对齐国在东土的另一个主要竞争对手姬姓鲁国反而屡次施压。他先是无端介入鲁国继承人问题，违反宗法制，钦定鲁公庶子为世子。宣王后期，鲁人弑君，又重新拥立鲁公长子，周宣王又讨伐鲁国，诛杀自立的鲁君。这是周宣王时期一次立威诸侯的大事件。

西戎在厉王时期反叛周朝，杀了周朝的西北附庸，嬴氏的大骆一族。宣王即位后，开始四面出击，首先就是反击西戎。当时西戎想要侵犯镐京与蒡京，到达了泾河北部，协助宣王开创中兴的名臣尹吉甫率军还击，最终攻入戎人腹地大原。宣王又以大骆庶子、为周孝王养马的秦（嬴）非子一系的后代秦仲为大夫，对西戎进行侧翼夹击。但秦仲战死于与西戎的战争中。宣王又给秦仲的儿子秦庄公兄弟调拨七千精兵，最终大破西戎。

原本，宣王外祖家的申国与大骆的嫡子成这一脉世代联姻，申国又与西戎交好，申国可以撮合两方势力。但大骆部覆灭，嬴氏残余力量都归附到亲周室的秦庄公所部。大骆与秦仲相继死于西戎之手，也让秦部族坚定地站在了周王室一边。嬴氏与申国疏远，犬戎的反叛又让申国夹在中间，申国与周室的关系也出现裂痕。周宣王对申国既不能打骂，又不能坐视其庇护西戎，他有一套分化计划。

周宣王让外祖父一系继续在西北泾河上游一带做申侯，却让其中一个舅舅去南阳盆地建立了南申国，此前的西北申国于是被称为西申。这是西周晚期一次高规格的分封，其实是周宣王分化了申国的力量，同时又让自己母家外戚在南阳盆地一带，制衡楚国等南土强国的力量，从秦岭的另一边拱卫王畿，可谓一箭双雕。周宣王让西土力量与南土力量相互博弈，自己从中取利。

在西北的犬戎与申国力量被压制后，宣王又着手巩固北土。北土方面，晋国经过多年发展，已经成为一方大国。晋国所处的晋南盆地与关中王畿同处汾渭平原上，其势力与关中隔黄河平地相望。黄河后来的临晋关道，是关中与晋南的渡河要道，在梁山之侧。梁山下有西周的韩国，即今陕西韩城市。周宣王让自己父亲周厉王的外甥女，即自己的表妹与韩侯结亲，是为韩姞。韩姞是蹶父的女儿。蹶父是朝中大臣，姞姓，封地在王畿内的蹶邑。此次联姻之后，宣王又令北土与蹶父同姓的姞姓南燕国，派燕师为韩侯筑墙挖壕，扩大城池规模，使韩侯成为北伯，监管北土诸侯，扼守关中东北部门户。当年厉王被流放到汾水流域，虽然失去王权，但恐怕也在北土有过一定的活动和经营。宣王索性利用北土的姞姓姻亲势力武装起韩侯，使韩国成为关中面对北土的门户。

在南土，申国与汉阳诸姬之首的曾国（随国）一起，牵制南阳盆地内的荆楚。周宣王又一路伐荆楚、淮夷、徐戎，一直深入东南，于是东南大定。

周宣王四面出击，终于缔造出西周王朝最后的盛景与荣光。宣王九年，周宣王在东都洛邑大会诸侯，表明周王朝实现了宣王中兴，进入了二十年的太平岁月。其间，周宣王封自己的弟弟于关中的华县一带建立畿内诸侯国郑国，是为郑桓公。同年，郑桓公被宣王派去镇守东都，经营成周洛邑。郑桓公常年经营成周王畿，是后来郑国东迁并压制紧邻的东周王室的重要原因。

周宣王二十九年，宣王放弃了在天子的千亩公田上举行亲耕籍田的籍礼。籍礼只是天子象征性的耕作，表示天子对经营直属于朝廷的千亩公田的重视。宣王主动放弃这项传统，意味着放弃对朝廷直接掌握的公田之经营，这背后大约是西周籍田制的崩溃。王室籍田制下，公田的农业生产相比袭卫这些善于组织经营田土和农耕的新地主，作业效率要低不少。宣王放弃公田，应是将公田转租给了这些产出更高的新兴地主，是从自营收入向税收收入转型的改革举措。这对于天子和贵族而言，本是互利之举，但王权放弃对生产要素的掌控之后，势必也导致王朝统治力与动员力的衰弱。虢文公力谏宣王，说此举不妥，宣王不听。

周宣王后期，传说不断出现成了精的兔子在镐京跳舞、马化为人、马化为狐等异象。传言背后可能是畜牧业遭遇了牲畜流失的困境。

宣王晚年，战火再起时，在北土，周师败于条戎、奔戎。在南土，周宣王早年建立的南国之师也全军覆没。周宣王于是想要在西戎的大本营大原“料民”，即统计户口。这显示出宣王不再要求西戎当附庸，更是想把西戎消化为天子可以直接管辖的领地。大臣仲山甫劝阻宣王，宣王不听。周宣王的料民目标，势必伴随着征服诸戎的军事行动。但周宣王却屡败于戎人，尤其是在昔日的千亩公田上被戎人击败。可见，包租出去的公田，不仅难收回来，而且失去公田经济托底的宣王，已经无法供养烧钱的战争。

周宣王成为一位垂老的天子，他的母家西申国与他的血缘关系随着时间流逝而逐渐疏远，昔日的互信已经不再。姜姓申国本就起源于姜姓之戎与骊山之戎。这一次，周宣王要直接统辖西戎，与在西北削藩无异。西申与姜戎也都反叛周朝，西申国还击败了王师。

屡战屡败，宣王突然发现，他的中兴盛世局面在其晚年就已经悄然结束，剩下的只是一个被戳破了梦幻泡影、岌岌可危的烂摊子。宣王无比焦虑，因为他感受到，他向贵族放出去的权，已经收不回来了。他晚年的最后一件大事是杀杜伯。杜国在西安市东南郊，是距离丰镐王都最近的畿内诸侯国。宣王杀杜伯，应是试图重振王室在畿内的实力和声威，甚至想要吞并杜国。但杜伯的儿子逃到了晋国寻求政治庇护，可见北土的晋国也开始不把周王室放在眼里。

宣王四十六年，老迈的天子在内忧外患中驾崩，他的儿子周幽王继位。西周的回光返照结束，贵族社会的鼎盛时代到了尽头。

（三）骊山之变——贵族巅峰时代的终结

周幽王继位的第二年，关中的泾水、渭水与成周的洛水等王畿主要河流纷纷枯竭，关中发生了大地震，岐周旁的岐山随之发生山崩。宗周镐京之南的终南山也发生崩裂。这场大灾严重削弱了西周关中王畿的经济实力，而且后续影响连绵不断。

《诗经·十月之交》中记载，冢宰、趣马、师氏、膳夫等西周贵族，在大灾之后大发国难财，盘剥百姓日重。《诗经·云汉》中，作为“周余黎民”的诗人在哀叹，一直到周幽王亡国前后，关中仍然旱情不断，灾荒连年，民不聊生。可见周幽王根本就没能做好灾后重建工作。

《诗经·正月》云：“赫赫宗周，褒姒灭之。”《史记·周本纪》记载，褒姒是周幽王的宠妃。褒姒不爱笑，幽王就千方百计地逗她笑。王畿在各地段设有烽燧和大鼓，遭到戎狄入侵时就点起烽火，附近的畿内诸侯看到后就会赶来救驾勤王。有一次，幽王点燃烽火，诸侯都赶来后却没有发现敌人，褒姒于是大笑。幽王一看褒姒笑了，就多次点燃烽火，欺骗诸侯赶来以逗笑褒姒。后来诸侯自此不再相信幽王。幽王又废黜了自己的王后申后和申后所生的太子。申后的父亲申侯于是联合缯国（曾国、随国）和犬戎攻入王畿。幽王情急之下点燃骊山烽火，征召诸侯勤王，诸侯军队却以为还是假的，都不来。于是幽王被杀死在骊山，原本被废的太子继位后东迁洛邑，西周灭亡。

其实史学界对于《史记》这一段记载是取材自演义戏说，已经是一个共识。因为烽火这个事物在考古发现中出现得比较晚，西周时期的烽燧遗迹还没有出现。战国末期的《吕氏春秋·慎行论》中，已经出现基本一样的故事，区别是《史记》中是点烽火戏诸侯，《吕氏春秋》中是击鼓戏诸侯。所以，《史记》取材应该与击鼓戏诸侯相近，更像是诸子百家的政治寓言故事。但结合其他相关文献，有几条信息是比较可信的：

首先，周幽王的王后是申后，为申侯之女。说明周幽王在继位前后也是延续与申国联姻的政策，安抚西戎。申后所生的太子叫宜臼，即后来的周平王。

其次，周幽王后来明显偏袒妃嫔褒姒。褒姒，为姒姓，与周文王的王后太姒同姓。但此时太姒出身的莘国在西周历史中已经寂寂无闻，后来成为春秋初期晋国境内的莘地，在西周灭亡前后应已为晋国所吞并。褒姒出身的褒国，位于秦岭南麓的汉中盆地内。褒姒所生的儿子叫伯服。有人认为伯服名中有“伯”，很可能反而是长子，但母亲褒姒不是王后，所以伯服不是嫡子，才没能成为太子。按此说，褒姒很可能比申后还要年长，此时已不年轻。那么，所谓幽王宠幸美人褒姒，就很可能是东周制造的虚假历史宣传。不过，可以明确的是周幽王确实偏袒褒姒母子，要废黜申后母子。

再次，周幽王即使没有点烽火和击鼓戏诸侯，他最终也是被申侯带领犬戎和缯国势力杀死在骊山附近的。太子当时逃亡的去处是西申国，所以这个申国应该是西申。但缯国就是曾国，也即南阳盆地一带的随国。南申是从西申分出的姜姓子侄之国，也在南阳盆地。所以西申这次攻打周室，南申与其邻国曾国可能也一起出兵，实际上可能是两申国同出。

> 褒姒嬖于王，王与伯盘（服）逐平王，平王走西申。幽王起师，围平王于西申，申人弗畀。曾人乃降西戎，以攻幽王。（清华简《系年》）
>
> 周幽王申、缯、西戎方强，王室方骚，将以纵欲，不亦难乎？王欲杀太子以成伯服，必求之申，申人弗畀，必伐之；若伐申，而缯与西戎会以伐周，周不守矣。（《国语·郑语》）

从次，周幽王要杀逃亡到西申的太子宜臼，最后却被反杀。西申以及一贯以西申马首是瞻的犬戎，还有南申的邻国曾国，将周幽王杀死在骊山一带。骊山在西安市东部，南申与曾国部队从与南阳盆地连接的武关道进入关中的话，骊山西南部是最方便南申和曾国，与沿着泾河从甘肃灵台县一带赶来的西申、犬戎会师的地方。而且申国的祖先原本就是骊山之戎，当时的骊戎恐怕也支持申国。

最后，此时的秦邑在关中平原以东，甘肃清水县北部。周王室受灾之后，西北大夫中以秦最强。而此时当权的朝臣，如虢公的封国在关中平原东边的三门峡一带，郑桓公的封地虽然原本在关中华县，但关中受灾后，他主动请求周幽王同意他将郑国迁往关东的成周附近。郑国已经东迁。

其实，要看懂周幽王时期的形势，就必须了解关中周边的六关。一般后世所说的关中四关，通常是指：

正东的函谷关或潼关，今陕西潼关县到河南三门峡陕州区一带，通过崤函道直通洛阳盆地。

东南的武关，今陕西丹凤县一带，通过武关道连接南阳盆地。

西北的萧关，今宁夏泾源县，通过泾水谷道连接西北。

西南的散关，今陕西宝鸡市西南，通过陈仓道沿嘉陵江通往蜀中。

此外，还有东北的临晋关或蒲津关，扼黄河大渡，连接晋南盆地与关中平原。

再就是西部的斜峪关，今陕西宝鸡眉县，通过褒斜道沿着褒河通往褒姒之褒国所在的汉中盆地。这是一条西周长期经营的从斜峪关跨秦岭的南下路线。

西周的华夏诸侯，主要是控制平原沃土，戎狄多活动于山区。当时的周王畿占据关中平原，仍没有产生后世这些关隘概念，但这些要隘在地形上却是存在的。

1. 萧关：西申国与犬戎，实际上沿着泾河盘踞在萧关附近。

2. 散关：嬴秦的秦邑，盘踞在散关附近。

3. 武关：南申国与曾国，盘踞在南阳盆地，扼守武关一线。

4. 临晋关：晋国势力控制了晋南盆地上的平原地带，盘踞在临晋关外。

5. 潼关—函谷关：周幽王与其叔叔郑桓公控制下。

6. 斜峪关：周幽王与宠妃褒姒之母国褒国控制下。

只有潼关与函谷关一线，连接着东都成周，和褒姒母国连接关中的褒斜道仍然在周幽王的控制中。

这时候的关中成了什么？一棵在大灾难之后，被纷纷外逃的贵族掏空的

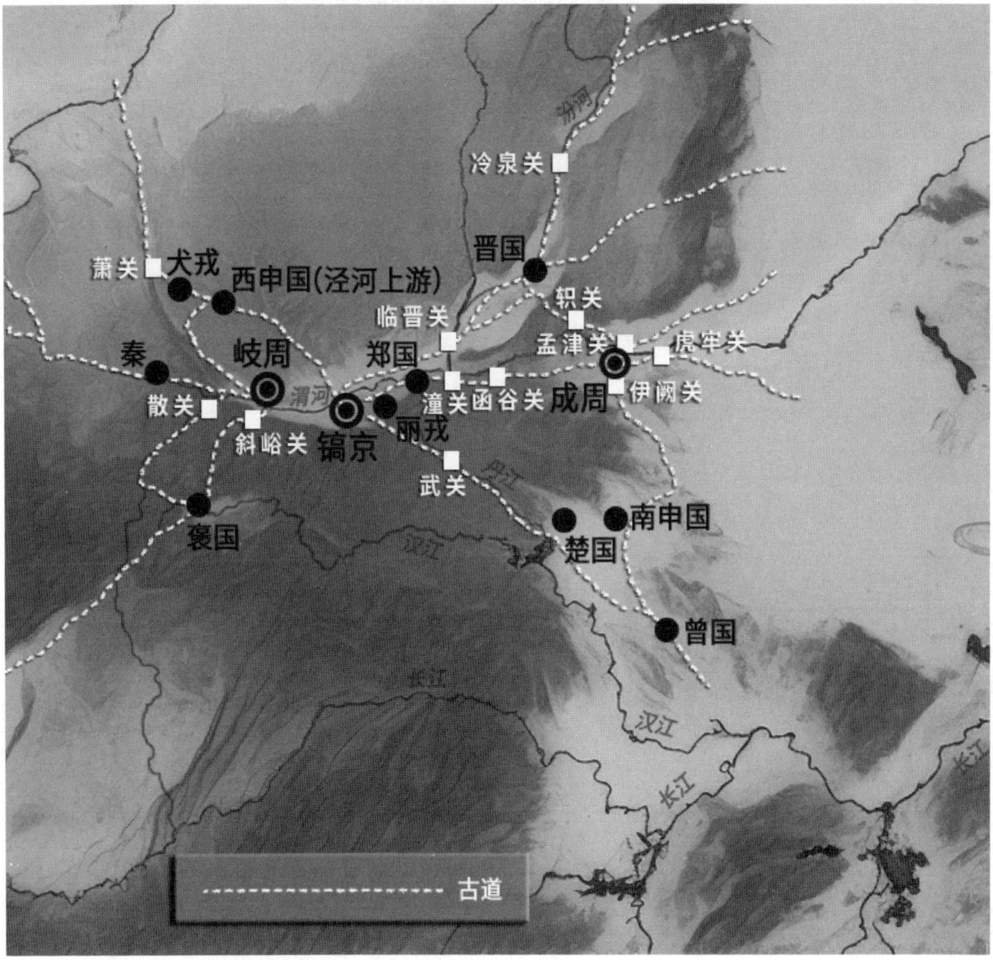

图 38 关中周边主要关道

“空心菜”。关中实力已经折损严重，周围的六大关隘与地形通道，其中四大通道都被关外势力封锁和控制。

当西申与犬戎从西北方向而来，当南申与曾国从东南方向而来，西南方向的嬴秦与东北方向的晋国坐山观虎斗，不愿意再为失去了实力与王权统治杠杆的关中周天子效死命勤王……

周幽王遇灾后不韬光养晦、恢复周国的实力，却在内政外交上得罪了畿内畿外的多方诸侯，他的选择就只剩下两个：要么在关中做困兽之斗，要么东迁洛邑，从此放弃糜烂的关中，放弃超过三分之二的王畿平原沃土。周幽王选择了前者，周平王选择了后者。

周幽王的叔叔、扼守潼关一带的郑桓公看出西周王朝在关中的统治体系已经崩盘，诸侯反叛浪潮就要发生时，便想要东迁。他还专门询问太史伯，东西南北四土中，迁到哪里最好。太史伯让他迁到居中的环嵩山一带。太史伯分析说，周国衰败之后，齐国、秦国、晋国、楚国一定会崛起。齐国与周王畿同处在整个华夏的东、西中轴线上，西土的周王畿崩溃后，齐国势必如脱缰的野马，再无制约，自此称霸东土。而秦国作为西土强邦，势必会填补周王室崩溃后的西土权力真空，在西戎中大杀四方。北土晋国，向东北可称霸北土，向西南也可以跨过黄河蚕食周王畿。楚国身在南土，与周王畿隔着秦岭，纵然无法深入西土，但整合南土之后，将成为南土霸主。

郑庄公的智囊早就看出了周王室的结局。拎不清自己处境的周幽王，最终被封锁在关中，被瓮中捉鳖，战死于骊山之下。与西周王朝始终纠缠，时战时和，打了两百多年的东南势力与西北势力，最终肢解了这个一直压在头上的天朝上国，礼周大邦。周人近三百年号令天下的荣光，终于走到了尽头……

周幽王死后，镐京被犬戎攻破，最终化作一片焦土。戎人各部纷纷占领关中各大城邑，西周灭亡。

西周，是三代王权政治的巅峰，是中华诸多传统文化心理与核心价值观的奠定者，是中国上古贵族社会的全盛时期，是中国历史由半信史时代走入信史时代的关键期。从蕞尔小邦励精图治推翻大邑商，到发起维新革命，制礼作乐，重塑文明框架，成长为普天之下莫非王土的盛世王朝，西周在官僚制度、地方制度、文化制度、疆土国家、文明国家、民族国家等众多历史方向上，进行了大量宝贵的历史实践与试验。尽管西周封建性的统一尝试失败了，但这无疑是从夏代王朝国家建立到秦代统一国家建立之间，最具有统一精神的时期。

西周的上古原生贵族通过克己复礼进行自我约束，在万邦分立的时代建立起稳固秩序，但原生贵族最终没能跨过王国向帝国蜕变的这一关。西安与关中在历史舞台中央进行探索的进程，被突然中断了。西安的第一段天子都城史，至此收尾，它走到了历史低谷之中。镐京的顶层建筑轰然倒塌，整个天下的贵族们便开始放飞自我，迎来了东周五百年，一步步走向充满血腥的杀戮竞赛。

周平王离开西土家乡时，望着这被自己父子内讧所毁掉的祖宗基业与宗周祖宅，放弃了斗争，将这片已经不属于自己的土地许诺给秦襄公。此后，关中的历史主角变成了嬴秦。整个天下围绕镐京进行共同探索的阶段过去了，华夏地方各大板块进行区域性探索的阶段正式开启。超长乱世与地缘格局洗牌重建之后，贵族在堕落，但走向混战的贵族也不得不最终完成自我革新。这一次，又是关中，又是西安与咸阳这片西周王都所在的热土，去完成它在西周未竟的使命，完成史无前例的历史探索——大一统帝国将浴火而生。

第二部分

秦汉大一统

汤杜（亳王）
|
杜邑（秦）
|
栎阳（秦）
|
咸阳（秦）
|
栎阳（西汉）
|
汉长安（汉晋）

从东周的诸侯国秦国开始，关中政权通过一步步努力，进行了激烈的制度试错和试验，在深刻变法后初步完成了贵族的自我革新，并重构基本盘，最终开创了中华第一个统一帝国——秦帝国。但很快，渭水北岸，不可一世的秦都咸阳就骤然倒塌。渭水南岸，赫赫威名的长安城拔地而起。

第一章

秦：彼黍离离，周秦换位

关心处，是离离禾黍，故国宗周。

周幽王死后，作为周幽王肱股之臣的虢公与郑公，他们的封国此时已经迁至成周附近，在中土扎下根基。褒姒的儿子王子伯服与郑桓公随周幽王一起被西申国和犬戎所杀。申侯已立自己的外孙、幽王太子继位为周平王。虢国与郑国作为盘踞在中土的幽王派，不会接受弑父的周平王成为天子。虢公于是在携这个地方拥立了周幽王的弟弟王子余臣，是为周携王。他们拒不承认周平王的继位合法性。

（一）故国不堪回首

周平王与周携王二王并立，持续了二十一年之久。

> 邦君、诸正乃立幽王之弟余臣于虢，是携惠王。立廿又一年，晋文侯仇乃杀惠王于虢。（清华简《系年》）

周携王被“邦君”与“诸正”，即畿内诸侯与朝臣公卿所拥护。拥立周携王的诸侯领袖是虢公。

> 先是申侯、鲁侯与许文公立平王于申，幽王既死，而虢公翰又立王子余臣于携，周二王并立。（《古本竹书纪年》）

周平王则是被杀入关中王畿的申、戎势力所拥护，继位于外祖父申侯的西申国。他被拥立为王时，幽王还没战死，因此他继位的性质是僭位自立。西申国背后，还有西土的犬戎，南土的南申、曾国。但第一时间拥立平王的还有鲁侯与许文公，说明中土环嵩山一带的姜姓许国，东土的鲁国，在幽王战死前后就已经倒向申侯与平王。此时平王还在西土。

> 西戎犬戎与申侯伐周，杀幽王郦山下。而秦襄公将兵救周，战甚力，有功。（《史记·秦本纪》）

秦这方面，当初周幽王兵败骊山，秦部族曾试图出兵救周，可能也是想将势力范围扩至关中。但秦襄公没能从支持平王的申、戎联军的攻势中救下周幽王。秦襄公的祖父秦仲为犬戎所杀，襄公的兄长世父将太子之位让给他后前往征讨犬戎，被俘后也险些死于犬戎之手。秦襄公祖上从秦非子开始就替周天子养马并对抗西戎，历代忠于天子一派。秦襄公显然也是周幽王的支持者，反对勾结犬戎弑父自立的周平王。

> 犬戎杀周幽王，武公将兵往，佐周平戎，甚有功。（《史记·卫康叔世家》）
>
> 申人、鄫人及犬戎入宗周，弑王及郑桓公。犬戎杀王子伯服，执褒姒以归。申侯、鲁侯、许男、郑子立宜臼于申，虢公翰立王子余臣于携。（是为携王，二王并立）（《今本竹书纪年》）
>
> 郑武公娶于申，曰武姜。（《春秋左氏传》）

郑桓公也是幽王派，在与申、戎等平王派的对抗中，与周幽王一起被杀。但此时因尚未继位而被称为“郑子”的郑武公，眼见天子与父亲被杀，却不顾与申、戎的杀父之仇，站到平王派一边，不仅成为周平王的大功臣，还联姻申国，娶申女为妻。从后来郑国在中土一带迅速扩张来看，郑武公已经不想再在西土做无谓的牺牲，而是需要得到新天子的许可，让郑国坐定成周到嵩山一带的利益。虢国也已由今宝鸡市的西虢迁到三门峡一带成为东虢，那么虢国与郑国已经在崤山附近形成相邻的竞争关系，郑武公突然转向周平王而不支持周携王，也就可以理解了。

在幽王死后，支持周携王的，只有拥立携王的虢公，和远在西陲的秦大夫部族。从后来晋国杀携王于虢国看，这说明携王的都城携邑，应地处虢国附近。这样秦部族就比较尴尬了。周平王在外祖申侯的封地，寄居在泾河上游的黄土台塬地区。秦襄公距离自己不支持的周平王更近，距离自己支持的周携王太远。那么，秦部族对携王的支持就未免显得流于表面了。形势的转折出现在周携王死后九年，诸侯已经不朝觐周天子。

> 周亡王九年，邦君诸侯焉始不朝于周，晋文侯乃逆平王于少鄂，立之于京师。三年，乃东徙，止于成周。（清华简《系年》）

平王寄居在西申国，携王寄居在虢国，都不在关中。事实上，关中王畿已经被犬戎瓜分。成周王畿此时也不在二王控制下。当年郑桓公迁国于环嵩山，并经营成周洛邑，此时的成周洛邑应在郑桓公之子郑武公的实际控制下。因此，周天子已经失去了对西周三都和陕西、陕东两片王畿的管辖。这个时候，申侯与周平王历经三十年，试图重塑以申、戎为轴心的西土新秩序。但关中的平原沃土已经被犬戎瓜分，申国恐怕已经约束不住分散入关中各地的西戎诸部，西土新秩序始终没能有效建立起来。

此时可能恰逢周平王最大的依靠，他的外祖父，最后能镇抚西土诸戎的申侯去世。周平王面对缺乏礼乐文化和君臣伦理浸润的蛮横诸戎，孤悬西土，恐怕突然就感到不安起来。这时，与周平王临近的秦襄公瞅准时机，不再对抗周平王。关中以西的秦襄公联合关中以东的晋文侯，借机强势干预周王室事务。他们先将平王迎到了少鄂，立于京师。这里的京师，很可能是指陕西韩城的陶渠遗址，毗邻晋国，应为两周京国所在。周天子的西六师仍有一师在这里驻扎。秦国负责护送周平王，晋国则负责迎接周平王。

又三年之后，晋国放手，让已经没有多少号召力的周平王去了王畿成周。

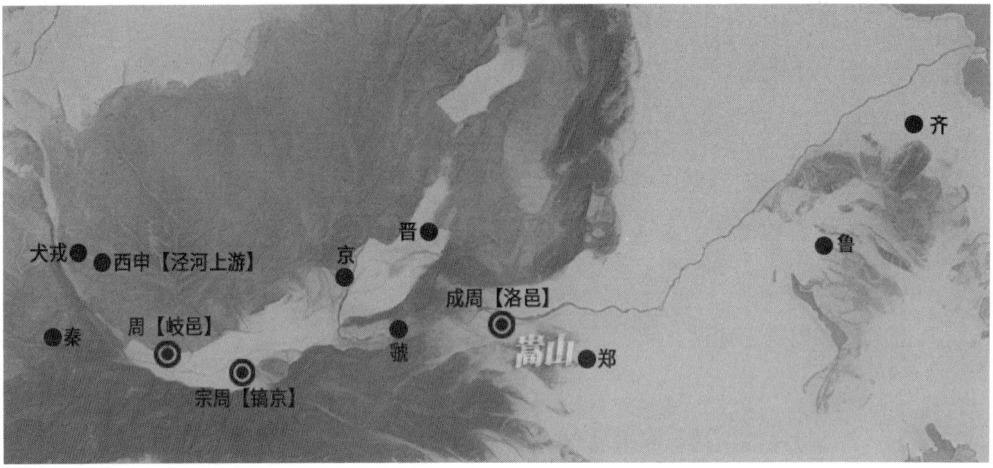

图 39 两周之际周王畿周边主要诸侯国

但这时可能西周成周城也已经毁弃，周平王到了洛阳盆地后，重新兴建了东周王城。晋国很可能是想让周天子去中土干扰和制衡正在蓬勃发展的郑国。当晋国这些失去西周王权束缚，得到完整主权并如脱缰野马般迅速壮大的畿外诸侯势力，开始威逼虢国这个最后守护西周秩序的畿内诸侯代表时，虢国无法继续保住无人尊奉的周携王，致其被晋国所杀。但晋国转眼又施压郑国，要求将成周之地还给平王。

不过，周平王前往成周后，就发生了周郑交质，郑公专权朝堂，周郑互伐，甚至郑庄公射伤天子等一连串事件。郑国让出成周，却想控制天子。春秋初霸之郑国和周王室在环嵩山的内耗式竞争，最终让中土环嵩山板块衰落。这或许正是北土晋国、东土齐鲁、西土秦国所乐见的。

周避犬戎难，东徙雒（洛）邑，襄公以兵送周平王。平王封襄公为诸侯，赐之岐以西之地。曰：“戎无道，侵夺我岐、丰之地，秦能攻逐戎，即有其地。”与誓，封爵之。襄公于是始国。（《史

记·秦本纪》)

秦大夫是西土最后一支与周王室较为亲密的华夏族武装力量，因此秦襄公护送周平王从西土向东迁徙。秦部族原本与申国和平王对抗，但此时申国已经衰落，放眼望去，整个沦陷已久的西土，乌泱泱的全都是戎族。周幽王害怕了，秦部族又何尝不孤独？秦襄公远在西陲，被远方虢公控制的周携王给不了秦部族任何好处，甚至不愿意给有名无实的好处。但此时，没有了国土的周平王却能给秦部族一个名分上的好处，哪怕只是空头支票，也是会改变秦部族历史命运的重要政治资源——诸侯之位。

没有嫡系军队的周平王想要离开危机重重的西土，也只能向秦襄公抛出橄榄枝，承诺给秦部族分封诸侯之位。秦襄公与周平王一拍即合，答应护送周平王东迁。当秦襄公率领秦军前往衰败的申国，迎周平王座驾，穿越关中大大小小的戎人部族东迁时，秦襄公可能既兴奋又伤感。这个昔日为敌的周天子离开了，在这偌大的西土沦陷区内，日后就只有自己的秦国，是华夏族最后的孤岛和坚守。

周平王路过自己的故乡关中，路过自己曾经的家——镐京，又向东渐渐离去。看着这祖先的基业，书写家族昔日荣光之地，已是遍地戎人，周平王又该是何其心酸？

《诗序》中说："黍离，闵宗周也。周大夫行役，至于宗周，过故宗庙宫室，尽为禾黍。闵周室之颠覆，彷徨不忍去，而作是诗也。"当周大夫经过镐京之墟，再次看到宗周破败的宫室宗庙，看到关中平原上遍地的禾黍时，它曾经的主人却要西辞东去，西周王朝已经被颠覆不再。于是，这位周朝大夫彷徨不忍离去，写下了："彼黍离离，彼稷之苗。行迈靡靡，中心摇摇。知我者，谓我心忧；不知我者，谓我何求。悠悠苍天，此何人哉……"

周平王也明白，他与周朝大概永远会失去这片故土。若周朝再也无法复国复土，倒不如成人之美，让留在西土、仍有一丝希望光复关中的秦襄公，从诸戎手中收回这片华夏故地。于是，周平王不仅封秦襄公为诸侯，而且给他开出了更大的空头支票。二人约定，将来秦襄公若能从戎族手中夺回关中的岐周、丰镐之故土，周平王便承认这昔日的周畿为秦国所有。始列诸侯的秦襄公，从周平王手中换来这令他能够合法地进入关中平原，成为一代强国的名分，心情无比激动。

当秦襄公护送周天子东迁时，这是自秦非子到秦襄公，秦部族作为周天子一手提拔的嬴氏大夫为周天子最后一次尽忠。自此以后，周、秦便分道扬镳。秦，开始不断扩张，最终收复华夏故土，崛起为帝国。周，终成偏安一隅，苟延残喘，竟最终被秦所灭。

秦襄公回到秦国后，开始以诸侯之礼与华夏诸侯互通使者，互致聘礼，开展积极外交。同时，他从秦国一路东征诸戎，竭力将秦国势力插入关中平原西部。公元前 766 年，秦襄公进军到岐山之下，与关中诸戎激战，不幸战死。

膴膴周原，峨峨岐山，这是昔日周文王获得天命的龙兴之地。秦襄公终于东进关中，重拾天子故业。或许，在秦国的首任诸侯国君秦襄公东征战死的那一刻，秦国就已经被注入了一种宁向东而死、不向西苟存的东拓精神。这就是秦人东出的基因。

（二）向东，向东

秦襄公死后，他的儿子秦文公继续向东，向关中平原的腹地进军。他先是将都城迁到了关中平原边缘上的汧邑，又从戎族手中收复了岐山东部，并把岐山东部在名义上献给远在洛邑的周平王，得到了留在岐周一带的周遗民的拥护。

考古发现，春秋时期的东部诸侯国的陶器、青铜器之纹样、式样，随着周王朝中枢实力的瓦解，在诸侯拥有了高度地方自治权后，开始出现浓厚的地域性特色，呈现出百花齐放，纷纷与西周器样传统分道扬镳的态势。反而是关中地区，兼有陇西秦文化传统，以及西周文化传统的器样特征。周、秦文化在秦人东征过程中开始融合，并逐渐驱逐和替换了西戎的器样特征。因此，秦国的青铜器式样相比关东地区，反而很大程度地保留了西周风格特征。

护送周平王东迁并收复西周故土的秦国，此时对被戎族统治的周遗民而言，犹如绝望之下的救世主一般。周遗民归附秦国，成为秦国平定关中的重要社会基础。周遗民也为立国不久的秦国提供了众多的生产技术支持。

被认为是秦襄公陵墓的甘肃礼县大堡子山秦公大墓地处陇南地区，仍然偏西。秦人当时或许尚须避东边的戎人锋芒。但到了秦文公在汧水岸边定都后，从渭水以北的岐山周原到渭水以南的陈仓，关中平原西部被纳入秦国版图。秦国一跃成为一个拥有平原沃土的农业大国。

公元前 739 年，秦文公晚年，秦国已经在关中中部的南山和沣水一带砍伐梓树。可见，此时秦国的势力范围达到了今西安市西南部。昔日西周沣水两岸的天子之都，丰京与镐京，也收复在望。

秦文公死后，他的孙子秦宁公继位。

（秦宁公）遣兵伐荡社。（《史记·秦本纪》）

【集解】徐广曰：“荡音汤。社，一作‘杜’。”

【索隐】西戎之君号曰亳王，盖成汤之胤。其邑曰荡社。徐广云一作“汤杜”，言汤邑在杜县之界，故曰汤杜也。

【正义】括地志云：“雍州三原县有汤陵。又有汤台，在始平县西北八里。”按：其国盖在三原始平之界矣。

三年，与亳战，亳王奔戎，遂灭荡社。（《史记·秦本纪》）

【集解】皇甫谧云：“亳王号汤，西夷之国也。”

公元前 714 年，秦宁公向戎人发动汤杜之战，即对今西安市一带的猛烈

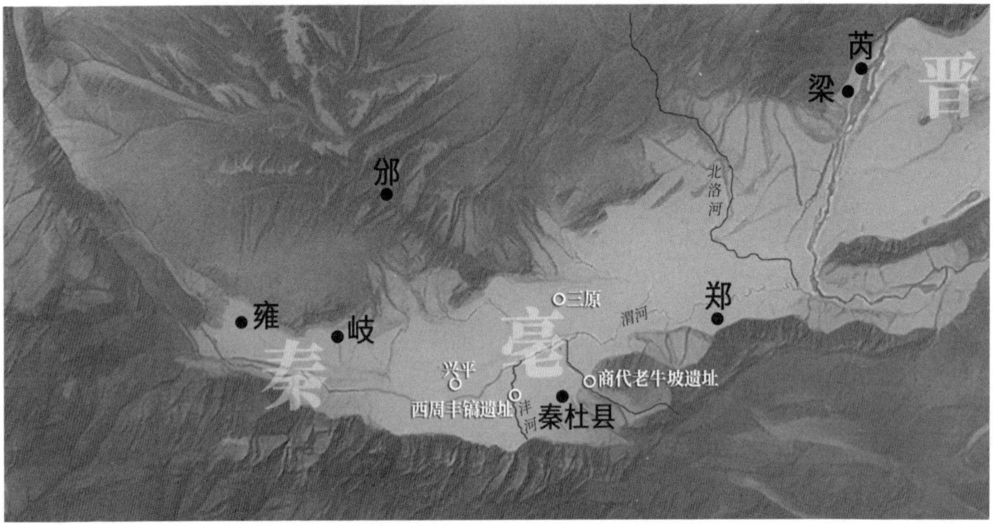

图 40 春秋时期秦国占领的关中主要城邑

争夺。次年，汤杜被灭，汤杜的国王亳王北逃戎狄。

当年，周公灭亡帝尧后裔的唐国后，周成王将弟弟唐叔虞封到唐国，并将故唐氏族人迁到紧邻丰镐的杜邑，建立了西周的畿内诸侯国杜国，因此西周的杜国也称唐杜氏。丰、镐两京毁灭后，西安境内最大的城址就是西安市区东南部的杜邑。杜邑在东周初期是亳国的都城。

《史记集解》注："京兆杜县有亳亭。"也就是说，西安杜邑遗址附近曾经有亳亭。本作在商代章节曾提到，早商的都城叫作亳都。西安东部的老牛坡遗址与商都二里岗文化高度相近，是亳都文化插在关中的一块飞地。亳亭虽然不是商都，却可能与老牛坡遗址的商汤后裔有关。老牛坡遗址离杜邑不算远，只有十公里。老牛坡遗址商汤后裔可能在西周沦为了西安东南部山塬中的戎族，其中一支到西周灭亡后，又趁关中大乱夺取了杜邑，建立亳国。以亳作为国号，其实是宣称自己继承了商汤。亳王又号汤，还把原本西周的唐杜改为了汤杜，也是宣称自己继承自商汤。

（北殷氏）系本作“髦氏”，又有时氏、萧氏、黎氏。然北殷氏盖秦宁公所伐亳王，汤之后也。（《史记索隐·秦本纪》）

以老牛坡遗址为都邑的商代崇国，其统治者可能是《史记》中的商朝宗亲北殷氏。汤杜亳作为商朝的后裔，沦为戎狄，大概打着商朝的旗号才能建立自己在这个区域的统治合法性。亳国的地盘从三原的汤陵，到始平（今咸阳）的汤台，再到西安的汤杜，汤杜亳国在春秋前期几乎占领了整个关中平原的中部，疆域不小。这个亳国很可能是当时关中诸戎的领袖国家之一。但秦国崛起，从陇西一路东扩，对散落在关中各处的西戎诸部逐个击破，最终灭亡了这个商朝后裔在西安及周边建立的亳国。

（秦武公）十年，伐邽、冀戎，初县之。十一年，初县杜、郑。（《史记·秦本纪》）

秦国消灭汤杜亳国这一年，自周幽王身死国灭，时隔五十七年，今西安市一带终于被华夏诸侯秦国从西戎手中光复，重回华夏族势力的版图。西安是关中的中心地带，秦国占领杜邑，意味着关中平原的渭河南岸通道被贯通。秦国的势力范围终于能够重新联络并接壤到中土附近的华夏诸侯。

秦宁公的儿子秦武公，后来又一路向东，攻取华山一带。

公元前 687 年，秦武公在华山北麓的西周故郑国地界设立了郑县，同时在西安的杜邑设立杜县。这一年是西安设县之始，是西安地区与市区在历史上首次出现“县”这个行政区划，距今已有两千七百多年。

当时遍地都是贵族大夫采邑，城邑自治才是惯行制度。当时还没有后世的郡县制，“县”是初生事物，很罕见。杜县是秦国最早设立的四个县之一，虽然远离当时处在关中西部的秦国国都，却由秦国进行垂直行政管理，类似于秦君本人直辖的城邑。杜县是关中平原中部唯一的县，是秦国统治关中中部的首要据点。杜邑是丰京与镐京陨灭之后，西安市区一带最主要的中心城邑，从春秋初期的亳国到春秋中期的秦国杜县，直到战国时期秦国迁都。

秦国的势力伸到了关中平原东端，与另一个大国晋国的势力接壤。当年周平王东迁，秦国护送，晋国接应，平王“赐秦、晋以邠、岐之田”，同时许诺给晋国一些关中东部的土地。晋国从东边介入关中平原，将国土和势力范围伸入关中东北部的北洛河一带。于是，秦国在渭河南岸将势力伸到了关中东部，与在渭河北岸的晋国势必会发生冲突。

公元前 677 年，秦德公在位时期，秦国迁都到雍城，即今宝鸡凤翔区一带，并在占卜中得到后世子孙将饮马于黄河的吉兆。关中东北部，当年西周的畿内诸侯国之芮国、梁国，纷纷西来朝见秦君，以示归附。这些关中东缘的西周诸侯，之所以能坚持到这个时候，是因为他们临近黄河，依附黄河对岸的晋国。但秦国势力已经伸到关中东部，他们有了晋国之外的第二个投靠选择。

公元前 672 年，晋国恼怒于秦国初来乍到就挖自己墙脚，策反自己的小弟，于是晋军与秦军在河阳发生战争，试图驱逐秦国势力。秦国最终战胜晋国，在关中东部立足。

晋国作为春秋时期华夏圈里面积最大的强国，长期成为华夏盟主与霸主之国，原本走向统一的历史天平很可能倒向晋国，但晋国内部的集权改革没有成功，最终分裂，魏、韩、赵三家分晋。从时机和方向上来讲，晋国没能抢先一步向关中扩张，然后整合汾渭平原，坐拥后来秦朝统一所仰仗的山河表里，四塞之固，再向东争雄与统一。晋国仅仅停留在关中东缘而不西进，被从西陲向东推进扩张的秦国占了先机，完成了对关中平原的整合。此后晋国虽然屡屡称霸，但重心在中部与楚国相争。对于西土而言，晋国只能背靠秦国，在崤函与黄河防线封锁秦国，安抚秦国，却始终吃不掉秦国。

到了战国时期，继承了晋国晋南盆地的魏国，作为战国首霸，其实也曾对秦国呈现强势压制，但最终也选择向东与齐国争霸，还将都城从晋南盆地远迁至东土的大梁，最终又让秦国夺走晋南盆地，整合了汾渭平原，成就统一天下之资。正所谓金角、银边、草肚皮，秦国用尽全力收复位于西土的西周关中王畿，而晋国及其后身魏国占据起点优势，却没有把战略重心放在西边抵住“金角”，这是两国命运此消彼长、走向不同结局的一个关键。这导致后来秦国占据“金角”，晋南的晋、魏势力始终如芒在背。

从秦国与晋国第一战河阳之战开始，关中的秦国就与晋南的晋国相爱相杀，双方的纠缠贯穿春秋时期。秦在西土仍然交杂着众多西戎之国，需要结好东方的晋国，对西戎形成包夹之势。晋国则在东方相继与齐国、楚国长期争霸，也需要西土的稳定，背靠秦国。虽然秦国与晋国相邻，边界矛盾导致不时出现摩擦，但总体上秦国与晋国背靠背，长期联姻结盟，留下了秦晋之好的佳话。

公元前659年，秦穆公继位。此后，秦国国力攀上了第一次巅峰。秦穆公任用百里奚和蹇叔等能臣，成为春秋时期的一方霸主。在任内，他不仅迎娶晋献公之女为妻，还两度干预晋国国政，亲自扶立两任晋国国君，甚至一度俘虏了晋惠公，迫使晋惠公割让晋国的河西之地给秦国。不过，晋国此时仍然封锁着秦国东出的崤函通道。

晋国一边陪秦国在后方玩相爱相杀的双边游戏，一边又在组织多边外交，以图称霸中原。而秦穆公最终只被称作：“广地益国，东服强晋，西霸戎夷，然不为诸侯盟主……”秦穆公虽然一度制服晋国，不止一次出兵到了嵩山以东，但总是被晋国在中间切断过于冗长的补给线，无法独立将影响力伸至晋国以东。秦国虽然能与晋国叫板，但影响力始终被晋国封锁在西土。秦穆公最终放弃频繁地远征东土，转而安心巩固西土，遂称霸西戎，终究没能染指中原。穆公改西安东部的滋水为灞水，就代表着他向东成为霸主的渴望。

秦穆公让掌握军权的几大秦国将领在他死后为他殉葬，这背后折射出，秦国在关中扩张的速度太快，掌握着要塞和军队的大夫虽能效忠于一代明主秦穆公本人，却不一定能忠心于穆公的子孙。秦国的这次鼎盛，只是一次依

图 41 春秋时期崇国的可能位置

靠穆公个人贤能，迅速吸纳各方势力于其麾下所缔造的人治之盛，并不稳固。穆公之后，秦国的扩张也就停滞了。

秦国后来仍屡次想向中原扩张，却屡屡被晋国以盟主之尊，带着中原诸侯对其进行阻拦与打击。晋国带着中原联盟，后来有一次甚至深入关中，追着秦军打到了岐山附近，震动颇大。到了春秋后期，秦国的东出之志逐渐趋弱，只能专心与晋国抗衡，并消化关中之内的西戎与晋国附庸国等各种残留势力。秦、晋在西土的争斗中，牺牲的小国就有昔日夏代崇国的后裔有崇氏。

商朝灭亡后，有崇氏应是摆脱了商代崇君北殷氏的统治。可能是西周覆灭后，有崇氏也在关中复国，建立了东周崇国。东周崇国是秦国的附庸，有秦国的支持。

公元前 608 年，晋国为了施压秦国，灭亡了秦国的盟友崇国。秦国为了给崇国报仇，又于次年围困了晋国的附庸焦国。因此，东周崇国应该是春秋秦国东边、晋国西边的一个国家。当时晋国的势力版图能够伸到关中东部的华县（今陕西渭南华州区）和北洛河以东，灭崇的晋将赵穿既然判断灭崇一定能极大地震慑秦国，说明从纵深角度讲，崇国应处在秦晋拉锯带偏西，属关中东部的一个秦国附庸国，位置很可能在西安临潼区到渭南市附近。这个周代崇国相比商代的崇国老牛坡遗址，显然位置更靠东一些。最终，东周崇国成为秦国的一部分。

秦国在春秋的历史，其实就是一路东进驱逐西戎，以及与晋国又战又和的历史。若论春秋时期各国的国力，秦国与齐国、晋国、楚国一起，位列前四，应没有太多争议。独霸西土的秦国，显然也是东、南、西、北四大国之一。但秦国的影响力被晋国封锁在西土，因此并不是所有“春秋五霸”的说法都含有秦国。

春秋中后期，秦楚之间的联姻也逐渐多了起来。春秋晚期，吴国与越国相继崛起。

公元前 506 年，吴国正如日中天，一度攻入楚都，几乎要将楚国灭国。楚国大夫申包胥求援于秦国，在秦廷哭了七天七夜。秦国被其忠义感动，出兵击败吴国，助楚国复国。此时并非秦国最盛之时，却能远击强吴而救楚，可见秦国虽然影响力被晋国限制，但国力并不弱。秦之所以救楚，也是因为武关道与江汉通道始终对关中政权至为重要。

春秋末期，魏文侯仍为晋国大夫时期，就从戎狄手中夺取了陕北地区，设上地，并从上地与黄河两面包夹秦国的关中东部，攻占临晋、合阳、元里、洛阴等地。昔日秦穆公从晋国取得的河西之地，又被魏文侯夺回。

进入战国时期，魏文侯被立为诸侯后，魏国瓜分到了晋国核心的晋南盆地。魏国任用李悝、翟璜、西门豹、吴起等名臣锐意改革，尤其是发起了战国时期的第一场变法与集权改革——李悝变法，一跃成为战国第一强国。而秦国，却在琐碎的内部势力乱斗中，经历了长期的继承权混乱，国力走衰。此时，魏国已经占据着南到华县，北到洛西的关中东部，如果魏国的战略方向是向西挤压秦国的生存空间，那么秦国可能就会失去关中，乃至最终亡国……

第二章

秦：从栎阳到咸阳

秦川雄帝宅，函谷壮皇居。

就在秦国的东出意志已经相当薄弱，国力也步入低谷时，危机形势开始倒逼秦国重新振作，重拾东进之理想。经历了连续几代的政变和动荡，到秦献公继位后，秦国已经没有退路，必须直面来自战国首霸、晋南之魏国的压力。自西周灭亡，西安失都，落寞近四百年后，西安第二波都城史，以及秦帝国的崛起之路，至此开启。而这一次，作为都城的西安不再是贵族社会的巅峰象征，而是反贵族的象征。

（一）来自霸主魏国的刺激

公元前 383 年，秦献公在距中心城区近百里的今西安市阎良区境内修建栎阳城，并将秦国都城从雍城迁都于此。

秦献公将都城从关中西部迁到中部，就是为了应对已经大举进入关中东部，并试图继续西拓关中的魏国。随着战国时期疆域型国家与央地行政结构逐渐成熟，国都在军事层面的中心化趋势加剧。秦国对关中中东部的直控强度加大，将都城迁到关中东部，则国家重兵亦集结于关中东部，与魏国争雄的后方补给线就会大大缩短。

关中西部的都城，如先周之岐，往往更有利于通过关中西部的陈仓道或褒斜道直接向南控制汉中或蜀中。比如周文王居岐时就降伏蜀国。秦国定都雍城时，也将沿着汉江进入汉中盆地的楚国赶走，从楚国手中夺取了南郑。但雍城做了近三百年的秦国国都，遍布封建贵族。秦献公想要摆脱贵族长期掣肘王权的局面，想要轻装上阵，重建王权操控力，迁都是最简单直接的方式。当下，东边的魏国对秦国的威胁更严重，雍城作为国都过于偏西，无法及时应对魏国的入侵，又是合情合理的迁都借口。

进入战国时期，继承了晋国核心区晋南盆地的魏国，通过李悝变法迅速

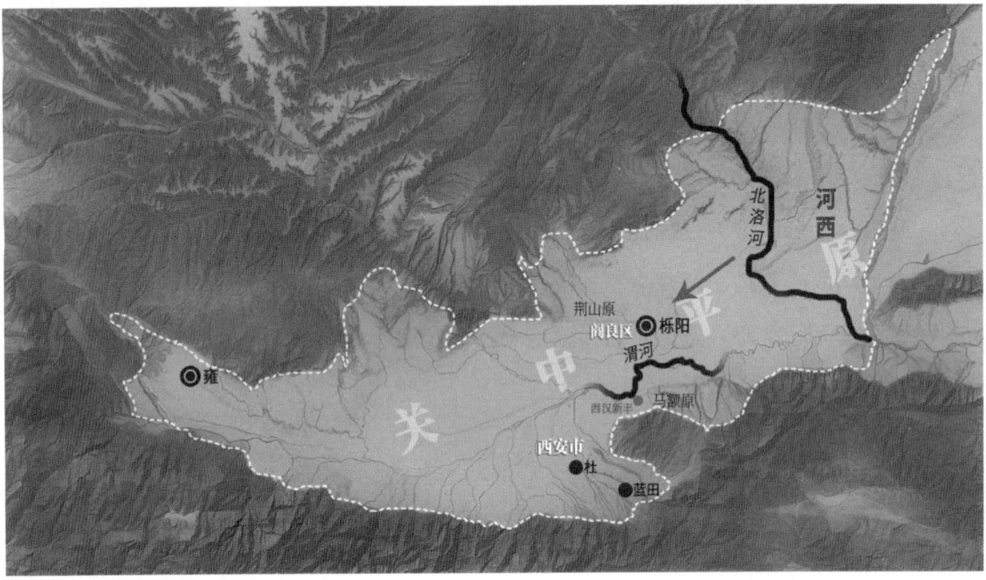

图 42 秦汉栎阳城的防御形势

强大，成为战国第一霸。魏国不仅仍占据着关中的北洛河东岸和华县一带，而且将关中北部到陕北的戎狄活动区域，即翟国一带并入魏国，设立上郡，这已经是从三面包围秦国在关中东部的领土。秦国经历长期内乱之后，到秦献公时稳定下来，果断决定迁都到栎阳城，以应对来自东边魏国的压力。

关中盆地是一个新月形盆地。如果只看其内部的关中平原部分，关中平原却是一个葫芦形平原。这个葫芦形平原，在渭南市临渭区以北到渭南蒲城一带，像是葫芦下部膨胀区域。在西安市长安区、鄠邑区到咸阳市泾阳县、礼泉县一带，像是葫芦上部膨胀区。到了宝鸡市附近就像是葫芦逐渐变得纤细的顶端。而西安与渭南之间的阎良区到临潼区东部，则像是葫芦上下部之间缢细的部分，是一个瓶颈地形所在。因为关中北部边缘的山原带，在这里向关中平原中间伸出了一条细长的台原，即阎良区北边的三原县至富平县的荆山原。而在临潼区东部，骊山拉升了周边的海拔高度，是从南边插入关中平原中间的一片黄土台塬。其中以临潼区新丰到零口以南的马额原为凸出的部分。

马额原与荆山原之间只有五十里的平原宽度，就是葫芦形上下部之间的缢细部分，关中平原东部与中部之间最窄的距离。如果将渭河也视为一道地理屏障，荆山原与马额原北边的渭河，更是只有三十五里的平原宽度。

秦栎阳城就在荆山原下十里的位置，可以说就是扼守这个葫芦形平原的缢细中腰部分，也即扼守关中平原中部与东部的咽喉。一旦魏国进一步跨过北洛河侵占整个秦国关中东部的领土，秦国将集中全部军事力量，在这个瓶颈地段抵抗魏国，以捍卫秦国在关中平原中西部之腹地。即使魏国不西征，秦国也可以从栎阳城向东进攻魏国的河西之地或华县之地，以回护关中东部的秦国领土。总的来说，栎阳是一个进可攻、退可守的取中位置。

秦国迁都到栎阳后，秦献公相继在蓝田、栎阳置县，任用直属秦廷的官僚管理，减少封建贵族对都畿的干预。献公还颁布“初行为市”法，向民间开放在都城内进行商业活动的权利。献公又在全国实行“户籍相伍”，将全国人口编为五家一“伍”，实行对国家直控人口的编制化管理，有利于国家在战时征兵。这一改革措施同时模糊了周代国野制中城市中的“国”与郊鄙的“野”之政治界限，无论城内人口还是郊野人口，在权利与义务上逐渐对等。这使得城邦社会形态进一步瓦解，向编户民制度理念迈进了一步。秦献公借魏国大举进犯的倒逼形势，发起迁都以及此类改革，一定程度上摆脱了过去秦国内部封建贵族掣肘王权，甚至废立秦君产生的内耗，初步建立起了秦国的国家动员机制。

进入战国后，魏、赵、韩三家晋国大夫一同瓜分周朝宗亲之国晋国。曾尊王攘夷的周朝姻亲之国姜姓齐国，也被齐大夫田氏所篡夺，成为田氏齐国。周天子被迫承认这些与自己并不亲近的强权大夫为诸侯，失去了东、西两大肱股之国。而姬姓的燕国、鲁国又逐渐式微，南方的楚国更是“不服周”，藐视周天子，在春秋时自立为王。周天子周围，可以说已经没有与周朝合法性和历史传统高度绑定的大国来支撑自己。

面对同在环嵩山一带的魏国与韩国的虎视眈眈，周天子看出唯一能制衡魏国与韩国的，只有秦献公时期已然有崛起之象的秦国。周天子派周太史儋见秦献公说："周故与秦国合而别，别五百岁复合，合十七岁而霸王出。"于是，被魏国压制的秦国得到了周天子在名分上的支持。周国亦可在东边对魏国进行牵制。秦国与周天子又一次结成了同盟。

公元前 364 年，迁都栎阳二十多年后，秦献公在石门大战魏、赵两国联军，斩首六万敌军。与春秋时期的争夺盟主霸权的战争性质不同，当小鱼吃小虾、大鱼吃小鱼的乱世淘汰赛演进至战国，只剩下这些大国时，残酷的土地兼并战争与人口歼灭战争开始出现。秦献公这一战，大幅歼灭了魏国的有生力量，阻止了不可一世的魏国继续西拓的脚步。周天子遣使给秦献公送礼服，祝贺秦国大败魏国，并表秦献公为"伯"，秦国的地位得到提升。两年后，秦献公又进攻少梁，大败魏军，并俘虏了魏军统帅。但不久献公就去世了，秦国对魏国的攻势暂时中断。

秦献公在栎阳的经营，使秦国遏制住了魏国的西拓，为此后商鞅变法以及秦国东拓争取到了战略窗口期。

公元前 361 年，秦献公的儿子秦孝公继位。此时，关中以东之齐、楚、燕、韩、赵、魏六大强国的格局已经形成，他们都在加速吞并小国，形成了更庞大的国家规模。而秦国偏居西土，中原诸侯从不与秦国会盟，把秦国当成夷狄之国。秦国此时的邻国是魏国与楚国两个强国，它们一北一南，将秦国死死锁住在西方，秦国连关中都无法完整据有。魏国西拓蚕食秦国的脚步，虽然在献公迁都后暂时被阻遏，但魏国在关中平原东部的洛河沿岸修建长城，俨然要坐定关中东部的疆土利益，不让秦国向东越雷池一步。如果秦国止步不前，即使不亡于魏国之手，待东方的六大强国继续兼并扩张，恐怕也早晚会强行敲开秦国的大门。

周天子派人赐给孝公祭肉，用仅剩的名分优势表示对秦孝公的支持。实际上，周王畿在环嵩山之洛阳盆地，也是替秦国先挡住二、三地理阶梯线以东的列国之势，与关中之秦国一起牵制越发难以遏制的晋南之魏国。

秦孝公颁布求贤令，称“诸侯卑秦，丑莫大焉”，自己“常痛于心”。他开出条件，无论是谁，“能出奇计强秦者，吾且尊官，与之分土”。裂土封侯，拜官授爵，孝公的姿态放得极低。因为，孝公看到了原本只是晋国分裂出的动荡一隅之魏国，经历变法后，仅一代人的时间就成为第一强国。

四战之地的魏国，魏文侯麾下有李悝、吴起、乐羊、西门豹、子夏、翟璜、魏成等名臣将相，人才济济。“食有劳而禄有功，使有能而赏必行，罚必当。”李悝变法，制定了秦晋法家变法精神之源头的《法经》，承认私田，明确法度，创新官制，实行平粟法，推动职业官僚制度发展和小农经济及农业生产，推行郡县制，加强中央集权，建立职业化的国家常备军魏武卒，不再依赖贵族私兵。这些措施令魏国在战国时期首霸称王。

魏国变法，在行政上顺应了战国时代土地开发趋于饱和后的新型生产关系与新型社会结构，提高了社会经济活力与效率，给了春秋时期仍旧死板的世卿世禄制度与封建采邑制度沉重的一击。此次变法，令魏国国富民强，魏武卒威慑天下。魏国变法，成为后来各国变法的样板与楷模。

魏文侯是垄断实权的世袭大夫出身。他本身就是世袭贵族，依靠自己的宗族力量三分晋国，创立了魏国。所以，他要防止后来者效仿他的家族再推翻自己，就必须对晋国旧贵族、旧制度、旧文化进行外科手术级的破除和革新。在宗族与新兴大地主势力的支持下，他成功地夺走了旧晋国世卿贵族的奶酪，却没有完全触碰自家宗室及开国功臣等新贵族的奶酪。以至于转型为地主阶层的新贵族在战国后期开始反弹，重新坐大，最终形成贵族养客成风、钳制国政的局面，使李悝变法的精神没有被完全贯彻。

宗室过重的现象，是战国时大国的普遍特征。魏国改革后，初期有公子成与翟璜争当相国，晚期有公子无忌窃符抗君命。赵国改革后，有平原君抗税。楚国令尹基本由宗室贵族担任，且晚期的春申君独封十余县。齐国更是出了名地倚重宗室。

魏国变法停滞后，至第三代君主魏惠王时期，大批人才在魏国因怀才不遇而一次次流失。如商鞅被魏国拒用后入秦变法，吴起遭魏国诬陷后赴楚变法，孙膑被魏国排挤和残害后投齐而攻魏。秦孝公招揽贤才的这个鱼钩抛出去了，非常有效，咬钩的就是商鞅。魏相公叔痤临终前举荐商鞅为相，魏惠王却嫌弃商鞅的背景、资历不佳而拒绝任用。

商鞅早年作为法吏追随魏相公叔痤，学习魏国《法经》，目睹魏国变法停滞。他不仅掌握了李悝变法的精要，更看清了李悝变法的局限和缺陷。这是商鞅后来能够为秦国设计出结构性地重塑国家政治基础和社会基础，实现彻底变法，让秦国脱胎换骨的主要原因。

商鞅带着魏国李悝变法的成果——《法经》，来到了秦国，希望在秦孝公这位明主的手下实现治国抱负，再一次成就变法强国和霸业崛起的奇迹。

（二）商鞅变法，贵族退场

秦孝公与商鞅互相试探对方的诚意和志向，连续谈了几次。第一次，商鞅大讲五帝之帝道，孝公根本不爱听。第二次，商鞅大讲三代之王道，孝公还是听不进去。第三次，商鞅又讲春秋五霸之霸道，孝公才显出兴趣。最后一次见面，商鞅终于拿出了他的真正法宝，向孝公兜售法家强国之术。孝公与他相见恨晚，畅谈数日。我们后人站在上帝视角，知道战国列国的变法浪潮会接踵而至。但此时秦孝公眼中，只有魏国突然变法成功。掌握魏国变法精髓的魏国人才还没有完全流散向各国。各国尤其秦国，即使对魏国突进式崛起有一定零碎的观察，却无法成体系地掌握其方案。秦孝公发布招贤令，恐怕最想招揽的就是魏国人才。其实从这几次见面来看，商鞅基本上是向孝公普及了一下从五帝到夏、商、周，到春秋，再到战国的历史演变进程，深刻揭示出了历史内在的发展规律。如果没有对前几次的历史背景条件的分析做铺垫，恐怕孝公也很难一下明白商鞅掌握的法家理论以及李悝变法的精要所在。也正是因为孝公终于理解透了治理国家的精要所在，后来才会无条件地全方位支持商鞅变法。

公元前 359 年，酝酿变法已久的商鞅开始着手改制。他与秦国朝堂上的保守力量当众廷争成法该不该变，最终得到秦孝公的支持，颁布了《垦草令》。该法令的核心就是重农、抑商、抑贵、抑流动。重农是为了鼓励粮食生产，抑商是为了限制粮食流出与囤积居奇，抑贵是为了削弱贵族对粮食以及农耕资源的消耗，抑流动则是为了尽可能地将尚显匮乏的劳动力全部绑在土地和粮食生产上。总之，这次变法的开局，就是强调“以粮为纲”，新政全力引导和配合粮食生产。

新法颁布后，秦国民众当成是秦国君臣心血来潮胡搞一通，非议不断，没有人相信秦国是真的要变法且能坚持变法。于是，商鞅在都城栎阳城内的市场南门立起一根三丈长的木头，公开说谁能把木头搬到北门，直接赏赐十金。百姓们认为这种天上掉馅饼的事是天方夜谭，可能有诈，没人敢行动。商鞅又一次宣布说，能把木头搬到北门的，增加赏赐到五十金。这时终于有一个人站出来，把木头从南门搬到北门。商鞅立即就给了他五十金，以此立信，向百姓郑重表明，今后秦国政府令出必行，没有欺诈，不会拖沓。

栎阳城此番“奇闻”，立即传遍全国，秦人从此相信秦国是真的要变法，开始相信不断出台的新法和新政策。商鞅徙木立信，是中国社会开始去贵族化、去封建化的开始。今西安市阎良区，秦栎阳城市场上，一桩小小的奖赏事件，最终成为政府公信力建立的标志，是秦国由弱变强，乃至整个中国历史蝶变的起点。因为在三代与春秋那样的层层依附的贵族社会，国家只需要对国都的国人与分封贵族负责，而不需要对地方上的庶民负责。

此前的封建式贵族社会，讲究一个自己直管自己属地，甚至天子也只管王都和王邑，而不会去向下越级干涉封建诸侯封国与大夫采邑的自治。这就是“我的附庸的附庸不是我的附庸”原则。诸侯国君对下级封建大夫、采邑主的依附人口，并没有立信的义务。因为国家与贵族依附人口之间没有直接治理关系。贵族社会的政治逻辑是国家管理贵族，贵族管理平民。而商鞅的徙木立信，向秦国百姓乃至整个天下传递了一个信号：秦国国家政府对百姓直接负责，且会保证公信力。这给整个社会灌输了一种对政府职能全新的定位和认识，成为国家制度与政治生态发展方向的一个指向标。

这一阶段，商鞅并没有直接对封建贵族阶层发动进攻，而是先从社会价值观上压制贵族固有的风气和思想，奠定以农为本的基础理念，以经济制度改革先行。

商鞅制定户籍制度，将整个国家的人口，包括封建贵族的奴仆释放到编户民中，并实行什伍连坐法，实行无死角的分级管理，推行小家庭制，严禁私斗。这些都是在释放贵族所掌控的依附人口，瓦解旧奴隶主贵族的核心生产资料——奴隶。

商鞅明确军法，建立二十等军功爵制，让新兴的军功爵阶层挤压封建贵族阶层的生存空间，利用新的利益集团牵制旧的利益集团。

商鞅废除世卿世禄制度，削弱贵族的从政特权，加重贵族的徭役和赋税，制定秦律，整顿吏治，将山泽之利收归国有，并鼓励耕织，生产粟帛多者减免徭役，实行统一的税租制度。这一切的核心，都是秦国将从贵族封建式管理过渡到国家行政式管理。

新法在民间实行了一年，长期效果还没有显现，很多百姓只觉得国家对个人的干预突然变多，而个人的利益并没有明显改善。数以千计的反对者纷纷跑到栎阳城里，说新法不适宜，要求国家放弃新法。

商鞅判断，新法推行不力，是因为贵族仍然无视新法，经常触犯法令而得不到惩罚，仍无法让新法树立起公信力。恰好这个时候，秦国太子触犯了法律，这成了考验新法公信力能否维系的关键事件。商鞅当然明白，这些阻挠事件背后或有贵族的策划。于是商鞅宣布，犯法者要接受法律的惩罚。太子是储君，不能受刑，但教导太子不力的太子之师要代太子接受刑罚。于是他对太子的两位老师处以肉刑，包括素有威望的秦国宗亲公子虔。两位大贵族被用了刑，贵族从此被震慑。于是人人信服和敬畏新法，新法得以贯彻执行。

新法实行了十年后，“秦民大悦，道不拾遗，山无盗贼，家给人足……乡邑大治”。秦国迎来了治世，综合国力得到迅速壮大。其间，秦孝公与魏惠王在杜平会盟，打破了“列国卑秦，不与之盟”的状况。此后，秦国连续击败了魏国和韩国，不仅从魏国手中收复了一些关中失地，而且一度越过黄河围攻晋南盆地中的魏国都城安邑，并同时将势力范围伸到了熊耳山以西，开始通过韩国影响中原。韩侯不敢再轻视秦国，甚至亲赴秦国朝见秦孝公。秦国与魏国的攻守之势，基本上在变法的第一阶段就已经逆转。

这个时候，又有很多当初到栎阳城说新法不好的百姓，再一次来到栎阳城说新法好。可商鞅这一次却不再用徙木立信，或者对贵族用刑这些方法，去试图说服他们，而是将他们定为扰乱教化之人，全部迁徙到边疆。此后，没有人敢议论新法。商鞅这是掐准了有人说好，就有人说不好的舆论特点，希望减少新法推行过程中的舆论干扰，尽可能少说多做，不争论。商鞅用此极端的舆论应对措施，是因为他即将开展的第二阶段更深层次的变法，会更进一步得罪整个秦国的封建贵族与既得利益集团。他面临的第二阶段的舆论阻力恐怕会更大。

公元前 350 年，第一阶段的变法巩固之后，商鞅变法的第二阶段正式开启。

这一次，商鞅直接公开废除井田制，开阡陌封疆，去除井田制下的田界，确认自耕农的土地所有制，开放土地买卖，扩大国家拥有的土地数量，实行“亩百给一夫”的国家授田制度。如果说之前是用经济政策限制贵族，这下就是要贵族老命了，直接夺走贵族地主名下的土地，抢贵族的立身之本。

商鞅又统一度量衡，执行分户令，且“舍地而税人”，开始按户、按人口征收军赋。这样一来，不仅是贵族掌握的奴隶，连他们豢养的大量脱产之食客、众多闲散的贵族子弟，以及躲藏在地方贵族背后的依附性人口，都将成为贵族巨大的成本负担。而平民也由于增加了“赋”这种人头税，负担变重。平民为了保证缴纳足额税赋，不得不更加勤劳地生产，也间接地被鞭策和逼迫。

这些举措都在客观上瓦解了旧的封建贵族，促进了小农经济的发展，为秦国国库增加地税收入，也为君主专制中央集权制度奠定了君民二元责任关系之基础。

然后，商鞅更直接的政治制度改革，就是普遍推行县制，强制更化戎狄风俗，禁止父子兄弟同室居住。县级行政区划的建立，昭示着秦国职业官僚制度的正式确立。在区划划分的同时，乡、邑、聚被合并为县，国家政府从地方贵族手中直接夺走采邑，由国家直接控制基层社会与治权。县令掌治权，县丞掌民政，县尉掌军务。而强制戎狄改变习俗，看起来是风俗问题，其实是在秦国势力范围内的戎族部落内也强制推行地方行政制度，强制革除其民族习俗并加速同化，等同于剥夺了戎族的地方自治权。

秦国之内，集权制度至此顶替掉了封建制度。商鞅变法，对旧贵族地主可谓刀刀致命，夺了田土又夺食邑。

栎阳城此时作为都城，已经有三十多年。这次变法之高潮，是再一次迁都，以进一步摆脱守旧势力的纠缠。

（三）栎阳，咸阳，洛阳

当初献公迁都栎阳，第一要务是为了便于组织动员，与魏国进行军事对抗，所以栎阳城的营建规模有限。考古发现，秦汉栎阳城遗址的全城面积只有四万两千平方公里。而且，栎阳城的位置距西安市区东北近百里之远，靠近关中平原北缘。就地形而言，显然没有昔日西周镐京那样的四面闭合之优势：以骊山、白鹿原为东阻，渭水、沣水、灞水三面环绕，直抵终南山屏障。栎阳一旦临敌，城防优势还是要弱不少。

关键是栎阳与贯穿关中平原的中轴水脉渭水距离太过遥远。栎阳城主要是被渭河支流石川河与石川河支流清河所夹，周围没有大的河流临近。栎阳城没有可以辐射关中的水运优势。如果是在渭河沿岸，水路四通八达，与秦国贵族集中的西部故都雍城的联系也会更加紧密。此时，秦始皇时期开凿的人工河郑国渠还远远没有出现，关中北部的农业生产相较于秦岭水源涵养的关中南部，仍有一定差距。

栎阳终归是一个临时性质较强的军事性都城。秦国真正的经济中心和文化中心，仍然还在雍城。出于这些原因，秦孝公与商鞅在第一次变法中取得一定成功，秦国建立更强大的国家常备军事力量与更稳定的后勤供应后，决心要为秦国定制，要在关中中部重新选择一处更有防守优势与经济优势的区位，正式营建一座规模宏大的国都。秦咸阳城，就这样拔地而起，最终取代了关中西部雍都作为秦国文化中心与经济中心的作用。因此，《史记·商君列传》中也称新都咸阳为“秦自雍徙都之”，即从雍城迁都到咸阳。在这个语境中，建都三十多年的栎阳，显然只是政治中心、军事中心。直到迁都咸阳，秦国的政治、文化、经济、军事中心才完全重合。

公元前 350 年，秦国正式迁都。秦孝公与商鞅设计的新都咸阳，大筑冀阙，营如鲁卫。鲁国和卫国是西周初期分封的姬姓国家，其宫室形制是西周礼乐制度的典范。此时，东周天子周围已经没有多少老牌姬姓大国。咸阳城这次规划效法姬姓国家，多少是表明秦国仍然是拱卫周天子的华夏诸侯。这既改善了秦国的礼仪形象，又重申了与周朝互相支持的同盟关系，以此制衡临近周国的魏国与韩国。这次营建新都，很可能也有周王室与鲁、卫等姬姓诸侯的技术支持。

周天子立秦孝公为方伯，诸侯都来朝贺。此时秦国仍需要周天子的认可来提升自己在华夏圈的文化地位，秦国也是周天子最后能仰仗的大国。周天子希望秦国能够像春秋时期的齐国和晋国一样尊王护周，成为周室最后的依靠。秦孝公也非常认同秦与周的这次同盟关系。他派公子少官率秦军到逢泽

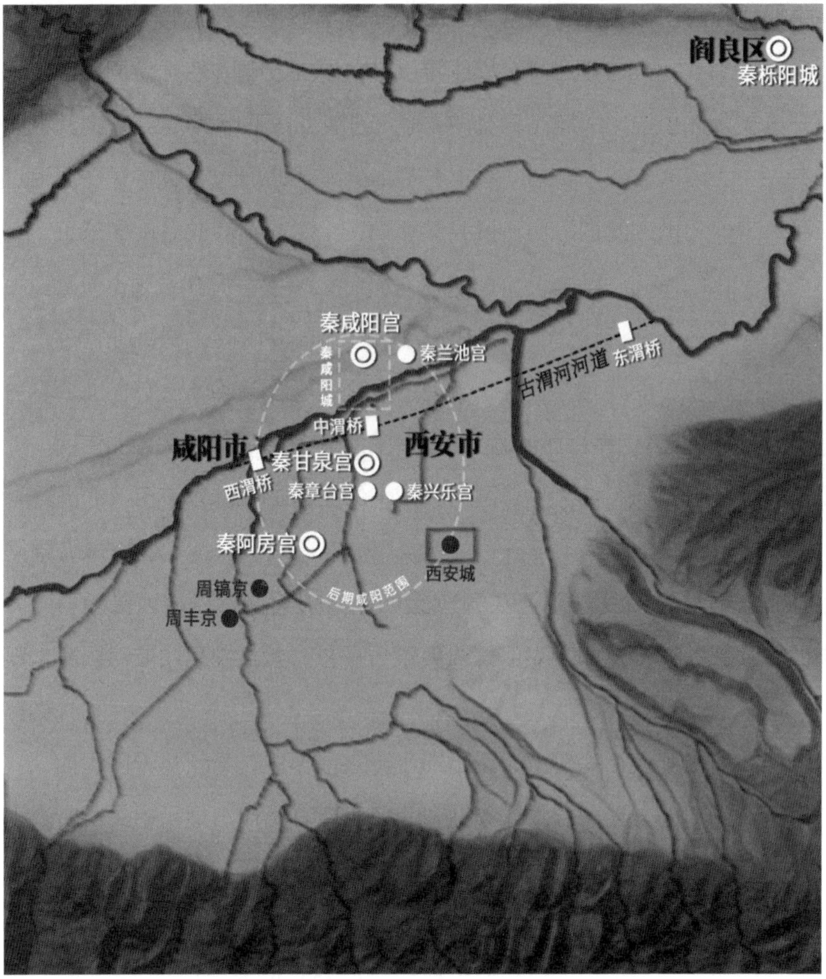

图 43　秦咸阳城主要宫殿分布

参与诸侯会盟时，顺便令其朝见周天子。秦孝公征服戎狄诸国后，还派秦国太子嬴驷率领戎狄九十二国朝见周天子，以示以秦国为首的西土对周天子的支持，震慑韩、魏。

变法第二阶段，秦国国力又上了一个台阶，重新跨过北洛水，进一步挤压魏国在关中的势力空间。商鞅向秦孝公分析说，秦国与魏国互为心腹之患。

最终的结局，不是魏国吞并秦国，就是秦国吞并魏国。魏国与秦国隔着黄河平地相接，此时崤函之地利却被魏国占据。如果魏国对秦国有优势，就会向西挤压秦国。即使魏国暂时不占优势，也可以向东扩地，以壮大自己并等待西进时机。秦必须趁魏国在东方与齐国战争失利的机会，从魏国手里夺过河山之险，逼魏国东迁，才可以成就帝王之业。

秦孝公立刻派商鞅率军击破魏国，俘虏了魏国公子卬，果然吓得魏国从晋南盆地的安邑，迁都到了关东平原的大梁，并割让河西之地给秦国。从此，魏国中枢远离了汾渭平原，远离了日后助力秦国成就帝业的山河表里、形胜绝佳的汾渭盆地。作为魏国起家之地的晋南，成了魏国定都大梁以后与本部隔开的一块飞地。这块飞地被秦国蚕食殆尽，就只是时间问题了。魏国这次迁都，预示着魏国衰落已成定局。之后，秦军又在雁门战胜魏国，取得了秦魏北部疆界的优势。

秦孝公终于彻底压制住了魏国这个昔日的霸主。从晋国到魏国，封锁秦国数百年的华夏霸主、第一拦路虎——晋南政权，已然无法阻挡秦国东出的脚步。秦国崛起，秦孝公决定履行当年发布招贤令时的诺言，向做出强秦贡献的商鞅裂土拜爵以示回报。秦孝公封商鞅为列侯，以於、商十五邑为其封地，号为商君。秦孝公与商鞅君臣二人，顶住朝堂压力锐意变法，相遇相知、互帮互信二十四年，竟无猜疑，可谓是一段佳话。可惜秦孝公薨逝之后，就没有人能够再像他那样无条件地支持和保护商鞅了。

公元前338年，秦孝公去世，秦惠文君继位。他就是昔日触犯法律而连累两位老师被商鞅处刑的太子。商鞅得罪的贵族，此时开始对商鞅发起排山倒海的反扑。在惠文君的默许下，试图逃亡的商鞅被抓住，被诬以谋反重罪，被处以车裂之刑。

不过，惠文君虽诛商鞅之身，却不废商鞅之法。在他执政前期，仍然保持着对魏国的不断挤压之势，不仅将魏国从关中驱逐出去，还夺取了陕北的上郡，将魏国全面击退到黄河以东，并将势力范围伸入昔日魏国的基本盘晋南盆地之中。

周天子在惠文君继位以及加冠后，还屡次派使臣祝贺和致祭肉示好。但惠文君却与祖父和父亲不同，他不甘心再做周天子的臣子了。公元前 325 年，惠文君自立为王，是为秦惠文王。他是秦国历史上的第一任秦王。自此，秦国与周室在战国时期的蜜月期也结束了，周天子失去了最后的大国臂膀，丧失了最后支撑周室的希望。从此，周天子也不再与秦国互相示好。

也许那一刻，天子周显王的内心充满了痛苦和忧虑，因为他感觉到了自己的家国正不可逆转地走向末日。他或许在质问苍天，为何他身为天子，却只能眼睁睁地看着祖先文王与武王的故土，昔日的宗周故地，依然光芒璀璨、蒸蒸日上，却已不属于他这个周天子。此刻，秦国称王，西周故地连名义上都已正式脱离了周王朝。也许，在秦襄公告别周平王，他们一个向西、一个向东时，命运就已经注定了。

公元前 323 年，魏国、韩国、赵国、燕国、中山国五国相王。连西周最早分封、周召公之后的姬姓燕国都宣布称王。周显王应该已经绝望了。

其实，对战国时期的各强国而言，在新的王朝秩序建立起来之前就称王，也是不得不为的程序。这不是虚荣心或者僭越的野心就可以解释的。如果继续做周王朝的诸侯，哪怕是高度自治的，那么其合法性就来自周制。周制，强调的是封建，包括诸侯对大夫一级的封建。这与轮流变法后的列国之新制度可谓格格不入。称王，实际上是诸侯国君掌握最高的法理解释权与完全的立法权之必然途径。王，可以决定封与不封，可以赋予任何一种国家制度来源于本国自身的合法性。破除贵族封建制度，凡是称王的列国都在进行，区别只在深彻与否。王国，是脱离周制，对国内全境实行中央集权制度的法理源头。贵族封建制的加速崩溃，是诸侯国土地开发逐渐饱和之后，领土国家形成的全新标志。

周天子作为曾经贵族社会的巅峰象征，在东周早已沦为食之无味、弃之可惜的“吉祥物”，其共主地位有名无实，列国早就不听其号令。此时选择称王，真正目标是摆脱周制、周礼的束缚。周朝的灭亡，开始正式倒计时。以不可阻挡之势崛起的秦国，从周天子最仰赖的盟友，转而成为周天子最大的威胁。

公元前 307 年，秦武王进入洛阳盆地内的周都，已有灭周之意。但他仗着自己有力拔千斤的天赋，试图强行举起象征着天下九州、为大禹所铸的九鼎之一龙文赤鼎。龙文赤鼎象征着九州之雍州，正是秦国方位之鼎。一旦秦武王举鼎成功，恐怕就会自称接受天命，顺道灭周。可惜秦武王还是高估了自己身体的承受能力，大鼎虽被举起，但他腿骨被压断，受伤身亡。

这一次秦武王试图灭亡周朝的计划被打乱，但秦国却将周赧王从成周城驱逐到了王城。王城本来是东周王都，但周国分裂为东周公国与西周公国后，王城洛邑被分封给西周公做食邑。周天子则迁都到了成周城。如今天子被秦国驱逐出成周，重新住到了洛邑王城，反而是寄人篱下，寄居在西周公的食邑内。当列国都在改革强国，周王畿连仅剩的洛阳盆地也被持续封建分割，分割到没有天子的居处……周天子，最终不只亡于秦国之手，也亡于已经不合时宜的贵族封建，亡于衰朽落后的制度。

公元前 256 年，秦昭王攻取韩国的阳城、负黍。韩国环绕周国，周天子与西周公非常恐慌，于是联合诸侯，试图让诸侯联军从周国控制的伊阙山出兵攻打秦国，切断秦国与阳城之间的道路。秦昭王大怒，派大军攻打西周。西周公逃到秦国谢罪，将西周公国三十六座城邑全部献给秦国。周赧王此时老迈，失去了寄居的城邑，当年就得病而死。

八百年国祚的周王朝，至此灭亡。天意弄人的是，周人的龙兴之地就在关中，建立王朝后在关中定都近三百年，号令天下，叱咤风云。可经历中衰，王室无法振作，将宗周祖地许给了孤悬西北戎族之间的弱小秦国，自此东周只能在大国夹缝中苟延残喘。秦国却最终依靠周朝的龙兴之地，再造天命，自关中东出而灭周。

关中，到底凭何又一次成为王朝龙兴之地、创业之区？

第三章 秦：虎视东方

岂曰无衣？与子同袍。
王于兴师，修我戈矛。

咸，全之意。咸阳在九嵕山之南，渭水之北，山水俱阳，因此取名为咸阳。咸阳城南，紧邻渭河。渭河是咸阳的主要城市水源地，也是咸阳的水路命脉。渭河作为黄河第一大支流，贯穿整个关中平原，直通黄河。关中南北两侧山地上形成的河流，纷纷汇入渭河。有关中渭河水网在，咸阳就可以轻松地沟通和辐射整个关中。

咸阳城北是一道黄土大塬——咸阳原，战国时也叫北阪。咸阳城东沿着渭河北岸三十里，就是渭河第一大支流泾河汇入渭河的泾渭三角洲。咸阳原、渭河、泾河将咸阳城三面封闭起来，对东面形成了绝佳的防御优势。“咸阳北阪南渭津”这个被山水所夹的形胜优势，让咸阳成为长达一百四十五年之久的战国秦国与大一统秦朝的都城。

（一）秦国东出

秦孝公任用商鞅变法，秦国的国力最终发生质变，与魏国的攻守之势倒转，崛起为令天下侧目之强国。

秦惠文王在位期间，于称王之前十三年，基本将魏国驱逐出关中地区，并夺取上郡，迫使魏国失去了黄河以西所有的土地。此时，关中连通晋南的黄河大关临晋关，已经成为秦国的关卡。称王之后的十四年，惠文王可谓是四面出击。

在西北后方，惠文王征服义渠戎。在西南后方，惠文王派秦将司马错出兵伐蜀，最终吞并巴蜀，将四川盆地纳入版图。在东方，惠文王同时蚕食三晋。对赵国，惠文王从上郡东渡黄河，进入太原盆地。对韩国，惠文王沿着秦岭攻取石章，今河南洛宁县西。对魏国，惠文王夺走了关中与中原之间的崤函通道，并在崤山与黄河之间，昔日周成王时期周、召分陕而治的陕原附

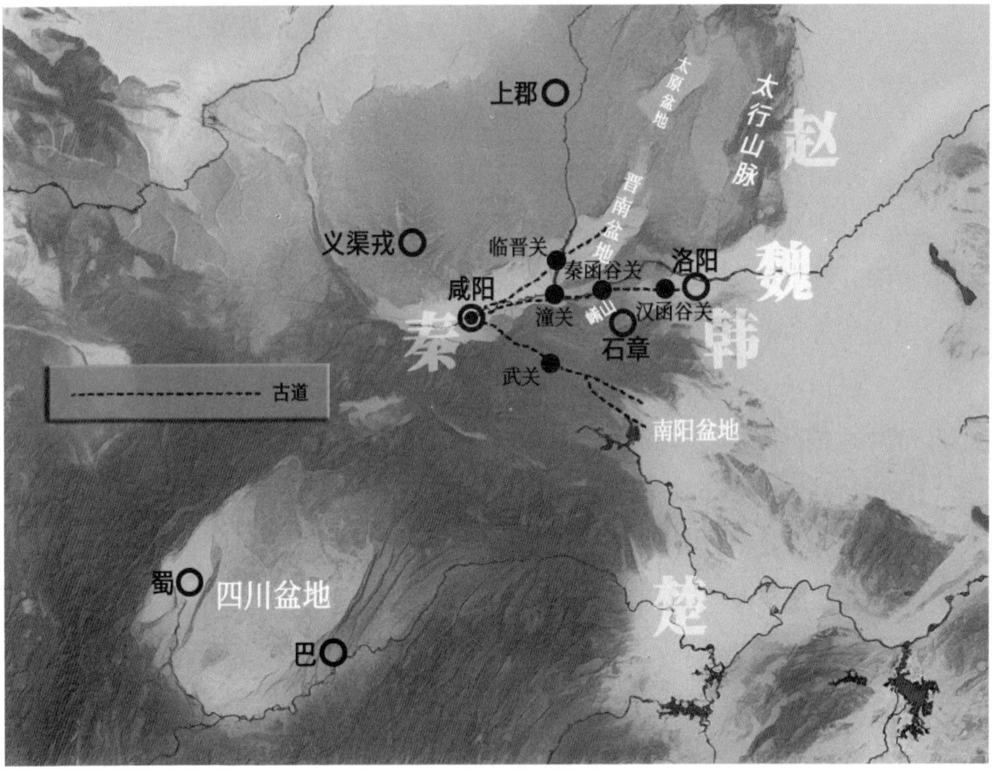

图 44　秦国的东出通道

近，设置函谷关。在函谷关设立之前，晋国曾在函谷关以西设置过桃林塞。秦惠文王置函谷关后，这一千古名关成为秦汉京畿面对关东势力的正东门户。“关中”这个地理概念，自秦开始形成。

这座秦函谷关，原本是一道直插入黄河河水之中的黄土台塬中间的一条裂谷。不仅台原高耸，而且长满树木，横亘在黄河大峡谷中间，阻挡了黄河大峡谷东西两边的往来去路。到了汉武帝时期，随着黄河的河道发生变化，原本直插入黄河水中的台原悬崖与新河道之间，裸露出了一道平坦的滩地，可以绕开旁边的裂谷，沿着渭河边直接通过，于是秦函谷的险隘作用大幅趋弱。此时，功臣杨仆的老家恰好在函谷关以东不近不远处，他以关外人的身份为耻，于是上书汉武帝，请求将函谷关东移至他家乡以东，并愿意捐献家财支持移关工程。为扩大关中地盘，同时加强对洛阳盆地的控制，汉武帝准其奏请，将函谷关从崤山以西东移三百里至今河南新安县境内，伸到洛阳盆地西缘。

东汉末年，曹操挟汉献帝以令诸侯，为了阻遏西方，加大自己作为关东政权的战略纵深，又在崤函古道所在的黄河大峡谷的最西端、晋桃林塞附近设置潼关。从此，关中的概念从函谷关以西转变为潼关以西。汉潼关与函谷关地形相似，也是插入黄河河道的黄土台塬的一条原上通道，但随着河道与河床发生变化，原本插入河水的黄土台塬又裸露出滩地，甚至抬升为阶地，导致可以从河边直接通过。于是唐代又将潼关北移到这台原与河水之间的缺口处，即唐潼关。

总之，从桃林塞到秦函谷关，再到潼关，都处在一条五十公里长的黄河阶地中，即崤函古道，为两京古道的一部分。这条古道构建起了关西与关东之间，左右后世数千年地缘格局的函潼防线，是定都关中的西部王朝面对黄淮海大平原各方势力最坚固的门户要塞。

此时，魏、韩、赵的三晋联盟已经无法撼动秦国的攻势，更大规模的关东列国合纵抗秦开始出现。合纵，就是地图上纵向的几个关东国家联合，组成针对关西秦国的同盟。合纵对应的是连横，即秦国为了破除关东国家的合纵，由西到东横向联合几个国家，组成针对其他国家的同盟。合纵连横也可以泛指纵向外交同盟和横向外交同盟。

公元前 319 年，以楚怀王为纵长，楚、燕、韩、魏、赵五国合纵伐秦。这是关东地区第一次大规模联合攻秦，结果却是联军被秦国斩首八万，大败于秦。秦国这头变法后成熟的怪物，终于让关东列国都惊呆了。

秦惠文王任用顶级策士张仪为相，张仪纵横捭阖，对关东各国见缝插针，分化瓦解。魏国与韩国见秦国势不可当，怕被秦国持续报复，于是又倒向秦国。韩国把太子送到咸阳做了人质，魏王与秦王则在秦国境内的临晋举行了会盟。

这时候，伸手不打笑脸人，秦惠文王不再对魏国、韩国出手，于是将战略方向南移至楚国。秦、魏、韩联盟挑战齐、楚联盟，结果是楚国在整个丹江和汉江上游的国土全部被秦国所夺。秦国将秦、巴两条山脉之屏障尽归己手，让楚国面对关中失去了防守优势。此时，武关与武关道，这条秦楚之间的交通动脉也已经握在秦国手中。秦国对南阳盆地和江汉平原形成了如同当年西周对东南一样的战略优势，随时可以顺丹江与汉江南下，进入楚国腹地。这是后来楚国被秦昭襄王攻破王都，丢失王畿，向东迁徙的重要原因。

在秦惠文王后期，关东列国终于看出，变法最为深彻的秦国，其动员力与凝聚力俨然超过其他诸侯国，成了一架向东碾压的战争机器，难以抵挡。如果说关东地区的各大国仍然在大鱼吃小鱼地搞规模优势下的兼并，甚至是各国土反复消长的零和博弈，那么秦国兵锋所指、铁蹄所到之处，无论大国还是小国，都会被无差别地一次次啃掉身上的肉。

当正东的函谷关、东南的武关、西北的临晋关已经握在关中秦政权的手中，洛阳盆地、南阳盆地、晋南盆地就成了刀俎下的鱼肉，任由秦国选择优先切掉哪一块。

公元前 311 年，秦惠文王驾崩，其嫡子秦武王继位，驱逐了相国张仪和秦将魏章，排挤二人身后秦国朝堂上的魏系势力。武王决定先东出洛阳盆地，进军环嵩山板块。

上一章已述，公元前 307 年，秦武王攻占韩国的宜阳，并亲自进入周都，试图举起雍州鼎未能成功，反而被大鼎给压死了。年轻且无子嗣的秦武王猝死，秦国继承权斗争爆发，咸阳城骤然陷入混乱。这场围绕继承权产生的动荡，迫使风头正劲的秦国停下了拓张的脚步。

作为大宗嫡脉的武王死后，武王的生母惠文后想立惠文王庶长子公子壮为秦王。惠文后是魏女，武王的正夫人也是魏女。但惠文王的妃嫔芈八子，也带着自己的儿子与惠文后争抢继承权。芈八子自己是楚国宗室之女，是秦楚联姻的象征。她同母异父的弟弟魏冉出身魏国宗室，是秦国大臣，和魏国也能搭得上线。芈八子在惠文王死后，一直带着儿子在燕国做人质，与燕国能搭上线。芈八子长子、惠文王庶子嬴稷，也在赵武灵王的帮助下回国争位。芈八子母子与赵国又算是有恩情。

秦惠文王的弟弟樗里疾是秦国宗室领袖和秦国丞相，他的母亲是韩女。因此，秦武王把扩张方向伸至洛阳盆地攻韩，樗里疾是极力反对的。但秦武王不听，樗里疾还被排挤到韩国做了韩相。他又被武王故意派到周都会见周天子，实际上是成了秦国派给周国的人质，想必樗里疾也是满腹怨气。武王一死，樗里疾与芈八子结为同盟，共同对抗惠文后。樗里疾背后的韩国和秦国朝堂上的一派重臣，也势必站在芈八子一边。

楚、魏、赵、韩、燕，昔日合纵攻秦的五国，芈八子都能搭上线，外交实力和竞争优势显著。

公元前 306 年，芈八子的儿子嬴稷登基为王，成为咸阳城的新主人，是为秦昭襄王，也称秦昭王。芈八子被尊为宣太后，实掌国政。但咸阳城的动乱并没有彻底结束。惠文后与公子壮一派的势力于次年伺机在咸阳城发动政变，试图夺回权力。最终被宣太后的同母弟、后来的穰侯魏冉所平定。武王母惠文后与被封为季君并任命为左庶长的公子壮，及支持他们的公子和大臣全部被杀。武王后被驱逐出秦境，送回魏国。这场咸阳城内围绕继承权展开的长达三年之乱局，史称季君之乱，至此结束。秦昭王的王位得到巩固。

（二）纵横战国

公元前 304 年，秦昭王加冠，宣示成年，可以亲政了。但实际上的大政决策权，还是掌握在其母宣太后手中。此后，宣太后靠秦国四贵，即自己的同母弟魏冉，同父弟华阳君芈戎，次子泾阳君公子芾，三子高陵君公子悝四人，支撑以她掌握秦国的最高权力。秦昭王实际上只是他们母子与四贵六人联合执政的其中一分子。四贵封君拜侯，出将入相，掌握着秦国兵权，屡屡扩大封地，富可敌国。

这个时期，恰恰也是战国四公子崛起之时，是列国经历变法后，刚有去贵族化的变革新气象之时，宗亲贵族又纷纷重新坐大的反弹期。区别只是在土地开发饱和、人口膨胀之后，此前以人力为本的贵族奴隶主，变成了以土地为本的贵族大地主。齐国孟尝君因与路人偶生口角就令门客屠戮一整个县，赵国平原君公然抗税，楚国春申君独封十五县，魏国信陵君假传王命而骗夺军权，这些无不是发生在秦昭王之世。秦国的宗亲樗里疾也在武王、昭王两朝任相，后来以外戚和宗室为首的秦国四贵出现。这些宗亲贵族的壮大，是战国变法潮经历数代人之后，各国去贵族化的集权制度出现松动的普遍现象。

秦昭王早期，因宣太后是楚国宗室女，所以秦昭王也娶了楚女为妻，优先秦楚联姻，并一度归还楚国上庸，结好楚国。宣太后本打算蚕食三晋，但齐国开始积极促成合纵同盟。楚国被齐、魏、韩夺掉了北部领土，楚国实力明显不济。

秦昭王试图削弱宣太后的势力，并拉拢齐国，派四贵之一的同母弟泾阳君公子芾去齐国做人质，邀请齐国孟尝君来秦国做丞相。孟尝君入秦为相后，立刻组织攻打楚国。但此举触犯了宣太后，孟尝君于次年被构陷免职，逃回了齐国。走联齐路线的秦昭王与走联楚路线的宣太后爆发冲突。昭王于是着力破坏秦楚之间的关系。他将赴秦武关会盟的楚怀王扣押到咸阳，软禁在章台宫逼其割地，否则不让其归国。最终楚怀王拒绝答应秦国条件，客死于咸阳，秦国才将楚王尸体送归楚国。

孟尝君回到齐国后，也立刻组织合纵伐秦，以报秦国的羞辱之仇。齐、韩、魏、赵、宋、中山六国联合攻破函谷关。秦国被攻破门户，不得不归还魏、韩城池以求和息战。这一次外交路线的混乱，让关东合纵攻秦取得了一次标志性的胜利。秦国吃到了一次大苦头。齐国连续通过组织合纵，先破楚又破秦，风头一时无两。秦昭王发现秦国也并非不可战胜，为了保持国内稳定，他才开始消停，不再挑战宣太后集团的权力。

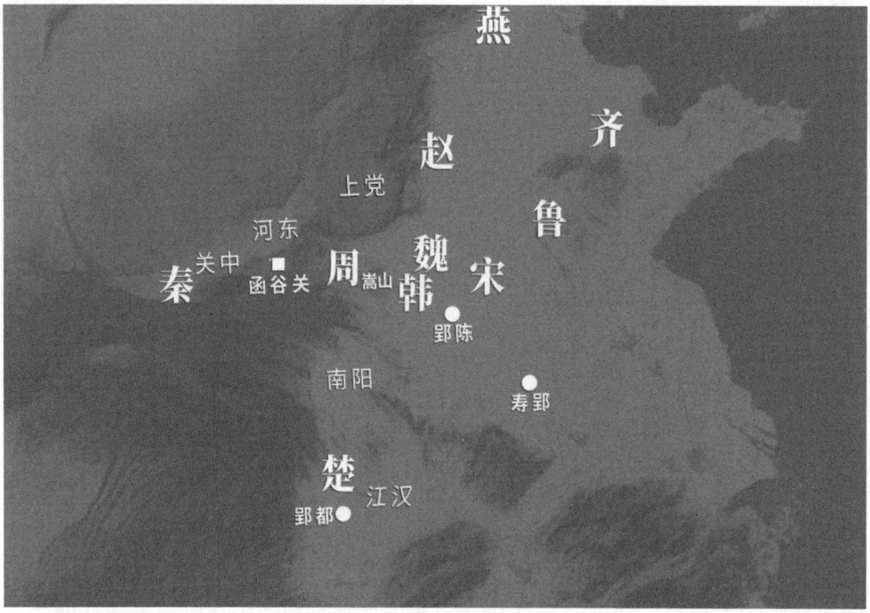

图 45 战国时期各国方位与都城

秦昭王与宣太后开始达成战略共识，即对邻近的三晋与楚国一并进行蚕食，对远方的齐国等不接壤的国家进行外交分化。

秦国的正东与韩国本部环嵩山隔着周国洛阳，与魏国本部豫东隔着周国洛阳与韩国本部环嵩山。秦国的东北，与赵国本部太山东麓，隔着魏国的飞地河东（晋南盆地），及韩国的飞地上党。秦国关中与魏国飞地河东，同属汾渭盆地，隔黄河平地相接。因此，秦国本部最大的威胁，其实还是来自魏国的飞地河东。

此时的秦国，虽然已经进入河东地区，但如果不把魏国在河东的残余势力彻底清除，将来若是让赵国这样的强国趁虚进入河东，那么秦国的本部关中又会暴露在河东强国面前。就像战国早期，迁都大梁以前处于全盛期的魏国定都在河东安邑时那样，严重威胁秦国，甚至一度长期占领关中东部。于是，宣太后与秦昭王聚焦兼并整个晋南盆地之战略，最终切掉了魏国在河东剩余的飞地。晋南盆地原为晋国与魏国的都畿，是晋国与魏国起家的基本盘。秦国夺走晋南盆地后，汾渭平原得到整合与统一，关中腹地可以说不再有大的威胁。

另一边，楚怀王死在了咸阳。秦国与楚国一时间没有什么亲近感可言。秦国索性夺走昔日韩魏吞并楚国的南阳盆地之领土，并一路向南，夺取了楚国鄢郢一带的王畿。楚国也丢了自己的本部大本营，被迫向东方的郢陈和寿郢迁都，远离西边这个谁也拦不住的秦国。

楚国的王畿江汉平原，是当时长江流域开发最成熟的一片平原沃土，秦国有了这片沃土，不仅壮大了国力，在南线也取得了对长江下游的压制优势。后来这一带睡虎地秦简的考古发现表明，到了秦始皇统一战争时期，该地区的百姓已经自认为秦国南郡人，而不是楚人。秦昭王虽然未曾灭魏、楚，但魏国故都、楚国故都，两国原王畿与兴起故地，都是在昭王之世被秦国夺取的。

公元前 288 年，秦昭王与齐闵王相约共称帝号，秦称西帝，齐称东帝。但不久之后齐闵王又去除帝号，并联合赵、韩、魏、燕合纵攻秦，秦昭王也只好去帝号，复称为王。这次合纵攻秦，终究未能伤到秦国皮毛，无功而返。秦国被视为虎狼之国，六国讨厌秦国却无可奈何。

其实，齐国经常组织合纵，并且也一度号称东帝，可谓与秦并肩的强国。后来齐国侵吞宋国之后，列国对齐国兼并宋国这样一个大国产生恐惧，对齐国吃独食的战后分配也感到不满。秦国可据崤函之固，坐看六国对它的无可奈何，齐国却没有这样的条件。秦国惹众怒，别人只能拍大门却进不来。齐国惹了众怒，结局是被群狼冲入卧室从床上揪起来殴打……

当年孟尝君组织合纵攻入函谷关的齐、韩、魏、赵、宋、中山六国之间，此时赵吞并了中山，齐联合楚吞并了宋。齐、赵之间也互相攻伐。关东的合纵再难联合起来。树大招风、锋芒毕露的齐国，终于又被秦国、楚国拱火燕国，最终被与齐国有世仇的燕国率领联军所重创，齐闵王也被杀死。

同样是强国，齐国缺的就是秦国关中那样的地理形胜之庇护。后来燕国无法消化掉齐国这个庞然大物，齐国又死灰复燃，全面复国。但此后，齐国王权一蹶不振，变得非常松散和消极，在外交上甚至彻底“躺平”，不再参与任何同盟，也很少再主动发起战争。

秦昭王受母亲宣太后制约近四十年后，范雎入秦，为秦国制定远交近攻的统一战略。他还为昭王分析了当时宗室贵族崛起的现象，说天下人听说齐国有位孟尝君田文，却没有听说过齐国有位齐王。秦国只听说有太后、穰侯、华阳君、高陵君、泾阳君，却没听说过有位秦王。他又向秦昭王分析了君权沦丧、贵族权臣当道的动荡悲剧。最终，范雎协助秦昭王废除太后的权力，将四贵驱逐出咸阳，外放到关东封地。从这个时候起，秦国又一次超前于六国，摆脱了宗室大臣和贵族封君势力过大的历史陷阱，遏制了这次封建贵族反弹之势。

春秋战国，青铜时代向铁器时代进阶的生产力变局下，土地开发趋于饱和，土地取代人力成为更加核心的生产要素。战国七雄都有过不同程度的变法改革，以适应人口与土地矛盾凸显的新型社会形态与政治生态。秦国无疑是这次变革中较为彻底的一方，即使也曾有过以四贵为代表的宗室贵族与封建理念反弹期。秦昭王压制了封建贵族理念在秦国的复燃，避免宗亲、外戚等新贵族持续掣肘国政。秦国有着极大的形胜优势，中枢内部在变革期仰赖于地形安全性，不易被外部中断国运。秦昭王驱逐四贵出关中，四贵面对关中的形胜优势，根本不可能撼动王畿与王权。六国也无法轻易叩开崤山、函谷天险，摧毁秦国的中枢。

秦昭王驱逐四贵，是人们往往容易忽略的一次在商鞅变法成果松动时的二次匡正与巩固。这促使秦国能够继续走向制度改革与效率改革的深水区。

（三）功亏一篑的灭国尝试

就在秦昭王熬弱了齐国时，经历胡服骑射改革后的赵国却在悄然间崛起为第二强国。赵国在阏与之战中使秦国遭遇损失数万人马的罕见大败，成为战国后期唯一能与秦国匹敌的强国。

当秦国占领魏国河东的晋南盆地后，秦国的东北部边疆与赵国就只隔着韩国在北方的飞地——上党。秦昭王亲自主导国政的后期，奉行远交近攻战略，对迁都到东方的楚国不再远追。战略重心实则完全转移向北方。在消化掉整个河东板块后，秦昭王试图夺取上党高地，取得对赵国居高临下的俯瞰之势。

赵国都城邯郸所在的太行东麓腹心地带，面对秦国虎狼之师最后的缓冲屏障，只有太行西麓的上党高地。秦国若得到上党，对韩国而言只是丢失了一块飞地，对赵国而言却会直接被秦国威胁到王畿。

韩国自知无法抵抗秦国的攻势保住上党飞地，就故意给秦赵两国做局，它一边将上党割让给秦国，一边又让赵国实际接手上党。

公元前 260 年，秦赵两个当时最强大的国家，在上党地区爆发了长平对决。

赵国不可能不激烈地阻止秦国得到上党地区，正如秦国也不会让赵国染指河东一样。长平之战，秦、赵双方均举全国之力供应前线。秦昭王为了做最高强度的后勤动员，关键时刻还亲自前往河内，赐当地全部百姓民爵一级，征发十五岁以上的全部壮丁奔赴长平。长平之战，是赌上国运的对决，双方都不敢轻举妄动，一直鏖战对峙，但背后拼的是后勤与动员。经历漫长的对耗后，赵国后方先撑不住了，撤下主张防守的廉颇，换上主张进攻但仅是纸上谈兵、缺乏经验的赵括，秦国也立刻换上了一代名将白起。最终，秦打赢了长平之战，战胜赵国并歼灭了赵军大部分的有生力量。

但秦昭王打赢长平之战后，不是休养生息、消化上党，而是想要一口气灭掉赵国。赵国是当时的第二强国，秦国不仅生吞赵国困难，即使吃下赵国，魏、韩、燕、楚、齐都会直接感受到秦国的威胁，也必然不会袖手旁观。因此，白起向秦昭王分析说："远绝河山而争人国都，赵应其内，诸侯攻其外，

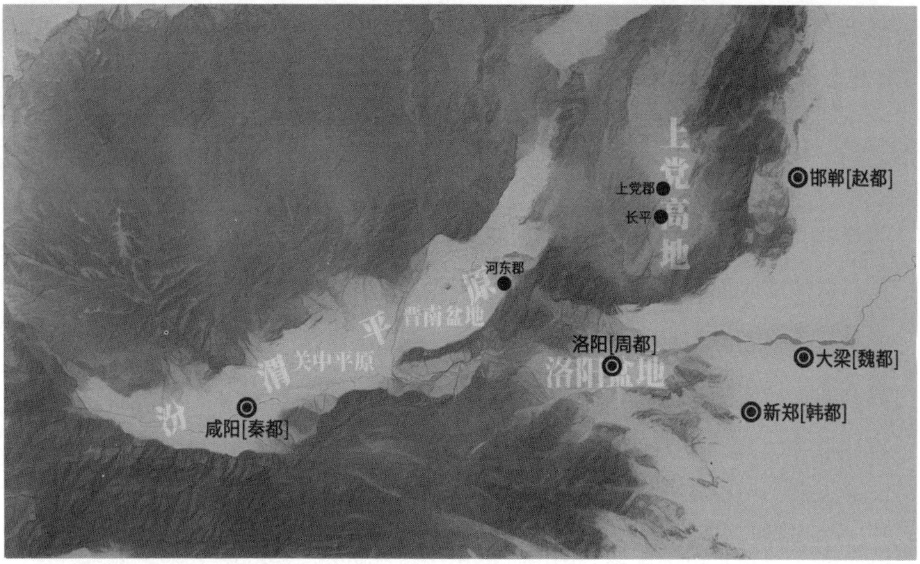

图 46 长平之战时各方都城方位

破秦军必矣。”他点出了其他大国不可能坐视赵国被灭的现实，力陈不该继续进攻赵国。但秦昭王不听，果尝败果。

邯郸之战，是秦国第一次接近吞并大国、开启统一的灭国战。面对临门一脚，秦昭王跃跃欲试，按捺不住心中的冲动——只要灭掉赵国，他的历史地位就会完全不同，将成为秦国统一天下的起点人物，与后世继续统一步伐的子孙共享荣光。然而，邯郸之战前后两次打了两年，秦国最终功亏一篑。在魏公子魏无忌主导的魏、楚、赵三国联军的阻击下，秦国被迫撤退，命悬一线的赵国彻底解围。此次战略失利的影响极为严重，秦国丧失了大量部队精锐，长平之战取得的疆土战果基本上丧失殆尽。不仅秦国已经占领的原韩国上党地区、原赵国的太原地区被韩、赵复得，甚至连早就纳入秦土数十年的原魏国河东地区也被魏国给夺回。

先前打赢了长平之战，秦国对门户洞开的赵国都城邯郸已然成居高临下之势。这本该成为统一的起点，但最终换来的却是秦国版图的大幅萎缩，秦国也元气大伤，统一进程反而被延后了二三十年。秦昭王作为执政半个多世纪的一代雄主，愣是最后这临门一脚，球踢偏了。

邯郸之战失败后，年迈的秦昭王没有再动灭六国的心思，秦国在战略上转攻为守。他生命中最后的几年，主要是夺回河东，在边境报复韩、赵、魏，而没有余力再进行大规模的战略扩张。

白起反对邯郸之战，阻拦秦昭王发动对赵国的灭国战。秦昭王在与白起的争执中，始终不相信白起反战的理由，他不明白自己既然能够赢得长平之战这样的超大规模战役，并且歼灭赵国的有生力量，凭什么不能一气呵成地打赢邯郸之战，成为灭六国的历史起点人物。但秦昭王确实缺了一样条件，就是秦武王当初选择扩张的方向——洛阳盆地，至今不是秦土。昭王向北夺取晋南盆地整合汾渭平原，向南夺取南阳盆地进入江汉平原，却偏偏绕开中间的洛阳盆地。

昭王晚年意识到了这个问题，于是他的进攻重点重新回到了洛阳盆地与环嵩山一带，沿着黄河向东掠取韩国阳城等重镇，并讨伐西周公国，灭亡周朝。可惜，此时在位五十余年的秦昭王已经走到了人生的尽头。灭国六雄，一统天下，只能由后人去做了。

秦昭王在最后几年所做的最后一件影响秦国的大事，就是任用李冰为蜀郡郡守，并大力支持李冰在蜀中修建都江堰水利工程，使成都平原也成为旱涝保收的秦国大后方的粮仓、天府之国。关中平原、四川盆地、晋南盆地，几乎是周、秦、西汉、隋、唐五个西部大王朝承受天命，每一个开国皇帝即位为天子的那一刻，必备的三个板块，是历代西部王朝重要的三个支点。

公元前 251 年，秦昭王驾崩。他的太子安国君已经五十三岁，终于熬到当上秦王的那一天，是为秦孝文王。但孝文王只在位一年，举行正式登基仪式后的第三天他就病逝了，其子秦庄襄王继承王位。

秦庄襄王一方面任用出身中原一带的大商人吕不韦为相，延续秦昭王晚年向中原突进的战略，沿黄河一线对韩、魏进行持续扩张。另一方面，秦国持续打击赵国，恢复了邯郸之战之前的大体疆域。这个时候，魏国的信陵君又一次组织起魏、楚、赵、韩、燕五国合纵，并一路深入追击秦军到函谷关，将秦军压制回关内。这一次是五国最后一次成功地合纵抗秦。

但关东六国每赢一次秦国，只是让秦国暂时停止前进，秦国的关中王畿从来没有被实质性地威胁到和削弱过。对秦国而言，失败往往只是皮外伤。可秦国每赢一次关东六国，就是在各国身上啃掉一大块肉，六国的失败往往都是重伤甚至内伤。长此以往，关东列国在不知不觉间竟已被秦国蚕食掉半壁江山。

公元前 247 年，秦庄襄王英年早逝，他仅在位三年就驾崩了。他未成年的儿子秦王政继位，由相国吕不韦辅政，直到十年后秦王政亲政。从秦庄襄王到秦王政亲政前，在吕不韦执掌秦国相权期间，秦国相继灭东周公国，夺取韩国的成皋、巩，夺取魏国的汲、氏暘、有诡、酸枣、雍丘、山阳等城邑。这是沿着黄河两岸一条线从中原楔入关东地区，环嵩山板块直至豫东、鲁西都被秦国占据。到了秦王政九年，嬴政亲政那一年，从关中的内史（京郡）向西，连着黄河新设的三川郡与东郡，秦国已经实现在中原一线伸出一条狭长的领土带，抵住东方的齐国。那么，只要齐国不参与抗秦，此时的秦国就已经实现将北边的赵国与燕国，南边的韩国、魏国、楚国，从中线切割并隔离开。

这个时候，关东再想要实现合纵，只有联合齐国才能实现。但齐国自从被灭国又复国后，就失去了原有的利益格局，成了一盘散沙，奉行孤立主义外交，一直是不参与任何合纵连横的外交“躺平”状态。加上秦国奉行远交近攻策略，重点拉拢和安抚齐国，让齐国彻底成了一个始终袖手旁观的自闭国家。甚至秦王政推进统一大业时，“躺平”的齐国都是直接投降。

秦国实现了沿黄河在中线楔入式扩张，在黄淮海平原上优先切断关东南北，再分而击之的战略。关东无法再实现合纵联盟，合理抗秦，这为秦王政的统一战争奠定了基础。

第四章

秦：骤亡的帝国

南山漠漠云常在，
渭水悠悠事旋空。
立马举鞭遥望处，
阿房遗址夕阳东。

自秦惠王开始，秦国在渭河南岸相继修建“诸侯莫不西面而朝于章台之下”的章台宫，以及昭王之母宣太后、始皇之母帝太后等太后寝宫的甘泉宫，咸阳城就一路南扩至渭河南岸。秦始皇更是修建甘泉宫前殿，让甘泉宫也成为朝宫，与咸阳宫并称南北两宫，形成“渭水贯都，以象天汉，横桥南渡，以法牵牛”的跨渭河城市格局。

咸阳城之所以南扩而不是北扩，是因为富水区在渭河南岸。秦咸阳宫北的咸阳原地势过高，咸阳原上缺少河流，地下水又埋藏深且分布少，以当时古人的凿渠与凿井技术，渭河地表水难以上引，地下水取水难度也大。渭河南岸整体上则是一个广阔的大缓坡地形，而非陡然拔起的大台原。加上秦岭平均海拔远高于关中北侧的北山山系，涵养众多高山河流密集地流向渭河，在渭河南岸形成了天然水网。农业灌溉和城市引水便利，水资源禀赋更高。

随着咸阳宫殿与郭区不断向南扩建，渭河南岸的西安成为咸阳的“南岸新区”。秦始皇建立统一的秦王朝之后，在此选定了最后一个声名赫赫的新朝宫——阿房宫。但他没有想到，宏大的咸阳城在他死后三年就被“楚人一炬，可怜焦土”。不可一世的秦王朝，正值巅峰，竟猝然土崩瓦解。

（一）咸阳城四大君侯的倒台

在秦王政统一华夏前，秦国国内发生过四件大事。

第一件大事，是公元前 239 年，秦王政的弟弟长安君成蟜发动了叛乱，被秦廷所平定。

作为公子的长安君，他的封地就是咸阳县境内的长安乡邑，即后来的汉都长安城所在，是控扼关中中部渭河南岸的京畿重镇。长安紧邻西周的镐京，是前代天子之都所在。而且长安所处的渭河南岸，拥有一部分咸阳的居民区和众多重要宫殿设施。这里的水资源条件与农业条件又优于被台原所局限的渭河北岸。将长安封给成蟜，无疑等同于将咸阳一分为二，给了成蟜一半。

成蟜是秦庄襄王之母夏太后为秦庄襄王所纳的侧夫人之子。夏太后的“夏”之地名，应为环嵩山一带，在战国时可能为韩国地名。那么成蟜的母亲，很可能就是与夏太后同国的韩夫人。事实证明，成蟜因为出使韩国后，韩国割让领土给秦国，而少年立功，获封长安君。这可能是夏太后、韩夫人所在的韩系外戚所策划和推动的。夏太后死后，成蟜很快就在秦国占领的上党一带、韩国故土发动叛乱，得到了韩国故土百姓的大力支持。成蟜身后很明显有韩系外戚的影子。

而秦王政身后则有楚系外戚的影子，比如秦王政那被历史遗忘的妻子，应是长子扶苏之母。扶苏后来死后被楚人所怀念，楚人反叛，甚至都打着公子扶苏的名号。秦王政的王后，很可能是一位楚国公主。而秦王政的亲祖母夏太后虽然支持成蟜，但出身楚国公主的嫡祖母华阳太后却至死与秦王政没有发生过冲突。华阳太后是秦庄襄王能够登基的最大支持者，为此秦庄襄王还专门改名为子楚来感谢华阳太后。吕不韦是嬴政母亲赵姬的旧相好，也是华阳太后与秦庄襄王结成同盟的撮合者。可见，在秦国已经没有血脉至亲的华阳太后，应该也是嬴政母子对抗夏太后的支持者。

长安君叛乱被杀后，韩系外戚与秦国的宗室力量进一步坍塌。这是秦王政与楚国外戚的一次胜利。

第二件大事，是公元前 238 年，在秦王政前往秦国的故都雍城行加冠礼，以示可以亲政时，秦王政母亲赵姬的情人嫪毐趁机在咸阳发动政变，最终被秦王政所平定。

秦国的理念是限制贵族，但嫪毐却建立了自己的侯国，有河西郡到太原郡两郡之大。这是赵姬与相国吕不韦支持或默许的结果。秦王政这一次除掉嫪毐，阻止了秦国的贵族化复辟，同时，也除掉了其母身后的赵系外戚在前朝的主要代表。自此，赵系外戚也被冷落。

第三件大事，是公元前237年，秦王政亲政后，罢免了文信侯吕不韦的相国之位。

吕不韦以洛阳为自己的封国。洛阳是有夏之居、商代西亳、西周东都、东周王城，曾是天子之都。莫说是秦国，就连后来四处封王的西汉，汉武帝也曾言汉朝分封皇子为诸侯，封到哪里都可以，除了洛阳。而吕不韦的封地却在作为秦国门户、天下冲扼的洛阳，其权势之大可想而知。

吕不韦在《吕氏春秋》中明确提出“封建众者，福长名彰”，与秦国既有的去封建、去世袭贵族之制度唱对台戏。吕不韦甚至将《吕氏春秋》挂在咸阳市门之上，让往来行人驻足观看，并许诺行人游客但凡能增损一字者，赏赐千金，以示《吕氏春秋》之路线深得民心。而这，其实是秦王政要对抗的路线。

秦王政亲政并罢免吕不韦的相国之职后，让吕不韦回到洛阳封地。为了清除此时深得人心的吕不韦路线，秦王政下逐客令，试图赶走咸阳城与秦国之内的列侯门客与游学之人。但他看过李斯的《谏逐客书》后，认为此举过激，遂停止。秦王政还一度怀疑韩国派到秦国，帮助秦国设计并修建水渠的水工郑国，是韩国派来疲秦的奸细。但在郑国做出解释后，秦王政认为郑国修渠确实有利于秦，于是让他继续主持该工程。不久之后，秦王政收回吕不韦在洛阳的封地，下令将吕不韦迁蜀，吕不韦于是自尽。达到目的，将持分封主张且得到封邑的功臣势力被彻底扳倒之后，秦王政才下令赦免吕不韦与嫪毐的门客，避免牵连范围进一步扩大。

第四件大事，是公元前226年秦王政发动统一战争时，对楚国宣战后，秦国外戚昌平君叛秦归楚，最终被秦军所杀。

昌平君本为楚国公子，原本替华阳太后辅佐秦王政。但华阳太后去世多年后，在秦国与楚国开战时，昌平君竟背叛秦国，并回到楚国被拥立为末代楚王，一度造成秦军失利。但秦王政第二次伐楚，最终杀死昌平君，灭亡楚国。楚系外戚势力在秦国也基本被冷落，秦王政的王后不见于历史记载，或与此有关。

咸阳城中，秦王政的几次关键政治斗争，实际上都是在向又一次反弹的传统制度——分封制宣战。从宗室、外戚，到权臣，这些人受封建国，才是秦王政最为忌惮的。这些封君列侯，敢在秦国之内建立国中之国，是趁秦王年少，集权制度松动期，重新又撕开封邦建国的政策口子。

文信侯、长信侯、长安君、昌平君，这四个君侯等同于秦王政时期的“四贵”，最终被秦王政一一除掉。代表着分封制度还魂的四大君侯之亡，不仅意味着韩系外戚、赵系外戚、楚系外戚纷纷倒台，也代表着秦王政开始破除君侯实封制度，将其变为列侯虚封制度，进一步推行去贵族化改革。

秦王政坐拥六世之烈所奠定的地缘优势，而且又在关中北部建成了郑国渠，让关中的农业生产再上一个台阶，成为天下粮仓。坐拥巨大的国力，他不仅像他曾祖父秦昭王那样发动灭国战争，而且他艺高人胆大，竟要连挑六国，一气呵成，统一华夏。这个过程中，他并非没有遇到阻力。在灭韩开启十年统一战争之前，秦王政曾经试图先从吞并赵国入手，所以他亲政后没多久就发动对太行东麓、赵国王畿地区的重点进攻，却遭遇了肥之战的惨败。

统一战争进行到后期时，在第一次灭楚之战中，秦同样遭遇了惨败。但此时秦国已经沿着黄河设郡，直抵齐国。齐国只要继续躺平，黄河以北的赵国和燕国，黄河以南的魏国和楚国几个大国，就会被秦国拦腰切断，无法实现合纵会合。秦昭王围邯郸试图灭赵时，楚、魏北上干预的失败就不会因一次、一国、一战之失利而再次上演。

公元前 221 年，秦王政虽然遇到几次阻力，但最终仍是像秋风扫落叶般，十年便统一了中国，实现了大一统，建立了第一个统一的帝制王朝。秦咸阳地跨今西安、咸阳两市。这是继西周之后，西安再次成为天子之都、首善之城，第二次成为全国的心脏。

由于“王”这个君号在东周已经泛滥和贬值，群臣与儒家博士商议说，古有天皇、地皇、泰皇为三皇，泰皇最尊贵。他们劝进秦王即天子位，称“泰皇”，自称为“朕”。秦王政却决定去掉“泰”字，保留“皇”字，同时加上上古时期君主的“帝”这一世俗称号，称“皇帝”。这就是秦始皇。秦始皇不要“泰”，也即“太”这个更具神话、神性的称号，而要“帝”这个世俗君主的称号，是因为他要进行世俗统治，而且是对每一寸土地都亲自进行统治。

关于王朝制度，秦始皇在丞相王绾与廷尉李斯的廷议中，选择了李斯的中央集权郡县制，放弃了分封皇子为远方诸侯的郡国并行分封制。自此，皇帝制度，大一统中央集权制度，出现于关中和咸阳。一个幅员广阔的单一制中国，正式形成。

（二）大一统的故乡

为什么周、秦、西汉、隋、唐等大王朝会一次次从关中孕育而出？其实关中平原作为一个三万六千平方公里的较小平原，与三十五万平方公里的东北平原、三十万平方公里的华北平原、二十万平方公里的长江中下游平原相比，规模相差甚巨。就连长江中下游平原中的次级平原江汉平原，也比关中平原要大。即使加上秦国境内的第二大平原，不到两万平方公里的成都平原，秦国的平原面积也并不大。为什么匮乏平原的西部，却总能孕育出改变中国历史走向的大王朝？因为关中紧邻中原，又有关道相接，既不失三面高山险阻之固，又不失东面关道交通之便。

正所谓金角、银边、草肚皮，关中平原恰好就是一个金角，从地形上看，其后方没有缺口，足够安全可靠，前方又居高临下，控扼险关，占得先机。且同样是“一夫当关，万夫莫开”的函谷关，秦国所处的函谷关西侧，与关中平原之间，只有河滩阶地和低矮的台原。函谷关东侧却有海拔较高的崤山天险，然后是洛阳盆地西缘的沟壑，两侧攻关与守关的后勤补给难度不同。

原本还有晋南盆地的晋国、魏国可以与秦国竞争关西地盘，当魏国被驱逐出晋南盆地之后，秦国本部关中就处于十分安全的形势，除非自身出现内部问题，否则很难从外部撼动。

西周定都镐京近三个世纪，秦定都咸阳近一个半世纪，西汉定都长安两个多世纪，唐定都长安近三个世纪。这些都是创业并孕育于关中的西部王朝。

周虽旧邦，其命维新，明定礼法、宗法，创立封建制下的文化与族属统一。秦国变法，建立中央集权郡县制度，推行律法，创建大一统皇帝制度，推动单一制国家形成。

从周到唐的两千年里，关中政权常常成为开创者、改革者和定制者。

这些关中政权处在创业期，关中就是很难被外部轻易中断的改革试验区，做局部试点。

这些关中王朝处在初建期，关中就是很难被外部轻易颠覆的制度设计者，做全局推广。

这些关中王朝处在开拓期，这些制度改革成果在实现强国之后，又很难为外部抵制和排斥，最终实现王朝的扩张。

这整个制度的诞生与成长周期能够稳定持续，与关中关河四塞固若金汤，又覆压天下之背的地形有很大的关系。

关中平原虽小，但有晋南与崤函两条短且细的通道连接着华北平原，也有武关这条短且细的通道连接着长江中下游平原。关中试验田，就总是能够稳定进行不被干扰和中断的内部改革，并在建立王朝后推广向整个中国。也正是因为关中平原小，想要征服更大却很难整合的关东大平原时，就必须集中平原内部和周边的要素和资源，把可控资源投到产出最高的战略方向上。好钢使在刀刃上，集中力量办大事，才能让小平原突破封锁，气吞山河如虎。集权能带来效率优势，那么集权化改革就势必常常是关中政权所大力推动的方向。

然而，集权改革是资源与权力的集中过程，又势必伴随着滥权的现象。秦、隋皆因此而速亡。因此，从周到唐，关中的集权改革往往会配套着制衡集权的改革，改革虽然会经历改革初期的试错、反弹和阵痛，但只要基本盘不转移，改革往往由下一个关中王朝继续深化，让制度设计越来越具有稳定性、制衡性和复杂性。例如唐代的三省六部、群相集议，已经将权力塔尖打磨出了集中协商的制衡特点。

虽然历史并不能靠地理决定论去解释所有，但地理是历史的“子宫”，历史是地理的第四维。它们之间往往高度相关，甚至互为因果。

秦始皇的中央集权制度，其实就处在一个相当粗放的早期状态。首先，这个时候连成熟的职业官僚培养与选拔渠道都不具备。军功爵制度是军功选拔制，这更适用于战乱年代而非和平年代。吏师制度下，法家组织的少吏考试制度，也只开放低级别的基层小吏职位给民间。这仍然不具备笼络知识阶层、配合去贵族化改革，进行有序权力开放、人才更替和阶层流动的条件。其次，重启传统封建贵族制度的惯性意识仍非常顽固。秦昭王前期出现秦国四贵，是一次贵族化的反弹。秦始皇前期出现得到数郡之封国的长信侯嫪毐，得到本为京畿要冲之地为封国的文信侯吕不韦，得到前代天子之都“镐京”、另一半咸阳为封地的长安君成蟜，这些外戚、权臣、宗亲的贵族化诉求，又是一次反弹。包括建朝之后也并非没有封建主张，秦丞相王绾的主张就是分封皇子，只是秦始皇一直在压制这种主张。

秦始皇压制分封制度，可谓是历史极端。比如，帝制王朝中，连最后一个王朝清朝也有虚封京王，秦朝却连一个王都不封。秦始皇的所有儿子都只是富有，却没有可世袭的爵位，哪怕是君侯之位，因此被儒家的淳于越称为“匹夫”。甚至连长公子扶苏，其实也只是默认的第一顺位继承人，而不是正式的太子储君。秦始皇与胡亥的两任记载缺失的皇帝之妻，也未见有皇后封号。

秦始皇不只不封诸侯，连列侯都是虚封。比如吕不韦罢相时，还可以到洛阳就国，回到封地。但到了统一战争时的最大的功臣王翦，却只能归老于家乡。而且他说“为大王将，有功终不得封侯”，所以只能向秦王多讨要一些田宅园池。可见此时列侯已经不能拥有高度自治的采邑。立功得到的财富和权力，已经高度商品化、薪俸化。后来赵高也说李斯卸下相位之后，同样只能“怀通侯之印归乡里”，回到老家而非封地。可见吕不韦之后，秦始皇已经推动了列侯虚封制度。

秦始皇将整个天下大大小小、各个层级的君主全部消除，只剩下作为皇帝的他，是拥有整个天下的、唯一的一个有君主治权的贵族。这种过于超前的集权制度改革，实际上是不被当时的社会所理解和认同的。尽管这次试验有秦国的形胜优势支撑，但秦始皇也不得不劳碌奔波，做个马不停蹄的巡游皇帝，以让这些不习惯贵族主君不在自己附近的六国遗民能够临近皇帝。这种巡游下勉强形成的移动朝廷，让秦始皇放着舒服的咸阳宫殿不住，每天要在没有橡胶车轮的马车上颠簸，异常疲惫。御驾马车，也将成为秦始皇最后的归宿。秦朝遭到的反噬，很快就到来了。

（三）失灵的经验

首次行政统一的初生帝国，没有发达的职业官僚体系托底，运行得十分吃力。秦始皇曾试图笼络百家，尤其是想要团结站在教育第一线的第一大学派儒家。他设置博士七十人作为自己的智库，全部由儒士担任，专门负责议政。他甚至亲自封禅儒家圣地的圣山泰山，以示对儒家的尊崇。可儒家却一直站在分封主张的一面，反对秦廷推行中央集权郡县制。

公子扶苏曾对秦始皇说“远方黔首未集”，是指东方的百姓还没有接受秦朝的国家理念。关东保守的旧势力认为，分封诸侯与列侯，延续封建贵族制度才是能够让地方民众亲近主君，更好地解决地方问题的不变天理。他们认为郡县制下的职业官僚只是皇帝的爪牙和提线木偶，根本不会真心为地方百姓做事。秦始皇只能依靠频繁地巡游关东各地，通过让君主反复移动的方式，来安抚不适应中央集权制度的新土臣民。

为了方便皇帝浩大的车队巡游，秦朝以都城咸阳为辐射中心，建立了通往国土各个板块的驰道。尤其是为了抵御西北方向蠢蠢欲动的匈奴人，秦廷在咸阳城正北方向修建了直通北部边疆的秦直道。秦始皇在华夏大地上长期游走，舟车劳顿，且每天要批阅一百多斤的奏牍，高强度的工作让他的身体透支。而且他在巡游的路上，还遭遇了关东旧贵族复辟势力的刺杀，有不小的风险。但他找不到更好的方式让各地臣民都能够离君主更近一些。除非他愿意分封诸侯王，但这是他极其排斥的方案。

不只在巡游的路上，在咸阳宫中，秦始皇同样面临着被旧势力刺杀的风险。早在统一战争时期，燕太子就派出刺客荆轲，在咸阳宫中上演了一出图穷匕见刺秦王的大戏。到秦始皇统一之后，荆轲一党的高渐离同样以擅长奏乐为饵接近秦始皇，在其身份被人察觉后，秦始皇熏瞎了他的眼睛。可高渐离虽双目失明，仍然借在宫中奏乐的时机，试图刺杀秦始皇，最终失败伏诛。关东士人的国仇家恨始终不能平复，秦始皇从此不再接近六国之人。

关东不安全，都城咸阳也不完全安全。秦始皇有一次微服出行巡视咸阳的时候，也遭遇了盗贼劫杀。但秦始皇身边的武士武艺高强，所以有惊无险。于是秦始皇下令在关中大规模地搜捕了二十天。

后来汉高祖建立汉朝后在柏人险些被刺杀，西汉宣帝中兴时期也出现“长安少年数人会穷里空舍谋共劫人”这类京师闹劫匪的事件。东汉京师洛阳也有“玄少子十岁，独游门次，卒有三人持杖劫执之”的劫持事件。《汉武故事》里还记载汉武帝带着一些随从微服巡游，一行人也差点儿让客店老板劫杀。这些事件反映出秦汉时期，纵然是王朝京师的治安水平也不可能媲美后世。

秦始皇抓不住通缉犯项梁，汉高祖抓不住通缉犯钟离眛，汉武帝抓不住通缉犯朱安世……均是因为这些罪犯具有豪强性质，他们与官僚、贵族皆有往来，是地方一霸。秦始皇的去贵族化改革，使活跃于地方基层的列侯、封君基本消失。在这个阶层真空之下，不少此前的贵族地主、采邑主以及那些失去作为门客依附贵族主君的机会的士阶层，变成了骤然失去政治资源却依旧拥有地方影响力的豪强。这类案件的频繁出现，表明秦汉时期的中央集权制度仍然是初生期、探索期、粗放期，仍然很不成熟。地方行政机构对新兴的豪强阶层控制力很弱。如亡国的楚国封建大贵族后裔项梁、项羽叔侄，身为通缉犯，不仅与郡守殷通关系密切，还能让曹咎、司马欣等专职管理刑狱的秦吏在将其抓捕后私自释放。可见这些关东遗留的旧贵族，即使成为豪强，也具有巨大的地方基层社会影响力。

他们当中，也有温和派和激进派。项家就是要与秦朝作对，找机会赶走秦人甚至推翻秦朝的激进派。而其中的温和派，虽然不一定反秦，但仍持有反秦制的立场。秦始皇晚年“始皇死而地分”等谶语，应就是他们制造的。他们期待着秦始皇能够恢复分封制。毕竟秦始皇虽然兼并了六国，但却留下了一个弹丸小国卫国，至死都未灭。这无疑是用一个王朝两种制度，给关东期盼恢复封建的远方黔首留有一丝政策希望。当温和派看到秦始皇统一这么多年后，仍然不行分封，于是又寄希望于秦始皇驾崩后能够恢复封建。儒家博士们代表的就是这个群体的诉求。

始皇帝三十一年（公元前 216 年），朝廷下令“使黔首自实田”。由国家授予相应爵位的田亩数量之授田制度遭遇了巨大的挑战。秦朝可授田数量枯竭，各级民爵需自行充实相应额度的田产，军功爵制遭遇重大挑战。当年，米价暴涨到每石一千六百钱。

秦始皇遭遇的国政压力越来越大。从始皇帝三十二年（公元前 215 年）开始，向东，秦始皇下令夷城，在关东拆除关隘和城墙，削弱关东的军事防卫优势。向北，秦始皇派三十万秦军精锐主力抗击匈奴，在河套地区设县，并迁徙人口充实边疆。向南，秦始皇派五十万秦军越过五岭设郡，且长期向岭南输送谪戍人口，并令秦军与当地人杂处、通婚，鼓励秦人在当地扎根落户。

朝廷没有足够的田地可授，秦始皇还不断向外围疏解人口，可见当时的土地与人口压力非常大。秦始皇统一货币，推行秦半两，虽然在形制上统一了，但根据考古出土的秦半两来看，重量参差不齐。这说明货币的外形虽然一样，但作为硬通货，其质量却无法真正有效统一。秦始皇驾崩后，胡亥“复行钱”，这说明秦始皇后期已经不“行钱”了，秦半两货币体系也几近崩溃。秦始皇晚年为了应对压力，最终开出了错误的药方。

秦始皇用先秦君主惯用的驱民手段，通过繁重的徭役、刑徒制度，将大量关东人口迁到关中修建骊山秦始皇陵和咸阳的新朝宫阿房宫等大工程，企图用这种繁重的远距离劳役，将基层人口大量集中到关西。或许这本身就是他与关东旧贵族势力争夺基层人口的手段。

> 又使天下飞刍挽粟，起于黄、腄、琅邪负海之郡，转输北河，率三十钟而致一石。（《汉书·严朱吾丘主父徐严终王贾传》）

在秦朝，把今山东省一带的粮食送到河套地区，即今内蒙古黄河北岸，三十钟只剩一石。三十钟是一百九十二石，一百九十二石在路上会消耗掉一百九十一石，等于白送。可见秦朝的交通运输效率极其低下，损耗非常严重。分治、分裂并非谁的愿望使然，是时代条件导致。秦始皇第一次统治一个超大规模的国家，他的制度是“早熟”的，他的经验也是匮乏的。远距离的迁徙，对远疆的开发，在当时势必让百姓承受着巨大的经济、健康与生命代价。苛政之下，民怨沸腾。

公元前213年，在群臣为皇帝贺寿的酒宴上，儒家博士淳于越和法家丞相李斯再一次为该实行分封制还是实行郡县制吵得不可开交。淳于越认为，实行郡县制，始皇诸皇子都是匹夫，一旦天下有乱，宗亲兄弟将无以相救。他甚至公然指出，实行郡县制而不分封诸侯，是秦始皇的过错。秦始皇没想到统一已经九年，儒家仍然不支持秦朝的制度。这一次他不再有耐心，直接站在李斯一边，宣布以吏为师，独尊法家，并焚禁《诗》《书》等儒学典籍，排抑儒家。不过儒家博士他仍然留用。

诵法孔子的诸生，更加反对秦始皇。他们在咸阳大肆制造秦始皇为独夫的舆论，地方上也不断制造谶语天兆，称始皇一死秦朝就将灭亡，土地仍会分裂。舆论越发不利于秦朝和秦制。秦始皇愤怒，决定反制。他抓捕制造颠覆舆论的术士与诸生数百人，全部坑杀于咸阳。相传就是西安洪庆山下的坑儒谷。原本为第一顺位继承人的长公子扶苏，由于谏阻秦始皇采取这些高压政策、手段打击儒生与方士，也被外放到北部边疆军队中，与秦军主力统帅蒙恬做搭档，负责监军，从此离开咸阳。

其实这些，都是主张恢复封建的关东旧贵族与坚守中央集权郡县制的秦始皇的博弈。秦始皇作为第一次统一、第一次在全天下实行中央集权郡县制的君主，其实没有意识到，他虽然在与关东保守势力掰手腕，但他将军队外迁边疆，把关东庶民内迁京畿，已经让秦朝形成守外虚内、强枝弱干的布局。这种布局蕴藏着巨大的路线风险，随时会爆雷。

秦始皇对以儒家为代表的关东封建诉求采取高压应对措施，在这个过程中又过度驱使和透支民力，显然没有解决问题，反而在一定程度上激化了问题。但秦始皇作为舜、禹的大臣伯益的后代，嬴氏部族和秦诸侯国的君主，可以说是自原始社会以来，延续了一千多年的原生贵族。在他灭亡其他诸侯国，并采取激烈的去贵族化、去封建化改革后，他甚至是全天下最后一个原生贵族。作为贵族，秦始皇为自己在各地所立的石刻颂文中，强调自己的丰功伟绩时，经常是“初一泰平”“永偃戎兵”一类的说辞。他认为自己以战止战，换来了永久的和平。他对百姓，也就是黔首，是施恩家仆的姿态，将自己塑造为黔首的救星。他虽然扳倒了其他所有的贵族，但他自己的内心仍旧残留着最后的贵族习气。在他心中，黔首百姓与国家土地仍然是他作为贵族的私产。他是万民的主人，而非汉文帝及以后统治者塑造的君父形象。

因此，当他遇到无法消化的国政压力时，他采取的是先秦贵族一贯的驱民手段。“六国之君虐用其民，不减始皇二世”，先秦贵族君主们，甚至就没听说过历史上有什么农民起义。贵族社会由于权力高度分散，不需要对超大规模国家集中性的权力进行制衡，因此经常是用驱民手段解决自己小范围的区域性问题。但对于一个集权制的大帝国，秦始皇这么做显然就不再奏效了。秦始皇晚年，国政压力不仅没有减弱，问题不仅没有解决，还有愈演愈烈之势。

（四）秦朝的崩解

公元前 210 年，就在秦始皇最后一次巡游关东时，长期透支身体高强度工作的他突然罹患重病，猝死于回咸阳的路上。其实他的身体状况，此前为他修炼仙丹又四处传播他将要死去的方术士一直都知道，对此并不感到意外。可始皇此时已将同情儒生、对关东持怀柔主张的皇长子扶苏外放边疆，并且代表秦廷的法家集权路线与代表关东的儒家分封路线斗争演进至白热化，李斯、赵高等有鲜明法家倾向的朝臣，势必要拥立一个同样秉持法家高压路线的皇子。

这些因素汇聚到一起，引爆了秦朝的继承人问题。最终，持法家倾向的始皇幼子胡亥，在其老师赵高和丞相李斯的支持下，控制住始皇行辕，秘不发丧并矫诏诈立，夺得帝位。对关东持怀柔倾向的扶苏与亲近扶苏的秦军统帅蒙恬，及其作为秦始皇近臣的兄弟蒙毅，被胡亥与李斯相继除掉。

就在关东势力正观望胡亥这个秦二世皇帝会采取哪种路线时，胡亥就用比秦始皇更高压的政策彻底浇灭了关东对他的期待。如果说秦始皇推高了王朝风险，但秦始皇本人仍然能够驾驭这个危机水平，仍然能够与关东旧贵族复辟势力斗而不破，那么胡亥不仅是把风险推到更高，更是在死亡边缘上狂飙。

秦始皇留下了卫国，算是给关东和儒家留下一个念想，给子孙留了一个政策余地，并没有完全堵绝分封制的可能性。但胡亥一上台，立刻将卫国除国，宣示他不可能重启分封。胡亥为了彻底断绝分封派的念想，甚至在继位没多久，就以莫须有的罪名一次性杀光了自己的三十多个兄弟姐妹。因为无论是秦国国内的分封派，还是儒家代表的关东亲秦廷的分封派，都主张分封秦始皇的皇子为诸侯。胡亥以绝无仅有的丧尽人伦之方式堵绝恢复分封制的可能性，令宗室震恐，令民间震恐。加上他迫害儒家博士，冤杀法家官员，还让赵高公然篡改法令，秦朝当年用徙木立信建立起的政治信用，开始迅速瓦解。

既然秦朝版分封期待已然无望，那么整个民间舆论就被逼到只剩下反秦一个选项的地步。关东各种大大小小的武装力量也就趁此崛起。公元前 209 年，最先起兵的是以陈胜和吴广为代表，不堪忍受苛政的平民。但他们宣称的起义理由中，还有一条“当立者乃公子扶苏”，假借公子扶苏之名起事。可见关东昔日的温和派中，仍然有不少是针对胡亥本人的。

秦始皇统一六国后有过夷城销兵的政策。起义的农民们恐怕没想到夺取武库、控制一方有这么容易。农民起义能以这般摧枯拉朽的速度燎原，也与秦二世胡亥的自杀式策略有关。原本秦始皇将三十万北伐军和五十万南征军都外派在边疆，已形成强枝弱干的局面，秦廷在中原和关中缺少主力部队。胡亥上位，杀了北伐军的监军扶苏和统帅蒙恬，不得军心。王离成为北伐军的主帅后，遭遇中部农民起义，胡亥却坚持不允许这支与他有杀帅之仇的、“不友好”的精锐主力部队回到中原镇压起义。

胡亥坚持让情报人员称陈胜起义只是闹土匪，地方守备军就可以平定匪患，否则就杀情报人员。他还让朝堂上的儒家博士选边站，但凡说陈胜属于叛乱的博士就下狱问罪，说陈胜属于匪患的博士也会被罢免。持有鸵鸟心态的胡亥，天真地认为只要儒家不说天下有乱，儒家的舆论攻势就消失了。只要他不承认存在叛乱，不调回与他有仇的主力秦军，他就能安然无恙。胡亥这种自欺欺人、掩耳盗铃的昏聩之举，耽误了秦军回师镇压起义的最佳时机和窗口期。

没有秦朝精锐主力正规军的阻拦，当陈胜的部下周文率领的起义军已经攻入关中，打到今西安临潼区东部的戏水一带，胡亥才发现关中居然被攻破了，他本人的生命居然也会受到威胁。胡亥这才临时抱佛脚，让文官章邯整编正在修建始皇陵的骊山刑徒为军队，以图挽救秦国。说起来很讽刺，扑灭陈胜的刑徒军，就是受秦朝徭役之苦最重的群体。这等于是中部的苦劳役造反，要推翻西部的秦朝，却让西部的苦劳役救秦朝。

秦廷在西部，陈胜在中部，仅仅几个月，陈胜起义就先被扑灭了。陈胜、吴广很快就失败，与他们被“枪打出头鸟”有关。陈胜在中部建立张楚政权，自称为张楚王，一呼百应。可响应他的，却多是躲在与秦廷正面交锋的陈胜背后、盘踞在东部抢地盘的势力。他们是平民和苦劳役吗？

他们是魏国宗亲魏咎、魏豹，赵国宗室赵歇，齐国宗室田儋、田荣，楚国宗室景驹以及拥立宗室熊心的楚国封建大贵族项梁，韩国宗室韩成……这里边就差燕国的旧贵族了。主要是燕国那边正遭遇匈奴犯边，原本就等着陈胜、吴广过来服兵役支援前线。后来，陈胜称王之后，也确实立刻派武臣、韩广等农民军部将前往接管燕国。韩广成为燕王。

秦国凭借刑徒军压灭农民起义，但躲在陈胜背后的楚、魏、赵、韩、齐等复辟贵族却得到壮大。

就在章邯率领的刑徒军已经平定陈胜，攻灭魏咎，杀死项梁，围困赵歇，秦军形势一片大好之际，胡亥为了让自己的老师赵高当丞相，突然冤杀治理经验丰富，为章邯大军保证了后勤供应的丞相李斯。须知此时李斯的儿子李由也在中原战场作为郡守坚守三川郡，挡住从函谷关方向扑来的敌军。胡亥又栽赃李由，逼李由战死沙场。后来接替李由的三川郡守杨熊，由于战事失利，也被胡亥派到前线的人杀了。阵前杀将，导致洛阳盆地失守。

胡亥无视法度和制度，阵前滥杀将领的昏聩决策，让已经在岭南安家的五十万秦军也没有回师中原救秦的心思。岭南秦军于是跟着秦将赵佗封锁关隘，自立为南越国。

此时，王离的三十万秦军主力也调出二十万前往赵国战场，与章邯的二十万刑徒军会师，继续围困赵国。但赵高当上了丞相，却由于忌惮章邯与王离二人，不给这四十万支撑秦国的大军正常供给粮饷。章邯军不得已，只能就地分兵，以王离军为主力，章邯军负责征收军粮和修建甬道。四十万大军竟分出一半去为另一半搞后勤。在战役关键时刻抛弃自己的军队，以胡亥和赵高为首的秦国朝堂的自杀速度，那是相当地快。

秦军分兵，王离军面对诸侯联军，最终不敌战败，只剩下章邯的二十万秦军成为秦国最后的支柱。可胡亥已经感到人生苦短，要及时行乐，于是把朝政大权完全交给赵高，自己躲到后宫不见任何人，醉生梦死。章邯数次请求，赵高仍然不给前线秦军正常供应粮草。章邯无奈，只得派副将司马欣回到咸阳，打探胡亥与赵高的虚实。结果赵高不见司马欣，还派人追杀司马欣。司马欣吓得逃回前线，告诉章邯他们几个将领的结局：“有功亦诛，无功亦诛……”章邯等秦将彻底心灰意冷，不再为秦廷效命，阵前向楚将项羽投降。

在南部战场，楚将刘邦也绕开洛阳盆地和函谷关，从南阳盆地的武关奇袭关中。赵高见章邯居然投降，自知秦朝必亡无疑，于是策划指鹿为马，将不与自己合作的朝臣全部定罪。胡亥成了赵高的傀儡。赵高还与刘邦接触，准备出卖秦国，希望刘邦入关后能让他受封为一方诸侯。刘邦趁赵高有谈判之意，诈取谈判的守将，直入关中，出蓝田，居霸上，兵临咸阳城下。

原本是一方秦吏的刘邦，从落草芒砀山开始，到二世元年秋，也就是秦始皇刚死了三四个月的时候，其人马也不过数百人而已。与刘邦一样的，还有江中大盗英布，外黄亡命徒张耳，巨野泽大盗彭越，秦国小吏吴芮、陈婴等人。他们兼具游侠与豪强性质，像有些人也曾做过战国贵族封君的门客。当复辟贵族纷纷打响反秦战争后，这些小型武装纷纷被纳入到旧贵族武装的旗下，成为雇佣军性质的别将、大夫。

西汉武帝时期，“东方盗贼滋起，大群至数千人，攻城邑，取库兵，释死罪，缚辱郡太守、都尉，杀二千石；小群以百数，掠卤乡里者不可胜数”（《资治通鉴·汉纪十三》）。东汉光武帝时期，“郡国大姓及兵长、群盗处处并起，攻劫在所，害杀长吏。郡县追讨，到则解散，去复屯结。青、徐、幽、冀四州尤甚”（《后汉书·光武帝纪》）。豪强匪患横行，在西汉与东汉都有发生过，但并没有危及王朝的统治根基。秦始皇最后一年的巡游，甚至秦二世继位之初的巡游，都并未遇到大规模的反叛干扰。可秦二世继位后仅仅一年，就烽烟四起，形势突变，让这些小规模起义军迅速壮大。两年后，仅刘邦入关时竟已拥十万之众。

金字塔尖的皇帝权力严重缺乏制衡，这其实就是秦始皇时期的中央集权制度最大的漏洞。当一个昏聩之主占据皇位时，整个官僚体系竟然手足无措，无法对胡作非为的皇权、狐假虎威的相权纠错，立刻导致庙堂失灵。中央集权制度的完善，其实就是对集中的权力进行制度性制衡的过程。但此时的皇权，没有制衡。

赵高杀死胡亥，降秦帝国为秦王国，暂时册立宗室的子婴为秦王。子婴继位当天又袭杀赵高。但子婴已经无力回天，最后的二十万秦军主力已经投降项羽，紧接着被项羽坑杀，秦朝已经彻底无兵可用了。项羽坐拥四十万联军，洛阳盆地又已经丢失，函谷关被破只是时间问题。南阳盆地与武关，又已经被刘邦攻破。刘邦就在霸上，即西安的白鹿原北部。楚军在关中和关外里应外合，关中必然沦陷。这一次，关中的形胜救不了秦朝了。因为，形胜优势，只能为英雄锦上添花，救不了不得人心、自作自受的昏暗朝廷。

公元前 206 年，秦王子婴为了秦地与咸阳不受战火摧残，只能向刘邦投降。子婴用丝绳系着脖子，乘白马素车，捧着天子的印玺和符节，在轵道旁向刘邦献出咸阳城。

当年刘邦作为秦吏，经常押送徭役往来帝都咸阳。他曾在咸阳城望见过秦始皇出行的车队，看见过秦始皇本人，惊叹说："嗟乎，大丈夫当如此矣！"如今，他也成了这座天下最繁华的城池的主人，他认定咸阳城一定是他的囊中之物了。他约法三章，封存府库，还军霸上，与民秋毫无犯，深得关中父老的民心。

秦始皇统一了天下，但他的统一是脆弱的，他的试验失败了。秦国是一个存续五百多年的老牌国家。它最后一个半世纪波澜壮阔的改革崛起史与帝业扩张史，是在咸阳城中实现的。秦始皇开动战争机器，开创了影响两千年的帝国体制与时代，搭建起大一统中央集权制度的框架，却最终没能为统一国家完成价值观的塑造，没能确保王国向帝国缓和过渡。

但西安自秦国开始的第二波都城史并没有完结，甚至根本没有达到高潮。关中的形胜优势并不会因为秦朝的灭亡而消失。相反，秦奠定的关中基础设施仍然完善。嬴秦作为最后一个贵族，无法响应去贵族化改革后的全新社会诉求，无法卸下作为最后一支原生贵族的历史包袱，那么，这个在贵族制度反弹和复辟后，继续推进平民主义革新的历史任务，就要交给全新的平民力量。关中的优势，仍然会被平民力量所选取。

这场源于关中的变革，仍要继续。长安，这座于史册中有煊赫盛名的城市，即将在咸阳城的废墟之旁，拔地而起……

第五章

西汉：金城千里锁天府

望千里金城，一区天府，气势清雄。繁华事，无处问，但山川景物古今同。

屹立一百多年的咸阳城，被点燃熊熊大火，连烧三个月而不熄灭……当秦人看着这久久不熄的冲天火光时，会是怎样的悲凉和愤懑？长安的诞生，并非一蹴而就，平民出身的刘邦建立汉朝后原本没有打算定都关中。最终，当他选择在咸阳渭河南岸部分建立长安时，西安在秦汉时期的第二波都城史得以延续。汉承秦制，也让平民建立的王朝，继续用平民意识推行去贵族化改革。

（一）还定三秦：秦地的再整合

公元前 206 年，刘邦放弃秦廷坚守的函谷关，出其不意地绕道武关道，一路势如破竹，最先进入关中，受降秦国。按诸侯与楚怀王之约，先入定关中者为关中王。刘邦认为自己这次肯定能够受封为秦王或关中王，于是他封存咸阳府库，废除秦朝苛法，与秦民约法三章，并将部队撤回到霸上，也就是西安东郊临着灞河的白鹿原北部原头，以示对秦国百姓的怀柔治理路线与秋毫无犯。此举果然博得秦民父老的拥戴，秦父老纷纷向刘邦献上军饷以犒劳这支仁义之师，表示愿意拥戴刘邦做秦王。

可此时，项羽已经在河北接受秦将章邯率领的秦军主力的投降。项羽许诺将章邯封为雍王。西北为雍州，关中雍城为秦故都。项羽相当于许诺封章邯为秦地之王，这显然与楚怀王的先入关中者为王发生冲突。

当项羽率四十万联军准备进入函谷关时，已经占据关中的刘邦竟闭关自守，试图用秦国百年不破之雄关抵挡项羽进入，但刘邦显然高估了初来乍到的自己在秦地的动员能力，秦民父老嘴上说支持刘邦做秦王，但刘邦只有十万兵马，项羽有四十万。项羽又是拥立楚怀王的项氏家族的领袖，是楚人集团此时真正的核心人物。

项羽迅速攻破函谷关后，进入关中，驻扎在今天西安临潼区新丰街道东部的戏水。刘邦以十万之众不可能抵抗项羽，但刘邦占领着咸阳，堵在项羽入咸阳必经道路旁的高地上。项羽想要进入咸阳，以示自己才是主导天下新秩序的霸主，势必要过刘邦这一关。

韩国的张良此刻代表韩王成，率领韩国军队与刘邦结盟，是刘邦十万联军的重要组成部分。项羽让自己的叔父项伯前往游说张良离开刘邦，张良反过来让项伯促成刘邦与项羽的和解。刘邦从霸上到新丰一带的鸿门赴宴，对项羽表明自己的臣服态度，表示他占领咸阳全是为了等待项羽的到来。项羽也表示这是一场误会，是受奸人挑拨，并许诺会优先分封刘邦。鸿门宴看似凶险，实则只有项羽的谋士范增想借机杀刘邦。项羽与项伯，其实已经与刘邦达成了协议：刘邦称臣，项羽承认刘邦受封关中之约定。

刘邦回到霸上，就主动给项羽让道，放项羽进入咸阳。这下轮到秦人体会不支持刘邦的后果了。有人劝项羽定都咸阳，依靠秦朝经营关中积蓄下的实力基础，建立帝业。但项羽声称富贵就应还乡，不然就如锦衣夜行，他坚持回到楚国彭城定都，而且决心要毁掉关中。项羽最终还因劝说者言辞激烈而将其处死。

项羽不像刘邦，他并无贤君风范，一进入咸阳就大肆烧杀抢掠，掳掠财物和妇女，并且杀害已经投降的秦王子婴，盗掘秦陵，还一把大火将咸阳宫焚烧殆尽。这场熊熊之火，足足烧了三个月都没有熄灭。秦人看着渭北的咸阳就此成为一片废墟，家园就此被毁，恐怕在后悔为什么不坚决支持和配合刘邦守住函谷关，或者当初支持秦王子婴坚守住关中……

咸阳城，尤其是最繁华的渭北区域，化作一片焦土。刘邦的十几万联军散去后，手下也只剩下三万人。项羽毁掉了咸阳的基础设施，毁掉了关中的根基，终于放下心。他在戏水举行了盛大的分封仪式，册立各路诸侯。他架空楚怀王的权力，虚尊楚怀王为义帝，自立为西楚霸王，建立了以自己这个霸主为中心的新秩序。

可项羽不仅没有把刘邦封为秦王或关中王，甚至不让刘邦拥有哪怕一寸关中土地，而将刘邦赶到秦岭以南的巴蜀。刘邦恼怒于项羽毁约，但不得不接受他无法与项羽硬碰硬的现实。刘邦进入咸阳后，萧何曾替刘邦运走了秦廷的图籍档案，为日后治理秦地掌握了最关键的一手资料。刘邦知道，秦国历来流放罪犯的巴蜀，实际上在秦国治理百年之后已经十分繁荣富庶，但地形上太过封闭。刘邦为了方便日后杀回关中，于是放低姿态，向项羽讨要关中平原与四川盆地之间的汉中盆地，得到了项羽的同意。于是刘邦被封为汉王，定都于汉中南郑。刘邦依从张良之计，为了麻痹项羽，佯装自己甘心偏安一隅，不再回中原争霸，烧毁了他从关中到汉中去时的栈道。

项羽放心地离开了关中。刘邦却只是为了等项羽的四十万联军在分封结束解散后，自己在巴蜀与汉中筹措到足够军粮，就北上重新夺回关中。

项羽走后，关中被一分为二，西部封给了雍王章邯，东部封给了塞王司马欣。加上封在陕北的翟王董翳，封在陕南的汉王刘邦，故秦国被一分为四，史称“分关中为四国”。

雍王章邯的都城在废丘城，就是西周周懿王时期的都城犬丘。传统观点认为废丘在兴平市一带，但近年考古发现证明，西安市长安区西部，今西咸新区沣西新城的东马坊遗址才是废丘城遗址。废丘城在阿房宫西十八里处。章邯的雍国统治范围为咸阳城以西。当初项羽许诺让章邯拥有关中，现在却只分给章邯一半。

塞王司马欣的都城在秦故都栎阳城，统治关中东部。翟王董翳的都城在高奴，今延安市境内，统治关中平原北缘到上郡等秦国北部地区。不过，司马欣和董翳在秦末战争中只是屡建奇功的秦将章邯的两员副将，他们实际上是当初的两位秦朝丞相——李斯为首的法吏派与冯去疾为首的军吏派派去专门监督与制衡章邯的。由于李斯与冯去疾被秦二世与赵高逼死后，赵高还要杀章邯、司马欣、董翳三人，他们不得不抱团求生。但章邯素有威望，而且是率秦军投降项羽的决策人物，项羽竟让两员别将与章邯平起平坐，而且把

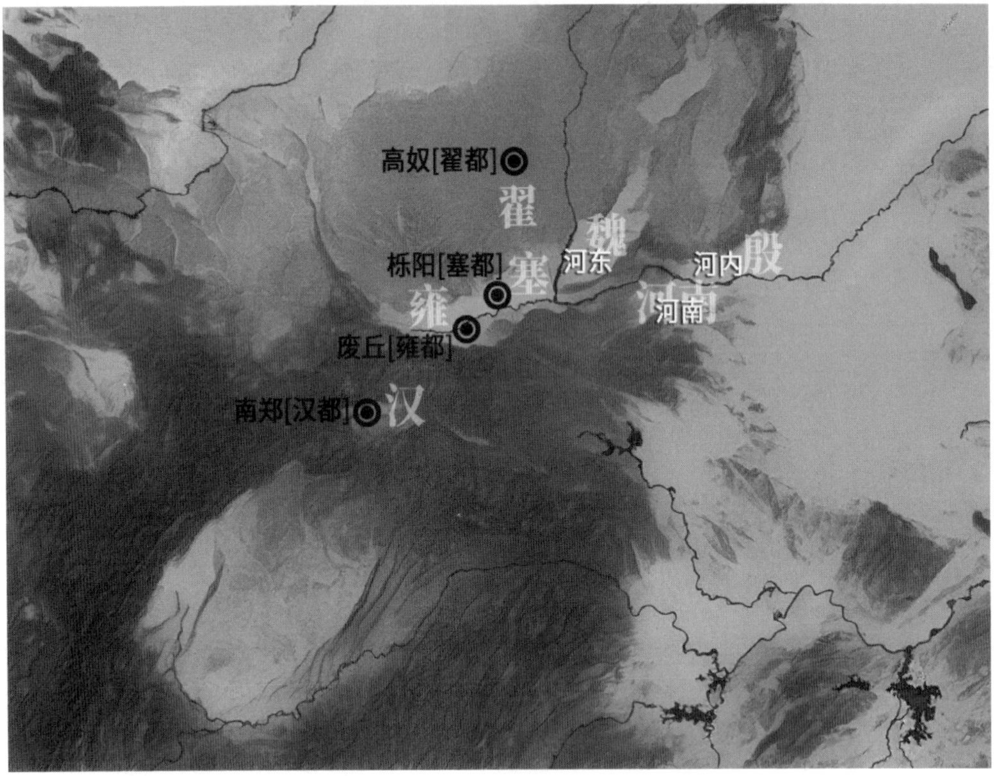

图 47 四秦国都

章邯的雍国放在司马欣与董翳的塞国与翟国之西，显然把秦朝最后一位名将章邯也当作仅次于刘邦的防范与制衡对象。章邯心中对项羽也应不满。

事实上，项羽的防范是正确的，章邯作为秦军最后的统帅，纵然被胡亥这种临阵杀将的昏主所逼，不得不投降敌方，但他在秦地的民望依然巨大。北京大学藏汉简《赵正书》中讹传“将军章邯入夷其国，杀高”，即称赵高是章邯所杀，可见当时有一派历史传说是抬高章邯的历史地位的。

刘邦在南郑只待了三个多月就北伐三秦，史称“还定三秦”。这实则是“南秦”汉国，重新兼并“西秦”雍国、“东秦”塞国与“北秦”翟国。

刘邦表面上重新修建之前被他烧毁的栈道，想要原路返回进攻关中，实际上却出奇兵，从关中西边的陈仓古道突然袭击雍国西部。陈仓就在今宝鸡市陈仓区。

当年秦国和西周都是从关中西部起家，刘邦同样是从关中西部进入关中平原。章邯的兵力都被汉军修栈道的假象吸引到了偏东的渭河南岸。刘邦就像周文王一样，从关中西部的渭北一路向东出击，直接进攻到塞国国都栎阳。塞王司马欣投降，塞国被并入汉国。陕北的翟王董翳与司马欣一样，本身只是被项羽赶鸭子上架，成了制衡章邯的诸侯，并没有什么声望和嫡系部队。一见刘邦的汉军势如破竹，拿下了塞国，眼看就要北上，董翳索性也直接投降刘邦，翟国也被并入汉国。于是，就只剩下渭河北岸的雍王章邯仍旧在渭河南岸组织抵抗汉军。

刘邦之所以能在秦地势如破竹，是因为秦地的关中、巴蜀、上郡几大板块已经被秦国经营了百余年之久，在中央集权郡县制下，整个关西地区的政治、经济、军事、文化已经高度融合与统一。项羽强行分割秦地，实际上是突然给原本人员往来、货物贸易畅通无阻，已经形成紧密贸易互补和经济分工的关西地区，突然施加了严重的国界级行政壁垒，导致了关西地区经济陷入半瘫痪状态。这从刘邦还定三秦后的汉二年（公元前 205 年），关中天灾之重就可见一斑。这一年，关中大饥荒，米价每斛涨至万钱，发生了人相食的惨剧。刘邦下令让关中灾民前往汉中、巴蜀就食，才让这次灾难的损失减至最低。如果行政壁垒犹在，恐怕会酿成更大的灾荒局面。

关中平原内部，秦始皇兴建的水利工程郑国渠也因项羽分秦为四，被雍国与塞国一切为二。关中平原与故秦国的其他板块，如蜀道连接的成都平原，武关道连接的南阳盆地，临晋关连接的晋南盆地，函谷关道连接的洛阳盆地等，都已经在秦国长期经营下建立起以关中为核心的西部政治与经济秩序。项羽对秦地的强行分割，逆秦地经济规律而为，反而是刘邦迅速还定三秦，平定三河（河东、河南、河内），获得盘踞南阳的王陵势力投效的根本原因。

这些故秦板块在郡县制度下，政治、经济已经融合为统一的运行体系和网络。当人为分裂造成各板块的经济出现动荡时，各地经济集团为了重新打破行政壁垒，势必支持汉国这样号召重新整合秦地的政权。于是，刘邦以迅雷之势平定关中西部的塞国、陕北的翟国，并除国设郡。

公元前 205 年，刘邦又收降河东的魏国、河内的殷国、河南的河南国，留下魏国为属国，将殷国、河南国除国设郡。刘邦快速整合故秦地的四秦三河，并一路直捣项羽的都城彭城，号称要为被项羽杀害的楚怀王报仇。

（二）争霸之资——汉都栎阳

西楚都城彭城周边没有险要的地势，项羽又陷入齐国战场不在都城，彭城于是被刘邦攻破。但项羽很快又回到彭城，大败汉军，打得刘邦几乎全军覆没。刘邦紧急逃回荥阳。荥阳是河南郡东部在当时最重要的关隘，处在中国二、三地理阶梯线的山川豁口处，亦是后来虎牢关、汜水关等天下名关所在，历来是东部与西部逐鹿中原的咽喉要塞。如果说函谷关是秦国本部关中与秦汉京郡内史的门户，那么荥阳就是更大范围的故秦国与两汉直畿地区的门户，是秦汉帝国中央辖区的门户。

彭城大败之前的刘邦东出讨项，名义上的都城是南郑。在刘邦还定三秦时，萧何仍然在巴蜀筹措粮草与兵员。刘邦还专门将秦朝在关中的各大属于禁苑性质的苑囿园池分给关中的百姓作为田地耕作，帮助百姓度过灾年。很可能刘邦此时的最终目标仍然是立国于东部华北平原之上，他并没有打算留在关中平原。刘邦将塞国、翟国、殷国、河南国等国除国，在关中、三河广设郡县，一方面是推崇秦之郡县制度，但刘邦将关中原秦朝内史（京畿）三分为渭南郡、中地郡、河上郡，设立地方郡，似乎也表明他并未打算长期定都于关中。

到彭城大败，刘邦逃回荥阳，扼守东西部之间最重要的关隘，防范项羽攻入西部后方的这一刻，刘邦的想法已然改变。萧何在刘邦战败后从南郑、

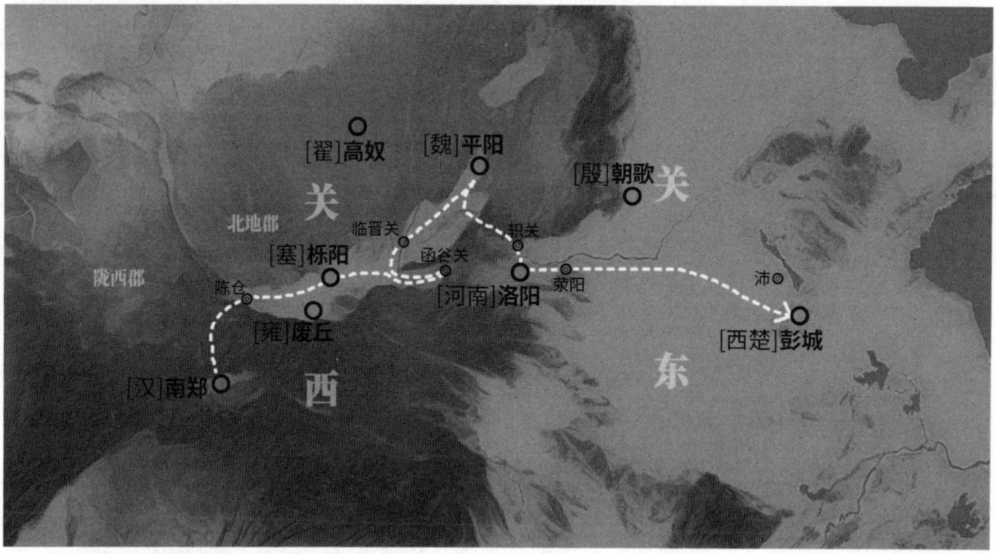

图 48　刘邦在彭城之战前的东出轨迹

巴蜀北上到关中，将关中老弱及未成年人都征发为士卒，派至荥阳为刘邦补充兵力，抵挡住项羽对荥阳一带的进攻。这个时候，刘邦决心以西部为根据地与项羽进行长期鏖战的战略方向逐渐清晰起来。

刘邦在彭城战败之后，对张良说出了自己的新战略，就是“捐关以东等弃之”，明确放弃在关东推行中央集权郡县制，而是将之分封给能与他共同消灭项羽的诸侯。张良为刘邦框定了须拉拢的三大势力：一是江淮间的英布，二是黄淮间的彭越，三是放手让汉国大将韩信经略黄河以北。如此，这三大势力将成为楚汉战争期间汉国腹地与西楚之间的屏障，并且对背靠大海的西楚形成三面包围之势。

刘邦确认了自己以关西为基本盘，关东分给几大势力的战略之后，雍王章邯还死撑在关中废丘。当初他被项羽许诺受封关中，可项羽却只给他关中西部，章邯心中必定不甘，仍装着一个“秦王梦”。

秦地父老其实也在观望，仍可能在刘邦和章邯之间做选择。其实只要能整合秦地，打破国别壁垒，章邯作为本地名将，也是秦人可以支持的选项之一。但刘邦仅三个多月就鲸吞塞国、翟国，章邯终归是失掉时机，棋差一着。但他一直在渭河南岸坚守到汉二年秋，从刘邦北上关中开始，足足坚持了一年多。

关中的西路汉军，在刘邦率东路军东出之时，相继平定雍国的陇西郡与北地郡，俘虏了章邯的弟弟章平。刘邦原本不一定是要定都关中，因此没有全力进攻章邯的雍国都城废丘。刘邦经历彭城大败，又强力征伐关中老幼服兵役，关中民心此时对刘邦或有所失望。刘邦此时为了巩固自己在秦地的统治，就不能再继续坐视关西后方还驻扎着雍国章邯这个始终没有拔掉的钉子户。为了打消秦人重新选择章邯的念头和可能性，刘邦在荥阳战局稳定时，专门回到关中，全力进攻章邯的雍都废丘城，但废丘城坚固，一时难以攻克。于是刘邦采取了一种极端的攻城方式——引河水淹废丘。刘邦青年时曾见证过被秦始皇水淹后废败的大梁城，他是熟悉这个极端战术的。废丘城破，章邯被杀，雍国被除。曾经做过周懿王都城的废丘城，作为秦咸阳消失之后，西安市区附近设施规模最完备的中心城池，只短暂充当中心城池一年多，就从此被毁灭。咸阳被大火所毁，废丘被大水所毁，至此，西安市区附近变成了缺乏大型城池的空心状态。

刘邦此次回到关中，也是要正式在关中建政，以宣告汉国都城正式从南郑迁移到关中，并且要落实自己继承秦国故地，以关西为基础争霸天下的新战略。他原本可能是想和平占领废丘，然后以废丘城为都城，但废丘城最终以毁灭的方式被攻破，刘邦就只能选择秦国另一座故都，塞王司马欣的都城、今西安市阎良区的栎阳城，作为汉国都城。

刘邦在栎阳立太子，实行大赦。他令太子守栎阳，把诸侯质子全部集中到栎阳。丞相萧何也在栎阳辅佐太子，治理关中，制定法令，修建汉国宗庙、社稷、宫室。

刘邦终于决定复刻秦国的地缘崛起路线，将关中与大关西地区作为自己的基本盘。他为了迎合秦人，甚至通过一次五帝祭祀问答，轻易就将汉国的服色由红色改为了黑色，将自己由当初宣传的赤帝子之化身，改为了代表水德且尚黑的黑帝。黑，其实是秦朝的国色。刘邦等于是把自己塑造成秦国继承人的政治形象。见刘邦对秦地文化如此尊重，关中秦人心中对刘邦的亲切感想必油然而生。

或许由于战乱不断，楚汉战争时期的汉军旗帜仍然大量使用此前的赤色旗帜。但汉朝初年的服色是“色外黑内赤”，外衣为黑色，内衣与衣带为红色。红色也是楚国的颜色，黑与红的结合，其实就是楚与秦的结合。到了最后一代秦人基本上都已经去世的汉文帝时期，丞相张苍面对改正朔、易服色的改革诉求，为了辩解汉朝为什么选择秦朝的黑色，说秦朝太短，所以汉朝才是真正接替水德的黑帝。但汉朝与周朝相隔半个多世纪，此说显然只是为了应付。

刘邦放弃红色、选择黑色，就是在讨好秦人，宣称自己是秦地之王。当时刘邦还没有成为天下共主，只想着继承秦国一国，没有过多考虑王朝更迭的五运更替之说。事实上，后来刘邦诛灭项羽时，分尸项羽的几名汉兵都是刘邦在秦地征召的士兵。楚将刘邦的统治集团虽为关东楚国的沛、砀势力，但显然这个关东的楚人军政集团与秦地的关西经济集团和基层将士最终融合到了一起。刘邦在为项羽罗列十大罪状时，核心的两项罪状就是项羽杀了楚怀王熊心与秦王子婴。汉国上层的楚人集团号称要为楚怀王报仇，汉国基层的秦人集团号称要为秦王报仇，刘邦很好地融合并驾驭了这两股势力。

刘邦多数时间坐镇荥阳，出击关东。萧何多数时间坐守栎阳，治理关西。在这样的配合下，楚汉战争最终以汉王刘邦胜利、项羽败亡结束，关东各路诸侯共尊刘邦为皇帝。

汉高祖五年（公元前 202 年）二月，刘邦在汜水之阳登基称帝，正式建立汉朝。可令关中父老没有想到的是，刘邦登基之时，宣布定都洛阳，而非栎阳。

洛阳，与西安作为双子星的宿命之城，在东周被秦所灭半个世纪之后，再一次进入中华都城史的视野中。

（三）金城千里，天府之国

洛阳成为西汉王朝建立时的都城，出身关东的楚人集团就不用再跋涉到关中做官，方便与家乡联络。除此之外，以洛阳为都城，还有更深刻的原因。

一方面，栎阳城池的规模相对较小。毕竟关中中部的中心城市咸阳城已经被项羽焚毁，连咸阳城旁边当时稍大的城池，雍王章邯的都城废丘城，也被刘邦用大水漫灌给毁掉。实际上，西安附近此时已经没有成规模的都城级城池可用。刘邦已经晋级为天子，如果要定都关中，显然还须重建一座新的都城，成本不小。

一方面，关中是刘邦在楚汉战争时期的大后方。刘邦将政事都委托给丞相萧何，自己则长期驻跸洛阳东边的要塞荥阳，与项羽进行争霸战。此时项羽已经被诛杀，天下咸服，全面战争已经结束。新政治中心对关中形胜的依赖和需求骤然减小。即使定都洛阳，其实也是扼守二、三地理阶梯线的豁口关隘，一样会将关中囊括进汉朝的京畿区划，以关中作为朝廷直畿大后方。

再就是，关中是浸润秦制较深的地区。秦昭王驱逐四贵，秦始皇清除外戚，都是在打击封君、列侯力量。关东尤其是楚地，是浸润分封制更深的区域，像楚国春申君一人就能获封十二个县大小的封地。但秦始皇实行的秦制，在此时不得人心。刘邦等楚人力量是靠推翻秦制而立，因此刘邦选择了东周的都城洛阳，其实也是向天下昭示，他在秦制与周制之间的平衡。

可是从汉高祖五年二月到五月，定都洛阳仅仅三个月后，刘邦突然决意将都城回迁关中。刘邦定都洛阳的想法，是被一个路过洛阳的齐国平民给打消的。这个人叫娄敬，他正要到陇西戍守边塞。此时他正好路过洛阳，就托一位相识的将军引荐，穿着脏兮兮的皮袄就去面谏刘邦。刘邦出身平民，并不以貌取人，依然赐他吃了一顿饭，然后向娄敬请教有什么治国之策。娄敬废话不多说，直接反问刘邦是不是要和周朝比盛世？然后他指出周朝祖上就是原始社会沿袭下来的原生贵族，到了周文王时期四海宾服，周武王更是有八百诸侯共同追随才得以灭商。他指出，到了周成王之时，周公才营建成周洛邑作为天下之中，方便四方诸侯朝贡时距离相等。娄敬直接点出洛阳作为都城的特点是："有德则易以王，无德则易以亡。"他说周朝盛世之时，天下和洽，无需一兵一卒也能令四方宾服。到了周朝衰落时，即使德行不薄也照样会沦落到诸侯不再朝贡，而周朝无法再制约诸侯。

娄敬认为汉朝不应该效仿作为夏商周三朝贵族，长期积累德政而兴建东都的周朝，将刘邦此时的形势点明说："如今陛下从丰沛起事，招集三千人马，带着他们席卷蜀、汉地区，平定三秦，与项羽在荥阳作战，争夺成皋之险，大战七十次，小战四十次，使百姓血染大地，无数家庭父子两代人横尸路边郊野之中。悲惨的哭声还没有断绝，伤病残疾的人还无法行动，这种情况是不能与成康盛世之时兴建东都的周朝相比的。"

娄敬又做出地缘分析："秦地有高山合围，黄河作为屏障，四面边塞、关卡在战时是坚固防线，和平时又不失为坦途大道。如遇危急情况，可以一夫当关万夫莫开。借着秦地的经济与交通条件的底子，有肥沃的土地为依托，这是所谓'天府'之地。汉朝如果在函谷关内建都，关东地区即使有乱，故秦地也是可以保全的。借助关中的形胜，与关东作战时，就如同是掐住了天下的咽喉而击打它的后背。"

刘邦听了大为触动，又为此征求大臣们的意见。可大臣们都是关东之人，为了朝堂与自己家乡距离更近更方便，他们争先恐后地争辩说："洛阳东有成皋，西有崤黾，背靠黄河，有伊洛之水，足以凭借其险固自守。"群臣还称，周朝建都在洛阳，称王天下几百年，秦朝建都在关中，只到二世就灭亡了，所以都城应该建在周朝的都城。

娄敬与群臣的意见反映出了一个现实，就是若以关中为都，其实走的是秦路线。若依洛阳为都，走的是周路线。这两座都城，背后代表的是两种截然不同的地缘战略与政治理念。如果刘邦选择关中，那么就是选择以秦地形胜之固，用政治与军事实力弹压关东地区。如果刘邦选择洛阳，那么就是选择让王朝的中枢、本部临近诸侯、列侯的封国，需要尽可能通过政治克制，保持与汉朝新兴封建贵族们的和平关系。这势必需要朝廷让渡不少政治权益，保持自身的安全，即所谓的“德”。

如果深入到制度上说，关中的秦制是中央集权的方向，与后来刘邦剪灭异姓王以强化集权的历史走向一致。洛阳的周制是分权、分治，王朝与诸侯各自相安。但按照娄敬的分析，洛阳“无德则易以亡”，其实是比较隐晦地指出洛阳是四战之地，如果不能很好地平衡诸侯诉求，面临的可能是遭受群攻而灭亡，连让渡权利以换取和平的简单平衡都不一定能实现。功臣们自然希望选择需要皇帝克制的周制，而非强化皇权的秦制。

实际上，当时的刘邦虽然号称皇帝，但刘氏子弟除了太子，都只是些拥有小城小邑的列侯。他死后，这些子孙面临动辄数十城之大的强势诸侯，恐怕更像是待宰的羔羊。刘邦想要消除异姓王威胁，像后来历史发展的那样发动了一连串剪灭异姓王的战争。若把中枢暴露在关东，他自己就会感受到巨大的现实掣肘和压力。他之所以能够听进去娄敬的说法，大概是因为这三个月，已经让他感觉到定都洛阳的风险和弊端。

其实，群臣在偷换一个历史概念，即秦的二世而亡与东周的五百年王朝。周平王迁洛与秦国立国是同时发生的。东周天子从周郑交质，郑庄公射伤天子，鲁桓公绕开周王室自立，楚国彻底无视周王室称楚王等事件开始，到战国时期列国纷纷称王，是一路走下坡。甚至东周在更多时间里，真正的实力只是一个小小城邦的体量，可以说是苟延残喘。到了末期，不仅本就不大的周国又分裂成两个小国，周赧王甚至连都城都彻底丧失了，寄居在王公贵族封地。而秦朝统一后虽然二世而亡，但秦国的五百年却一直是走上坡路的。春秋初期，秦国进入关中西部，开始称霸西戎。秦国虽然被晋国封锁，始终没能称霸中原，但却是与中原霸主晋国长期互相对抗的强国。不仅不止一次插手扶持晋国的继承人，而且还在另一个霸主楚国亡国后，出兵击败了东南霸主吴国，帮助楚国复国。秦国迁都至关中中部的栎阳与咸阳后的一个半世纪，更是迅速崛起为以一敌众的强国，最终成就帝业。秦二世而亡，纵然有错误政策之因素，但秦始皇猝死引发的继承人错位问题，二世在秦朝堂滥杀宗室与大臣，甚至阵前冤杀大将，不给前线军队供给军粮，多种因素叠加起来才导向了这个结果。而且刘邦依靠秦地最终平定关东，可见秦地的根基实力犹在。“秦地”选择了关东军政集团后，与刘邦携手二次统一中国。刘邦本人就是对秦国实力的二次检验者、试验者，他能够感受到秦亡的直接原因是秦二世庙堂的糜烂，而非秦国地缘格局的失误。群臣的这种说法，显然无法说服刘邦。

刘邦又专门询问忠实于自己本人的幕僚张良的意见，张良说：“洛阳虽然也很险固，但它中间的平原腹地狭小，方圆不过几百里。而且这里土地贫瘠，四面受敌，不是用武之地。关中东面有崤山与函谷关，西面有陇山与岷山，方圆千里土地肥沃，南面有富饶且封闭如后院一般的巴蜀盆地，北面有可以放牧养马的牧区。西、北、南三面是坚固的险阻之地，只用东面留有进可攻退可守的关道，就能够控制诸侯。如果天下安定，可由黄河、渭河运输天下粮食，往西供给京城的部队；如果诸侯有变，居天下上游高地可俯临东方下游，物资也能顺流而下，保障军事。这正是所谓‘金城千里，天府之国’，应采纳娄敬的说法。”

张良是韩国人，长期在环嵩山一带活动。洛阳附近就是张良的家乡，但张良能够回避乡情，对刘邦直言以谏，坚定了刘邦把汉朝都城迁回关中的想法。刘邦肯定也有一些基于自己经验的判断。

从刘邦大臣的角度讲，汉朝并不是迁都关中，而是还都关中。刘邦不是从洛阳搬家到关中，而是准备从关中搬家到洛阳，还没完全搬完就决定不搬了。张良说“入关便”，就是因为关中栎阳本来就是汉国都城，被汉国经营了三年多之久。刘邦这次转移都城，性质应该是还都，而不是迁都。萧何代表的汉文官集团已经与关中地方父老、豪族取得了长期合作积累下的互信。都城惯性的力量是非常大的。如果之前汉国都城就在这里，那么刘邦手下大大小小的大臣都已在关中安家置业，有了田产。即使他们觉得关中距离家乡太远，定都关中的阻力也不会特别大。

从秦地百姓的角度讲，刘邦当年第一个入关，是直接受降秦朝的当事人，又依靠入关时在关中收买民心的一套组合拳，深得爱戴和期待。之后项羽入关烧杀抢掠，毁掉咸阳，让秦地百姓憎恨与后怕。刘邦诛灭项羽，是为秦人报了仇。关中百姓愿意为刘邦效命，也不希望刘邦再离开关中。他们会害怕万一别的军阀进来，自己又要遭遇一次屠掠。

从刘邦的角度讲，如果不回到关中，那么诸侯叛乱的风险不只会发生在关东。关中被秦国经营为当时耕战传统最浓厚、交通水利等基础设施最发达的地区。这个地区，刘邦定都洛阳时，大概是希冀像东汉时期司隶校尉部纳入三辅一般，让关中作为面对关东异姓诸侯的京畿大后方存在。可是一旦爆发诸侯混战，洛阳可能三面环敌，远离关中。若刘邦不定都关中，一旦陷入东部战争泥潭出不来，秦地也可能会出现新的地方势力占据这个作为大后方的关中，那洛阳就会彻底成为四战之地。要知道刘邦此前的竞争者、同样曾经威震天下的章邯，在关中败亡才刚刚两年多。没有人能保证，如果刘邦不坐镇关中，关中的豪族依然会顺服于他，这或许也是刘邦又紧急将都城迁回关中的动机之一。因为他在这三个月可能察觉到自己对关中的控制力也有明显下降。

经过娄敬与张良一番地缘规律分析和历史经验分析，刘邦当天就起驾回关中，并当即将平民娄敬拜为郎中，赐国姓为“刘”，改叫刘敬，以堵绝群臣之念想，可见刘邦的决心之大。

此时距离定都洛阳仅仅过了三个月，关中差一点儿失都，但终归是有惊无险。可问题是，刘邦依然只能先迁回栎阳城。此时的西安市区附近，根本没有一个能用的城池。不过，秦咸阳城南岸当年留下的宫殿倒是很多……城池可以放一放，但宫殿可以先建起来。

（四）长安的诞生

刘邦回迁关中后，都城仍暂时是栎阳。刘邦的建都轨迹是：

南郑（一年）—栎阳（三年）—洛阳（三个月）—栎阳（两年）—长安

刘邦兴建都城长安前，故秦咸阳县的长安乡邑，是汉侯卢绾的长安侯国。卢绾是刘邦关系最铁、最亲密的发小。汉王时期，卢绾就已经被封侯，而且食邑是咸阳县南郊的长安乡，是昔日的秦咸阳“南岸新区”。这里是扼守渭河南北交通的要地，是咸阳北岸被项羽烧毁后关中最富庶的区域，是关中中部的新中心。《史记·韩信卢绾列传》专门强调：“至其亲幸，莫及卢绾。绾封为长安侯。长安，故咸阳也。”司马迁是在说，长安就是咸阳。刘邦封卢绾到长安，其实意味着封卢绾为“咸阳侯”，这是莫大的宠信。正如秦国曾经的长安侯，那可是秦始皇的亲弟弟。

刘邦回到关中，还是觉得咸阳附近尤其是秦始皇后期重点经营的咸阳渭河南岸区域，不仅形胜条件、资源条件都不错，而且项羽在关中的时间短，没来得及像在北岸一样，对南岸的离宫禁苑大搞破坏。渭河南岸留下的兴乐宫、章台宫，其实修修都还能用。于是刘邦选择在秦咸阳县的渭河南岸建新都。但这样势必要征用长安乡邑，那么就要徙封卢绾。刘邦果然没有让亲密的发小失望，卢绾虽然失去了最富庶的列侯食邑，却直接被刘邦封为了燕王。卢绾是刘邦同乡的丰沛功臣中唯一被封王的。大概只有封诸侯王，才能弥补卢绾“咸阳侯”的损失。

公元前 202 年，汉朝建立当年，长安乡被汉廷收回，设置为长安县。但此时长安县没有城池，也不是都城。长安都城建设的第一步是修整秦朝留下的离宫兴乐宫——先有一座皇宫再说。刘邦回迁栎阳之后，就开始将长安的

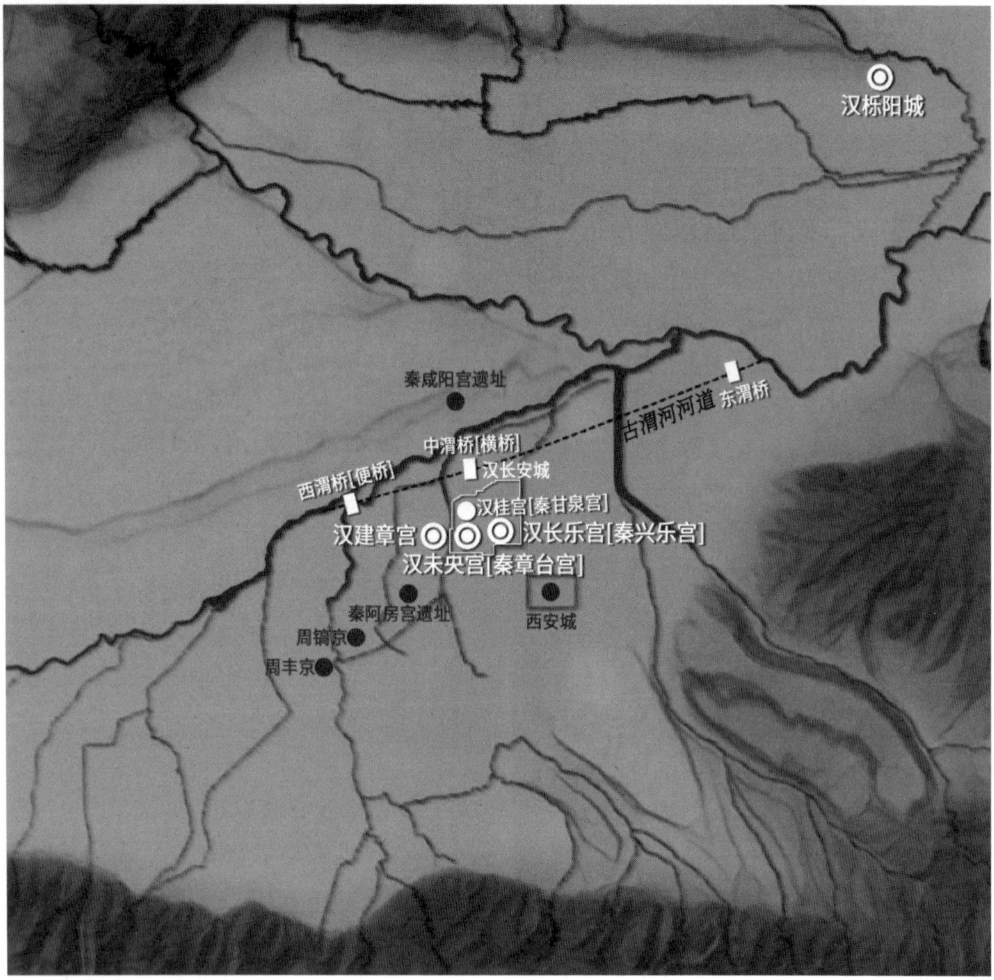

图 49　汉长安城主要宫殿分布

秦兴乐宫改建为汉长乐宫。

公元前 200 年，汉长乐宫建成，汉朝正式迁都长安。这是汉朝的第一座皇宫，是后来的西汉长安三大朝宫之一。汉朝的宫城，除了皇宫，仍兼具中央官署机构与府库的内城性质。长安县的长乐宫建成后，官员就有足够的办公场所。于是汉朝的官员自丞相以下全部徙至长安办公。

刘邦登基初时，在洛阳南宫的酒宴上，群臣饮酒争功，一个个喝醉了耍酒疯，在大殿上大呼小叫，拔剑砍皇宫的柱子，当时刘邦就很闹心。现在，都城的朝宫终于修成，大儒叔孙通为刘邦制定的礼仪制度也开始实行。在群臣来朝贺长乐宫建成的典礼上，群臣按仪式规章行事井然有序，皇帝则充满威严。宏大宫殿里的酒宴上，一片肃穆，没有人再敢喧哗失仪。刘邦感慨地说："吾乃今日知为皇帝之贵也。"

长乐宫落成后，丞相萧何继续征发关中民力，在长乐宫西边的秦章台宫基础上营建更为恢宏的汉三宫之首的未央宫。

公元前 199 年，刘邦在关东与异姓王作战后回到长安，见萧何营作的未央宫如此宏大奢华，怒问萧何："天下动荡不止，苦战多年，最终成败还不知道属于谁，为什么要过度修建宫室？"萧何说："天下现在没有平定，因此趁着战时征用民力的便利修建宫室。天子以四海为家，非壮丽无以重威。一次性修建成功后，就可以让后世不用再反复扩建以增加民众负担。"刘邦这才高兴起来。

未央宫建成，诸侯群臣又来未央宫前殿为刘邦的父亲太上皇祝寿，刘邦于是问父亲说："您常认为我无赖，不能治产业，不如二哥会干活。今天我置下的产业与二哥比，谁的多？"殿上群臣皆呼万岁，哄然大笑。长安两大宫城修建完毕，代表长安城已经初步建成。但刘邦的老父亲太上皇刘太公还是住不惯长安的宫殿，后来仍然住在栎阳宫。

《西京杂记・卷二》记载，刘邦在长安东边、栎阳南边，兴建了一座完全模仿家乡丰邑街道和住宅的城邑。他将家乡的邻里街坊都迁徙到这里，修建成和家乡一样的场景，让乡亲们陪伴习惯了斗鸡走狗的乡土生活的太上皇。这里与栎阳距离更近，太上皇经常来这边玩乐。刘邦将这座城池起名为新丰，用以怀念自己昔日的家乡。这就是今天西安临潼区的新丰镇。太上皇最终驾崩于栎阳宫，葬在了栎阳旁边的荆山原上。栎阳城内于是增设万年邑，成为朝廷直辖的太上皇陵邑。

荆山原旁的栎阳，与马额原旁的新丰，恰好一南一北成掎角之势，扼守住了关中葫芦形缢细处，相当于分别守住了长安的东部渭河南北之门户。这两座以太上皇名义修建的、攥在皇帝手里的城邑，背后其实也体现出刘邦构建长安城面对关中东部的城防布局思想。

刘邦称帝后几乎每年都在御驾亲征。长安城舒适的宫殿，他并没有住过几天。在晚年最后一次征讨英布后，刘邦身受箭伤，病情不断恶化。公元前195年，刘邦归京途中专门绕到家乡沛县养伤。他与家乡父老相怀高歌，亲自写下了《大风歌》，并流着泪说自己死后，魂魄仍会回到家乡沛县。刘邦其实更想回到关东的家乡做太平天子，然而，激烈的东西博弈，让他不可能选择缺乏地形优势的第一阶梯平原地带。

当刘邦回到长安，躺在长乐宫中，已经病入膏肓时，他最小的第八个儿子刘建也终于受封为王。依靠关中的形胜优势，除了忠心汉朝且偏远的长沙王吴臣以外，刘邦通过一次次出关作战，入关休养，终于剪灭了所有异姓王。他与列侯立下白马之盟，非刘氏不得称王。

皇帝以关西为中央辖区，将关东分封给皇子，其实就是秦始皇统一之后，丞相王绾与博士淳于越等人反复劝秦始皇实行而秦始皇反复拒绝的分封皇子之郡国并行制。刘邦用一生不停歇的奔波，终于换来了与秦始皇一样的宫殿、一样的都城、一样的帝国，外加秦始皇可以轻松实现却断然拒绝的郡国并行制度。

刘邦最终给自己的八个儿子都安排好爵位后，撒手人寰，病逝于长乐宫。他的魂魄可能从长安，飞跃新丰，飞跃洛阳，飞跃荥阳，飞跃芒砀山，回到了沛县丰邑……可他的子孙，注定要在长安，书写中华历史的又一次巅峰辉煌。

不过，紧跟着刘邦成为长安皇帝的，是他孱弱的嫡子刘盈，即汉惠帝。汉惠帝只是自己的母亲、刘邦的妻子吕后的傀儡。他在位仅六年多，没有干出什么成绩，却给长安留下了一个永恒的业绩。是他，给长安城修建了郭城城墙。或者说，从夏商的崇邑，到西周的丰镐，再到秦代的咸阳，以及刘邦时期的长安，西安市区一带的中心聚邑甚至天子都邑，竟然从来没有被考古发现有郭城城墙。而碌碌无为的汉惠帝刘盈，却为西安都城史留下了第一座郭城。残存的汉长安城城墙的夯土墙砖纹路，至今仍然隐没在遗址区的荒草之中，历经两千余年犹在。

长安城，终于破茧而出，书写中华都城史上一段段最浓墨重彩的记忆……

第六章

西汉：神宫起建章

建章宫馆侯群仙，
刘郎终归茂陵土。

汉初，在汉武帝最后实现改制成功之前，仍旧实行郡国并行制。众多封邦建国的诸侯、列侯是贵族社会在后战国时代最后的回光返照。针对关东诸侯，扎根关西的汉朝最终以军事胜出，将其实权瓦解。针对功臣列侯，汉朝经历了三次改制，对列侯赖以存立的黄老制度进行持续替代打击，才最终将其弱化。西汉作为上古贵族社会的尾声，完成了历史转型的使命。

（一）被边患磨砺出的汉军

秦朝统一后，秦始皇派秦军北击匈奴，将其逐出河套地区，并加强对匈奴的防御。不久之后，匈奴太子冒顿弑父夺位，成为匈奴单于。冒顿相继击败东胡、月氏、楼烦、白羊王、丁零、浑庾、屈射、鬲昆、薪犁等部，统一草原，建立匈奴汗国。楼兰、乌孙、呼揭等西域二十国，最终也被匈奴征服。冒顿还趁秦汉之际中原大乱，夺回河套地区。这是秦第一次统一中原后，紧随而来的北方草原的第一次统一。

汉高祖刘邦再次统一中原，北征匈奴，试图再次将其驱逐，却遭遇白登山之围。刘邦不得不与匈奴冒顿单于达成协议，与匈奴约为兄弟之国，并积极将汉室公主嫁给匈奴单于。汉匈和亲是隐晦的“嫁妆贸易”。汉朝给予匈奴丰厚的物资，设立关市，让匈奴人尽可能地通过和平方式得到汉朝物资，以避免他们频繁地侵扰汉朝边境。大规模的全面战争虽然停止了，但匈奴各部对汉朝边境的抢掠行径并没有被杜绝。匈奴仍不时侵扰汉朝边境，其中有两次规模很大，震动了京师长安。

公元前 166 年，汉文帝前元十四年，匈奴老上单于率领十四万骑兵攻入萧关。汉代的萧关在今宁夏固原东南，扼守在六盘山山口，是关中四关中的北部名关。萧关是陇上地区与关中的咽喉，主要把守两条由西北方向进入关中平原的古道：一是沿着泾河河谷的泾河道，二是沿着汧河的回中道。

匈奴攻入萧关，杀死了北地郡都尉，并派了一支奇兵烧毁了秦汉时期的皇帝行宫回中宫，又派出侯骑深入塞内，到达了关中北部边缘的汉甘泉宫一带。秦代甘泉宫在西安，汉代的甘泉宫是另一座在今陕西淳化县的行宫，由秦代林光宫改建而来。汉甘泉宫处在关中北山附近的台原上，再向南就会到达汉朝的京畿禁脔关中平原。

这次，匈奴深入汉境，逼近汉朝京畿。汉文帝不得不在长安渭河对岸的渭北地区临时部署十万骑兵，以防备匈奴入侵长安。汉文帝甚至要御驾亲征，但被太后所劝阻。陇西、北地、关中三地的汉军最终一同围向匈奴军，老上单于抢掠一个多月，并摸清了汉朝的防御形势才最终离去。

公元前 158 年，汉文帝后元六年，匈奴三万骑兵进入上郡，三万骑兵进入云中郡，再次大规模犯边。这一次，匈奴虽然还没有进到腹地，但声势浩大，烽火已传到长安。汉文帝在长安北、东、西三面设棘门营、霸上营、细柳营为京师三大营，护卫长安周全。

棘门营在渭河北岸的长安正北，扼守渭水。霸上营在白鹿原北头，扼守灞水。关于细柳营，后世有三种说法：一是今咸阳市区西南的渭北两度寺附近，二是今西安市区西南的长安区细柳街道，三是长安区王寺街道的细柳营村。由于细柳营据说在细柳仓的东边，而考古发现细柳仓应在两度寺附近，细柳营的具体位置可能并不在长安区偏南的细柳街道一带，而是在两度寺以东，渭河与沣河交汇处的长安区与咸阳市区交界一带，长安区王寺街道的细柳营村附近。这里相比细柳街道更接近防御匈奴的前沿，扼守沣水。

西边的沣水、北边的渭水、东边的灞水，加上南边的终南山，长安与西安就是这样被三河一山四面合围。因此，京师三大营实际上就是从三面扼守三水，防止匈奴进入京郊。

汉文帝去三座大营视察军队时，棘门营与霸上营都军纪松懈，皇帝队伍一路没有遇到阻拦。当汉文帝到周亚夫的细柳营时，却被整装待命的士兵要求出示将令，不得纵马驰骋，即使是皇帝也必须遵守军规。当拜见皇帝时，周亚夫同样身穿铠甲，只向皇帝行军礼，以保持随时与匈奴作战的状态。这就是周亚夫军细柳的典故，汉文帝因此很欣赏周亚夫。

当地方上的汉军集结完毕后，匈奴又劫掠数日才离开汉境。虽然匈奴始终没有进入关中，但这两次深入汉地，尤其是京师所在的西北板块，仍然对汉廷震动很大。

匈奴这次大规模入侵后的第二年，汉文帝去世。继位的汉景帝虽然无法转守为攻，但在和亲的同时，他已经在边境对匈奴展开积极的作战姿态。这以后，匈奴才无法像之前那样动辄大规模地入侵汉地。不过，这也得益于汉朝内部的叛乱被整体上平息。

汉独有三河、东郡、颍川、南阳，自江陵以西至蜀，北自云中至陇西，与内史凡十五郡。(《史记·汉兴以来诸侯王年表第五》)

汉朝前期，朝廷直辖的范围，只有大体与战国晚期的秦国国境一致的半壁江山。刘邦当年剪除异姓王后，分封自己的兄弟子侄为诸侯王。除了兄弟与侄子的封国较远，主要的诸侯国都封给了自己的七个儿子。但当时刘邦的儿子们，除了庶长子刘肥和惠帝刘盈外，都是些没有长大的孩子。惠帝与刘肥又早逝，惠帝之母吕后立惠帝两个庶出的幼子相继做皇帝，自己临朝称制，把握大权。她又杀了刘邦几个即将成年的幼子诸侯，立了一些在京师而不就藩的吕家子弟，以及刘盈的幼子为诸侯。

吕后去世，刘邦的庶长子长孙，齐王刘襄煽动关东诸侯，以诛除吕家为由，想要发兵攻打关中。丞相陈平与太尉周勃果断诛杀吕氏权臣和诸侯王，并迎立较为年长且辈分最高的刘邦第四子——刘恒即位，及时堵绝了刘襄杀入关中夺取帝位的念头。刘恒即位时，除了刘邦长孙齐王刘襄与刘邦第七子淮南王刘长外，其他的诸侯王经过吕后与陈平、周勃等多次清洗和替换，普

图 50 西汉分封图

遍都是少儿或少年，暂时威胁不到朝廷。

汉文帝为了防止诸侯叛乱，将国君较为年长且辈分较高的齐国一分为七，淮南国一分为三。齐国是第一大诸侯国，齐国被分割后，汉文帝又将次子刘武分封在梁国，也就是战国后期的魏国大梁，即今河南东部一带。齐国与梁国在西边抵住朝廷辖区，基本上实现了与当年秦国统一前一模一样的地缘优势，对关东的南方与北方实现中线切割。

公元前 154 年，继位仅三年的汉景帝，眼见诸侯们的年龄越来越大，开始掌握国政，便着手削藩。但此举却激起了吴、楚、赵三个大国，以及济南、淄川、胶西、胶东四个齐国分出来的小国联合发动叛乱，一起进逼关中，史称“七国之乱”。

经过二十余年的休养生息，汉文帝励精图治，发展经济，朝廷的实力实际上不弱。汉初长期采取和亲政策，是因为内部还有很多帝制建立之初的结构性问题没有解决。但匈奴的重心在西北方向，处于西北的汉朝中央辖区，实则是替中原与南方内陆腹地的诸侯国抵挡住了当时强大的匈奴军队。西周分封关东，主要因为关东遍布夷狄，关东诸侯是替关中朝廷抵御外族，朝廷予以支持。西汉分封关东，却恰好反过来，是匈奴在西北，朝廷替关东腹地抵御外族，得到发展的关东诸侯供奉朝廷，支持朝廷。

长期守卫西北边防、与戎胡作战的朝廷军队，在一轮轮对匈奴的防守与厮杀中，早已经百炼成钢，经过长期磨砺成为一支战斗力彪悍的部队。关东的七国军队深处腹地，不闻边塞刀枪之声已经数十年，承平日久，忘战且厌战。当七国叛军试图杀向长安时，他们低估了来自关西的汉军。

齐国分出的四个小国的叛军，被分出的另三个忠于朝廷的小国牵制在齐地。外戚窦婴驻守在豫西的荥阳，汉景帝的一母胞弟梁王死守在豫东的梁国，将南方的吴楚联军与北方的赵军切割为一南一北，迟迟无法会合。待汉军集结完毕，以太尉周亚夫为首的三路汉军东出，将南方的吴楚联军、北方的赵军、中线的齐地四国叛军逐个击破。关东承平日久的诸侯联军，遇上与匈奴长期斗争的汉军，竟不堪一击。西汉历史上最大的一次军事危机，这场声势浩大的七国之乱，只持续了三个月就被迅速平定，叛乱的诸侯连关中的大门都没摸见。这个与秦末反秦战争迥然相异的战争结果，以及汉廷之强大，让一度仓皇失措的汉景帝都没有料到。

（二）诸侯与列侯，最后的贵族们

七国之乱中，齐、楚、吴，关东三个力量最强大的板块，实力骤然塌陷。汉景帝趁势收夺各诸侯国的支郡、边郡，继续调整了诸侯国的地盘，分化较大的诸侯国。汉景帝将自己的八个儿子分封到关东，将自己的同母弟弟梁王扩充为有四十城封地的最大诸侯王。他还把自己老师晁错的师弟，在七国之乱中领兵保卫长安的师叔兼堂叔刘礼封为新楚王。

七国之乱后，十八个关东诸侯国，有超过十个且较大的诸侯国是绝对忠心于汉景帝的。

公元前 145 年，借着诸侯暗弱、朝廷强势的契机，汉景帝颁布“中五年令”，开始瓦解关东诸侯王对封国的实际治权。

以前，诸侯国只有丞相是朝廷下派，其他大臣都由诸侯自己任命。汉景帝“中五年令”发布之后，诸侯王不能再任命官员，诸侯国的丞相只能叫相，而且诸侯国的国家官员配置大幅度缩减。实际上，此时的诸侯国已经是朝廷直管。关东封国虽然名义上还没有实现郡县化，但诸侯王已经基本失去了对本国的人事权、财政权、军权、司法权的掌控，只剩下享用“衣食租税”的权力。汉武帝后来的推恩令、左官律和附益法，无非是以立法形式，加速已经被直管的诸侯国裂变转型为郡县，是顺水推舟的收尾阶段。汉景帝的“中五年令”，其实才是诸侯由实封转向虚封的里程碑事件。

这一年，距离汉朝建立已经五十余年，距离秦朝统一华夏已经七十余年。秦始皇拒绝分封关东诸侯，进行激进的去贵族化改革。秦朝很快亡于关东贵族复辟力量。汉朝建立时，平民出身的刘邦，一方面要用平民理念抑制贵族理念，要尽可能地继承秦国地缘遗产与制度遗产来克制大封建制度对朝廷的威胁；另一方面，他也要尽可能地满足关东时人对封邦建国、在地方上近距离册立主君的诉求。毕竟刘邦就是以灭秦而立国的，他不可能完全走向秦制，只能尽可能平衡秦制中央集权与周制大封建分治。他在关西实行中央集权，在关东实行大封建，是一种为了弥合社会裂痕而不得不做的双向妥协。

从陈胜起义到汉武帝早期，也被不少学者称为“后战国时代”，因为这个时期并非完全实行中央集权郡县制，而是郡国并行制，是以汉廷主导的最后的大封建时代。这是对矫枉过正、刚则易折的秦制的纠偏和调整。

在这个过渡期，有两大贵族阶层：被分封在关东的宗亲诸侯贵族；多在关中朝廷担任大臣、将军的功臣列侯贵族。

从刘邦剪除异姓诸侯王，到汉景帝平定七国之乱，关东诸侯问题被基本解决，但列侯问题仍然是一大困扰。列侯，是秦汉军功爵制下，凭借军功获封食邑的二十等爵之最高爵位。如果说诸侯是国君，那么列侯大致可与周代作为采邑主的大夫对等。

秦朝在统一后推行的是虚封列侯，与苛刻的封侯标准导致秦代可考列侯数量稀少不同，刘邦时代分封了约一百五十个列侯。可见，刘邦虽然承秦制，但他尽力将郡县制国家结构与封建制肌理进行弥合。因此，这个郡国并行的“后战国时代”，也往往被认为是中国上古贵族社会的最后一个阶段。尽管这一批贵族，多是从平民阶层中诞生，而非如夏、商、周、秦的祖先那样的原生贵族。

汉初的宗亲诸侯与功臣列侯，在某种程度上构建了关东、关西，一外一内的制衡关系。如果担任大臣的列侯在长安对皇帝不利，将遭遇外围的诸侯围剿。如果在关东自治的诸侯不听命于长安的皇帝，那么功臣列侯组成的强大官僚集团就会替皇帝征讨诸侯。七国之乱就是如此。

但汉朝皇帝是平民出身，推崇齐民思想，这从西汉皇后的出身就可见一斑。汉文帝的窦皇后原本是个宫女。汉景帝的王皇后原本是一个来自民间的二婚女子。汉武帝的卫皇后是奴婢出身。汉宣帝的许皇后也是平民出身。汉元帝的王皇后也是宫女出身。正因为刘邦家族是平民出身，他们才没有贵族包袱，才有能力建立融合西方秦人、东方楚人，融合底层平民和上层豪族的，共同体认同感更强的帝国社会。但这种齐民立场，又与贵族社会理念格格不入。

皇帝想要加强皇权，伸张齐民理念，就需要削弱皇帝与平民中间的各级贵族。对诸侯，军事打击成为决定性的途径。对列侯，就没那么简单了。

刘邦作为最具权威和实掌军权的开国君主，对如彭越这样的开国异姓诸侯王都可以随意冤杀，但除了反叛的陈豨与被吕后越过刘邦杀害的韩信二人，刘邦却不敢轻易对列侯动杀心。甚至对雍齿这个与刘邦素来有仇的列侯，刘邦都不能轻易怪罪。从高祖到景帝的倒数第二个丞相，西汉开国六十多年间，除了吕产这个外戚短暂地担任相国，其他十二个丞相全部来自开国功臣集团。这些垄断了西汉前期相权、被称为“与皇帝共天下”的开国功臣，是最强势的一批列侯。保卫列侯这一级贵族的地位、权力和尊严，就是这个集团的优先选择。

> 道生法。法者，引得失以绳，而明曲直者也。故执道者，生法而弗敢犯也，法立而弗敢废也。（《黄帝四经》）

西汉开国，官方推崇黄老道家的主张。黄老道家首尊黄帝，其次尊老子。黄老道家于稷下学宫诞生起，就将很多学术著作托名为黄帝之术。黄帝是人君南面之术的鼻祖，也就是统治术的鼻祖。老子是道家的鼻祖，讲求无为。黄老合称，就是把道家的“无为”糅进统治术来进行统治。除了君主无为而治的政治主张外，黄老道家还有“道生法”的法治主张。其实在很多学者的研究中，法家与道家同源。只不过黄老道家主张温和法治，与同出稷下学宫的齐法家相近。不少战国时期齐法家的诸子大师，如慎到、田骈等，也同时被归为黄老道家。而秦国所推崇的秦晋法家，则是韩非、李斯等人创立的更激进的法家流派。即使如此，司马迁在《史记》中仍然为老子与韩非作合传《老子韩非列传》，并将其“归本于黄老”，认为秦始皇最欣赏的韩非子就是黄老道家。

与常人认为的不同，最早提出将“无为”作为治国理念的，不是西汉的“无为而治”，而是秦始皇亲政前的秦国。吕不韦公开发布在咸阳城中，让时人千金难改一字的《吕氏春秋》中，就明确提出了“无为而行”。应该说，黄老道家与讲究修性的老庄道家不同，它其实是最接近法家思想的。在秦朝崩溃，秦晋法家臭名远扬之后，黄老道家能够兼容法治，是替西汉继承秦制进行救场的，是为了最大化地批判性保留秦制。

黄老道家作为继承秦制的接近法家的学说，自然也是维护秦汉二十等级军功爵制的理论。依赖军功爵制维护列侯这个贵族身份的西汉开国功臣集团，自然也最为推崇黄老道家。何况，黄老道家主张君道无为，相比法家又是限制君主权力，提倡强化相权与大臣权力的学说。汉初历任皇帝想要削弱列侯这一级贵族，就往往要从抑制黄老学说入手。

当年反对秦始皇与秦制的儒家，在经历秦汉之际的挫败后，也改造了自己的根本理论。从反对中央集权，提倡恢复周制大封建，转型为拥护中央集权，提倡用“众建诸侯少其力”，也就是不取消分封，但把诸侯分封得特别小、特别碎，用虚封的方式令诸侯没有实力与朝廷对抗，从而实现大一统。儒家开始成为皇帝打击列侯与黄老道家的理论提供者和操盘手。

（三）儒家的大起大落

汉文帝为了伸张皇权、打击功侯，曾发起改制，采纳了已故儒生贾谊生前改正朔、易服色、兴礼乐、定官制、封禅泰山等儒家改革主张。汉文帝的主要帮手是名儒公孙臣与术士新垣平。公孙臣负责儒家礼制改革方案的操作，新垣平负责制造各种天兆、祥瑞、谶纬。这就是要尊崇儒家而废弃黄老道家的地位。但最后，汉文帝的这次改制还是失败了，因为新垣平制造祥瑞的把戏露出马脚，被拱卫黄老道家的功臣集团抓住了把柄。皇帝原本都已经宣布改元年，准备大刀阔斧地改革，迫于压力却不得不放弃。

汉武帝继位当年，看到了儒生董仲舒提出的春秋大一统，也立马要实践。他把当时最有名望的大儒申公请到了长安，让他负责设计和主持建造儒家超级礼制建筑——明堂。武帝还把申公的弟子、名儒赵绾推为三公，成了当权高官。这次改革被称为“建元新政”。

可汉武帝当时只有十六岁，缺乏斗争经验。很快，代表黄老道家的开国功臣子弟就开始反击他。功侯们依靠崇尚黄老道家的太皇太后的支持夺回相权，对儒家官员进行打击。赵绾、王臧等主抓改制的儒家公卿被杀。外戚出身、支持改制的丞相与太尉全部下台。三公俱倒，九卿也超过一半都下台了。申公还没开始建明堂，就灰溜溜地回了鲁地。刘彻也成了受制于太皇太后的傀儡皇帝。第二次针对黄老道家的儒家改制又失败了。

儒家的失败，与少年汉武帝的失败是绑定在一起的。这也注定了汉武帝的翻身，会连带着儒家的翻身。十五年后，汉武帝已经彻底掌握了军权和政权，儒家也终于熬到了登顶的时刻——儒生拜相。

御史大夫一职，等同于"副丞相"，将来大概率能升为下一任丞相。汉武帝在功臣子弟张欧卸任御史大夫后，原本想让孔子的嫡系子孙、大儒孔臧接任御史大夫，好为儒家拜相做铺垫。但孔臧或许害怕斗争太激烈，坚决推辞不受。汉武帝只好又将名儒公孙弘推为御史大夫。多年后，公孙弘果然以七十多岁的高龄拜为丞相。由于他并非列侯，汉武帝还专门先封其为列侯。汉武帝首开无战功而封侯，为拜相而先封侯的先例。此举严重打击了列侯制度。

汉武帝让儒家公孙弘当了丞相，而且建立郡县学、太学，将儒学定为了官学。这就是独尊儒术。汉武帝已经独尊儒术，让儒家掌握了相权，垄断了官学，抓住了入仕渠道。黄老道家的理念被压制，按说汉武帝应该趁热打铁，发起西汉第三次儒家改制。可汉武帝已经不是当初那个意气用事的少年了。公孙弘当了五年的丞相，反复提出让皇帝再次发动儒家改制，重启明堂修建工程，让儒家宏大的超级礼制建筑矗立在长安城中，向天下昭示儒家在汉朝的独尊地位，象征儒学的神圣地位。可是，汉武帝竟然始终拖着不批准。长安的明堂其实从汉武帝初年一直烂尾，是到了西汉末年、王莽专政的汉平帝时期，由王莽最终修成的。

汉武帝到了中年，越发老到，终于明白了权力之道在于掌握杠杆，居中协调决策，扶弱抑强，平衡各派，制衡有坐大趋势的一方，避免任何一方尾大不掉。汉武帝虽然扳倒了功臣集团，但公孙弘死后，汉武帝就不再让儒家当丞相，反而又主动起用功臣子弟为相。这就是王道、霸道杂之，内用黄老外示儒术，外儒内法的制衡之道。整个汉武帝一朝，半个多世纪，也就公孙弘这一个儒家丞相而已。

公孙弘去世，儒家刚刚拥有的相权得而复失。为了怀柔儒生，汉武帝在泰山建了一个明堂。这又是个折中之道：明堂是要建的，但不是在京师长安城建，而是在儒家的大本营泰山建。此举是在刻意限制儒家的影响力，儒家被冷落得猝不及防。

儒家原本奋斗在对抗黄老道家的第一线，是皇帝打击黄老道家与功臣列侯的学术支撑力量。汉武帝放弃了儒家，难道要拐回去继续任用黄老道家？不，汉武帝为了同时抑制强势的黄老与儒家，起用了神教的方术士。

汉武帝重用方术士不全是为了寻仙问道。在术士公孙卿出现以后，他也在用神教与术士重塑各地信仰，瓦解黄老理念，甚至抢夺黄老道家的神主牌。公孙卿为包括五岳四渎、汾阴后土在内的，皇帝对整个天下的祭祀体系提供理论支持。这些祭祀理论强调皇帝对全天下，包括广大的关东地区，拥有教权、祭祀权，当然就更拥有治权、舆论引导权，而诸侯王则没有。这就是强化集权的一个途径。

公孙卿还设计让汉武帝重建神教体系，将楚地神明东皇太一引入关西的五方上帝体系，作为整个汉朝天下的至高神。昔日包括黄帝在内的五帝，沦为了东皇太一神之佐，成了低一级的神明。汉武帝在淳化县修建了祭祀太一神的神坛，与东皇太一神沟通。他经常去甘泉宫驻跸，表面上是祭神，其实是为了摆脱长安贵族的掣肘。汉武帝成了东皇太一至高神的代言人，拥有对东皇太一的解释权。多神信仰向一神信仰集中，皇帝的权力也就顺势被集中。

（四）神明台——贵族的墓碑

黄帝是黄老道家的神主牌。黄老道家言必说黄帝如何如何善于治国。他们于是用黄老之道，要求汉武帝也应该如何如何遵守黄帝的教诲和经验。

公孙卿编排说，他找到了齐国申公的遗书，上面记录了黄帝如何飞升成仙的过程。公孙卿此举是对黄帝形象进行神化改造。他硬是把黄帝重新塑造成了一个不食人间烟火的神仙。在公孙卿之前，人们提到黄帝，认为那是一位治国能手，汉武帝应该学习他。公孙卿之后，人们提到黄帝，那就是一个神仙。汉武帝不用再学习这个神仙，正如后世的皇帝们不用学习玉皇大帝这个神仙如何治国。黄帝成神而不是人，那他的一切作为和理论，就不是凡人能学习和模仿的了。黄老让武帝尊崇黄帝，那就尊崇到虚无缥缈的天上。这等于是把黄老道家的神主牌给偷梁换柱，釜底抽薪，篡改人设了。这就是用神教打击文教的典型案例。

公孙卿甚至掐好了各种与黄帝相关的祥瑞出现的时间点，让汉武帝发现宝鼎等事件呼应黄帝传说。公孙卿也为武帝设计寻仙方法，向民间表明武帝是黄帝的继承人，将来会和黄帝一样升仙。汉武帝把自己塑造成了黄帝的继承人，在这场造神运动之后，黄帝的解释权竟被汉武帝本人给垄断了。黄帝是怎么回事，黄老道家说的不再算数，汉武帝说了才算数。黄老敢说黄帝没这么神，汉武帝就会给他们扣一顶反黄帝的帽子，他们还做什么黄老道家。

当这些方术士取代儒家站在了理论斗争最前沿，黄老道家竟无还击之力，儒家也只能坐看神教忙碌，而自己被冷落。

汉武帝最终发起太初改制，将推崇列侯的汉初之制彻底抛弃。这次改制虽然仍以此前两次儒家改制的方案为蓝本，实现了改正朔、易服色、定汉制、封泰山等举措，但重用的多是齐地方士与巴蜀术士，如公孙卿、壶遂、邓平、落下闳、唐都等人。汉朝终于改制成功了，汉武帝将当初刘邦制定的外黑内红的服色改为了黄色，将汉朝由沿用秦朝的水德，改为了替代秦朝的土德。汉家，从此自有汉家之制。汉家的大一统中央集权，是众封建、虚分封的大一统集权，为历代所效仿，而非秦朝的皇子为匹夫的零分封大一统。

汉武帝最终在长安兴建的超级奇观建筑、至高建筑，不是代表儒家的明堂，而是呼应方术士之神教的神明台，以彰显方术士之功劳。

神明台修建在未央宫西，长安城外上林苑内的建章宫中。建章宫源自建

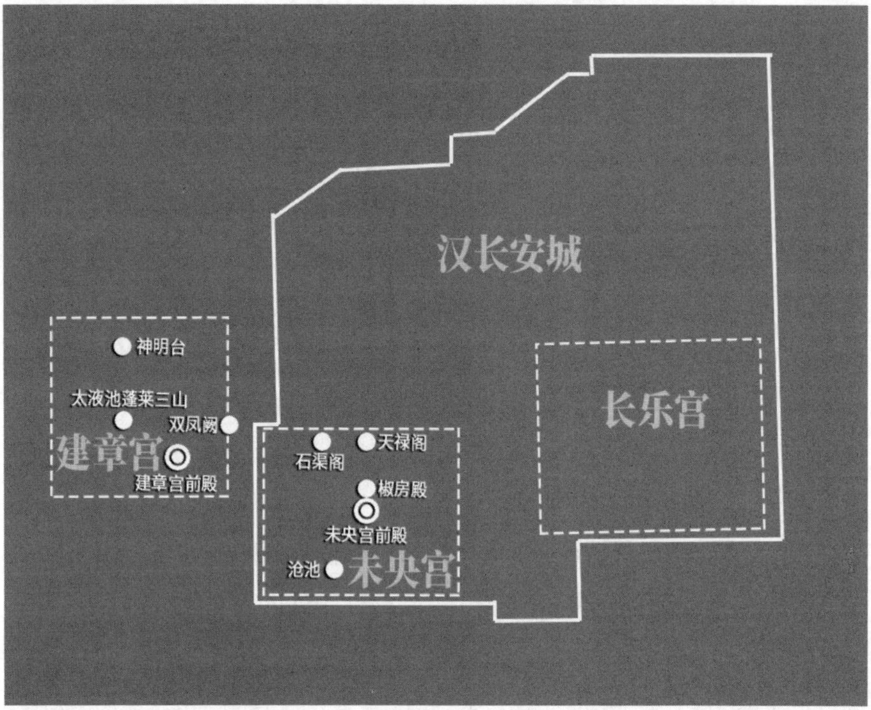

图 51 汉长安城三大朝宫

章营，是汉武帝建立禁军的场所，是汉武帝与长安贵族斗争的一大基地。建章宫在汉武帝后期建成后，取代了未央宫的朝宫地位。建章宫的建筑主题，就主打“神明”。

建章宫东门外有两座铸有铜凤凰的阙楼。现今的西阙台基仍然保存有十一米残高，在西汉时，按记载有五六十米高，基本赶上今天西安大雁塔的高度。

建章宫前殿地基残基与未央宫一样高达十余米，在当时十分宏伟华丽。宫中有太液池。唐长安大明宫的太液池，金、元、明、清北京的太液池（今北京三海合称），都是取名自建章宫太液池。太液池是引昆明池水积蓄的一个宫廷人工湖，池中有渐台，高五六十米，上面还堆有三座假山，象征东海传说中的瀛洲、蓬莱、方丈三座仙山。建章宫中高台建筑遍布，是处处致敬神仙的宫殿，可谓西汉神宫。

太液池北，就是整个西汉长安最高大的奇观建筑“神明台”。

根据《史记·封禅书》记载，建章宫北的神明台和井干楼都是五十丈，约今一百一十五米。神明台的高台上有一座铜仙人手托承露盘，接天露细流直下，像个小瀑布。魏明帝后来曾想把汉武帝的承露盘搬到洛阳，结果承露盘不小心被折断，巨大的断裂声很远都能听到，可见其巨大。西汉的长安城百姓，大概都能远远地看见这个仙人铜像。

井干楼是木构的高楼，与神明台并列对峙。两座高大的建筑之间有飞阁辇道相连。这些悬空的阁道很宽，都可以走皇帝车驾。建章宫有飞阁与未央宫相连，各种高大的楼阁宫宇错落有致，廊腰缦回，钩心斗角。

唐长安城的最高建筑，据推测也就是一对不到一百米的大总持寺塔和大庄严寺塔，即今西安木塔寨遗址上的昔日两座高塔。须知，汉武帝时期比唐朝早了七八百年。汉武帝时期的这些建筑，代表的正是术士群体背后的神教。儒生看到长安四处可望见的超级奇观建筑终于建成了，但不是他们心心念念的礼仪建筑明堂，而是在他们眼中不入流的方术士群体的象征，心中对汉武帝的不满可想而知。

黄老道家也从此衰败，逐渐退出了历史舞台。随之覆灭的，还有开国功侯这个最后能与皇帝共天下，垄断相权、限制皇权的贵族群体。虽然“侯”这个爵位始终存在，但汉武帝时的列侯，如长平侯卫青主动不再揽养门客，而趋于官僚化、裙带化。西汉后期外戚专权，王氏外戚五名子弟被一日封五侯，彻底打破了西汉无功不封侯的制度。作为外戚，这些列侯逐渐是依附皇权而存在，不再像开国功侯群体那样，是与皇帝共治天下、仍具有阶层与集团独立性的分封贵族。

诸侯被虚封，列侯失去了相权。贵族爵位虽然还在，但已经无法抗衡皇权，必须依附皇权。汉武帝酎金夺爵，为了一点儿小过错，就一次性地削去了半数列侯的爵位。皇帝敢于犯众怒，是因为以卫青为首的新一批汉武朝列侯不以贵族自居。旧贵族功侯丢了祖传的饭碗，却拿皇帝没什么办法。此时，皇帝也通过不断实行全民赐爵，稀释军功爵的特权性和阶层性。通过让民爵泛滥，皇帝大大扩大了编户民群体，让平民与皇权站到了一起，成为皇帝最广泛的执政基础。这是齐民意识的第一个历史高峰。

西汉后期，随着军功爵制的逐渐轻滥，儒家职业官僚的崛起，以及原本与列侯存在双向制衡的诸侯王权的瓦解，留有世卿世禄遗风的西汉贵族逐渐退出历史舞台。贵族社会，开始了它的终结倒计时。历史将从西汉这个贵族时代的尾声，走向全新的士族时代。

在这个过程中，儒家虽然短暂地遭遇挫折，但已经被定为官学，仍未来可期。只有昙花一现的神教与方术士群体，在汉武帝去世后，便失去了尊崇的地位。象征着神教与方术士的长安最高建筑神明台以及建章宫也被冷落，很少有人传颂这些汉长安最宏伟的建筑杰作。因为它们不再具有神圣性，甚至后人不知道它们是因何而建。

大封建社会，终于一去不复返。

第七章

西汉：汉武帝西略

百蛮奉遐贶，万国朝未央。

……车轨同八表，书文混四方。

依靠关中的形胜优势，汉初数十年，关中朝廷对关东诸侯国实现了战略性地缘压制。在与匈奴的边防战争中砥砺出过硬素质的汉军，面对关东七国之乱，又是迅速平叛，没有给整个汉朝造成大规模的战争创伤。汉景帝得以继续维持汉文帝的休养生息政策，汉朝的综合国力得到持续大发展。他们父子二人创下帝制时期的首个繁荣盛世，被称为“文景之治”。

汉武帝亲政后，解决了国内诸侯问题的汉朝，遂将对匈奴的被动防守策略彻底转向积极进攻策略。汉武帝首次策划引诱匈奴单于部队进入汉境并一举围歼的马邑之谋，却因走漏风声而以失败告终。汉武帝这次小试牛刀，令汉匈六十年的和亲政策断绝。但汉朝对匈奴的主动进攻却是箭在弦上，汉武帝不会停下脚步。

随着汉武帝的开拓，西汉将成为世界级帝国。长安，也将随之成为世界之城。

（一）打通西域

秦朝有自身结构性问题没能解决，迅速崩溃，但汉朝很快衔接起中原的再次统一。匈奴统一北方草原，应是在汉初。中原与草原的一前一后统一，有其内在的历史逻辑。

极具机动性的草原部队侵扰中原王朝的边疆，倒逼中原必须整合内部，打破行政壁垒，降低行政成本，以释放经济活力与动员力，形成统一国家以高效应对外部矛盾。而草原对中原物资有严重依赖性。中原统一，又让草原诸部在与中原的贸易中形成更高的议价成本，处于谈判不利位置。这种压力倒逼草原也要实现统一，以草原整体对中原整体。匈奴汗国的崛起顺应了这个规律。

匈奴与汉朝于是形成了一种均势。匈奴和后来的五胡、突厥、契丹、女真等民族不同，匈奴人“毋文书，以言语为约束”，连自己的文字都没有形成。当代出土的匈奴瓦当字样，如“天子单于”“单于天降”等，均是汉字。

但草原游牧民族逐水草而居，匈奴人人生于马背之上，自幼习弓狩猎，是天生的战士。匈奴人在草原东西往来如风，打败河西走廊的大月氏，征服西域二十多个国家后，控制了从草原经河西走廊通向西域的商路。匈奴先于中原王朝开通了与中亚的贸易。匈奴又利用与汉朝的互动，一边控制西边的西域，一边与东方的汉朝互市、和亲，甚至劫掠汉朝。他们利用自己的骏马和弯刀担当商路运输者和维护者的角色，从商业中汲取利润。比如原产于埃及的胭脂，多被认为就是匈奴语的译音和演变，是经匈奴传入汉地的。匈奴背靠汉朝，沟通西域，利用东西方之间的信息不透明，不断汲取东西两方的营养。

初继位的少年汉武帝就很好奇，人口稀少的匈奴到底是靠什么优势，长期压制规模远比其庞大的汉朝，竟有半个多世纪之久。汉武帝听说匈奴在河西走廊一带打败了一个叫月氏的国家，并将月氏王的头颅做成了酒器。月氏人被迫西迁后，仍对匈奴怀有巨大的仇恨。河西走廊与秦汉陇西郡隔着黄河相邻，所以当时的汉人对西方的情况了解不多。汉武帝希望先在外交上打开局面，与大月氏结盟，形成对匈奴的包夹牵制。

公元前 139 年，汉武帝派身边的郎官张骞作为汉朝使者，率领一百人的使团前往月氏。前往月氏必须穿越匈奴领土，凶险万分。当张骞辞别汉武帝，从长安未央宫西去时，他应是抱着必死的决心。张骞走出汉朝西北部的陇西郡边境后，进入匈奴领地，一路悄悄西行，但最终还是被匈奴人抓住了。

匈奴单于恼怒于汉朝派使者越过自己的国境，联系自己的仇国。但他见张骞是个人才，便想要策反他。匈奴给张骞娶了匈奴妻子，让他在匈奴安家。公元前 129 年，张骞蛰伏十年，终于找到机会逃出匈奴人的监控。他始终保留着象征汉朝使臣的符节，继续西行寻找月氏国。

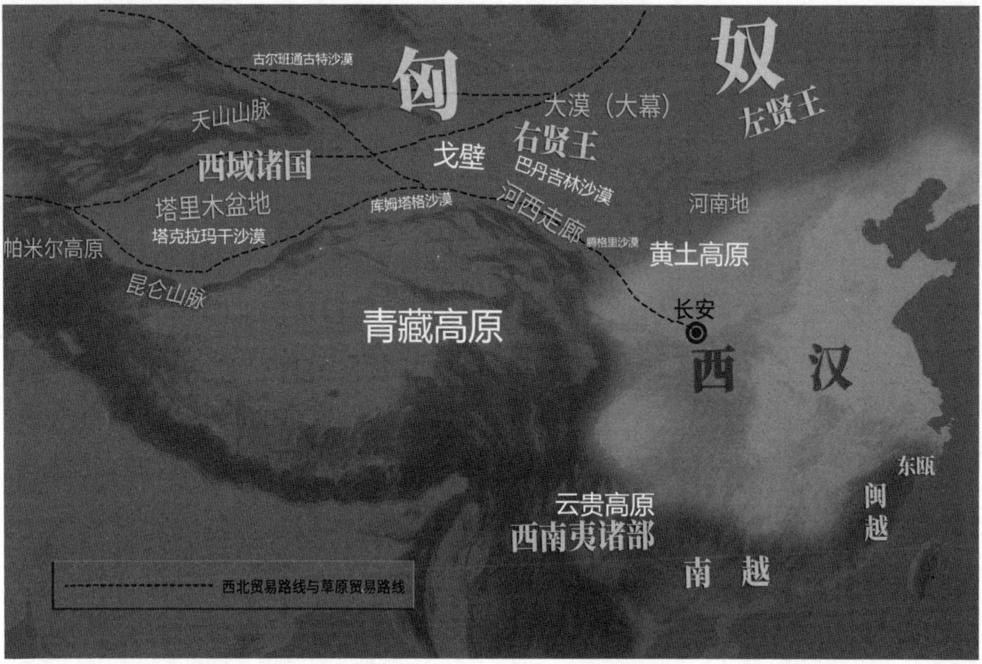

图 52 西汉丝绸之路路线图

张骞穿越大漠戈壁、荒原雪山，最终通过天山南麓、塔里木盆地北缘，跨越帕米尔高原，找到了已经在中亚立国的月氏国。月氏人款待了张骞，但表示不愿意再回到东方与匈奴为敌。张骞的外交目的未能达成。张骞在中亚接触了其他的国家，一年后返程归国。他选择从昆仑山北麓、塔里木盆地南缘归汉。可惜他又被匈奴人抓住，再次被扣押了一年多后逃离，最终回到了汉朝。

公元前 126 年，张骞时隔十多年回到长安的那一年，汉朝已经经历了翻天覆地的改变。当年在政治斗争中举步维艰的少年汉武帝，此时已大权在握。而且就在前一年，汉武帝派遣卫青等人，发动对匈奴的河南之战，从匈奴手中夺回了昔日河套地区的秦朝故地——河南地，取得对匈奴的第一阶段胜利。但河南地属于秦朝故地，是汉人本身比较熟悉的区域，因此这场战争尚未触及汉人不熟悉的匈奴腹地。

正当汉武帝对匈奴内部和西方的情况并不了解，对下一步对匈战略一筹莫展之时，在匈奴和西域学习并行走了十几年，掌握了整个匈奴与西方大量珍贵信息和情报的张骞回来了。他成了为汉朝雪中送炭的指路明灯，为想法尚不成熟的汉武帝拨开云雾，使得汉朝之后的对匈战略豁然贯通。

汉朝虽然与匈奴斗了几十年，但都是被动防守。纵然汉朝的和亲使团也数次往返匈奴王庭，但在张骞穿越匈奴都会遭到扣押的严格信息封锁之下，匈奴的国内形势到底如何，疆域到底有多大，恐怕历次出使的汉使也掌握不了。张骞用十几年时间记下的匈奴国内信息与西域各国信息，是关键的、系统的地理与交通情报，对汉军具有极重要的指导意义。在张骞的指导下，汉武帝很快就制定了后几阶段的对匈战略。

公元前 124 年，汉武帝派遣卫青等人发动对匈奴的漠南之战，击败匈奴右贤王。

公元前 121 年，汉武帝派遣霍去病等人发动对匈奴的河西之战，将匈奴半个世纪前从月氏手中夺取的河西走廊收入囊中。

公元前 119 年，汉武帝派遣卫青、霍去病各领汉朝精兵，发动对匈奴的漠北之战，直指匈奴左贤王与匈奴单于。但因为情报有误，原本部署对阵匈奴单于的霍去病所率汉朝最精锐部队遭遇了左贤王，原本部署对阵左贤王的卫青所率次精锐部队遭遇了右贤王。原计划被打乱，这次行动导致汉朝错失了全歼匈奴军、俘虏单于的机会。但匈奴遭遇此次沉重打击后，再也不敢在漠南常设据点，史称“匈奴远遁，而漠南无王庭”。

这三场大战，其实都是汉军深入到汉人本来并不熟悉的区域中，是真正打通了汉人未知的世界区域。

霍去病打通河西走廊，匈奴离开漠南，汉朝牢牢掌控住河西走廊的商路。汉武帝同时让张骞全力主抓外交工作。张骞再次带使团出使西域，前往乌孙游说，结交西域各国。

这一次，张骞不再惧怕匈奴人，因为河西走廊已是汉朝领土。但乌孙此时还不敢相信陌生的汉朝，不敢背离经营西域数十年的匈奴。不过，乌孙也派大规模的使团前来汉朝考察具体情况。丝绸之路的商路控制权，此时开始从匈奴转移，逐步被汉朝控制在手中。此后，匈奴与羌人虽然也侵扰过河西走廊，但随着汉朝向河西走廊大规模移民，并在河西广设郡县，匈奴越发无力动摇汉朝对这条绿洲廊道的控制。

张骞第二次出使西域回到汉朝后，被汉武帝任命为掌管外交的九卿之大行。张骞源源不断地向西域各国派出使节，为汉朝制定了未来的外交政策和明晰的外交战略，即通过河西走廊拉拢西域各国，沟通中亚与汉朝的贸易。

当初，张骞在中亚的大夏国发现，从身毒国，即印度方向，也有汉朝货物传入中亚。张骞认定南方也有一条道路可以沟通西域与东方。在汉武帝的支持下，张骞还派出多支南路使团，前往西南方向，寻求开辟第二条沟通中亚的南方商路。

匈奴暂时无力骚扰汉朝，汉朝马匹也损失严重，无力继续北征。汉武帝于是开始大力经略西南，相继平南越，平西南夷，平东越，平滇国。其间，由于滇国水军比较强大，汉武帝在长安西南部，昔日的丰京与镐京附近，引沣河水凿建长安著名的人工湖昆明池，向天下宣示汉朝要攻克昆明，打通南方商路。不过，当汉武帝打通这条商路后，大概也发现这里群山阻碍，想要通过西南方向的身毒国沟通西方，难度比通过西北廊道还要大，成本还要高。

西汉于是全力开发直通长安的西北丝绸之路。张骞打通西域，指引后来的汉朝将五千里的丝绸之路逐步融入自己的领土。长安成为丝绸之路的开辟起点、贸易起点。

（二）长安与丝绸之路

此前的汉朝原本被蒙古高原、黄土高原、青藏高原、云贵高原从地理上封闭在东亚大陆腹地。由于匈奴势力与高山合围，汉朝成了一个角落里的大国。

草原王朝能够赶在中原王朝之前控制这条通道，背后体现的是东亚地理规律。在西北的陆上丝绸之路之外，历史上陆续还形成有南方丝绸之路、草原丝绸之路、海上丝绸之路等多条文明大通道。

西汉前期，匈奴东买西卖，在西域与汉朝之间控制着河西走廊这条关键商道，两头倒卖。匈奴之所以能够最早、最敏锐地发现与控制住这条商道，是因为匈奴还有蒙古高原上的草原丝绸之路，也可以抵达西方。尽管这条草原商道沿线人烟稀少，但匈奴作为游牧民族，四处迁徙，却能轻易发现草原丝绸之路，最先发现东西方的差异。匈奴先有了对西方的认识，再顺藤摸瓜，于青藏高原北麓寻找到河西走廊这条最肥沃宜居的东西地理廊道，然后赶走当地的月氏人，控制住这条廊道，在东西方之间坐吃交通之利。

汉武帝连续对匈战役结束后，夺取河西走廊，从蒙古高原西南方向的巴丹吉林沙漠与青藏高原北缘之间撕开了一条对外联络的大道通途。丝绸之路这条繁荣的贸易通道与文明通道，就此形成。

但匈奴仍然掌握着北线的草原丝绸之路，仍然可以在北线通往西域，与汉朝争夺对西域的控制权与影响力。因此，后来分裂后的北匈奴依然可以坚持到东汉，仍然与汉朝作对，正是因为北匈奴还有草原通道，而没有控制这条草原通道的南匈奴则依附于汉朝。

南方丝绸之路，相对而言，与华夏最大的农耕经济高地，黄淮海大平原距离相对较远。南方的山地比较多，更何况要翻过天堑一般的青藏高原、横断山脉，群山林立的云贵高原，以及东南亚的掸邦高原、长山山脉。古代的中原王朝能以珠江三角洲平原为南端据点，将领土沿着越南长山山脉东侧的沿海走廊，稍稍深入东南亚的沿海一线，就已经是极限了。南方丝路要越过数千公里纵深的崇山峻岭，显然比西北丝绸之路更加险峻难行。何况秦汉时期只是刚刚纳入南方国土，真正对南方的经济大开发，是在经历东晋、南朝与南宋等多个时期的向南人口大迁徙之后。

海上丝绸之路的形成须等到海权时代来临，且依赖于造船与航海技术的进步。海上丝路出现于唐朝，发展于宋朝。西汉显然还不具备这个条件。

西汉时期，建设可行性最高的、有条件成为第一大贸易与文明通道的，还数西北陆上丝绸之路。于是，汉朝通过西北丝绸之路，与控制草原丝绸之路的匈奴，一南一北，开始抢夺对西域的主导权。

西北丝绸之路经渭河地堑，进入黄土高原的陇西谷地群，过黄河后是沿祁连山脉雪山融水形成的绿洲带河西走廊。河西走廊再往西，北沿天山南北两麓或南沿昆仑北麓，也是靠着雪山融雪形成河流绿洲城市带，分别为丝路在新疆的北、中、南三线，最终越过帕米尔高原，进入中亚草原。除这条线性通道外的其他区域，多是沙地、戈壁、沙漠组成的荒漠地带，是死亡之地。

长安，即今天的西安，是贴着胡焕庸线的东侧腹地城市。胡焕庸线是胡焕庸先生总结出的一条中国人口分布线。胡焕庸线以东约占全国国土面积的40%，但人口却占全国的约94%，可以说胡焕庸线以东就是中国的人口腹地。西安处在关中—陇西—河西—天山廊道这条地理廊道的起始位置，又是中国第二地理阶梯的中心，是由西到东进入胡焕庸线东侧后的第一个区域性中心都会。

中国的第三地理阶梯主要是平原与稀疏矮山构成。第二地理阶梯则主要由海拔千米左右的高原和海拔两千到三千米的高山构成。第一地理阶梯由以青藏高原为主的海拔数千米的高原和雪山构成。第一阶梯与第二阶梯，是地广人稀的人口稀疏区域。可长安所在的关中平原，处在第二地理阶梯内的渭河地堑中，是西部最大的一块低海拔季风区易耕平原。加上周边台顶平坦的黄土台塬，整个关中盆地都是西部少有的优质农业区。关中盆地向东北隔黄河与晋南盆地相连，向西南通过蜀道与四川盆地相连。关中是华北、华中，乃至华东人口腹地面向西部的门户和支点。

丝绸之路起始于长安，由长安政权最先开辟，是因为长安所处的黄土区到西域塔里木盆地两大板块之间，只有河西走廊是单线连接。以河西走廊为中心的整段中国到中亚的丝绸之路，就是在青藏高原、黄土高原、蒙古高原，以及人类无法生存的沙漠戈壁等板块夹缝间，伸展而出的一条受山地阻隔最小的道路，是中国西部唯一一条能够承载稠密人口的绿洲带。长安向西行进，被众多无人区阻隔，只有从这条天然路线可走，没有更多的选择和探索余地。

今天的陇海、兰新铁路干线仍是走这条地理走廊。而陇海铁路又是国家三条横向主干线中人口最稠密的一条。西安可以说是这条地理走廊和胡焕庸线的人口分布与交通地理交会点，是黄淮海平原的腹地人口向西走出去成本最低、最便捷的天然道路。这是西安即使失都后，也始终为一级行政大区中心城市的原因。

这个优势是定都长安的王朝，往往能够把国家版图与势力范围拓展到最西的原因。中东部腹地与巴蜀盆地的贸易物资，在关中平原这个地堑型廊道中集结，再经丝路向西发往西域和西方。而西方的货物，也会最先抵达长安这个大都会。长安成为丝路贸易在东方的第一大外贸集散地，贸易物资可以通过晋陕盆地带分发向华北，通过豫西黄河沿线分发向华中，通过蜀道分发向西南，通过商丹盆地的武关道分发向东南。

长安借助丝路贸易，形成了中古时代的全国政治中心、军事中心、外贸中心之叠合状态。在经济上，作为对外贸易第一站的关中有足够的财富养兵。在军事上，关中又有四塞之固，进可攻退可守，替东方腹地抵挡住西北部外族的入侵压力，为号令所出之地。在政治上，关中作为外拓前沿，常能形成政治凌厉之强盛王朝，与关东腹地形成了前沿政治集团和腹地经济集团的国内分工格局。

从长安出发，东方人的“天下”，终于找到了西方人的“世界”。而长安这个中国最西部的古都，承担着向西开拓的历史使命，势必要将中国的西部版图伸展到极致。

（三）向西，向西

河西走廊被打通后，汉武帝积极派遣使团与商队前往西域各国开展外交与贸易。对于干扰汉朝在西域贸易的敌对国家，汉朝也采取军事行动进行弹压。如位置处西域最东端，与河西走廊衔接的楼兰国与车师国，仍然站在匈奴一边，频繁骚扰汉朝的商队使团，汉朝便派军队活捉楼兰王，大破车师，震慑整个西域。

西域西北部曾经亲匈奴的乌孙国派使者见证汉朝的强大后，便与汉朝和亲，开始倒向汉朝。汉朝相继派细君公主、解忧公主、相夫公主等宗女不远万里嫁给乌孙王，巩固汉与乌孙在西域的同盟。汉朝的威名远播中亚，逐渐挤压匈奴在西域的影响力，连伊朗高原一带的安息国都派使者朝见汉武帝。汉武帝还亲率十八万大军，亲临匈奴故地，北登单于台，旌旗绵延千余里，威震匈奴，并亲祀黄帝陵，告慰华夏先祖。

匈奴见到西域小国纷纷结好汉朝，亟需遏制这种背离匈奴的多米诺骨牌效应。匈奴在西域设有僮仆都尉，专门掌领西域，直到汉宣帝设置西域都护府才被终结，可见匈奴人与汉朝争夺西域的博弈时间之久。匈奴经营西域半个多世纪的区域霸权，并不是一朝一夕就可以瓦解的。匈奴当时在西域是瘦死的骆驼比马大，对西域的影响力仍不可小觑。

汉武帝为了进一步挤压匈奴在西域的空间，试图与西域西部的大宛交好，却遭遇大宛辱杀汉使的外交困局。大宛国认为汉朝距离大宛太过遥远，汉朝根本惹不到它。这样恶劣的事件，如果汉武帝不进行反击，势必会动摇已经心向汉朝的西域小国之人心。杀鸡儆猴，惩罚大宛，是汉武帝不得不抓的外交与战争杠杆。

大宛国，处在帕米尔高原的西麓，在今中亚地区。从长安到达这里，需要走至少七千里。李广利到达大宛，就需要一年时间。这一路，经历不断的消耗和极端环境，越来越多的士兵倒下。当李广利终于打到了靠近大宛国东边的郁成时，郁成王不肯助汉军过境，反而以逸待劳攻击汉军。疲惫不堪的汉军战败，李广利只好狼狈东归，回到汉朝境内的敦煌。这一来一回就是两年的时间。

汉朝征讨大宛时，匈奴部队也再次大规模出现于漠南地区。匈奴与汉朝再次进入战争对峙状态。但汉武帝认为此时征服大宛比攻击匈奴更重要，因为与匈奴的缠斗将是长期的，可如果大宛轻蔑汉朝而汉朝却不能将其制服，西域诸国将纷纷倒向匈奴。

汉武帝再次为李广利征调了六万军队，携带了富足的粮食、兵器、弓弩。这是汉武帝生平动员规模仅次于漠北之战的第二大战役。这数万人的后勤部队，如同移动中的汉朝粮仓与城堡。李广利再次从敦煌出发，一路势如破竹，西域诸国无不臣服。李广利最终围攻大宛都城四十多天，并攻破了大宛外城，获得了三千多匹良马以及大量的补给，并且让大宛签订了城下之盟，扶持了一个亲汉的大宛贵族成为新的大宛国王，于是满载而归。

李广利讨伐大宛，是西域霸权转移之战，是东亚地缘格局的一次剧变，是国际霸权的转移。匈奴对西域的控制已经风雨飘摇。汉朝对西域的影响力，也已经过了质变点。

远在七千里之外的长安，竟然将帕米尔高原以西的大宛国打到几乎国破家亡。大宛国以东的今新疆地区，大宛国以西的今中亚地区，无不震惊与恐惧。回师的途中，李广利带着数千匹良马作为战利品，浩浩荡荡地再次路过这些西域城邦小国。各国无不闻风丧胆，纷纷将自己的王子送到汉军中，送往长安城做人质，以表明本国自此归附汉朝。一年多后，大宛国也将王子送到长安，表示归附。此时的汉朝，是当之无愧的世界顶级大国。

当两个大国之间霸权发生转移时，出现了这样一场撬动杠杆的战争，一战而定数百年的世界格局。这场立威之战，威慑了想要做墙头草、两头吃的小国。大宛国就像是一个匈奴在西域最不可能被汉朝击败的代理人，也被击败了。这意味着不会再有西域国家会为匈奴去和汉朝拼命了。匈奴在西域最后的霸权利益与统治秩序，只能由匈奴自己去守护了。匈奴于是亲自上场与汉朝进行终极肉搏。汉武帝晚年对匈奴的第二次战役潮，就此开始。

但汉武帝晚年对匈奴的几次战役中，没有了卫青、霍去病这样的忠臣良将，而且战场多发生在河西到西域一带，战线过长，居然屡屡败北。而且李广利由于参与了长安的派系斗争，最终竟主动葬送了自己率领的汉军主力，投靠了匈奴。汉武帝纵然将汉朝的势力范围拉大为东到朝鲜半岛，南至中南半岛，北到蒙古高原，西至敦煌，但连年不断的战争，也让汉朝付出了海内虚耗、户口减半的巨大代价。

在晚年对匈奴战事连续失利后，主战派建言汉武帝在轮台屯田戍兵，而被汉武帝以《轮台诏》回驳。汉武帝放弃了在西域大规模屯田戍兵的方案，放弃了与匈奴设置在西域的僮仆都尉展开对西域的终极竞争。汉武帝在晚年意识到自己数十年来的征伐已经严重透支汉朝，最终选择息战。

汉武帝驾崩后，霍光辅政汉昭帝与汉宣帝期间，汉朝经过多年的休养生息，在汉宣帝亲政后国力得到恢复。宣帝亲政第一年，就重启向西经略的武帝路线，前往征讨车师，击败匈奴。武帝晚年到宣帝朝共五征车师，持续与匈奴争霸。后来汉宣帝又平定西羌干扰河西走廊的叛乱，巩固了汉朝在河西走廊的统治。

公元前 60 年，汉宣帝最终降服匈奴日逐王与车师，威震西域。同年，汉宣帝在西域轮台设立西域都护府，取代了匈奴的僮仆都尉，彻底终结匈奴对西域的统治。西域全面转为汉朝管辖的番邦，纳入汉朝的版图。此后匈奴不仅分裂为南北两部匈奴，南匈奴还成了汉朝的附庸国。

公元前 51 年，南匈奴呼韩邪单于第一次以藩臣身份来到汉朝觐见皇帝。汉宣帝先是在甘泉宫接见了呼韩邪单于，又带呼韩邪单于回到长安。当汉宣帝走上渭桥，即将渡过渭河踏入长安城的那一刻，在长安的少数民族君长、王侯与百姓数万人，都在渭桥下山呼万岁。一个半世纪以来，被匈奴压制的汉王朝终于使匈奴称臣。中原农耕民族对草原游牧民族重新取得优势，从此成为东方绝对的中心。呼韩邪单于在长安受到盛情款待，汉宣帝命以客礼待之，位在诸侯王上，让单于只称臣而不必通名，为这个昔日与汉朝同称天子，而如今臣服汉朝的东亚大国保留了尊严。此后，匈奴单于时常到西汉京师长安觐见皇帝，以尽藩礼。

呼韩邪单于在汉元帝时期，最后一次来到长安城朝见皇帝，并迎娶宫女王昭君为阏氏，与汉朝和亲，史称昭君出塞。如果说汉朝初年的和亲，是汉朝皇帝以宫女或宗室女为公主，派往匈奴和亲，那么南匈奴主动迎娶宫女，实际上已经自降为汉朝之臣。但北匈奴郅支单于试图卷土重来，恢复对西域诸国的控制，强迫西域进贡。汉将甘延寿、陈汤在西域击杀郅支单于，将其人头送往京师，挂在长安城槁街外国馆舍之间，震慑戎狄。陈汤在给汉元帝的上书中写下振奋国人两千年的一句话："明犯强汉者，虽远必诛。"

西汉内王而外霸，对河西到西域的丝绸之路实现全线控制，将其纳入汉朝的版图，划为汉朝的领土。大量西方物种、产品和技术，通过丝绸之路的国际贸易源源不断传入汉朝，为汉朝带来了更大的贸易利润空间。

作为丝路贸易进入人口腹地的第一站大都会，长安城变得更加繁华和富庶，从政治、经济、文化、军事等各方面，成为全方位的世界之城。

故关中之地，于天下三分之一，而人众不过什三；然量其富，什居其六。（《史记·货殖列传》）

丝绸之路开辟后，西域商品源源不断地通过河西走廊与陇西谷地进入关中平原，汇集到全国最大的皇家生产基地——上林苑。关中也汇集关东人口腹地的汉地产出，向西源源不断地输出中国特产。上林苑内，西汉作为中国第一个外来物种与技术引进高潮期，西方的大宛汗血马、苜蓿、葡萄等众多物产源源不断地在此被试验、培育和推广，最终向关东和全国推广开，史称"植之秦中，渐及东土"。关中成为西汉经济中心，天下财富十居其六。

都内钱四十万万，水衡钱二十五万万，少府钱十八万万。（《汉书·何武王嘉师丹传》）

汉元帝时期的都内钱四十亿，就是国库的钱，这些都内钱也是用于全国的财政支出。而九卿之一的少府，则是掌管皇室内库，用于支付皇族用度。水衡钱则是皇帝的个人小金库。负责掌管水衡钱的水衡都尉，其实只管理关中的上林苑以及其他禁苑，实质上是管园子的。汉元帝时期，全国缴上来的少府钱才十八亿，水衡钱却有二十五亿之巨。可见，上林苑产出的水衡钱，就是皇帝本人的第一大“钱包”，甚至超过了少府内藏，超过了整个天下上缴国库的钱的一半还要多。这还是汉元帝时期，上林苑范围萎缩之后的数据。

《汉书·地理志》记载了西汉元始二年，即公元 2 年，实现编户齐民的西汉王朝著籍人口数据：59594978 人，其中，关中三辅的京兆尹为 682468 人，京兆的长安县为 246200 人，而与长安相距二十五公里的右扶风茂陵邑为 277277 人，人口甚至超过了长安城。陵邑制是秦朝与西汉特有的制度，是在京师长安城周边的几个县域内设立为皇帝守陵的陵城。历代西汉皇帝迁徙全国富豪居住到这些陵邑，避免地方豪强坐大，充实京畿人口的经济实力，起到强本弱枝、拱卫长安的作用。这些陵邑聚集京师达官显贵，是一个个繁荣的消费型城市。西汉的都城长安城逐渐成了众星拱月、周边散布十余座卫星城的城池群形态。

远至汉宣帝的杜陵邑，西汉的大长安城池圈范围内，以长安为圆心，半径三十公里范围内，最终矗立着二十一座城池。其中有帝陵陵邑，也有后陵陵邑及其他皇族陵邑。这个城池密度之高，恐怕是历朝历代最独特之存在。仅仅长安与七座帝陵陵邑，就已经有近一百一十万人。这也许是当时地球上人口最密集的区域，也是富人最密集的区域。

纵观西汉上林苑的命运、陵邑制的命运，可以说与西汉国运息息相关，同消同长。汉元帝开始，西汉朝廷的集权能力衰落，无力再迁徙关东豪族到

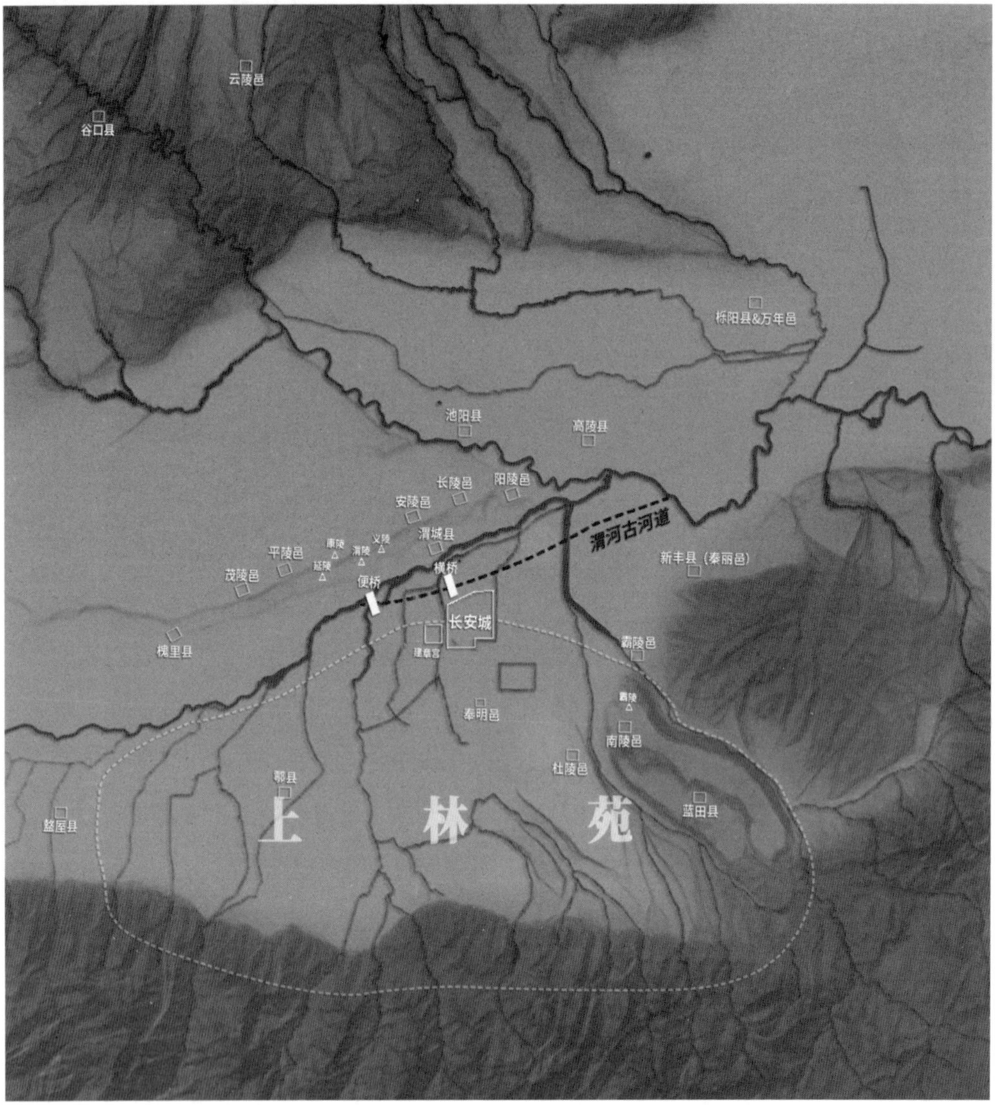

图 53　西汉长安周边的陵邑、县邑分布

关中，帝陵设陵邑的制度中止，上林苑面积也持续萎缩。甚至汉成帝想一度恢复陵邑制也遭到群臣阻挠，不得不为此下罪己诏作罢。西汉的集权能力衰落，各种政治力量崛起，皇权的鼎盛期悄然过去。

第八章 西汉：无乱而终的西汉

鸟下绿芜秦苑夕，
蝉鸣黄叶汉宫秋。
行人莫问当年事，
故国东来渭水流。

西汉初期，中央权力高度垄断在开国功臣集团手中，直到汉景帝末年，追随刘邦创业的功侯基本去世了，他们袭爵的儿孙、子弟仍一直垄断相权。关东地区的士人想要获取关西的中央政治资源，难上加难。但汉初诸侯国仍然拥有自治实权。郡国并行制下，新崛起的关东豪强地主阶层即使无法获取中央政治资源，尚能够靠出仕诸侯国获得地方政治资源。

可汉武帝时期，诸侯国的自治权力已经基本萎缩殆尽，甚至庶出的诸侯子弟沦为没有爵位的地方豪强。那么，诸侯国的地方政治资源也就越发无法满足新兴豪族，关中朝廷与关东地方之间的上升渠道形成阻滞并板结化。

（一）挑战最后一支贵族——皇室

众建诸侯少其力的汉制版大一统，弥补了零封建的秦制版大一统的缺陷。但只要是大一统，全国的政治资源、经济资源就不免向关内高度集中。西汉的关中与关东形成了一种严重的内重外轻的畸形格局。汉武帝也不得不采取一些补救措施。

首先，对外战争催生出武帝朝新一批军功爵贵族的崛起。虽然皇帝将封侯的军功机遇优先给予外戚近臣与关内兵学世家，但也不乏大量关东人追随这些新贵族征战沙场时，顺带获取各等级爵位。

其次，汉武帝通过酎金夺爵等案件打击开国功臣子弟，一定程度上缓解了汉初裙带关系严重的关内贵族长期垄断中枢权力的状况。

再次，汉武帝还将秦朝与西汉特有的徙陵政策发挥到最大力度，在任内通过修建自己的陵城茂陵邑，将大量关东豪族迁入关内，缓解关东的土地矛盾，同时以京畿户籍，尽可能满足新迁入关中的豪强地主的政治诉求。

从次，汉武帝确立察举征辟制，大量举用贤良方正等地方贤才。他要求地方官员举荐人才，并实行举荐责任制，即受举荐者如果为官任职不合格，会问责举荐人。

最后，汉武帝重用儒家，定儒学为官学，兴办太学、郡学、县学选拔儒生成为储备官员，通过在基层办学的儒家，向士人开放入仕渠道，回应关东的政治诉求。

汉武帝的诸多应对措施，缓解了关中本位下，京畿过度吸纳关东资源的困局。然而，关中权贵也势必要守护自身的既得利益，抗衡皇帝对关东放权后新形成的关东士人集团。

汉武帝当年让关东儒家公孙弘成为丞相，儒家本以为自己要崛起了。可他们没想到，整个汉武帝一朝，十几个丞相，也就只有这一个是儒家丞相。汉武帝后期修建建章宫与神明台，宣示自己最终选择了神教，而不是礼教。儒家虽然掌握了入仕渠道，但在上层利益格局中尚未打开局面。儒家果然又开始如秦朝时那样，借做关东政治诉求的代言人，开始对皇室发动舆论包围，开创了要求皇帝退位让贤给外姓的传国易姓说。

霍光辅政汉昭帝时，汉昭帝迁出代表神教的建章宫，回到了未央宫，等于是放弃了汉武帝搞了几十年的用神教打击礼教的策略。这当然也是儒家期待的。

公元前 67 年，儒家还策划了“公孙病已立”的谶语事件，利用霍光与汉昭帝特殊的关系，再次刺激了最高权力对儒家的重视。

这一次事件中，儒家先是策划自家圣山泰山出现异象。然后，距离鲁国不远的昌邑国也出现异象。长安上林苑又出现了“公孙病已立”的谶语。鲁国大儒眭弘借此说有个姓公孙名病已的贤才将承受天命，让汉昭帝让位于此人。儒家的大本营在鲁国，鲁国都城鲁县与昌邑国只有不到一百公里。眭弘的家乡在鲁国蕃县，距离昌邑更是只有六十公里左右。设计这些天人感应、谶纬天兆的把戏，是秦汉儒家的专长。显然，这次事件是儒家有意策划制造的。为什么儒家选择昌邑国为操作对象呢？

昌邑是汉武帝与李夫人的儿子刘髆的封地。昌邑王刘髆的舅舅李广利家族，曾经借巫蛊之祸逼反了卫皇后所生的卫太子刘据，兵败后，卫太子与卫皇后自尽。因此，刘髆实际上是参与了夺嫡的皇子。汉武帝死前一年，刘髆也莫名其妙地暴亡。汉武帝选定尚未成年的幼子刘弗陵继位，是为汉昭帝，刘髆的儿子刘贺则继位成为昌邑王。

此时，辅佐汉昭帝的顾命大臣霍光，实际上是卫太子表哥霍去病的弟弟，与卫氏外戚沾亲，与卫系残党有交叉背景。但由于汉武帝的遗命是追封李夫人为孝武皇后，所以汉昭帝虽然继承皇位，但从宗法上说，昌邑王刘贺也是西汉官方承认的孝武皇后的亲孙子，是嫡孙。此时，李广利残留在朝堂上的旧部，显然都曾是刘贺父亲的支持者。

儒家制造了“公孙病已立”的谶语，而且竟然公开宣扬让汉昭帝退位。表面上看，儒家似乎是为这个“公孙病已”造势，其实是在坑害这个“公孙病已”。“公孙病已”其实是在暗指卫太子一脉的遗孤，早已流落在长安民间的汉昭帝侄孙——刘病已。

刘病已先后由与霍光关系亲善的丙吉，以及霍光好友张安世的哥哥、卫太子的家臣张贺抚养。因此，霍光应对刘病已的动向了如指掌。因为刘病已等于是被收养在霍光背后的人际圈中。说刘病已能顺利成长，背后完全没有被卫氏外戚引领而步入仕途的霍光关照，并不现实。

儒家表面上告诉汉昭帝说有一个人叫公孙病已，应该当皇帝，实则是试图把霍光人际圈偷偷养大卫太子之孙刘病已之事暴露给汉昭帝，终是在给刘病已招杀身之祸，并且让关照前太子血脉的霍光与汉昭帝产生龃龉。

儒家四处点火，一边在泰山和昌邑制造祥瑞，显然是在暗示天下人，昌邑王刘贺才是儒家期待之人，他们为昌邑王这个武帝嫡孙站台；一边试图把霍光藏在后手的暗牌曝光，汉昭帝肯定有所忌惮和疑虑：“大司马还偷偷关照前太子的血脉，是要做什么？”儒家这是挑拨汉昭帝和霍光自相残杀。

儒家这样做，还把汉昭帝架到了一个尴尬的境地上：昭帝既不是汉武帝活着时候的卫皇后嫡脉，也不是汉武帝死后的李皇后嫡脉。这是在动摇汉昭帝的帝位合法性，以及霍光辅政的合法性。

霍光一看儒家要对自己发难，一怒之下就把颇有名望的大儒眭弘杀了。眭弘还没说出公孙病已并非姓“公孙”，而是刘家的皇孙，叫刘病已，就被霍光火速灭口，可见霍光确对此事有所隐晦。群臣看见霍光直接下杀手、下狠手，没人再敢进一步地揭刘病已这张底牌。

霍光虽然杀了眭弘，但儒家的能量已经进了霍光的法眼。霍光也开始思考这些学派在政治博弈中的实际能量。此时的儒家势力，在汉武帝给儒家开放官学入仕与擢升渠道后，已发展数十年，连“传国易姓”这种公然反对皇权的理论都能提出来，可见已经形成气候了。

其实这个时候，汉武帝留下的五大顾命大臣中，上官桀、桑弘羊已经被霍光除掉，金日磾也早就死了。辅政大臣只剩内朝的大司马霍光和外朝的丞相田千秋，而田千秋也已经病重，有可能即将去世。相权即将更迭，儒家或许也是想借机争夺权力。

霍光虽然优先保昭帝，但霍光发现儒家连“传国易姓”的旗帜都能打出来，太契合他这个赖着皇权不肯归还的权臣之名分需要了。

公元前 74 年，汉昭帝早逝，昌邑王刘贺占着嫡孙优势继承了皇位。但仅仅不到一个月，霍光就迅速废掉刘贺，把自己多年来关照的暗牌刘病已推出来扶上帝位，是为汉宣帝。霍光此时已经能够废立皇帝，权力如日中天。但刘病已也不小了，已经快二十岁，如何让刘病已也甘心一直不亲政做傀儡，对于这一点，霍光仍和昭帝时期一样头疼。霍光为了抑制皇权归位，不得不与儒家握手言和，开始让儒吏担任御史大夫，卡位丞相。从霍光辅政宣帝前后，直至霍光去世，汉朝竟连续出现了儒家丞相。从表面上看儒家进攻汉昭帝和霍光失败了，但霍光开始重视与儒家合作，实际上儒家没白忙活。武帝曾拒绝让儒家把控相权，霍光专政后期竟把相权又给了儒家。

刘贺短暂上位，背后应该有儒家的努力，但其改制主张越来越大胆，已经把改朝都套到改制的大箩筐中。毕竟，儒家在秦朝就反对皇帝，到汉朝前期更是几次反对功勋贵族而被皇帝重视。现在继续往上反，都反到最后一个大贵族——皇族的头上了。

汉宣帝也不得不对儒家进行反制。黄老法吏失去霍光的支持，又集结到了宣帝身边。

（二）孝宣中兴也无法阻挡的儒家崛起

霍光辅政汉宣帝时期，连续两任丞相都有鲜明的儒家标签。直到霍光去世，汉宣帝亲政，才把儒吏从相位上拉下来，让法吏重新执掌相权。汉宣帝虽然后来也重视儒学，但他是监狱里长大的，狱吏养大的，他的识字启蒙可能就是监狱的法令文书。汉宣帝亲政后任用的魏相、丙吉、黄霸、于定国，这四任丞相全都是法吏出身。他回到武帝路线，采取王道、霸道杂用的伸张皇权之术，外儒内法，最终征服南匈奴，执掌西域，成为将西汉版图推向巅峰的中兴之主。他实现孝宣中兴，也让一路势不可当的儒家再度遭遇一定程度的阻力。

尽管汉宣帝给皇权打了一剂强心剂，努力压制儒家的舆论攻势，但司隶校尉盖宽饶仍上书汉宣帝，提及“五帝官天下，三王家天下。家以传子孙，官以传贤”，被汉宣帝认为是暗示皇帝应禅让帝位给圣贤，不应家传，是在呼吁传国易姓。宣帝最终将其问罪，逼其自尽。由此事件可见儒家的舆论攻势越发强悍。

公元前 51 年，汉宣帝为了压制鼓吹改朝换代的儒家齐学公羊派，通过石渠阁会议，拔高比较温和的儒家鲁学縠梁派之地位。鲁学縠梁派主张与西汉皇权和平共处，被汉宣帝用来制衡公羊派，但依旧无法阻止公羊派的传国易姓说影响力越来越大。因为公羊派主张继续深入的改制理念，试图让儒学与王朝进行深度绑定，让王朝离不开儒家。这是儒家的根本利益所在，势必是儒生们最拥护的一派。

可惜，孝宣中兴更像是西汉王朝结构性的衰败与器质性的病变发展到后期，回光返照般的雄起。汉宣帝只能勉力维系自己任内西汉皇权最后的光彩，却无力阻挡西汉走向衰微。汉宣帝以中兴之主的威望，可以抗衡舆论，但却阻挡不了他的儿子汉元帝后来倒向儒教。汉宣帝明确指出汉制就是“以霸、王道杂之”，而非“纯任德教，用周政”，汉制其实是周制与秦制的平衡与融合。当他看到时为太子的汉元帝刘奭一味地倒向儒家时，感叹道：“乱我家者，太子也。”太子身后已经站着一个声势浩大的儒家集团，宣帝萌生易储之心，但已然无力推动更立太子。汉宣帝可以扶持儒家穀梁派去制衡攻讦皇帝的儒家公羊派，但他已经不可能再让儒家退出西汉最高权力的竞逐。

当官的要从儒生中选拔，那么儒家的崛起，就是权力系统结构性演变的结果。毕竟儒学作为主要的举官拔擢渠道，代表关东的儒家集团势已成，正在逐渐渗透整个王朝上上下下的人事肌理，非人力再能改变。

关中权贵，最终集结在汉元帝的皇后王政君的家族即王氏外戚的旗帜下，一直持续到西汉灭亡。关东士人集团，主要通过官学拔擢机制，以儒家官僚的身份进入权力系统和王朝中枢。元帝以后，代表关中权贵势力的王氏外戚集团垄断了执掌兵权的百官之首、中朝的大司马一职。而外朝的文官之首——丞相，则大多数由儒家士人担任，少数由外戚担任，等于是王氏通过儒家官僚将相权一定程度让渡给了关东势力。这倒是一定程度上满足了关东士人的政治诉求，缓和了他们在关东本位下日益激烈的态度。

儒家都敢公开鼓动皇帝退位让贤，为了打击西汉王朝的关中本位，鼓动迁都这么直接的手段，自然也不会放过。当时的大儒翼奉就曾上疏建言汉元帝放弃关中，迁都洛阳，汉元帝很震惊，并没有采纳。西汉时期的儒家，在这个时候还是无法撼动仍处在强盛状态的西汉王朝固有之道统惯性，迁都之论没有足够的影响力。

到了汉成帝时，以对王氏“一日封五侯”为标志，无功不封侯的西汉授爵公正性底线被彻底践踏，朝廷权力也开始加速流入外戚系统。仕宦渠道和中枢入口全面阻塞，仅仅靠儒家取仕，已经无法满足实力日盛的关东新兴豪强大户在政治权益上的诉求。西汉的政治合法性危机开始频繁出现。

成帝曾经试图恢复被元帝停止的陵邑制，让关东豪强通过徙陵进入关中权力圈，也借此强化集权来压制王氏外戚为首的长安权贵。但陵邑制最终遭遇来自各方的极大阻力，陵邑工程发起数年却无法动工。汉成帝不得不发布罪己诏，宣告自己政策的失败。此后，想要重振皇权的汉成帝基本放弃了加强皇权的想法，只试图扶持皇后外戚对抗太后家的王氏外戚，却英年暴亡。

皇权的威严性被外戚践踏，皇权的神圣性也被渗透基层舆论的儒家逐渐瓦解，西汉晚期，代表关中的王氏外戚与代表关东的儒家逐渐亲密起来，儒家丞相一个接一个上台。外戚把持大司马之位控制军权，儒家把持相位控制行政权。皇权就剩下妥协，妥协，再妥协。

对抗君权的激进儒学已然占据上风，成为西汉后期的流行理论，刘氏皇族的执政合法性受到广泛质疑。

成帝无后，汉哀帝以藩王入京继位，自己的母亲丁太后与祖母傅太后的丁氏外戚与傅氏外戚，竟根本斗不过与皇帝连血缘关系都没有的王氏外戚和儒家官僚两大集团。王氏外戚是控制皇权，儒家的主张则是把皇权给替换掉。儒家仍不断鼓吹传国易姓说，把刘汉招牌的形象不断往臭里宣传，声称刘氏的皇位应该禅让给异姓贤者。汉哀帝对儒家的舆论攻势显得更无力招架。

公元前 5 年，哀帝索性自己革自己的命，顺应“汉运将终，应更受命”的传国易姓舆论。不是让传国吗？汉哀帝自己改国号，不叫汉了。不是让易姓吗？汉哀帝自己改姓，不姓“刘”了。于是他改元“太初元将”，自号陈圣刘太平皇帝。他也不改制了，直接把自己的姓氏和国号给改了，这下也传国了，也易姓了，行不行？

这就是汉哀帝再受命事件。当然，舆论是要攻讦皇室，岂能皇室自己改个名就躲过此劫。哀帝此举于事无补，两个月后，哀帝又取消了这次如闹剧一般没有实际效果的再受命。

西汉面对传国易姓说的压力越来越大，不可能打马虎眼。最终的结局，只能是刘氏皇族乖乖把权力交出去，交给王氏外戚与儒家。最终，王氏外戚出身的大儒皇帝——王莽，应运而生，取代了刘汉。

（三）盛极而亡

哀帝又是年轻去世，没有子嗣。王氏外戚选了年少的汉平帝继位，由王氏外戚的领袖王莽辅政。汉平帝稍大，王莽又毒杀了汉平帝，找了刘氏婴儿继位，被称为孺子婴。王莽把自己塑造成公正不阿、一心为民、艰苦朴素的鸿儒圣贤，他先是自称假皇帝，成了西汉的异姓皇帝，声称暂时代理皇权。

王氏外戚与后来的汉哀帝、汉平帝、孺子婴都没有血缘关系，竟然可以阻止其他外戚崛起，继续把控朝政，可见外戚已经拥有了能够越过血统界限而长期把持皇权的能量，可见关中权贵面对皇权时的强势。那么，要刘姓皇族还有什么用呢？皇帝姓刘，可皇权，恐怕已经姓王。

儒家要治理天下，掌握官僚系统，大家不喜欢刘氏，就抛弃刘氏，和掌握了军权的外戚王氏合作。王氏外戚和儒家官僚两大群体合体，传国易姓，王莽篡位，霍光没能做到的王莽做，就是迟早的事情了。汉哀帝那种再受命假传国假易姓都阻挡不了。

公元 8 年，西汉灭亡，王莽通过接受孺子婴禅让，正式称帝，建立新朝，继承了西汉的国土与都城。此时，儒家的传国易姓说都酝酿半个多世纪了。

西汉，竟只是在看不见的暗疾中草草地结束了两百一十年的国祚。西汉生于乱世，盛于内乱，强于刀兵，却在实现了称霸中亚、东亚后的太平时期戛然而终。秦朝当年是被诵法孔子的儒生在舆论上压垮的，西汉末年的情形也相似。只是西汉王朝奋斗二百余年，传统根基更牢固，从舆论蚕食到合法性被蛀空，需要更久的时间。

儒家靠理论从根儿上瓦解了刘汉皇族的血统合法性，最终酿成王莽篡汉，以一位大儒皇帝之姿全面推行儒家的复古改革。说白了，儒家那套传国易姓说，就是给霍光、王莽这类外戚权臣量身定做的。问题是霍光时期，霍光家族子嗣单薄，列侯群体也更为强势，尚能制衡外戚与儒家，外戚气候未成，条件不成熟。王莽时条件成熟了，已经能够架空皇权。儒生群体又已经成为官僚群体的主干，成为王朝的政治基础、社会基础，那这个儒家王朝姓刘还是姓王，对儒家而言并不重要。儒家势已成，非人力再能改变。

王氏想要彻底摆脱刘氏而独立执政，也势必要与儒家深度合作。王莽作为弑主之人，却被塑造成道德楷模，在万民联名上书与拥戴下称帝建朝，就是因为有儒家发动舆论提供支持。后世白居易有诗曰："周公恐惧流言日，王莽谦恭未篡时。向使当初身便死，一生真伪复谁知？"王莽在当时不仅仅是一个权臣，更是一个儒家包装出来的圣人，儒家与皇权结合的符号。儒家是把传国易姓说送给了王莽，助王莽以异姓圣贤之尊，成为刘汉传国的对象。

王莽代表儒家，为了回馈儒家，他积极开展全盘的儒家复古改制。他把西汉的官制、地名等所有能改的，全部照搬周礼给改了，力图恢复儒家梦想中的上古周制，建立复古乌托邦。

王莽开始进行全面的儒家复古改制，包括改长安为常安，提升洛阳为东都。择中建都，历来是儒家的核心主张之一。洛阳，这个与长安相生相克的宿命之城，又一次进入中华都城史的视野范围。王莽当时显然有迁都洛阳之意，这毕竟是历代儒生一直以来的梦想。因为儒家的元圣是建东都的周公。洛阳与周礼是一同诞生的，周公甚至鼓动周成王迁东都，将迁都洛阳作为礼乐改革的一部分，但周成王并没有遵从。

但动关中基本盘，也意味着原本合作推翻西汉的关中权贵势力与关东儒家官僚产生嫌隙，关中势力也不是吃素的。当"长安民闻莽欲都雒（洛）阳"后，"不肯缮治室宅"，竟要把长安的宫宅拆掉。王莽眼看关中权贵势力摆烂，搞软抵制，这才强调，东都必须要建成，但长安也要继续建，都不会放弃，要求"其谨缮修常安之都，勿令坏败"。王莽不仅是儒家的意识形态代表，也是关中贵族们推举的关中地缘集团代表。王莽在西汉旧官僚代表的关中本位秩序与儒家代表的关东政治诉求之间，只能找平衡。而这个平衡，就是坚持关中本位，同时定洛阳为陪都，提升关东的政治地位。

但王莽在天下大乱后，发现关东已经靠不住，于是又做了很多拉拢关中力量的尝试。他毁掉西汉宫室以让出官方的土地给民间，尤其是毁掉上林苑内以建章宫为首的十余处宫殿，将广大的上林苑彻底开放给关中人。他还毁高帝、武帝、昭帝等西汉诸帝庙，降低规模安葬自己的子孙，也是变相地放开了西汉陵园。他最疯狂的举动，是在他六十八岁、新朝灭亡的前夕，通过大量赏赐，迎娶关中杜陵史氏为皇后。这些或都是他为了巩固与关中豪族关系的举动。

仅论天子之位，王莽是历史上第一个没有一寸国土之创业，仅靠权臣身份夺取大位的逆臣。不过，王莽终归只是一个照搬儒家理论的操盘手，是儒家推向前台、实现自家学术主张的代表而已。儒家理论本身存在巨大问题，王莽自然会遭遇失败，儒家也自然会与王莽割席，将所有的罪过都推到他身上。

西汉的政治生态、社会生态已经与昔日的封建贵族时代截然不同。儒家只能表面复古，却连封建亲戚的大封建都不敢恢复，谈何实质性复古？贵族时代已然过去了，开历史倒车是行不通的。

王莽的改革是失败的，他不仅没有解决西汉留下的问题，反而用潦草且错误的药方把社会推向崩溃。王莽将一堆中看不中用的儒家改革方案全部试验过一遍之后，终于把原本虽然沉积矛盾却大体稳定的汉朝社会，搞得民不聊生，天下大乱……

王莽当初将自己炒作为鸿儒皇帝，反映出儒家成势背后，越发难以按捺的一种政治改造理想和制度实践之冲动。某种程度上，能轻松得位的王莽，本就是关中集团为平抚关东豪强情绪，为宣示配合儒家改革所推出的马前卒。

王莽垄断军政大权其实就几年的时间，比起曹操那类军政班底全部是自己人，创业几十年的军阀，王莽只是西汉中央系统内部异变的结果，所依靠的基本盘还是西汉的，代表的仍是试图改革的关中。所以后来他作为皇帝，一旦办不好事，那此前的舆论神话就自然破灭，他比西汉任何一任君主都民怨更甚。他幻想着实现一个被设计出来的制度理想国，但由于不切实际，真正搞乱了社会秩序，使得民众不仅没有生活得更好，反而在动荡中更加贫穷无助，那么百姓的怨气，基本还是会撒在失败的他——这个理想主义改革者的身上。

有王莽失败的强烈对照，稳定的西汉时代与刘氏招牌，反而在对比衬托之下，显得更加美好。从历史大势来看，王莽争着上位，倒像是争着替西汉背这口积重难返的大锅。当然，如果没有王莽的激进式改革，西汉虽然也很难解决实际困顿，但至少能够撑得长久一些，关中秩序不会立刻土崩瓦解。

这个时候，人们终于忘记了儒家和王莽鼓吹的传国易姓、刘氏不堪之舆论，反而在新莽混乱的政策和世道中，反过来人心思汉，重新向“刘”。关中丢掉的招牌，最终却被关东捡起……当儒家不切实际的理想主义改革搞得社会崩溃，王氏又臭了，儒家就重新和地方军事力量中最强的刘氏合作，建立一个全新的关东本位之东汉。

（四）西汉灭亡的意义

新莽败了，他只是儒家复古主义推向前台的总代表和牺牲品。新莽亡了，但儒家不仅不会亡，还会继续前进。东汉儒家继续发展，只是经历了西汉的改革挫败后，不敢再碰传国易姓说这个地动山摇的理论，也不敢再轻言复古改制。

豪强大地主越做越大，国家的宏观控制力、朝廷对下层的统治力越来越弱。西汉后期是上古贵族社会与中古士族社会之交的过渡期。当东汉确立了关东本位与儒教超然地位，关东豪强地主、依托经学的儒家官僚与大庄园经济融合之后，士族——这种新型社会生态下的中间阶层便最终成形。西汉中期，此前旧封建贵族地主阶层瓦解后，短暂以编户民作为政权基础的皇权直接统治平民的二元扁平化的阶层结构，其历史窗口期已然过去。

王莽的上位，是儒家一次失败的试验而已。手起刀落，王莽自己是个外戚，背后又是儒家，才会这么顺利。但当他改革失败，他在意识形态上被放弃得也很快。他其实就是改革的牵线木偶和替罪羊而已。但这次失败，儒家却也有大收获，那就是：阻碍皇帝彻底交出教权，阻碍皇帝独尊儒术的拦路虎——西汉政权，在这次折腾中陨灭了。

西汉的建国史，毕竟与儒家关系不大。西汉的兴盛史，如文景之治，也是靠黄老道家，与儒家关系不大。西汉开疆拓土，和儒家更是关系不大。因此，西汉从本朝历史中找法理，国教可以有很多选择。强大的关中军政力量，让西汉的皇帝还有选择国教的权力，还有和儒家掰掰腕子的理由和力量。但东汉，已经不做选择了。《汉书》中，持有坚定儒家意识形态的班固，既当裁判又当运动员，将黄老道家和法家著作通过分门别类，打散到各家之中，弱化其主体性，进行恶评，并通过提升道家的另一支，也就是多讲修心而少讲治国的老庄道家，来挤压曾作为汉朝治国之法的黄老道家的存活空间。儒家对其他学派的彻底压制，是在东汉完成的。曾经汉武帝推崇的神教更是被打压得无影无踪。东汉儒家甚至为了排挤方术士的存活空间，将比西汉时期更具有神秘主义特征的谶纬之学也发展到了极致。

王莽上位之所以显得顺利，是因为西汉可能是整个中国历史上唯一一个在没有强大外敌和内部大规模起义以及地方割据的状态下无疾而终的王朝。西汉之亡，可以说是中国历代王朝中罕见的亡于意识形态的全面崩溃。而这场意识形态之争，贯穿整个秦汉时代，儒家是最终胜利者。

王莽虽然昙花一现，但王莽的上位，意味着中国皇帝从此正式尊崇儒教。国教，不一定是宗教，也可以是文教、礼教。儒家礼教是从王莽开始，成为真正的国教。虽然儒家作为基层教育第一线的天下第一大显学，皇帝不可能不与之合作，但西汉皇帝还在做选择，儒家尚未彻底掌握住教权。到儒家又掌握了入仕权后，就开始持续膨胀坐大。汉武帝虽用神教进行制衡，汉宣帝也给行将就木的黄老法吏打强心针，但注定都是治标不治本，顶多收一时成效。

皇权最终是在教权斗争中被外戚和儒家联合出卖了。儒家，后来教大家忠君，但秦汉时高举的是“传国易姓”的反君大旗。有儒家做背书，王莽上位岂能不顺利？当然，思想只是思想。国家治理不好，一切都是空谈。

西汉以后，历代皇帝祭祀者以二者为大：一是宗庙，祭祖先；二是天地，祭上苍。太庙和天坛也是儒教理念中代表宗法制度和天命授权的两大象征。

它们植根于中国人的祖先崇拜与天人崇拜信仰。哪怕像清朝这种强势的少数民族王朝，只要它还立着纯高度比太和殿还高的太庙和天坛，只要以儒学为纲的科举制还在实行，清朝皇帝就是公认的儒教天子，即使晚清那般混乱，读惯了四书五经的儒家官僚、乡绅地主与儒生，这个虽然保守却庞大的势力，也愿意支撑清朝，给清朝续命。直到清朝进行立宪制改革，宣布抛弃儒家。

但儒教的理念，在西汉并没有完全形成统治地位。例如儒家早期的标志性礼仪建筑明堂，是王莽专政时才在长安建立起来。此后历朝历代，说是皇帝掌握了教权，其实只是祖先祭祀和天地祭祀的大代表，他们举行祭祀只是例行公务。皇帝改不了国教，改不了全民信仰体系，这种例行公务就只是服务于儒家牢不可破的教权而已。士族形成后，儒家的教权就更是尾大不掉了。甭管什么游牧民族，想立足中原，就都得先拜儒家。

士生一世，但取衣食裁足，乘下泽车，御款段马，为郡掾吏，守坟墓，乡里称善人，斯可矣。致求盈余，但自苦耳。（《后汉书·马援传》）

士族这个以血缘为纽带的儒学家学垄断群体，甚至不屑于像西汉那样封侯拜相，他们把利益根基放在了地方。士族的利益在地方，则很容易与各种募兵制军阀、族兵制胡人部曲相结合，形成长期割据与分裂趋势。而士族从东汉后期到唐朝建立，其间还促成了九品中正制这种便于士族垄断高位的选拔制度，以使各大世家在数百年乱世中持续不衰。

西汉，是儒学成为统治思想，儒教成为国教的最后一块绊脚石。西汉灭亡，皇帝皈依儒教，士族时代降临。

第九章

新/玄汉：历劫失都

飒飒西风渭水，萧萧落叶长安。

……

闲看灞桥杨柳，凄凉露冷风寒。

两汉之交，倒莽逐鹿的势力，除了偏安塞边区域的军阀外，泛中原地区都是刘秀、刘演、刘玄、刘盆子、刘林、刘子舆、刘永、刘望这些势力，甚至王莽中央还有个改名刘秀的骨干刘歆也反了。起义军就算领头的是刘姓旁支，也要打着汉的旗号。就算领头的不姓刘，也会推上来姓刘的，或者干脆像王朗那样，骗世人说自己姓刘。由此来看，刘姓复国在后来是最大概率事件了。在各方刘氏势力筛汰赛中，又是刘秀这么个能力超群的刘家子弟最终完成东汉的稳定与统一。但长安都城史，却按下了暂停键……

东汉建都洛阳，没有选择西汉旧都长安。其中一个很重要的原因就是，从西汉灭亡到东汉平定关中之间，长安经历过六次劫难，已经被毁得不成样子。

（一）玄汉灭新，长安第一劫

新莽天凤年间，一名来自南阳郡的少年刘秀到新朝的京师长安（时称常安）求学。他在长安城安门外的太学，追随名儒许子威学习《尚书》。他曾在京师长安街头见到九卿之一执金吾的车骑仪仗盛大威武，因而感叹道："仕宦当作执金吾，娶妻当得阴丽华。"执金吾是官职名，执掌京师戍卫和徼循京师，是负责护卫京师的军事长官。阴丽华是他家乡南阳郡的名门千金，当地著名的美女。

刘秀在长安求学受业期间，与同学合伙买驴向外出租，并且倒卖药材赚取生活费，在都城积累了一定的社会见闻。他还结识了邓禹、朱祐等同在太学学习的南阳郡同乡。他们成为后来刘秀创业的班底成员。刘秀的同学还有严光等高士，在长安的经历正是刘秀人生观与世界观形成的重要阶段。

刘秀经常在长安附近游历，对关中的社会问题、吏治得失有不少阅历。他还积极接近往来长安的南阳郡官员，为自己日后回到家乡南阳郡创业铺垫社会关系。

天凤末年，王莽的改革破产，西汉遇到的问题不仅没能解决，整个社会都突然动荡起来。关东各地不满王莽的政策，纷纷起义冲击新朝统治，连关中的盗匪问题也越发猖獗。关东起义军中，最终发展壮大的主要有两支，一支是从南方荆州江夏郡一带起义的绿林军，一支是从北方泰山一带起义的赤眉军。

荆州的绿林军发展壮大并北上南阳后，王莽派出四十多万新朝军队前来剿灭。南阳郡也是荆州的地界，刘秀所属的汉室宗亲刘氏家族是当地的豪强大族，势力比较强大。绿林军势必要与南阳的刘氏豪强合作以对抗新朝。刘秀的兄长刘縯组织了大量南阳当地武装加入绿林军阵营，并且多次立下战功。刘秀此时已经回到家乡追随兄长，更是在昆阳大战中以少胜多，使新朝前来镇压的四十余万大军全军覆没，一战成名。

当时人心思汉，众多被刻意制造的谶语和舆论都指向汉室将要复辟。绿林军是农民起义军，多是外姓将领。为了组建政权，争抢立国合法性，获得舆论支持，绿林军将领决定推举南阳当地的刘氏子弟为汉朝皇帝，乘胜追击。但绿林军认为刘縯太过强势，不好控制，于是拥立刘縯的族兄弟刘玄为汉朝皇帝，定年号为更始，史称“玄汉”或“更始政权”。在刘玄的默许下，绿林军竟暗杀了刘縯，并侵吞了刘縯的兵马。作为族兵首领的刘縯一死，刘秀只能韬光养晦，蛰伏低调，表面上他仍诚心侍奉刘玄，以讨平安。

刘玄派绿林汉军同时攻打武关、洛阳，全面叩击关中门户，使关中震动。绿林汉军很快从武关攻入关中。汉军原本认为长安城防坚固，需要等待北路汉军攻破洛阳和函谷关后，会合攻城。但关中各地大姓豪族见王莽大势将去，不仅不组织抵抗，反而纷纷组织私人武装，争先恐后地进攻长安。其中有栎阳申砀、下邽王大、斄县严春、茂陵董喜、蓝田王孟、槐里汝臣、盩厔王扶、阳陵严本、杜陵屠门少。天水隗氏等关中周边的军阀也已经赶到。汉军见各路豪强都来争抢长安这块肥肉，也果断发兵攻城，争分夺秒地抢食这座被经营了两百余年、天下最富饶的城市。

长安城破后，连长安地痞也加入哄抢队伍。城内青年朱弟、张鱼等人火烧未央宫作室门，大火蔓延到后宫。王莽为躲避未央宫大火，逃至沧池渐台，最终被商贩杜吴所杀。临死前，王莽还穿着天青色帝服，戴着玺绶，手持虞帝匕首，号称自己是天命所授。王莽依旧认为自己是一代儒家圣人。王莽的首级被人割下，转送给仍在南阳的皇帝刘玄。另有数十人争相肢解了王莽的尸体，将他的四肢关节、肌肉和骨骼割碎。刘玄则将王莽的头颅悬挂在宛城街道上，百姓纷纷掷打，还有人切下他的舌头吃掉。

建立十四年的新朝，至此灭亡。全国各地的郡县得知消息后，纷纷归降玄汉，包括洛阳城守军也放弃抵抗。刘玄的玄汉，不仅在昆阳之战中平灭新朝主力四十余万大军，而且又攻破武关，进入关中，并拿下长安城，杀死了篡汉自立的王莽，为西汉报了仇。拿到这样的剧本，刘玄简直成了项羽与刘邦的合体。

新莽灭亡后，刘玄想要定都洛阳。此时的刘秀，只是刘玄手下的一个臣子。刘玄任命刘秀为司隶校尉，前往洛阳修整宫室。刘玄握着一手的好牌，如果没有意外，建立东汉的应该就是他。可为什么他作为新朝的终结者，却很快又错失了天命呢?

（二）赤眉汉灭玄汉，长安第二劫

新朝灭亡时的长安，没有秦朝灭亡时的咸阳那般好运遇上了明主刘邦。新朝灭亡的这一次，新帝王莽不像秦王子婴那样愿意折损自己形象，主动开城投降，避免城市陷入混乱。纵然项羽后来有组织地烧杀抢掠，但当时的关中与咸阳的豪强本身没有进入混乱状态。而且刘邦很快就整顿了关中秩序。而新朝被灭这一次，长安的城里城外，各路豪强、军阀，三教九流都在大肆地烧杀抢掠。王莽在城内逃窜，更是导致从城外到宫中被抢了个底儿透。

这还没完。攻入长安的所谓汉将，实则是玄汉附庸的附庸，只是一些乱兵散将。他们占领长安宫殿后，可不像刘邦对咸阳约法三章那样封存府库，还军霸上，秋毫无犯，而是能抢就抢，能占就占。等到真正的汉将到来，又杀了这些侵占宫殿和财富的散将。汉军对一批投降玄汉的长安官员也不留情面地处死，并责备关中的官员和百姓当初弑杀自己的君主。这令趁乱倒戈、反攻王莽的各路关中豪强大姓惶恐不安，又纷纷据县抵抗。

此时，汉帝刘玄已经定都洛阳，天下各路人马见新朝已被玄汉所灭，没有了起义的最大目标动力，开始产生厌战情绪。赤眉军首领樊崇甚至已经前往洛阳向刘玄称臣，与其他赤眉军将领一起在洛阳受封列侯。但刘玄却不给樊崇等人实封国邑，樊崇的赤眉军兵力开始流失。樊崇为了重振赤眉军心，索性又反叛刘玄。

刘玄的器量远不及刘邦与刘秀。刘邦与刘秀尽可能地通过政治手段而非战争途径解决割据问题，而刘玄却对另一大起义力量赤眉军如此轻率安排，导致他坐拥极大的政治优势，却无法整合黄河以南。刘玄并不具备明主之资。

刘玄还有一个失误，就是他对南阳刘氏豪强的把控力度也存在问题。他作为刘秀的族兄，杀死了刘秀的大哥刘缜，却对刘秀没有保持足够的提防。他任命刘秀为大司马，派刘秀出巡河北，平定黄河以北的众多势力。此后，刘秀如脱缰的野马，迅速整合河北各方势力，完成了直属自己的大规模军队的构建，不再听刘玄号令。

在洛阳数月之后，刘玄又决意要迁都长安，回到汉朝都城，以加强自己的统治合法性。待刘玄进入长安，宣布大赦天下，关中各地豪强武装才放弃抵抗。但刘玄身边的绿林军诸将都是关东人，不愿留在关内，纷纷劝刘玄说关东的赤眉军尚未平定，应该回到洛阳抵抗赤眉军。

刘玄为难之际，大儒郑兴劝他说："陛下从荆楚之地起家，虽有天子之号，但尚未向天下人发号施令，就朝夕之间匆匆建政称帝。而关中父老豪杰听闻汉朝复立，争相诛杀王莽，开关郊迎陛下，是因为什么？天下都苦于王莽的虐政，而思念汉高祖之旧德。现在如果长时间不安抚关中群豪，恐怕关内百姓离心，关中也会发生叛乱。《春秋》上说'齐小白入齐'，不称他为侯，就是因为他没有拜见宗庙。现在认为应先平定赤眉，待天下平定以后再入关都长安，是不识其本而争其末。关中作为后方若发生叛乱，陛下就只能扼守函谷关，那么即使晚上躺在洛阳的宫殿中，又岂能安枕无忧？"刘玄于是听从郑兴的劝告，决心以长安为都。但由于未央宫之前遭到焚烧，毁坏严重，他只能住在长乐宫。

刘玄大封南阳刘姓族亲与绿林将领为诸侯王，实际上关中豪强并没有得到具体的实惠。此时天下远远未定，刘玄却大肆封王，尤其是大封异姓王，彻底打破了西汉的制度。他不仅没有强化政治秩序，反而分散国家权力，让已经受封为诸侯的众将各自为政，只想着据有一方。玄汉政权实际上处于外强中干的空转状态。

定都长安一年多，刘玄对关西的整合仍不成功。河西、陇西、蜀中等割据板块，刘玄均未能有效招抚。甚至临晋关外的晋南盆地，函谷关外的洛阳盆地，武关外的南阳盆地，关中面向关东的三大门户，刘玄都未能有效把守。樊崇的赤眉军竟如同之前的玄汉两路夹击新朝入关中一样，也攻入洛阳盆地与玄汉起家的南阳盆地，并两路夹击关中的玄汉。

刘玄建立了较强的合法性优势，却不思先用怀柔方式安定天下，通过政治途径强化集权，而是四处扑火，战争不断。连已经雄霸河北的刘秀也只听诏受封为萧王，却不听宣回关中勤王。刘秀还斩杀玄汉派到河北监督他的官员，在事实上独立。

赤眉军樊崇等部几十万人再次复刻了玄汉灭亡新朝的进军路线，杀入关

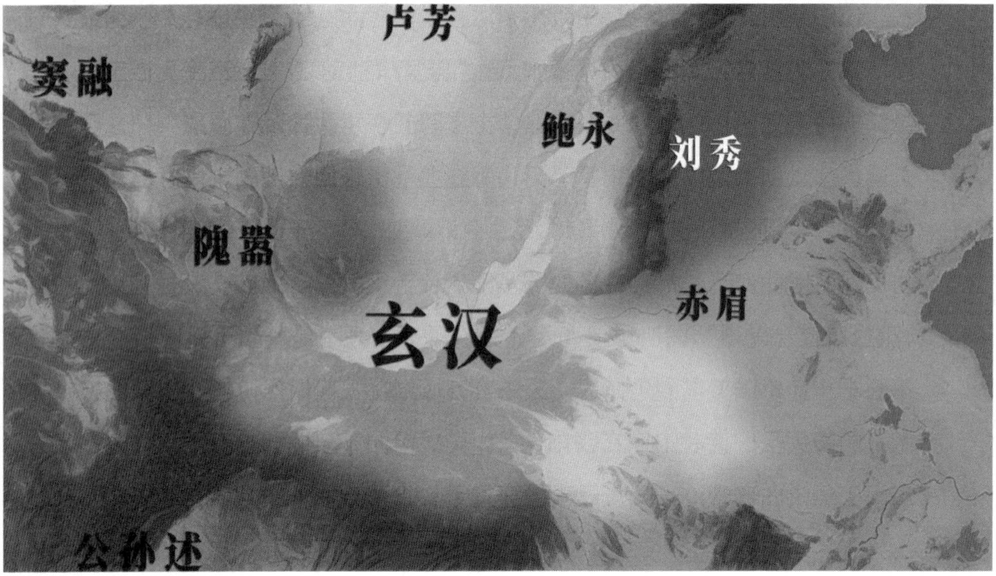

图 54 玄汉势力范围

中。樊崇认为人心思汉，所以进入关中后也必须立一个刘氏子弟为皇帝才能与刘玄争抢名分，于是他选择赤眉军中的放牛娃刘盆子，称他为皇帝，建立赤眉汉，进攻长安。刘玄不敌，向赤眉投降。赤眉军进入长安后，焚烧长安的宫室和街道，杀死刘玄。于是赤眉汉的皇帝刘盆子又宣布定都长安，入住长乐宫。

可赤眉汉相比玄汉，并没有建政的克制力和招抚地方的控制力。关中豪强拒绝与赤眉汉合作，纷纷坚壁清野，拒不缴粮，导致长安城最终粮绝。赤眉汉眼见没了粮草，只得离开长安。

长安城，这座一年多前在新朝灭亡时刚刚经历过劫难的城市，在玄汉灭亡时再次失序。沿着渭河的关中交通主道沿线，汉朝宗庙和陵寝都被掘开盗毁，只剩下不在干道旁边，而在东南黄土台塬上的杜陵和霸陵得以幸免。长安周围饱受战争蹂躏的数十万百姓死于战火和饥荒，城内凄清的街道上连行人都没有。

刘玄失败的根源，大概在于他生逢乱世而登极，却只安于做一个深宫中的吉祥物。自中央集权郡县制实行以来，凡建都长安的创业型王朝，开国皇帝莫不南征北讨。如西汉的开国皇帝刘邦，虽定都关中，却在称帝后几乎每年都御驾亲征，最终才平定关东。如一度统一北方的前秦苻坚，也四次御驾亲征。隋朝是建立在西魏、北周两代政权基础上，西魏的实际统治者宇文泰也是频繁御驾亲征，北周灭北齐时武帝宇文邕也是御驾亲征。隋朝时只剩下南朝陈一个敌国，杨坚虽然没有御驾亲征，但却派皇子杨广东征。杨广继位后也是东征西讨。唐朝开国皇帝李渊虽然很少亲征，但亦是让皇子李世民东征西讨。但刘玄并没有承担起这样的帝王责任。

凡都关中的王朝，历来也是先封锁东边的关隘，优先整合西部，然后再以西部之力东出扫平群雄。刘邦就是全力整合关西在前，先平定三秦，出击关东在后。而且刘邦的汉国高层虽是关东人士，却用军功爵制向关西底层开放上升通道。刘玄定都关中，却未能先平定关中以西，陇西、河西、蜀中三大西部板块，卧榻之侧始终处于割据状态，造成了东西两面受敌。刘玄竟还以一副太平天子的姿态沉溺于长安深宫之中，贪图暂时的安乐。

说到底，关中平原所处的西部，并没有黄淮海平原那般广袤。西部王朝的建立，是以超越东部竞争者的艰苦奋斗，只靠形胜上的客观条件争取到生存窗口期，待强化西部政权自身效率之后，以效率优势征服更富庶的东方。比如皇帝制度、大一统中央集权制度、征辟察举制、三省六部制、科举制等具有较强历史影响力的制度都起源于西部政权，就是因为山区众多的西部更需要集中力量办大事。天下的归属终究是在德不在险。如果无法通过制度晋级来强化生存能力，即使像刘玄手握泛中原这样一手好牌，也最终会兵败如山倒。

外来政权定都长安，最好的模式就是像汉高祖、唐太宗那样，先明定建都关中再讨伐关西势力，稳住关东暂时不起战事。待关西平定再坐镇荥、洛以扫荡群雄。

刘玄不明白，在他这个农民起义军与豪强地主军拼凑的大杂烩政权里，如果他不是东征西讨，四处带兵亲征，拥有嫡系部队和创下军功的皇帝——他这皇位又本就是妥协的产物——他的政权根本不可能长久。刘秀，则反其道而行之。

（三）东汉灭赤眉，长安第三、四、五、六劫

眼见玄汉大势已去，刘秀联姻河北的真定王刘杨，取得了昔日汉朝抵御匈奴时留下的精锐幽州突骑、冀州强弩、并州兵骑，并吞并了河北的农民起义军铜马军，基本荡平了河北群雄。他公开脱离玄汉，在河北鄗城称帝，建立东汉政权，是为汉光武帝。不久后，玄汉将领驻守的洛阳城也放弃抵抗，开城投降刘秀。刘秀于是正式定都洛阳。洛阳时代，再次开启。

赤眉汉夺取关中之后，周边仍有玄汉的残余力量，关中形势十分混乱。刘秀控制住洛阳，又在玄汉崩溃后将族兄刘玄旗下的南阳郡豪族将领重新吸纳到自己麾下，再次控制洛阳盆地与南阳盆地。他又像之前玄汉对王莽，赤眉军对玄汉一样，从洛阳盆地的函谷关道与南阳盆地的武关道同时锁死关中，将赤眉汉封锁在关内，使其无法东出。

赤眉军在关中烧杀抢掠，连被立的傀儡皇帝刘盆子都看不下去了。他对樊崇等赤眉军首领说要退位做庶人，不然以赤眉军这样的土匪行径，将来必然败亡，百姓所有的恨意都将加在自己身上，自己会不得好死。樊崇等人为了阻止刘盆子撂挑子，这才开始节制部下的劣行。

关中豪族拒绝与赤眉汉合作，长安城连粮食都没有，赤眉汉向东不得出关，只好弃守长安，向西转移。刘秀见长安已成空城，便派自己当年长安太学的同窗邓禹前往收复长安。邓禹率东汉军队进入长安后，派府掾将关中十一帝的神主送到了洛阳的高庙，以示东汉继承汉统。刘秀为刘玄的命运感

到悲悯，他让邓禹找到刘玄的尸体，将其安葬到霸陵。由于东汉军队的进入，长安的乱局似乎要结束了。但其实，刘秀与邓禹都低估了关中此时的混乱程度。

整个大关西地区，陇西、河西、汉中、蜀中等各大板块都盘踞着割据势力在闭关自守，针插不进。赤眉军向西流窜后根本攻不下任何一个板块，吃了几场败仗后又返回长安。邓禹无法抵挡卷土重来的赤眉军，大败之后放弃长安，暂时退出关中。赤眉汉又一次占领了长安。他们依旧到处烧杀抢掠、盗掘陵墓。这一次，连西汉最后一座朝宫长乐宫也被毁了，赤眉皇帝刘盆子只好居住在桂宫。关中的混乱程度已经超过了任何一个地区。

玄汉灭亡后，原本割据汉中的延岑又转战关中，与赤眉军在关中接连大战。东汉邓禹也想借机杀回长安，结果再次败给赤眉军。当邓禹率领的东汉军队退离时，关中已经残破到军队只能摘野枣和挖野菜充饥。

但赤眉军在与延岑的战斗中失败，再次弃守长安东逃。关中与长安，又被延岑所占据。这个时候的长安附近已经是城郭皆空，白骨蔽野，堪称人间地狱。且不说长安还有没有成为都城的战略可能，仅就此时长安的残破而言，已经不可能担当都城功能。军阀延岑自立为武安王，眼见没有必要进驻长安废墟，于是驻扎在长安东边的蓝田县。

刘秀眼见邓禹不能平定关中，于是召回邓禹，任冯异为征西大将军，替下邓禹西征。刘秀认为冯异是能够约束军队纪律的将领，专门叮嘱他说东汉军队不是战斗力不行，而是将士喜好掳掠。此时关中的百姓经历反复的蹂躏，已经很难相信外来政权。他指示冯异，这次西征，重点不在攻略地盘，而是要恢复关中的社会秩序，争取关中的人心。

冯异入关后，遇到正溃逃的赤眉军，将其彻底击败。刘秀处死赤眉军领袖樊崇，却怜悯赤眉皇帝刘盆子，给他封了官，使他得到善终。冯异后来又在长安上林苑击败延岑，最终平定关中。

从公元23年十月[1]，新朝灭亡，玄汉进入长安，到公元27年四月，东汉平定关中，收复长安，这三年半的时间内，长安城六易其主，大饥荒已经持续了两年，物价崩溃，黄金一斤只能换五升豆，出现了人吃人的惨剧。连最终平定关中的冯异军，也只能以果实为粮。

但西部割据势力对关中的觊觎并没有停止。占据蜀中与汉中的公孙述，早已经建立成家政权，自立为皇帝。他本身就是关中茂陵人，占领的地盘与进军路线，又与当年的汉高祖刘邦高度相似。公孙述一向自视甚高，他认为自己可以复刻汉高祖依巴蜀、汉中北上还定三秦，然后东出一统天下的路径，认为自己才是刘邦那样的天命所归之人。因此后来汉军攻打蜀中，公孙述都坚持没有投降。他是刘秀消灭各路割据势力的统一进程中，仅次于河套地区卢芳的最后一个被平定的力量，很有韧性。

公孙述在冯异平定关中的第二年，试图从陈仓进入关中，重现刘邦路线，但被冯异所击退。这一年起，东汉军队在关中实行垦荒与屯田政策。

公元30年，以先平关东，再平关西为主要战略的刘秀，除了匈奴人扶持的河套卢芳外，基本已经统一了整个关东地区。此时西部，河西的窦融已主动归顺汉朝，只剩下陇西的隗嚣、蜀中的公孙述两大割据势力。

这一年四月，刘秀再次回到阔别十几年的少年求学之地——昔日的京师长安。那时，长安城恢宏壮丽，繁华富庶。而如今，这里一片焦土，满目疮痍，成了废墟。他这一次来，除了指挥东汉军队对公孙述占据之汉中作战外，也为拜谒高祖庙。在前一年，他已经下令修葺西汉诸帝陵。但恐怕他没有想到，除了帝陵，长安城竟已沦落至此。

当年的长安游学生，此时的汉朝皇帝，再见到这座充满青春回忆的城市，已是面目全非的残破景象，不知心中会是一番什么滋味。

---

① 十月是按农历计算的月份。同类情况不再加注。

第十章

东汉：京畿大后方

南游偃师县，斜上灞陵东。……

谁知两京盛，欢宴遂无穷。

东汉虽以洛阳为首都，但关中仍然属于京畿区划司隶校尉部的辖区，因此，关中对东汉王朝的支撑作用仍不容小觑。关中是皇族掌控的大后方，从这个角度讲，东汉也可以被归入以西制东的王朝。

（一）东汉初期的迁都之议

东汉光武帝刘秀一生，直到驾崩的前一年，曾六巡长安。前三次主要是为了在长安督战西部，平定陇西和蜀中，重新一统天下。

公元 39 年，天下已经彻底平定，光武帝想要强化朝廷对地方的管理，试图在全国核实农田垦殖和户口数，下令度田，并考查二千石高官是否有徇私枉法的行为。度田是要查清地方豪强大族隐匿的奴仆人口与田产数量，进而摸清和打击豪强庄园主所逃漏的税赋。结果，光武帝发现陈留郡吏呈上的奏牍中另有一书，写着："颍川、弘农可以问，河南、南阳不可以问。"这是暗示光武帝不要在河南、南阳深入搞度田，睁只眼闭只眼就行了。光武帝大怒，但相关官吏不肯说实话，说此书是在街上捡到的。

当时只有十二岁的汉明帝在幄幕后对光武帝说："河南尹是帝都，多功臣勋贵。南阳郡是帝乡，多皇亲国戚，田宅超过规定，不可为标准。"光武帝这才明白，洛阳与南阳郡的利益集团多么强大。光武帝出身于南阳豪族，旗下有早期投效他的以冯异为首的颍川将领，他又招揽河北群雄，最终在河北建立了属于自己的军队，并在河北称帝之后才定都洛阳。因此，光武帝的开国勋贵主要由南阳豪强、颍川豪强、河北豪强三方势力组成。

东汉云台阁有开国功臣三十二将图，其中二十八将对应了二十八星宿，称云台二十八将。这二十八将中有十一人是与光武帝同乡的南阳郡人，有七人是颍川郡人，有六人属当时的河北地区。另有三人是关中人，一人是今山

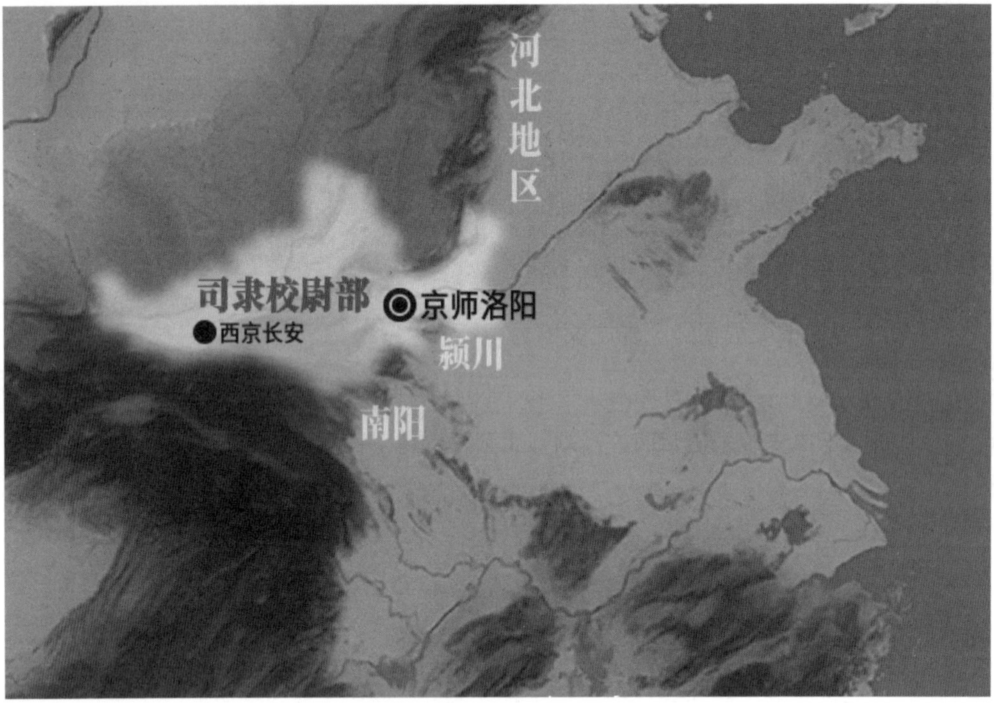

图 55 东汉司隶范围

东人，但均是在河北做官时投效光武帝的。尤其关中三人是关中作为王朝中枢时期，家族被下派到河北为官的河北势力。因此，河北势力其实应算作十人。如果算上入云台图而未列入二十八将的四人，则南阳郡有十三人，颍川郡有八人，河北加上在河北做官的有十人。

与西汉关中本位不同，东汉实行的是以南阳、河北、颍川三大豪强集团为主的关东本位秩序。京师洛阳恰处在当时的河北、南阳、颍川的中间区位，是关东三大集团的政治资源支点所在。

光武帝曾南巡经过汝南郡南顿县，好意给南顿县免田租一年，谁料南顿县父老却当着皇帝面说一年太少，至少免十年，不然就是皇帝吝啬。可见关东豪强地主势力的猖狂。

在公元39年下令度田的这一年，面对关东地区盘根错节的利益集团，光武帝将原本划入雍州的关中重新划入作为京畿区划的司隶校尉部，恢复了西汉时期的司隶整体范围。毕竟，既然当时属于关中弘农郡“可问”，那不如把整个关中都并入京畿，都变成皇帝“可问”的皇室基本盘。西汉的京畿司隶也包含洛阳，那么定都洛阳的东汉当然也可以把西汉司隶整体继承下来。

如果说西汉是以长安为中心，以洛阳为门户，那么光武帝此举则是让洛阳为中心，长安为后方。而汉武帝之所以要拿关中做后方，是因为他要和关东几大利益集团好好斗上一场。

公元40年，光武帝以度田不实之罪处死了包括河南尹张伋在内的十几个郡守。紧接着，关东地区的大姓豪强就到处叛乱，劫杀当地落实度田政策的地方官员。青、徐、幽、冀四州尤为厉害。最终光武帝镇压了这一波反叛潮，并强行迁徙这些豪强到外地，才最终结束了这次度田斗争。

公元42年，平乱一年多后，光武帝第四次西巡长安并拜庙祭陵。他眼见长安如此破败，不禁伤愍旧京，凄然有怀祖之思，于是下令经营长安宫室。之后又下诏启动长安废毁宫殿的修缮工程，并营建大驾宫、六王邸、高车厩。

光武帝在此时对两京出现暧昧态度，引起了受到光武帝欣赏和器重的杜笃的迁都之议。

京兆杜陵人杜笃，是东汉初年的一代文豪。他认为天下已经再次统一，以“关中表里山河，先帝旧京，不宜改营洛邑”为由，向光武帝上奏《论都赋》，建言光武帝由洛阳还都西汉旧京长安。光武帝此时正在营建长安宫室，对此议未置可否，不正面回应，让关东势力产生了狐疑。

这段时期，西土父老与关中豪族也不满汉朝建都洛阳，借着光武帝对长安的眷顾，盛称长安旧制，常说洛阳的缺点。光武帝要的就是这个效果：让关中加入京畿，让关中豪强加入制衡关东豪强。其实光武帝明知国本在洛阳，不可能迁都，但他要通过可能迁都的暗示，来震慑和制衡关东的三大集团。这些无非都是光武帝敲打关东集团的警示手段。

如果光武帝真要迁都长安，那么对这三大力量而言，无疑是一种巨大的震动。但关东集团势必不会放过杜笃这个出头鸟、马前卒。此议出现之后，杜笃被下放到地方任职，此后二十多年没能再进京师洛阳。这无疑是关东集团的反扑。

公元 50 年，光武帝对迁都之议做出回应。这一年，光武帝正式开始在洛阳修建自己的陵园。西汉的皇帝都是继位初期就开始修建自己的陵园，而光武帝开始修建陵园时，已经五十五岁，已经非常晚。但此举算是给关东各集团吃了一粒定心丸，表示光武帝会一直留在洛阳到死。

公元 56 年，已经十年没有西巡的光武帝，最后一次巡幸长安。但回到洛阳后，他又下令在洛阳建造只有京师才会配备的明堂、灵台、辟雍等礼制建筑。这是他最后一次坚定以洛阳为京师的举措。

公元 57 年，光武帝驾崩，汉明帝继位。光武以后，凡是在位超过一年的成年皇帝，除了灵帝一人外，明帝刘庄、章帝刘炟、和帝刘肇、安帝刘祜、顺帝刘保、桓帝刘志都曾西巡长安，祭祀高庙和西汉帝陵，以示正统。

（二）东汉建立的意义

由于《论都赋》的影响犹在，为了打击这种思潮，明帝时期，王景作《金人论》称颂洛阳，以专门反击当年杜笃的《论都赋》。汉章帝时期，崔骃作《反都赋》，傅毅作《反都赋》《洛都赋》，仍大力称颂京师洛阳。班固作《两都赋》，更是直接与《论都赋》背后关中父老“盛称长安旧制，有陋洛邑之议”针锋相对。班固欲抑先扬，虽然将西汉长安描写得华丽富庶，但最终却用东汉洛阳的礼仪儒风之盛，批驳了西都优势之论，认为西都的宏丽繁华其实是奢靡无度。

班固认为关中纵有形胜也只能防御西戎，而洛阳地处天下之中，万方辐辏。关中的山川再险也只是一隅，洛阳却是整个天下的中心。关中的建章宫、甘泉宫，都是尊神奉仙之所，比不上洛阳的灵台、明堂这些儒家礼制建筑的风华。太液池、昆明池只是豢养鸟兽的园子，但洛阳的礼制、园池、辟雍却是道德的象征。秦阿房宫即使造得如天一样高大，也不如礼仪制度昭昭之洛阳。函谷关再牢固，也不及王者之德包容四海。

班固还借东都主人之口，对盛赞长安的西都客人直接道出："子实秦人。"此言一出，可谓是诛心之论。西汉长安实与秦咸阳为一城。班固直接将两都上升到了秦制与周制之争，霸道与王道之争，法术与儒学之争。

西汉武帝最终选择修建尊奉神教的建章宫，放弃了在长安修建明堂。西汉明堂实际是西汉末年王莽掌权时修建的。西汉皇帝并没有真正"皈依"儒教。而东汉光武帝最终选择在洛阳修建儒家的一系列礼制建筑，如明堂、灵台、辟雍，并在临死前一年主动封禅儒家圣山泰山，表明东汉比西汉更加"皈依"儒教。

洛阳代表了东汉魏晋南北朝时期的儒学之都、礼制之都，这是洛阳在此期间地位反超长安的思想上的原因。班固的千古名赋《两都赋》发表后，可谓字字诛心，让西迁一派哑口无言。迁都之声，至此渐绝。到东汉中期的汉安帝时期，张衡又作《二京赋》，虽然不再是回应迁都之议，但《西京赋》中对西京奢侈的描写，与《东京赋》中对东京节俭的描写，仍然延续了东汉时推崇东京的思潮。

不过班固纵然将关中人都说成是"秦人"，这种话也就只有他可以说。关东之人说这种话，恐怕就会被指责为地域歧视，会招致关中豪族与士人的强烈反感。但班固不会，因为他自己就是"秦人"，就是西土士人，是杜笃之后，关中新一代的文豪以及儒学领袖。

刘玄等刘姓宗亲割据势力当时不少，为什么儒家最终选择了刘秀？刘秀曾经跪拜刘玄，按说刘玄原本占据先机，为什么最终功亏一篑？因为刘玄不仅要在法统上继承西汉，更要在道统上继承西汉。刘玄迁都回了长安，而且他对绿林将领大封异姓王，明显是偏向于功勋贵族而非儒家官僚。诸侯王虽是战国到汉代封建的组成部分，但源头是周制彻底崩溃后的战国产物，并非儒家复古主义倡导的周制象征。刘秀则是儒家最高学府太学出身，妥妥的儒家子弟。他坚持定都代表周制的洛阳，既要继承西汉的法统，又要推崇儒家的道统。他称帝之初，裁撤诸侯王，降为侯爵。他不再分封诸侯王，而是将众皇子封为"国公"。公侯制度，就是儒家《周礼》中的五等爵制度。可见建政之初，刘秀是公开推崇儒家的。直到东汉统一之后，皇权稳固，他才重新给皇子加爵为王。

东汉的开国功勋贵族，就仅仅是被供养起来的勋贵，不像西汉开国勋贵那样掌握相权，控制着官僚系统。东汉的开国功臣在建朝后大部分退出了行政体系，这就是云台二十八将不像西汉开国功臣出丞相、名臣的原因。真正把控行政体系的，是儒家官僚。

刘秀刚刚登基时，由于远远没有统一，仍像是割据势力，于是让邓禹短暂担任百官之首的司徒。邓禹之后的所有东汉司徒，相当于西汉的丞相，竟然连续由大儒担任。刘秀这个儒家弟子，与儒家的合作态度可见一斑。而且东汉的官吏，不仅仅是从儒生中选拔，更是以儒学造诣作为考核内容。也就是说，西汉的官僚，多是从儒家中选。而东汉的官僚，必须就是儒家。

光武帝并非没有制衡过儒家。他统一之后，多年来其实反复拒绝封禅泰山的请求。他不愿表明尊儒的态度，也想留有一定的转圜空间。直到他临死前一年多，为了他的儿子继位后地位能够稳固，他才最终妥协。

也是这一年，光武帝宣布将谶纬之学确立为东汉官方统治思想。谶纬是儒家经学和神学预言相结合的产物。两汉宣扬神秘预言，叫图谶，即"一语成谶"的"谶"。纬，则是结合神学对儒家经典做出解释，与儒家经学的经相对，即"经纬天地"的"纬"。

光武帝终于表明了与汉武帝尊崇神教不同的尊崇儒教之态度，让洛阳一举超越了长安，成为儒学之都，儒家岂能不投桃报李，拥护东汉后来的皇帝们?

公元79年，东汉效仿西汉石渠阁会议，召集天下名儒举行白虎观会议，再次定调，东汉的国教是儒教，东汉的皇帝尊崇儒学。只不过东汉儒学，由于倾向于谶纬，更具有神秘主义特征。而班固，正是这次会议的重要参与者和会议记录者、总结者。班固拥护洛阳，就是在维护他代表的儒教。

东汉建立，意味着汉王朝正式倒向儒家。儒家不再热衷于改造关中汉朝，而是真正渗透了关东汉朝。儒家又怎么会让汉朝都城再回到代表秦制的关中，而放弃儒家元圣周公兴建的洛阳？

（三）关中外戚家族

由于长安保有汉朝先帝的陵寝、宗庙、宫殿，在郡级区划设置上，长安所在的京兆尹又依旧与京师洛阳所在的河南尹同为尹制。在州级区划设置上，关中被划入京畿大区的司隶校尉部管辖。因此，一般认为长安仍是东汉的陪都建制。东汉时人也将长安称为西京。东汉、魏、晋、南北朝、隋、唐，就有了洛阳、长安东西两京的概念。

两汉京畿司隶的范围一致，均为三辅、三河，以及二者中间连接处的弘农郡。三辅就是关中盆地内三个郡级区划：京兆尹、左冯翊、右扶风。三河是晋南盆地所在的河东郡，洛阳盆地所在的河南郡，以及河南郡黄河对岸的河内郡。

河东为尧舜所都，河南为夏周所都，河内为殷商所都，关中三辅为周秦所都。两汉司隶这个板块，就是统一中国的文化核心区，是宋朝以前的政治、文化、经济、军事、人口高地。两汉之时，它们处在同一个行政区划。

东汉以三辅三河为畿，定都洛阳一百六十六年，这是定都洛阳时间最久的大一统王朝。不得不说，这个国祚延续时间与光武帝定下的同西汉无异的基本盘策略有很大关系。唐朝同样以长安与洛阳为两都，也创造了最盛、最长的王朝纪录。而同样定都洛阳，却放弃关中于京畿区划之外的曹魏、西晋朝代，国祚却只有四五十年。这就是地缘规律使然。

由于关中是东汉京畿大区中的最大一块平原腹地，因此关中势力也为东汉王朝的巩固做出了突出贡献。东汉向南，在最南边平定岭南、交趾一带的马援，是关中人。东汉向北，在最北边击败匈奴，至燕然山刻石记功的窦宪，是关中人。东汉向东，平定朝鲜半岛乐浪郡的王遵，是关中人。东汉向西，平定西域的班超，是关中人。东汉版图向东、南、西、北，把骨架拉到最大，恰好都是由关中将领完成，并非巧合，而是东汉虽然以洛阳为都，实行关东本位，但仍然以关中为京畿，实行关中后方战略的表现。关中大族对东汉也十分忠心。

光武帝将关中纳入京畿区划，是为了扩充皇家的地缘实力，以制衡几大关东集团。事实上，东汉诸帝也积极联姻关中大族，使关中切实地成为洛阳的大后方与后盾。

马援的女儿、汉明帝马皇后成为太后之后，关中马氏外戚在洛阳朝堂上的风头一时无两。杜笃晚年就是被马氏外戚再次起用。汉章帝的窦皇后，也出自关中窦氏。汉章帝之时，关中势力可谓风头正劲。不仅太后马氏外戚是关中豪族，连皇后窦氏外戚也是关中豪族。窦氏后来成为临朝称制的一代权后，主掌洛阳朝政，任内有不小的功绩。这就是东汉以关中为后方战略的人事体现。

汉和帝册立的两任皇后，籍贯都是南阳郡，汉安帝阎皇后的籍贯是河南郡，权力再次回到关东集团手中。到了汉顺帝的梁皇后，后来也作为太后临朝称制六年。梁皇后虽然不是关中人，却是安定郡人，安定郡位于陇山的萧关一带，亦属于关陇势力。

汉桓帝第一任梁皇后，也是关西安定梁氏。第二任邓皇后，属南阳郡人。第三任皇后的籍贯，又回到了关中的窦氏家族。这位窦太后也曾临朝称制。

汉灵帝第一任宋皇后，是关中人。第二任何皇后，是南阳人。

纵观东汉外戚掌权的历史，可谓关西与关东的竞争史。关东多出于南阳。

东汉皇后多无子，侧面说明了东汉皇室与地缘集团之间的联姻，导致皇后之位更多是出于政治意图而设定，而非像西汉那样，皇后册立多出于平民，更多是帝后个人之间的感情使然。这其实意味着走向士族社会的过程中，世家政治逐渐回暖。

桓灵二帝时期，儒家士大夫集团与代表皇权的宦官集团斗争，引发党锢之祸，极大地损耗了朝廷的权威与对地方的控制力。汉灵帝后期又爆发黄巾起义，朝廷被迫下放兵权和行政权给地方官员和将领，以镇压这场农民起义。镇压过程中滋生出的各路军阀就开始蠢蠢欲动。天下群雄并起，东汉秩序开始趋于失控。

黄巾起义爆发后，西北凉州的大规模叛乱也随即上演。叛军进逼关中，朝廷组织包括董卓在内的将领前往镇守关中，组织平叛。这个过程中，董卓这类中层军官又渐渐成为强大的军阀。

灵帝死后，十四岁的汉少帝刘辩继位，其母何太后临朝称制，宦官集团与何氏外戚发生激烈的斗争。何氏外戚为了扳倒宦官集团，将董卓引入洛阳。在何氏外戚与宦官大肆相互谋杀和报复时，何氏外戚的领袖何进已被杀，京师洛阳陷入一片混乱中。宦官头目抱着少帝往京城外边逃跑，驻军在洛阳城郊的董卓瞅准时机，堵截少帝，除掉了宦官。少帝于是被董卓控制。

董卓凭借自己带入洛阳的精兵优势，用软硬兼施的方式吞并了群龙无首的京城禁军诸部，控制了洛阳城。董卓认为少帝与何太后不易控制，又听闻时年只有九岁的陈留王刘协是昔日灵帝生母董太后养大的孩子，被称为“董侯”，见刘协聪慧，于是谎称自己与董太后是同族本家，冒充外戚，公然废黜少帝，并弑杀何太后与少帝，改立刘协为皇帝，以便自己控制。这就是汉献帝。

董卓虽然善于投机，但为人残暴，罔顾民心，他纵容军队在洛阳城奸淫掳掠，盗墓掘陵，令京师百姓苦不堪言。天下秩序进一步分崩离析，关东各路诸侯割据一方，不再听朝廷号令。

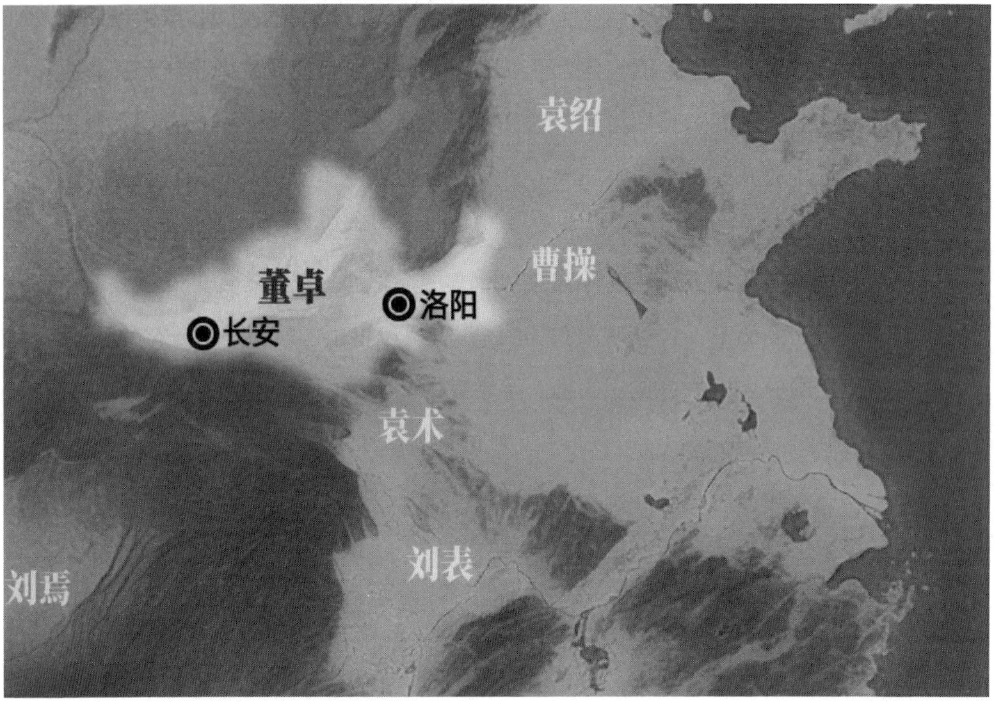

图 56　董卓势力范围

尤其是袁绍、袁术所在汝南袁氏这样的世家大族，利用家族在地方上遍布门生故吏的影响力优势，迅速割据一方。这些家族以儒家经术为家学，在东汉朝堂累世公卿（袁氏便是四世三公），兼并大量土地形成大庄园经济。随着东汉统治秩序的崩溃，这些世家将彻底成为脱缰的野马，形成以宗族血缘为纽带，控制地方经济命脉与行政权的士族。某种程度上说，从东汉末年到魏晋南北朝，再到隋唐的后期割据战乱，之所以政权轮替十分频繁，就是因为士族主导的地方力量过于强势，其政治动员能力往往可以超越国家政府。而东汉末年，皇权瓦解之后，他们要做的第一件事就是争夺中央政权。

董卓在洛阳执政半年后，关东群雄打着诛董卓的名义向洛阳进逼。董卓是凉州陇西人，又常年带兵活动在关中，替朝廷征讨凉州叛军，因此在关西有一定的人脉和根基。董卓为了依靠关中形胜抵挡关东的讨董联盟，于是制订迁都长安计划。洛阳与长安，再次易位……

第十一章 东汉：烽火照西京

西京乱无象，豺虎方遘患。
……
南登霸陵岸，回首望长安。

豪族大姓凭借自家在儒林的地位，经由儒学取仕，进而入朝做官。这些家族世代通过盘根错节的门生故吏、姻亲裙带网，并依靠家族大庄园经济之实力，以及在地方的名望影响力，不断巩固自家在儒学界和官场的地位，形成了累世不衰、门第显赫的士族。

东汉后期，士族圈开始形成清议之风，即知名的士族领袖如果品评某个人的才德，就会引导舆论迅速关注和推捧这个被品评之人。汝南郡许氏发起的“月旦评”就是代表。哪怕是个无名小卒，一经士林领袖品题，立刻就会天下闻名，四方称颂。士族之间通过互相推捧，垄断舆论资源进而垄断政治资源。上品无寒门，下品无士族，把推举人才根据出身分为三六九等的九品中正制，就发端于这种士族清议之风。

汉末、魏、晋、南北朝的乱因之一，就是这些士族对地方的控制力超越国家，一旦与军阀结合，很容易形成地方割据。

（一）迁都长安

对于董卓而言，关东以反董为名，事实上形成割据自立。农民起义军白波军又已经进入洛阳西北方向的河东。凉州的韩遂、马腾仍试图进犯关中。而此前与董卓一起镇守关中的皇甫嵩等人又与董卓不和。关中作为洛阳的大后方，此时明显不稳。董卓只有坐镇关中，才可控制关中与弘农等数郡之地，巩固后方的平原腹地，不至于只依河南一郡而腹背受敌。

公元 190 年，东汉朝廷由洛阳迁都长安，汉献帝入住长安未央宫。但这一次，关中耆老不是复见汉家威仪，而是看到了日薄西山、落魄不堪的汉朝。

迁都之后，年仅十岁的汉献帝刘协终于可以松口气了。因为朝廷虽然西迁到长安，但暴虐的董卓依然率军驻扎在洛阳，抵御关东联军。朝廷与军事大本营暂时分离，没有阴晴不定的董卓天天跟在身边，汉献帝总算能清静一段时间。

董卓在洛阳仍然是胡作非为，他烧毁了洛阳宫室和洛阳的民居，驱赶洛阳百姓迁入关中，奸淫宫人，劫掠妇女，盗掘帝陵和公卿坟墓的财宝，可谓无恶不作。朝廷西迁一年后，洛阳失守，董卓才以太师的身份进入长安。

迁都长安后，董卓大肆清除关东士族在朝堂上的势力，其中就包括汝南袁氏这种大族。他杀太傅袁隗、太仆袁基，诛灭其在长安的族人。这是军阀对门阀的屠杀。汉末三国乱世，就是一场寒门军阀与士族门阀之间的争夺与对抗。

董卓是西凉人，手下有以李傕、郭汜为代表的西凉将领。董卓又曾在并州做官，拉拢了以吕布为代表的部分并州军队。董卓在关中“诛关中旧族，陷以叛逆”，对不合作的关中士族采取镇压态度。尤其是此前长期镇守关中的关西安定郡皇甫嵩，一直是董卓忌惮的对象。

并州出身的司徒王允，作为文官集团最后试图挽救朝政的代表人物，私下联合治理关中的司隶校尉黄琬与出身关中的执金吾孙瑞，并策反了董卓非关西嫡系部将吕布。吕布出身并州，与董卓婢女有私情，因而与董卓暗生矛盾。吕布便携自己的并州部曲转投王允。

公元 192 年，董卓回到长安一年后，王允成功刺杀董卓，以朝廷名义诛灭董卓三族，并借助吕布的部队威慑董卓留下的西凉诸部，暂时稳定住长安形势。

王允为文官之首，吕布掌控禁军，两人作为并州系两大核心共掌朝政。但王允却犯了方向性错误，那就是朝廷现在身处关西，他设计的联合对象不是关中士族与关西诸将，而是关东士族。他总揽朝政后立刻遣使抚慰山东，断然拒绝关中出身的太尉马日磾为受董卓牵连的史家文豪蔡邕之求情，并不给关西势力情面。王允还让自己的同乡执掌关中京郡左冯翊与右扶风，没有重用关中本地士人。

吕布曾替董卓手下的西凉诸将兵求情，他认为西凉诸将已经群龙无首，乱局中不是追究政治罪的时机，应该对西凉诸将采取拉拢与怀柔的态度。事实上，关西出身的西凉军，现在充当着皇帝禁军。但王允不采纳，认为必须惩罚这些关西将领，还拒绝将董卓的财物封赏给公卿与将士。王允试图夺取西凉诸将的兵权，取缔西凉军，让关东将领收编西凉士兵。有人劝王允不要这么做，而是任命此前长期驻守关中的关西人皇甫嵩为将军，统领并安抚西凉军队，让其驻守在弘农郡，即昔日的秦函谷关附近。王允再次断然拒绝，直接说："关东举义兵者，皆吾徒耳。"他认为关东诸侯才是自己人，不能为了让西凉诸将安心而失去关东之心。

以李傕和郭汜为首的西凉军将领终于看明白，王允以关东士人自居，而关中与凉州这些关西公卿与将领，被王允视为敌人。王允既然以关东制关西，恐怕在长安也只是暂时落脚。西凉军明白王允要肢解自己，不再抱有幻想，于是跟随李傕和郭汜挥师攻陷长安。王允这才如梦方醒——自己在关西的地盘上，得罪了关西的士人和将领，还如何立足啊？

作为王允军事支撑的吕布并州军无法抵抗狗急跳墙的凉州军，吕布要拉着王允一起逃离关中，王允却坚持留下，他对吕布说："安定国家是我的愿望。如不能实现，愿意以死明志。皇上年幼，还很依靠我，遇到大难就抛弃皇上，我不忍心。你东去之后，要告诉关东诸公，多多以国家为重。"吕布去后，王允带着汉献帝登上宣平门城楼，见西凉兵已至，宣布大赦天下，但李傕、郭汜并不买账，上表请汉献帝交出王允。王允最终被杀，李傕和郭汜掌握了长安兵权。

并州系掌握长安政权只有不到两个月，凉州系就重新取得了对长安的控制权。但与一般的演义故事叙事不同的是，这个时候，李傕、郭汜、樊稠、张济等董卓留下的西凉将领只是暂时凑到一起反王允。王允死后，他们之间也存在利益争夺，仍然是群龙无首的状态，无法像能够节制所有西凉将领的董卓那样直接控制朝堂。这个时候，几大西凉将军也需要积极与文官集团合作来巩固自己的地位，否则容易先被淘汰。马日磾、皇甫嵩、赵岐、赵温、杨彪、士孙瑞等有关中背景的官员纷纷升至三公九卿之高位，西凉将领与这些朝廷文官合作，暂时形成了一个松散的关西集团。

这个时候，汉献帝已经十二岁，开始懂事。虽然李傕掌控兵权，但几路西凉军也互相制衡，汉献帝反而度过了一段较为体面和安稳的时光。

（二）最后的京师

公元 193 年，有人借日食请求治罪太史和太尉，被汉献帝拒绝。献帝宣布息兵，不理政事五日。献帝后来又令侍御史裴茂赦免了两百多个罪犯，包括李傕的政敌。李傕请求治罪裴茂，又被献帝拒绝。但李傕毕竟掌握兵权，在梁绍上书请治李傕一党的吴硕时，也被献帝拒绝。

九月，四十余位儒生参加朝廷举行的儒生考试。献帝怜悯那些考试考到白头仍达不到最低选用成绩而将被遣送的儒生，下诏将他们都拜为太子舍人。太学举行典礼时，献帝亲临永福门，观看典礼并赏赐博士以下学生。显然，献帝已经开始参与一些政事决策和执掌礼仪。

公元 194 年正月，十四岁的献帝宣布大赦天下，改年号为“兴平”，并穿上元服，举行冠礼以示成年。二月，献帝追尊自己的生母王氏为“灵怀皇后”，并改葬于洛阳文昭陵，启动陵园修建工程。此举表明，献帝还是希冀将来能回到洛阳。其后，献帝在藉田耕种，以示可以亲政。六月，再次出现日食，献帝避正殿，宣布息兵，不理政事五日。

这一年，关中发生多次地震，又爆发蝗灾。七月，关中大旱，献帝举行祈雨仪式，并赦免轻罪罪犯。旱灾之下，关中一斛谷米卖到五十万钱，一斛豆麦卖到二十万钱，出现人相食的惨剧，野外白骨成堆。献帝派侍御史侯汶开放长安城太仓，赈济灾民。但发粥救济一日后，死亡人数仍没有下降。献帝怀疑发粥救济弄虚作假，亲自在御座前量米熬粥，发现侯汶作假克扣公粮。

尚书令以下官员都前来向皇帝谢罪，献帝下诏将侯汶杖打五十。此后，城中饥民才得到赈济。

汉献帝已经开始立威，终于要亲政，像个皇帝的样子了。然而，开始即是结束，这是汉献帝人生中的最后一次体面。公元 195 年正月，汉献帝再次大赦天下。但这一年，旱灾仍在持续。汉献帝的噩梦在这一年开始了。

关中的西凉诸将内讧，开始你攻我伐，不顾起码的政治秩序。先是樊稠被李傕所杀，然后李傕又与郭汜在长安城中互相进攻。李傕为了不让郭汜抢先劫持汉献帝，竟强行将汉献帝挟持到自己军队的坞堡里住下，并且直接烧毁了长安的宫殿、官府和民宅，掠夺了府库中的所有财富。董卓只是粗暴，目无法度，但朝堂还自有起码的秩序，还像个朝堂。董卓自己也能约束军队，只是做个权臣。到了李傕疯狂挟持汉献帝时，哪里还有什么朝堂。

刚开始，李傕住在军营的北坞，让汉献帝住在军营的南坞，献帝还有一定的自由。献帝在四月还册立伏贵人为皇后。可后来，郭汜攻打李傕，弓弩箭雨甚至直接射到了御前，李傕又强行把献帝挟持到北坞，不让献帝离开自己的视线。凉州军阀与关中朝臣短暂形成的关西集团迅速瓦解。这朝廷和仅存的秩序，就算是彻底完了。

当时驻扎在弘农郡的西凉将领张济，一看西凉系内讧到这种程度，就赶来劝和李傕和郭汜。张济的劝和方案倒是不复杂，就是郭汜带皇帝去洛阳，皇帝归郭汜，地盘留给李傕。其实皇帝身旁还掌握着部分禁卫，留有数量庞大的百官公卿与宫人跟随。李傕、郭汜和汉献帝三方最终达成暂时协议。汉献帝终于能够东归洛阳，回到自己的家乡了。长安，终归不是东汉皇帝们的家。

就在郭汜和张济护送献帝东归时，郭汜却突然违反协议，要将献帝迁到关中别处，最终被献帝身旁的宫廷军队击退。献帝一路东奔到达弘农郡后，李傕、郭汜、张济终于都意识到不能让献帝离开关中，否则他们这些西凉军就失去了朝廷这个“护身符”，随时会被兵力强大的大军阀所吞并。张济不愿让献帝继续东出函谷，遭到献帝拒绝。张济的小算盘，恐怕是想把献帝劫持到他的弘农郡。于是张济又伙同李傕、郭汜进攻献帝的人马，企图再次劫持献帝，最终在河东郡前来勤王的部队协助下，西凉军被击退。献帝先渡黄河往河东到达安邑，此时已经是十二月。

公元 196 年正月，献帝在安邑正式改年号为“建安”，希望重建朝廷，从此安定下来。七月，献帝的车驾终于回到了洛阳，从长安到洛阳，献帝几经波折，走了整整一年。献帝在洛阳郊祀上帝，大赦天下，拜谒太庙。然而洛阳依旧是一片断壁残垣，百官只能披荆棘，依墙壁度日。州郡拥兵自重，不给洛阳运输粮赋。百官忍饥挨饿，自尚书郎以下的官员要亲自去采摘野菜充饥。有些官员饿死，有些官员被失控的士兵杀死。两京俱毁，回到洛阳的献帝，面临的其实也是死局。

曹操得到皇帝回洛阳的消息，大喜过望，亲自迎献帝从洛阳迁至许昌，改许昌为许都，许都成为东汉最后一个名义上的都城。献帝与百官终于得到了食物，但他们彻底失去了希望。曹操不像董卓那样粗暴，更不像李傕那样犯浑，但他同样不给献帝自由，而且是一点儿都不给。自从迁许之后，献帝再没有任何一点儿自主权。此后二十余年苟延残喘的帝王生涯，献帝甚至连大赦天下，或者主持基本礼仪都做不到了。曹操这样的人，才更配做汉王朝实质性的终结者。

另一边，李傕、郭汜、张济这三大关中西凉军将领，终于为他们的粗暴、无知、短视付出了代价。失去充当天子京畿禁军的功能，他们实力不济又缺乏威望，立马遭到围攻。献帝东归没多久，张济外出抢粮时战死，郭汜被部将所杀，李傕后被曹操平定。献帝命人把李傕的人头高挂在许都，以示对他的憎恨。

汉献帝迁都长安，是东汉朝廷被迫之举。东汉朝廷是关东本位的朝廷，无论是忠臣王允还是汉献帝，恐怕都期望着日后能够还都洛阳。汉献帝在长安，前有董卓把持朝政，后有李傕专权。但总体而言，朝堂力量仍在。而献帝后来陷入曹操手中，朝廷事实上已经不复存在。

其实在李傕获得长安兵权之初，西凉几大将领之间仍有牵制，李傕还未开启疯狂模式。这两年反而是献帝一生中自主权最多、最有帝王尊严的时期。即使是东归的路上，献帝身边的禁军仍能击退郭汜，并与李傕、郭汜、张济的西凉军展开弘农大战。但迁许后，献帝就彻底沦为被拔了牙的老虎。《后汉书》中，献帝迁许二十五年，不仅再也没有主持任何朝仪的记录，甚至没有称许都为京师。也许，《后汉书》的作者范晔意识到，迁许后，献帝实质性地彻底丧失了帝王权力，哪怕是不完整的帝王权力。

献帝迁许二十五年后，曹操的儿子曹丕逼迫献帝禅让，汉朝灭亡。短暂为都六年，长安是《后汉书》中汉朝最后一座被称为“京师”的都城。但这六年，纵然东汉文官与汉献帝为了重建秩序都做过努力，最终也没能挽回汉朝大厦将倾的命运，反而连累了长安与关中，也在混战之后成为一片焦土废墟。

四百年大汉王朝，西汉的长安城作为京师，曾经创造了大汉朝气蓬勃的早晨和如日中天的正午。东汉时，长安城却没能参与汉朝和风丽日的午后，以及夜幕笼罩的零点终结时刻。但在献帝都长安的六年，长安见证了汉朝黄昏来临的时刻，看见了那最后一抹落下的夕阳……

（三）人间炼狱

从汉光武帝下令修葺长安宫室开始，长安城恢复了一个半世纪，已发展至有数十万户。加上董卓迁都时又将洛阳人口强迁至关中，献帝都长安时，长安少说有一百万人口。但在这次所谓定都之后，长安城竟成了空城。十几股小型军阀进入关中，占据各自的坞堡，形成了碎片化割据的纷乱局面。

关中萧条了四年，小军阀李堪率部曲私兵进入长安后，士兵甚至只能拔野生酸枣等野果当食物，扒坟墓里死人的衣服穿。当时，关中新丰有一游侠名叫鲍出，由于闹饥荒，鲍出兄弟外出采摘野菜，母亲守在家中。等他们回到家后，数十个啖人贼已经用绳索绑住他母亲的双手，连同邻居家的妇人绑在一起抓走。这些啖人贼是专门把人绑走煮了当食物的食人土匪。鲍出听说后大怒，前往追赶，当下就砍死好几个食人魔，将他的母亲与邻居救下。可见当时关中已经是人间炼狱，豪强之家也要摘野菜度日。山中强盗也不抢财物，专抓活人吃。军阀更不用说，他们会把百姓家里的余粮全部抢走。

上天并不眷顾这次长安的都城使命。如果不是关中异常凶猛且长久的天灾实在对社会经济的打击太大，李傕等西凉军阀与汉廷在关中的合作原本还能相安无事。但在无差别的生存威胁之下，西凉军阀之间，西凉军与长安朝廷之间的矛盾被迅速激化。

华北平原之于关中平原的大体量比较优势，在这个天灾意外出现的时候体现出来了。洛阳盆地虽然毁了，但洛阳以东的黄淮平原却还养得起、挟得起天子。关中平原与关西势力，是穷得挟不起天子了。从西周建立西都丰镐与东都洛邑以来，到东汉末年这个时候，天子都城不是在西安就是在洛阳。西安与洛阳这下同时开启毁灭模式，才给了西安与洛阳之外的第三座城市许昌一度作为天子之都的机会。

公元 198 年，曹操任钟繇为司隶校尉，持节督关中诸军，回到关中，治理并恢复关中经济。钟繇入驻长安，其实并没有带多少曹军入关。他的关中都督府，主要是游说关中众多小军阀与曹操建立军事同盟，成为曹操的附庸，建立一种对关西进行军事封建的羁縻统治。关中军阀于是在高度自主和自治的前提下，归顺曹操。当时与钟繇一同镇守关中的，还有曹操府邸的嫡系属吏，监视钟繇的卫觊。对于关中经济的恢复，卫觊是一个关键性人物。

公元 199 年，关中的天灾已经过去，秩序开始恢复。外逃到荆州的十余万户百姓纷纷回到关中，却一时间无法恢复生产。关西众军阀就趁机吸纳这些民众成为自己的部曲私兵，迅速壮大了兵力。卫觊为此上书曹操，说如果以司隶校尉为主的关中郡县体系无法与关中军阀争夺这些人口，将来关中会祸患无穷。卫觊建议在关中实行食盐专卖，再用官府从食盐中所获利润组织依附于官府的民众进行农业生产，供给他们生产工具。产出的粮食再进一步用来临时安置新归乡的关中难民，让他们以最快的速度恢复农业生产。这样，不仅关中经济会迅速恢复，而且新归来并依附于官府的人口会越来越多，还能在食盐专卖中打击关中军阀的实力，削弱关中军阀控制的人口。

曹操于是听取卫觊的建言，将弘农郡也交给坐镇关中的司隶校尉，打通了官盐贸易通道。关中果然迅速走出了经济低谷。昔日离开关中逃荒到外地的百姓又纷纷返还家乡。但钟繇是关东本位的忠实支持者，他作为到弘农再到洛阳管辖关中的司隶校尉，在关中经济得到恢复后，优先将关中百姓大量迁往洛阳，令人口凋敝的洛阳得以尽快恢复，关中的中心城市长安反而没有得到迅速充实。这为曹魏重建洛阳提供了关键助力，是配合曹魏日后迁都洛阳的主要举措，但也为曹魏日后在西线面对蜀汉的被动埋下了伏笔。

关西军阀则是一盘散沙，没有任何一路军阀能完整地拥有关中，并不对关中整体治理负责。他们作为相对独立的自治军阀，只能尽力抢人头，扩张军力，但对民众的整体迁徙无可奈何，只能任由关中人口流失。

钟繇坐镇长安治理关中期间，多次率领韩遂、马腾等关西联军策应曹操北伐袁绍及其家族势力，并在官渡之战为曹操补充两千匹关西军马，被曹操称作与西汉萧何有一样的功劳。关西势力虽然不让曹操大军进入关中，但还是站在曹操一边，保持着军事同盟的状态。

十多年后，曹操平定河北，但在赤壁之战中元气大伤，对南方暂时无力平定。曹操不得不将先东后西的统一路径调整为先北后南，开始整合北方，聚焦平定关西的“软柿子”小军阀们，试图把对关西的羁縻统治转变为直接统治。

钟繇向曹操请求以讨伐汉中的名义拨三千人马给自己平定关中。曹操也询问了卫觊的意见，一贯对关陇采取怀柔立场的卫觊却认为这会直接激起关西众军阀的抵抗和反叛，战争代价比较大，关西军阀都是些偏安一隅，没有雄心大志的散兵游勇，应该放到最后解决。但对于曹操而言，自己在南方战事中实力大损，南方各政权气候已成，形成鼎足之势。如果不把关中实际控制在手，就无法通过关中去遏制西南以防其形成气候，因此关中势必要彻底拿下，他最终听取了钟繇的意见，派夏侯渊率军从河东进关中与钟繇会师。以马腾之子马超与韩遂为首的关中诸将，果然群起而反。

（四）曹操入长安

马腾，祖籍关中，是东汉开国功臣伏波将军马援的后代，即汉明帝马皇后的族人。但马腾的父亲在陇西做官时失势，沦为平民，娶了羌女生下马腾。马腾是凉州当地的豪侠之士，在汉灵帝时期凉州大规模反叛后，也拉起军队成长为一支西凉劲旅。

韩遂、马腾与董卓都是西凉人，但韩遂与马腾都是在汉灵帝时期就反叛的凉州叛军。董卓的西凉军是在关中抵挡凉州叛军的西凉官军。当初董卓挟献帝迁都长安、占据关中后，为了保证后方稳定，以朝廷名义招安了韩遂与马腾的凉州军。董卓让韩遂继续镇守西凉，让马腾屯驻关中，试图建立关西军事联盟与关中本位秩序，对抗关东士族。

董卓被并州系的王允、吕布刺杀后，韩遂与马腾被李傕、郭汜排挤出关中，回到凉州。献帝离开长安后，关中纷乱，李傕、郭汜、张济等董卓留下的关中西凉官军逐渐瓦解，以韩遂、马腾为首的西凉地方军趁关中空虚进入关中。韩遂与马腾成为关中十几股割据力量中最强的两支。钟繇积极拉拢他们二人，共同维持关中与中原的联盟态势，以对抗河北的袁绍。

马腾是关中望族马氏的后裔，此时又是凉州与关中的一大军阀，驻军在关中，因此在关中颇得声望。此时，关中的十几股军阀力量，主要是凉州兵。从董卓迁都，到凉州军阀普遍驻扎关中，关陇之间没有行政壁垒，关中与凉州的经济往来越发密切，关陇一体的趋势开始出现。由于此后洛阳与河北和豫中的关系更加紧密，两汉时期关洛一体的司隶区划便逐渐瓦解。

曹操早在赤壁之战时就怕关西后院着火，施压马腾，让马腾入朝为官，实际是让他作人质。马腾的儿子马超接管了马腾在关陇的军队和势力，驻守关中。

公元211年，曹操以讨伐汉中需要借道关中为由，派大军兵临关中。韩遂与马超明白这是假道灭虢之计，是对他们这群关西小盟友搞“削藩”，夺关中。于是，马超也顾不上父亲马腾的性命，说服韩遂，协调关中各路军阀建立关西联军封锁关中，抵抗曹军进入关中。韩遂、马超叛曹后，曹操亲临潼关征讨关西，与韩遂、马超等联军在潼关对峙。曹操表面上要攻击潼关，但他深知潼关是天下险关，不能强攻，在潼关摆开阵仗只是为了把关西联军的主力吸引到潼关附近。曹操的真实意图是声东击西，偷偷地从豫西渡过黄河，绕道到蒲阪，也就是蒲津关、临晋关，从晋南盆地再次渡黄河进入关中。

马超发现曹操要偷渡黄河后，上前追击，阻止曹操渡河。曹操险些丧命，最终还是成功渡河。韩遂、马超又从关中急忙赶往蒲阪，阻止曹操再次渡河，可惜曹操早就安排徐晃等先锋抢先渡河，接应后至的曹操。韩遂、马超赶到时已无法阻挡曹军从蒲阪全面进入关中之势。

韩遂、马超又退守渭河防线，最终，曹操用离间计让马超与韩遂产生嫌隙。关西联军不再团结，很容易被曹操逐个击破。曹操击破渭河防线后，韩遂、马超等关中军阀只好弃守关中，退回凉州。至此，曹操平定关中，第一次来到长安。

曹操年轻的时候，汉朝秩序尚在，曹操觉得做征西将军即不枉此生。成为一方枭雄后，曹操原本想先争东吴，先统一东部，再举西征，略定关陇，重开丝路，算是完成他终极的西征志向。可惜他自知天命已是难以迅速统一南方，掉头平定关中主要是为从西南方向阻止孙刘联盟从西南北上，先行夺取关中。只有真正握住关中，才能抓住经略西部的支点。

当曹操准备继续西征凉州时，关东出现战乱。他只得留下自己的亲族大

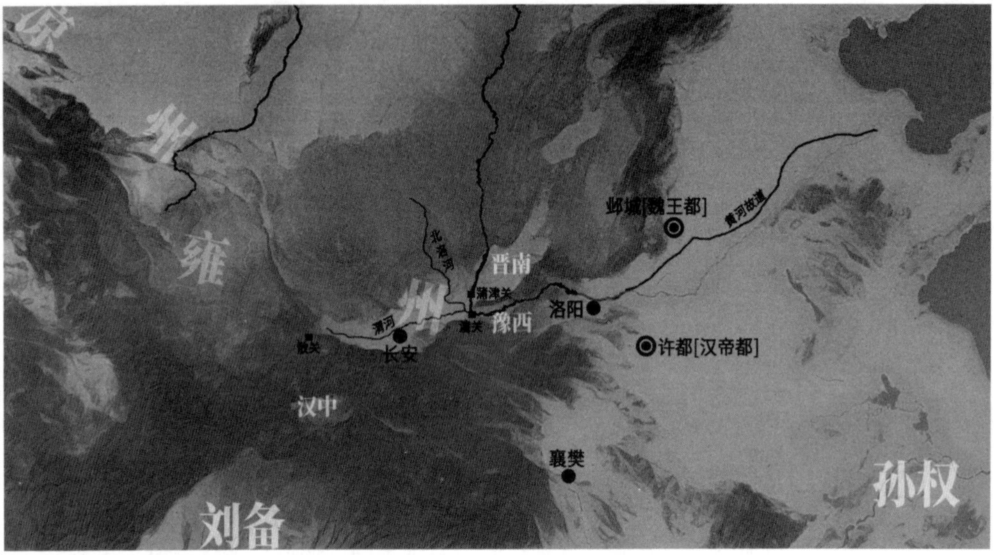

图 57　曹魏主要都会分布

将夏侯渊继续坐镇长安西讨西北，防范西南。曹操先后命张既为京兆尹、雍州刺史，招怀流民，兴复县邑，后又从汉中迁数万户以充实关中，最终收获关中民心。

公元 215 年，曹操再次西征，从关中出大散关，平定汉中张鲁。此时刘备也已入主蜀中，试图复刻西汉高祖由蜀中、汉中定关中，再从关中东出，最后横扫关东的统一路径。曹操则试图复刻东汉世祖由关东入关中，经关中平汉中，最后定蜀中的统一路径。曹操虽先一步拿下汉中，但曹刘两大集团已经在进行历史赛跑。刘备不久之后就北上，全力争夺汉中。马超在西凉败给曹军后，也先逃至汉中投靠张鲁，最后入蜀投效刘备。

公元 218 年，汉中告危，曹操第三次来到长安，长期坐镇长安指挥汉中战局。次年，刘备占据汉中，曹操仍驻守长安，试图寻找时机收复汉中。

公元 219 年十月，关羽全力攻打襄阳和樊城，曹操留下次子曹彰镇守长安，自己前往救援，离开了他驻守一年多的长安城。也许到了汉中丢失时，曹操才感觉到他的魏王王都邺城实在偏北。如果曹操能早几年平定关陇，不使关中处于羁縻状态，而是以关中为据点经营西部，何至于汉中刚到手就丢失，何至于让原本弱小的刘备后发先至占据蜀中、汉中，形成三足鼎立之势。曹操的先东后西战略破产，才临时启动先北后南战略，但南北均势已成。他有生之年统一天下的机会越来越小。

公元 220 年元月，曹操刚到达洛阳就突患重病，当月就病逝在洛阳。曹操生命最后的轨迹是从长安到洛阳，就像冥冥之中的定数，预示着大汉两京将要重归历史舞台。曹操死后，其长子、世子曹丕从邺城迅速赶赴洛阳，次子曹彰则从长安率十万大军也奔向洛阳，险些爆发夺位之争。但最终，曹丕顺利继承王位，并胁迫汉献帝禅位。

十二月，早就奄奄一息的四百年大汉至此正式终结，曹丕将曹魏首都迁至洛阳，并以长安、谯、许昌、邺、洛阳为曹魏五都。天子都城再次回归到两京之一的洛阳。

公元 221 年，占领了蜀中、汉中的刘备也即位称帝，建立蜀汉政权，试图挽救刘汉王朝。长安，也成为汉朝复兴的一方希望……

第十二章 蜀汉：还都之愿

鱼水三顾合，风云四海生。
武侯立岷蜀，壮志吞咸京。

曹魏建立后，实行九品中正制进行选官，正式确立了以门第和阀阅高低来评定选拔人才的等级制度。阀，就是伐，指功绩。阅，就是阅历、经历。士族门阀从制度上垄断入仕渠道，形成了主导地方形势的新贵族阶层。只不过，与封建贵族相比，士族不是世袭，而是世举，即世代举荐本族子弟做官。他们虽然重视血统，但与儒家经学相结合，同样注重学问。

与士族相对的是寒门庶族。庶族并非庶民、平民，也是地方富族，但只是全国影响力很低、门第较低的世族。士族高门甚至拒绝与门第较低的庶族通婚，而且耻于担任多为寒门庶族担任的低级官职。甚至到了唐朝已经发明科举制度选拔人才，朝廷还要著录郡望，即根据祖上是哪里的士族门阀来区别贵贱。

从曹魏这个中原政权选择倾向于门阀的选官制度开始，统一全国的趋势就停滞了。汉朝十三州进入三国时代后，曹魏独占九州，孙吴占三州，蜀汉占一州。仍有一统天下之志的蜀汉，无论如何努力也无法撼动庞大的曹魏……

（一）东州关中士人与隆中对战略

东汉末年，天灾之下，长安成为人间炼狱，不仅平民外出逃荒，连关中豪族大户也只能外出求生。当时的益州首府蜀郡民殷国富，是逃难的关中士人的首选目的地之一。

当时，关中与南阳的流民被汉末割据蜀地的刘焉、刘璋父子相继招入军队，被称为东州兵。关中的法正与孟达，射援与射坚兄弟等数万家，也是这个时期从关中到蜀中投靠益州牧刘璋。大量投效益州的关中士人与南阳士人，凝聚成了一股独立于益州本土势力的外来集团，被称作是东州士。

由于刘焉父子也是在汉末进入益州，把控当地的军政大权，因此他们为了弹压益州本土的豪强和士族，起初较为倚重同是外来士人群体的东州集团。到了刘璋统治后期，刘璋对益州的控制已经趋于稳固，对益州本土的态度开始转为怀柔与合作。东州集团逐渐在益州政治博弈中处于劣势。

在刘备被刘璋引入巴蜀之后，关中士人便借机反水。接应刘备反客为主、夺取益州的主谋中，除张松是益州人、后被自己的家族检举外，法正、孟达等人都是关中士人。

公元 214 年，就在刘备在关中士人的策应下围困成都时，又一位名震天下、让刘备大喜过望的关陇名将加入了刘备的阵营，这人就是此前长期经营关中、威震雍凉的马超。

刘备身后有关羽、张飞等将领代表的北方元从集团，有躬耕南阳的诸葛亮代表的荆州集团。南阳郡本属荆州，东州集团中的南阳士人与荆州集团有南阳这个纽带，比较容易安抚。刘备明白，在益州经营了二十年的东州集团关中士人，也是一股同样可以决定益州治理成败的人事力量。他吸取了刘璋的教训，采取与热情迎自己入蜀的关中士人积极合作的态度，重用关中士人领袖法正。刘备采纳了法正北伐汉中的主张，以法正为谋主，并率马超一同出征，最终攻占汉中。法正在刘备称汉中王后任尚书令，得到了与关羽、张飞、诸葛亮近乎同等级的器重。

公元 219 年，在群臣劝进刘备称汉中王的《汉中王劝进表》中，共一百二十人联名。史册留名的前十一位大臣中，其中有劝进众臣之首的关陇名将马超，汉末镇守关中的皇甫嵩女婿射援，东州集团领袖法正，三人均为关中人氏。汝南许靖、河南庞羲、南阳李严是另外三个东州集团代表。关羽、张飞是北方元从集团代表。诸葛亮、黄忠、赖恭是随刘备入蜀的荆州集团代表。从这个人事格局来看，排名前十一位的大臣中，东州集团过半数，东州集团中又有一半是关中士人。关中士人是此时很受刘备器重的地缘人事集团。

这个时期，刘备大力提拔重用关中士人的一个重要原因，就是关中士人

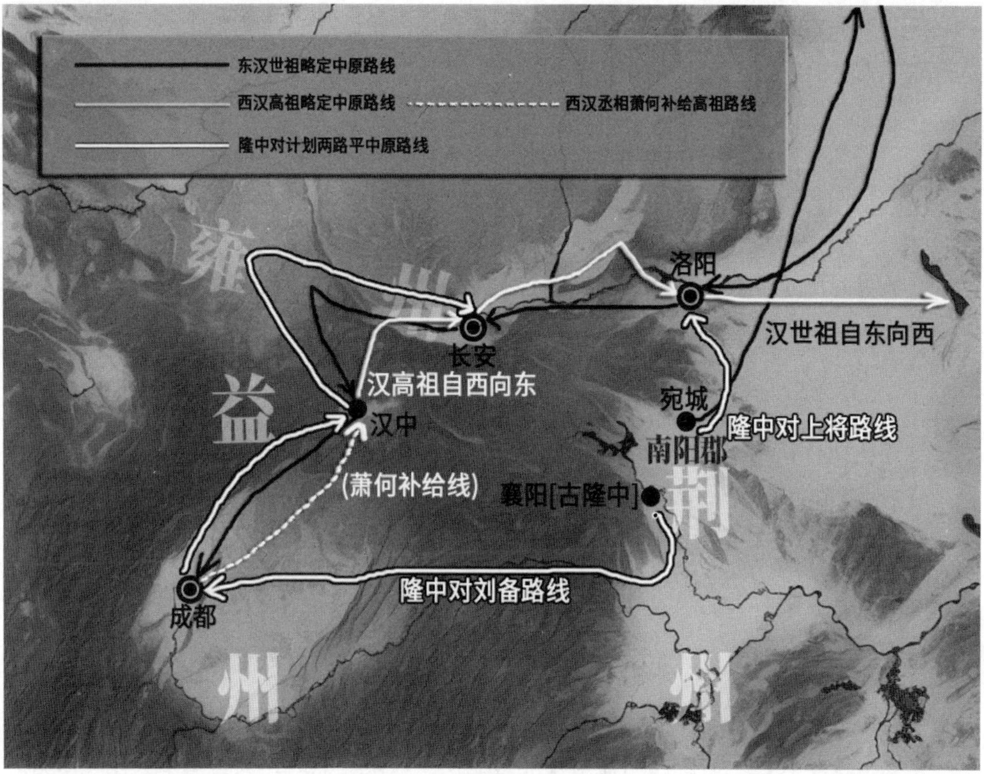

图 58　隆中对路线与汉高祖、汉世祖平定中原路线对比

的战略利益方向在北边，在关陇，而荆州集团在东边，在荆襄。刘备此时亟需扩张的方向在北边，关陇势力在战略上与刘备、诸葛亮奉行的隆中对战略是一致的。

诸葛亮随叔父从家乡琅琊来到荆州投奔刘表，后在荆州南阳隆中隐居。诸葛亮的兄长诸葛瑾此时已经在东吴做官，为孙权所器重。诸葛亮的两个姐姐分别嫁给了蒯氏、庞氏。诸葛亮的弟弟诸葛均后来也娶了习氏之女，诸葛亮自己则娶了黄氏之女。而诸葛亮的岳母，是蔡氏之女，是刘表妻姐。诸葛家联姻的对象都属荆州士族大姓。

作为外来户的诸葛亮家族，此时已经通过联姻和荆州当地士族建立了深厚的姻亲关系。诸葛亮又是各大家族中最有才名的子弟，年纪虽不大，但他凭借卓越的才学，逐渐成为荆州士人圈中的“学术明星”。诸葛亮本可以直接在荆州刘表这里入仕，或者投奔兄长供职的东吴，或者投奔家乡的曹魏，可他却甘心躬耕于南阳，做一个隐居的村夫。他在等什么？

曹操已经基本统一北方，投效曹操不会有更大的舞台和发挥余地。东吴远离当时仍是经济、文化、人口中心的中原地区，少主孙权也暂时没有侵吞天下的心力，最多只能偏安自守。他们都不是诸葛亮心仪的选择。

公元 207 年冬至 208 年春，转战各地却始终没能有自己战略基地的刘备，只能暂时依附于荆州牧刘表，驻扎在荆州南阳郡新野。刘备在荆州名士的建议下三顾茅庐，拜访青年名士诸葛亮。诸葛亮为刘备献上了建国方略，为辗转流落、处于迷茫中的刘备拨开云雾，奠定了此后的战略方向，这就是著名的隆中对。

隆中对战略简单总结来说就是：刘备军事集团应同时占有荆州、益州两大战略基地。荆州主要板块是长江中游的两湖盆地及北边的南阳盆地。益州主要板块是长江上游的四川盆地及北边的汉中盆地。然后，刘备军事集团安定西南少数民族，与长江下游的孙权军事集团结盟，保证长江下游之东吴与中上游之西蜀保持合作与和平，共同针对北方中原的曹操军事集团。一旦天下遭遇大变，时机成熟，就让驻守荆州的刘备最信任的上将，也就是后来镇守荆州的关羽，从江汉平原沿南阳盆地直上洛阳盆地，收复东汉京师洛阳。刘备则亲率益州之主力从成都平原北上，沿汉中附近的蜀道，直接拿下关中平原，收复西汉京师长安。两路出击，最后霸业可成，汉室就能兴复。

其实隆中对战略是占据西部半壁江山的阶段性战略，目标是占领包含关、洛在内的中国二、三地理阶梯线以西，并没有继续深入提及占据以关洛为核心的半壁江山后，如何继续统一关东地区。

隆中对只是一个中期战略，战略目标是占据整个第二地理阶梯，恢复秦与西汉的基本盘。虽然没有指出远期战略，但很容易让人想到西部王朝历来的统一路径，是占据第二地理阶梯后横扫东方。占荆州、取益州只是一个短期目标。

隆中对是有意识地糅合西汉高祖刘邦的统一路径与东汉世祖刘秀的统一路径。

刘邦最初被封在巴蜀，他向项羽讨要了汉中，从汉中还定三秦，同时平定陇西、北地，再定三河。此后据有西部，定都关中之后，东出消灭项羽，剪除异姓王，建立关中本位之西汉。刘秀则相反，他出身并起兵于荆州南阳郡，后来以洛阳为都城，封锁关中，争霸关东。最后征讨陇西、汉中、巴蜀，完成统一。刘邦与刘秀，一个是自西向东统一,一个是自东向西统一。而诸葛亮的隆中对战略，是要同时走两汉两祖的路径。一方面，复刻刘邦从巴蜀到关中的关西创业路径；一方面，又要复刻刘秀从荆州到中原的关东创业路径。

但是，隆中对的两汉路径，有没有主次呢？显然是有的。

隆中对发生在南阳盆地内。此时隆中所在南阳郡虽然属于荆州，是刘表的势力范围，但随着曹操平定北方，已经面临随时被曹操攻占的威胁。因此，诸葛亮口中的荆州，是荆州核心地带“北据汉、沔”的江汉平原，而不是南临汉水的南阳盆地。南阳盆地是隆中对中“宛、洛”中的“宛”，是天下有变时，需要在北伐过程中派兵重新收复的对象。

诸葛亮判断汉江以北的南阳盆地最终很难抵御曹操中原陆军的攻占，而真正能够抵挡曹操陆军的，是汉江这条长江第一大支流的大江之险。在天下有变之前，南阳很难纳入刘备势力范围内。而且刘秀出身南阳，但起家实则是在河北，世祖路径的起始条件与刘备不同。虽然诸葛亮同时将“命一上将将荆州之军以向宛、洛”纳入隆中对战略，但其实是侧翼战略、次战略。

庞统自己就是荆州人士，他就曾直接否定荆州比益州重要。可诸葛亮必须提及荆州这个次战略目标，是因为他此时虽为荆州士人领袖，其实是个外来户，不能公开讲不利于荆州的话，必须兼顾荆州士人的情绪。他如果不为荆州筹谋，恐怕自己也会得罪荆州士人。但诸葛亮在隆中对中也侧面指出了荆州的问题，“此用武之国，而其主不能守”，本身就是在说荆州在当时为三方四战之地，很难固守。因此，他虽故意在战略规划上有所失焦，但战略主次还是分明的。

诸葛亮为刘备制定的主要战略目标，先是益州，然后是蜀道北端的关陇与长安。他让刘备本人坐镇成都，最后“出于秦川”，百姓“箪食壶浆以迎”，成为他描绘的中期战略的最后一步，也是最主要且关键的一步。之后，就是霸业已成，汉室复兴。西线的关陇，才处在刘备本人的进军路线上，是主战略目标。东线的宛洛，则处在蜀国上将的进军路线上，是次战略目标。

诸葛亮之所以不谈更远、更长期的统一战略，是因为这个中期战略的目标是刘备此刻的军事力量有能力实现且近期能够实现。毕竟刘备此时已经四十七岁，却仍旧没有属于自己的稳固战略基地，即使实现这个中期目标也需要经营多年。

在诸葛亮较近的历史视野里，周、秦、西汉皆以关西定关东，坐定天下。唯有东汉刘秀是以关东制关西，把西部放到最后。后来刘秀也以关中为司隶所辖，仍然是京畿地区。因此诸葛亮在隆中对中阐述为何以蜀中为战略基地时，专门提及“高祖因之以成帝业”。高祖作为“汉王”起家于“汉中”，刘备后来自立为“汉中王”，其实也是昭示他要复制一遍高祖战略，而非世祖战略。群臣后来劝进刘备即位皇帝时也称“汉位在西”。而且更重要的是，刘备是高祖后裔，而非世祖后裔。从血统合法性出发，刘备也不会事事跟在东汉后面亦步亦趋。

但不巧的是，隆中对中的同盟孙权那边还有个鲁肃版“榻上策”。隆中对规划刘备先占据整个西部，实现东西二分天下。榻上策规划孙权先占据整个南方，南北平分天下。西南板块，势必是二者的冲突所在。

（二）两大败仗与战略失衡

刘备本人践行隆中对战略。荆州被曹操、刘备、孙权三家瓜分，曹操占据南阳盆地所在的北荆州，刘备占据着以南郡为首的荆州大部，孙权占据着荆州东部的江夏。然后刘备拒绝孙权发起的一同瓜分益州之方案，独自攻取了益州。隆中对战略，能让在蜀的关中士人北还家乡，是蜀汉关中士人内心一直所期待的。法正、马超等关中士人主动辅佐刘备，应该也是受此战略的鼓舞。他们为刘备北伐汉中做出了主要贡献。

法正分析刘备北伐汉中的好处时认为，上利是“尊奖王室”，是虚名；下利是“固守要害，为持久之计”，但得到汉中作为益州屏障是起码的战略收获；而中利，“蚕食雍、凉”，也就是占据关中和陇西两个板块才是真正的战略利好。这个分析和诸葛亮的隆中对战略思想是一致的。

诸葛亮是从专业角度筹划了这个战略，刘备是从利益角度认可了这个战略，而法正作为当时关中派系的核心人物，他的家族利益、地缘利益，与这个战略方向的利益高度一致。他们是天然的北伐派。

刘备在法正去世之前，把法正作为自己北伐的谋主。这个地位非同一般，几乎象征着荆州失守前，刘备是站在法正一边，和后来的诸葛亮一样，坚定北伐优先的战略。诸葛亮对法正也十分谦让和支持，其实也是支持自己的隆中对的主战略。

赵云作为北方元从集团的一员大将，也持有“当因众心，早图关中，居河、渭上流以讨凶逆”的隆中对战略思想。他说“当因众心”，这说明在蜀汉内部，北线战略为主其实是不少人的共识。

但刘备独吞益州，令孙权整合整个长江流域的榻上策战略更难实现。所以，刘备占据益州后，孙权向刘备讨要荆州。刘备回信说：“须得凉州，当以荆州相与。”直言下一个战略目标是凉州，这就是实现隆中对主战略目标的步骤。可孙权不能坐视刘备壮大，主动攻打荆州。恰逢此时曹操已经从张鲁手中夺取了汉中，刘备眼看曹操开始在关中经营西部，为了先安抚后方的孙权，于是用荆州湘水以东的部分，换取孙权的退兵和支持。此时，刘备和孙权基本平分了曹操地盘以外的荆州。刘备得以全力聚焦汉中战事，击败了曹操，夺得汉中。

公元 219 年，刘备夺汉中，进位汉中王，大封诸将。为刘备留驻荆州的关羽，由于没有参与西线连续的战事而没能立下战功，位次有所下降。为立战功，他竟在刘备庆功之时，率蜀汉荆州军队北伐曹魏在南阳盆地的门户，汉水中游的襄阳和樊城。

关羽在襄樊之战前期大胜，歼灭了曹军大量有生力量，威震华夏。但关羽同时言辞羞辱前来挑拨他与刘备关系的孙权，又要惩治蜀汉在荆州的一批官员，得罪了后方守将。关羽没有想到襄樊还没有打下来，荆州后方的守将就投降了前来偷袭的东吴。蜀汉的荆州就这样丢了。

在隆中对战略中，诸葛亮的规划有两个要点，一是要“外结好孙权”；二是待“天下有变”时，再让上将从荆州北伐宛、洛，刘备亲自北伐秦川，也就是关中。孙权觊觎荆州已久，“结好”孙权并不仅仅是讨好孙权，也需要管控好与孙吴之间的边境冲突及军事压力水平。刘备刚刚夺得汉中，即位汉中王，刚让马超等将领试探进攻凉州，荆州方面的关羽精锐就倾巢尽出，北叩南阳盆地的门户襄阳，刺激曹操的精锐被吸引到荆州方向。这次不仅荆州地盘丢了，曹魏与孙吴还站到了一起。

总体来说，这个时候天下并没有大的变故，本身就不该是关羽大动干戈的战略时机。诸葛亮所指的天下有变，应是魏王曹操薨逝，或者发生代汉篡朝这类大事件。关羽为自己未能参与益州、汉中战事，导致排位下滑有所愤懑，竟然在刘备进位汉中王后一度拒不受封前将军之位。而且史书又未有明确记载说北伐襄樊是刘备下令，故而有不少人认为，这次突然的北伐是自负的关羽贪功冒进，自作主张实施的。

事实上，襄樊之战让刘备下一步在凉州的军事行动受到牵制。关羽如果再等半年，等曹操去世，曹丕为了巩固地位篡汉自立，刚得到汉中的刘备也得到休养生息之时，再与刘备一同两路出击，吊民伐罪，讨逆复国，显然才是真正把握住最佳战略时机。可惜关羽发兵的时间，恰恰是益州那边刘备正举行进位汉中王的仪式前后，这同样给了刘备一个措手不及。

北伐宛、洛，是隆中对的既定路线，但触发前提是天下有变、同时出击。急不可耐的关羽终究是在错误的战略时机推进了正确的战略方向，结果是战略失衡。

蜀汉的荆州全部失守，蜀汉在东向就被封锁在四川盆地内。刘备的阵脚被打乱，本该利用马超的雍凉资源继续向关陇推进的刘备，突然转变了战略方向。

刘备称汉中王的第二年，尚书令法正去世，刘备一连哭泣数日。法正和关羽是前后脚死的。法正活着时，刘备坚定地执行北伐凉州、关中的路线。但可惜的是，刘备刚夺取汉中就又丢失荆州。他已经六十岁了。对于刘备而言，隆中对战略完成的速度还是太慢了，他开始急躁，并陷入进一步的战略失衡。

攻打强大的曹魏，夺取原本就属于曹魏的关陇，还是攻打较弱的东吴，夺回原本就属于自己的荆州？也许在老迈的刘备心里，后者更容易，前者更困难。前者很可能战况日久不说，不确定性和后续压力都太大。刘备似乎觉得自己没有更多的时间了。他从未到过关中和长安。比起经营多年、驾轻就熟的荆州而言，刘备或许只想柿子拣软的捏，把自己丢失的领土先赚回来。

刘备建汉称帝后，选择东征孙吴，报荆州之仇。这时，法正死了两年多，关羽死了整两年。支撑刘备走隆中对西线战略、北伐关陇的东州集团关中士人失去领袖法正，反而是一众荆州青壮派将领期待收复荆州，要求东征的呼声很高。

此时东州集团主要是荆州南阳的李严等人当道，他们与荆州集团支持东征的意见是比较一致的。反对刘备东征孙吴的，反而是秦宓等益州本土集团人士，毕竟如果北伐能成功，这个季汉朝廷也就北上了，益州给汉军提供补给的压力会小很多。诸葛亮此时作为荆州集团的首领，并没有表明态度。诸葛亮到底是怎么想的呢？

向东攻东吴打荆州，其实是把隆中对的西部合纵为主，变成了与孙权榻上策争抢南方连横盟友的战略，肯定会与孙权起更大的冲突。刘备是在正确的战略时机，选择了错误的战略方向。这显然不是诸葛亮实施隆中对战略想要的。刘备在曹丕篡汉，仍心向汉朝的士大夫期盼刘备能北伐曹贼、复兴汉室的时候，选择了军阀争地盘的小格局，违背了隆中对的大格局，也是违背了诸葛亮的核心理想——兴复汉室。

关羽的襄樊之战，已经折损了蜀汉数万兵马。公元 221 年到 222 年，刘备征东吴的夷陵之战，最终也失败了，蜀汉又折损数万兵马。蜀汉军事集团的精兵殆尽，损失了大量青壮将领，造成人才梯队断层。蜀汉国内甚至一度掀起了叛乱潮。刘备绝望了，他在白帝城守住四川盆地的东口，甚至都不敢回到成都面对群臣。诸葛亮则在盆地西缘的成都收拾国政烂摊子，消化危机值爆表的国内矛盾。

诸葛亮终于说出了自己的真心话："法正若在，则能制止主上东征；就算东征，也必不至于败成这个样子。"从后来诸葛亮放弃荆州，重新修好东吴，全力从益州北伐来看，诸葛亮是能分清自己隆中对的战略主次的。在他眼中，作为辅助的次战略荆州至宛、洛一线，是锦上添花，而不是非此不可。甚至说，是可以砍掉的。

诸葛亮之所以感叹，如果法正活着，刘备就不会东征，是因为法正是隆中对战略中实施北伐的一个关键性的人事纽带。法正出身关中大族，北伐关中，还定三秦，对他来说具有天然的利益和倾向。他作为东州集团的核心人物，也可以争取整个东州集团对西线主战略的支持。刘备倾力伐吴，与此前北伐关陇的关陇士人利益相左。关陇士人开始受到排挤和冷落。当年与法正一起结伴入蜀的关中人孟达也因故叛逃到曹魏。刘备夷陵之战失败这一年，曾威震关陇的马超也去世了。北伐关陇的隆中对战略路线已经岌岌可危。

公元 223 年，夷陵之战惨败后的第二年，刘备驾崩于白帝城。他临终托孤刘禅给诸葛亮，让丞相诸葛亮执掌国政。实际上，这是他的懊悔之举。他希望他死后的大汉，能够回到诸葛亮的隆中对战略路线上。

诸葛亮上台后，为安抚躁动的荆州派所做的，就是积极恢复联吴，在外交上敦促吴国保持克制，尽力维护蜀汉荆州士人们在家乡的利益。而他，仍要继续贯彻他的减配版、精简版，但也是精华版的隆中对战略——北伐。

（三）还于旧都

诸葛亮在平定并安抚了西南少数民族之后，开始他五次北伐曹魏的隆中对战略目标实现阶段。在第一次北伐之前，他给蜀汉后主刘禅上《出师表》，提及“兴复汉室，还于旧都”。

历来对诸葛亮所指的“旧都”说法不一，有说是西汉与东汉献帝初年的都城长安，有说是东汉的都城洛阳。但从常理上判断，还于旧都，而不是还于长安、洛阳，本身就是一个模糊的说法。因为这要视蜀汉后来北伐成功后的具体情势而定。

如果按照诸葛亮的出兵路径，先攻破关中之后，如果迟迟未能攻破崤函天险，那么蜀汉会暂时迁都到长安，或者长期定都长安，还是始终不迁都长安，留在成都，一直等到洛阳攻克后再还都洛阳？

关中平原的面积近乎是成都平原的两倍，而且紧邻中原。蜀汉据有汉中盆地，从成都平原经汉中讨伐关中就如此吃力，很难想象如果攻克关中却未攻克洛阳时，诸葛亮与后主刘禅会继续在成都对前线远距离运输和补给。因此如果不是一次性克定长安与洛阳两都的话，可以大致判断，还于旧都长安，是必经阶段之一。

然后，即使洛阳也被平定，但曹魏建王国时的都城此前一直在邺城。邺城是曹魏的根据地。曹魏丢失洛阳后，大概率也是要定都邺城，继续对抗蜀汉。三河未定，尤其是洛阳城临近邺城，此时定都洛阳也是最冒险之举。东汉自献帝迁都也已经离开洛阳三十多年，此时的洛阳是曹魏经营的魏都，曹魏势力庞大。恐怕先定都长安，也更合乎安全需求。

历代自东向西统一的王朝，通常是最后一个平定巴蜀。因为古中原要控制巴蜀，交通实在是绕远且漫长。而关中作为广义中原的一翼，定都长安的王朝能够较好控制中原的同时，又往往是在帝业开创之前就先吸纳巴蜀板块。因此，蜀汉假如能够北伐成功，定都长安也更利于维系对巴蜀龙兴之地的控制，像秦与西汉一样将西部作为一个整体，纳入统治基本盘。

因此，在诸葛亮设计的剧本中，大概率还是先还都长安，以关中为自西向东统一的大本营，再走到与关东争霸这一步。无论最终还都哪里，是洛阳也好，是他处也好，首先应是长安。还都长安就是“高祖因之以成帝业”的最关键一步。之所以只推导到这一步，是因为历史多数西部王朝已经证明，这一步至少可以保证汉政权的存活优势。实际上，诸葛亮设计隆中对，将益州到秦川的西线作为主战略方向，让汉中王或者汉帝本人执掌此路北伐，帝王本人所在的统合路径就已经说明长安是一个绕不开的都城选项。何况此时荆州到宛、洛一线已经基本泡汤，很难实现同时克复长安与洛阳，至多是先收复长安。

而且，就在诸葛亮上表《出师表》后仅隔一年，诸葛亮就与称帝之孙权划定日后两分天下的界限，“司州之土，以函谷关为界”，那么等于蜀汉在法理上承认，函谷关以东的洛阳，为东吴之城市。虽然这只是权宜之计，但却反映出来隆中对战略作为中期规划的第一目标是秦川，是长安。

诸葛亮身为一代贤相，他本人有鲜明的西汉政治主张与路线色彩。东汉除了最后的掘墓者曹操自立为丞相外，其实是没有丞相的。丞相从某种意义上说，是西汉王朝的制度标志。诸葛亮作为蜀汉唯一一个丞相，他的职务就显示出蜀汉有复兴西汉政治之风。

诸葛亮在隆中时，自比战国时期的管仲、乐毅，这两人是辅佐春秋齐桓公和战国燕昭王称霸的名臣。诸葛亮之所以选择这两人为偶像，一是因为这两人建功立业都是在诸葛亮的家乡齐地一带，二是因为这两人都是黄老道家，这黄老之术正是刘邦与西汉初年奉行的政治思想。

《管子》是黄老道家与法家的著作，提出德、法兼治的政治主张。乐毅的祖上乐羊，是魏国法家变法时期的名臣，其家学渊流也有法家色彩。乐毅的族人乐臣公更是齐国著名的黄老大师。法家学派和道家学派有着学术渊源，这一点为历来治诸子学的学者们所认同，黄老道家对于后期法家思想走向成熟发挥了重要的理论继承作用。

黄老道家其实也可以归入法家流派，只不过是齐国稷下学宫的齐法家。诸葛亮自比管仲、乐毅，显然倾向这种诞生于自己家乡的西汉早期的治国理论。诸葛亮明显有一种与东汉儒家谶纬之学不同的思想倾向，那就是他更倾向于西汉初年的黄老治国理念。

诸葛亮治国、治军，有功者虽仇必赏，犯法者虽亲必罚，循名责实。以道德教化为前提，“刑政虽峻而无怨者”，他显然在用黄老道家理念治国。对诸葛亮所持的黄老法治理念，刘备也是认可的。他在留给后主刘禅的遗诏中，告诉儿子“间暇历观诸子及《六韬》《商君书》，益人意智。闻丞相为写《申》《韩》《管子》《六韬》一通已毕，未送，道亡，可自更求闻达”。诸葛亮与刘备不仅不排斥《管子》《六韬》等齐法家与黄老著作，甚至连《申子》《韩非子》，乃至《商君书》等秦晋法家著作也一并让刘禅研习。

再者，西汉是一个更具平民色彩的王朝，无论是官员还是后妃外戚，往往出于平民。东汉则豪强大族林立，后期又发展出士族门阀的特征。诸葛亮自称“布衣”，躬耕于野，未尝不是对东汉士族社会子弟门徒靠门第获得政治资源之风的鄙视。他主张“威之以法，法行则知恩；限之以爵，爵加则知荣。荣恩并济，上下有节”，可以说是强调用法制与军功爵来鼓励将士。从这个角度说，诸葛亮其实是在抗拒东汉以来的士族化趋势，想要恢复上下阶层通道畅通的，“先汉所以兴隆”的西汉之道。

长安，就是西汉帝国的一个标志。在诸葛亮的理想规划中，西汉才是他这个理想化的国家主义者之目标。由于蜀吴博弈错过了北伐的最佳时机和实力阶段，蜀汉未能以最强之姿和最佳时机北伐关中，还都长安。

诸葛亮明白，益州之地，如果没有政治正确与军事高压，新统治集团的世家化会很快吞噬幼苗般的末世汉祚，即所谓的偏安而亡。

政治家总是有超脱朋党利益的功业理想，诸葛亮在既定政治人事格局下，极尽公平地依法而治，给所有派系出身者以可见的原则底线，这也是荆州、关陇士人，甚至连益州士人，都对诸葛亮的人格感到钦佩服气的原因。

（四）五丈原遗恨

经过多年休养生息，诸葛亮决定北伐，试图杀曹魏一个措手不及。第一次北伐，蜀汉内部出现了两种方案。一种是诸葛亮的出祁山伐凉州，一种是魏延的奇袭子午谷。

诸葛亮的方案，就是从汉中走祁山道到陇西，然后稳扎稳打地夺取凉州地盘，然后从陇西的凉州东进关中的雍州，而非直挑关中与长安。这是当年法正定下的“蚕食雍、凉”，以及刘备对孙权回信所讲的“须得凉州”的方案。可惜，十几年过去了，法正、马超、刘备都已经死了，到诸葛亮才终于走出了这迟来的下一步。

魏延是诸葛亮当时最器重的大将之一，他的方案是自己率五千精兵和五千运粮兵，从汉中连接长安南郊的子午道，搞十日快速奔袭，出奇兵直穿子午谷抵达长安。此时镇守长安的夏侯楙是宗室纨绔子弟，势必弃城而逃，长安会立刻被拿下。而诸葛亮的蜀汉主力大军则从褒斜道到达关中西部，然后与魏延会师于潼关或长安北部咸阳故城附近，那么关中西部甚至长安城都可以控制在汉军手中。

不过，这个方案不可控的环节太多。且不说夏侯楙是不是一定会弃守长安，子午道在三国时期是关中与汉中之间最后开发出的一条穿越秦岭的道路，本身就十分艰险。曹真后来曾率军从子午道伐蜀，遇上大雨，走了一个月也才走了一半的路。魏延想要十日之内从子午道天降长安，这个时间点是很难准确把控的。再就是长安城内的横门邸阁是长安囤粮之所，积粮富足。但长安城是三十六平方千米的超大城池，魏延的一万兵马攻破长安后，又如何能分兵把守一座有十几个城门的大城？而且，如果魏延最终还要分兵或放弃长安去扼住潼关，那么汉军本就不多的兵力就会一分再分。诸葛亮军从褒斜道到达关中西部后，面临的应是关中的魏军主力，又如何能保证汉军主力能够准时与魏延会师？

事实上，当魏明帝曹叡得到蜀汉北伐的消息后，反应十分迅速，他立刻西巡，只用了不到一个月就御驾亲临坐镇长安城，凝聚地方士庶，保证关中兵力和供给。魏延设计的众多环节不确定性因素太多，只要一步错，就会因孤军深入而折损大量的汉军有生力量。魏国的人口是蜀汉的数倍之多，魏国可以暂时输一次，但蜀汉已经在刘备后期折损了太多精兵，一次也输不起了。诸葛亮认为此举太过冒险，最终否定了魏延的方案。

公元 228 年，诸葛亮第一次北伐，突袭凉州，半个陇西几乎望风而降。但马谡却丢了要害街亭，而且拖延了时间，魏军已经完成向西部的调兵部署。诸葛亮不得不放弃北伐，撤军回汉中。而这一次原本望风而降的凉州各郡被来了又走了的蜀汉放弃，相当于被摆了一道，得罪了曹魏。此后蜀汉北伐再招降郡县时，“望风而降”就变得不再可能。

年末，趁曹魏与东吴作战，关中兵力空虚，诸葛亮发起第二次北伐，且稍微激进一些。这一次，他率汉军主力出陈仓道，选择在关中平原的西端登陆。可惜，这次无论诸葛亮怎么苦口婆心，陈仓守将郝昭都绝不“望风而降”。最终，曹魏援军部署完成，诸葛亮只好又退回国内。

公元 229 年，第三次北伐，诸葛亮夺取了凉州与益州边界两郡，但由于曹魏改守为攻，多路进军汉中，诸葛亮只得专心防御，没有进一步举措。

公元 231 年，第四次北伐，诸葛亮再次出祁山道。这次魏国派来镇守长安的是司马懿。诸葛亮试图诱敌深入，利用地形优势围歼司马懿的魏军主力。但司马懿不接招，只与诸葛亮长期对峙。此时魏国国内也在发生变化。此前掌握兵权的曹氏与夏侯氏宗亲将领开始凋零，司马懿这类外姓大臣开始掌握兵权，宗亲与外姓大臣的矛盾逐渐尖锐。西镇长安、都督雍凉的司马懿也希望积蓄力量，依靠关陇与长安的兵粮与人脉，作为自己日后在朝堂上屹立不倒的资本。这一次北伐，诸葛亮寻求歼灭司马懿魏军主力而不得。双方正在

图 59　与诸葛亮北伐相关的关中地点

对峙，蜀汉内部却发生了李严因粮草输送不及而欺骗诸葛亮退兵的恶劣事件。李严是东州集团的南阳人，也算半个荆州集团成员。他与诸葛亮作对，反映了荆州集团与东州集团对诸葛亮长期北伐的抵触情绪。诸葛亮回国后，贬李严为庶人，但是在四年四伐后暂时停止了密集的军事行动。

公元 234 年，休养三年后，诸葛亮发起了人生的最后一次北伐，这也是他最大胆的一次北伐。他率军直穿褒斜道，进入关中平原的腹地，驻扎在渭水南岸的台原五丈原之上。常年徒劳无功，终于让五十四岁、身体趋弱的诸葛亮也变得焦急和冒进。

诸葛亮尝试高祖的还定三秦闪电战，寻求在关中平原上与司马懿的魏军主力进行野战对决。他对自己的用兵才能是自信的，但毕竟曹魏的国力、军力远超过蜀汉，诸葛亮只能依靠自己的治军成果与司马懿直球对决。

可无奈的是，司马懿仍是用拖字诀，任诸葛亮愿意冒险，他却闭门不出。

无论诸葛亮如何叫骂羞辱，司马懿都坚决不应战。司马懿原本只是想消耗蜀汉的补给线，但他没想到，这一次竟然耗出了一个天大的利好，那就是诸葛亮的身体快不行了。

关中五丈原上，诸葛亮望见脚下一片平原——这就是关中平原啊。这滔滔河水，就是孕育了周、秦、汉之帝业的渭水啊。这就是大汉的起点，这就是他隆中对的最后一步，这就是那条复兴汉室所指的“秦川”啊。他诸葛亮深谋远虑，脚踏实地，一世人杰，但想要坐拥此水，想要平定这关中平原，为何就这般艰难呢？

时魏人称其为蜀国，后世之人也最多称其为蜀汉。可在诸葛亮的心中，他们就是大汉，是高祖的大汉，也是世祖的大汉，是他秉持万古称颂的节操呕心沥血、一心想要重振的大汉……死在这里，最后一次北伐失败，他不甘心啊……

秋风扫过清冷的五丈原，汉家最后的希望也被风吹去。天下大势，终究不因人力而变，英雄也难逆势。但从青年时代制定隆中对，拖慢了汉朝将亡的历史走向，到他晚年以一州之地伐九州，减缓了汉朝最后存苗偏安堕落的速度，诸葛亮尽力了。

诸葛亮是推崇西汉制度的，他是秦汉帝国之辉煌已然日薄西山时，在士族分权、民族分治的时代洪流即将到来前，最后一位尝试重振集权制度，试图挽救汉祚，不向士族门阀化趋势妥协的政治家。然而，在群山合围、孤悬于盆地的一州之地，他复原西汉统一路径的隆中对战略，仍是破产了。

五丈原上，关中的汉军营中，坚持到最后一刻、不得不合上疲惫双眼的诸葛亮，终究还是没能跨过秦岭的千山险阻，缔造大汉的又一次奇迹……

诸葛亮是能跳脱派系利益的有大局观的人。如果法正、马超等关陇名士与名将仍然活着，他未必不敢直捣关中，在政治上策动关中“望风而降”。但夷陵之战后，东州集团内的关中士人也都凋零了。为了给蜀汉留下最后一点北伐生力军，恢复有利于北伐意志的蜀汉派系平衡，在北伐期间，诸葛亮招募了大量陇西士人，如姜维、尹赏、上官子脩、梁绪、梁虔等，他们多为蜀汉后期北伐的肱股。诸葛亮也重用继承马超族长地位和部曲力量的超弟马岱，甚至重新纳降已经投魏的孟达，以此提振一度被刘备弃用的关陇士人。因为北伐事关关陇士人的天然利益，北伐需要倚仗关陇士人。

诸葛亮去世后，主导蜀汉政局的荆州集团没有继续北伐的意志。蒋琬主政时期，只筹备北伐。费祎主政时期，更是明确放弃北伐。直到费祎被暗杀后，诸葛亮当年招降并重点栽培的陇西天水人姜维，才成了蜀汉扛旗之人，重新举起北伐旗帜。

姜维共进行了十一次北伐，只有一次是直接进入关中平原，但仍然都是徒劳。当被司马家掌控的魏国军队兵临成都城下时，最后说服刘禅降魏的，是被压抑几十年的益州集团代表——谯周。对当地的士族群体来讲，反正都是被统治，谁来不一样？这就是士族。

公元 263 年，蜀汉灭亡，大汉王朝留下的最后火种，终于熄灭。

第十三章

西晋/前赵：失败的救亡之都

从军度函谷，驱马过西京。
山岑高无极，泾渭扬浊清。

公元 266 年，司马炎篡魏称帝，建立西晋。公元 280 年，西晋灭东吴，统一天下之后，皇室却迅速腐朽。士族奢侈成风，甚于天灾。大族王恺与石崇斗富比奢，晋武帝不仅不阻止，还资助其舅王恺在斗富中争胜。开国第一代就出现了骄奢淫逸的亡国迹象，到了第二代，果然就出现了迅速掏空国本的八王之乱。但这场乱局的本质并非封建诸侯国之乱，而是宗室都督们接连发起的军镇之乱。许昌、邺城、长安三大军镇围绕洛阳禁军的权力斗争，其实就是八王之乱的重要根源。

长安、许昌、邺城三镇，施压西晋京师洛阳。从董卓之乱开始，只有这四座城市做过东汉魏晋的王朝都城。这四座城市也恰好是曹魏五都中，除去曹氏皇族家乡谯的其他四都。因此，这四座城市，就是魏晋最重要的四座都会。想要理清八王之乱，不能看八王的封国国号在哪里，要看他们作为都督掌兵、出镇的军镇在哪里，否则会错乱。

（一）八王之乱的三镇

八王之乱的前两王之乱，其实并没有动摇西晋的国本。

公元 290 年，晋武帝驾崩前，给自己出名的笨儿子晋惠帝指定了两位辅政大臣：杨骏与司马亮。杨骏是晋武帝皇后的父亲，是外戚、国丈。汝南王司马亮，当时正都督豫州诸军事，出镇许昌。一个是自己的岳父，一个是自己的叔叔，晋武帝以为这样的安排很妥当，但这两个人素来不和，其实是巨大的隐患。很快，朝局就大乱：

1. 许昌镇诸侯杀太后，洛阳禁军诸侯又杀许昌镇诸侯

晋惠帝继位后，太后的父亲杨骏便在洛阳辅佐皇帝，掌控了朝政大权与京师禁军。惠帝皇后贾南风也是个跋扈皇后，她联合出镇许昌的汝南王司

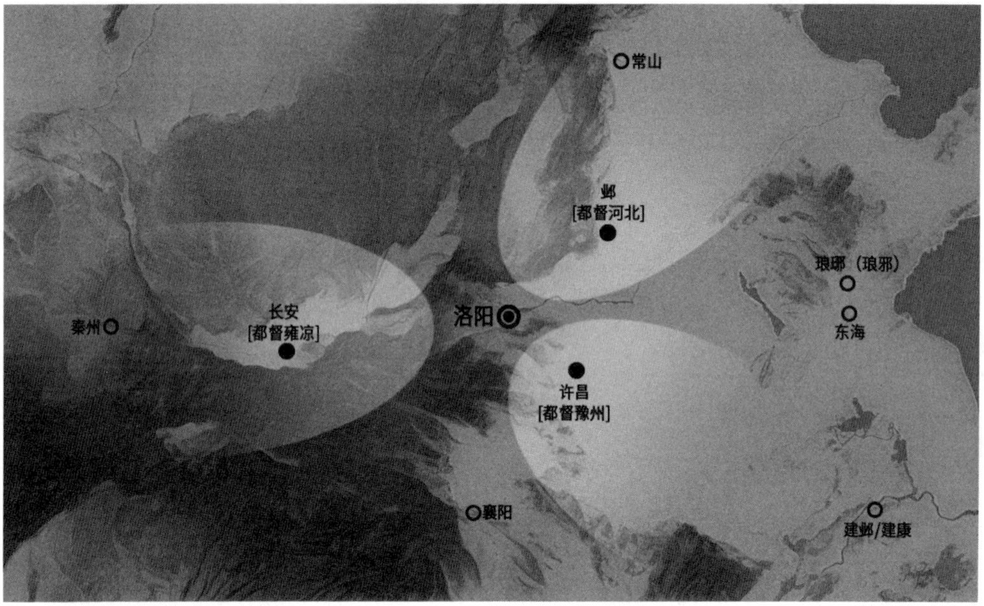

图 60 西晋京师洛阳与三大军镇

马亮和出镇荆州的楚王司马玮诛杀杨骏与杨太后，令许昌司马亮掌控了洛阳政权。

司马玮是晋惠帝的弟弟，年轻且资历浅，更像是司马亮这个许昌镇王爷的跟班王爷，但也立功进入了洛阳禁军系统任职掌兵。但皇后贾南风随后又下密诏令司马玮杀掉了司马亮，随即又污蔑司马玮矫诏杀害司马亮，处死了司马玮。最终，皇后贾南风的家族得到了朝政大权。

这一次最终胜利者是皇后，西晋的统治秩序还没有被伤及根基。但皇后没有儿子，晋惠帝的太子并非皇后贾南风所生。在贾南风专权近十年后，贾南风忌惮太子的声望，又强行废杀太子。

2. 洛阳禁军诸侯杀皇后、篡皇位

公元 300 年，掌握洛阳禁军的赵王司马伦借太子之死讨伐皇后贾南风，掌握了朝政大权，最终毒杀皇后贾南风。

赵王司马伦在晋武帝时期原本镇守邺城，都督河北。到了晋惠帝时期，他出镇长安，都督雍凉。后来，他转入京师任太子太傅、车骑将军，掌握了洛阳禁军的部分兵权。西晋之所以让诸侯王掌兵权，是为了让宗室替皇帝抑制地方上盘根错节的士族，让宗亲掌握地方主导权。

司马伦杀皇后，掌握最高权力后，如果他不折腾，按说他可以维系西晋的大体平衡，可他偏偏要折腾出个最大的动静。他把晋惠帝废掉，自己称帝。其实司马伦是司马懿最小的儿子，是开国皇帝晋武帝的九叔，连开国皇帝一脉都不是，只是追封皇帝的儿子，而且这个追封还是追封了两代。到晋惠帝时，司马伦已经是爷爷辈了，居然篡了侄孙的皇位。

3. 许昌镇、邺镇讨伐洛阳禁军诸侯

司马伦把孙子皇帝废为太上皇，简直滑天下之大稽，根本不具有即位合法性，得不到舆论支持。他当了两个月的皇帝，就招致三王起义。出镇长安的河间王司马颙，出镇邺城的成都王司马颖，出镇许昌的齐王司马冏，乘机消灭了篡位的司马伦，迎晋惠帝复位。

首先，出镇长安的河间王司马颙是晋惠帝的堂叔，离皇位最远，他只吆喝不出兵，借机在关陇搞扩张。他为了保存实力还朝三暮四，暗中联络篡位的司马伦。因此这一局，许昌司马冏和邺城司马颖一起攻破洛阳，扳倒司马伦。长安司马颙虽然保存了实力，却是讨逆行动中最没有声望收益的。当然，他保存了实力，后来又居上。

然后，出镇邺城的成都王司马颖是晋惠帝的亲弟弟，晋武帝的亲儿子，离皇位最近，也最需要避嫌。他如果独揽朝政，难免为惠帝身边的大臣和其他诸侯所忌惮。因为他篡权的血统论证成本要低很多，因此他很识相，虽然也被加封了一堆职衔，却主动退居二线，甘愿回去镇守邺城。当然，他也在朝中留下自己的亲兄弟常山王司马乂。当时三王反叛，是长安、邺城、许昌三大镇起义，中间也夹杂着常山王这样没有军镇兵权，而是带着自己的郡国小部队响应号召一起加入反叛。司马乂与邺城司马颖同是晋武帝的幼子，两人年纪相仿，一个在河北邺城，一个在河北常山，一起会师邺城，举兵讨伐司马伦。因此实力较小的司马乂是出镇一方的司马颖之追随者。司马颖回邺城，加封司马乂为长沙王，让其留在洛阳打入禁军系统，制衡在洛阳独揽大权的许昌司马冏。

出镇许昌的齐王司马冏作为晋惠帝的堂兄弟，非开国皇帝之子，对皇帝的血缘威胁较小。司马冏镇许昌，其实是司马伦掌权后安排的。司马冏在皇后贾南风执政后期，与司马伦同样是在京师洛阳掌管禁军。司马伦之所以能除掉贾南风掌握大权，其中还有司马冏的支持。因此司马冏的势力范围不仅仅是许昌军镇，还有洛阳禁军。

由于有司马伦篡位迅速失败的前车之鉴，后边的宗室权王不敢再打皇位的主意。所以，邺镇司马颖是皇帝的弟弟，需要避嫌，他回到邺城，没有留在洛阳。长安镇司马颙根本就没出兵，也不配分功劳。许昌镇司马冏于是在扳倒并杀死司马伦后立刻得势，掌控朝政大权。

但邺镇司马颖也不甘心放弃朝堂，他将临近邺城且与自己亲善的弟弟常山王司马乂留在洛阳禁军中，作为牵制许昌镇司马冏的一颗钉子。

4.洛阳禁军诸侯扳倒许昌镇诸侯

果不其然，后来司马乂依靠禁军挟持了皇帝，和掌权的司马冏在洛阳城内展开禁军大战，最终司马冏兵败被杀。司马乂又掌控洛阳，挟天子以令诸侯。不过这次没有掌握军镇兵力的司马乂敢和许昌司马冏火拼，还是依靠邺城司马颖的支持，他们兄弟二人本就是同盟。长安司马颙又成了只吆喝不出力的搅局者，表示支持司马乂讨伐司马冏，坐看邺镇、洛阳禁军与许昌镇火拼。

5.邺镇诸侯、长安镇诸侯讨伐洛阳禁军诸侯

司马乂虽然胜出且坐镇洛阳，但他实力较弱。因此，他掌控洛阳朝廷之初，事无巨细，都听命于司马颖。但后来，司马颖不满足于在邺城遥控洛阳，想要独揽大权，与司马乂产生嫌隙。洛阳的大臣都劝两兄弟和解，可长安的

司马颙作为两兄弟的堂叔，再一次唯恐天下不乱，又离间二人关系，鼓动邺城司马颖与自己一起讨伐在洛阳执政的司马乂。于是，长安、邺城两镇大军浩浩荡荡地开向洛阳。

这一次，胜利者是邺城司马颖，但长安司马颙也分到了一杯羹。不过在这个过程中，八王之乱的最后一王，而且是笑到最后的那个王也出现了，他就是洛阳禁军中的东海王司马越。他原本是替执掌洛阳的司马乂抵挡长安、邺城两镇的大军，却因为不看好原本实力就比较弱的司马乂而临阵倒戈，最终害司马乂死于长安司马颙的部将张方之手。

这一次，邺城司马颖掌控了洛阳，志得意满，长安司马颙也得到了极大的封赏。临阵倒戈的洛阳禁军将领东海王司马越也得到大幅度的提拔和奖赏。但司马颖依然回到邺城，延续此前遥控洛阳的掌权方式，而且他变本加厉，让晋惠帝废黜了此时的太子，改立自己为皇太弟。这一点可谓触碰了洛阳贵族的底线。因为司马颖如果继位，可能会迁都邺城，导致洛阳失都。

6. 洛阳禁军诸侯讨伐邺镇诸侯

代表洛阳禁军的东海王司马越趁此机会，决定不再让京师洛阳面对三大军镇时处于被动局面，他挟晋惠帝御驾亲征，率十万大军主动讨伐邺城司马颖。司马越是司马懿兄弟的孙子，虽为宗亲，却连追封皇帝的子孙都不是。他没有机会接触帝位继承权，也没能出镇一方。他最多就是权臣，而不会是帝位角逐者。他的血统是最能够被洛阳统治集团所接受的。但他此时代表的就是厌倦了被操控和蹂躏的京师势力。

这是洛阳统治集团对背离洛阳的邺城司马颖的一次反扑。因为动摇了都城，就是动了京师权贵的奶酪和饭碗。这是底线。但司马越和晋惠帝这次征讨居然输了。司马越逃回了东海国封地，晋惠帝则被邺城司马颖挟持在邺城。

7. 洛阳禁军诸侯再次讨伐邺镇诸侯

司马越虽然暂时失败了，回到了自己的封国东海国，但他积极联络他们当地的士族，积蓄力量。司马越的弟弟司马腾还联合并州、幽州势力，引入鲜卑族、羯族等胡人雇佣军，从邺城的北边幽州方向，背后攻击邺城司马颖。司马颖惨败，带着晋惠帝跑回京师洛阳。

邺城司马颖战败后，整个河北基本就乱了，各地反叛迭起，王朝秩序开始失控。此时，三大镇之一的邺城之河北腹地根基，此时已经被摧毁。打着司马颖旗号和打着司马越旗号的各路军阀在河北打成一锅粥，其中不乏胡人部众。

8. 长安镇诸侯挟持皇帝迁都长安

已经沦为光杆司令的晋惠帝和司马颖回到洛阳，才发现洛阳已经被长安司马颙的部将张方占领。张方于是挟持晋惠帝和司马颖迁都到长安，直接受长安司马颙的控制。这次临走前，张方劫掠了大量的洛阳财货。他原本还想一把大火烧了洛阳，断绝晋惠帝回到洛阳的念想，重演东汉末年董卓迁都的故事，但最终被手下劝阻。

（二）挟持天子的西京

晋武帝司马炎开国后，作石函之制，强调关中的重要性，规定“非亲亲不得都督关中”，即非皇族不得都督关中。可见长安与关中虽然不是西晋的京畿，却是西晋最重要的一方军镇和都会，被开国皇帝异常重视，可谓是开国祖制下的亲亲之镇。

公元 304 年，晋惠帝被挟持到长安后，常年经营长安的司马颙宣布晋惠帝迁都长安，并在长安掌控了朝政大权。他废除失去根基的司马颖的皇太弟之位，改立司马炽为皇太弟，却依然让已经归顺的司马颖担任军职，把守关中。

在《晋书·帝纪》中，晋惠帝被挟持到长安的一年半，京师洛阳被称为“东京”，洛阳的机构被称为“东台”。长安则是西晋正式的西京。司马越后来提出“还复旧都”的口号征讨司马颙，称洛阳为“旧都”，可见晋惠帝在长安的这一年多，虽然是被胁迫，但确实是迁都性质。自东汉献帝离开长安，这是长安时隔一百余年再次成为王朝都城。尽管这一次又是被权臣，而且是实力不够强大的权臣所挟持，十分不体面。这已经严重动摇了洛阳的都城地位，招致包括洛阳权贵与关东势力的不满。

司马颖和司马颙能熬到八王之乱的最后阶段，是因为他们看出了没有军镇做后盾，即使在洛阳掌权也坐不久，所以他们一个不轻易离开邺城，一个不轻易离开长安。但司马颖和司马颙没看出来的是，他们这些诸侯轮流控制洛阳，洛阳的士族权贵们只是坐看权臣更替，不触及自家利益，便不会顽固抵制。但如果真迁了都，那洛阳权贵们就是豁出去了，也要让朝廷禁军去与敢迁都的军镇死拼。

司马越趁此机会，高举“还复旧都”的旗号讨伐长安司马颙，其实就是将反对迁都长安的关东力量，尤其是京师力量团结在自己的旗帜下。此时邺城后方的河北已经大乱，更重要的是许昌军镇如何站队。出镇许昌的范阳王司马虓此时站在了司马越的一边。

其实，司马颙原本还不至于兵败如山倒。他旗下两破洛阳的名将张方，劝他主动送惠帝回洛阳，然后让司马颖回到邺城整合河北力量，这样仍然能够制衡司马越。但司马颙不听，还把挟持惠帝迁都长安的责任推到张方身上，主动杀了张方，试图撇清关系，希望司马越退兵。总是投机取巧的司马颙最终还是败给了团结了关东力量的司马越。司马越代表洛阳夺回都城地位，在晋惠帝迁都长安一年半后，把晋惠帝迎回洛阳。这下，洛阳统治集团才算放心了。

司马颙离开长安逃到南山中。长安城因为这次短暂且不成功的迁都，又被洗劫一空，两万余人被杀，“日光四散，赤如血流”。这一幕，像极了东汉末年短暂迁都后的剧本。

原本归顺司马颙的邺城司马颖，也在被押回邺城后杀害。连晋惠帝也在回到洛阳不久后被毒杀。皇太弟司马炽继位，是为晋怀帝。他是被司马颙拥立的，下诏任命困守孤山的司马颙赴洛阳担任司徒。司马颙放松警惕，最终在路上被司马越的弟弟截杀。

以经营长安十余年的司马颙之死为最后的标志性事件，八王之乱结束。东海王司马越成了最后的赢家。但纵观八王之乱的过程，司马颙堪称是参与时间最长的，而且他一度胁迫皇帝迁都长安，影响也是较深的。

司马越掌权后，让自己的弟弟司马模出镇长安，另一个弟弟司马腾出镇邺城，他自己镇许昌。这下，三镇铁三角统一了势力，还把洛阳包围了。

司马越在洛阳也待不住，就在征讨各地叛乱的同时遥控洛阳。其实洛阳只要没有宗室领袖，三镇又都在司马越兄弟手里，就不怕出现控制洛阳禁军的新权王。遥控洛阳是比迁都或亲自坐镇洛阳都更好的掌权方式。

不过晋怀帝却似乎还想和司马越争一下京师洛阳的代表权，君臣之间还有暗斗。司马越试图削弱荀晞这些支持晋怀帝的洛阳权贵，下令“宿卫有侯爵者皆罢之”，打击晋怀帝身边出现的新势力。晋怀帝也十分硬气，他宣布司马越的罪状，竟然把司马越活活气死。眼看皇帝将要亲掌大权，可五胡也快瓜分中原了。整个天下已经是一副烂摊子，晋怀帝根本无力回天……

八王之乱，就是京师洛阳和长安、邺城、许昌三镇之间反复争夺中枢权力，最终把中原力量耗空的一场乱局。八王之乱究其根本原因，就是魏晋的司州，相比两汉的司隶，京畿不仅半径太小，而且四个方向至少三面的关隘不够险要，平原经济腹地纵深不够大。

曹魏、西晋、北魏等依此类京畿区划设计的王朝，皇族缺乏足够实力杠杆的加持，还有环伺强敌，国祚总是在五十年上下。西晋八王之乱，就是因为关中平原、华北平原、豫东平原，三个板块的人口经济腹地均大于三河为首的司州。尤其是洛阳盆地本身较小。三河中，河南尹对豫东平原没有太大的防御优势。河东郡与关中同属汾渭平原，只隔黄河，没有山地阻碍。河内与河北沿太行、黄河相连，同气连枝。这个司州，最后很容易被三大几乎不设防的周边板块撕扯到只剩河南尹，中枢基本盘面对宗亲都督时较为脆弱，最终只能走向崩盘。

公元 311 年，晋怀帝永嘉五年，匈奴人建立的汉国遣宗室将领刘曜等人攻入西晋京师洛阳，正欲逃往长安的晋怀帝司马炽被追上并俘虏。西晋洛阳的宫室被焚毁，后宫女眷被凌辱，王公大臣纷纷被害，三万多人遇难。连晋惠帝的皇后羊献容都被汉将刘曜掳走。晋怀帝在一年多后被杀害。

这是自秦统一之后，汉人政权第一次遭遇亡族之忧，史称“永嘉之难”。士族时代的梦魇，终于降临了。在这中原板荡的时刻，西晋的最后一位皇帝，却在长安竖起了救时救乱的旗帜。

（三）救亡图存的京师

作为周、汉、晋两京之一的长安，在政治上仍旧具有一定的号召力。晋怀帝当年是在长安被立为皇太弟，洛阳沦陷前夕，他曾试图逃往长安，但未能成功。

公元 311 年，永嘉之难时，秦王司马邺也在京师洛阳。他逃出洛阳后，被官员护送到南阳，从南阳绕道武关回到关中封地的雍城。司马邺之所以先到雍城而非长安，是因为匈奴汉国刘曜攻陷洛阳后，紧接着又攻陷长安。驻守长安的司马模被杀，司马模的儿子司马保退守陇西，把控秦州与凉州。这时，关西还没从上一次司马颙兵败的破坏中缓过来，仍在闹饥荒，白骨蔽野，士民存者百无一二。

匈奴汉国夺取了东西两京，任命刘曜为车骑大将军、开府仪同三司、雍州牧，封中山王，镇守长安。

西晋的关陇各地太守和将领，集结雍凉兵马十余万，与刘曜在关中展开了一系列大战，迎接秦王司马邺入关。公元 312 年，关陇晋军光复长安，又将刘曜赶出关中。秦王司马邺在长安被立为晋怀帝皇太子，建都长安，试图重整河山。

公元313年，被俘虏到匈奴汉国的晋怀帝遇害，司马邺在长安即皇帝位，是为晋愍帝。

晋愍帝身边的大臣，基本都是关陇出身。晋愍帝此时能够掌控的地区只有关中雍州、陇西秦州、河西凉州、汉中梁州。此时武关仍然在晋朝手中，能够通过武关联络江淮。因此晋愍帝任命琅琊王司马睿为左丞相，都督陕东诸军事，南阳王司马保为右丞相，都督陕西诸军事。他希望仍旧保有实力的建邺司马睿能效仿周公，陇西司马保能效仿召公，辅佐皇室，抵抗匈奴汉国，收复失地。

永嘉之难洛阳沦陷后，有大量中原士族纷纷开始南迁避难，投奔琅琊王司马睿。司马睿就是后来开创东晋的晋元帝，他是司马懿的曾孙，并非开国皇帝晋武帝之后。晋愍帝司马邺却是晋武帝之孙，晋惠帝与晋怀帝的侄子。司马邺收复西京长安，此时长安仍然具有作为中原王朝两京之西京的政治号召力。他的秦王之号又承嗣开国皇帝的嫡次子之号，仅次于皇太子，为开国首藩。在血统、尊号、都城上，司马邺相较司马睿等宗亲更有号召力，宗法名分上有绝对优势。因此司马保、司马睿虽然更具军事实力，拥兵自重，但依然尊奉长安天子为正宗。司马睿镇守建邺，都督扬州。他为避晋愍帝司马邺的名讳，改“建邺”为“建康”。此后数百年，“建康”成为古都南京的古名。

司马保与司马睿，一个西北，一个东南，他们当时仍手握数十万兵马。西晋到末期，病因在军镇不受节制，而非晋朝无兵。北方板块虽被匈奴汉国切割得零落，但晋阳等板块仍是西晋大臣掌控。因此，选择长安，在政治上意味着仍要光复国土，不放弃北方。

可是此时的关中与长安连遭战火，实在是无法支撑晋愍帝与群臣的救亡之志。长安在八王之乱末期，司马越军队攻破长安时，就遭遇了劫掠和屠杀。此后关中连年饥荒，出现人吃人的现象，再加上瘟疫横行，民变四起，雍州流民流向南阳，因关中凋敝不愿回乡，甚至形成数万流寇一路劫掠拥向襄阳的局面。当时镇守长安的司马模为了筹措粮食，把当年秦始皇、汉武帝铸造的铜人、钟鼎重铸成炊具以换取军粮。当年长安作为秦汉帝都留下的盛世印证，就此被销毁。

到了永嘉之乱，洛阳、长安先后沦陷，刘曜进入长安前，数万城中百姓逃亡汉中。雍凉群臣收复长安的过程中，长安城再次遭遇兵祸。刘曜弃守长安时，强行迁徙城中百姓八万多人到匈奴汉国都城平阳。晋愍帝即位后，刘曜仍不时进入关中掠杀，袭扰长安。

晋愍帝在长安即位时，长安城空有赫赫西京之名，城中人口却不满百户，房屋倒塌，荒草丛生。朝廷没有车马服饰和印章，只能在木板上写百官的身份标识。军队只剩下一旅，公私车辆只有四驾，器械严重匮乏，粮饷运输难以接济。此时的关中，北有匈奴汉国，南边的巴蜀也有早在八王之乱时就独立的氐族成国。成都王司马颖实力最盛时，其封地成都就已不属于西晋，他的逐鹿资本是邺城与河北。因此八王之乱不是诸侯国之乱，是军镇之乱。

公元 314 年，不仅匈奴汉国不停地对关中的西晋朝廷施加军事压力，连汉中都被成国夺走。江汉、黄淮也盗贼四起。此时只剩西北的秦州、凉州还能支撑长安的小朝廷。

公元 315 年，有盗墓贼盗掘西汉的霸陵、杜陵及薄太后陵，发掘出很多金帛。朝廷沦落到把盗墓贼偷剩下的墓中财宝收入府库以支撑用度。晋愍帝身边的大臣甚至劝说晋愍帝迁都到陇西司马保那里，但其他大臣认为这样皇帝就会被司马保控制，最终没能成行。司马保得知此事后，也不再供奉朝廷。晋愍帝的长安小朝廷，至此彻底沦为靠凋敝的关中一隅支撑的象征性朝廷，有名无实。

公元 316 年，此前多次进犯长安却被击退的汉将刘曜，又一次率军包围了长安。围城两个月，长安城与外界断绝联系，城内发生饥荒。一斗米的价格涨到黄金二两，出现人相食的惨剧。最终，长安城中一大半人饿死。大臣只能把太仓原本用来酿酒的曲饼砸碎熬粥，给晋愍帝充饥。最后连曲饼也吃光后，晋愍帝哭着说："今窘厄如此，外无救援，死于社稷，是朕事也。然念将士暴离斯酷，今欲因城未陷为羞死之事，庶令黎元免屠烂之苦。行矣遣书，朕意决矣。"（《晋书·帝纪》）他决定向匈奴汉国投降，以避免辅佐他这个亡国皇帝多年的城中百姓再遭屠城劫难。

最终，晋愍帝送上降书，坐着羊车，袒露上身，口含玉璧，带着棺材出城投降。群臣号啕大哭，攀着车去拉晋愍帝的手，甚至有大臣当场自杀殉国，晋愍帝也忍不住悲泣。至此，在漫长乱世中昙花一现、如同大一统回光返照般的西晋，在长安正式灭亡。

汉将刘曜烧了棺材，接受了玉璧，让人侍奉晋愍帝回宫，后将晋愍帝送到汉国的都城平阳。刘曜再次镇守长安，治理关中。一年多后，在汉国的故晋朝百姓和官员看到汉帝刘聪侮辱已经沦为俘虏的晋愍帝，纷纷失声哭泣，甚至为晋愍帝自杀殉节。刘聪嫉恨人心思晋，便杀死了晋愍帝。这时，晋愍帝也只不过十八岁。

晋愍帝十一岁回到长安，十二岁被立为皇太子，十三岁被拥立，十六岁长安城破投降匈奴汉国。当他在长安扛起救亡图存的重任时，他其实只是个孩子，加上此时的关中早已残破不堪，他与关陇群僚已经是一次次以一隅之力击退强势的汉国，尽到最大的努力保存国祚。只是到了最后时刻，西晋的宗室军阀如司马保，仍然在掣肘这些试图挽救国族将倾的大臣，如司马睿则与地方士族通力合作，只保自己地盘而无勤王救国之意图。

这就是士族时代，地方割据的乱因是深种在地方本位肌理之中的。因为士族的利益在地方，不在中枢。朝廷强，则与朝廷合作。军阀强，则与军阀合作。胡人部曲强，则与胡人合作。曹操创业，屡发求贤令，明确提出"唯才是举"的用人理念，是在对抗士族门阀化趋势。诸葛亮自称布衣，尊崇法治，奖励军功，以公平为准，也是在对抗士族门阀化趋势。但曹魏在曹操死后实行九品中正制，倒向士族门阀，自己的朝廷也被河内大族司马氏数代人所掌控。最终司马氏代魏建立西晋前后，用了历史最慢的速度使三分天下再归一统。司马氏沿用了九品中正制，因为司马氏知道自己无法抵抗士族门阀化的洪流。但西晋也做出了努力，就是主动让司马氏宗亲力量悉数军阀化，用宗亲作为军阀来对抗地方大姓的门阀。但结果是，哪怕是同族掌握了地方资源，也照样反叛，也照样会与外姓站在一起隔岸观火，看着同姓的皇帝遭殃。

西晋灭亡后，远在建康的司马睿自立为晋王，设立百官，开始统管剩余的晋地江山，并在晋愍帝被害之后即皇帝位，建立东晋。西北的司马保不久之后也自立为晋王，不认司马睿的权力。后来司马保被叛变的部将所杀，整个雍凉都落入刘曜之手。

（四）最后一根救命稻草

灭亡西晋的是匈奴人建立的汉国。汉国的开创者刘渊，是匈奴屠各部的贵族。八王之乱后期，西晋的统治开始分崩离析，刘渊趁机回到自己的部族所在的并州，即今山西中部，号称自己继承刘姓的汉朝国祚，尊奉西汉、东汉、蜀汉为宗，称帝建立了汉国，与西晋争锋。

刘渊原本的打算是从山西中部打向山西南部的晋南盆地，再从晋南蒲津关（蒲坂、临晋关）渡过黄河进入关中平原，然后定都长安，再东出关外，席卷洛阳。可刘渊进入晋南盆地，只称帝两年就驾崩了。太子刘和继位不久，又被自己的弟弟，刘渊的另一个儿子刘聪弑杀篡位。刘聪继位后，派刘曜等将领先后攻克洛阳、长安两京，杀死晋怀帝与晋愍帝。刘曜成为替匈奴汉国经略关陇的一方诸侯。

刘聪为人骄奢残暴，缺乏政治远见。他攻克二京，却没有像刘渊计划的那样迁都到长安或洛阳，而是辱杀怀帝、愍帝，激起了天下官民的反感。虽然汉国此时版图扩大，但宗王刘曜在西部的雍凉，将领石勒在东部的河北，已经逐渐尾大不掉。

灭掉西晋两年后，刘聪驾崩，太子刘粲继位，很快被权臣靳准弑杀。靳准之乱爆发后，刘氏皇族被靳准屠戮，镇守长安的刘曜作为执掌兵权的宗族赶赴晋南平叛，并即位称帝。他最终平定了靳氏之乱，夺取了靳氏部曲和都城人口，获得了百官效忠。但已经在河北发展壮大的汉将石勒最终攻占了平阳，控制了并州。他们一方得了人，一方得了地。

公元318年，刘曜即汉国皇帝位。此时石勒坐大，晋南地区对刘曜而言已经不安全。

公元319年，刘曜迁都长安。长安再次成为都城的这一年，距离西晋灭亡、长安失都仅仅过去三年。

刘曜是匈奴汉国的远支宗室即位，而且石勒渐渐脱离了汉国势力，不再受刘曜节制，汉国东、西部已经实际上分裂，石勒控制汉国的中部和东部，刘曜只控制了汉国的西部。汉国的旗帜已经没有多大的号召力。刘曜此前为中山王，中山为故赵地之国名，因此刘曜将国号由汉改为赵。因此，这支匈奴刘氏政权被称为“前赵”或者“汉赵”。

后来石勒认为赵地是自己实际控制，因此也自立为赵王，史称后赵。前赵和后赵在之后一段时期内在北方长期东西对峙。

刘曜原是西征大将，仅仅掌控汉赵西征的军事力量。此时的关中在西晋末年就已经饱受战火摧残，经历了司马颙、司马模、刘曜、晋愍帝、刘曜反复的拉锯战争，五易其主，每一次易主都伴随着对城市的毁灭性打击，早就人口凋敝、经济糜烂。前赵经济不如石勒的后赵。

而且，此时关陇地区居住着大量的羌人、氐人，反而匈奴部众没那么多。刘曜原本作为大将是背靠强大的汉国征讨西北各部，现在成了独立征讨西北各部。刘曜称帝的第二年，在西北的根基未稳，西北的羌、氐、巴、羯三十余万部众反叛前赵，关中大乱。刘曜在关中周边四面征伐，一边招降羌、氐等部族，一边清除西晋在西北的残余力量，争取汉人大姓的支持。

刘曜平定关陇后，在北方黄河中下游地区与后赵的石勒分庭抗礼。起初洛阳城及中原一带还在前赵的手中，但后来被后赵夺取。洛阳一带也成了刘曜的前赵与石勒的后赵拉锯战的前沿，成为两赵之争的主战场。

刘曜只继承了匈奴汉国的一州之力，而石勒继承了数州之力。刘曜始终没能壮大自己的统治集团，没能培养出新梯队的人才，每一场大仗往往都需要他御驾亲征，亲力亲为，四处灭火。这一点，与广揽胡人英才，后期长期坐镇京师很少再御驾亲征的石勒形成了鲜明对比。

刘曜生平的最后一仗，就是前赵与后赵的洛阳大战。原本刘曜率领前赵军队打败了后赵军队，不仅收复了洛阳所在的河南郡，而且河内郡、汲郡，以及成皋（虎牢关）都被前赵所占领。从河内沿着太行山，可以从平原上长驱直入石勒在河北的都城襄国城。刘曜的形势一片大好。但刘曜地狭将少，只有自己这个皇帝很能打，石勒却地多将广。刘曜最终不敢孤军深入与后赵进行战略决战，而是主动退缩到洛阳。石勒实际上也忧虑刘曜会进攻他的都城，于是多年没有亲征的他，亲自率兵反击刘曜。当他发现刘曜没有驻守在洛阳盆地的东门户成皋，而是采取下策驻守在洛阳以西，背靠崤函防线，准备随时退回关中，石勒就明白刘曜其实没有决战的实力，于是全面进攻刘曜军。

刘曜御驾亲征本就是高风险操作，而一贯酗酒的他竟然在决战前喝酒数斗，连自己高大的坐骑都骑不好，从马上坠下。他换乘小马，又喝了一斗酒，最后在酩酊大醉中被石勒军大败。刘曜骑着小马准备退军回关中，再次坠马，于是被后赵生擒。

公元 328 年，后赵王石勒俘虏前赵皇帝刘曜，让刘曜给长安的前赵太子刘熙写信劝降，刘曜不从，被石勒所杀。次年，前赵太子刘熙不顾大臣劝阻，坚持主动放弃长安，逃往陇西，导致关中大乱，驻守长安的前赵将领主动向后赵投降。后赵又攻入陇西，灭亡前赵。

灭亡西晋的汉赵，也学着西晋的样子迁都到长安，试图把拥有山川屏障的关中当作救命稻草。从公元 304 年末晋惠帝被挟持到长安，至公元 329 年初汉赵监国太子刘熙放弃长安，这二十五年间，晋惠帝、晋愍帝、前赵帝刘曜，三任皇帝在长安陆陆续续执政十六年。但他们想依靠长安重掌河山，以长安担起复兴历史的使命，终究均以失败告终。

东汉迁都后遇到天灾人祸而速毁。西晋迁都前就已经被天灾人祸所坏。刘曜则是常年在关西作战的将领，所以紧跟西晋定都长安的前赵原本坚持了十二年，还算稳定，但因为刘曜的酗酒恶习和太子因懦弱而弃都，前赵政权又突然灭亡。除了运气不好外，东汉、西晋、前赵三次迁都长安试图救亡图存却失败，也是因为关中的地形优势只能为雄主锦上添花，而非为暗主雪中送炭。关中虽有形胜之雄，却终究是广义中原的一部分，很难在中原体系整体崩溃后独善其身，偏安一隅。这三个王朝末世迁都的插曲，似乎显示西安做不了一个合格的救亡图存型都城。哪怕是像东汉、西晋这样的大一统王朝，来到长安也难逆灭亡之命运。长安做不了衰落王朝的避难所，救不了疾在骨髓的王朝。

周、秦、汉、隋、唐，长安政权往往是本土势力奋发图强，逆势成长为乱世强者。在士族社会接过秦汉帝国的大一统局面，却一路滑坡到西晋崩盘时，士族时代的中原华夏需要如何进行历史突围？历史将何去何从？

由华夏族独立开创的秦汉式大一统模式，在魏晋越发无力维系。步入士族时代，华夏需要更多民族提供新的理念，熔铸全新的大一统模式。十六国的超长乱世帷幕已经拉开，长安将在历史的大浪淘沙中，回到真刀真枪的创业者位置，迎难而上，越挫越勇，直至中华再创全新的大一统国家。

长安，将凤凰涅槃，浴火重生。

第三部分

隋唐铸盛世

汉长安
（十六国北朝）

大兴
（隋）

唐长安
（唐）

大安
（晚唐、后梁）

长安
（五代）

上古贵族社会的起步期，夏、商常常定都于中原板块。但贵族社会巅峰期的西周，又会转移至关中板块，直至秦、西汉在关中板块完成了变革试验。

中古士族社会的起步期，东汉、魏、西晋仍定都于中原板块。但士族社会对天下的再整合是失败的，因此乱世频仍，战局不断，少有统一。因为士族的根基在地方，很容易与募兵制军阀，与世兵制或族兵制的部曲武装相结合，形成地方割据势力，王朝具有天然的乱因。

东汉、西晋曾尝试迁都到关中板块，但没有什么变革成效，最终都走向灭亡。十六国中的前秦，也曾试图在关中板块进行变革，以天下三分有其二为高峰，但同样以失败告终。直到西魏—北周—隋—唐四朝的关陇集团创建，依托北魏给中原文化注入的新的基因，才在关中板块再次完成了变革试验。

这两个时代，在前一个统治阶级瓦解，后一个统治阶级尚未形成时，区域差异与阶层结构比较扁平、均化，地缘博弈不那么激烈，各板块的实力比较均衡。因此，最终能够服众的，往往是谁都绕不开的，控扼四方交通、四方贸易，居中的那个咽喉板块——中原。这里是承载历代中国九成以上人口的胡焕庸线以东的中心，也就是古人孜孜称道的天下之中。

但一旦某个区域形成效率革命，各地缘板块的国家动员力就会出现显著差异。这个时候，居中板块反而会成为被强权撕扯之地。尤其是关中这个不大不小的平原，有争雄之资，却必须进行效率革命以弥补自身体量的弱势，往往是大时代的进阶地和终结处。

经历士族社会漫长的探索后，长安龙首原上，全新的大一统国家终被孕育而出。

第一章

前秦：擦肩而逝的大一统

苻坚举国出西秦，东晋危如累卵晨。
谁料此山诸草木，尽能排难化为人。

东晋盘踞南方，十六国则在北方混战、更迭。十六国南北朝两百多年乱世，前秦与北周两次统一了大半壁江山。从前赵开始，长安就是一块探索如何解决北方激烈民族矛盾的历史试验田。前秦，无疑做了最重要的一次试验，给乱世带来了第一缕曙光。

（一）最贤仁的胡君

前赵的刘曜在长安设置尚书台与左右司隶，按汉朝的行政体系治理汉人，还在长安渭河对岸的渭城设置单于台与左右贤王，专门管理六夷，也就是胡人。汉赵的六夷之胡，是别部的杂胡，而非刘氏本部的匈奴屠各五部。汉赵国不仅将胡人与汉人进行“胡汉分治”，还将杂胡与匈奴屠各贵族进行“胡胡分治”。连不同胡族之间也存在政治身份差别，胡人也会受到排斥和歧视。刘曜以一部之力控诸族，无法凝聚其他各族。这就是刘曜用十年时间也无法壮大的根本原因。

后赵的石勒则不同，石勒实行“号胡为国人”的政策，禁止任何对胡人不敬的言辞。他拉拢所有胡人，抑制汉人。石勒出身的羯族本身是五胡中的一个小族，不像匈奴刘氏那样拥有强大的族群势力和宗亲力量。因此石勒实行崇胡国策，对各族胡人一视同仁，利用胡汉之别将胡人视作自己的政治基础。此举令杂胡各部纷纷投效后赵，推动后赵统一了中原。

石勒曾想迁都到东汉魏晋的都城洛阳。魏晋到隋唐之间，洛阳往往比长安更具有汉文化象征性和中原代表性。长安此时虽然常与洛阳并称二京、两都、两京，但在士族心中，长安是秦汉故都，洛阳才是进行时。因为士族起源于洛阳时代，此时的汉文化以洛阳这个班固称颂的“儒都”为代表。石勒最终没有迁都洛阳，但定洛阳为陪都南都。石虎即位后，发动数十万民力重新营建长安、洛阳两京的宫殿，惹得天怒人怨。谪戍凉州的梁犊就在雍州号召戍卒起义，一度攻克长安，并东出崤函，最终兵败。在大臣的劝阻下，这次两京的大兴土木才作罢。

石虎死后，后赵分崩离析。关中的士族大姓，京兆杜氏的后赵将军杜洪号称东晋征北将军，占据雍州自立。后赵的这次崩溃，实际是关东实行的崇胡抑汉民族政策的全面失败。关东的冉闵、关中的杜洪、并州的张平等军阀，都是后赵的汉人将领。黄河南岸的众多后赵州郡也纷纷叛赵归晋，重回汉人政权之版图。

但士族社会的汉人无法凝聚到一起，反扑很快失败。慕容鲜卑趁后赵大乱，南下夺取华北，在关东崛起。西部的氐族也在关西崛起，在首领苻健的带领下入主关中。西部的氐人与羌人本就居多，苻健父亲当年在关中就很有影响力。公元 351 年，苻健最终消灭了杜洪的关中势力，在关中建立前秦政权。

前赵“胡汉分治”“胡胡分治”的关西试验失败了，后赵“胡汉分治”“崇胡抑汉”的关东试验也失败了。前秦作为关中的新主人，不再是迁都而来，而是真正与长安共同成长，在关中开创基业。

公元 354 年，东晋征西大将军桓温趁着后赵崩溃，北方大乱，率领十万大军开始其第一次北伐，他的目标直指关中的长安。前秦君主苻健命将领抵抗桓温。桓温从东晋控制的武关进入关中，最终抵达霸上。前秦军队只好退守长安城南与桓温对峙。

长安周边的一些郡县纷纷投降晋军，桓温禁止军队扰民。关中父老于是牵牛献酒，夹道欢迎晋朝军队。这一年距离西晋灭亡已经过去了三十八年，有些年长的老人抹着眼泪说，没想到有生之年还能见到晋朝的官军。可桓温兵临长安城下，却止步不前，不继续攻城，而是扎营在白鹿原就不动了。桓温原本是想趁着麦熟时节就地征收军粮，却没想到被前秦抢先一步收割了粮食，搞坚壁清野，致使粮草供应不济。但桓温还想等等，希望囤积大量粮食的关中士族豪门能够响应晋军，为晋军提供粮草。

这时，一位布衣出身的华山隐士来到桓温帐前求见。桓温问这人，关中豪杰为何都不来慰劳他率领的晋朝天子之师？这名隐士就是日后前秦的一代名相王猛。他出身关东，常年在关东游历，被后赵的京畿长官司隶校尉徐统所赏识。后又在华山拜师学习，隐居修行，与关中的氐族大臣吕婆楼有交情。王猛对天下情势颇为熟，他告诉桓温，晋军现在与长安城近在咫尺，却没有渡过灞水进攻长安，周围的豪族看不透晋军的真正意图，因此不敢轻易支持晋军。

王猛这段话，为桓温提供了关中士族试图传递的信息。那就是桓温如果不攻长安，迟早要走，那这些士族就不敢得罪前秦。桓温得到这个信息后，知道无法得到士族支持供应军粮，即使强攻长安，若短时间无法攻克，也势必是徒劳一场。何况桓温北伐，只是为了建立军功以捞取在东晋进一步把持朝政大权的政治资本，他不愿意冒险消耗自己的兵力。在长安郊外驻扎两个月后，桓温决定撤军回晋朝。他看出王猛是一个不世之才，极力邀请王猛跟他回南方，但王猛思量一番过后，认为桓温无法成就更大的事业，决定留在北方建功立业。

一年后，前秦皇帝苻健驾崩，其子苻生继位。但苻生残暴不仁，不得人心，苻健的侄子苻坚后来发动政变，杀死苻生，夺取了政权。苻坚是一个谈及历史无论如何都绕不开的帝王，因为他曾经有最大的机会提前结束这个兵连祸结的乱世。他是中国历史上少有的备受赞誉的少数民族贤君，是与大一统距离最为接近却擦肩而过的一代雄主。此时，王猛也已经投入苻坚帐下，与苻坚一见如故，相遇相知，共同开创了一段堪比刘备与诸葛亮的君臣佳话。

公元 357 年，苻坚即位，却自降帝号为天王，顺带将前秦宗室诸王也降为公爵，普遍削弱了宗室的爵号影响力。这弄得宗室贵族们一头雾水。很快，氐族贵族发现，他们这位氐族君主苻坚，好像特别针对自家氐族。

苻坚派王猛以及邓羌等汉族大臣，在京师长安附近担任要职打击权贵，其中包括氐族开国功侯樊世，强太后的弟弟强德等贵戚二十多人，震慑了整个京畿地区。当时有很多氐族贵族到朝堂上弹劾王猛，却反被苻坚当场大骂，甚至被苻坚当庭鞭笞。

苻坚得知被降王为公的宗亲私自延揽富商为公国二卿时，下令再贬这些公国为侯国。不久，被苻坚不断打压的氐族宗亲贵戚终于开始反扑，前秦爆发了五公之乱。此时，苻坚的班底里有王猛、邓羌、权翼、薛赞等能力卓越的汉人大臣，他很快就平定了这场叛乱潮。

苻坚整顿吏治，执法严明，带领前朝后宫厉行节俭，对百姓轻徭薄赋。他给汉人士族复魏晋士籍，拔擢汉族贤才。他在长安兴办太学，在地方广修学校，复兴汉学，改风易俗，并定期到太学考问经义。苻坚弘扬汉文化，不仅仅是崇尚汉族本身，他还强迫彪悍的胡人贵族也去太学学礼。比如代国的君主拓跋什翼犍被前秦击败，入降长安之后，苻坚就强行让他在太学学习，并且亲自考问什翼犍。苻坚就是要教化胡人，让他们与汉人一样，懂礼法、知学问，最终成为开化之民。这个拓跋什翼犍，就是后来的北魏开国皇帝拓跋珪的祖父。

苻坚继位后的前十年较少对外大规模用兵，他与民休息，施行德治仁政。他从谏如流，宽待臣下，体恤百姓，时刻以圣贤之君的原则要求自己。他发展生产，劝课农桑，兴修水利，扭转关中的萧条局面。前秦也遭遇了关中的大旱、强地震等大规模的天灾，苻坚大幅缩减宫廷用度，减少百官俸禄，减免租税，慰问孤寡，开放山林湖泽，与百姓共进退，使得前秦的关中没有出现东汉末年与西晋末年的大饥荒之惨剧，使长安这一次定都克服了霉运，得到巩固。苻坚确是西汉之后，关中罕有的文治、武功俱全之帝王。

《隋书 · 经籍志》评价十六国时期的北方："其中原则战争相寻，干戈是务，文教之盛，苻、姚而已。”其认为能称道文教之盛的，唯有前秦的苻坚和后秦的姚兴两人。可以说，苻坚执政是十六国治国方式的转折。从他开始，胡人建立的政权也能出现文治盛世。苻坚甚至可以说是混战数十年之后，挽救了中原文脉之人。

在苻坚的治理下，关、陇清晏，百姓丰乐。自长安至于诸州，旅者、商队络绎不绝，社会秩序稳定。于是百姓唱起歌谣：“长安大街，夹树杨槐。下走朱轮，上有鸾栖。英彦云集，诲我萌黎。”

作为十六国文治第一人，苻坚不需要尖兵利器、强兵悍将，就可以用实实在在的治理成就，使贤名远播天下，吸引四方人才投效。善战者无赫赫之功。这才是他后来无往而不利，迅速统一北方的原因。

公元 370 年，前秦灭前燕。

公元 371 年，前秦灭前仇池。

公元 373 年，前秦攻下东晋的梁州、益州。

公元 376 年，前秦灭前凉，灭代国。

公元 382 年，前秦征伐西域。自西晋以来脱离控制的西域再度回到中原政权手中。

只用了十年左右的时间，原本只割据关陇的前秦，不仅统一了北方，而且极盛时东起辽东，西至西域，北达蒙古高原，南抵云贵高原，与失去了长江上游的东晋在淮河一线对峙。天下三分，前秦已得其二。苻坚满眼望去，天下已经没有其他对手，只剩下东晋。

（二）苻坚的方案

公元 375 年，为苻坚规划王图霸业、立下赫赫功劳的名相王猛病入膏肓。临终时，他叮嘱苻坚说：“晋虽僻陋吴、越，乃正朔相承。亲仁善邻，国之宝也。臣没之后，愿不以晋为图。鲜卑、羌虏，我之仇也，终为人患，宜

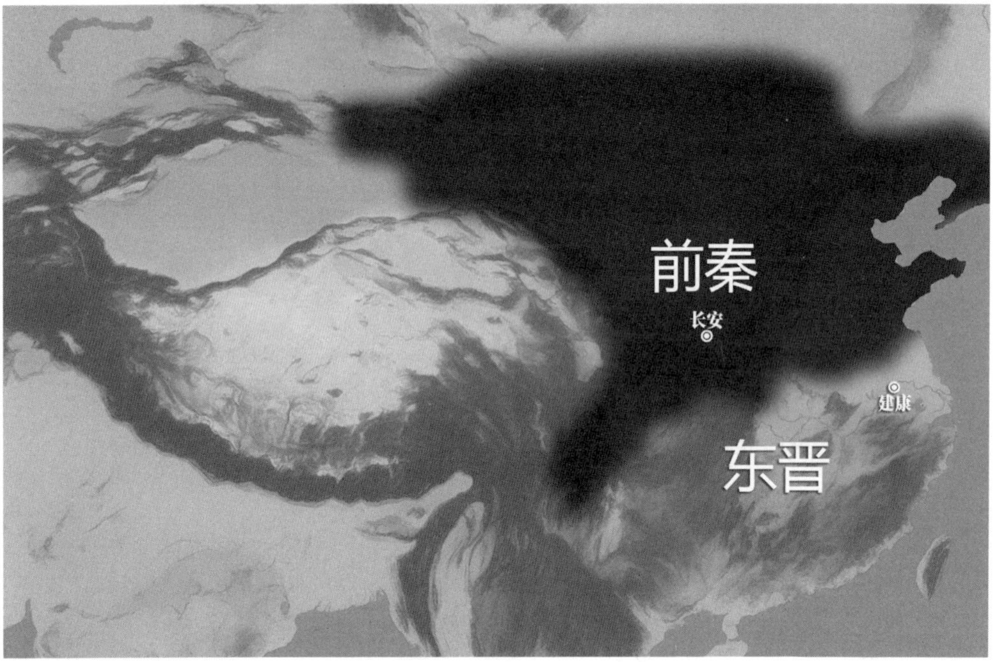

图 61 前秦势力范围

渐除之，以便社稷。”王猛希望在他死后，苻坚不要攻打东晋，前秦国内的鲜卑族与羌族等投降贵族，才是真正的祸患，应该先除掉这些人。

王猛的遗言，反映出北方表面统一的背后，民族矛盾和现实隐患仍然很大。遗言的深意是：晋朝虽然偏安一隅，国力有限，却是汉人的华夏正朔之延续。苻坚之所以能统一，是因为效法圣贤，推崇汉制。氐族虽然是胡族，但也是农耕民族，在一些治理理念上与汉族颇有相同之处。加上苻坚崇尚汉文化，大量任用汉族大臣，包括把王猛这个汉臣引为知己，奉为谋主，拜为丞相。因此，前秦是五胡政权中最能够取得北方汉人士族支持的帝王。

北方汉人士族作为庄园大地主，当时也是拥有私兵部曲，以及如同小城池一般坚实的坞堡。各族军事武装都需要与他们合作，才能稳定在当地的统治。虽然士族豪门为了避免战祸，稳固自家利益，并不期待分离已久的东晋政权重新回来冲击政治格局，更希望此时一团和气的前秦继续治理，但汉儒普遍崇尚忠孝节悌，对正朔相承的汉家正统东晋肯定抱有一定的故主情怀和亲切感。苻坚没有称皇帝而是称天王，也在一定程度上迎合了汉人士族对晋帝的情感。

东晋僻居东南，而且继承了魏晋士族门阀制度，门阀力量在东晋达到巅峰，甚至架空皇权。晋帝此时年幼，处于君臣共治的局面。主少国疑，如果没有外部刺激的话，东晋内部不容易形成扩张路线，并不会对前秦形成威胁。东晋的状态像是拔了牙的老虎，吃不了人，但也不好欺负。

王猛所谓“善邻”，就是指东晋没有威胁前秦的意愿和能力。如果前秦对这样一个东晋发动师出无名的侵并战争，只会造成北方汉族对前秦政策的失望，破坏北方汉族对苻坚的好感。“亲仁善邻”，就是劝苻坚不要为了统一的虚名，去破坏自己的统治基础。

王猛是汉族官僚的代表，他肯定明白汉人舆论的风向标指向什么。他叮嘱苻坚不要伐晋，实际上是希望自己死后，苻坚能够贯彻亲汉路线，巩固前秦统治层的氐汉同盟。但苻坚显然没有听从这个建议。王猛、邓羌死后，苻坚没有再更多地起用汉人为大将。他其实是走向了相反的方向，开始疏远本来倚重的汉人官僚。

“鲜卑、羌虏，我之仇也，终为人患，宜渐除之，以便社稷”，这是王猛一贯的政治主张，但苻坚却一直不认同。王猛能够敏感地意识到前秦当前看似稳定的行政体系表象之下真正的权力构成。他希望苻坚能以氐、汉两大民族集团为自己的人事基本盘，以关中为地缘基本盘，继续压制和消化当年被灭国而投降的关东鲜卑与西北羌人两大集团。

但苻坚在不断兼并鲜卑与羌人的地盘后，却偏偏要促成以氐人为轴心，汉、羌、鲜卑三族并佐的格局。比如前燕的宗室领袖慕容垂，在关东仍然很有号召力，王猛看出慕容垂不是池中之物，很早就设计诛除慕容垂，但他却总被苻坚保下来。苻坚意识不到，虽然他在行政层面、秩序层面上统一了北方，但他的基本盘极其脆弱，他背后的政治基础和社会基础实际上是个松散的大拼盘。五胡本身就是族兵制的军事部族，汉人士族也多是庄园地主。他们都有大大小小的坞堡防御体系。与其说他们是前秦的地方官员，不如说是拥有军事封建自治权的盟友。苻坚所处的五胡十六国时代，集权难度非常高。列国都只处于半封建的松散状态。

苻坚早期是篡位夺权，所以对自家的氐族宗室以防范为主，打击长辈和同辈宗亲。那时，他作为一个汉化水平很高的君主，重用了一群与自己有交情的汉族大臣，支撑起自己的核心地位。但到了后期，王猛这些靠情谊维系的汉族旧友凋零之后，面对仍然一盘散沙的封建局面，已经树立巨大威望的苻坚就开始重用以小辈的子侄、幼弟为主的亲族。这些小辈更加亲近且无法撼动他的地位。

苻坚起初重用汉臣，崇尚汉学汉制，但并没有对汉人实行特殊的优待政策。苻坚虽然崇尚汉文化，但他总体的政策基调是平等地对待各族。他希望用汉文化来归化所有胡族，而非是崇汉排胡。他重用王猛，是对汉人民心的招抚。但他对慕容垂、姚苌的安抚，也是对鲜卑人和羌人民心的招抚。苻坚还是把汉族放在和羌族、鲜卑族同一政治位置上。尽管苻坚执政前期的地缘基本盘局限于关陇，更多地需要用汉人大臣来制衡关中京师权贵，但当苻坚统治的领土逐渐广袤，他同样重用关东和西凉的鲜卑族与羌族来稳固关东地方统治。到了苻坚执政后期，王猛去世，慕容垂与姚苌等胡族大臣在苻坚身边的话语权就越来越重。

王猛作为汉族的实权宰相，出身关东，又亲率兵马灭亡关东的前燕，并出镇邺城治理关东，非常了解关东情势。王猛认为前秦对关东的统治没有表面看上去那般稳固，希望在政治与人事上压制关东的慕容鲜卑势力，以加强前秦对关东的控制。但苻坚仍然坚持不杀降君、降将，甚至过度优待降君和降将，对他们许以高官厚禄，甚至让他们仍然活跃于故国旧地。苻坚前期与汉人大臣结盟是关中情势使然，并非出于既定的民族策略。王猛则是真正倡导以氐、汉同盟为轴心，压制鲜、羌的策略。苻坚后来对氐族宗室的力量实现了完全控制后，开始实行鲜明的以氐族为轴心，各族并用的融合策略，放弃了王猛的设计。

苻坚为十六国的民族矛盾开出了自己的药方：胡汉并重，各族并用，一视同仁，用德治消弭民族隔阂。但对谁都讨好，就意味着谁都没讨好。想代表所有民族，结果就是什么民族都代表不了。

苻坚处在一个民族矛盾仍十分尖锐的阶段，却试图强行进行民族和解。关中氐族和关中汉族可以为地缘利益而和解，与西北羌族、关东各部胡族、关东汉人士族却不一定能交好。前秦代表的地缘基本盘、政治基础与社会基础都发生了混乱。前秦版图看似庞大，实则是把关东的民族矛盾和士庶矛盾通通接盘。

姚苌、慕容氏，这些是有民族号召力、地方号召力、军队号召力的贵族，苻坚却始终任用他们为高官大将。他们的利益盘面是关中吗？不是。他们代表的是前秦行政体系背后的族群或阶层吗？也不是。苻坚建立的仍然是松散而脆弱的多民族联盟，并未能搭建出可以糅合各路封建军事贵族的利益分配机制。他仅仅依靠本人对各民族一视同仁的贤君人格，暂时捏合在战乱中疲惫不堪的胡人部族，给地方分离势力以喘息的机会。没有消弭各族的隔阂意识，这种平衡就是脆弱的。

苻坚靠个人的仁柔手段和人治特征，无法实现长久的制度化民族和解。民族矛盾只是被压住了，而不是被解决了。按王猛的设计路线，前秦可以借当下关陇的实力杠杆和政治名分之强势，通过氐人贵族与汉人士族的通力合作，压制其他族群的贵族来强行消化。对百姓怀柔善政，对军阀打压削弱，这个方案不能说一定可以解决历史问题，但总归是比内政不稳就去强打外战要务实得多。至少，不破坏关中基本盘，前秦不会像后来那样土崩瓦解，连关中都丢了。

汉人士族没有强大的军事力量，但汉人是最广大的社会基础，是地方治理的中坚力量。苻坚依靠最弱小的氐族力量，搭建了一个汉人可以放心的小中央，而其他各胡族力量也不用担心汉人坐大。这就是氐族前秦被各方接受的平衡点所在。历史往往就是这样，像蒙古族这种鲸吞欧亚大陆的力量，反而不容易长久地统治汉地。而清朝这样小族出身的少数民族，反而可以建立两百多年的稳固统治。因为小族建立的国家中央，反而更需要与汉族合作。

苻坚只是握住了一个恰到好处的杠杆，以小博大，以小制大。但苻坚放弃了氐汉同盟时，他就只剩下一个氐族，一个不仅不如汉族规模大，连其他少数民族规模都达不到的小族。其实氐族贵族也明白失去汉人的支持，氐族一族根本无力继续维系对各族的控制。因此苻坚后期的宗亲重臣、素有贤名的苻融也是支持氐汉同盟，支持王猛遗策的。但苻坚非要进攻最后一个敌人东晋，进攻汉人心中的情怀，为了虚名而丢掉了那个以小制大的杠杆——氐汉同盟。

苻坚能够统一北方，是因为他的贤仁和怀柔让饱受民族对立之苦的大族和百姓看到了乱世暂停键的按钮。但他治下二十余年，萌发出盛世迹象后，各族的矛盾并没有和解，它们反而从上一轮的疲惫中缓过劲儿来，恢复了在新一轮战争中互撕的实力。苻坚在内部军事贵族已经蠢蠢欲动时，对晋朝发动师出无名的战争，最终折断了前秦维系平衡的实力杠杆，实际上是把暂停按钮又给解除了。

公元 383 年，苻坚亲率百万雄师进攻东晋，于是发生了决定中华历史走向的淝水之战。按说前秦军队有绝对的规模优势，士气应该很高。但实际上前秦部队的士气特别低迷，苻坚也隐约感受到自己的军队存在问题，于是看到山石中的草木都觉得像是晋军将要伏击他们，心中产生了莫名的慌张。

苻坚的这支部队，由氐、汉、羌、鲜卑等各族部众拼凑在一起，有关西各国的降将，也有关东各国的降将。苻坚的军队看起来兵多将广，其实这些尚未忘记亡国之恨的降将并非心甘情愿地跟随苻坚出征。他们各怀心思，都在琢磨怎么趁着这场大仗摆脱苻坚的控制，重新占地为王，割据一方。这样一群离心离德、随时准备给氐秦主力军队后院点火的封建贵族，恐怕来得越多，前秦就越危险。苻坚岂能不隐隐感到忧虑?

果不其然，当苻坚试图稍稍进行战略性后撤，以掌握更有利地形时，从前到后的各部秦军都开始嚷嚷着前线秦军战败，如多米诺骨牌被推倒产生连锁效应一样立刻乱了阵脚，开始溃散奔逃。其实，就是苻坚的后撤，让别有用心的盟友抓住机会，造谣苻秦战败，砸断了苻坚统御各部的信用杠杆。

前秦的百万大军最终在淝水之战后分崩离析，苻坚率领残部回到长安。鲜卑的前燕宗室降臣慕容垂回到关东建立了后燕，慕容泓、慕容冲等前燕宗室甚至直接在长安城周边建立了西燕。前秦政权，也面临土崩瓦解。

（三）统一梦碎

长安城此前有过一段带有谶语的民谣:“凤皇凤皇止阿房。”苻坚认为凤凰非梧桐树不栖，非竹实不食，于是下令在阿房城种植数十万株梧桐和竹子，以迎接祥瑞之鸟凤凰。阿房城就是秦始皇修建的阿房宫宫城，有三面宫墙仍旧保存，直到唐朝都常为京畿驻军之地。

但苻坚万没想到凤凰其实是敌人。慕容冲是前燕末代皇帝的弟弟，小时候曾是苻坚的男宠，他的小名就叫凤皇。淝水之战后，他在阿房城即位称帝，建立西燕，在长安近郊与长安城中的苻坚对峙。

曾被苻坚器重和信任的羌族将领姚苌，也已经在关中北边建立了后秦，自称万年秦王。长安城的苻坚此时被南北包围，尤其是南郊盘踞的西燕围困长安，导致城中断粮，又一次出现人相食的惨剧。苻坚已经散尽粮食，却连守城的将领都吃不到几片肉。当时数万只乌鸦在长安城上盘旋鸣叫，其声甚悲。

关东已经脱离前秦，关中内部又有西燕和后秦两股叛军与前秦混战。被围困的长安成为孤城，苻坚不得不率军出城北逃。他逃到五将山时，被后秦姚苌追上并俘获。长安城也被阿房城的慕容冲攻破。

公元 385 年，姚苌向苻坚讨要传国玉玺，逼迫苻坚禅让，苻坚坚决不从，被姚苌缢死，终年四十八岁。

曾经，苻坚在淝水战败退回淮北时没有饭吃，有百姓为他献上食物。他后来派人赏赐这个百姓，百姓却说："陛下厌苦安乐，自取危困。我是陛下的子民，陛下是我的父亲，世上哪有儿子孝敬父亲还求取报偿的呢？"

建立后燕的一代枭雄慕容垂，也起码还感念苻坚对自己以往的信任和保护。虽然他瞅准时机要叛秦建国，却仍然送苻坚回到关中后才离去。

苻坚被后秦的姚苌弑杀后，连后秦的士兵都为他们曾经的君主苻坚哀恸大哭，导致姚苌不得不追谥苻坚以安人心。这就是苻坚的人格魅力。

苻坚是真的太喜欢"名"这个东西，被后世评价为"柔仁邀名"。他没有耐心去打磨一个虽然没有完全统一却圆融的国内政治生态，而是急于实现一个灭亡东晋后看似高光的一统状态。

对东晋发动淝水之战，是前秦瓦解的导火索，有多少必然性与偶然性先不谈，从政治来看，苻坚即使强行统一也不会长久的。只要前秦有所伤筋动骨，无力维系平衡局面，无论东晋是否被灭亡，前秦是否短暂统一，各族都会趁机脱离前秦，前秦也将在镇压各族中应对不暇，进而导致天下再次大乱。

当然，假如苻坚侥幸胜了东晋，而且是速胜，那么他很可能会像秦始皇一样，享受短暂的统一和盛名。也许他维系杠杆的实力仍在，只是平衡局势不同了，各族与氐族皇族的矛盾将成为主要矛盾，各方依然会找机会反扑，只是乱局会来得晚一些。但苻坚的个人威望和历史地位会截然不同。苻秦很可能会得到正统王朝的接力棒，成为一个秦朝那样的一世征服者。反扑也许会在他垂垂老矣时或者皇位传至第二代时爆发。之后即使发生分裂，各方也会争取苻秦的法统，前秦和苻坚的历史评价和地位应该会雄伟很多。苻坚渴望的，就是这个名。

苻坚这一生，对异族，对叛将、降将，甚至是反复反叛的叛将，通常不仅不杀，还给予优待。而对本族，甚至自己的亲儿子，他却要求极其严苛，曾令自己的儿子如果不能按时攻克城池就自尽。因此，司马光评价苻坚说："夫有功不赏，有罪不诛，虽尧、舜不能为治，况他人乎！"在王猛看来，慕容垂是来自关东的威胁，而像姚苌这样聚居于关陇的羌族，其实就是七尺烛台灯下黑，是长安附近的威胁。

当苻坚赫然发现，原来关中的氐族基本盘其实十分薄弱，他战败后连回到当初割据关陇的早期状态都成了奢望时，不知道他是否会后悔自己过于"邀名"。但如果苻坚不求这个统一之虚名，而是巩固北方的统一，按照王猛的路线设计，或许就是北朝提前到来而已。苻坚的历史地位会比现在高很多，他大概率也会被视为正统之一。苻坚为了"邀名"，还是赌了一把，要么自己的历史地位飙升，但王朝实力多少都会受损；要么就是维系北方统一的杠杆断裂。很不幸，苻坚遇到的是后者。

从五胡入华开始，汉人和胡人，及立国的胡人各族相互征伐不休，民不聊生。北方政治几乎没有稳定性可言。那个时候诸多的所谓君主，几乎都只是靠杀戮立威的军阀。唯有苻坚，独信儒学尊王道，少年立志，誓走一条没有杀戮与猜忌的贤君之路，致力于重新统一华夏，再使天下一家。作为皇帝，他励精图治，光明磊落，推行礼教，思贤爱才，宽厚仁爱，从不猜忌臣下。在他的引领下，前秦国力蒸蒸日上，经济文化渐呈繁荣景象。他把亡国的人才当作挚友优待，甚至超过对自己的家族和族臣。正因他个人这种极富感召力的人格魅力，致使前秦得以在东晋乱世中摧枯拉朽，势如破竹地统一了整个北方中国。这也让他更加坚信，王道胜于霸道，仁义胜于权谋。

然而，对东晋已呈覆压之势，似要统一天下的前秦政权，在最后一场对东晋发动的统一战争中，遭遇了突如其来的滑铁卢。苻坚的事业戛然而止。北方中国，再次回到了群胡割据、战乱难休的乱象中。

苻坚知人之明而不知人之暗，知己之长却不知己之短。正是他执着于推心置腹地善待他族，信任他族，留存他族，反而无法看清各族间尚无法弥合的隔阂，还有各族人深藏心中的亡国之痛。各族间的血仇犹深种人心，胡人并未彻底接受农耕民族的信仰与习俗，民族大融合的初期形势远未达到能够促成统一的地步。他以为对所有的民族一视同仁，就能化解各个民族小团体的分别心，让各族共享天下，和谐相处。可这些曾经臣服于苻坚的胡人贵族们借机揭竿而起，纷纷反叛复国，抛弃了前秦与他这位仁厚的“恩人”。苻坚给出的长安第二民族政策方案——胡汉并尊，各族并用，一视同仁，最终仍是失败了。

不过，苻坚在民族问题最尖锐时期，第一次对“夷入夏则夏”的文明型多民族国家构建所做的试验，对民族和解所做的努力，在生灵涂炭的无边乱世里对重归统一所做的努力，都是值得敬仰的。汉民族拥有绵长的生命力，不仅源自汉文化本身的包容，也有苻坚这些为民族融合付出过真正努力，推动了历史进程的胡人英雄之功劳。

苦心经营近三十年的苻坚失败了，但他绽放瞬间之夺目，并不负昙花盛开时的美丽。他为东晋南北朝乱世后来者，尤其是胡族统治者指明了能够迅速强国的秘诀——在德不在武。

苻坚身死，前秦失去长安后，苻登称帝即位，仍在关中西部与陇西继续与后秦等国进行斗争，试图收复旧土。但前秦已经不再是长安政权。

公元 386 年，在后秦的攻势下，西燕放弃长安，向东迁徙。长安城空虚，一度被陕北南下的卢水胡首领郝奴占领。但仅一个多月后，后秦就攻下长安。姚苌在长安称帝，后秦成为下一代长安政权。

第二章

后秦/北魏：死路与出口

总为浮云能蔽日，长安不见使人愁。

东晋第二代皇帝晋明帝小时候，坐在其父晋元帝的腿上玩耍。有从长安来的人拜见，元帝向他询问了洛阳的情况后潸然落泪。尚是孩童的小明帝问元帝为什么哭，元帝向他讲了南渡江东的意义。元帝顺口问小明帝："长安和太阳哪个远？"小明帝说："太阳远，因为没听说过有从太阳来的人。"但第二天元帝召集群臣宴饮提起这件事，又问了小明帝一遍，不料明帝却改口说："太阳近。"元帝惊奇地问他的答案为什么和昨天不同，小明帝回答说："我抬起头就能看见太阳，可是却看不见长安……"这就是"举目见日，不见长安"的典故，后常被诗人借用。后来东晋有过多次北伐，曾五次收复西晋故都洛阳，但始终没能收复过长安。直到东晋灭亡前夕，才短暂触摸到那比太阳还要远的长安，很快又得而复失……但见乱世，不见长安。东晋与十六国都走入了死胡同，要结束这漫长的乱世，恐怕还需要新的文化血液注入，搅动士族时代这沟绝望的死水。

（一）又一位胡人贤君

公元 394 年，建立后秦的羌族皇帝姚苌驾崩，太子姚兴继位。此时盘踞陇西，此前一直与姚苌缠斗的前秦苻登趁机进攻长安，攻至始平（今西安户县西）。姚兴在权力交接的敏感关头，果断出兵，重挫前秦军队。不久后，前秦被后秦灭亡。姚兴借此战威望，开始在关陇重启苻坚的政策路线。

姚兴自幼生长在大力推动汉文化的前秦苻坚时代。他是为前秦太子伴读的太子舍人。他本人也是一个汉化水平很高的君主，精通经史，目睹了苻坚治国之道的成功。他继位后，几乎照搬了苻坚当初在长安推动的汉学复兴、德教治国。凡是苻坚的治国理念和方法，如整肃吏治、提倡儒学、兴修水利、劝课农桑、体恤孤寡、轻徭薄赋，他几乎也都实践了一遍。

姚兴曾因国内受灾，也自降帝号为王号，以做天下表率，降贵族之爵位以节省国库开支来赈济百姓。他连称号都选择苻坚的“天王”，而不是其父的“皇帝”。姚兴是十六国中继苻坚之后又一位颇有贤君之风范名望的胡人君主。因此，在姚兴统治时期，关陇经济再次得到发展。姚兴的后秦是苻坚的前秦之继承者。

姚兴平定关陇，增强了国力后，后秦便加速蚕食关东和整合关西。在西北，他灭前秦、西秦、后凉，降服南凉、北凉、西凉，占据河西走廊重镇姑臧，成为关西霸主。在关东，他趁东晋君臣内乱，先后出兵夺取自前秦丢失的弘农、洛阳，使得淮河以北的东晋诸郡纷纷投效，势力范围达到梁、陈，相当于今豫东的开封、商丘一带。姚兴的后秦极盛时的版图，同时拥有长安与洛阳两京，南至汉川，东逾汝颍，西控西河，北守上郡，占据整个中原地区，俨然又是一个要逐鹿天下的雄主。姚兴这个守成二代，真正做到了青出于蓝而胜于蓝，不仅守住而且光大了社稷。

就在关中的后秦有条不紊地扩张的同时，河北的后燕在开国枭雄慕容垂死后迅速崩溃。华北最终被北魏所吞并。北魏，就是昔日被苻坚征服的统治蒙古高原的拓跋鲜卑之代国，也是后来南北朝之北朝的第一朝。前秦灭亡后，代国复国，并改国号为魏。北魏坐拥身后的草原，又拥有今山西北部的大同盆地一带，统治着华北边缘的农耕区。北魏的开国君主拓跋珪年少有为，拥有极强的军事才能，在与后燕对峙期间，趁后燕雄主慕容垂驾崩的时机，南下鲸吞了整个后燕，占据了河北平原。

年轻的姚兴满怀雄心壮志，先是与后燕双雄并立，又与北魏相峙北方。姚兴岂会没有一统北方，甚至一统天下的野心和想法？但姚兴不是将领出身，而是文治型君主。他不仅目睹了苻坚统一大半个中国的崛起之路，还目睹了苻坚最后鲁莽的战争决策，导致优势在秦的大好局面瞬间瓦解。姚兴与苻坚最大的不同，就是姚兴在战争决策上更加犹豫，似乎受到前秦命运阴影的影响。因此，后秦在与自己和东晋鼎足而立的后燕的崩溃中，几乎没有取得任何实际扩张，没敢介入河北局势。坐看草原上的北魏独吞河北，这是后秦姚兴的战略败笔，导致后秦在河套与华北两个方向被北魏半包围，十分被动。

北魏吞并后燕之后，迁都平城（今大同），拓跋珪正式称帝。北魏皇帝拓跋珪求娶姚兴的女儿，却不愿给其皇后的名分，导致姚兴恼怒地扣押了使者，秦魏关系骤然紧张。此后，北魏多次试探性地骚扰后秦在晋南的河东郡，威胁关中平原与长安，这令姚兴下定决心，要出动主力进攻北魏，以弥补自己在后燕灭亡过程中一无所得的失误。

后秦君臣从晋南方向反攻北魏，却没料到北魏君臣的军事水平远超自己，姚兴根本就不是拓跋珪的对手。后秦军队大败，军队遭受重创，这就是柴壁之战。自此，后秦再也不敢与北魏交战。如果不是后秦的内政被姚兴经营得比较稳固，而河北地区尚未被北魏消化完全，恐怕北魏还会趁势西征后秦。

志在天下的姚兴，终于知道了什么叫实力的绝对差距。对他而言，北魏和拓跋珪简直就是战争怪物。这种实力不仅是国力上的，更是制度上的，技术上的，气势上的。

柴壁之战的挫败让姚兴畏惧了。当无计可施的姚兴看着柴壁失守，两万精锐一夜之间丧失殆尽时，姚兴大概已经认清自己力不如人的事实。他的后秦并非历史最终的天选之国，因为还有强悍的北魏存在。在姚兴不断扩张时，北魏的速度更快。北魏能鲸吞河北，姚兴却始终没能真正灭亡盘踞在后秦后方的西北小国。这一轮，姚兴对关西的整合速度，被坐拥草原与河北平原的北魏所碾压。

虽然姚兴在柴壁之战后曾蚕食河西走廊的诸凉和东晋的淮北，在他执政中期，形成了北魏、后秦、东晋三足鼎立的格局，但姚兴却总是避北魏的锋芒。甚至姚兴后来积极结好北魏，又导致其手下的匈奴将领赫连勃勃不满，割据了上郡等陕北地区脱离后秦，让关中的北部地缘形势急剧恶化。后秦在关西被分裂，让后秦从河西走廊东部到淮河上游，沿着秦岭、淮河，在东西

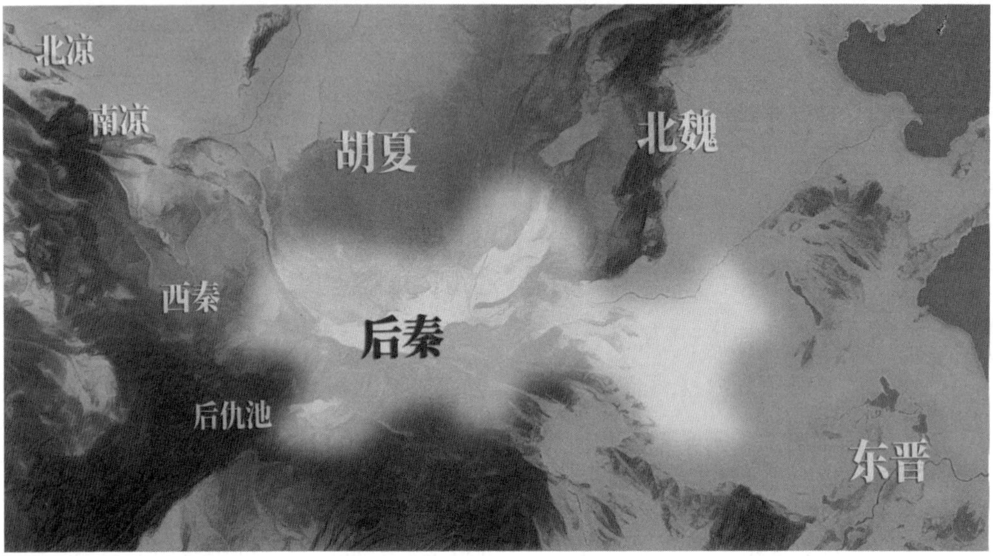

图 62 后秦势力范围

方向上拉成一线长长的条状的，逼仄狭长的疆域。这种关中政权的版图十分少见，因为它不是关西本位，而是跨越关西、关东，是狭窄的横向结构。这凸显了后秦夹在北魏与东晋之间，领土伸展空间越来越小的困境。

到了姚兴晚年，两头受压的后秦不得不退出河西走廊。陇西的西秦也再次复国，后秦在关西开始崩盘。这时候，关西地区只有关中作为京畿还能继续支撑后秦。在关东地区的黄淮之间，由于后秦与东晋共同面对北魏的压力，所以后秦蚕食到的关东地区暂时还能稳固，但后秦在地缘形势上的败局已定，灭亡只是时间问题。

公元 416 年，后秦君主姚兴驾崩，后秦发生内乱。东晋权臣刘裕认为灭亡后秦的时机已到，于是率大军北伐后秦。当年，后秦在关东地区大败，洛阳被晋军占领。

公元 417 年，刘裕在潼关坐镇指挥，晋军从武关、潼关两个方向并进关中，最终夺取长安。晋朝收复长安，距西晋愍帝在长安投降，西晋灭亡，恰好过去了一百年。随着最后一个大国后秦灭亡，十六国时代基本步入尾声。刘裕将包括传自秦汉的秦始皇玉玺在内的后秦皇室礼器运回晋都建康，将长安城积蓄的财宝分赐给有功的将领。后秦皇帝姚泓被送到建康处死。

刘裕又去拜谒了汉高祖刘邦的长陵，并在西汉故宫未央宫前殿大会文武百官。因为刘裕是刘邦的四弟、西汉楚元王刘交的后代，他需要用西汉血统来拉近关中百姓与自己的情感关系。

刘裕原本打算长期驻扎长安，以关中为中心经略西北，继续讨伐北魏和胡夏，以完成一统天下的大业。然而天命有所偏差，就在刘裕这个当世枭雄准备在关中大展身手之时，刘裕最亲近可靠的谋臣、替刘裕在都城建康掌控朝局的刘穆之突然病逝。刘裕恐怕朝中生变，仅在长安驻留数月便匆忙率军回师。

外姓之臣出镇长安，刘裕信不过。刘裕离开关中后，让自己的次子刘义真镇守长安。可惜刘义真只有十二岁。曾分裂后秦、定都于陕北统万城的大夏天王赫连勃勃，得知刘裕让一个十二岁的孩童镇守长安，认为这是属于他的机会，便率军南下进攻关中。

公元 418 年，面对大夏军队的进压，关中的晋军发生内讧，三员辅佐刘义真的核心将领相继被杀害，最后只剩下刘义真自己，关中顿时大乱。刘义真掠走长安大量的财宝，弃守关中。眼见小儿无能，刘裕只得派兵接应刘义真回京。这次与大夏作战，还折损了刘裕几员大将和大量兵力，使刘裕的实力遭到重创。东晋收复仅仅一年的长安失守，刘裕后来也没能再进行北伐。

大夏天王赫连勃勃夺取了关中和长安，于是在长安郊区霸上驻坛告天，登基称帝。群臣建议他定都长安，但赫连勃勃认为长安虽然是累世帝都，但东晋离得远，惨败之后很难威胁到关中。而陕北的夏都统万城与晋北的魏都平城俱在北方，如果南下迁都到关中，恐怕统万城就会被北魏拔去。只要他驻守统万城，北魏就不能渡过黄河，那么关中相应也会得到保存。

当时北魏的国都平城在今山西大同，处在农耕区与游牧区的交界地带，政治中心偏北。赫连大夏西部边界涵盖了今宁夏所在的河套平原之“西套”，北部边界涵盖了今巴彦淖尔所在的河套平原之“后套”。包头与呼和浩特所在的河套土默川平原，即河套平原之前套则在北魏版图内。赫连勃勃要与北魏在河套与河东争胜，就需要在与平城较近的统万城坐镇，而非将都城放置在版图南缘的关中。于是，赫连勃勃在长安设置南台，定长安为陪都南都，让太子赫连璝镇守长安，自己返回了北都统万城。

公元 420 年，刘裕受东晋禅让称帝，建立南朝宋。历史进入南北朝时期。

公元 425 年，赫连勃勃驾崩，北魏的又一雄主太武帝拓跋焘趁机西征，先后攻破统万城与长安城。后来赫连勃勃的儿子赫连定又于公元 428 年夺回长安。

公元 430 年，北魏平定关中，占领长安。

（二）重蹈覆辙

姚兴祖上在东汉时就已经内迁汉地。他的祖父姚弋仲和伯父姚襄率领部族长期效力于汉赵、后赵、东晋、前秦等盘踞在华夏的政权，其实已经数代人没有接触过华夏之外的游牧经济地区。尤其是姚兴生长在大力推崇汉文化的前秦时期，更是一位儒雅之君。后秦的官僚政治建设和汉化程度也远超胡汉分治时期的汉赵与前赵。他的羌人、胡人属性，恐怕仅限于血统之中了。因此《隋书·经籍志》才会称十六国“文教之盛，苻（坚）、姚（兴）而已”。姚兴接续苻坚守护了北方文脉。

前、后燕的慕容鲜卑在西晋后期才开始脱离游牧民族属性，到了五胡第二代霸主后赵崩溃时才进入华北，时间要比姚羌晚很多。被前秦断开的前燕和后燕都是开国皇帝死后不久即亡国，两个开国皇帝又是父子。慕容鲜卑建立的前、后燕，就是国家机制仍不稳固的，靠君主个人剽悍的军事能力强行维系南下民族统治的军事型国家。

前秦苻氏与后秦姚羌内迁较早，他们走的是汉化兴国之路。以苻坚三分天下有其二为巅峰，这条道路最终失败了。而姚兴紧随其后，重启这条路线，仍旧走入了历史死胡同。原因无他——他们无论如何深入汉化，建立的都是汉人士族与胡人部族林立的半封建国家。苻坚重启魏晋“士籍”，说明他要恢复的汉文化乃魏晋士族门阀之汉文化。而魏晋之所以崩溃，与士族门阀化大趋势有天然关系。魏晋出了问题，才有五胡十六国乱世，那么只克服乱世，而不克服魏晋的问题，又怎么能避免魏晋的崩溃命运？姚兴的努力也注定他只会重蹈苻坚的覆辙，不会实现真正的强大。

何况姚兴模仿了苻坚的汉化路线，却仍没有解决苻坚当年遭遇的致命问题——民族矛盾。姚兴的民族政策大体继承苻坚，因此当姚兴打不过北魏时，赫连勃勃北上分裂后秦，与苻坚打不过东晋时，慕容垂东出分裂前秦的剧本颇为相似。

姚兴不是不想解决民族矛盾这个困扰北方百年的最大命题，而是除了继续沿用苻坚的胡汉并重政策外，他实在是想不出更好的方法了。首先，他作为一个文治型的守成君主，对军事力量的控制就已经不能和祖辈和父辈相比。而且，作为早已经内附汉地数代人时间的胡人君主，他哪有南下游牧民族那种仍武力充沛的军事集团可依靠？

于是，北方原本在关西、关东对峙的后秦与后燕，走向了内在规律所注定的结局命运。后秦重文、重汉化，模糊民族界限，最终被汉人的正朔东晋所吞并。只是东晋发生变故，面临改朝换代，无法消化后秦。而后燕重武，以鲜卑游牧民族之习气统治，最终被同属游牧民族的北魏拓跋鲜卑强行吞并。因为他们同出鲜卑，立国性质是高度一致的。走汉化路线，走得不彻底，终被汉人政权所吞没。走草原路线，走得不极致，终被草原帝国所吞没。要想在历史的大浪淘沙中长存，必须标注出自己独一无二的历史贡献与问题解决方案才行。

北魏能够统一北方，开启北朝，是因为北魏让自己的草原军事集团与汉地经济集团两大板块互相配合、互补和制衡，建立了草原体系与中原体系并存的二元帝国属性。北魏迁都平城，就是要在草原与中原的边界上，进行一个双板块循环支撑的地缘经济格局。而且拓跋珪还找到了全新的民族政策工具，就是离散部落。如果说以往的胡人统治汉地，是用胡将的部曲私兵压制汉人的士族庄园，那么拓跋珪则是在汉地的边缘、士族较少的区域直接模仿秦汉的编户齐民，将部落解散，要求牧民定居而不再逐水草随部落迁徙，并设置八部大人，分管北魏朝廷划分的八部，这其实就是草原版的编户齐民与中央集权。传统的五胡政权，放任胡族军事封建化，放任汉人士族门阀化，乌堡与庄园掺杂在一起，实际上国家集权水平退化，凝聚力与动员力极低，国家结构松散。

风俗更为粗犷的北魏反而找到了历史突破口，那就是民族融合虽然未到火候，只能继续实行胡汉分治，但在胡汉分治的同时，不去刺激和触碰汉人士族，而是用高度集权将胡人板块与汉人板块隔离和分管，胡人板块优先实行类似“编户齐民”的集权改革，巩固政权然后实现草原与中原两大板块的分工互补，各自相安。不必像此前五胡十六国那样，胡汉掺杂在一起，在细碎的利益博弈中过度内耗。

可姚兴是身处汉地的胡人，没有这个草原胡地与中原汉地二元化的地缘板块条件。姚兴只能尽可能地化解杂居的胡人和汉人的分别心。他曾大力推广佛教，试图用主张跳脱生死与族别，用无分别心之佛教哲学，去重塑胡人与汉人的文化心理。法显沿陆上丝绸之路与海上丝绸之路往返天竺求取梵文经典，西域高僧鸠摩罗什来到长安草堂寺译经和立说，都是在姚兴时期。

佛学讲因果，用自己的话语体系解释了世界存因与善恶行为之果报，起到了督促贵族自我约束、抑制杀掠欲望的作用。

佛学讲轮回，让原本奉行“非我族类其心必异”的种族主义者难免产生自我疑问：若来世转生为异族甚至敌族，那么今生以族群为借口，实行对异族的杀戮，又有什么意义？

佛学讲平等，所有生命都是平等的，所以才要持戒，并恫吓贵族说来世也可能转世为平民甚至牧畜，逼迫贵族不得不用同理心去思考为什么要欺辱平民。

宗教理论即使不是世界真相，也实实在在地敦促着人们自省和自制。在一定程度上克制了胡人与贵族的肆意行为。

佛学给予无法冲破历史枷锁的底层以希望和安慰，也给掌握权力资源而不知节制的上层以恫吓。胡人并不信仰汉人自殷商起就形成的天命观，以及西周用来约束贵族，到东周开始被显化为儒学的礼乐制度。佛学自传入汉土后，在东晋南北朝的乱世中得到了极大发展，开始成为无法被儒学熏陶克制的胡人贵族的自我约束理念，在推动民族和解与融合中还是起到了不小作用的。佛学的哲学性与出世思想，填补了魏晋以来尊奉儒学的汉族士大夫在出世思想上的空白。当时胡汉皆视佛教与佛陀为戎教、戎神，佛教成为敦促胡人贵族遵守行为规范的思想戒尺，普遍被东晋十六国各个政权所接纳甚至推崇。在士族门阀时代，非爵位世袭制的新血缘“贵族”出现时，佛教对儒教是一种恰到好处的补充。

但姚兴的努力，终究只是治标不治本。中原的利益格局决定了能解开民族矛盾大命题的天选之国，是找到胡人社会制度性集权制改革的关键钥匙，发起效率革命的北魏。佛学可以缓解民族隔阂与门阀化的弊病，却无法彻底解决根本性矛盾。

后人往往一句“五胡入华”对十六国历史一言以蔽之，忽略了各个政权在乱世中做出的试验与实践努力。后秦灭亡后，两秦这段长安独立创业的都城史结束，长安再次退出了历史的最高舞台。后秦最终亡于东晋之手，又没能与隋唐形成伐灭禅让的传承，无法被史家视为正朔。后代史书都是基于北魏和东晋视角，两秦的努力没有得到足够的认可，即使有过前秦的高光时刻。

北魏南下是继前燕之后的又一次草原民族南下，鲜卑族也是第一支能够统一并长期统治北方中原的草原民族。北魏通过草原集权，压制了汉地军事封建的问题，形成了草原承担军事功能、中原承担经济功能，并各自相安的二元化局面，为混乱的十六国乱世找到了第一把历史钥匙，找到了历史阶段性的方向。但历史最后的出口，北魏还远没有走到。

（三）传向关中的接力棒

公元 445 年，卢水胡盖吴起义，集结十万多兵力，迅速席卷以关中为中心的整个西北。北魏太武帝拓跋焘只好率军亲赴关中，镇压了这场起义。

太武帝在长安一处佛寺中搜出地方士族藏匿的大量兵器和巨量财物。太武帝在关东士族领袖、清河崔氏崔浩的建言下，从关中发起了波及整个北魏的大规模灭佛运动。可见此时儒学与佛学、关东士族与关西士族的矛盾也已经凸显。数年之后，崔浩又卷入“国史之狱”。太武帝将崔浩及其姻亲灭门，牵连关东几大顶级士族之清河崔氏、范阳卢氏、太原郭氏、河东柳氏的嫡支纷纷被灭族。太武帝为削弱关东士族力量，采取了最粗暴的方式。

北魏统一北方后短短半个世纪内，仅关中就爆发了盖吴起义，响应元嘉北伐的羌人起义，石楼胡贺略孙的雍州起义，咸阳郡赵昌起义，东平王拓跋道符在长安起兵谋反，以及支西起义等多次动乱。可见，北魏用草原集权制衡中原分权的二元帝国制度也已经遭遇瓶颈。

公元 493 年，支西起义爆发的同时，北魏孝文帝正推动北魏改革，将迁都洛阳。孝文帝很快就完成了对鲜卑贵族强迁洛阳，改籍洛阳，强制穿汉服、说汉语、遵汉制、习汉学、改汉姓、联姻汉人士族等一整套强力的汉化改革，甚至改皇族姓氏“拓跋”为“元”，自己由拓跋宏改名元宏。连反抗汉化的皇太子也被孝文帝处死。对隋唐影响深远的均田制也是在这次改革中创建的。

公元 497 年，汉化改革成功后，孝文帝在发动大规模南征前，专门来到长安慰问父老、赈赐谷帛。孝文帝是由出生在长安的祖母冯太后抚养长大的。冯太后在儿子和孙子两朝两度临朝称制，长期执掌北魏朝政，是其孙孝文帝汉化改革的奠基者、影响者。孝文帝登上未央宫与阿房宫两座高大的宫殿遗址，游览了昆明池，派使者以太牢之礼祭祀了西汉诸帝陵，并接受西北藩国的朝觐。他在离开关中前，又下令赐爵关中庶老，派使者以太牢之礼在丰镐遗址祭祀了周文王与周武王，并祭祀西岳华山。在长安完成了他对汉家王朝的最后一系列致敬仪式后，回到洛阳的第三天，孝文帝就下令筹备南征。然而，孝文帝南征不到两年，尚未取得实际战果，他就撒手人寰。

从平城迁都到洛阳，意味着北魏的草原 - 中原二元帝国秩序崩溃。这不仅仅是从鲜卑文化到汉文化的抉择，更是北魏以草原为基本盘还是以中原为基本盘的立国之本的抉择。如果说，原本拓跋鲜卑军事集团是与汉地中原经济集团进行合作，那么孝文帝改革之后的北魏，就是要高度融入中原经济集团，放弃草原游牧民族的生存逻辑。

立国百余年的北魏，与南朝已经对峙半个多世纪之久。北魏并非不愿意统一，而是其军政中心太过偏北，与中原的融合程度较低，对南方鞭长莫及。东晋灭亡后，南朝的寒门庶族也是一代代冲击士族门阀手中的权力，这让北方士族也颇为忌惮。南朝继承了东晋的门阀问题与士庶矛盾，想要北上同样无力。但北方内迁的胡人都在加速汉化，一旦南朝与中原统合，那么北魏将退回为草原国家。这个长跑的后半段赛程将不利于平城的北魏。靠草原集权破解军事封建的二元帝国，终究还是要回到民族矛盾这个困扰十六国的终极命题之上。

孝文帝做出了选择，给出了自己的新方案——转胡为汉，重汉轻胡。孝文帝实行全盘汉化，是让中低层鲜卑兵民感到沮丧的激进汉化。孝文帝视洛阳为汉家正统都城的象征，他心中的汉制，不是秦与西汉之制，而是东汉、魏晋之汉制。孝文帝在照搬汉制的时候，连导致汉族弱乱的士族门阀等问题也一并搬了去。

中原进入士族时代，汉人出现门阀化，导致地方分权过重，统一国家构建困难，最终崩溃。中原崩溃后，胡人入主，汉人门阀与胡人军阀相结合，形成乱世。北魏用草原军事集权解决了胡人军阀问题，但南下迁都，全盘汉化后，又要重新面对汉人门阀问题。

王恺与石崇斗富，八王之乱，军镇混战，永嘉之难，匈奴入洛，衣冠南渡，晋朝分裂。

元雍与元琛斗富，六镇起义，军镇反叛，河阴之变，军阀入洛，皇帝西逃，北魏分裂。

孝文帝绝对不会想到，他的选择，让北魏又回到西晋遭遇历史瓶颈的原点。来到洛阳的北魏元氏皇族，在孝文帝迁都和驾崩后，几乎上演了与西晋一模一样的剧本。

六镇是分布在北魏代北地区的六座军镇，用来镇防北方的草原势力。原本六镇距离北魏的军政中心平城不算远，风俗也与鲜卑统治贵族相近，代北军人都有较好的政治资源。但北魏迁都到中原之后，疏远了六镇。而且贵族大力推动汉化，与六镇风俗渐远。六镇逐渐成为被忽视的王朝边远地带、野蛮地区。六镇镇民和士卒的地位下降，最终酝酿出了大规模的六镇镇民起义。六镇起义后续还带动出了河北起义与关陇起义，虽然最终被镇压，但在镇压起义的过程中，各方军阀吸收了大量的起义兵和起义将领，趁机坐大。北魏国家秩序崩溃，仿佛回到了西晋末年的混战中。

公元 528 年，平定六镇起义的大将尔朱荣介入了朝堂权力斗争，他率兵进入洛阳，杀死太后，史称“河阴之变”。此后，他在大本营晋阳（今太原）遥控洛阳朝政和傀儡皇帝。

公元 530 年，尔朱荣的堂侄尔朱天光与将领贺拔岳等人前往关陇平叛。但尔朱荣突然被皇帝暗杀，他的另一个堂侄尔朱兆率兵攻陷洛阳，改立傀儡皇帝。

公元 531 年，关中持续六年的关陇起义被平定。

公元 532 年，尔朱氏旧将高欢反叛尔朱兆，并掌控洛阳，立元修为傀儡皇帝（孝武帝）。高欢认为洛阳经过北魏后期的反复攻城，已然残破，想让元修迁都到邺城，但被婉拒。贺拔岳也趁尔朱天光被高欢击败的时机，在关中背叛尔朱氏，占领长安，据有关陇。

公元 534 年，在晋阳遥控洛阳朝廷的高欢，通过离间关西将领与贺拔岳之间的关系，致使贺拔岳被部将刺杀。

当贺拔岳被害时，贺拔岳的部下宇文泰想要退往平凉，有放弃长安之意。宇文泰身边之人谏言说，关中是秦汉旧都，古称天府，将士骁勇，土壤膏腴，西有富饶的巴蜀，北有羊马之利。只要据守要害，招集英雄，养兵蓄粮，可以坐看时变。他说天子在洛阳被高欢欺压，如果秘密奏请皇帝迁都关中，皇帝会西迁，然后就可挟天子以令诸侯，奉王命以讨暴乱。宇文泰听从于谨的建言，秘密邀请孝武帝入关。

七月，孝武帝率领一众大臣和少量的禁军一路向西，直奔关中。在晋阳的高欢得知皇帝跑了，也立即发兵，赶向洛阳，并派遣将领追回皇帝。但高欢方面最终还是没追上孝武帝。

八月，孝武帝到达长安，宇文泰亲迎孝武帝。在将士们山呼万岁声中，孝武帝激动地说："此水东流而朕西上，若得重谒洛阳庙，是卿等功也。"孝武帝进入长安时，长安终于又开启了新的一波定都史，也是最后一波。但这一波的持续时间和高度，将是巅峰级的。

十月，丞相高欢以元修弃国为由，将其废黜，改立元善见为孝静帝，并从洛阳迁都邺城，史称东魏。高欢继续在霸府晋阳遥控邺城。

但元修公然与三个堂姐姘居乱伦，宇文泰认为伤风败俗，杀了其堂姐，元修出于愤恨又与宇文泰撕破了脸。宇文泰终于意识到，元修既没有人君之度，也不听话。

十二月，宇文泰最终鸩杀了元修，另立元宝炬为傀儡皇帝，是为西魏文帝。北魏最终竟在长安灭亡，正式分裂为东、西两魏。

宇文泰，是六镇之一的武川镇鲜卑人出身。他控制的西魏，其实是武川镇武人集团在关西建立的一个新长安政权。这就是建立西魏—北周—隋—唐四朝的关陇集团的前身。

高欢，是六镇之一的怀朔镇汉化鲜卑人出身。他取得了当年尔朱荣的军事资源与大本营晋阳，是代北武人的代表。东魏傀儡皇帝所在的邺城，处在高欢的遥控与监视下，是关东汉人士族官僚集团的活动中心。高欢当年参与河北起义，也是河北士族支持的对象。

北魏只是暂时解决了胡人封建的问题，仍然没有彻底解决胡汉矛盾这个民族命题。这个命题只是被处在统治力巅峰期的北魏暂时压制下来，当北魏后来试图用汉化改革解决它时，北魏选择的“实验场地”——中原，显然在改革激烈期又遭遇了外力介入而中断试验。而且北魏进行历史突围的激烈试验，仍没能打准制约汉地凝聚的最关键命门——门阀化。

北魏孝武帝奔赴长安，宇文泰在长安创立西魏，他们将把草原基因灌注到关陇地区，接过北魏的接力棒，继续给中原文化注入来自草原的全新理念和力量，将继续攻克北魏未能化解的难题。正如陈寅恪先生在《李唐氏族推测之后记》中所说：“李唐一族之所以崛兴，盖取塞外野蛮精悍之血，注入中原文化颓废之躯，旧染既除，新机重启，扩大恢张，遂能创空前之世局。”这个注入中原文化的草原文化基因，萌芽于北魏，破土于宇文氏主政之西魏、北周。

关中，这个历代变革激烈期最佳的闭关修炼地形，最难被打扰的四塞封闭优势，又将发挥作用。长安最后四代政权将再次挺身而出，给出士族时代的历史最终答案，补齐前秦、后秦这些曾经只尝试汉化改革而未做到效率改革的长安试验者没能写完的历史答卷。

第三章

西魏／北周：西方的逆袭

遥望秦川水，千里长如带。
好勇自秦出，义气多豪雄。

关西与关东的又一轮对峙展开了，但长安的宇文泰在这场对抗中，一开始其实特别难……任谁也没想到，朝不保夕、更显弱小的关陇政权会最终跑赢比赛。

（一）失眠的宇文泰

关西在创业的起始阶段，往往相对关东是弱势的一方。原因无它，关西处在第二地理阶梯上，大部分都是山区，适宜耕作的平原地形稀少。此时关东的东魏，人口、兵力、耕地面积数倍于关西的西魏。因此，宇文泰势必要打起百分百的精神面对高欢。

公元 535 年，东魏军先攻潼关，后又抢渡蒲津关入关中，攻华州，最终被西魏军击退。

公元 536 年，东魏向南梁请和后，趁关中闹饥荒，派三路大军同时进攻关中东部三大门户：从武关道围攻上洛以威胁其背后的峣关，从崤函道叩关潼关，从晋南道强渡黄河蒲津关。高欢本人亲自从晋南进攻蒲津关。

关中的名关虽然险要，但并非牢不可破，历代皆有破关之事。既然是名关，虽不保万无一失，相对而言仍是一道不小的保险。东魏三路大军同时叩关，兵力雄厚。西魏兵力少，但瞅准三路大军的弱点，集中力量击溃中线潼关外的东魏部队，导致东魏后方方寸大乱，被迫退军。高欢在退军途中险些被包围。

公元 537 年，由于关中饥荒，军民饿死无数，西魏的人口和士兵损失惨重。连军粮都供应不足的宇文泰率西魏军出潼关，围攻陕州附近的东魏粮仓，但久攻不下。一心要复仇的高欢率二十万东魏军西征。他吸取前一次教训，不再分兵，可谓倾巢而出。高欢再次渡过黄河蒲津关进入关中，准备一举夺取长安，平定关中。

宇文泰带领一万精兵匆忙回救关中迎敌。他只留三日粮，破釜沉舟，利用高欢轻敌的心理，在沙苑之战中设计伏击，大败东魏军，并斩获八万东魏士兵，从中挑选精兵两万余人补入西魏，获铠仗十八万，还在东魏二十万大军溃逃后得到了充足的辎重粮草。高欢本就是趁人之危，没想到赔了夫人又折兵，反而帮助宇文泰扩充实力，渡过了最难熬的大饥荒难关。此消彼长之后，遭遇重创的东魏暂时拿西魏没了办法。宇文泰则趁热打铁，出蒲津关一举攻下晋南盆地的河东，越崤函夺取洛阳以及豫州。

公元 538 年，此前居安思危的宇文泰在连续压制东魏之后，有些志得意满，放松了警惕。他带着西魏皇帝元宝炬回洛阳祭扫北魏先帝的陵庙。这时，东魏军队突然来袭，宇文泰组织反击，战马中箭，他险些坠马被擒。宇文泰被救之后，一度击溃东魏部队，还杀死东魏的一员主将。但后来天气突变，西魏军在河桥遭遇大雾，陷入与东魏军的混战之中，阵形瓦解。宇文泰只好带着西魏皇帝放弃洛阳，撤回崤函以西。回军路上十分凶险，宇文泰过于紧张，甚至夜不能寐。西魏在年底时又出兵夺取洛阳，但不得不放弃被东魏夺回的豫州。

公元 543 年，消停了几年的两魏在邙山又展开大战。原本西魏军还占上风，射死了高欢的战马，险些活捉高欢，结果被东魏军反转，西魏军被冲散。宇文泰狼狈逃跑，也险些被东魏将领追上活捉。宇文泰向西狂奔，逃回关中。东魏军紧追在后。这一路上，原本溃散的西魏军也被西魏将领稍稍集结起来一些，在侧面和后方袭扰追赶宇文泰的东魏主力。

其实，这个时候的西魏部队已经损失了六万之众，兵力几乎耗空，中低层将领也损失殆尽。高欢的手下劝他说，只要高欢继续西进，西魏就灭亡在即，两魏就会统一。但此时夺取了洛阳一带的东魏将领后方还有西魏的残余部队袭扰，东魏出现了厌战情绪。而且东魏此前在关中惨败，加上两次洛阳大战之初都是西魏军占据上风，东魏军的逆转颇具运气成分，过于谨慎的高

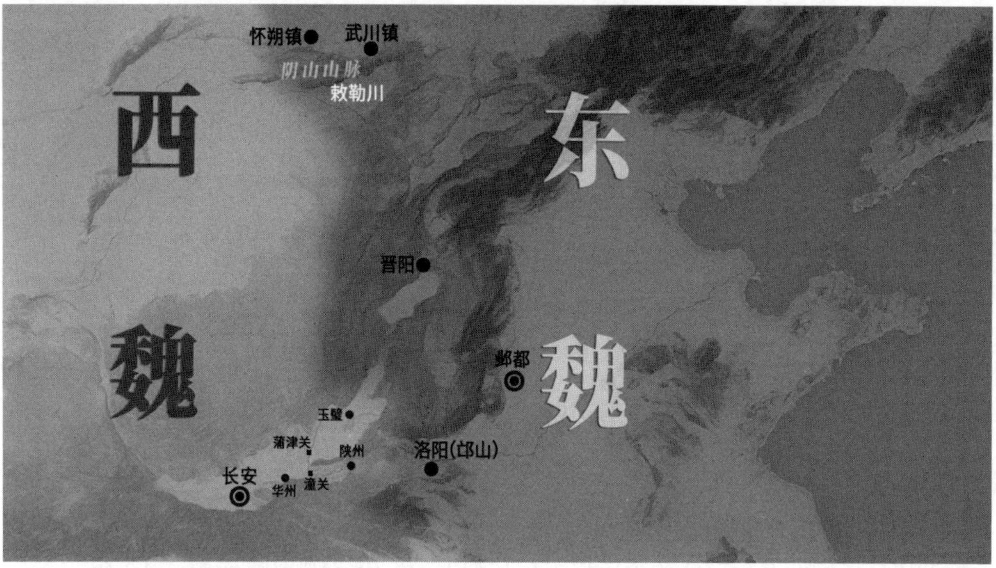

图 63 西魏 / 北周与东魏 / 北齐的对峙

欢认为仓促部署就贸然再进关中，怕会再遇到颠覆性的反转局面。高欢放弃西入关中，决定撤军。这一撤，高欢万万想不到，已经被逼进绝境的宇文泰后来会绝境逢生。高欢从此错过了一统北方甚至一统天下的时机。

公元 546 年，高欢再率东魏主力十余万人攻入被西魏夺走多年的河东。此时西魏已经无力出动主力与高欢大战，只能寄希望于地方守军的坚韧。但东魏同样在多年的拉锯战中损失了大量有生力量，而且东魏的军事贵族们更难节制，甚至东魏将领在此前的邙山之战中故意放走了宇文泰，损国家利益以保自身利益，因此东魏军也并非锐不可当。东魏军在围攻西魏据点玉璧时，足足五十余日，想尽各种计策都无法攻克。高欢焦急之下，又遇上了东魏军营暴发了瘟疫，突然就一病不起，他只好一边哀歌家乡歌谣《敕勒歌》，一边撤军。

公元 547 年，正月初一，发生了日食。高欢看着日食叹息了一声“死亦何恨”后，病逝于晋阳。高欢恐怕至死都不明白，为什么他总是拿更加弱小的西魏没办法。

高欢与宇文泰都是六镇镇民。高欢是怀朔镇的鲜卑化汉人，宇文泰是武川镇的鲜卑人。他们的家乡两镇相邻，都在阴山山脉下的敕勒川附近，只有一二百里之距，可以算作是同乡，有着《敕勒歌》词曲中相同的乡愁。他们作为在六镇起义中成长起来的枭雄，时代给予其机遇，但机遇亦有多有少，差之毫厘则谬以千里。原本就比宇文泰大十一岁的高欢死了，宇文泰又恰恰是高欢去世十一年后去世。这同寿不同时的年龄错位和时间，或许就是宇文泰比高欢多的那么一点儿机遇。

高欢是鲜卑化汉人，他的后人虽然是汉族，却走上了一条崇胡抑汉的路线。关东地区的汉人士族门阀众多，胡人军事贵族也众多。高欢的儿子代东魏所建立的北齐，与北魏崇汉抑胡之方案来了一次对调——推崇鲜卑文化，歧视汉人。不仅胡人歧视汉人，连鲜卑化的汉人也歧视汉人。

高欢死了，高家的后人急于解决内部矛盾，暂时没有足够的精力对付西魏。曾紧张到失眠的宇文泰终于能暂时松一口气了。宇文泰利用好了他比高欢多出的十一年时间，完成了新一轮的制度革命。

（二）宇文泰的历史钥匙

邙山之战，宇文泰几乎赔上了老本。那被斩杀的六万西魏兵将，是支撑国家的有生力量。这股力量和梯队人才的陨灭，让西魏的政权体系突然变得空心化。如何迅速提振西魏的国力，让西魏重新打起精神，是宇文泰苦思冥想的事情。宇文泰最终给出了一套解决方案：

首先，西魏继承北魏孝文帝改革留下的田制——均田制。

历代的田制，有西周的井田制，战国到秦汉的授田制，东汉的假民公田制，曹魏的屯田制，西晋的占田荫客制，最后到北魏的均田制。

其中北魏开启，延续到唐朝中期的均田制，与秦汉的授田制最为相似。

井田制、假民公田制、屯田制的大原则，更像是把公田借给自耕农耕作。而授田制与均田制，则是按不同的数量等级，将田地瓜分给从庶民到有爵位者。

所谓均田，并非平均地分予每个人，而是对庶民保底，保证有田可授。它的原则其实是由国家将土地授予民众。甚至从一定程度上说，战国到秦汉的授田制，与北魏到隋唐的均田制，就是同一种制度的两次出现。这两种田制的根本性内容是一致的。甚至战国授田制的“三世而收爵禄”以及降爵继承，与北魏均田制的“还受以生死为断”，都规定了授田的回收制度。这就是走出战国乱世与魏晋南北朝乱世，通往下一个大一统帝国的历史钥匙之一。

其次，西魏在均田制的基础上，宇文泰还创立了让长安政权迅速逆袭关东的杀手锏，一种新的兵制——府兵制。

历代兵制看似繁杂，究其本质只有三种：

征兵制，即义务兵役制。每个人都有服兵役的义务，都需要在合适的年龄接受军队的征召。

募兵制，即志愿兵役制。军队从百姓中招募合适的，且有意愿从军者成为职业士兵。

世兵制，即世袭兵役制。强制部分家庭成为世代为兵的军户、军籍，成为军人世家。

先秦到秦汉主要实行征兵制，无非是征召的范围由大到小，从贵族扩大到编户民。服役的时间，也在长期服役到定期服役之间变动。但非战时征召时，这些编户民就又会回归一般农人的身份。因此征兵制在古代是一种兵农合一的兵制，军人并不脱产或者只临时脱产。

到了东汉，主要实行募兵制，但军阀问题逐渐凸显。魏晋时期，又开始兼行世兵制。五胡政权的部落兵制、族兵制，也属于世兵制的一种形式，只是将军籍划定在部落或民族范围内。宋代以前实行募兵制的时期，由于职业军人数量庞大且规模稳固，而且独立于一般的社会生产体系之外，会形成军人利益阶层甚至军事利益集团，往往会滋生军阀和乱世。

六镇作为专设的边防军镇，本身就带有世兵制与部落兵制等特点。宇文泰是六镇武川镇出身的鲜卑人，旗下多是鲜卑籍的职业军人，所以宇文泰在关西原本也是实行鲜卑人世兵制。但宇文泰没有想到，邙山之战，西魏的这支鲜卑人组成的常备军被一战耗空。毕竟关西人口远少于关东。高欢的二十余万大军折损到最后，仍然有十几万。但宇文泰用远比关东更少的关西人口，供养不到十万人的军队，一战就被折损六万之多，再想快速恢复兵员就很难。宇文泰在损兵折将时，不知有多焦急。

在过去十六国北朝政权的逻辑里，朝廷有军队，地方士族、豪族也有自己的乡兵武装，胡将也有自己的私兵部曲。无非朝廷的军队规模要压倒性地大于私兵。但宇文泰此时就尴尬了，朝廷没有兵了，反而豪强武装的兵力虽然分散，但尚显充沛。关陇地区的这些分散的乡兵主要是汉人士族与豪强地主组织起来的。于是宇文泰为了快速吸收这些兵员，开始尝试打破民族壁垒，为困扰中华两百年的民族命题做全新的答卷。

宇文泰打破民族隔阂，“广募关陇豪右，以增军旅”，他开始招募大量汉人的地方武装，将其转化为“中央军”。他以往只用鲜卑部落兵、世兵，实行兵民分离，只让鲜卑人当兵。汉人多而鲜卑人少，团结本族是胡人政权巩固统治、不被汉人推翻的一个重要原则。但耗空了国家常备军的宇文泰，面对虎视眈眈的东魏时已经没有别的选择。西魏的鲜卑贵族见宇文泰已经无粮无兵，随时有散伙的趋势，恐怕也蠢蠢欲动。毕竟东魏还是鲜卑人当道的政权，转投东魏没有什么障碍。这时，宇文泰恐怕也提防着鲜卑贵族，他这才向汉人豪门、汉民开放国家权利。

宇文泰深知北魏孝文帝汉化改革之前，北魏在军事上能够横扫北方的利器就是八部大人制。这是一种对草原部落兵进行集权化改造的兵制。宇文泰则直接将这种草原兵制与汉地的豪族乡兵相结合，打造了关陇汉人版八部制——府兵制。

府兵制，是在成年男丁中选择有材力者入兵籍，免其租庸调，即赋税徭役。他们是拥有特权的职业兵。全国划分的府兵，基本是以地理为单位，因此每府的府兵多为同乡。其实就是吸纳汉人豪族的乡兵。

但宇文泰并没有授予汉人以高级别的统帅权。他设八柱国，一为西魏皇室成员（虚职），一为作为全国军队最高统帅的他本人。其他六位柱国分管六军，每军又统领两名大将军，每个大将军又统领两开府。因此宇文泰设计了宇文泰—六柱国—十二大将军—二十四开府将军的军队统率体系。六柱国其实就相当于八部大人，统领了六个地缘军人集团。

宇文泰用这种收编的方式，将全国的汉人乡兵直接就地改造为朝廷军。虽然上层将领仍然主要是鲜卑人和汉化鲜卑人，尤其以与宇文泰同样出身武川镇的将领居多，但仍是向汉人地方大族开放了行政与军队职权。八柱国加十二大将军，这二十个家族，就是西魏、北周、隋、唐四朝开国背后的核心力量。这四支皇族也均是出自这二十大家族。这个将武川镇将领与汉人将领糅合在一起的新军事集团，就是大名鼎鼎的隋唐关陇贵族集团。

这个武川镇集团里也并非所有首领都忠诚于宇文泰，比如柱国独孤信虽然也出身于武川镇，却是随北魏孝武帝入关的大臣，是入关的北魏洛阳禁军的代表，与宇文泰有不少芥蒂。宇文泰是在贺拔岳意外身亡后接手了长安权力，原本的根基并不稳固。他建立的八柱国制度，也是出于拉拢鲜卑贵族，控制府兵考虑的一种按贵族席位进行集议协商的制度，是同时对多方都兼具制衡性和保障性的制度。八柱国加十二大将军，其实也是一种门阀制度。但它是将军阀变门阀，将私人部曲编入国家军队，将门阀的系统根基绑定在了中枢，而不是继续分散在地方。当然，关陇集团也有贵族化趋向，因为在均田制这种与秦汉授田制相似的田制，以及武官勋阶制这种与秦汉军功爵制相似的军爵奖励体系同时建立后，世袭化的贵族爵位也开始普遍出现在关陇集团及子弟群体中。

门阀出于士族。士族的资源、力量和声望是扎根在地方的。士族在地方上的长期经营，形成了盘根错节的利益。从东汉开始，汉族士大夫出将入相，入仕朝堂，以天下为己任的国家主义追求，就开始演变为“乡里称善人”的，以乡土为本位的地方主义追求。发展到隋唐时以五姓七望为代表的顶级士族，其族源都可追溯到东汉时期。魏晋的九品中正制确立后，士族形成门阀的趋势又不可阻挡。甚至有观点认为，士族门阀险些就形成了中国版的种姓制度。当主张地方本位的士族门阀肆虐，原本追求国家主义与强中枢的汉文化，变成了追求地方主义与弱中枢的汉文化，汉末魏晋南北朝的长期大分裂难道只是偶然吗？

宇文泰的八柱国、十二大将军，作为顶层设计出的拱卫中枢的新门阀，尽管仍然要采取家族垄断政治资源的方式来统治，但它已经是一种代表中枢资源而不是代表地方资源，与国家命运而非地方命运高度捆绑的，兼容胡汉，兼容文武，兼容央地，兼容士庶的新型门阀。而且这个关陇贵族集团，虽然作为统治集团抱团百余年之久，但本身人际圈范围并不大，没有形成更庞大的利益阶层。由于背后没有尾大不掉的地方保守势力，关陇集团其实在唐朝前期就开始瓦解，远没有像历经千年的五姓七望等地方士族那么容易固化。这种从基层到朝堂，自下而上层层附属的柱国体系，聚合在中枢，形成了贵族协商之制，是一个有利于集权的门阀制度，而不是有利于分治的门阀制度，是中枢大门阀集体压制分散的地方小门阀的制度。

当汉人地主武装被纳入六柱国系统后，六大领兵的柱国为应对汉将，就需要抱团，并强化与宇文氏的捆绑。而且府兵制无疑也是把将来梯队上升的中基层军职和政治资源开放给了汉人，这可比鲜卑人当道的东魏—北齐要更受汉人欢迎。胡人为兵、汉人为民的时代被终结。这将兵权分予汉人的兵制，同时把军队的统帅权与指挥权集中在中枢，而不是让军事贵族与汉人士族继续在地方上经营部曲小团体。胡人军事贵族、汉人地方士族，全部被这个系统所吸纳和统战，不仅军事封建问题解决，就连民族矛盾也一并缓解。但向汉人开放权力资源，且鲜卑人失去作为统治贵族的自我标识，也是关西的鲜卑统治者逐渐被汉人替代的主因。但宇文泰顾不了那么远了，当下的生存才重要。

宇文泰在民族政策上实行民族共融，不分胡汉。为了缓解鲜卑贵族的抵触情绪，他在府兵体系内，不仅让昔日改为汉姓的鲜卑贵族重新改为鲜卑姓，而且给汉族将领也改鲜卑姓。改姓，本身就是对汉人家族观念的釜底抽薪。这种一视同仁的背后，其实带有汉人将领与士族的退让。由于关中在汉末魏晋是战争拉锯带，还总因迁都失败而遭战火蹂躏，关中的士族力量并没有关东，尤其河北那么强大。

为了博得儒生的好感，获得更多的正统名分资源，虽然宇文泰在姓氏上崇尚鲜卑，可在文化上，他却以汉人的《周礼》为纲，树立起恢复周制，崇尚周礼的旗帜。他甚至将官制、官名、地名统统依照《周礼》改动，以示西魏的崇汉、崇儒。

宇文泰是入主汉地的鲜卑人，他选择了以鲜卑为表，以汉为里。与关东以汉为表，以鲜卑为尊的东魏—北齐截然相反。北齐实行以鲜卑人为兵政策，汉人能够得到的政治资源极其有限。北齐鲜卑贵族横行无忌，搞得民族矛盾十分尖锐。高氏虽是汉人血统却自认是鲜卑人，歧视汉人，在反对立汉女为皇后时甚至公然提出“汉妇人不可为天下母”的民族歧视理由，连鲜卑化的汉臣韩凤都敢在朝堂之上公然歧视汉人士大夫，骂道：“狗汉大不可耐，唯须杀却。”北齐开国皇帝高洋就很反感太子高殷倾向儒学和汉臣，认为太子软弱，甚至为此鞭笞太子。高殷继位后，重用汉臣实施汉化改革，结果只在位两年就被代表鲜卑化的宗室弑杀篡位。北齐从此就不可逆地走向了崇胡抑汉，深度鲜卑化的道路。

宇文泰则抓住了自己与高欢最后的十一年时间差，完成了对北齐制度的逆袭。他表面上给汉族重臣赐鲜卑姓，实际上推行的是以周礼为蓝本的汉化改革。积极纳入汉族兵员的府兵制实行十年之后，西魏—北周的军队扩增至二十万之多，而且战斗力大幅提升。宇文泰革除了北魏半部落制、胡人世兵制的局限性，从根本上逆转了关西的弱势。关西与关东的攻守之势开始易位。

宇文泰用人生最后的时间，并入河西走廊，利用侯景之乱爆发后的南朝乱局，拿下梁州到益州的区域。后来他又在北齐攻南梁时，趁机夺取江汉平原大部，进一步压缩了南朝的西部空间。这时候，宇文泰终于又建立起一个西部王朝必备的基本盘，大体拥有了黄河与长江流域的西部上游。宇文泰以弱抗强，绝地求生，急中生智，为了当下的生存而进行改革，不经意间解决了困扰汉地许久的诸多历史命题。找到历史钥匙的关陇集团已经开始逆转形势，朝着最后的统一之门走去。一直弱乱的士族时代，终于迎来了真正的曙光。

（三）宇文邕的文治武功

公元556年，宇文泰病逝。临终前，他将自己年幼的儿子托付给侄子宇文护，让宇文护扛起为宇文氏护航的重任。

公元557年，宇文护逼西魏皇帝禅位给宇文泰的嫡子宇文觉，西魏灭亡，北周建立，宇文觉称周天王，仍都长安。但建政当年，不甘心做傀儡的宇文觉反抗宇文护失败，被宇文护废黜后毒杀，年仅十六岁。宇文护又扶持宇文泰的庶长子宇文毓为天王。

公元559年，宇文毓已经二十六岁，宇文护不得不把一些重要的行政权力归还给宇文毓。宇文毓于是改君号为皇帝，以示亲政。宇文护害怕自己失去辅政大权，又于次年暗杀了宇文毓，重新立宇文泰活着的儿子中最年长的第四子宇文邕为皇帝，自己继续独揽朝政大权。

宇文邕即北周武帝，他是继宇文泰之后，西魏—北周政权的第二位雄主。不过他继位这一年只有十七岁，暂时无力与宇文护的力量对抗，只能韬光养晦。鉴于两个哥哥对抗宇文护的下场，宇文邕不仅不与宇文护发生冲突，反而极力讨好宇文护。他不仅在朝臣面前推崇宇文护，凡事都让宇文护决定，而且他抓住宇文护孝顺的性格，把宇文护的母亲捧得和太后一般高。

宇文护虽然恋权，但性情宽和。他从建立北周起，执政十五年，在内政上没有出过大错，但人事斗争却非常激烈。他任人唯亲，在连弑两君的过程中树敌颇多。当年宇文泰建立的八柱国中，除了宇文泰与西魏宗亲元欣，执掌军队的是六位柱国，宇文护在两次废立斗争中就杀了三位柱国。

宇文泰时期，突厥崛起，逐渐统一了草原。宇文泰、宇文护很重视结好突厥。宇文护为了消化南方领土，也极力修好新建立的南朝陈。在草原的突厥与南方的陈朝看来，北齐占据关东大片的平原，人口密集，经济繁荣，比关西群山之间的北周显然更具威胁性，因此也重视联周抗齐。北周与突厥、南陈都属于盟好之邦，一起合作抗齐。

宇文护执政期间很少有大规模的战事，只有一次配合突厥的大规模东征北齐还无功而返。宇文护做到了与民休息，但显然让军队无功可立。北周的老臣们暗地里对宇文护越发不满。

公元 572 年，宇文护从同州的府邸回到都城长安。宇文邕领他进入含仁殿拜见皇太后，让他帮忙劝劝皇太后不要酗酒。宇文护万万没想到，平时与他这位堂兄一团和气、亲密无比的宇文邕，这一次会趁他给皇太后朗读《酒诰》时，当庭从背后袭击他，在他重伤之后便命太监和近臣将他就地杀死。

忍气吞声、做了十二年傀儡的宇文邕，早已积蓄力量，瞅准宇文护已经不得人心的时机，以迅雷之势除掉宇文护家族。宇文邕终于像当年的汉宣帝那样收回权力，从此乾纲独断。

宇文邕比宇文护更像一位明主。宇文邕深知北周虽然对汉人大族敞开成为府兵的政治渠道，建立了一种较为高效的兵制，但国力上与北齐还是有差距。西部王朝想要熬出头，必须集中资源和力量提高治理水平来增强国力。

宇文邕用行政移民的方式招抚各地流民，充实关中的劳动力。他还多次下诏释放一定数量的奴婢以及获罪的杂户，让他们成为普通农民，为国家增加劳动力。他亲耕籍田，重新修通关中地区已经荒废的龙首渠等西汉河渠，并下令地方官员亲自劝农，鼓励生产，维护均田制。他还发动了又一次灭佛运动，将不向国家缴纳税赋却广置田地，收容甚至藏匿大量僧徒的寺院纷纷捣毁。而且他不只灭佛，道教的道观也一起灭。后来他统一北方后，在整个北齐境内又发动了一次灭佛运动。十六国北朝乱世中壮大起来的佛教被压制下去，大量僧尼还俗，缓解了社会劳动力不足的问题。宇文邕推行早婚政策，规定男子十五、女子十三即到婚配年龄，加快了人口增长。

宇文邕在文化上崇尚儒学，自幼就研习儒家经典，曾在太学亲讲《礼记》。他继位之后，开始有意识地提拔一些汉族官员。其子北周宣帝宇文赟继位后，仍然任用汉族近臣制衡关陇贵族集团出身的鲜卑老臣。

宇文邕还极其崇尚节俭，身为皇帝却“身衣布袍，寝布被，无金宝之饰，诸宫殿华绮者，皆撤毁之，改为土阶数尺，不施栌栱。其雕文刻镂，锦绣纂组，一皆禁断。后宫嫔御，不过十余人”，可以说是罕有的厉行节俭之皇帝。他还号召整个社会节俭，比如提倡婚丧嫁娶都“务从节俭”。西安咸阳机场所在的咸阳底张街道北周武帝孝陵，考古发掘后确认并没有帝陵封土。宇文邕在遗诏中命“丧事资用，须使俭而合礼。墓而不坟，自古通典”。他与汉文帝一样，选择了最简朴的埋葬方式。

宇文邕是一位贤明的君主。他所有政策的目标，都是克制奢靡之风，增加产出，发展经济，弥补国用的不足。尽管他已经如此努力，北周在出征时仍出现过军粮不足的窘境。可见北周面对北齐、南陈，由于平原狭少，国力弱势仍是一个不小的问题。但西部王朝坐控山川之矿石、林木，牧场之军马、皮革，只要军力强大，政通人和，即使农业是劣势，仍然能够一扫六合。宇文邕并不避战，他像他的父亲宇文泰一样，要亲上战场，“征伐之处，躬在行阵”。

宇文邕做了十二年傀儡，恐怕用了大量的时间在学习上。他十分熟悉和重视军事，经常亲自讲武教战。他军法严厉，又体恤士兵，赏罚分明，颇得黄老之道。他“改军士为侍官，募百姓充之，除其县籍”，不仅让府兵从国家军队成为皇帝亲自控制的禁卫军，提升军人的地位，而且不再让汉人大族的乡兵为府兵，而是直接招募汉人百姓，进一步向全体汉族下沉政治资源和权利。

在宇文邕的励精图治下，北周已经具备了隋唐的制度力量。这个西部王朝已然脱胎换骨，正要潜龙出水。反观关东的北齐，仍然在延续北魏的二元帝国理念。自北齐建国后，虽定都汉人士族力量较大的邺城，但临近昔日北魏都城平城的晋阳仍是高氏大本营、北齐王朝的别都。北齐高氏皇族几代皇帝，就在晋阳与邺城之间来回往返，甚至在晋阳的时间更多。这无疑就是北魏体制的延续，无非是北齐皇帝在鲜卑贵族聚集地与汉人士族聚集地之间实行两都巡幸，与后来的元朝在草原上都与汉地大都之间巡幸是一样的性质。这对隋唐的都城巡幸制度也产生了深远影响。

北齐的两都制，是从北魏前期的草原、中原结合部的一都二元帝国，向代北、中原一边一都的二元帝国转型之标志。关陇毕竟有前秦、后秦打下的胡汉共融的理念底子，是在十六国经验下的胡汉民族融合的方向上演进，但同时吸收并革新了北魏的制度遗产。而关东则取尔朱荣与高欢的双头政治倾向，是在北魏经验下的对代北鲜卑军事贵族与中原汉人士族门阀进行隔离分工的方向上演进，只不过把一都制变为了一边一都的双都制，北齐皇帝也只能在代北军事中心晋阳与河北士族中心邺城之间两头跑。可北齐未能纠正和发展北魏经验，连北魏前后总是用一边压另一边的极端性缺陷也一并继承。要知道北魏的统治逻辑，是靠草原集权后的武力压制集权水平退化后的汉地封建坞堡、庄园，民族问题并没有真正解决。比如从拓跋焘统一北方到拓跋宏迁都洛阳之间的半个多世纪，仅关中地区就平均十年发生一次大动乱，可见北魏的问题也很明显。

由于北齐实行胡汉隔离，崇胡抑汉，民族矛盾十分激烈，汉族士大夫与鲜卑贵族爆发了多次斗争。北齐进行历史解题的速度明显慢于北周，结局也就可想而知了。

公元 575 年，宇文邕向洛阳方向御驾亲征，东征北齐。北周军队军纪严明，对北齐百姓秋毫无犯，深得人心。但攻城战事不利，宇文邕又突然患病，只好无功而返。

公元 577 年，宇文邕认为北齐正是离谱的昏君高纬执政，“朝政昏乱，政由群小，百姓嗷然，朝不谋夕。天与不取，恐贻后悔”，如果不抓住机会，将来一旦北齐明君在朝，有所变革，恐怕就再难撼动这棵大树，于是宇文邕再次率军东征。这一次，他瞅准北齐真正的命门在军事中心晋阳，而非汉人士族聚集的中原。他不再纠结于边境的一城一地之得失，而是直捣黄龙，从河东一路攻城拔寨，打到高欢起家的霸府、别都晋阳。宇文邕出兵时，北齐皇帝高纬就在晋阳。

当宇文邕打到晋阳时，高纬不顾大臣的劝阻，不管士气受到打击，自己逃走了。宇文邕率军攻城，却孤军入城，险些丧命，狼狈逃出。当他想打退堂鼓，撤军回长安时，臣子们纷纷劝谏，宇文邕决定继续攻城，最终大破齐军，攻下晋阳。宇文邕又一鼓作气，直接攻齐都邺城。

明君与昏君的对比，就是在这种生死存亡之时体现出来的。宇文邕不惜身、不畏死；高纬总是恐惧畏战。身在邺城的高纬还没等宇文邕到来，就把皇位传给八岁的儿子，自己做了太上皇，弃城东逃。宇文邕攻破邺城，高纬最终在逃亡路上被抓，北齐灭亡。

长安政权与西部王朝——北周，终于继前秦苻坚之后再一次统一北方。长安距离西周的镐京很近，邺城距离晚商的殷都很近。北周灭北齐，就像西周灭商一般，秦岭北麓政权又一次攻灭太行东麓政权。这是宇文泰与宇文邕父子两代的努力成果。

突厥和南陈突然发现，原本他们很放心、并不看好的北周，竟然灭亡了看起来强大的北齐。北方统一之后，草原和南方的地缘压力都骤然增大。北周之后夺走了南陈在长江北岸的土地。突厥也与北周撕破脸，宇文邕决定亲伐突厥。

公元 578 年，宇文邕率五路大军征讨突厥。但刚出长安不远，宇文邕就突然病倒，次月驾崩于赶回长安的路上，年仅三十六岁，谥号武皇帝。宇文邕的文治武功，为隋唐的统一奠定了基础。他在三百年乱世中，继前秦、北魏之后第三次统一北方，这也是最有希望统一全国的一次。可惜他看不到了。

公元 580 年，宇文邕之子宣帝宇文赟病逝。年幼的静帝宇文阐主少国疑，其外祖父、左丞相杨坚专政。

公元 581 年，杨坚代北周而立，改国号隋，是为隋文帝，北周亡。

宇文泰与宇文邕基本上解决了民族矛盾。苻坚当年面对的尖锐民族矛盾与明显的民族隔阂，终于被化解。鲜卑贵族的汉化水平与风俗习惯已经与汉人无异。只是北周已经吞并汉人士族林立的关东，而号称汉人正统的南陈尚未统一。宇文父子二人改汉姓为鲜卑姓，终究还是做不到胡汉不分，改胡入汉。只有改胡入汉，重新建立汉人政权，才能令汉文化更深厚的关东和南方更加归心，实现真正的天下一家。这一点，身为汉人的杨坚和李渊去做比较方便。

在大一统诞生的故乡，将再造久违的大一统。长安，终于将再一次成为整个中华之都。唐长安城即将横空出世。

第四章 隋：又一次大一统

隋文伟姿相，谈笑取周鼎。
俘陈朝突厥，四海绝纤警。

公元582年，由于汉长安城过于老旧，八百年来生活污水不断污染，长安城内地下水的水质已经不堪饮用，隋文帝于汉长安城东南的龙首原南坡营建新都城。第一座长安城被弃用，第二座长安城拔地而起。

公元583年，新都城建成，隋朝正式从长安城迁都于此。隋文帝为了彰显自己的功业，把新都改名，取自己曾经身为“大兴郡公”的爵位之名，叫作大兴城，但民间仍俗称长安城。这就是隋唐长安城。

（一）隋文帝重塑制度

杨坚出身关陇贵族集团。杨坚之父杨忠位列十二大将军且立位大功，因此北周开国不久后，杨坚被封为开府将军，位至大兴郡公。其父杨忠死后，杨坚继承了父亲的随国公爵位。

杨坚的妻子，是关陇贵族集团中昔日西魏八柱国之一的独孤信的女儿独孤伽罗。独孤信有三个女儿嫁入三朝皇室，分别是长女独孤氏嫁给北周明帝宇文毓，为北周皇后。四女独孤氏嫁给唐高祖李渊之父生下李渊，被唐朝追封为元贞皇后。七女独孤伽罗，即隋文帝杨坚的独孤皇后。独孤皇后的父亲是关陇贵族八柱国家族，母亲更是关东的顶级士族门阀清河崔氏之女。由于独孤信家族权势滔天，因此独孤皇后也是杨坚的重要臂助，甚至参与朝政。

杨坚早年与独孤伽罗感情美满，对妻子许下绝不与其他女人生子的誓言。不过，由于独孤信在与宇文护的斗争中失败，宇文护打压与独孤氏联姻的杨坚多年，直到宇文护被北周武帝宇文邕所杀后，杨坚才得到宇文邕的拉拢和重用。宇文邕让时为太子的北周宣帝宇文赟娶了杨坚的女儿为妻，与杨坚联姻。

因长期受到宇文护的打压，直到宇文邕亲政，杨坚才开始建立为数不多的战功。宇文邕是韬光养晦的高手，杨坚也是。但宇文邕是笑里藏刀型，杨坚则是深沉谨慎型。宇文邕对平日里一丝不苟、喜怒无形的杨坚一贯很放心。对杨坚疑心很重的女婿宇文赟做了皇帝后，杨坚也不留任何把柄。杨坚在女婿早逝后夺取政权，并杀死宇文皇室全族，包括非自己女儿亲生的外孙皇帝。

杨坚虽不是靠赫赫战功起家，但他的政治嗅觉很敏锐。他靠联络宇文赟的汉人近臣伪造诏书，获取辅政大权，靠北周的汉人将领平定鲜卑贵族对他的讨伐。杨坚的上位，是关西向汉人开放权力资源后，汉族官僚力量崛起并推杨坚为代表，向鲜卑贵族讨要最高权力的结果。

建隋之后，杨坚立即将被赐鲜卑姓的关陇汉族重臣，包括自己的家族，全部改回汉姓。以掌握最高权力的三省长官为代表的隋政府首脑几乎清一色地出自汉族，且都非前朝政权的核心成员。

杨坚的父母都是汉人，这是杨坚能够号召汉人的优势。但杨坚对民族问题开出的药方并不是要崇汉抑胡，打击胡人。在平定鲜卑反对者的过程中，杨坚也拉拢了一派支持自己的鲜卑贵族。他称帝后只授予前朝德高望重的北周胡人大臣三师、三公等高位虚权的头衔。但在六部尚书和禁军卫府大将军的任命上，胡族出身的官员仍然占到将近四成之多，在禁军卫府大将军中占到近五成。能够对胡人授予军权，说明杨坚并非排抑胡人，而是进一步让汉人力量进入权力最高层，真正做到胡汉不分，把西魏—北周对汉人最后的歧视政策彻底扭转。自此，以汉人为主，却不歧视胡人的隋唐帝国海纳百川的民族政策，被定下基调。

当年困扰刘曜、苻坚、拓跋珪、拓跋宏、宇文泰的民族问题，至此破冰。困扰北方数百年的乱世第一命题——民族壁垒，终于被消解。当初长安的那个名为“坚”的君主，靠强行捏合各族而只实现短暂的半壁统一。如今长安的这个名为“坚”的君主，终于真正实现了民族融合，从半壁统一大步迈向天下统一。

隋、唐两朝，杨坚的皇后，李渊的母亲和皇后，李世民的皇后，都出身鲜卑族。朝堂上大量出身鲜卑甚至其他胡族的贵族和官员，在风俗习惯和文化素养上实际上已经与汉人无异。唐太宗的皇后长孙氏的哥哥长孙无忌，作为鲜卑人，也是太宗、高宗两朝的名相。直到唐玄宗时期，唐朝名将还屡是各族胡人出身。安史之乱后，唐朝的民族政策受到这场胡将发动的叛乱的刺激，才有所收缩。

北方的难题解决了，杨坚就要着手统一南方。南方经历了东晋和南朝宋、齐、梁、陈。东晋继承了士族门阀传统，原本门阀问题最严重，但南朝四朝的开国君主都是寒门武将出身，而且逐渐从乔迁寒族到当地豪强，出身越发低微，反映着南方在士庶矛盾上，始终用斗争作为解决方式，产生了巨大的内耗。到了隋朝，南陈已经被挤压到连南方也只剩下一半多一点。南朝都城建康在长江南岸，可从江淮之间，丘陵湖泊纵横的江淮防线丢失后，防御优势也几乎瓦解。隋文帝要统一南朝，其实在战略上已经没有障碍。

（二）勤俭自制——关中的理念

公元 588 年，隋文帝向全天下列举陈后主罪行二十条，并在江南散发三十万份，对南陈发起舆论战。能够发动道德攻势和舆论战，是因为西魏—北周—隋，都秉持着勤俭自制的原则。宇文泰、宇文邕、杨坚等君主都是勤政且俭朴，以身作则，不喜奢靡的作风。毕竟关西政权原本地广人稀，平原狭促，全靠勤俭、强化效率才实现逆袭。

年底，杨坚在寿春（今安徽寿县）设淮南行台省，以其次子、晋王杨广为行台尚书令，主管灭陈之事。杨广作为统帅，遂率五十一万大军三路并发，讨伐南陈。

公元 589 年，隋军攻入建康城，活捉陈后主，陈朝灭亡。至此，纷乱数百年的天下重归一统，在泥潭中挣扎已久的中华，翻开历史新的篇章。

又是关中，又是西安……为什么最终破局的政权都城常是西安？是因为西安这座城市或其所在的地理板块多么富庶和强固吗？不，定都西安的政权，有很多其实没有最终胜出。关中平原的面积也只有三万六千平方公里，比起动辄二三十万平方公里的华北平原、长江中下游平原、东北平原而言，实在称不上大。关中虽有形胜四塞之固，也并非次次都奏效，并非只凭地形就可以一招鲜，吃遍天。西安的地形优势，也救不了病入膏肓的末世王朝，却常常是革新势力创业的龙兴之地。

周虽旧邦，其命维新。被鄙视为小邦周的周，打败了大邑商，周族受命于此。

变法图强，一统天下。被鄙作蛮夷虎狼的秦，鲸吞战国诸雄，秦人崛起于此。

汉承秦制，矫正秦政。被项羽逐出中原的汉，知耻后勇灭项，汉家兴盛于此。

弱氐举义，协和胡汉。地狭人薄的小族前秦，天下七分有四，苻坚图强于此。

宇文创制，以弱克强。以一镇之军力抗五镇，一战而定强齐，北周奋发于此。

隋文帝重整山河，盛唐重执东亚之牛耳，无不是在这一代代关中雄杰变弱为强，一次次以少胜多的呕心沥血、筚路蓝缕之效率革新基础上实现的。辽东、巴蜀、河套、闽粤、云贵、河西、西域，都是在关中政权的开拓期内相继纳入华夏文明圈的。

礼乐文化，德治理念，王道思想，由此而生。

行政统一，法治理念，霸道实践，由此而成。

夫苟其挫而不退矣，则小逆之后必有小顺，大逆之后必有大顺。人们常常只看到汉唐的强盛，却没有看到汉唐强盛的背后，是汉承秦制，唐承隋制。强盛的背后是秦的不断试错、纠错、融合与变法，是西魏、北周、隋的不断自省、改革、试验与维新。还不乏新莽、前秦这类功亏一篑的政权之教训。

关中平原的优势不在于大，而在于精。它有首屈一指的地理形胜，也有足够优渥的平原经济。奈何它也有两处明显的短板：平原面积小，交通也不及黄淮海大平原便捷。自周至唐，其创业之初都是弱势的一方。关中纵然再有金城汤池的形胜，也绝非次次都能仗势而兴。但广袤的西部地区，除成都平原、宁夏平原外，罕有易耕的平原地形。关中平原周边，还包括有大片的黄土台塬地貌适宜农耕，算是有了足够的启动资本。再就是，关中与中原距离较近，关道通畅，也是广义中原的一部分。凭借四塞形胜带来的防御优势，关中往往在漫长的乱世中有更高的容错率。如果君主励精图治，有足够稳定的成长和改革环境，关中政权对关东进攻，就掌握随时运动出击的战略主动权；退亦可守，能在关东联合起来时闭关不出，紧锁大门。到关东各路诸侯混战时，关中政权又可隔岸观火，逐个击破。

西安政权在碎片化的乱世下能够存活和成长，就是因为关中有平原却不大，又临近中原，自己不成长就会被别人消灭，属于逆水行舟，不进则毁。这些会倒逼西安政权进行自身资源的配置优化。关西王朝发起固本农业、创新制度、强化军事等效率改革的动力，比富饶甚至奢靡的关东更强劲。于是关中才诞生了中国自西周以来的前两千年里，历时最久的全国性都城，频次最高的创业型都城，拓张最猛的强盛型都城。

西安都城史，通常是以弱势方成长为强者，每次都是在长期乱世中通过改革逆袭成功。因为逐鹿群雄，小体格的一方更需图强，更有变革的动力，也更有务实反省的姿态。

集权制度，是为了在经济规模更小的国度，降低行政成本和过程损耗，创建的一种优先全局统筹、全局调配、统一分配和顶层设计的制度。这种强调高效行政的制度，很容易因为过度透支国家动员力而遭到反噬，更需要配合制度性的制衡与平衡措施。关中政权能依靠集权制度的优势，在与中原、河北、江南的效率竞争中胜出，是有限的客观条件限制下，主观能动性更强的体现。

长期碎片化的乱世中，西安政权尚能够保持勤俭自制的克制理念，成为逆袭方，但大一统之后，集权带来了更多的地方财富资源，奢靡的风气进入关中，曾经外部矛盾制衡下的勤俭自制之心，又往往会被抛却。即使强如秦、隋，也会因由俭入奢易，强极而崩。

隋文帝之所以能创下开皇之治，是因为他本人在和这种潜在的松懈心态做斗争。

（三）隋文帝的关中本位

魏晋南北朝，各国制度差异渐大。隋文帝统一后，势必要进行一次统一制度的改革，采取众长，革除弊政。他首先要解决的是权臣生存的土壤问题。从北朝孝文帝改革后，元魏和北周的权臣问题就越发严重，尔朱荣、尔朱兆、高欢、宇文泰、宇文护、杨坚等凌驾皇帝的权臣层出不穷。皇权威严扫地已近四十年，其间只有八年是皇帝亲政。隋文帝吸取魏晋南北朝的制度经验，创立新的官职，要从根本上解决皇权不振的问题。

隋文帝废除周官制，创建三省六部制。三省之“省”，在当时是中央机构的称谓。汉魏就有各种名为“省”的机构存在，并非隋文帝首创。隋朝也并非只有三省，而是设五省，但由于秘书省和内侍省的作用相对较小，尚书省、门下省、中书省（内史省）三省实际上是分割了此前被权臣开府总揽的相权，是王朝实际上的中枢机构，因此才被统称为三省制。中书省作为最高决策机构，负责起草政令；门下省作为最高审核机构，负责审核政令；尚书省作为最高执行机构，下设吏、户、礼、兵、刑、工六部进行分工协作，负责具体执行政令。

隋朝能被视为宰相的是中书省的两名长官，门下省的两名长官，尚书省的一名长官以及尚书左右仆射二人。三省制的关键意义在于，隋文帝结合前代的制度经验，对相权实现了更细致的分解。独相制或单一机构多相制下的相权，被进一步分解到三个不同机构的多名宰相手中。到了唐朝，更是在这三省长官群相制的基础上，大幅增加宰相人数，然后形成了政事堂群相集议制度，实现了更具协商与分工精神的制度性制衡。隋文帝既要向关陇贵族集团开放权力，又必须制衡和提防功臣、百官，还要兼顾为关东与江南的士族开放入仕渠道，那么增加宰相席位以开放政权，就是统一国家平衡各方的最合适的选择。

中央集权得到制度性加强，但皇权却受到限制。隋文帝是雄猜之主，他前期笼络关陇贵族和各地士族，但后期却发动一波波朝堂斗争，限制官僚，强化君权，甚至任用亲族。他是被贵族拥立改朝换代的，也试图挣脱贵族的束缚。

隋文帝发布具有宽平思想的《开皇律》，废除大量酷刑，争取庶民的支持。他还实行“大索貌阅”，进行人口普查，释放被豪族大户隐匿的依附人口，同时又用“输籍定样”按时清查和确定地方家庭户等和纳税标准，打击了各地豪强与士族的家族实力。隋文帝还将北朝的均田制推广到南方，并将均田制与府兵制挂钩，把府兵兵籍转入民籍系统，交给地方官署管理，消除了府兵制的世兵特点。府兵从关陇军事贵族的控制中被释放出来，“兵农合一”，战时为兵，平时务农，按时戍卫，形成类似秦汉的兵役制度，大大节俭了朝廷的军费开支。

隋文帝抑制地方大族的又一个重要举措是精简行政。他将州、郡、县三级行政区划改为州、县二级区划，裁撤了大量冗余的机构和人员。因此长安县所处的京兆郡被裁撤，只剩下已经缩小到和郡差不多大的雍州作为长安县的上级区划。隋文帝在机构改革上“存要去闲，并大去小”，直接让长期垄断地方官吏职务的士族门阀失业回家，并且使“海内一命以上之官，州郡无复辟署矣”，将官吏的任免权一并收到朝廷，防止地方裙带关系的膨胀。

隋文帝任内勤政节俭，开创了著名的开皇之治，开启了中华历史久违的盛世。他本人“其自奉养，务为俭素，乘舆御物，故弊者随宜补用；自非享宴，所食不过一肉；后宫皆服浣濯之衣”，可谓是节衣缩食的勤俭模范。但他治下的隋朝，却“户口滋盛，中外仓库，无不盈积”，富庶程度达到了历史高峰。隋文帝在长安和洛阳附近广设粮仓，到他晚年实现了“计天下储积，得供五六十年”。隋文帝死后，经历了天下大乱，至唐太宗贞观十一年，监察御史马周仍对唐太宗李世民说：“隋家贮洛口，而李密因之……西京府库，亦为国家之用，至今未尽。”三十多年后的唐朝，京师长安仍然还有隋文帝时期的库藏。

隋炀帝继位后的第五年，隋朝的人口攀至历史顶峰的五千余万，这一人口规模要到一个多世纪后的开元盛世才能够再次达到，这无疑体现了隋文帝治国的成果。宋代《文献通考》评价说："古今称国计之富者莫如隋。"隋朝富裕至此，文帝下令："告知郡县，寓富于民，不藏于府，免除今岁租赋，赏赐百姓。"这种公开宣称藏富于民的政策为历代罕见。

隋文帝虽然提防关陇贵族，但他自己就出身关陇贵族的二十大家族。隋文帝与关东士族和江南士族并没有联系，而且曾经是敌人。他对关东与江南，连提防都称不上，而是陌生。隋文帝虽然与关陇贵族有利益之争，却并不否定关陇贵族作为王朝政治基础的作用。因此隋文帝的改革目标之一，是打击关东士族和江南士族的根基。

隋文帝废除士族门阀赖以生存的选官制度，即靠门第等级选官的魏晋九品中正制，并在开皇二年效法汉代故制，诏举贤良，以对策文章取仕。开皇七年，他又下令诸州"岁贡三人"，一定程度上恢复察举制。开皇十八年，他命"京官五品以上、总管、刺史，以志行修谨、清平干济二科举人"，这是科举制最早的雏形，用考试的方式选拔人才的理念出现。

在当时，这个制度并未引发剧烈的反响或冲突。因为九品中正制被废除后，士族门阀仍然可以依靠优渥的家境和学习条件取得更好的应试成绩，成为后备官员。尤其隋朝还不允许平民"投牒自进"，考试名额必须由官员推荐。但是从长期来看，当隋唐时期的造纸术、印刷术得到发展后，知识的传播和获取成本，图书的储存和发行成本进一步降低，寒门庶族甚至平民百姓通过学习和考试入仕，条件相比以往已臻成熟。隋文帝撕开了政策口子，开启了打破门第观念的进程。

隋文帝还将勤俭自制的理念推广给关东和江南的士族。隋文帝不仅身体力行地勤俭持国，还下诏依据礼仪修雅正之乐，在全国推广，一改南陈后主喜爱的奢靡亡国之音。在隋文帝看来，君主的贤仁与节俭，是君主必须自持的修为。如果没有自制，纵然国家富强，也会在腐朽无度中灭亡。隋文帝与他的亲家北周武帝的勤俭与谨慎，是关陇贵族以弱胜强的原则理念。

隋文帝要固本关中，让关中的君主自制的理念能够传承下去。他即位时，汉长安城已经作为都城断断续续使用了八百年，地下水污染严重，水皆咸苦，难以饮用。隋文帝于是在长安故城旁边兴建新都大兴城。据史学家辛德勇在《隋唐两京丛考》中考证，大兴城的外郭城，也即京城、雍州城，最开始很可能只是短垣，后经隋炀帝、唐高宗、唐玄宗累次叠筑，逐渐加高，才终成规模。隋文帝兴建新都的材料，也基本是拆毁旧汉长安城后，尽量废物利用，尽可能地减少工程量。这一次建新都意在巩固关中地位，但相对隋炀帝后来兴建东都，仍是秉持从简原则。对北齐都城邺城和南朝都城建康，隋文帝却尽皆拆毁，以示绝不东迁。

北周曾将洛阳设置为陪都东京，但继承了北周的隋文帝却不给洛阳丝毫取代长安的机会，在建隋之后就废除了洛阳的东京地位。随着京师长安的人口越来越多，关中发生了饥荒，缺少粮食，隋文帝不得不率百官就食洛阳。尽管长安的都城功能已经开始出现一些问题，隋文帝依旧不考虑提升洛阳的地位。隋文帝执政二十多年，一共有两次就食洛阳。第一次就食后，返回长安，惹得洛阳人上书劝他退位做太上皇，传位给太子。隋文帝这才派太子杨勇出镇洛阳，安抚民心，但依然不给洛阳做都城的机会。

隋文帝为了巩固关中的经济实力，供给京师庞大的口粮，需要将关东粮赋输入关中。但此时西汉武帝修造的关中漕渠早已淤塞不通。隋文帝下令重新疏通西汉旧有漕渠，命名为广通渠。这条河渠从长安的西北连通到潼关的黄河，成为京师重要的运输线。当关中漕运已经出现艰难迹象，隋文帝仍只愿用提倡节俭的方式缓解京师的人口压力。

隋文帝坚守关中本位政策，获得了关陇贵族集团的支持。但晚年的隋文帝，却在继承人问题上发生了动摇，给了关东挑战关中本位的机会。他最终选择的继承人——隋炀帝杨广，执政风格与父亲截然相反。在杨广看来，关东有什么不好？

第五章

隋：乡怨大兴城

东都礼仪举，西京冠盖归。

天子以四海为家……可天子真的能四海为家吗？

（一）杨广的成长

公元 569 年，北周随国公杨坚的次子杨广出生于北周京师长安。他的母亲独孤氏也是关陇贵族集团中响当当的八柱国家族的豪门闺秀。

公元 578 年，杨广九岁。三十六岁的北周皇帝宇文邕病逝。宇文邕十七岁继位，后来智除权奸，锐意改革，富国强兵，身先士卒，亲率大军灭亡北齐，统一北方。就在宇文邕意气风发，万民拥戴，正当统一天下之际，他却英年早逝。童年的杨广，想来也视宇文邕为偶像。

公元 581 年，杨广十二岁。父亲代周称帝，建立隋朝。少年杨广于是成了贵不可言的二皇子。他天生一副俊俏的面庞，而且聪敏好学，贤孝谦恭，才华横溢。父母也都很喜爱二儿子。但可惜，他仍然只是没有继承权的次子。这一年，杨广自小居住的长安城已经污染严重，不堪再用。他的父亲隋文帝计划在长安故城旁边兴建一座更加恢宏华丽的大兴城。这豪华的都城与宏大的皇宫，将是他的新家。当杨广正满心欢喜地期待随父母乔迁新居时，却忽然被告知，自己被封为晋王，任并州总管，要立刻外派至远方的并州晋阳就藩。

本为父母宠爱、天之骄子的杨广，忽然就被逐出了从小没离开过的老家，被逐出本要施展才华的权力中心。今后他想见父母一面，就得跋涉千里。不知刚进入青春期的杨广此时是什么心态，但这事不由得他不接受。哪怕再留恋家乡，家乡也已经不再属于他。后来成为皇帝的杨广，与自己的儿子谈及此事时，就觉得这是自己少年时重要的磨砺阶段，他自豪地称自己是“启封晋阳，出藩之初，时年十二……”也是这一年，他亲眼看到父亲杀尽宇文皇室的狠辣。或许他的心中有一股意识开始萌芽，那就是权力是可以抢过来的，而且抢的时候一定要狠。

公元582年，杨广十三岁。远在晋阳的杨广没有被父母忘记，父皇和母后给他精心挑选了一门亲事，立南梁皇族后裔、江陵萧氏之女为晋王妃。这个贤惠的妻子，将成为杨广后来重要的政治资本之一。杨广的大婚仪式，应该回到长安举办。但当杨广再次回到家乡长安时，一切都变了。自己记忆中那座由汉高祖所修建的长安城，已经被隋高祖拆得七零八落，史称"（隋）高祖移都，长安城为墟矣"。自己的家乡与儿时记忆成了一片废墟，取而代之的是旁边拔地而起的大兴城与大兴宫。新都城和新皇宫很气派，很壮丽，很宏大，很豪华，但这却是一个陌生的家。这个家，将来也会名正言顺地成为那个始终留在家乡，留在父亲身边的大哥杨勇的家，而不是自己的家。

这一年，十三岁的杨广带着妻子萧氏回到晋阳，开始了相依为命的几年，但此间他仍不忘进京结交人脉。由于远离父亲，父亲甚至已经不太了解自己这个儿子是什么个性。但杨广却在飘零中练就了他赖以迷惑并取得父亲信任的特质——表演型人格。

一次狩猎忽遇大雨时，下属给杨广拿来雨衣，他却拒绝说："士卒们都淋着雨，我怎么能自己独自披着雨衣？"这种体恤臣民、颇具魅力的人格，令朝野属望，杨广在朝堂上积累了贤名和口碑，经常有大臣在皇帝面前说他的好话。当他回京时，父亲去他在京师的府邸看望他，他故意让父亲看到破旧又落灰的乐器，好像很久都没有用过。父亲就真的以为他不好声色，很欣赏这个儿子。从皇帝到大臣都没人看出这是杨广的矫饰，是一种伪装，反而称他仁孝。

公元588年，杨广十九岁。由于杨广在并州处理地方事务和在边境战事中的优异表现，父皇给了他一次十分珍贵的立功机会：作为统帅南征，伐灭陈国，统一天下。在这场战争中，他顺利攻入建康，俘获陈后主，封府库，抚国民，安士族，在江南百姓和士族心中树立起巨大的声望，南人都称颂他贤能。那一刻，杨广应是无比自豪。因为在他所处之时代较近的一些雄主，如高欢、宇文泰、宇文邕，无不是戎马在前，亲征亲战。而隋朝立国就拥有半壁江山，统一天下的最后一场彪炳史册的终极大胜，由他完成，这是多么令人振奋的自我激励。

公元 589 年，杨广二十岁。当杨广押送陈国君臣回到大兴，隋文帝驾幸骊山亲自迎接并慰劳他的部队，加封他为太尉，赐予车马、衮服以及象征拥有特殊权力和地位的珍宝玄圭、白璧等。随后隋文帝又驾临杨广在京师的府第，置酒宴大会群臣，为自己这个最能干的儿子壮声势。作为隋朝统一天下的大功臣，此时的杨广在隋文帝的五个儿子中是“独著声绩”，深得人心。

公元 590 年，杨广二十一岁。江南又发生反扑性的叛乱，杨广再次奉命赴江南任扬州总管，负责平定江南的叛乱。此后多年，杨广坐镇江都（今扬州市），借萧妃家族在南方的人脉关系，深度经营江南。他治理南方政绩斐然，他本人作风俭朴、不好声色、礼贤下士、谦恭谨慎，逐渐成为南方士族支持和依靠的朝中对象，并由此赢得了朝野赞颂和隋文帝夫妇的欢心。

关东的中心邺城与南方的中心建康均被隋文帝所毁，但晋阳是北齐的别都和政治中心，建康被毁后江都也成了江南的政治中心。杨广历任并州总管、扬州总管，先后出镇晋阳和江都，可以说在关东与南方均建立起了深厚的人脉。昔日周隋的敌国，北齐、南陈的士族，都转而依附这位当朝二皇子。杨广在不知不觉间成了东方利益在朝中的代表。

公元 600 年，杨广三十一岁。隋文帝废太子杨勇，改立杨广为太子。杨广这次政治博弈成功的背后，除了他多年对关东、江南的经营和东征西讨的战功外，或还有文帝借杨广背后的东方势力制衡杨勇身后的关陇贵族，微调原本的关中本位路线的考虑。

公元 604 年，杨广三十五岁。隋文帝驾崩，杨广继位，是为隋炀帝。他把年号定为至死未变的“大业”，这个年号表明了他要开创一代伟业的志向。这一年，他名正言顺地回到了家乡。望着这座原本不属于他的都城大兴城，他是兴奋的，因为此时他终于还是成为这里说一不二的主人。但这里是他的家吗？是，也可以不是——选择权终于在他自己手里了。

（二）隋炀帝的关东本位

乱世的历史命题已经成为过去时。当下摆在隋帝国面前的命题，是这个再次实现大一统的国家，谁来做中心。历史的命题，悄然间转变为关中本位与关东本位之争，转变为关陇贵族和关东士族之间的博弈。曾出镇北齐别都和南陈京畿江南地区的隋炀帝，显然站到了关东一边。隋炀帝要与父亲唱反调，要建立一个关东本位的新隋朝。

隋文帝当初在恢复秦汉察举制的同时，开始尝试以考试选拔官员。隋炀帝则进一步拓展考试选拔的范围和人数，始建进士科。至大业三年，考试科目已经增加到十科。但一般认为隋炀帝时期仍然没有落实平民“投牒自进”的科举制度，考生仍是由官员推荐。而且隋朝的科举并没有严格按照考试结果进行筛选的“考试黜落”原则，仅仅是加入了考试检查的察举制度，仍具有考察性质，而非后世严格按成绩取仕的科举制度。无论如何，这至少是科举制度的雏形，是废除九品中正制后向科举制度过渡的选官制度，是科举制度的萌芽和初探。

隋文帝当初让“京官五品以上、总管、刺史”推荐科举生员，是关中的京官与地方的刺史一起推荐。隋炀帝扩大科举取士的人数和范畴，却只下令诸郡推荐生员，不让京官推荐，显然他扩大科举有利于活跃在地方郡县的关东士族。

隋炀帝继位后，杀死废太子杨勇，流放杨勇的儿子。对于其他两个活着的兄弟以及一些侄子，他大多软禁在身边，不给任何宗亲反叛他的机会。这下他自觉再也没人能跟他争皇位了。但他唯一成年的长子不久病逝，四子夭折，二子、三子年幼。宗亲力量不振，地方上没有杨氏势力，隋炀帝的皇位倒是不用怕自家人觊觎，可隋王朝就显得单薄了。

隋炀帝在他继位后的前九年时间里，统治还是比较安稳的。他倚重江南士族，拔擢关东士族，弹压关陇贵族。他大幅压缩爵位等级的层级，简化品秩，使西魏—北周—隋的关陇勋官群体大量失去爵位，让勋贵子弟失去授职晋阶的权力。他后来还直接规定原西魏、北周之官“不得为荫”，限制关陇勋贵子弟的继承权。

隋炀帝的父亲要固本长安，依靠关陇贵族，他就偏偏要提振洛阳，背靠东方士族。他的父亲废“郡”留“州”，他就偏偏要把“州”改名为“郡”，恢复郡级区划。京兆郡也短暂恢复。他的父亲颁布《开皇律》，他就偏偏要再颁布一部《大业律》。他要做的，就是超越自己的父皇，成为不用看关陇贵族脸色的皇帝。

隋炀帝继位前期，可以说皇权迎来了五百年来的最强势时期。但他仍不消停，不断加重国家与百姓的负担，谋求更大的功绩。

隋炀帝是一个酷爱巡游和亲征的皇帝。他有过四次北巡，曾出雁门巡游云中，威震突厥。隋炀帝向东三征高句丽，亲赴辽东。向南则三下江南前往扬州。他向西还有一次西巡，史称“万乘亲出玉门关”。到达了玉门关外，可以说已经踏足了西域的门户。他是足迹创下最西边纪录的中原王朝皇帝。但隋炀帝的队伍遭遇了大斗拔谷的极端天气，随从的宗亲、贵族和官员死者过半，包括昔日北周宣帝皇后、他的姐姐乐平公主也死于这场灾难。不过这次西巡，隋炀帝平定了吐谷浑，兵威大盛，基本扫清了丝绸之路上的敌对势力。他在张掖大会西域诸国，收获了不少西方国家的朝贡，控制了河西走廊沿线的丝路贸易主导权。

隋炀帝一生几乎一直在东征西讨，南征北战。他的足迹东西横跨五千里，南北纵长两千里，可谓不停地游走于广袤的中华大地上。北方政权自十六国以来，多出御驾亲征的统帅型君主。距离隋炀帝时间较近的宇文泰、宇文邕父子亦是如此。但隋炀帝没有像他的父亲隋文帝那样，意识到当国家版图已

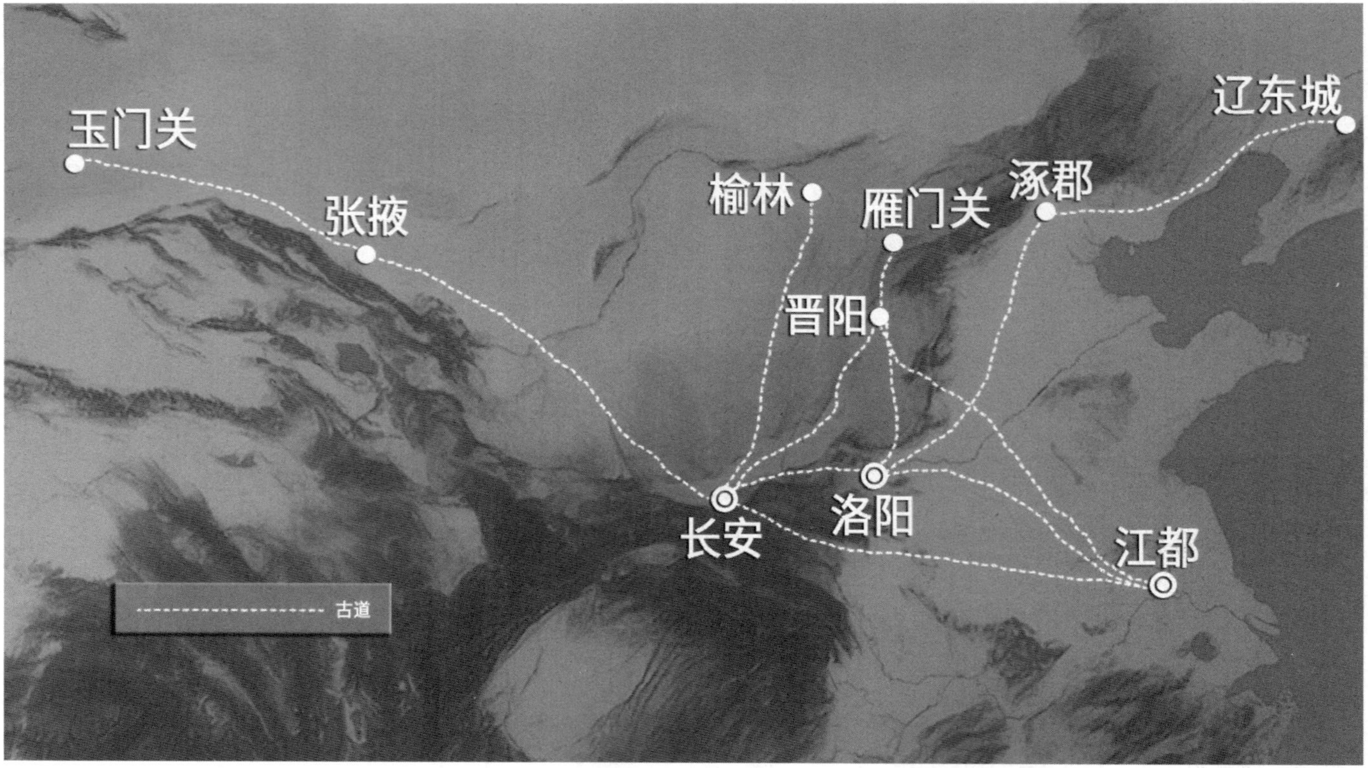

图 64　隋炀帝一生行走过的轨迹

经如此辽阔时，君主就不应再效仿秦始皇四处巡游、汉高祖四处亲征，而是应该坐镇中枢，利用行政杠杆与制度建设，让高效运转的国家机器去解决实际问题。皇帝的四处巡游，无疑会动摇国本，折腾民众。

隋炀帝试图实行关东本位，以方便他东西南北四处巡游。他透支大量民力去凿运河，修长城，建驰道，筑离宫。这些工程不少是利民的，但他要求的工期太短，极为苛刻。这样以不加节制地牺牲百姓的生产、生活甚至生命为代价，建立在饿死、冻死、累死、病死的累累白骨上的迅速同时完成的众多超级工程，一定是有大问题的。

隋文帝在位二十三年，也在修运河，但只修了关中的广通渠，以及利用连接长江与淮河的邗沟旧道修通了大运河江淮段——山阳渎。隋炀帝却只用了六年，就开通了淮河到黄河的通济渠、黄河到海河的永济渠、钱塘江到长江的江南河，运河总长度是隋文帝时期的近四倍。隋文帝虽然也动用民力，但懂得节制。毕竟关西王朝就是靠提高效率，加强集权实现逆袭的，隋文帝明白越是有超强的动员力，越是要懂得自我克制，否则只会遭到滥用权力的反噬。可隋炀帝不懂，他在以执政暴虐出名的北齐别都晋阳待了数年，又在以奢靡闻名的南陈之地经营十年。他学到的，不是以弱胜强的关西王朝的自制力，而是坐拥一手好牌却常常打烂的富庶之地的放纵和浮华。他要做关东的君主，势必也会轻蔑关西君主勤俭自制的执政风格，认为那是保守、陈旧、顽固。

一次次大规模的巡游，一次次大规模的工程动员，动辄数百万民夫劳力脱离农业生产，被征发去建工程。秦始皇曾经也是这么做的。秦隋的工程确实为汉唐长期的盛世大一统奠定了发展基础，但既然选择用透支动员力的方式，不畏天命，不怕民力殚竭，那么王朝就会遭到动员力的反噬。隋炀帝这么厚的家底，也刚好用了十四年，和秦朝差不多的时间，就盛极而亡。这些不恤民力的伟大工程，也只能为他人做嫁衣裳。而他的事迹，也势必会被添油加醋说得异常黑暗，汉与唐分别批判性地继承了秦与隋，鞭策出汉与唐前期，以汉文帝、唐太宗为代表的贤君政治理念，促成汉文景之治与唐贞观之治两大王朝模范盛世的诞生。

隋炀帝众多耗尽民力的工程中，实施得最快的是兴建东都。当年隋文帝废除太子杨勇，改立隋炀帝为太子时，便以自己以大兴郡公而成帝业为由，要求新太子离开东宫，在大兴城东边的大兴县设太子府邸。隋文帝或许是想暗示杨广，必须坚持大兴的都城地位，坚持关中本位。但杨广表面上顺从父皇，心中却笃定要推翻关中本位。

隋炀帝即位仅仅四个月后，就巡幸洛阳，在洛阳考察建都事宜。他以洛阳自古是帝王都城为由，下诏营建东京，在汉魏洛阳故城以西兴建洛阳新城，这就是隋唐洛阳城。说起来，东汉魏晋南北朝，洛阳多数时间是以华夏代表性都城的形象示人。而长安城在东汉被士族讽为秦制与颓靡之都后，在时人心中的文化象征意义与正统性，相比洛阳，居于下风。

汉高祖刘邦过曲逆城时，曾感叹道："壮哉县！吾行天下，独见洛阳与是耳。"汉高祖虽以关中为都，但常以荥阳或洛阳为前线指挥中心。因此隋炀帝专门借此典故来支持自己建东都的合理性。这暗示洛阳将成为他四处巡游，在关东南征北战的大本营。

大兴城，这个曾排斥杨广的家乡，是父亲所建，是父亲作为开国君主的标志。隋炀帝要划开两个时代，他要向世人证明，他杨广更担得起千古一帝之名。隋炀帝要给关中本位重重一击。长安（大兴）都城地位岌岌可危……

（三）不安分的皇帝

纵观隋炀帝的皇帝生涯：

仁寿四年（公元 604 年）七月，隋炀帝继位。十一月，他离开京师大兴巡幸洛阳，下诏建洛阳新城为东京。

大业元年（公元 605 年）八月，巡幸江都（今扬州）。

大业二年（公元606年）正月，东京洛阳建成。四月，从江都至洛阳。

大业三年（公元607年）三月，回到大兴。四月，第一次北巡。九月，入洛阳。

大业四年（公元608年）三月，第二次北巡。九月前后，入洛阳。

大业五年（公元609年）正月，改“东京”为“东都”，从洛阳还大兴。三月，西巡河西走廊。九月，还大兴。十一月，至洛阳。

大业六年（公元610年）三月，至江都。六月，江都太守品秩升如京尹，为陪都建制。

大业七年（公元611年）二月，巡河北，至涿郡。

大业八年（公元612年）正月，赴辽东一征高句丽。九月，失败后回到洛阳。

大业九年（公元613年），包括礼部尚书杨玄感反叛在内的二十多场叛乱相继爆发。正月，隋炀帝集结大军至涿郡，命孙子杨侑镇守京师大兴。二月，再赴辽东二征高句丽，命孙子杨侗镇守东都洛阳。三月，下令发十万人修筑京师大兴城城墙。

大业十年（公元614年），九场叛乱相继爆发。二月，隋炀帝又赴辽东三征高句丽。八月，高句丽表示臣服，隋炀帝撤军。十月，回到大兴。十二月，至洛阳。

大业十一年（公元615年），九场叛乱相继爆发。五月，隋炀帝第三次北巡。十月，回到洛阳。

大业十二年（公元616年），十场叛乱相继爆发。七月，隋炀帝下江都。

大业十三年（公元617年），十八场叛乱相继爆发。其中包括五月，唐国公李渊从太原起兵直捣关中。十一月，李渊攻克京师大兴。

大业十四年（公元618年）三月，隋炀帝死于江都兵变，享年五十岁。

纵观隋炀帝的皇帝生涯，四次驻跸京师大兴，累计只有不到一年。七次驻跸东都洛阳，累计四年多。三次驻跸扬州江都，累计三年多。其他的时间，是一次西巡，三次北巡，三次驻跸河北及赴辽东征高句丽。

隋炀帝驻跸最多的，就是他本人的杰作——东都洛阳。那么东都洛阳与京师大兴，到底谁才是首都呢？

《隋书》的《炀帝纪》与《地理志》等未提及迁都说法，《宇文恺传》中却有“炀帝即位，迁都洛阳，以恺为营东都副监”的模糊说法。隋文帝从长安城移都大兴城，仅几公里也被称作迁都。而隋炀帝建东都，也是废弃了汉魏洛阳城，而在十多公里外兴建新的隋唐洛阳城。因此《宇文恺传》中用到“迁都洛阳”，或是从京师大兴迁都到东都洛阳之意，或是与长安迁大兴性质相同的移都之意。但《隋书》既然用到这样两可的措辞，说明唐人对从大兴迁都到洛阳，是有一定认同的。

隋炀帝将东京建设得异常奢华。后来丝绸之路再次畅通后，他下令洛阳城内的商铺必须装修得富丽堂皇，商人要身穿绫罗绸缎，而且胡人在洛阳酒店的酒食不必付钱。他下令用丝绸把洛阳城的树木包裹起来，以向胡人展示洛阳作为国都的富饶。他彻底丢掉了关西政权勤俭自制的执政传统。在隋炀帝的心中，洛阳才是代表隋朝形象的首善之都。

在谭其骧先生主编的《中国历史地图集》第五册隋朝行政地图中，就将东都洛阳标注为首都，可见当代历史地理学界对洛阳的首都地位是认可的。可问题是，隋炀帝仍然对大兴城持有一定的暧昧态度，至少从法理上说，隋炀帝没有迁都，被冷落的大兴城仍是名不副实的法定首都。尽管隋炀帝无心大兴，《隋书》仍始终把隋炀帝时期的大兴城称为京师。

“京师”一词，一般独指首都，由于在西晋时期要避晋世宗司马师的名讳，此后也称“京师”为“京都”。尤其在多都制时期，京师作为首都，是与辅都、陪都的区分标识。但历史上也有过几次法定京师与实际首都的概念发生偏离的时期，第一次就是隋炀帝这次。隋炀帝并没有发布迁都诏书，而是发布建东都诏书，大兴始终为京师，却是隋炀帝三都中皇帝驻跸时间最短的，甚至可以忽略，可见隋炀帝在京师的定位上态度并不明朗，一直在用拖延策略。

在周制中，凡邑有宗庙先君之主曰“都”，无则曰“邑”。宗庙也称太庙，是帝王祭祀祖先的场所，是历代都城礼制必备的祭祀中心之建筑。甚至可以说，对于有深厚的祖先崇拜之信仰与宗法制传统的古代中国而言，首都必有天子宗庙。然而，隋炀帝耗费众多人力修建东都，偏偏只在东都修建了一座经天宫来供奉开国君主隋文帝的衣冠用以祭祀。有司议立东都宗庙时，隋炀帝也没有按隋朝以前的礼制在洛阳立天子七庙，而是只立高祖别庙，而且不久就停工，始终没有建成。可以说终隋炀帝之世，东都作为实际首都，却没有作为首都标配的天子宗庙。这背后，势必有京师大兴的关陇贵族集团的掣肘。因为立庙，就意味着法定首都的正式转移。

其实隋炀帝对都城的暧昧有多处迹象。如隋炀帝第一次在洛阳长期驻跸时，下令兴建的是“东京”。大业五年，隋炀帝从东京回到京师前，专门将“东京”改为“东都”。虽然实际上的影响不大，但名分上，由于秦汉以来京师为首都，而各大地方重镇皆可称“都”或“都会”，如新莽五都、曹魏五都，所以“京”字在人们心中的含金量显然超过“都”字。这一改名，其实又让关陇贵族集团觉得皇帝要回来了。可隋炀帝这一次只是要借用关陇做后盾，创下其作为史上西巡最远的皇帝的纪录。完成西巡之后，隋炀帝依旧没在大兴久留。

好大喜功的隋炀帝建东都，凿运河，修长城，开驰道，动辄就是征发一两百万的壮劳力服徭役，又带着百官四处巡游，搞流动朝廷，几乎就没让百姓喘息过。大业八年，他发动全国近一百一十四万兵力，征发至少两百二十八万民夫做后勤运输，第一次征高句丽却以失败告终。他对全国的掌控力就此大幅下降，已经失去民心。从大业九年开始，农民起义如暴风般席卷全国。

三省六部原本是中央机构，隋炀帝却打散六部尚书，有的跟随自己出征，有的在京师辅佐孙子杨侑，有的在东都辅佐孙子杨侗。中央机构的正常运作和国家制度也已经被他搞成半瘫痪状态。国家府兵的折损也很严重。隋炀帝不回关中，却仍不忘和关陇贵族搞暧昧。他在关中大量募兵，并命名为“骁果军”，似乎还是以关中为基本盘。

隋炀帝建的东京洛阳城，比隋文帝的大兴城更奢华。但洛阳与大兴一样，没有完备的外郭城，只有短垣。洛阳城到了武则天时期才筑成规模宏大的外郭城。隋炀帝又发动十万男丁，专门为京师大兴加高城垣，修筑外郭城。而且隋大兴城的面积有八十三平方公里，隋洛阳城则只有四十七平方公里，这些无疑是让大兴城在城池规模和规格上压过东都一头，巩固了京师的都城地位。但即使这样，隋炀帝仍是不回关中。

忧心关中被抛弃的关陇贵族集团，感受到了隋炀帝一次次的挑逗与耍弄之意，失去了耐心，伺机向隋炀帝发起反击。

（四）回不去的故乡

关陇贵族集团出身的礼部尚书杨玄感最先跳出来反叛。杨玄感打出的旗帜之一就是他承袭父亲功勋的上柱国身份，因为柱国的称谓就是关陇贵族的最高象征。

杨玄感是已经去世的声望极高的隋朝功臣杨素的儿子。同样出身关陇贵族，当年八柱国之一的李弼之孙李密，也追寻杨玄感反叛。他们这些关陇集团子弟早就对隋炀帝不满，碍于此前隋朝的统治力尚强，才按捺住反叛的冲动。当隋炀帝发动数百万人远征辽东却大败而归，隋朝民变四起时，关陇集团也势必不会再坐以待毙。但对于应该如何推翻隋炀帝，杨玄感与李密却没有达成一致意见。

当时隋炀帝正在辽东与高句丽作战，杨玄感和李密驻扎在河北。李密向杨玄感献计上、中、下三策：上策是占据河北涿郡（今北京），封锁榆关（今山海关），让隋炀帝的大军在辽东失去补给，自行溃散。中策是攻占长安，占据关陇贵族的大本营关中，利用四塞、天府的优势，以及关陇贵族对隋炀帝的抵触情绪，与关东的隋炀帝对抗。下策是攻打隋炀帝的政治中心东都洛阳。但杨玄感偏偏选了李密的下策，他认为攻下东都洛阳，掌控隋炀帝的老巢才是取得天下的象征。结果杨玄感得不到关陇贵族太多声援，反叛只持续了两个月，杨玄感就战败被杀。

隋炀帝屡征高句丽而不能成功，即使后院失火，甚至是大火烧屋，他仍然执拗地不惜赔上更多的本钱，反复征伐辽东。大业九年以后的隋炀帝，分明是一个越输越不甘心下牌桌的、孤注一掷的赌徒形象。他赔上国本所求的，仅仅是挽回面子，他不能接受失败。内乱丛生，他依然选择二次征高句丽、三次征高句丽……直到高句丽表面上臣服，而隋朝已经大乱。

关陇贵族出身的杨玄感虽然失败了，但关陇贵族也放弃了支持隋炀帝的隋朝。隋炀帝想用关东本位替代关中本位，实际上害苦了关东百姓。关东遍地都是起义军，还谈什么关东本位?

大业十二年，隋朝已经是四处民变，遍地起义。隋炀帝此时在东都，决定要再次下江南巡幸江都。先是奉信郎崔民象劝谏皇帝，说到处都是叛军，不宜出巡。结果隋炀帝大怒，当场将其处死。隋炀帝的车驾离开洛阳，到了荥阳的汜水关时，奉信郎王爱仁又站出来劝谏皇帝，说到处都是叛军，请皇帝返还西京大兴，不要出关，利用关西形胜应对关东叛乱。隋炀帝又怒了，又当场将其处死。隋炀帝在最后一次征高句丽时，就已经开始搞一言堂，群臣“数日无敢言者”。此时，隋炀帝更是对谏臣无罪滥诛，越过法令程序随意冤杀苦口婆心规劝自己之人。奉信郎隶属于谒者台，是皇帝的使者和情报人员。隋炀帝杀谒者，与当年不愿听到反叛消息而杀谒者的秦二世如出一辙。自欺欺人，掩耳盗铃，连叛乱存在都不愿承认，怎能不被反复冲击到亡国?

当初给杨玄感献上中下三策的李密，在杨玄感兵败后逃跑，加入农民起义军瓦岗军阵营，最终成为瓦岗军的首领。李密的部下也曾劝李密西入关中，但李密却不再坚持自己提出的占据关中这个中策，反而也像杨玄感一样，一心要攻克洛阳，他接连占领了洛阳周边的几大隋朝粮仓。李密对此有清楚的认识："我之所部，并是山东人，既见未下洛阳，何肯相随西入？"当初他劝杨玄感入关，是因为杨玄感的部队是朝廷官军，关陇将士众多。他二人又是关陇贵族出身，能够号召关西。但此时李密孤身一人，率领一众关东农民军，还没攻克洛阳让瓦岗军见到好处，就不可能说服瓦岗将士西入关中。

李密没有入关的条件，但身为太原留守的唐国公李渊却有条件入关。李渊是八柱国之一李虎之孙，隋文帝独孤皇后的外甥，隋炀帝的表兄，关陇贵族出身，家世显赫。他作为太原（北齐的别都晋阳）留守，处在晋陕盆地带内，只需要下河东、过黄河就可直入关中。最终，隋京师大兴城被李渊夺取。李渊立镇守京师的隋炀帝之孙杨侑为傀儡皇帝，遥尊在扬州的隋炀帝为太上皇。关陇贵族接受了李渊，意味着杨氏皇族从关陇集团出局。

农民起义的熊熊大火已经燃烧了四年之久，隋炀帝却像对遍地起义没有知觉一样，自顾自地巡游。大业十一年，他还最后一次北巡塞外，全然不顾国内的危局。应该说，关陇贵族已经放弃他了，隋朝的全国行政系统也已失灵，只有隋炀帝身边还有一个游走机构作为名义上的"朝廷"。隋炀帝到达江都后才终于意识到，关中不再拥护他，关东也已经被他搞得糜烂不堪。他最多只能做个像当年被他领兵灭亡的南朝的君主一样的皇帝了。

起义军截断了江都与东都之间的道路。隋炀帝回不去东都，更回不去京师。起义军又纷纷占领了东都周边的粮仓，并长期围困东都。隋炀帝建东都，利用运河囤积了天下粮食，这些粮食最终不仅没能支撑隋朝，反而成了资敌之粮。

自信心和自尊心被恐惧与无奈彻底击垮的隋炀帝，完全失去了斗志，竟像当年在江南温柔乡里被他俘虏、被他讥讽的陈后主那样，也在江南醉酒笙歌，日日耽于享乐。对于一个曾经胸怀壮志的君主，这哪里是享乐，是最后麻醉自欺的等死罢了。当紧绷的神经松懈下来时，当"大业"残缺到不可能再完美时，他什么都不愿多想了。

隋炀帝身边的禁军，基本都是从关中招募的骁果军。隋炀帝原本强行把江南女子婚配给这些关中士卒，想让他们甘心留在江南，但骁果军仍不满隋炀帝待在江都不打算回关中的行为。于是，他们拥戴又一个关陇贵族出身的宇文化及为首领，在江都发动兵变，杀死了隋炀帝。

宇文化及还屠杀了跟随隋炀帝到江都的隋朝宗室和一众支持隋炀帝的江南世族，只留下了隋炀帝的侄子，立其为傀儡皇帝，之后宇文化及率骁果军西归关中。但此时洛阳的王世充见隋炀帝已死，也立镇守洛阳的隋炀帝之孙杨侗为傀儡皇帝。东都成了挡住骁果军归乡的拦路虎，宇文化及与骁果军最终在关东的混战中溃亡。

西京大兴立了一个皇孙为傀儡皇帝，江都扬州立了一个皇侄为傀儡皇帝，东都洛阳也立了一个皇孙为傀儡皇帝。所谓天无二日，民无二主。国有三都而主辅不明，岂能不生三帝而分崩离析？这就是都城方略不当，基本盘不明，常年不经营都城而四处巡游征战的隋炀帝带给隋朝的最终命运——裂解和崩溃。

杨广继位后，在东都待过许久，在江都待过许久，在战场上待过许久，在西巡、北巡、东征的路上待过许久，偏偏待在他出生的家乡京师大兴的时间，累积下来连一年都不到。

杨广很聪明，做成了许多大事，他大半生都在努力博取更高的名望，博得父母的认可与关心，但他的内心大概住着一个输不起的“孩子”。完美主义者往往更脆弱，他们的堕落也往往更彻底。

“我梦江南好，征辽亦偶然。但存颜色在，离别只今年。”

杨广在江都的最后一年，噩梦不断，经常夜不能寐，必须由宫女抚背才能入睡，他似乎已经陷入精神全面崩溃的状态。这个时候，他才终于不再是那个追逐“大业”、睥睨众生的强主，而是回到了当年那个眷恋家乡和父母，却被迫吞下眼泪鼓足勇气远行的十二岁少年。

他呆照着镜子，对萧后无力地说：“好头颈，谁当斫之？”此时，在身边相依为命，能让他倾诉真心话的，依旧是当年那个与他在晋阳相依为命的妻子。他明白自己命不久矣，他只是一个输不起的赌徒，并不是一个看不懂形势的天真派。

最终时刻，什么都明白的杨广，丢下了一句“我实负百姓”后被缢死。一生漂泊的杨广被草草地葬在了江都，葬在这座以大运河标识政绩的城市。

少年离家的杨广，一生充满了不安感。在父母的期许之下，唯有立功、立功、再立功，才能让父母更多地关注到他，让他感受到更多的亲情，才能让他体会到自己的价值，让他拥有更好的前途和未来。这种幼年形成的表现欲，以及在不断博取认可的过程中形成的路径依赖，贯穿着他的一生。他用功业名望来激励自己，填补内心的脆弱与不安。但对一个更应该坐镇中枢为国家全局把舵，鼓励别人立功的皇帝来说，这种必须事必躬亲，与臣下争功的强迫症心理是致命的。

因此，也很难说隋炀帝在马不停蹄地东征西讨、南征北战中，到底是想彻底背弃京师，还是想要在彻底平定四海之后再衣锦还乡，班师回京。

隋炀帝在征高句丽时发布过一道诏书，在提及古代帝王四处亲征之后写了八个字：“除暴止戈，劳而后逸。”也许隋炀帝就是试图将战事毕于自己这一朝，让后人不用再劳于战事。然而他没想到，他最终把家国推向了深渊。

隋炀帝所作《还京师诗》首句为：“东都礼仪举，西京冠盖归。”也许他是想在平定四海，大功已毕时，回到京师的太庙，再向父亲和母亲叙说自己的功绩，让二老高兴。然而国破家亡，他死后如何面对曾经那么看好他的父皇和母后？

不知道在最后被缢死的时刻，对于遥远的家乡——长安，杨广是真的不想回去吗？或许自幼漂泊大半生，他早已分不清，到底是他抛弃了长安，还是长安抛弃了他……

第六章

唐：长安差点儿失都

未央初壮汉，阿房昔侈秦。
在危犹骋丽，居奢遂役人。

隋朝灭亡了，唐朝建立了，李渊将大兴城改回为长安城。长安终于重新成为名副其实的首都，但谁也没料到统一之后，长安最先面临的却是失都危机……

（一）唐高祖迁都之议

公元 618 年，隋炀帝在江都遇弑。李渊在关中废隋恭帝，建立唐朝，定都长安，是为唐高祖。他封嫡长子李建成为太子，嫡次子李世民为秦王。

天下已经分崩离析，各路起义军和地方官员纷纷割据自立。李渊除了占据着他建国的关中和他起兵的太原、河东，蜀中也被传檄而定，迅速归唐。关中盆地、晋南盆地、四川盆地几乎是每一次定都西部的大一统王朝称帝时都已收入囊中的板块。李渊占据了地利优势。

陇西则被号称“西秦霸王”的薛举割据。薛举临近关中，见李渊改朝换代，试图杀入关中占领长安。李渊于是派秦王李世民前往征讨，但时年二十一岁的李世民却兵败而归，这应该是李世民一生中最大的一次挫败。薛举本要乘胜东进，但突然暴亡。李世民经此挫折教训，开始蜕变为一代战神。他重整旗鼓，再次率兵讨伐西秦的薛举之子薛仁杲，于年末大败薛仁杲，灭掉西秦。不久之后，割据河西的李轨也不攻自破，整个关西基本归入唐朝。李世民开始全力向东，替父皇李渊征战中原，逐鹿天下。

趁隋末乱世，突厥也开始在边境扶持亲突厥的势力，刘武周就是其一。李渊原本占据的太原盆地到晋南盆地，一度被刘武周攻占，威胁关中。

关东那边，骁果军宇文化及败给了瓦岗军李密。李密又败给了洛阳王世充。中原一带被王世充逐渐整合。河北一带被窦建德逐渐整合。

公元 620 年，李世民击败刘武周，收复太原盆地与晋南盆地，刘武周向北逃窜，被突厥所杀。此时，关西的李唐、中原的王世充、河北的窦建德在北方形成三足鼎立之势。李世民紧接着围攻洛阳的王世充。

公元 621 年，窦建德从河北率兵十余万来洛阳援救王世充，结果李世民截杀河北军并生擒了窦建德。王世充见大势已去，开城投降。秦王李世民一战而定两大诸侯，威震天下。李渊为李世民加天策上将封号、陕东道大行台，位在王公之上。年底，窦建德的旧部刘黑闼再次集结旧部人马反叛唐廷。李世民又一次前往河北平叛。

公元 622 年，刘黑闼败逃突厥。李世民功高盖主，李渊对他的制衡也从此开始。之后，刘黑闼在突厥的支持下又一次前往河北策动反叛，李渊不再让李世民前去，而是让三子齐王李元吉前往平叛。当初刘武周攻入晋南盆地，就是留镇太原的李元吉防御不利，致使唐朝的龙兴之地沦丧。这次李元吉果然又败给刘黑闼。李渊无奈，只得让太子李建成代替李元吉前往平叛，最终击杀了刘黑闼。显然，李渊已经不想让李世民再碰军权。

在征讨北方刘黑闼等河北残余势力的同时，南线唐军也在南方陆续扫除了多方割据势力。

到公元 623 年，短短五年时间，唐朝基本重新统一了十年前分崩离析的天下。但突厥成了强敌。

当初统治草原的鲜卑诸部南下中原后，柔然崛起，在草原上取代了鲜卑。后来突厥部落又崛起，取代了柔然成为草原新霸主。突厥已经不是匈奴那样没有自己文字的落后部落，而是创立了自己的文字，有更精巧的国家机器，并且吸收了汉地的不少技术。如果说汉朝号称一汉顶五胡，是大幅领先周边的先进文明，那么到唐朝时，尽管华夏仍然领先，但周边民族不再粗野，中原与周边板块的相对差距被缩小。突厥在极盛时期，疆土东到大兴安岭，西到中亚里海一带，包含了蒙古高原与西域，是史无前例的超级草原帝国。

西魏—北周原本积极拉拢突厥，一心对付东魏—北齐。到北周武帝统一北方，长安政权开始对突厥形成优势，面对突厥的予取予求便不再客气。隋朝建立并统一南北后，开始挤压突厥的势力范围。突厥分裂为东突厥与西突厥，大致以今阿尔泰山脉为界。

隋唐之际的乱世到来后，东突厥不只扶持边境的汉人割据势力阻挠华夏统一，而且向南扩张，蚕食隋唐领土，占据了阴山以南的河套地区，甚至占据了燕山一脉的天险。突厥还掳掠边境汉人，包括一些工匠、技术人口。唐朝统一之初，东突厥颉利可汗认为唐朝国力此时仍然没有恢复，必须抓紧时间阻止唐朝复兴。于是从公元 623 年开始，他连年从北边侵扰唐土，试图从泾河河谷直入关中以打击唐朝中枢，对唐朝形成致命打击。

公元 624 年，李渊差点儿被东突厥逼得迁都。这一年，突厥颉利可汗杀向唐朝在泾河谷地的重镇豳州。一旦泾河沿线失守，突厥就会顺着泾河来到渭河北岸的长安城下。

当时除了东突厥，西北地区的吐谷浑、党项等部都在侵扰唐朝，而且唐将杨文干也刚刚在西北反叛唐朝，被李世民平定不久。内忧外患之下，有大臣劝李渊放弃长安与关中，一把火烧掉关中的财富，然后迁都到秦岭东南的南阳盆地内。李渊竟听从了此建议，派宇文士及前往南阳盆地，考察襄阳樊城以及南阳邓州，相宅迁都。

这一下可是炸了锅了。太子李建成与李渊的亲信宰相裴寂都支持迁都，反而是出身荆襄一带的萧瑀认为不可，却不敢谏阻。最终秦王李世民站出来，大义凛然地说天子如果遇到点儿边患就弃都，将沦为天下百世的笑柄。他希望李渊给他几年的时间，他一定砍下颉利可汗的人头，平定突厥之患，到那时再决定是否迁都也不晚。李渊这才同意李世民的意见，让李世民前往豳州防御突厥。最终在李世民的抵抗和斡旋下，突厥退兵。

唐朝建立，长安刚刚拿回首都地位没几年，差一点儿就又失都，还好有惊无险。不过这一次突厥入侵，显然与此前的杨文干反叛有关。而且，如同历史上所有迁都之议引发的博弈，这背后其实还暗藏着地缘集团之争。

（二）关陇集团的站位

杨文干事件发生在公元624年六月。高祖李渊收到大臣告发，说太子李建成暗通旧部、庆州都督杨文干筹募甲兵谋反。李建成前去请罪，李渊于是软禁李建成。李渊派人召回杨文干觐见，杨文干恐惧，随即起兵反叛。李渊派李世民征剿，杨文干最终死于部下之手。

可是，李渊事后却认定这是"兄弟不睦"引发的事件，即判定这是一次兄弟间的算计。李渊将此次事件的罪魁祸首归于太子府和秦王府的辅臣，并将他们流放。李世民虽然平叛却也被认定有责任，故而后世一般认为这是李世民给太子李建成设了一个套，被李渊识破。

向李渊告发太子谋反的，是替太子给杨文干送盔甲的尔朱焕和乔公山。李渊最终定罪者是太子府的王珪、韦挺和秦王府的杜淹。

不站太子一边的人，秦王府的杜淹是京兆杜氏。出卖太子的尔朱焕籍贯不明，乔公山是晋北朔州人。另外还有一个宁州人杜风举也向李渊进行告发。宁州临近杨文干任职的庆州（今甘肃庆阳）。杜风举很可能籍贯是宁州，宁州也可算作关陇，但郡望是京兆杜氏，他是受杜淹的指使。这四个人中，两个关陇人，一个背景不明，一个晋北人。

隋唐由于天下一统与中央集权制度的发展，流官现象增多，让原本牢固控制地方的士族精英逐渐分散到各地。不少离开故土的士族籍贯便会与故土之郡望不同。籍贯是自己的生长地，而郡望是自己血统门第所出。

表面上在太子一边的人，有太子府的扶风眉县王珪、京兆韦氏韦挺，他们都是关中人。另有李渊派去召见杨文干时，却向杨文干透漏李渊意图的宇文颖，也是关陇贵族出身，最终因追随杨文干反叛而被处死。这样一看，获罪的三个太子的人，都是关陇人。

如果这次真的是李世民给李建成做了一个局，那么表面上是太子府的人却被惩罚的王珪、韦挺，以及莫名其妙地让杨文干从假造反变成真造反的宇

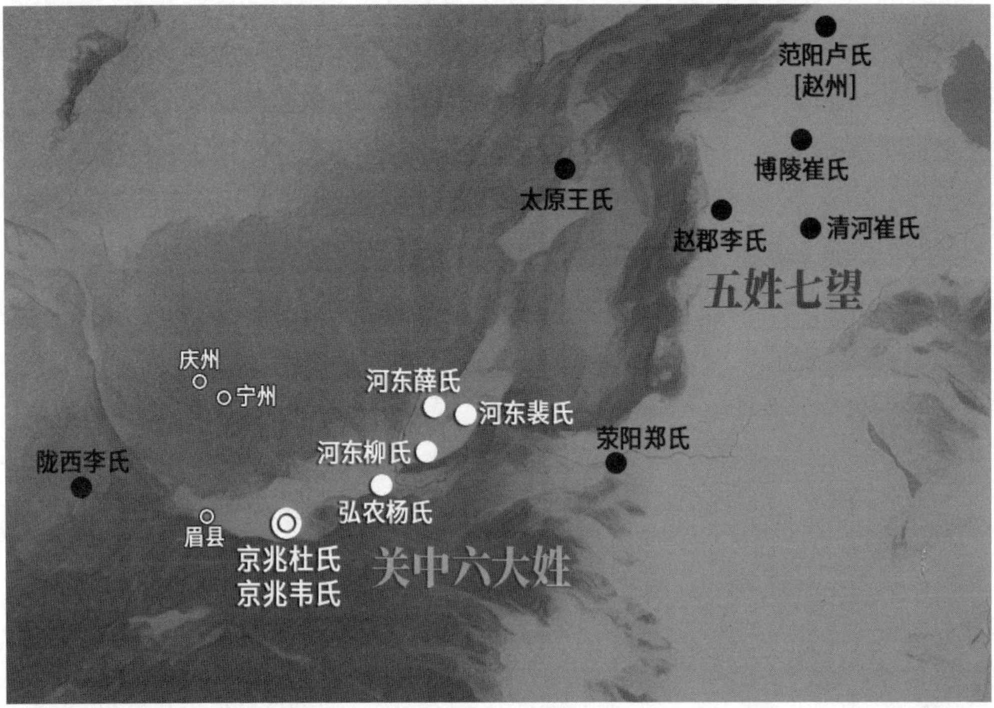

图 65　中古士族郡望分布

文颖，都有可能是李世民一边的人。

李渊最终在处死宇文颖时，也不解地问他，明明是前去传旨召见杨文干，为什么会选择通风报信，劝杨文干反叛。但宇文颖默不作答，“无以对”，宁愿不明不白去死，此事可谓谜团重重。宇文颖本是李元吉一派，因此人们又猜这事可能与李元吉有关。但李元吉并未得到任何好处，而且已经判定事情起因是兄弟不睦的李渊也没有惩罚李元吉。

从得利方推导这次事件，所有深陷其中的关陇人士无论明面上是不是太子的人，其行为最终都将导致太子李建成倒台，最大获利者本应是秦王。只不过，李渊最终似乎搞明白了事件原委，发现秦王深陷其中，而太子无辜，最终的处罚指向了秦王。否则太子李建成如果被坐实谋逆罪，不大可能是皇帝对兄弟俩各打五十大板。获利与阻止获利的博弈，其实是在李世民与李渊二人之间发生的。

王珪、韦挺被李渊判定有罪后被流放。一年多后，玄武门之变爆发，李渊退位，李世民即位。原本已经被逐出太子团队甚至权力圈的两人，在李渊退位后，反而官运亨通，都在贞观朝做到宰相。显然，他们作为太子的人马，很可能反水站队到秦王一边了。

如果不是李世民做局下套，李渊赏罚颠倒地对待平叛有功的李世民和反叛的李建成，而且是逼着李世民这个军方势力最大的统帅起反心，情理上很难说得通。

如果是李世民做局，太子是冤枉的，那这两个获罪的太子属官，是因被李渊发现背叛太子而获罪。他们二人应参与了为杨文干事件做局，李渊是在替太子清理门户。包括宇文颖，他劝杨文干不要见李渊而是反叛，杨文干也莫名其妙地被部下所杀，宇文颖本人又紧咬牙关什么都不说，最后成了死无对证。他们很可能是为秦王利益献身的，只是操作不当把自己赔了进去，但终归是没有对李渊吐露任何不利于秦王的实际证据。这能够解释李渊为什么会各打五十大板。

最终获罪的无论原本是哪边的属官，实际上都是为李世民站台而获罪。牵涉此案的七人，五个关陇人，一个晋北人，一个不明。关陇集团在其中起到的作用不可谓不大。

在杨文干被平定的次月，突厥就从杨文干驻守的方向杀到关中附近。显然，突厥不单单是趁虚而入，更可能是被杨文干提前放进来的。李渊恼怒，但又不能为此向世人公开秦王与太子争储，他还要维护秦王的名誉，因此惩罚了一大批站队到秦王一边的关陇集团成员。

以往人们通常认为，李建成是太子，常年活动在京师，秦王则在关东平叛，所以太子与关陇集团的关系更好，秦王与关东人才的关系更好。但李渊已近六十岁，年龄不饶人。关陇集团也需要在拥有嫡长子身份的太子，以及声望最高、战功赫赫的秦王之间站队。太子之位是活的，可以换人，但李世民的声望和势力却是死的，没法转移给别人。支持太子的结果，可能最终也是内乱甚至内战。关陇集团最后会选择谁？

其实，秦王平定关东叛乱主要集中在武德三年（公元 620 年）到武德五年（公元 622 年）的两三年间，时间并不长。后来秦王长期在京城，反而是太子前往河北平定了刘黑闼的第二次反叛以及后续的一些叛乱。而且秦王灭河北的窦建德，是在洛阳获胜，并没有实现安抚河北本土士族豪门的政治目标。秦王在河北也没能彻底平定刘黑闼，这才有了李建成平定刘黑闼的第二次反叛。

可见，至少在河北，秦王的政治目标并没有完全达成。最终是太子前往河北平叛，做好了安抚河北的政治工作。陇西就是秦王最初平定的。秦王之封地“秦”，不是唐都城之秦，而是依隋朝皇子成年后赴封地任总管之旧例，与隋皇子杨俊的秦王封地一致，是隋唐在陇西的秦州。而李元吉之齐王，也不是山东之齐，而是他留守并总管的并州。并州治晋阳城，晋阳是邺城被隋文帝毁掉之后，唯一留存的北齐故都。李元吉的齐王之号，是北齐之齐。李元吉常年驻守晋中和晋北，与太子二人在关东北齐故地的根基，很可能比秦王要深。秦王支持长安为都，就是支持关陇集团，关陇集团也反过来支持秦王。

杨文干事件的第二年，再次防御突厥时，也是太子李建成前往幽州领兵。在玄武门之变前一直效忠太子的魏徵，就是河北人，可见太子确在河北有一定的声望。其实李建成在长安时，李渊也在长安。李渊是一个不上阵的天子，李建成也就做不了留守太子，有李渊亲自坐镇，京城又怎么会是李建成的势力范围呢？

李世民的秦王府与天策府都在京城。根据《长安图志》标注的方位，秦王住在长安城北、禁苑之内的承乾殿，在芳林门外东北方向、玄武门外西北方向不远，后称宏义宫，也称西宫。他遥领的陕东道大行台设立在洛阳，李渊一度想让秦王赴洛阳行台执掌陕东，才是对秦王的驱逐和卸权。但李渊最终让李世民留京，而天策府就在玄武门外，李渊的结局又有多少偶然成分？

回看事件的整体脉络：太子和齐王亲近关东，李世民则在迁都之议中亲近关陇，于是爆发了关陇集团对太子倒戈一击的杨文干事件。而李渊也在这次事件的次月就借突厥入侵，提出迁都南、襄，而且要毁弃长安。李渊发出的信号其实是要效仿隋炀帝迁都，敲打公然围攻储君的关陇集团。而太子支持迁都，秦王激烈地反对迁都，也恰恰印证了秦王已经与关陇集团捆绑的事实。最终，秦王还是用兵权示威，号称要灭突厥，实际上是暗示李渊，关陇之兵已经是他在控制。李渊迁都本为敲打关陇集团和秦王，反被儿子强硬地数落成万世笑柄，没能成行。李渊在关陇集团心中的威势地位被进一步削弱。

而且，杨文干反叛爆发后，李渊最先是派遣左武卫将军钱九陇、灵州都督杨师道围剿杨文干，后来才又让李世民率兵平叛，甚至许诺平叛成功后让李世民做太子，废李建成为蜀王。这一次李世民得到立储许诺是其次，重要的是借机重拾军权。公元 621 年，李渊以李世民领左右十二卫大将军，李世民事实上掌控了关中的府兵。但次年李建成前往河北最终灭亡刘黑闼，李渊又借机撤销了十二军体系，夺了李世民的兵权。此后两年，李世民很少能触碰主力军队。杨文干事件爆发前，李渊恢复了十二军建制，却把兵权掌控在自己手里。

杨文干反叛的实质效果，是让李渊不得不把军权又交给李世民，更是在次月面对突厥大敌逼近关中的情况下，让李世民再次执掌唐廷主力。李建成为了阻止李世民获取军权，继续向李渊进言，说李世民誓灭突厥的豪言壮语只是像汉朝樊哙那样的夸口。但李渊既然不敢真的迁都，就只能放手将兵权交给最懂用兵的李世民，先解决眼前的突厥之患。这样一来，就真如李建成对李渊所说，李世民的目标是“外托御寇之名，内欲总兵权，成其篡夺之谋耳”。拒不交出太子之位，还用迁都威胁关陇集团，其实是皇帝李渊最后的反抗。

李世民的潜邸旧臣中，虽然不全是关陇集团成员，但秦王府、天策府、陕东道行台，这三个李世民直接控制的机构中，关陇出身者仍占据四成左右。仍然是中坚力量。当李世民获取了关陇集团的支持，李渊无论怎么制衡他，其实皇权都已经被釜底抽薪。只要李渊仍拒不把继承权交给李世民，类似玄武门之变的矛盾爆发是迟早的事。在关陇集团已经站队的局面下，李渊还继续用太子制衡秦王，无异于把父子矛盾激化，对决提前。

公元 626 年，玄武门之变爆发。太子李建成与齐王李元吉在玄武门被秦王李世民所杀，李世民夺得储位，并控制李渊，很快登基为帝，改元贞观，是为唐太宗。唐太宗尊父亲李渊为太上皇，立关陇勋贵出身的秦王妃长孙氏为皇后。而李建成之妻是关东士族出身的荥阳郑氏，李元吉之妻则出身关西士族弘农杨氏。李世民杀两兄弟后却纳李元吉之妻杨氏入后宫，让李建成之妻守寡。可见从联姻士族的角度看，李世民也是着重联姻关陇。李建成才是与关东士族更为亲密的一方。

杨文干事件、应对突厥入侵、迁都之议、李世民重掌兵权，其实是一系列围绕兵权的整体博弈。太子之位是其次，李世民有了兵权，就占据了主动权。从北魏孝武帝开始到玄武门事变，长安政权能善终的皇帝可谓凤毛麟角。当李世民的权力已经达到质变，其选择无非是做一个忤逆的儿子提前上位，还是做如两晋南北朝那样司空见惯，待父亲死后再弑兄而立的诸侯王而已。玄武门之变，起码比容易引发全国动荡的弑君夺位代价要低。

但突厥之患还没有彻底结束。李唐与控制着西域的西突厥进行联姻和亲，牵制东突厥。东突厥的颉利可汗仍然没有放弃要击垮唐朝的想法。

（三）渭水之盟

公元 626 年，李世民继位称帝的当月，颉利可汗就率领突厥大军，沿泾河河谷攻破唐朝防线，进入关中，兵临长安城北的渭水边。此时，京师震恐，天下震动。如果这次李世民在大敌兵临城下时应对不利，致使长安遭难，那么反而会印证李渊此前迁都主张的正确性。

刚继位不久的李世民亲自出城，隔着渭水指责颉利可汗背弃协约。之后，李世民又孤身前往渭水便桥，与颉利可汗私语，并杀白马盟誓，这才使颉利可汗退却，史称“渭水之盟”。历代不少观点认为这是李世民的耻辱时刻，但其实仔细观察颉利可汗进军关中的路线，就会发现，颉利可汗才是最危险的一方。

颉利可汗进犯关中的路线是先攻打泾州，然后走泾河河谷经过豳州，再至关中平原的武功，沿着渭河到高陵，再在泾阳被尉迟敬德率领的唐军打败，最后在咸阳与唐太宗定下渭水之盟，最终退兵回突厥。颉利可汗之所以能顺利从泾州、豳州进入关中，是因为驻守泾州的罗艺是河北势力，是太子李建成一党，还曾经殴打秦王部下。秦王成了皇帝，罗艺此时深感不安，已经产生了叛逆之心。在渭水之盟的次年罗艺就反叛唐朝，但很快被平定诛杀。而驻守豳州的守将张瑾则是李渊的嫡系，与李渊有“旧恩”，所以在李世民登基后也故意不抵抗突厥，令突厥得以顺利南下。因此，颉利可汗这次能够越过泾州与豳州进入关中，其实是太子余党与李渊党放水的缘故。

但颉利可汗从豳州进入关中西部的武功县，然后顺着渭河北岸向东走了近一百公里，到达高陵，然后又折返向西走到“泾渭分明”的泾河口，即泾阳，被唐军大败，于是继续向西到了渭河便桥一带驻扎下来。泾阳在长安城的东北方向。便桥所在的位置连接渭北的咸阳和渭南的长安，在长安城的西北方向，即西渭桥。显然，颉利可汗越过豳州之后，是从豳州永寿县的方向直接南下。而他进入关中平原西部之后，作为草原上的霸主，才第一次亲眼见识到了关中的四塞形胜。

颉利可汗一路沿着渭河，向南望去，是平原上拔地而起、排列整齐的秦岭山脉，俗称南山。他回身向北望去，又是一道连绵的北山山系，由陇山山脉、子午岭山脉、桥山山脉以及各大山脉中间沟壑纵横的黄土台塬组成。即

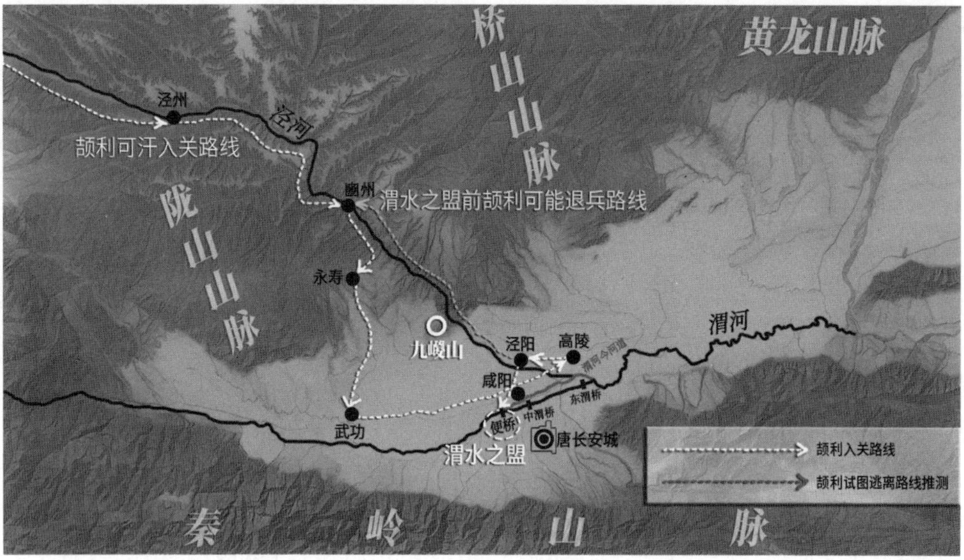

图 66 渭水之盟前后的突厥入关路线图

使这黄土台塬，也是从拔地而起到数百米之高，堪称险阻。他能够从陇山与子午岭之间的黄土台塬地带进入关中，是因为唐朝处在最高权力非正常交接的敏感时期，当地守军消极抵抗甚至故意放水。但唐朝在北部的换防一旦完成，势必会形成关门打狗之势，把他困死在关中平原。颉利可汗想到这些，怎能不脊背发凉？

颉利可汗越过长安城去找泾河口，实际上是为了从泾河河谷的淳化县的方向再返回豳州。可惜李世民不给他这个机会，让尉迟敬德在泾阳狙击了颉利可汗的军队。颉利可汗只好又往西走，试图从永寿的方向原路返回。此时，京师附近的部队也在长安城所在的渭河南岸集结，在一代军神李世民的率领下来到便桥边，对着渭河对岸的颉利可汗示威。东有尉迟敬德，南有李世民的主力，颉利可汗非常恐惧，与李世民讲和。颉利可汗没有在临近泾阳和通往高陵的东渭桥或临近长安城的中渭桥，而是在便桥西渭桥约见李世民，可见颉利可汗也在避唐军的锋芒。

李世民欲前往便桥单刀赴会，与颉利可汗面谈，群臣认为太过危险，谏阻李世民。但李世民早就看破了颉利可汗在打肿脸充胖子，绝不示弱才能获取最大的谈判利益，他说："吾筹之已熟。"他知道颉利可汗也在观望唐军的态度。只要皇帝示强，采取极限施压，敢于在关中与颉利可汗做困兽之斗，那么颉利可汗就非常危险，而"我若示之心弱，闭门拒守，虏必放兵大掠"。

李世民已经让长孙无忌和李靖在豳州部署军队，相当于颉利部队的北部、东部、南部有三路唐军合围他。一旦颉利可汗掳掠关中，耽误了时机再北上，又身处高山河谷和高原沟壑之中，没有了补给，反而会被唐军前后夹击。

李世民非常清楚颉利可汗的处境，他看出颉利可汗只是想敲诈唐廷一笔，并不敢真的殊死搏斗。因为一旦开战，纵然唐朝会遭受重创，但颉利可汗也很难全身而退。但由于李世民刚刚即位，他害怕在关中作战伤及国本，才打算与颉利可汗议和。之所以选择在桥上独会，不让人知道谈话内情，一是因为唐朝不愿在关中交战，有心议和，二是因为颉利可汗其实也不想让自己的部下和臣民觉得都打到了大唐都城脚下，反而不敢开战，有失颜面。颉利可汗求财，李世民求稳，于是才有了渭水之盟。不过，李世民敢于只身赴会，还有一个不能言明的原因，那就是如果他真的出意外了，太上皇依然可以复位并掌控朝政，大唐不至于陷入混乱。李世民不怕牺牲。

渭水之盟达成后，唐廷放归颉利可汗，唐朝对突厥"啖以金帛"，而颉利可汗则献给唐朝马三千匹、羊一万头。但这时李世民却不接受突厥的财货，而是让颉利可汗归还了此前掳掠的唐朝人口，可见唐廷仍然拥有不小的主动权。

唐廷的危机终于解除，大体都在李世民的掌握之中。从这一次危机之后，新皇帝就开始勤俭自持，励精图治，任贤用能，加紧练兵，休养民力。他在安抚关陇集团的同时，也广揽关东贤才，甚至一度以其个人的人格魅力与率领群臣创立盛世的理想主义，缓解了关西与关东的地缘人事矛盾。他发展科举制的投牒自举之制，给关东寒门下放更多科举入仕的权利，讲究英才不问出身，在看到科举士子步入朝堂时，他喜叹道："天下英雄入吾彀中矣！"在令所有追随者信服的领袖带领下，整个大唐朝气蓬勃，蒸蒸日上。

李世民虽然夺取了皇位，但他没有忘记自己曾经在公元 624 年许诺父兄的十年内灭突厥之誓言。

公元 629 年，唐太宗命李靖率十万大军征讨东突厥。

公元 630 年，唐军灭亡东突厥，活捉颉利可汗送至长安。唐太宗将胜利告于太庙。他向祖宗和父亲，甚至死在他手上的哥哥证明了，他是对的，选择长安没有错。

这一年，太上皇李渊仍然健在。或许他是欣慰的，因为他的这个儿子是自古以来天赋罕见的领袖。或许他也后悔了，因为另外两个儿子终究是帝王之家冷酷无情的政治斗争的牺牲品。如果他早点儿顺应天命，把权力交给李世民，或许其他儿子可以保住性命？

叱咤风云的东突厥灭亡，四夷震动。强盛中国王者归来，自此周边各番邦共尊唐太宗为"天可汗"，请太宗皇帝下玺书封立他们的君长，在名义上归附唐朝。

唐初地狭，以弱胜强。关西王朝素有逆袭理念，唐朝也不例外。唐朝能够强大，是因为唐太宗为后世立下了勤俭自制、亲贤爱民的贤君规范。他听取了魏徵的谏言，深刻吸取隋炀帝背弃关西王朝勤俭自制之理念从而败亡的教训，把"水能载舟，亦能覆舟"作为警醒后世的君民关系论断。

唐太宗是一个贤仁且干练的君主，他把休养生息与开疆拓土，把文治与武功，做到了历代最平衡的结合，成为后世君主的模范与标杆。他唯一的瑕疵，就是杀兄逼父的玄武门事变。但他用对百姓的仁爱、对人才的尊重、几乎极致的自我道德要求，又将这个瑕疵冲淡了。

公元 649 年，唐太宗驾崩，葬于昭陵。昭陵位于关中北山山系的九嵕山之上。唐太宗接受虞世南当初为太上皇李渊建陵时的谏言，效仿汉文帝霸陵因山为陵，不起坟丘的薄葬之制。唐太宗为了孝道，没有为父亲选择这个薄葬方案，但长孙皇后临死时却为唐太宗下定决心，夫妻二人一起薄葬山陵。

唐太宗曾言："昔汉文帝将起露台，而惜十家之产。朕德不逮于汉帝，而所费过之，岂谓为民父母之道也。"他将汉文帝视作贤君的模范，也曾命官员祭祀汉文帝，一心效法汉文帝的崇德尚俭之理念。唐太宗是罕见的军事天才，却并不穷兵黩武，反而虚怀若谷，高度自律，从谏如流。他最终也被上谥号为文皇帝，庙号太宗，与汉太宗文皇帝一致。

关中自古帝王州，但占据这里并非必然能统一天下。在春秋战国和汉末魏晋南北朝两次四五百年的乱世车轮战中，关中酝酿出秦、隋的强国方略，最终胜出。但关中四塞之固的形胜优势，只能为自强不息者锦上添花，而无法为自毁长城者雪中送炭。当统治者不再满足于关中的这块有四塞之固的小平原的财富，放弃勤俭自制、对天下轻敛薄取的自我克制，携效率革命之成果，滥用效率革命带来的超强动员力，即使强如秦、隋也会崩溃，然后催生出秉持贤君政治理念的汉、唐继续承担历史使命，将关中效率改革的成果推广至整个中华。

经过太宗二十多年的经营，唐朝版图超越了鼎盛期的汉朝。他在漠北设立安北都护府，在漠南设立单于都护府。他向南在中南半岛建立了罗伏州，向西到达葱岭，即今帕米尔高原，向东到达大兴安岭。他把长安这个西北都城的区位优势发挥到了极致，无论是向西还是向北，唐朝最终都做到了中原王朝的极限。

（四）否极泰来的二元帝国

公元 618 年，唐王李渊的世子李建成与赵公李世民等人率军至东都洛阳城外，试图招降洛阳城中的王世充。见王世充闭门不应，而城中一些官员却想做唐军内应，于是李建成准备攻打东都。李世民劝李建成说："吾新定关中，根本未固，悬军远来，虽得东都，不能守也。"他认为关中才是根本，洛阳应该再放一放。于是李建成撤军。

公元 621 年，秦王李世民率军进驻洛阳城。他看到隋炀帝营建的宫殿奢华，叹息隋炀帝穷奢极欲，才会落得这个亡国的下场。于是他下令拆除端门楼，焚毁乾阳殿，毁掉则天门及其阙，以示对隋炀帝奢靡习气的反感。这一年，唐朝下令取消洛阳的东都称号。

公元 630 年，唐太宗李世民平定了东突厥，以“洛阳土中，朝贡道均”为由，发动民力修建洛阳宫以做巡游之所，但被张玄素所谏阻。

公元 631 年，唐太宗又要兴建洛阳宫。民部尚书戴胄再次谏阻洛阳宫工程。太宗虽然嘉许戴胄，但仍命将作大匠窦琎继续修洛阳宫。窦琎发动大量民力凿池筑山，雕饰华靡。可完工后，唐太宗又嫌太奢靡，再次毁掉洛阳宫，还罢免了窦琎的官职。

公元 637 年，洛阳宫再次修成。唐太宗首次巡幸洛阳，改洛州为洛阳宫。这一次他在洛阳一待就是将近一年的时间。这一年，一个十四岁的少女被召入洛阳宫，封为才人，成为唐太宗的妃嫔。她就是中国历史上唯一的女皇帝武则天。

此时武则天的父亲已经去世。她离开母亲孤身入宫，自信满满，还劝因不舍她而哭泣的母亲不要儿女情长。她的宫廷生涯起于洛阳，也终于洛阳。洛阳宫，曾是她少女时代梦想开启的地方，不像长安，是她走上血腥之路的地方。

公元 641 年，大唐联姻吐蕃，文成公主进藏，安定了西部边疆的局势。唐太宗再次巡幸洛阳宫，并以洛阳为中心巡游关东。这一次，他打算完成自秦皇、汉武、光武之后，又一次皇帝封禅东岳泰山的壮举。早在十年前，包括武则天父亲在内的一批大臣就曾提议他封禅。但封禅是一项劳民伤财的大工程，当时没有被采纳。如今大唐休养生息多年，威服四海，封禅这才被提上日程。运河粮仓堆满粮食的洛阳，显然是封禅工程的最佳补给点和落脚点。然而，封禅泰山以及长期驻跸洛阳，都意味着政治中心有可能变动，这对关陇集团是一种刺激，政治阻力想必不小。在洛阳驻跸十个月后，太宗最终以星象不利为由，突然放弃封禅，返回京师。

公元 644 年，唐太宗再次来到洛阳，并集结六军征讨高句丽。在洛阳驻跸四个月后，太宗于次年初率领大唐军队御驾亲征，奔赴辽东。这次军事行动虽然并不算失败，但瓦解高句丽的政治目的并没有最终实现。征战近一年后，太宗最终返回京师长安。

唐太宗曾经多次试图效仿隋炀帝，提升洛阳的政治地位，但最终都按捺住了。除了来自关陇集团的压力外，太宗到底为何坚守关中与长安？

唐太宗时期，面临的是突厥这样一个已经有自己成熟的文字、文化和制度的草原文明，西域诸国也在中原分裂的数百年间，逐渐受到印度、中西亚、蒙古高原各文明的影响，开始形成各种类型的国家文化。突厥文、吐火罗文、波斯文、于阗文、粟特文，在唐朝再次收复西域之前，已经在西域国家之间广泛流传和使用。唐朝想要恢复汉朝时对草原与西域的强大影响力和统治力，很难再像汉朝那样仅仅依靠技术优势。中原必须创造一种全新的文明逻辑，来重塑华夏在亚洲东部朝贡贸易体系中的核心地位。

二元帝国，南北朝时鲜卑族与汉族共同铸造的这个全新的统治逻辑，此时被大唐所继承和发扬。大唐原本就是十六国北朝乱世中浴火而生的集大成之文明，经历了北魏、西魏、北周、隋的四朝试错，才攻克众多历史瓶颈，孕育出甚至超越汉朝的唐朝。

李唐称皇族郡望为陇西李氏，但李唐追尊的献祖宣皇帝李熙和懿祖光皇帝李天赐都是昔日北魏的武川镇将领。而再往前追溯，李唐则称李熙的祖父和曾祖为定都敦煌与酒泉的十六国西凉君主李暠与李歆父子。如此说来，李唐虽声称出身于陇西李氏，但祖上常年为边君、边将，尤其是长期担任鲜卑族建立的北魏、西魏、北周的将领，甚至一度被赐鲜卑姓“大野”，到隋朝建立才改回李姓。唐太宗李世民的祖母是鲜卑族独孤氏，他的母亲窦氏出自代北的鲜卑化汉人纥豆陵部，他的妻子是鲜卑族长孙氏。因此，李唐虽然以汉

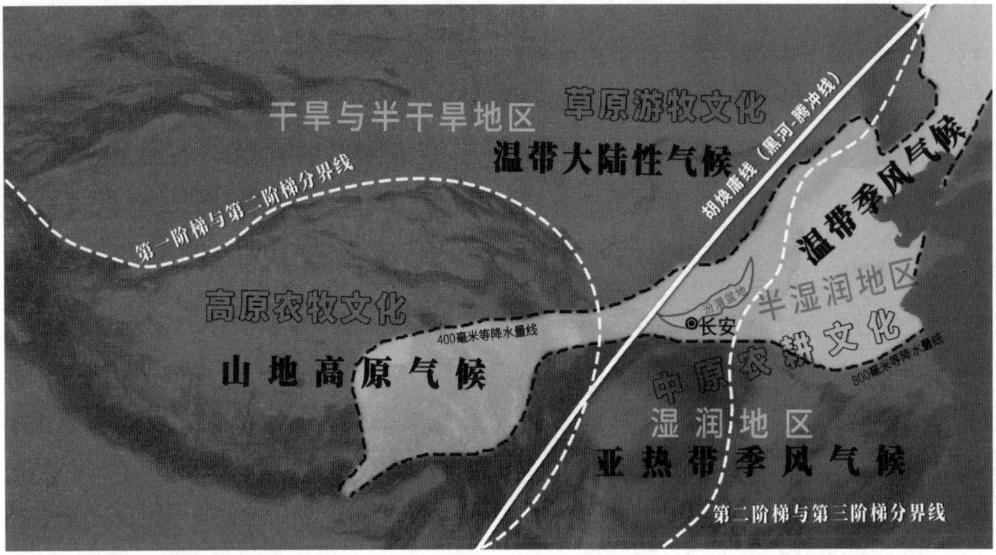

图 67　中国北方气候分布

地为大唐本部，但唐朝是一个继承了二元帝国统治之道的大一统王朝，唐太宗更是一个熟悉鲜卑人的草原性格，曾经从边境到都城不断与突厥打交道的“草原通”。如果说北魏建立的，是以草原游牧民族鲜卑为主，以中原农耕民族汉人为辅的二元帝国，那么唐太宗建立的就是一个以中原为主，以草原为辅的新二元帝国。

胡焕庸线人口分界线东侧，至今以全国 43.8% 的国土面积，供养了九成多的人口。这条人口线大致从关中西端和陇山一带穿过关陇。在当代中国北方，400 毫米等降水量线也临近这条人口线。800 毫米等降水量线则在贴合关中南部的秦岭一线。两条线把关陇板块夹在中间，这使关陇成为北方温带季风气候、大西北温带大陆性气候、大西南高原山地气候、南方亚热带季风气候的交汇处。关陇板块还是中国第一、二地理阶梯线之间的中心。

这样的地理区位，使得关陇既有高山屏障，又不失良好的气候、水资源和人口密度，向东进可与华北平原争雄；向西则紧邻草原游牧文化区和高原游牧文化区，可以控制丝绸之路这条西部绝佳的经济、人口与地理廊道，承接与西方的贸易，沟通世界。唐朝，又正好处在一个历史上罕有的温润期，这是牧区与耕区界线北移，关中水资源条件、农业条件最富足的一个时期。再遇上一个被千锤百炼、涅槃而生的王朝，以及文武双全、精通草原文化的皇帝……中国古代历史的巅峰，由此而生。

长安，是二元帝国的地缘交汇点和平衡点。关中平原偏小，关东黄淮海平原的面积更大。关陇即使是国家首脑地带，也更像是本部之边。但人的头颅本就在边缘。关陇临近游牧文化区与农耕文化区的界限，其区位反而像后世所说“天子守国门”。正如《左传》所言：“古者，天子守在四夷。”

关中的外围防御带，北有数百公里纵深的陕北高原，西有数百公里纵深的陇中高原，南有数百公里纵深的秦巴山地，东有太行山系与秦岭在豫西余脉合围的数百公里纵深山地。长安的城市防御带，自然是渭水、灞水、沣水以及终南山这三河一山。有足够多的安全感，才能放心地开拓和试错，当然也能在开拓与改革后收获更多的成功奖励。借着这个山河四塞、天府陆海的优势，关中已经开启了数次逐鹿天下、定鼎中华的历史。

定都关中与西安的西周、秦、西汉、唐，又是开疆拓土最为积极且成就十分显著的四大王朝，被后世认为是汉人王朝强盛的标志。这与关中背靠中原，直面蒙古、青藏、西域等各大民族板块有很大的关系。长安与关中，是沟通汉地与外界的桥梁，是汉人开拓外部的坚实堡垒。因此，长安是一个开拓型、外向型的都城。尤其是西部众多国土都是被关中王朝首次纳入华夏疆域。关中王朝如汉唐，也多以开放著称。唐朝便是极致之开放，是一个文化洒脱、气象万千的时代。

大唐是比北魏更庞大的二元帝国，以汉地为本部，建立起庞大的中原与番邦之间的“册封－朝贡”体系和广袤的羁縻疆域。唐太宗则在二元帝国中找到极致的平衡点，坚定以长安为堡垒的西向战略，定下华夷如一的开放包容政策。他曾言：“自古皆贵中华，贱夷、狄，朕独爱之如一，故其种落皆依朕如父母。”太宗驾崩后，来自八方的四百多胡人君臣失声恸哭，纷纷用自己特有的仪式表达对这位被各民族共同推举的“天可汗”之敬爱。阿史那・社尔与契苾何力两名胡族将领还请求为太宗殉葬，直到高宗拿出太宗不许他们殉葬的遗诏才作罢。太宗昭陵，依十四位胡人君长所雕刻的番臣像列在北司马门内，从此守护着他们的天可汗。

唐太宗给年轻的太子李治留下了两位辅政大臣，以太子的舅舅、关陇集团出身的鲜卑族长孙无忌为主；以江南钱塘人、郡望为河南褚氏出身的汉人士族褚遂良为辅。一个关西，一个关东。一个鲜卑人，一个汉人。一个外戚，一个士族。李世民这样的身后安排，可谓是把自己一生的平衡之道贯彻到了最后。

唐高宗李治刚刚继位，就有洛阳人告发长孙无忌谋反。这一次告发被唐高宗压下，但洛阳代表的关东力量，显然已经再次蠢蠢欲动。

唐高宗在继位之初的几年里，依然延续太宗的以关陇集团为主，关东士人为辅的平衡策略，创下被称为有贞观遗风的永徽之治。可唐高宗后来厌倦了这种平衡，他想做一个能够绝对自主的皇帝。关陇集团此时的领袖，他的舅舅长孙无忌，成了他实现乾纲独断的最大绊脚石。唐高宗想要破局，于是找到了一位精明强干的盟友，并开始重用关东士人，制订了一个可以撼动关陇集团根基的全新的都城方案。或许从一都制向两都制松动是二元帝国的宿命，隋炀帝路线，悄然之间再次浮出水面……

第七章 唐：两京之争

洛阳中州中，长安中州雄。

隋唐之时，纷乱数百年的国家再次统一，皇权力量达到了又一个高峰，但士族门阀已形成数百年，世人追捧门阀的观念并非一朝一夕就会结束。当时顶级的士族有陇西李氏、赵郡李氏、博陵崔氏、清河崔氏、范阳卢氏、荥阳郑氏、太原王氏，其中李氏与崔氏分别有两处郡望，因此这七大士族门阀被称为“五姓七望”。其中陇西李氏虽郡望在陇西，但后人长期活动于关东，所以这顶级七望实则是关东士族代表。关中士族常以“关中六郡姓”最为显赫。这个大关中概念包含豫西、河东、陇西等地，实为陕州秦汉函谷故关以西之范围。“关中六姓”有河东裴氏、河东柳氏、河东薛氏、弘农杨氏，以及长安所在京兆郡的京兆杜氏、京兆韦氏，号称是“城南韦杜，去天尺五”。如杜甫在传世自述文章中，通常自称为“京兆杜甫”，只称郡望而罕称籍贯。而且由于他母亲出身的清河崔氏更加显赫，他还常自称为“清河崔氏之甥”。士族之郡望，其实就是自己“高贵血统”的标志。

西魏和北周时期形成的关陇集团到了唐朝，早已不再是当初以武川镇将领为主的小型血缘型贵族人际圈，而是在国家统一后，融入了包括关西士族在内的地域型人事集团。唐高宗与武则天想要对抗这个集团，再启隋炀帝东都之策，势必会借力关东士族，甚至关东寒族……

（一）向关陇集团与门阀宣战

公元 628 年，唐太宗第九子，也是长孙皇后所生的嫡三子李治，出生于京师长安。他九岁时，长孙皇后病故。

公元 643 年，嫡长子、前太子李承乾与嫡次子、魏王李泰发生激烈斗争并引发政变。二人被太宗相继废黜，作为嫡子的李治被册立为皇太子。李治看似仁孝的性格背后，其实藏着一颗叛逆不羁的心。此时，他喜欢上了父亲后宫大他四岁的才人武氏。

公元 649 年，唐高宗李治继位。才人武氏却因先帝驾崩，被送去皇家寺院感业寺出家为尼。但李治在两年后把武氏接回后宫，生下了二人的长子李弘。武氏俨然成为高宗的红颜知己，成为能够在政治斗争中为高宗出谋划策甚至冲锋在前的政治盟友。

公元 655 年，唐高宗当初作为太子时的潜邸旧臣和东宫旧部，李勣、李义府、许敬宗等人发起废王立武之议。高宗不顾长孙无忌与褚遂良两大顾命宰相的阻止，坚持废原配王皇后，改立武氏为皇后。这是一次高宗的潜邸旧臣对长孙无忌等当权派的全面进攻。

长孙无忌、褚遂良代表关陇集团与文官势力。李勣代表开拓番邦朝贡体系的武人势力。李勣与晋王府、东宫时期的高宗李治，曾有过十余年上下级关系。他坚定地站在高宗一边，文武平衡的旧有天平实际上已经开始倾斜。这一次，在前台抗争的褚遂良被驱逐出京。次年，唐高宗又强换太子，将王皇后养子李忠废黜，改立武皇后长子李弘。

唐高宗为进一步打击关陇集团，选择了两个突破口：一是建立东都，一定程度上转移政治中心来摆脱旧有的政治势力。二是削弱士族门阀，拉拢关东寒门出身的新官僚，形成新利益阶层作为自己的政治基础。

公元 657 年正月，高宗巡幸洛阳。十二月，高宗绕开正常拟诏程序，亲笔手诏改洛阳宫为东都，不给关陇集团大臣任何议论和反对的机会，就重新开启了隋炀帝路线，打了长孙无忌等人一个措手不及。次年正月，逗留洛阳一年之久的高宗才从东都返回京城。

高宗也广纳关东人才，而且不论士族还是寒族出身，唯才是举，逐渐让尖锐的东、西人事矛盾得到了化解，实现了一定的平衡。但以褚遂良为代表的关东士族，也与以长孙无忌为代表的关陇集团站在一起后，唐高宗就不得不尝试依靠广大的关东寒族对抗关陇集团。

士族门阀之间往往互相通婚，却不与庶族通婚，甚至看不起出身武川镇边将的隋唐皇室，不屑与皇族通婚，尤其是家族风气过于开放彪悍的李氏皇族。甚至到了唐文宗时，这种风气仍然存在，唐文宗就曾想与出身荥阳郑氏的宰相郑覃结亲，却遭到拒绝。郑覃拒绝皇后后，把孙女许配给清河崔氏出身的九品小官，唐文宗于是感叹说："我家二百年天子，顾不及崔、卢耶？"唐太宗曾将侄女许配给了河东薛氏出身的薛元超，但晚年官至宰相的薛元超却自述生平一大遗憾就是"不得娶五姓女"。

上古社会是竹简时期。庶民想要学富五车，起码得有间大房子，先能放得下五车的竹简才可行。竹简的单位字符存储空间成本非常大，甚至字符笔画都很复杂。平民不仅学习和识字困难，藏书成本和文具造价都很高。所以那个时期，察举制选官还算合时宜。因为但凡在地方上能有些才名的，至少已经过了读书识文这一基础关了。

中古社会是纸贵时期，竹简与纸张仍然混用。虽然东汉时期就已经发明造纸术，甚至西安灞桥砖瓦厂就曾出土过西汉时期的麻纸，但造纸成本一直很高。西晋生产力最发达的京师洛阳城，士人们争相传抄左思的《三都赋》就会导致纸张生产一时供不应求。这一点点需求就影响了京城纸张的供应和价格，可见当时的纸张仍是豪门专属。士族门阀就是在这个时期崛起的。

东晋时，纸张普及度比西晋已经高很多了，但王羲之给谢安送礼物，仍然是九万张纸。王献之练习写"大"字，他的母亲还要唠叨一句"吾儿废纸三千"。这个时期，仍然是士族门阀、大庄园主的巅峰期。他们垄断的不只是土地，还通过不外传的家学形式垄断了"士"的立命之本——知识。他们富甲一方，以家族为单位收藏着不为外人所见的孤本经典，能够承担培养家族子弟的学习成本，进而通过察举制或九品中正制等荐举制度垄断入仕渠道，甚至垄断公卿高位。

而并非高门出身的寒门与平民，碍于学习成本依旧高昂，根本无法与之竞争。这段时期即使提前出现科举制意义也不大，因为知识仍被各个地方上的高门大姓所垄断。国家就算搞考试选拔，最后能够金榜题名的仍然会是清一色的关中六姓、关东五姓七望等士族子弟。

东晋末年，军阀桓玄下令废简用纸，说明纸张的制造成本在这个时期才开始大幅下降。但南梁元帝焚书即造成书籍劫难，可见当时的传播技术仍是受限的。

至隋唐国家统一，朝廷变得强势，唐太宗深感士族门阀树大根深，命高士廉主持寻找天下谱牒，严格通过史籍考证真伪，重新划分门第等级，试图用官方排座次的形式削弱士族在地方上的影响力，将地方主导权重新收归国家。这就是唐太宗时期的修《氏族志》。但《氏族志》修成后，唐太宗发现其竟然将清河崔氏列为第一等。他十分不满，下令重修，而且定下原则，须以皇族为首，外戚次之，不以传统的门阀大小观念为准，而是以当下的官爵高下做等级。唐太宗多次修订《氏族志》，皇帝从此开始干预门阀观念。

《氏族志》对在唐廷为官的关陇集团的影响相对小一些，因为关中士族的力量原本要弱于关东士族，但做官的多一些。不过，关东士族在朝为官的也不在少数。唐高宗现在反过来要打击关陇集团和士族门阀，重塑自己的政治基础，那就势必要选择其对立面——关东庶族。

唐高宗重修《姓氏录》以取代唐太宗的《氏族志》，把出身寒族的武后、李义府等人的门第拔高到前列。而《姓氏录》中的门第排位基本都是以当朝皇帝的近臣为准，所以大量寒姓顶替了显赫数百年的士族大姓，天下舆论哗然。士大夫讥称《姓氏录》为“勋格”，即不是郡望排名，而是官位排名。全天下的士族都耻于自己排入这部官修谱牒。这是唐朝第二次也是最后一次搞姓氏排名，虽然它本身不被广泛接受，但高宗与武后的政治目的达到了。它让天下寒族、庶民看到了，皇帝在向他们招手，这已足够振奋人心。

高宗和武后已经表明了自己的路线，大量寒族出身的官僚开始迎合帝后，替帝后站台。高宗下令七姓十家不得自行婚配，直接用行政方式干预十大世家的婚嫁自由，直接对士族联姻行为进行限制。高宗依靠的是关东寒门，而非关东士族。因为关陇集团与关东士族早就通婚数代，形成了一个以长安为中心的官僚群体，很难切割开。但高宗禁婚措施的效果也很有限，婚嫁私事怎么可能真正被国家干预？士族此后不明娶，而是暗地里进行婚配。

废王立武之后不到五年，长孙无忌、柳奭、韩瑗、于志宁等关陇集团官员，褚遂良、来济等关东官员，相继被罢免、放逐或杀害。高宗与长安官僚集团之间的关系越发紧张。高宗想要摆脱被自己得罪的关陇集团和门阀世家，还是远离长安前往东都最直接。

（二）唐高宗的两都巡幸

唐高宗李治曾是晋王、并州都督。并州即北齐别都，县名为太原，州名为并州，郡名为晋阳。北齐曾在代表汉人士族的主都邺城，与代表代北鲜卑武人勋贵的别都晋阳之间两都巡幸。这或许给了李治在大唐这个二元帝国内搞两都巡幸，制衡东、西的思路。巡幸东都，也不放弃长安，既能够制衡长安的关陇势力，兼顾边地拓张战略，又能避免隋炀帝的亡国教训。

显庆二年（公元657年）正月，高宗“幸洛阳”。十二月，“手诏改洛阳宫为东都”。

显庆三年（公元658年）二月，高宗“车驾还京”。

显庆四年（公元659年）四月，杀长孙无忌。闰十月，高宗“幸东都，皇太子监国”。

显庆五年（公元660年）正月，高宗“幸并州”。四月，“车驾还东都”。十月，因眼病开始委政于武后。

龙朔二年（公元662年）三月，高宗“自东都还京”。

麟德元年（公元664年）十二月，高宗命潜邸旧臣、宰相上官仪草诏废后，被武后阻止，上官仪被杀。武后自此开始垂帘听政，史称“政无大小，皆与闻之。天下大权，悉归中宫。黜陟、杀生，决于其口，天子拱手而已。

中外谓之二圣”。

麟德二年（公元 665 年）正月，高宗“幸东都”。十月，诏武后参与封禅。十二月，“将封泰山，发自东都”。

乾封元年（公元 666 年）正月，高宗与武后一同封禅东岳泰山。四月，还京师“谒太庙”。

乾封三年、总章元年（公元 668 年）二月，分长安、万年置乾封、明堂二县，将附郭长安城的京县一分为四，同治京城。十二月，平定高句丽的唐军统帅李勣将俘获的高句丽王押送至长安。高宗下令在太宗昭陵、太庙和含元殿共举行了三次献俘仪式，并在长安南郊的圜丘祭天，向世人宣告，从隋炀帝三征高句丽而亡国，到太宗晚年亲征仍无法彻底平定高句丽，最终在他任内大唐对高句丽赢得了彻底的胜利。唐朝设安东都护府治理高句丽旧地。

总章二年（公元 669 年）十二月，替高祖、太宗、高宗开疆拓土的三朝老帅李勣病逝。高宗痛哭，下令辍朝七日，命将其陪葬于昭陵。送葬当日，高宗站在汉长安故城的未央宫高台之上，目送灵车离去。这一年，唐朝的疆域北越贝加尔湖至西伯利亚，南到中南半岛，东至朝鲜半岛，西抵中亚咸海，达到整个唐朝的巅峰状态。

咸亨二年（公元 671 年）正月，关中经历了前一年的大旱后，高宗“幸东都，留皇太子弘于京监国”。

咸亨三年（公元 672 年）十月，高宗“车驾还京师”。

上元元年（公元 674 年）八月，高宗称天皇，武后称天后，共掌朝政。九月，为长孙无忌平反。十一月，高宗“幸东都”。

上元二年（公元 675 年）三月，高宗在东都患病，欲下诏令让武后摄政，被大臣谏止。四月，赶赴东都原本要接受病重皇帝禅位的太子李弘在洛阳暴亡。时人认为他是被武后毒杀。六月，以武则天次子李贤为皇太子。

上元三年（公元 676 年）闰三月，高宗“车驾还京”。

凤仪四年（公元 679 年）正月，关中前一年出现旱灾后，高宗“幸东都”。五月，“皇太子贤监国”。

永隆元年（公元680年）八月，太子李贤被废，高宗“素爱太子”，本想保全他，却被武后坚持“大义灭亲，何可赦也”，李贤被贬为庶人。武后第三子李显被立为皇太子。十月，高宗“自东都还京”。

永淳元年（公元682年）二月，高宗为了加强太子的实力，避免再遭其母武后的毒手，不顾大臣反对，坚持立太子李显刚满月的长子李重照为皇太孙，还试图为太孙开府置僚属，相当于让李显一人实控两府。但最终迫于武后压力，只立太孙，未“立府僚”。四月，经历春季旱灾后，高宗“幸东都，皇太子京师留守”。五月，洛阳发生水灾。关中先是水灾又来旱灾、蝗灾和瘟疫。十月，京师地震。

弘道元年（公元683年）十二月，高宗病重，皇太子前一个月已经赶至东都监国。高宗在去世当天忽然大赦天下，问侍臣百姓得到大赦是否高兴，侍臣说百姓无不欣悦。但高宗却悲哀地说：“苍生虽喜，我命危笃。天地神祇若延吾一两月之命，得还长安，死亦无恨。”高宗当日驾崩。至死没能回到长安，成了他最后的遗憾。

虽然同样重视东都，但高宗毕竟不是抛弃长安的隋炀帝，高宗临死仍渴望回到京师长安。高宗虽然实行两都巡幸，分走了长安一部分政治作用中心，但这其实是二元帝国一都向双都流变的历史惯性与地缘规律使然。如果说太宗时的长安像北魏前期处于二元结合部的大同，那么高宗时期的长安则有北魏后期到北齐一边一都下的晋阳化特征。高宗也是要顺应这个西部前沿与东部腹地的再平衡趋势。他之所以要在临死时强调自己要回到长安的遗愿，是因为他发现自己似乎早已无力阻挡一个他没有料到的趋势——武后的势力已经可以撼动长安，而长安是李唐的根基。

高宗留下遗诏，让太子李显在灵柩前继位，是为唐中宗。同时遗诏又写明“军国大事有不决者，取天后处分”，依然给武后以实际权力。武后让大臣在关中选择高宗陵寝，将高宗棺椁送回关中埋葬。武后其实是主张迁都洛阳的，但她在敏感时刻要安抚关陇集团，不能立刻刺激关陇集团。她选择让高宗回到长安，按礼法也意味着将来自己与高宗合葬，也会回到长安。这一年她已经近六十岁了，历代帝王活到六十岁已属少数，此时的她大概也没有想到自己的身体如此硬朗，还能精力充沛地折腾二十多年。

就在高宗的梓宫即将运回关中时，陈子昂突然上《谏灵驾入京书》，说关中此时正处于旱灾中，力谏将高宗葬在洛阳。这无疑是撂下了一颗迁都的深水炸弹，搅动了朝堂舆论。

高宗在位三十四年，七次巡幸东都的累计时间达到了十年之久，但高宗时期的主都为长安，主要体现在三个方面：第一，长安仍称京城、京师。第二，长安有宗庙，而东都没有。第三，长安有帝陵，而东都只有猝死于洛阳的太子李弘之陵墓。陈子昂不顾得罪关陇集团，公开提出皇帝应葬在东都，实际上就是为迁都做铺垫。

武后得到陈子昂上书后，并没有同意将高宗葬在洛阳，但她却专门接见了陈子昂，对陈子昂的意见大加赞赏，而且没有按礼仪随高宗梓宫回关中，为高宗送葬，而是留在洛阳。陈子昂也自此官运亨通。这对主张迁都洛阳的关东庶族官僚集团而言，是重大胜利。

武后也想在长安的关陇门阀势力和洛阳的关东庶族势力之间搞暧昧，但她发现她无法像流着李唐血液的高宗那样在东、西之间实现平衡。以新皇岳父、京兆韦氏韦玄贞为首的关陇集团，正在迅速向新皇帝的身边集结，并与她这个太后争权。她必须站队，没的选。

（三）神都的胜出

公元 683 年，武后在李显继位之后仅一个多月的时间里，果断废黜李显，扶幼子李旦成为傀儡皇帝并将其软禁在洛阳宫中，由自己临朝称制。武后与关陇集团的关系也降至冰点。

武后在这一年还清洗了高宗的旧臣，逼死了自己的亲儿子、前太子李贤，镇压了反对她专政的地方反叛。武后公然僭越，还将“东都”的都号改为“神都”，这是一个都城史上没有过的奇特都号。她这样做，虽未改长安京师之号，却让洛阳用一个充满神圣感的特别都号压倒了“京师”之号。此举意味着武则天专政时期，全国的首都已经实质上从长安转为洛阳。洛阳成为武则天的战略基地，是代表武则天一朝关东庶族官僚的都城。如此一来，高宗的遗诏其实已经被推翻，高宗保长安的政治路线其实破产了。

高宗临死前的遗言是要回长安以保京师，目标并没有达成。高宗不希望武后废弃长安这座李唐大本营，他预料得到武后会动摇京师，应该也隐约能感觉到武后会是吕后那样的人物。可他却绝然想不到，他这六十岁的老妻，居然会夺走儿子的皇位，还将推翻他李家的江山，成为中国历史上唯一的女皇。

公元 688 年，武后拆掉了洛阳的乾元殿，就地修建明堂。明堂是儒家的宏大礼仪建筑，此举是笼络天下儒士之举，但主持修建明堂的却是僧人薛怀义。武则天时期也特别崇佛。武后这是拉拢佛教和儒教人士，一起反对将老子李耳认为祖先，把道教列在第一、拜为国教的李唐。武后可以说也利用了三教之争做足了文章。这一年，她给自己加尊号为“圣母神皇”，距离皇位又进一步。李唐宗室开始反抗，被她镇压和清洗。年末，明堂建成，被定名为“万象神宫”，成为神都洛阳的朝宫正殿。明堂的高度，结合文献与考古说法，应达到九十余米，高度接近长安城西南城角的大庄严寺塔与大总持寺塔。

一般而言，隋唐的高塔建筑都是寺院所建，以彰显宗教神圣感。而帝王的皇宫，通常以大为主，很少有如此高的宫殿。武后在神都洛阳修建奇观建筑，把儒教、佛教神圣性集于明堂一身，其实就是要团结儒释两教力量冲击和挑战长安的都城地位。

武后执政，主要依靠以关东庶人群体为核心的新文人阶层，抗衡关陇集团及旧士族。武则天改革科举制，坚持投牒自列，让庶人有平等的参与权利；通过创制殿试，直接培植忠于她本人的天子门生；在都试之外补充即选之法，降低考试成本和门槛，为寒门庶族应考者全面敞开入仕渠道，而这些寒门出身的士大夫，必然比士族门阀更依附于武后。武后在洛阳新聚起一批北门学士，他们都是文学或科举出身，多出自关东寒门庶人家庭。这些新兴势力将陪着这位执掌天下的老妇人，上演一出前无古人、后无来者的女皇革命。

公元 690 年，武后正式登基为帝，改国号为“周”，在洛阳立武周宗庙，正式以洛阳为首都。她最终将洛阳以东的郑州、汴州、南汝州、许州，洛阳以西的陕州、虢州、北怀州、泽州、潞州，东北的卫州，西北的蒲州，划为京畿范围。长安被踢出了京畿。第二年，女皇武则天强行迁徙关中雍州、同州等七州十万户居民到洛阳，以充实洛阳人口，并从雍州分割出鼎、稷、鸿、宜四州，五分京兆。长安的关陇集团，此时面对比隋炀帝还狠的招式，有苦说不出。

公元 692 年，武则天将并州，即太原城，也即北齐的旧都晋阳，设为陪都北都。这里除了是故关东势力的大本营外，也是李唐的龙兴之地，更是武则天的家乡。而且控制住同在晋陕盆地带内的太原，有利于与关中争夺河东。相当于洛阳从正东，太原从东北，从两个方向对关中形成地缘格局上的掎角之势。

虽然史书一般站在李唐视角，将武周时期的长安仍记作京师之号，但《新唐书·百官志》有一条武周时期的记载：“武后大足元年，东都、北都、雍、荆、扬、益州置左右司马。”这里的东都即神都，实际顺序为神都、北都、雍。从这个史书誊抄的排序和命名看来，武周都城设置很可能与一般认为的长安为陪都西都不同。长安所在的雍州在武周前期，可能一度连西都也不是，而且排在北都太原之后。

从西周开始到唐朝灭亡的两千年，天子之都或分裂期主要政权的都城，除了东汉末年的许昌和北魏前期的平城外，可以说不是西安，就是洛阳。就连十六国时期的后赵，虽然没有以长安或洛阳为首都，也是以洛阳为南都。历史上能够如此长期无缝衔接交替的古都双子星，实在罕见。

唐，以长安为京师，洛阳为东都。但洛阳并非一般意义上的陪都，而是长安之外的交替性政治中心。在唐高宗、唐中宗、唐睿宗、唐玄宗四朝，叠合了法定陪都与事实行都双功能，是便于大唐连通东方的综合性副首都。在洛阳号为“神都”的时间内，更是成为名副其实的首都。隋炀帝没做到的，武则天做到了。洛阳再一次压倒长安，成为中国的心脏。

武则天为了让武周的神都洛阳压倒李唐的京师长安，已经不满足于明堂，即万象神宫不足百米的高度。她在明堂北边又修建了天堂，是一座高耸的木塔。这座高塔共五级，到了第三级就已经超过了明堂九十余米的高度。通过当代考古发掘，结合史料以及木构建筑的极限，对天堂高度的主流看法是超过一百五十米，这很可能是古代木构建筑的高度极限。修建明堂的僧人薛怀义仍主持修建天堂，他还是武则天的男宠。

作为古代最高木构建筑的天堂，是武周王朝的浪漫、声威和命运的体现。这座高塔前后修建七年之久，始终未能完全完工。第一次修建中途，塔身被大风震倒，又重新动工。第二次修建，每天要征伐劳役超万人，从南方采伐高大的古木。几年之间，为之耗费之资以万亿计，国库几近耗竭。公元 695 年，修建明堂、天堂的薛怀义，由于争风吃醋，不满武则天冷落他，竟一时冲动，一把火烧毁了还未建成却已然高耸的天堂。大火不断蔓延，连明堂也一起被烧毁。武则天无奈，只得下令重建明堂，放弃了天堂，并秘密处死了薛怀义。耗空国库、劳民伤财的超级形象工程，最终不仅所耗费用打了水漂，而且反过来损害了王朝形象。

武则天实行关东本位，其实又一次走在了关东王朝的奢靡路线上。这场大火如同一次闹剧，寓意武周终难长久。

（四）女皇对长安的期望与失望

公元 696 年，武则天为了消弭正殿焚毁的不利影响，强化洛阳的地位，前往洛阳附近的中岳嵩山封禅。不久，新的明堂建成，被命名为“通天宫”。

这段时期，武则天虽然在对本朝的治理上颇有贞观遗风，使社会稳定发展，但在对番邦的控制和争夺上，已经明显有吃力之相。武周疆域相较唐朝的鼎盛时期，在逐渐缩小。武则天地位得到巩固后，结束了此前的酷吏政治，再次起用狄仁杰为宰相。

公元 698 年，已经七十六岁的武则天询问狄仁杰，继承人是该立武家子弟还是李家子弟。狄仁杰是武则天一朝最重要的肱股大臣，与武则天是同乡，他是武则天一手提携起来的拥武势力，并为武则天举荐了众多能臣干吏。可以说武则天一朝所依靠的主要力量，多是狄仁杰的门生故吏。狄仁杰就是这股力量的代表人物。武则天以储君之议询问狄仁杰的意见，其实就是要问问她身后支撑自己的这股力量，将来更愿意辅佐武家还是李家。武则天有三个太子选项：

李显，其执政合法性来源于唐高宗遗诏和作为高宗太子的身份。立李显，不仅是归政李唐，而且表示愿意与李唐宗室及关陇势力和解。

李旦，是武则天所立的傀儡皇帝和武周皇嗣，武周就是他禅位的。他大概率也会恢复李唐，但显然与武则天更亲近，并不符合李唐宗室、关陇势力和心向唐朝的官员之优先期待。

武家的侄子，与武则天同姓，势必不会恢复李唐。武家在高宗死后才开始得到重用，根基和声望都很薄弱。立武家，在武则天死后恐怕要掀起一场更血腥的改朝换代之争。

结果，狄仁杰选择了李显。狄仁杰说唐太宗亲自搏杀于战场，打下江山传给子孙，且天下人心都怀念唐朝的恩德，因此坚持让武则天重新立李显为太子。他为了杜绝武则天对武姓之人的念想，说侄子不会为姑姑立庙。事实上武家得了天下，会屠杀武则天的所有子孙。狄仁杰最终打动了武则天。这其实就是武周朝的朝臣势力劝武则天与李唐和解，将来去世后归政李唐。这也是武周朝大臣群体希望和平过渡回李唐，避免大动干戈的集体意志的体现。

武则天接受了狄仁杰的建议，决意立昔日被废帝位的高宗太子、自己的亲儿子中宗李显为太子，并将太子改姓为“武”。李显回到洛阳后，狄仁杰不时示好太子，武则天也总想让太子铭记是狄仁杰将他迎回朝堂。李显被召回洛阳当天，武则天就让李显躲起来，亲耳去听狄仁杰向女皇请求召回李显的谏言，还说召回李显是把太子还给了狄阁老。这些都是为了让李显将来能与武周朝大臣进行捆绑，以保证武则天和这些曾经的拥武大臣能够在唐朝复辟后，其势力与路线可以保存。但李显并不愿意欠武周老臣人情，曾说狄仁杰对他示好，“乃是狄仁杰树私惠”。

公元 699 年，武周宰相狄仁杰去世。经过武则天十年的人事洗牌和经营，此时朝堂上已经罕有关陇势力，甚至关东士族大姓的比例也不高。关东寒门庶族出身的大臣已经占据了主要位置。

此时朝堂上的主要矛盾，是前朝的大臣与“后宫”近侍张易之、张昌宗兄弟之间的矛盾。此时张氏兄弟的另一个弟弟张昌仪任职洛阳令，可见张氏兄弟在神都当地的经营比较深。

洛阳与长安之间的地位，再次发生了微妙的转变。武则天的近臣和男宠控制着洛阳，但太子已定。太子李显将来迟早会依照正常的家庭传统，恢复李唐社稷，那么李显还都象征李唐的长安将是大概率事件。如今关中士族虽然还在，但执牛耳的关陇贵族这个群体已近乎瓦解。地缘集团的博弈不那么激烈，那么关东寒门出身的新官僚也不必执着于都城在哪里。

公元 701 年，苏安恒上书请女皇禅位于太子，罢黜武姓诸王为公侯，并封诸孙为王。武后召见了苏安恒，并赐他食物，询问了他的意见。武后大概已经感觉到了一种暗流涌动，她已经快八十岁了，以当时的人均寿命和医疗条件而言，她随时都会离世。大臣们开始站队太子，期盼着权力能够平稳交接。事实上武则天选择了儿子做太子，就已经表示会还政给李唐。武则天深知大势所趋，苏安恒的意见她听进去了，因此武则天没有怪罪苏安恒。但又不能任由谁都可以逼她禅位，不能任由这股挑衅她权威的风气蔓延。武则天于是让张氏兄弟罗织罪名，杀了李显的长子李重润，以警告李显不要着急夺权。对这股舆论诉求，武则天既要施恩，也要施威。

公元 701 年十月，已经整整二十年没有回到长安的武则天终于再次踏入长安城。同月，她改元“长安”，把李唐京师的名称作为自己的年号，对全天下表示：长安终于也成了她武周的都城。她去世后将把政权还给亲儿子，还给大唐皇帝。而她，最终也会埋葬在关中，埋葬在夫君唐高宗的乾陵内，从独一无二的女皇回到妻子的位置上。

公元 702 年，苏安恒见女皇只是还都，而未退位，继续上书劝谏武则天退位。这一次，他上书的言辞尤为激烈，指出武周实际是以李唐旧基而立，若不还政李唐，将来她入葬乾陵无颜见高宗。武则天这次仍不怪罪苏安恒，表明了自己与李氏和解的态度。在苏安恒上书之后，她下令对当年任用酷吏迫害关陇士人的众多冤狱专门进行重审和赦免，并不再追究当年反叛她执政的受牵连者。她希望与这些昔日的政敌和解，在长安平稳地度过她人生最后的时光。

这一年，当初力谏武则天将唐高宗葬在洛阳，劝谏武则天迁都洛阳的陈子昂，原本在家乡为父亲守孝，却突然被罗织了一些罪名冤死狱中。自古以来，迁都皆是触动国本之事。陈子昂触碰到这一点，又恰好是在女皇还都长安与关陇和解时被迫害，似乎是遭受了来自关陇势力的报复。不过，经过庶族这些年的冲击，关陇贵族应算是降级为关陇势力，不复当年之势。

正当女皇与长安、与关陇势力似乎已经和解之时，女皇突然又嗅到了在长安的巨大危险——关东庶族官僚势力已经大规模站队太子李显，站队了关陇势力。

武则天离开洛阳后，将神都留守一职交给了京兆韦氏出身的韦安石，相当于把洛阳的人事都交给了关陇势力，可谓诚意十足。但副留守仍是与张氏兄弟关系密切的郑州人杨再思，张氏兄弟实际上还经营着洛阳。

武则天既已在长安对关陇势力做出和解姿态，她为了自己的安全，希望让张氏兄弟的另一个弟弟张昌期担任雍州长史，相当于长安的最高行政长官。宰相魏元忠却以雍州为帝京，责任重大为由坚决反对，推举出身关陇士族的河东薛氏之薛季昶担任雍州长史，后来他还向女皇说张氏兄弟都是小人。魏元忠是宋州人，是典型的关东寒门庶族士大夫，武周革命的受惠方，如今却要坚定地和关陇士族站在一边。这显然都是怕武则天随时撒手人寰，没站队到太子那边会吃亏。武则天很不高兴。张昌宗于是搜罗魏元忠的罪证，发现他对其他大臣私下说女皇老了，不如转投太子能持久。武则天大怒，让魏元忠等人与张昌宗当场对质。

张昌宗找来洛阳人张说，帮自己作证魏元忠说过这种大逆不道的话。但宋璟等关东士大夫对张说晓以利害，恐怕还是以太子没有多久就会继位为由，最终策反张说站到了魏元忠一边，他竟当场翻供说是张昌宗逼他作伪证。武则天见张说翻供，大怒，将张说和魏元忠一起流放岭南。

经此一事，女皇终于发现，这已经不是长安与洛阳之争，而是她无论在哪里都会随时失去权力。因为她在洛阳一手提拔起来的这些关东寒门士大夫已经站到了代表李唐与长安的太子李显一边，她在哪里都危险。但是在洛阳，起码神都是她经营二十年的武周都城，仍然由她的面首张氏兄弟长期把控。洛阳，相比遍布与太子联姻的关陇势力且象征李唐的长安，对她而言更安全。

公元 703 年十月，在长安待了两年的女皇又回到了神都洛阳。但酷爱改年号的她，却没有把“长安”年号改掉，依然给长安留着希望。这个年号一直用到武则天掌权的最后一天。

公元 705 年正月二十二日，太子李显率领以宰相张柬之为首的五位大臣，以张氏兄弟谋反为名，杀入宫中，控制了武则天，并除掉了张氏兄弟及其党羽。太子李显监国秉政，改元神龙，并于数日后继位称帝，恢复李唐社稷，并封张柬之等五位大臣为异姓郡王，即神龙五王。

唐中宗李显继位之初，武则天虽病重且退位为太后，但神龙五王实际上都是狄仁杰的门生故吏，只是为了提前站队，得到从龙和复国之功，他们并不是关陇势力或长安派。李显的妻子韦皇后才是真正的关陇势力，因此李显也需要在这两股势力之间进行选择。李显选择了妻子韦皇后，但这一次他没像当年被废时那样打草惊蛇。他仅仅是将洛阳从神都降为东都，并没有冲动行事，依然在洛阳继续执政，安抚武周老臣。回迁长安之事，只能伺机而动。

公元 705 年十一月，武则天驾崩。通过皇权革命系统性拔擢和培植寒门庶族，给士族地主阶层沉重一击的一代女皇，彻底退出了历史舞台。公元 706 年一月，唐中宗李显护送武则天的灵柩归葬乾陵后，正式返回京师长安。到了长安，被武则天在洛阳一手提拔起来的神龙五王就失去了根基。中宗、韦皇后与武则天的侄子武三思结为联盟，于七月流放了神龙五王。九月，中宗最后一次回到洛阳安抚东都势力，并于十月再次返回长安，从此再未离开长安。

公元 709 年，关中遇灾荒，每斗米的价格升至百钱。由于洛阳到长安之间的三门峡砥柱山是黄河天险，所以关东和江南的粮食到了三门峡就需要走陆运进入关中。运输粮食的牛死了十之八九。这个时候，群臣再次谏言让中宗李显巡幸洛阳，然而以韦皇后为代表的关陇势力十分抵触，最终韦皇后劝阻了中宗东巡。大臣试图继续劝说中宗，但中宗却说："岂有逐粮天子邪？"这一次，关东势力看出皇帝是坚定地站位关陇势力了。

公元 710 年，关东势力针对韦皇后发起进攻，向中宗密告韦后一党淫乱后宫，威胁社稷。中宗为人优柔寡断、当断不断反受其乱的性格又显露出来。在韦皇后遭受这样的致命攻击时，他既没有追究皇后，又没有追究告发者，而是表现得闷闷不乐。韦皇后担忧中宗发难，于是先下手为强，与女儿安乐公主合谋毒死了中宗。

韦后立中宗幼子为傀儡，效仿武则天临朝称制。曾经做过武后傀儡皇帝的中宗之弟李旦，在儿子李隆基发动禁军政变的协助下，扳倒了韦后，夺取了皇位，是为唐睿宗。睿宗复辟后在位时间较短，他的妹妹太平公主也妄想做皇太妹，其势力咄咄逼人。睿宗只好提前传位给儿子李隆基，自己退为太上皇。李隆基最终铲除了太平公主的势力，并亲掌大权，改元“开元”，是为唐玄宗。

第八章

唐：破局砥柱山

如何江淮粟，挽漕输咸京。
黄河水如电，一半沈与倾。

唐中宗李显复辟后，洛阳被降回为东都之号。但李显不仅复置长安的李唐太庙，而且将洛阳的武周太庙也直接改为李唐太庙。从此，东都就有了与京师同样的宗庙配置。两京之争并没有结束，唐玄宗仍然延续巡幸之制，直到他最终攻克洛阳对长安真正的撒手锏——漕运。

（一）唐玄宗的两都巡幸

从中宗李显继位，一直到唐玄宗李隆基掌权，韦皇后、安乐公主、太平公主，甚至是武则天时代遗留下的女官上官婉儿等女眷也纷纷加入皇族内斗。这是武则天这个唯一的女皇称帝之后的女性参政风潮的余波。而李隆基要做的，是重新依靠官僚士大夫，将混乱的纲纪纠正过来，重塑政治规则和秩序，让朝堂归于平稳。由于中宗李显庸弱，没能培养出自己的嫡系班底，玄宗依靠的其实还是当年武则天在洛阳提拔起来的武周年轻人才梯队。年轻的唐玄宗，势必要重用这些已经成长起来的关东士大夫，以钳制几近疯狂的皇族。巡幸东都，让洛阳再次变得重要起来，就是李隆基的又一大团结关东士大夫的举措。

开元元年（公元 713 年）十二月，玄宗改雍州为京兆府，改洛州为河南府。它们是长安县与洛阳县的上一级区划。这是中国最早出现的两个“府”之区划。

开元五年（公元 717 年）正月，玄宗“幸东都”。

开元六年（公元 718 年）十月，玄宗“还京师”。

开元十年（公元 722 年）正月，玄宗“幸东都”。

开元十一年（公元 723 年）正月，玄宗巡狩“北都”太原。三月，玄宗“至京师”。

开元十二年（公元 724 年）十一月，玄宗“幸东都”。

开元十三年（公元 725 年）十月，玄宗“东封泰山”。十二月，玄宗“至东都”。

开元十五年（公元 727 年）闰九月，玄宗“还京师”。

开元十九年（公元 731 年）十月，玄宗“幸东都”。

开元二十年（公元 732 年）十月，玄宗“至潞州”“至北都”。十二月，至京师。

开元二十二年（公元 734 年）正月，玄宗“幸东都”。

开元二十四年（公元 736 年）十月，玄宗“还西京”。

从开元五年唐玄宗第一次巡幸东都，到玄宗在开元二十四年最后一次离开东都，玄宗执政前二十四年，一共巡幸东都五次，累计巡幸时间共九年。玄宗执政的后二十年再未去过东都。显然，玄宗前期继承了高宗的两都巡幸之制。

唐中宗李显死于韦皇后之手，韦皇后又代表了长安的关陇势力，因此唐睿宗李旦上台，实际上是扳倒了长安势力。唐睿宗在位和作为太上皇把权的三年，朝堂力量以关东大臣为主。唐玄宗李隆基依靠长安禁军击败政敌太平公主，摆脱太上皇的控制，实现亲政，则又是关陇势力的一次翻身。玄宗没有倒向任何一边，而是在人事上尽可能搞东西平衡。

唐玄宗亲政后，出身崤山以西、关陇的陕州人姚崇担任正相，关东人卢怀慎出任副相。这是玄宗朝的第一任宰相班子。姚崇拜相的三年多，玄宗并未有巡幸东都之意。

开元五年（公元 717 年）起，关东人宋璟担任正相，关西京兆人苏颋担任副相。第二任宰相班子中，玄宗又将关西、关东两股势力掉转主次，开始倾向关东势力。于是玄宗有了巡幸洛阳的计划，以示对关东势力的支持。

但就在玄宗以关中歉收之由将要巡幸东都时，京师长安太庙四室突然损毁。玄宗询问了宰相宋璟和苏颋，结果宋璟竟和苏颋一同表示，太庙无故自毁是天降灾异，是上天警示玄宗不要巡幸东都。结果玄宗又去询问已经罢相的前主相姚崇。姚崇却反过来支持玄宗继续巡幸东都，认为太庙的建筑材料是十六国前秦苻坚时期留下的，时间久了朽坏是正常事件。说到底，姚崇虽然是关西人，却是武周遗留下的洛阳朝堂上的老臣。他本人具有可以平衡关西、关东的双重属性。玄宗与宋璟见关西领袖姚崇表示支持，于是才放心东巡。

武则天执政半个世纪，深刻影响了长安与洛阳都城地位的消长，这种影响是十分深远的。玄宗本人就出生在武周神都洛阳，他虽然是武则天的亲孙子，却也是武周代唐的受害者。他的母亲窦德妃出身于关中的扶风窦氏，就是被武则天猜忌所杀。武则天建立武周王朝，大肆屠戮李唐宗室。不只高祖、太宗的其他子嗣被清洗，连高宗除武后所生的儿子也均被迫害。武则天甚至连自己亲生的儿孙，如前太子李弘，废太子李贤及其两个儿子，以及李显的嫡长子、曾被高宗封为皇太孙的李重润，也是说杀就杀。

但玄宗的父亲睿宗，又是曾经禅位给武周的傀儡皇帝，执政生涯中有这个瑕疵，就不可能与武周完全撇清关系。玄宗不会让倒武力量太强大，否则会牵连他们父子的执政合法性。玄宗甚至在前期顶住朝堂反武的压力，独宠武则天的侄孙女武惠妃。

玄宗到洛阳，就是为了笼络在武则天掌权的数十年里成长起来的关东庶族官僚。但玄宗在对武周遗老表示亲近的同时，也依然要明确自己的李唐皇帝立场，并对关陇势力发出不会效法武周迁都洛阳的信号。于是，他在开元五年第一次巡幸东都之后，就下令拆除洛阳的拜洛受图坛和显圣侯庙，并改拆洛阳正殿即武则天昔日修建的高大明堂，复其高宗时期的“乾元殿”之名。玄宗就是这样在巡幸东都招揽关东人心的同时，又给东都降格以安抚关西人心，在两大地缘集团之间大搞平衡。

又过了三年，开元八年（公元 720 年），玄宗又组建了第三任宰相班子，以张嘉贞和源乾曜为正、副相。源乾曜是关东人，而张嘉贞是河东人。河东也是关陇集团的势力范围。但张嘉贞却接受洛阳官员王钧送上的洛阳住宅，并对韦抗、韦虚心、姜皎、裴伷先等关陇士族发起攻击。显然，张嘉贞只是关陇庶族，并未与关陇士族站在一起。在第三任宰相班子时期，玄宗再次巡幸东都，复乾元殿之名为“明堂”，但却不再对其行享祀之礼。他巡幸东都的同时，将京师太庙增为九室，继续搞两头平衡。

又三年之后，开元十一年（公元 723 年），张嘉贞被罢相，洛阳人张说成为正相，源乾曜继续担任副相。这下第四任的两位宰相都是关东人，玄宗对关东大臣的倚重程度达到了巅峰。他在第四任宰相班子时期，再次巡幸洛阳，并前往泰山进行封禅。封禅东岳，除了表示崇尚儒教，宣示正统，还有关西王朝表示对关东重视之意义。但这次他下令废除东都西市，依然在搞平衡。

封禅结束后，玄宗回到东都，而非像当年的高宗一样直接返回京师。他在洛阳又待了近两年的时间。这一次从他离开京师到回到京师，已经过去将近三年。此时，洛阳出身的正相张说兼任中书省中书令与尚书省右丞，关东出身的源乾曜兼任门下省侍中与尚书省左丞。相权已经高度集中，而且为关东大臣所掌握。玄宗驻跸洛阳的时长也到达了顶峰。群臣认为张说已经达到了专权的地步，于是玄宗勒令张说致仕。

开元十四年（公元 726 年），玄宗任命京兆人李元纮为正相，源乾曜继续任副相。不久后，关东人杜暹也成为宰相。一个关西宰相为主，两个关东宰相为辅，玄宗开始重新提携关西宰相。关东势力在玄宗朝的巅峰期即将过去。次年，玄宗回到京师，连续四年再未到洛阳。开元十七年（公元 729 年）以后，直到玄宗退位，玄宗不再定期更换宰相班子。此后出现的宰相中，宇文融、韩休、韦见素为京兆人；李林甫、李适之皆为宗亲，祖上为关陇贵族；裴光庭、裴耀卿、牛仙客、杨国忠等人为关陇出身；只有萧嵩、张九龄、陈希烈三人为关东出身。

唐玄宗前期往往是三年多换一任宰相班子，很少有任期超过四年的，而且通常都是正副相一起被替换，每个阶段根据应对时弊需要，任用不同类型的宰相。姚崇、宋璟、张说，都是风格不同的一代名相。年轻时的玄宗有识人之明和驭人之能。可以说，玄宗早年的盛世，就是靠驾驭能臣而成，而不是他自己事必躬亲。

“忆昔开元全盛日，小邑犹藏万家室。稻米流脂粟米白，公私仓廪俱丰实。”深谙平衡之道的玄宗，悄然间促成了唐朝的鼎盛时代——开元盛世。这是唐朝国力的巅峰，甚至也被广泛认为是古代中国的巅峰盛世。

盛世之下，关西出身的宰相开始占据绝对优势，背后的动因之一是玄宗厌倦了两都巡幸。而且当初武周洛阳成长起来的老臣，以张说罢相为标志，基本已经凋零。玄宗不想一遍遍两头跑了，他想要长期留在长安。他更是厌倦了每三年多就要谨小慎微地推动一次政治大掉头，每隔三年多，就要顶住一波吏治压力与人事风险去选择全新的班底。逐渐年迈的唐玄宗，对高频地驾驭政治斗争开始觉得累了。他想让事情简单一些——采取群相集议制度，走向了主相独裁制。玄宗竟然打破以往宰相班底频繁更替的传统，让李林甫在首相之位上，一坐就是近二十年，直至身故。李林甫是个口蜜腹剑的狠人，但他也协助玄宗完成了众多制度改革。

玄宗在执政中期确实发起了众多划时代的改革，其中对中晚唐地缘格局影响最深远的是募兵制改革和漕运改革两项。漕运改革，更是长安与洛阳的都城地位之对决。

公元 733 年，唐玄宗以京城长安为中心，从关内道中分出京畿道，以东都洛阳为中心，从河南道中分出都畿道，并为两都监理区。

公元 734 年，玄宗最后一次巡幸东都。但他此行却笃定要进行一次大规模的漕运改革，以彻底解决唐朝皇帝不得不前往东都就食的问题。而这个都城视角问题的背后，是中古时代走向近古时代，从陆运时代走向运河时代的大变局。

（二）唐中宗的漕运改革

“一＜”字形的隋唐大运河在平坦的第三地理阶梯、黄淮海平原上没有阻碍。但在第二地理阶梯的群山阻遏下，很难修凿运河，漕运便只能借由黄河这条天然水道。可黄河在三门峡由于被两岸陡山相夹，水流湍急，且河中有两座凸出水面的巨大石岛，将湍急的河水划分为三道狭窄的河道，形成三股急流，被称为“人门”“鬼门”“神门”三门。离三门不远处还有几座凸出水面的高耸礁石，叫作砥柱山，即成语“中流砥柱”的来源。水下还有许多没有露出河面但足以撞破船底的暗礁。黄河上的货船每向西至此处，又是一个角度很大的黄河弯道，所以经常难以及时控制方向，躲避砥柱山石礁群和三门石岛，造成船只屡屡撞沉损毁。西汉时期汉武帝就曾为“底柱之艰，败亡甚多而烦费”感到苦恼。

隋大业七年（公元 611 年），黄河三门峡段的砥柱山发生了一次大规模的山崩，导致黄河堵绝回流数十里。当时隋炀帝就已经很少回到长安（大兴）。这一次砥柱山崩塌，很可能直接加剧了隋朝末年到唐朝前期的黄河砥柱之险势，让通往关中的黄河漕运更加艰难，对长安的都城命运又是一次雪上加霜的沉重打击。

尤其是唐玄宗时期实行了募兵制改革。唐前期的府兵制时期，兵源主要是根据兵役制度定期服役的小地主或自耕农组成的“兼职”型军人。朝廷用土地、特权与军功，换取军人阶段性服役并自行解决生活物资。唐玄宗进行募兵制改革后，兵农一体、轮流戍卫的府兵瓦解，开始形成一切生活物资全部来自国家供给的职业化军人。这个改革并非玄宗突发奇想。随着土地兼并越发严重，国家回收政府分田，对府兵进行二次授田越发困难。国家给不出田，那么均田制就会失灵，无法满足府兵对应的公田权利与服役责任。府兵制在武周到玄宗时期逐渐失效。玄宗进行的募兵制改革，实际上是府兵制衰落后，应势而生的改革。

图 68　隋唐大运河

军需全部由国家支出，朝廷对地方粮赋的需求就水涨船高。《通典·兵典》记载，玄宗继位之初，每年的开边军费约用钱两百万贯。到了玄宗中期，已至一千万贯。到玄宗末期，达到一千五百万贯左右。四十多年的时间，暴增了六倍多。唐朝巨大的版图得以形成，靠的是在唐初给府兵分腹地的土地，让府兵开边，盘活以唐朝为中心的东亚朝贡贸易来增加国库的贸易收入，实现了用兵的支出与朝贡贸易收益之间的平衡。但前提是唐初土地充裕、人口稀少。现在唐玄宗却在募兵制下，靠国家财政养兵强行开边，那么至少粮食要能够供给及时。唐朝以长安为中心，作为向西开拓的支点，关中本地的产出不足以支撑这样庞大的粮食需求，势必要将大量漕粮经运河西运。长安自身又有庞大的权贵脱产人口，大运河的运力能否满足西部都城与边军的需求缺口，是严峻的考验。

唐代京兆府的户口数量，太宗时期的贞观户为 207650 户。武则天执政时曾一次性强迁关中十万户至洛阳，有所抑制。但玄宗时期仍增长至开元户 362909 户。经历了安史之乱等中唐内战的户口损失后，局面安定下来的唐宪宗元和户为 241202 户，仍高于贞观时期。

时任监察御史的韩愈，在唐德宗贞元十九年（公元 798 年）上书给皇帝的《论今年权停举选状》中写道："今京师之人，不啻百万。"当时皇帝因关中遭遇灾年，想要停止吏部选、吏部贡举，以减少参加京师举选的外地人口，减轻京城受灾百姓的负担。但韩愈认为长安城人口不止百万，参加举选人数不过数千，并不会影响长安城的基本秩序。韩愈对此重大之事向皇帝上书，不会用夸张的数据。尤其是韩愈不久前还上书《御史台上论天旱人饥状》，奏请皇帝减免百姓赋税，揭发相关官员谎报灾情的行径。韩愈面对灾难为民请命，可见在涉及是否停止举选，向皇帝呈报的人口方面不太可能存在夸张。因此，安史之乱后的长安城仍然有超百万的人口规模，是超大型都会。

但通过运河供给京师的全国各地运来的漕粮，因为三门峡砥柱天险的瓶颈，不得不先运至东都洛阳的含嘉仓进行水陆中转，然后在两京关道之间走三百里陆运至陕州的太原仓，越过三门峡砥柱天险，然后再进黄河、渭河或关中的漕渠到达长安。而这三百里陆运，运费高昂，消耗的人力、畜力巨大，而且效率低下。运粮需要调用甚至累死大量的耕牛，不仅耽误了农业生产，而且负责运粮的人员在运输途中就已经消耗了大量的粮食。尤其是陆运的运量有限，根本无法让京师迅速囤积粮食，像东都含嘉仓那样积蓄数年的漕粮以抵御灾年。

要解决这个现实问题，唐朝皇帝有两条路可选：一是遇到关中灾年，皇帝率百官就食东都，让庞大的中央官员、军队、皇室子弟消耗东都囤积的漕粮。二是直面漕运瓶颈，找出解决漕运难题的方案，进行漕运改革。

唐高宗的选择是前者，因为他有摆脱关陇集团的现实需求。在灾年巡幸洛阳，既能摆脱关陇集团的掣肘，又能解决关中漕粮不济的难题，可谓一箭双雕。唐玄宗前期为了平衡关东势力与关西势力，也采取了高宗时期就食东都的方案。

唐中宗李显则不同。由于他的皇后是京兆韦氏，而且他当年就因为要重用关陇集团的韦国丈才被废，他代表的是长安和关陇势力。中宗复辟后，想要摆脱洛阳武周老臣的掣肘，不愿意再东巡洛阳，公开称自己不做“逐粮天子”。但他大约也意识到，只靠关中平原三州之地的产出，根本无法满足长安的粮食需求，粮荒的危机仍会不时威胁京畿。漕粮问题他也不能不面对。因此中宗才是第一个想要直面漕运问题，试图正面破局的漕运改革者。

唐中宗时期，唐朝仍处于历史上的温暖期，但气温已经越过峰值，呈逐渐下降的趋势。唐朝君臣已经感受到经济重心正从中原向东南转移，因此唐中宗实施漕运改革首先把目光投向了江南这块膏腴之地，优先设计让江南地区漕粮入京的运河改革方案。

唐中宗采取了崔湜提出的开南山新路，通商州水陆之运的献策，尝试先将江南粮赋经长江入汉江，由汉江溯游而上，转入汉江支流丹江，经水运到商州（今陕西商洛）后，再改百里山间陆运，越过秦岭，在秦岭北坡出石门谷至蓝田，最后沿灞河水运到达长安。崔湜的方案，实际上是沟通丹水、灞水的设想。

实际上早在西汉时期，汉武帝也曾尝试开辟汉江漕运线，即漕粮沿着汉江直上汉中，从汉中转入汉江支流褒河，再从褒水北上，至上游太白县西，然后改由百里陆运，进入太白县东的斜水，最后从斜水入渭水到达长安。但西汉的这次尝试最终没有成功。

唐中宗采纳崔湜的漕运线方案，则是要从丹江上游附近，经转至渭河的支流灞河。崔湜负责在丹、灞之间修建新的山间道路，但后来道路被山洪冲垮。新路仅开通数年就被放弃，唐廷不得不再次启用旧路。不过在中宗朝的努力下，唐朝的汉江—丹江一线的山南漕运线逐渐形成。虽然这支山南漕运的运额有限，但在安史之乱中运河漕运一度中断时，唐廷就是依靠这条漕运线保障了南方漕粮入关，支撑唐廷平叛。而且唐朝灭亡后，大运河不再折向西部，直到清朝灭亡，铁路兴起之前，江南的物资入陕，除了陆运，主要就是依靠这条江汉水运线，沟通江南与西北物流的这条江汉水运线甚至还促成了明清秦商的崛起。

不过，山南漕运终究也只是另一支需要高洛到蓝田百里陆运才能进入关中的漕运线，与在三门峡砥柱山被卡住脖子的大运河需要三百里陆运一样，脖子也是被卡着的。

（三）唐玄宗的漕运改革

开元年间（公元 713 至 741 年），京兆的户口与长安的人口达到了峰值，玄宗再次效法当年高宗巡幸东都就食的策略，缓解关中的人口与粮食矛盾。

公元 734 年正月，关中粮食经历了前一年的雨灾之后再次歉收，玄宗最后一次巡幸东都。他这一次前往洛阳，驻留了超过两年半的时间，直到公元 736 年十月才返回京师，这是他在洛阳驻留时间最久的一次。但也正是这一次前往洛阳前，玄宗已经同意了裴耀卿的一整套漕运改革方案。玄宗离开长安时，将长安太仓积蓄的两百万石粮米分给了受灾百姓，可谓孤注一掷。他这次前往洛阳的目标之一，就是配合与督促裴耀卿的漕运改革，以全方位地彻底突破长安的漕运瓶颈。

裴耀卿的漕改方案，是直接向黄河三门峡砥柱山天险的漕运瓶颈宣战。但砥柱山是黄河中的巨石天险，他既不是要绕开运河漕运，也无法让砥柱消失，而是要改变运河的管理方式。

在裴耀卿改革之前，运河漕粮的运输方式仍然比较粗放。随着京师长安人口的膨胀，加上粮食主产区由中原南移至江南一带，漕运线就被大幅拉长，但运河漕运却仍采取单一直运的方法。江南的粮食在年初二月集结于扬州北上，到四月才过淮河入汴河。汴河此时水量仍然较小，行船困难多。等到六七月从汴河进入黄河时，又赶上黄河涨水，需要再等到八九月，黄河水位平稳后才能从黄河前往洛河到洛阳。江南的船工又不熟悉黄河的水情，需要额外再找熟悉黄河的船工配合。由于采取这种粗放的单一直运法，不考虑季节和河水变化，也不考虑水陆结合的情况，此前的运河漕运效率低下。

裴耀卿设计了更加细密的节级转运法，取代单一直运法。对砥柱山的瓶颈，裴耀卿也采取了最简单的思路：不必绕远到洛阳，缩短陆路运输距离就行。

在裴耀卿改革前，扬州的江南漕船一路北上西进到洛阳再返回。裴耀卿改革之后，扬州的江南漕船熟悉江淮流域的水情，只将漕粮从淮河入汴河，最终运入汴河进入黄河口的河阴仓。然后熟悉黄河流域水情的中原漕船再根据黄河水情，选取合适的时间点，以最大效率将河阴仓的粮食再转入黄河。

在裴耀卿改革前，漕粮只在黄河上走一小段就进入洛河，最终到达洛阳的含嘉仓，再从含嘉仓转陆运走三百里，越过砥柱天险到达陕州的太原仓，由太原仓再次入黄河，并最终进入渭河或关中漕渠。三百里陆运的成本高昂，损耗严重。裴耀卿改革后，除了留一小部分漕粮沿原路线入洛水到达含嘉仓供给东都，大部分漕粮继续沿黄河直接抵达黄河三门峡砥柱旁边新建的集津仓。然后中原漕船可沿黄河返回。漕粮由集津仓经新修的黄河北岸十八里的山路走陆运，至三门峡西新建的盐仓，只经很短的陆运距离越过黄河三门峡砥柱天险，再重新入黄河走水运至关中。

这个方案的关键点，就在于原来走洛阳到陕州的黄河南岸三百里陆运，被缩短为走越过三门峡砥柱山一小段的黄河北岸十八里陆运。在唐玄宗和裴耀卿的想法中，既然能走十八里，就不走三百里，这不是才正常吗？何必非

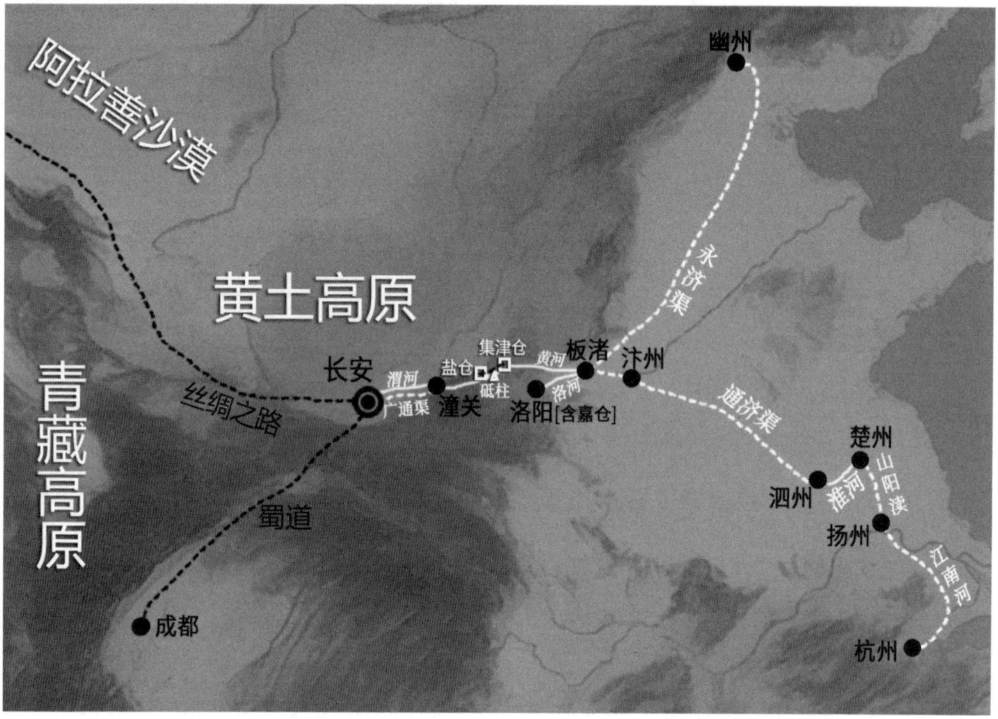

图 69　唐玄宗针对砥柱山的运河漕运改革

要绕远洛阳，让洛阳捏住长安的喉咙呢？

裴耀卿的节级转运法后来被总结为“江船不入汴，汴船不入河，河船不入渭”，在每段都实行中转，反而比全程直运更高效。裴耀卿在每个漕运沿线的关键节点都建设转运粮仓，增强了粮仓调配分转的灵活性。这些粮仓就像现在的物流中转站一样，运输方不用从起点到终点独自走完漫长的路程，而是在各个粮仓间进行精密的分拣和中转，根据具体时节情况囤储粮食，根据攒货量和水情向京师“发货”。这种节级转运法就像从作坊式单间作业改为流水线分工作业一样，大幅提高了运河漕运的效率。

唐初高祖到高宗时期，每年运往京师的漕粮仅有二十万石。这个极低的运河运力是皇帝巡幸东都的原因之一。当裴耀卿的改革方案实施三年后，这三年全国运送到关中的漕粮达到了七百万石，平均每年两百三十多万石。

天宝二年（公元 743 年），韦坚又负责在关中修建漕渠，运入长安的漕粮创下了新高，达到了四百多万石。京师的粮仓堆满了，即使遇到灾年也足够消耗数年之久。漕运问题终于取得了里程碑式的突破。由于仓储丰沛，朝廷主动削减每年入京的漕粮运额。开元末年，每年的漕粮运额也有一百万至一百八十万石。天宝年间的每年漕粮运额一般是两百五十万石左右。

四百万唐石，虽然不及后来明清京杭大运河特殊超额年份的年运额高位极值，但达到了京杭大运河的寻常年份官方规定的基准年运额。毕竟，宋朝开始是强干弱枝的战略，宋、明、清的中央禁军人数常常为唐朝的十余倍之多。而唐朝虽处盛世，但仍然只是军队吃皇粮的募兵制萌芽时期。

天宝二年（公元 743 年），长安城边浐河西岸一个大水潭的码头边，三百只货船排列潭中。唐玄宗登上潭水边的望春楼检阅船队，万人空巷。这次检阅，代表着唐玄宗的漕运改革获得成功，也标志着唐朝不再依赖东都的漕粮囤储中心作用，都城制度从此实质性地回归到单都制。作为唐代大运河西输天下粮赋的终点，这潭池水被玄宗命名为“广运潭”。

在裴耀卿进行漕运改革的同时，牛仙客、李林甫知道玄宗“惮幸东都”，也积极在关中探索丰年向民间购粮囤储并在灾年放粮的和籴法。在君臣为解决漕粮问题的改革与努力下，粮食难题终于攻克，“京师粮稟益羡”。

公元 736 年，玄宗最后一次离开东都后，下令将明堂上层近百尺拆除，又拆掉柱心木，改下层为新殿。他给明堂降级，便是下定决心不复东巡，不再做“逃荒天子”。长安，终于成为唯一的政治中心。

公元 744 年，玄宗曾很自豪地说：“我不出长安且十年，海内无事。”可见他把漕运改革作为自己的一项重要政绩。

（四）中唐的漕运改革

相比后世南北向的京杭大运河，东西向的隋唐大运河不仅仍需在三门峡段转陆运，而且关中段的河渠维系成本也较高。一方面，关中属于广义黄土高原的一部分，渭河含沙量较大，导致水浅沙深。另一方面，西安渭河段向东到渭河口十分曲折，弯弯绕绕，长安到渭河口短短三百里直线距离被绕成九百里。因此韦坚在关中修河渠，就是为了在长安与渭河口之间取直航行，提高效率。这套方案在西汉时期就经常实施。但安史之乱后，唐廷中央实力大损，只能优先保持朝廷对关东运河沿线的掌控权，维护漕运生命线，关中漕渠疏浚成为次要。

在唐德宗时期，经历二帝四王之乱的唐廷刚刚从淮西叛镇手中夺回运河，导致京师粮仓剩余粮食一度只能支撑十日，朝廷实在拿不出粮食发给关中的士兵，军队骚乱一触即发。当运河打通，三万斛江南漕粮将至，唐德宗激动地对太子说："米已至陕，吾父子得生矣！"

虽然维系运河畅通的成本很高，但水运能够从运输中释放大量耕牛，促进农业产出。而且水运成本低廉，运河改革成功后仅省下的陆运脚钱每年就足足有三十万缗。相对而言，维护和疏浚运河河道，保持水运畅通，远比陆运要节省社会资源，只是维系大运河畅通需要国家有足够的综合国力和动员力支持。

安史之乱后，唐朝有过几次成规模的漕运整顿，最重要的当数唐代宗时期刘晏主持的漕运改革。刘晏的思路是在裴耀卿的节级转运法基础上，进一步细化管理。刘晏将原本征用的民间的漕运私船全盘改为朝廷所有的官船，由国家统一进行管理和调配，提升了管理效率。但在雇佣船丁上，刘晏废除了以过去强征徭役，让船公无偿运输的方式，而是由朝廷出钱雇佣船公。实际上他的思路就是一手国家调控，一手市场化激励，提高了人员效率。

刘晏将船只收归朝廷，同样也要兴建官办造船厂。他根据江、汴、河、渭的水力不同，设计不同河段用不同船体的船只，以做到对河水的最大适应。例如渭水段的船体讲求的是适应含沙量大的浅水，黄河段的船体则为应对激流之险，更注重牢固性。

刘晏还在组织形式上进行了更加细化的分工管理，在防盗、保卫运河的军事部署方面也进行了强化。

刘晏的漕运改革统一管理权后，漕运年运额恢复到一百一十万石，但仍远不及开元、天宝全盛期的运额。不过，这一次的运输效率却极大地提升了。

当初开元年间运额为四百万石时，江南的粮食运至长安需要九个月，刘宴改革后缩短至四十天。开元时期每年有百余万斛的损耗，刘宴改革后降低至几乎零损耗，史称“无斗升沉覆者”。因此这一百一十万石，虽然数量上显少，但持续性、稳定性却非常强。

中唐还有唐德宗时期李泌等人主持的漕运整顿，使得年入长安的漕粮一度又冲高至一百三十万石。到唐宣宗收复河陇、开发西北时期，裴休主持漕运整顿，年入长安的漕粮又一度冲高至一百二十万石。唐懿宗时期，关东乱局爆发后，漕运最终废止。

整体上，中唐漕运每年只有四十万石的常态运量。唐朝是藩镇养地方兵，朝廷养禁军。中唐禁军人数多数时期在十万上下浮动，最高峰值是十八万。加上河陇陷于吐蕃，因此唐代西北的漕粮需求没有后世那么大。长安多数时候是积攒漕粮，到灾年开仓，作为储备之用。有了足够的输入稳定性，自然不需要加大基数去持续超额囤积，运量自然就处于一个够吃就行的低水平状态。这个低水平的运量也没让长安庞大的脱产人口饿肚子，依旧供给了长安城的百万人口。

中唐由于关中一直依靠的中原地区经济被彻底破坏，对安史之乱的策源地、河北藩镇控制的河北平原又徒有天子之名分，很难实际控制，唐廷的税赋漕粮开始严重依赖于长江一线，尤其是江南地区，被称为“赋出天下，江

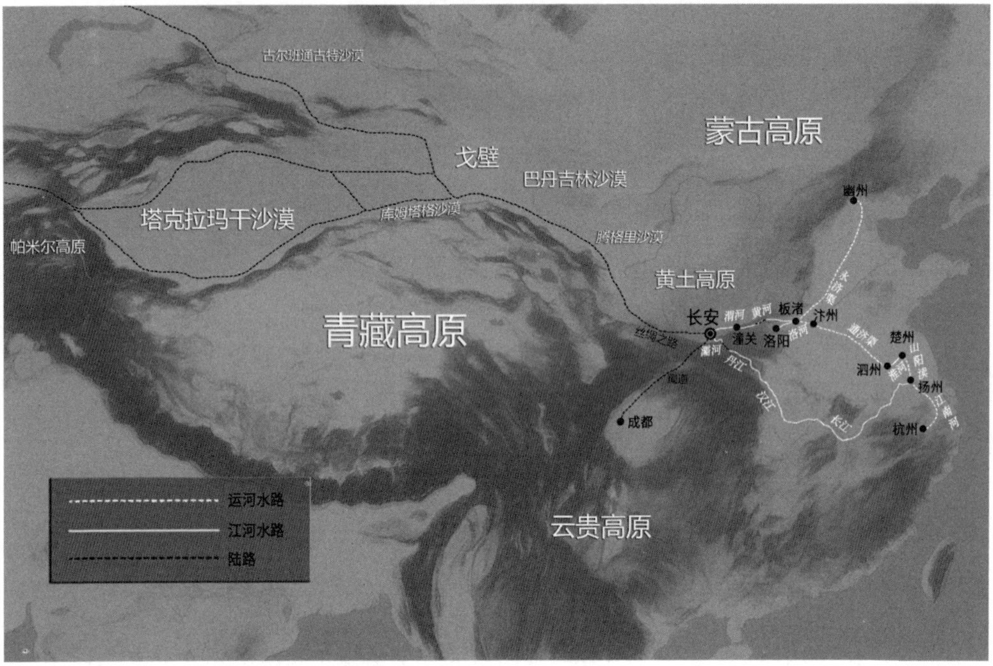

图 70　唐大运河与丝绸之路

南居十九”。陈寅恪在《唐代政治史述论稿》中对中晚唐的论述里指出：“唐代自安史之乱后，长安政权之得以继续维持，除文化势力外，仅恃南东八道财赋之供给，至黄巢之乱既将此东南区域之经济几全加破坏，复断绝汴路运河之交通，而奉长安文化为中心仰东南财赋以存立之政治集团，遂不得不土崩瓦解，大唐帝国之形势及实质，均于是告终矣。”

运河经历了隋代与唐初的发展，规模与技术逐渐成熟，水运成本相比陆运大幅降低，效率又大幅提高，陆运时代最终被运河时代所替代。

中唐以后至今，北方气候转冷，水土流失严重，水文恶化，水资源逐渐趋于紧张。华北平原开发数千年之久，是纵横数百公里的辽阔农田，缺乏足够的高山导流和滋养，还要消耗大量的灌溉用水，以养活黄河流域历代稠密的人口。黄河在中游，有壶口、龙门、三门峡等多处严重制约河运的天险瓶颈。加上缺乏高山的围拦，黄河在大平原地区动辄泛滥改道，造成生灵涂炭。北宋灭亡后，黄河改道夺淮入海时又吞噬和淤平了整条大运河的汴河段。到了近代，海运时代、铁路运输时代相继到来之后，北方拦河围坝，河水多优先农业灌溉，更大幅改变了生态平衡，让北方的河流，哪怕是第一大河黄河也不再足以维系深入开通内航的条件。

相比之下，长江流域虽然多矮山、丘陵、台地，但山地分布稀疏，可围固河道，降低河流泛滥的整体概率。这些山地又覆盖有大量植被，不像北方大平原农业被饱和式开发，因此可以涵养水源。南方气候本身也温润多雨，因此大大小小的江河水流量都比较丰沛。纵横的河流网络，赋予了运河时代的南方独特的交通优势。可以说，是运河时代托起了南方的崛起。政治中心、经济中心的南移和东移，一大助推力就来自这场运河革命。毕竟，唐以后的经济中心江南与政治中心北京，恰是隋唐大运河与京杭大运河的南北两端。唐朝恰恰处在这个政治中心被运河时代撕扯的剧痛期。不过，隋唐大运河漕运西进关中，也有调解东西平衡的作用。

白居易曾作《议罢漕运可否策》，提到有不少人反对“挽江淮之租，赡关辅之食”，但白居易明确指出将东部富余的粮食运至“万人所会也”“六军所聚”的西北京师，是“均天下之食”。唐朝的京师在平原相对稀少的西北，抵御住蒙古高原、青藏高原、新疆各盆地的民族力量，而东部大平原腹地被“呵护”起来，能够更加和平稳定地发展，反过来用漕粮供应京师，这本身就是古人消弭东西部差异、进行地缘分工配合的一种方式。

纵观长安的建都史，秦汉之时，尤其是西汉的长安加上陵邑的城市脱产人口规模也达到一百多万之巨。然而虽然那时砥柱山也有同样的漕运问题，但汉武帝时期仍然有每年六百万石漕粮入关。汉石约为唐石的三分之一，即达到唐代每年的两百多万石，可见汉朝并没有受制于这个运河漕粮瓶颈。从武则天辅政唐高宗起，经历武周，到唐玄宗前期重用武周旧臣，其实很难分清唐朝这几代君主长期巡幸东都与漕运瓶颈，哪个是因，哪个是果。或许，摆脱关陇集团并依靠东都势力，与漕运问题迟迟得不到正面解决，本身就互为因果。唐玄宗在唐朝建政百年之后才着手解决漕运问题，更像是唐朝将本可以在唐高宗时期提前五十年就解决的问题，最终拖到了一百年。

玄宗的漕运改革，依然是运河史上一次划时代的革命，为后世积累了大运河的管理与技术经验。这是隋唐运河草创期，大运河交通网络形成并与都城战略与央地关系发生作用后，面对庞大的都城规模和人口，国家对该如何更好地应对运河时代之命题的探索。东西向的隋唐大运河有一大优点，就是可以利用许多既有的天然河道作为运河漕渠，因为天下大多数河流都是自西向东归入大海。隋唐大运河也用年入四百万石漕粮的峰值，证明了东西向运河是可以承担运河时代的板块分工的。

不过大运河难题攻克的时间，从高宗到玄宗中期，还是拖得太晚了。仅仅二十年后，还没来得及深度重塑地缘格局，就赶上了募兵制下的藩镇危机“安史之乱”的爆发，盛世唐朝被拖入了统治力衰弱的泥潭之中。帝国的危机悄然而至，背后的推动者中就有被冷落的东都势力。

洛阳含嘉仓的漕运中心地位，及其作为大宗物资水陆中转码头的经济作用，在大部分漕船绕开含嘉仓之后，被严重削弱。洛阳此后再难如唐朝前期一般对长安的都城地位形成挑战。原本开元年间鼎盛期十九万多户的河南府（洛阳所在府），经安史之乱的劫难后，元和年间的户口总数降到了不到一万九千。但洛阳迟迟无法恢复元气，而长安能够迅速恢复元气，除了洛阳遭受的战火劫掠更严重外，原因还在于黄河漕运整体绕开了洛水，唐朝长安的漕粮不再依赖洛阳进行水陆中转。

当玄宗完成了运河革命，解决了困扰帝王的问题，却也丢掉了保持警醒的传统。开元盛世，起于玄宗与多位名相的勤政惜民。“逃荒皇帝”并没有放松那根紧绷着的神经，时刻坚持“我瘦而天下肥”。但是漕运改革完成了，整个天下被运河串联起来融为一体时，关东的财富源源不断稳定地输入关中时，关西王朝也就失去了倒逼自己勤俭自制的动力和意愿。

“病来如山倒，病去如抽丝”的中晚唐随即到来。长安也将迎来一次次挫折和磨难，与大唐并肩走完最后的都城时光……

第九章

唐：安史之乱背后的东都

函关壮帝居，国命悬哥舒。
长戟三十万，开门纳凶渠。
公卿如犬羊，忠谠醢与菹。
二圣出游豫，两京遂丘墟。

开元、天宝极盛之世，突然遭遇了安史之乱的冲击，唐朝从此盛极而衰。安史之乱更被认为是整个古代中国的历史拐点。在安史之乱后，中原王朝的疆域内缩大趋势就开始了。不过很少有人注意到，安史之乱能够让唐朝在盛世之时险些遭遇灭顶之灾，背后是分别以长安与洛阳为中心的唐朝东西政治势力的又一轮博弈。

（一）受冷遇的留都

唐玄宗完成了漕运改革，使漕运主道绕开洛阳，攻克了京师漕运瓶颈。但唐玄宗意气风发实现这项政绩时，他多多少少忽略了一股力量的情绪——东都官僚。

清人丁显在《请复河运刍言》中写道："漕河全盛时，粮船之水手，河岸之纤夫，集镇之穷黎，借此为衣食者不啻数百万人。"清代的京杭运河供养了数百万以运河为生的人口，因此在海运技术已经初步成熟，可以选择从杭州湾到渤海湾的海运为京师供给漕粮时，清廷碍于这数百万以运河交通体系为生计的人口，以及依赖运河之利的既得利益集团与官僚，反而不敢轻易采用更为高效的海运代替京杭大运河的漕运。

同理，唐玄宗改革漕运，缩短崤函古道三百里传统陆运为砥柱山北十八里短途中转，即使没有动摇整个隋唐大运河背后的利益格局，但依旧对作为水陆中心的洛阳产生了经济重创。洛阳所在河南府的人口规模，在唐朝前期一般是长安所在京兆府的三分之二左右。洛阳能够以小博大，一度逆袭长安的真正优势和基础，就是掐住了长安交通与漕运的咽喉。无论是崔湜为唐中宗设计的江汉漕运，还是裴耀卿为唐玄宗设计的调运江淮粮赋进京，当时的漕粮主要来自东南地区。经济中心从中原向江南转移的大趋势已逐渐形成。

漕粮赋税从江南直至关中不再南拐洛河，洛阳便失去了以往的战略地位，进而影响到其以往备受尊崇的政治地位。

自运河改革成功后，洛阳沦为二十年没有皇帝再驾临的留都，但仍有一套现成的中央机构，有大大小小的中基层官员长期供职。只是他们的首长不再是掌握实权的高层官吏，而是无权无势的闲官。失去了中枢性质的东都，无法再满足这些东都官僚的家族利益。唐玄宗知道自己冷落甚至损害了洛阳势力的利益，因此在改革漕运巩固了长安的都城地位后，将洛阳的都号由“东都”提为“东京”，将长安的都号由“京城”改为“西京”。在洛阳失去了实际的政治中心地位后，玄宗反而在都号上让洛阳与长安齐平，这不得不说是一种平衡与安抚手段。但不再巡幸，就如同口惠而实不至，这种安抚效果不会是长期的。

因漕运改革而失业的唐初数以万计的豫西商人和脚夫，与政治上失势的东都官僚，在唐玄宗一朝后二十年受到了严重的冷遇和打击，势必会对长安朝廷产生抵触情绪。只是史书中对这个群体没有放在台面上记述过。从皇帝经常驻跸的东宅、第二首都，到与其他陪都相差无几的只有闲散官员养老的留都，洛阳势力一旦找到机遇，也是会反攻倒算的。

安禄山叛乱，不到一个月就拿下洛阳，并且以洛阳为基地迅速西进关中，就是因为安禄山早就察觉到了这个地缘矛盾。安禄山的目光也投向了洛阳这个有现成朝廷机构的东都，而东都势力对反叛也有明显的配合。

东都势力中最有权势和声望的，当数开元名相张说的两个儿子——洛阳人张均与张垍。张垍是唐玄宗招的驸马，张均任大理卿，都曾被玄宗考虑过任为宰相。但河东出身的宰相杨国忠属关西一方，尤其漕运改革是河东受益，因此杨国忠极力排斥关东出身的官员。

另一个关东宰相陈希烈出身宋州，是治理洛阳的河南尹薛季昶推荐入仕的，因此也是东都势力的一大代表。陈希烈被杨国忠挤对下台，唐玄宗已经许诺由张均接任陈希烈为相。但最终在杨国忠的力荐之下，反倒是京兆韦氏的韦见素担任了宰相，张均与张垍都未能接替陈希烈为相，这大概是陈希烈也没有料到的。陈希烈、张垍、张均等东都势力见右相、左相均为关西人所担任，抵触情绪自然非常大。张垍“深觖望”，张均“大失望，意常郁郁”，陈希烈则“内忽忽无所赖”。

安禄山利益集团依靠河北藩镇军人起兵造反，但他早就嗅到了唐朝东、西之争的形势犹在。因此他早在起兵前，就开始拉拢这股被冷落的东都势力。

玄宗本想让安禄山加平章事职衔，但被杨国忠所阻。朝廷之议本是机密，却被张垍泄露给安禄山，惹得玄宗大怒，可见张垍已经暗地里与安禄山结盟。诗人李白甚至还劝过张垍，说安禄山迟早会反，让他不要与安禄山走得太近。安禄山还积极结交武周宰相、洛阳人吉顼之子吉温，主动向玄宗推荐吉温为武部侍郎。吉温最后也是以安禄山同党之罪被杨国忠处死。

安禄山并非完全是一个莽夫，他已经瞅准了被玄宗冷遇的东都势力微妙的情绪变化。他将精准拉拢唐东都势力，把洛阳作为他推翻唐朝的政治中心。

（二）东京反扑——安禄山入洛

开元、天宝年间，新设置的节度使一职开始掌管重要边防地带的军镇。这些军镇多在北方拱卫中原，保障长安周边的战略安全。

安史之乱爆发时，共有天宝十大节度使：

- **范阳节度使（安禄山，粟特人）**：防范契丹、奚，治幽州，天宝时改州为郡称范阳郡，即今北京，统辖 91400 兵力。
- **平卢节度使（安禄山，粟特人）**：防范室韦、靺鞨，治营州/柳城郡，即今辽宁朝阳，统辖 37500 兵力。
- **河东节度使（安禄山，粟特人）**：防范突厥，治太原府，统辖 55000 兵力。

范阳、平卢、河东三镇是北方三镇，分布在华北与辽西一带。安禄山一人身兼北方三镇节度使之职，治范阳，掌握超过 15 万兵马，重点防范东北平原与蒙古高原族群势力。

• **陇右节度使（哥舒翰，突骑施人）**：防范吐蕃，治鄯州 / 西平郡，即今青海乐都，统辖 75000 兵力。

• **河西节度使（哥舒翰，突骑施人）**：防范吐蕃、突厥，治凉州 / 武威郡，即今甘肃武威，统辖 73000 兵力。

• **朔方节度使（安思顺，粟特人）**：防范突厥，治灵州 / 灵武郡，即今宁夏灵武，统辖 64700 兵力。

陇右、河西、朔方三镇是西北河陇三镇，今甘、青、宁一带，重点防范青藏高原与蒙古高原的族群势力。其中，朔方节度使安思顺原为河西节度使，深得河西当地的人心，甚至敢制造请命事件，公开拒绝朝廷改由高仙芝接替他任河西节度使的命令。安思顺后来转任朔方节度使。与安思顺素有嫌隙的陇右节度使哥舒翰，则身兼两镇节度使。

安思顺与安禄山同是昭武九姓的安姓粟特人，因此在安史之乱爆发后，唐玄宗对他有一定的提防，下令让安思顺入京，改任朔方军中的关中汉人将领郭子仪为朔方节度使。不久之后，掌握唐廷主力兵权的哥舒翰诬告安思顺，致使安思顺被冤杀。

• **安西节度使（封常清，汉人）**：镇抚西域，治龟兹，即今新疆库车，统辖 24000 兵力。

• **北庭节度使（封常清，汉人）**：镇抚西域，治庭州 / 北庭都护府，即今新疆吉木萨尔，统辖 20000 兵力。

遥远的西域二镇，由关西的河东人封常清兼任节度使。但封常清的前任安西节度使是高仙芝，此时正在京城担任禁军的右金吾卫大将军。他们都是安史之乱爆发之初的关键人物。

• **剑南节度使（杨国忠，汉人）**：防范吐蕃、南诏，治益州 / 蜀郡，即今四川成都，统辖 30900 兵力。

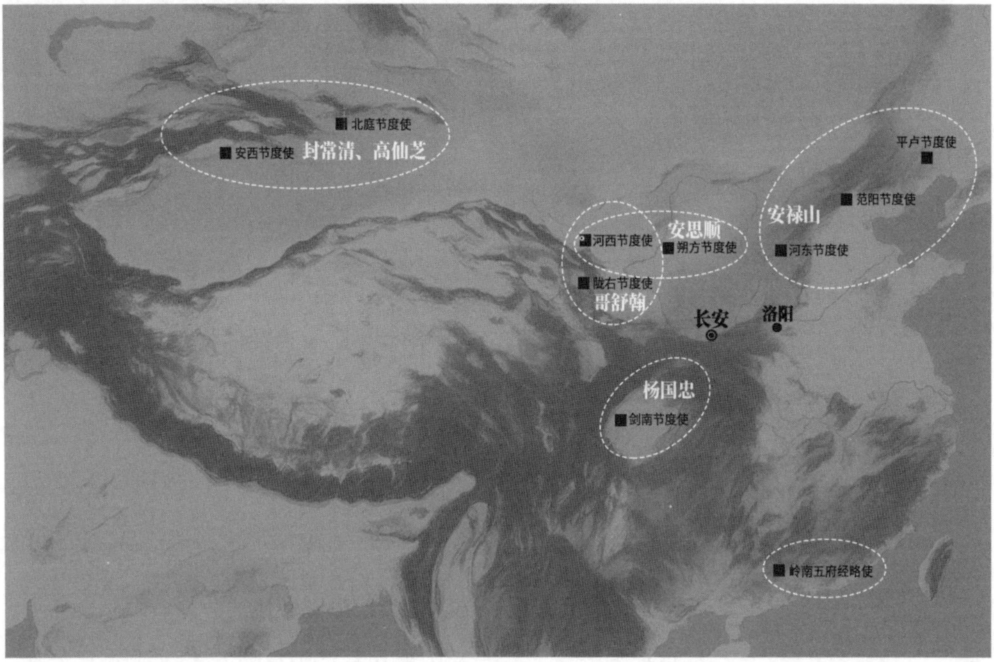

图 71 天宝十镇

剑南节度使是宰相杨国忠在京遥领。剑南军主要防范青藏高原与云贵高原的族群势力，尤其是抵御青藏高原的吐蕃军队从川西高原而下进入唐朝腹地。

- **岭南五府经略使**（**岭南节度使**）：镇守岭南，治广州 / 南海郡，即今广东广州，统辖 15400 人。唐肃宗在灵武继位后改为节度使。岭南军北上平叛时加入南阳战场，遭遇惨败。

公元 755 年年末，安禄山自范阳公然反叛唐廷，安史之乱爆发。范阳即今北京，这座近古名都，终于开始了崛起之路。

安禄山手下的兵将都是经唐玄宗募兵制改革后的职业军人，而且是在与契丹军队的不断战斗中逐渐成长起来的强兵悍将。而中原两京附近的百姓，在唐朝盛世之下，多数已经百余年没有经历过战争。这突如其来的内战，让所有唐人措手不及。

关键时刻，唐玄宗赫然发现，唐朝昔日重内轻外的府兵制禁军被替换成募兵制禁军后，规模和战斗力都严重下滑。此时安禄山的军队不少于十五万人，朝廷居然只能调用区区数万官军，还都是些训练松懈的从京城一带招募的“关系户”“少爷兵”。地方守军反应不及时，也一再溃败。安禄山一路势如破竹，迅速占据河北。

十一月九日，安禄山正式起兵。唐玄宗命身兼西域两镇节度使的封常清前往东京洛阳坐镇，扼守关中的第一道门户洛阳盆地；又命前任安西节度使、封常清的老上司高仙芝率关中新募之兵前往陕郡驻守，扼守关中的第二道门户陕原，即秦汉函谷故关一带。

十二月二日，安禄山向南渡过黄河，直逼洛阳。

十二月七日，唐玄宗命西北河陇三镇的朔方军、河西军、陇右军全部开赴皇帝行营，要御驾亲征，结果被宰相杨国忠与贵妃杨玉环兄妹所阻。

十二月十二日，东京洛阳陷落。从安禄山起兵到洛阳沦陷，才刚刚过了一个月。从安禄山渡过黄河进攻洛阳盆地到洛阳沦陷，仅仅过了十天。大唐东京如此迅速地沦陷，政治影响是极其恶劣的。但其实，东都那股蠢蠢欲动的怨唐势力，在洛阳沦陷中起到了不小的作用。

首先，封常清到达洛阳后就火速招募新兵，旬日得兵六万，却都是佣保市井之流，也就是奴仆和街痞一类。真正的洛阳官宦豪户子弟，对此次守卫洛阳并不上心，并未全力响应和支持封常清。封常清还察觉到了洛阳当地力量的异动。洛阳本地人，作为东都河南府长官的河南尹达奚珣有“应贼”的动向，试图响应安禄山叛唐。封常清想要杀达奚珣，被东京留守李憕、中丞卢奕等人劝阻。李憕与卢奕是替朝廷留守东都的，属外派官员。他们认为杀达奚珣影响不好，封常清才作罢。但从封常清对达奚珣的判断来看，安禄山对洛阳的渗透并非捕风捉影。

安禄山迅速拿下洛阳后，开始在洛阳筹备建国。这显然是准备依靠洛阳现有的全套留都机构，以及洛阳势力的支持和响应，否则动作不会这么迅速。

次年正月，安禄山正式称帝，定国号为“燕”，定都洛阳。洛阳从大唐东都摇身一变，成了大燕的京师。安禄山任命响应他的河南尹达奚珣为丞相，可见封常清的判断是对的。

洛阳陷落后，封常清逃往陕郡，与他的老上司高仙芝合兵一处。他二人又从陕郡退守潼关。潼关距离长安只有一百多公里，是长安的最后一道门户防线。老迈的唐玄宗开始怀疑这些封疆大吏是否对他真的忠心。假如高仙芝、封常清二人在潼关反水，那么关中就等于送给了安禄山，大唐就会瞬间灭亡，而他们二人却依旧不失高官厚禄。玄宗见洛阳失守，不敢再相信西域二镇出身的这对“老伙计”，竟下令将二人在军中赐死。

安西二将已死，唐玄宗要构建新的防御形势，转而依靠河陇三镇。他起用身兼陇右与河西二镇节度使的哥舒翰前往潼关接手唐军拒敌，并处死了与安禄山同为粟特安姓的朔方节度使安思顺，让关中汉人郭子仪接任朔方节度使。朔方军的郭子仪、李光弼等人从河东出太行，从安禄山的后方大本营河北一带与燕军周旋，而且连连大捷。

哥舒翰驻守潼关，也不主动出击。他分析认为安禄山不得人心，应该避其兵威锋芒，等待关东的政治形势恶化，燕军内讧和瓦解时再出手。潼关守军要做的是拱卫京师，让朔方军在河东与河北战场断叛军后路。但这在玄宗看来，难免有为保存自己兵力消极怠战之嫌。

安禄山虽攻下洛阳，但河北后方连连失利，他也心生犹豫。他一度想要放弃洛阳退回范阳固守。可哥舒翰与安禄山对峙将近半年的时间，唐玄宗先失去了耐心，不停地催哥舒翰出战。其间，杨国忠还布局在长安东郊霸上训练了一支属于自己剑南军的万人部队，将领是其心腹杜乾运。哥舒翰又强行吃掉了这支部队，并杀了杜乾运。杨国忠与哥舒翰的斗争又激烈起来。

哥舒翰擅杀关中守将，让唐玄宗又开始怀疑哥舒翰。在此时唐玄宗的眼中，这些经营边军多年的节度使，无论是安禄山，还是高仙芝、封常清，或是哥舒翰，没有一个是可靠的。哥舒翰随时可能变成第二个安禄山，于是唐玄宗便继续催促哥舒翰出战，希望哥舒翰用行动表忠心。哥舒翰明知会兵败，也只能痛哭着出战，最终被安禄山所俘。

洛阳（虎牢关、汉函谷关）、陕原（秦函谷关）、潼关，关中的三道关隘屏障全部失守，唐玄宗终于意识到，长安沦陷只是时间问题了。而此时，他身边其实还有一个节度使令他不放心，那就是遥领剑南节度使的宰相杨国忠。

（三）长安一陷，玄宗弃都

唐玄宗终于恐惧了，他已经彻底无牌可打。他决定放弃长安，率领少数心腹禁军和宫眷，连夜向西逃亡。

> 将士皆曰："国忠谋反，其将吏皆在蜀，不可往。"（《资治通鉴·唐纪三十四》）
>
> 自禄山兵起，国忠以身领剑南节制，乃布置腹心于梁、益间，作图自全之计。（《旧唐书·列传·卷五十六》）

杨国忠身为宰相，并身兼剑南节度使，既掌握相权又拥有蜀地兵权。从梁州（汉中）到益州（成都），他早已安插了自己的人马担任要职。杨国忠极力鼓动唐玄宗入蜀，到自己控制的成都避难，玄宗表示同意。

公元756年六月九日，潼关陷落。十三日，玄宗从长安出逃，放弃了京师。这是中晚唐"国都六陷，天子九迁"的第一次。长安最后一个半世纪的跌宕都城史由此开启。

玄宗从长安出发时，杨国忠与韦见素两名关西宰相前来跟随。而被玄宗罢免的关东前宰相陈希烈，从玄宗出逃到燕军攻入长安，竟然都没有任何追随玄宗车驾西行的意思。陈希烈此时成了留在长安的最具威望之大臣。玄宗在路上，想起了身在长安的几个洛阳大臣，突然对身边的高力士问道："昨日仓皇离京，朝官没能及时得到西行旨意。今日谁会赶来呢？”高力士说：“张垍、张均兄弟世受国恩，又是驸马国戚，肯定会先来。房琯这个人素来有做宰相的愿望，而且他一直被安禄山所器重和拉拢，必定不会前来。”唐玄宗却说：“这些都是难预料的啊……”

张垍、张均、房琯三人都是洛阳人，也都被安禄山所拉拢。唐玄宗很清楚东都势力对他怀有不满情绪，他认为这个关键时刻，即使是他的女婿恐怕也靠不住。结果房琯很快就抵达御驾前，玄宗很高兴，问张均、张垍两兄弟怎么没有来，房琯说：“臣离京时，路过张氏兄弟的府舍，本约好一起前来，但张均又派人报说已经到城南取马了。臣观察他们的想法，并没有前来随驾的打算。”走城北是追随玄宗向西的方向，走城南其实是背离玄宗向东的方向。

东都势力中，有人忠心于唐廷，但也有很多人就是玄宗结束东都巡幸的利益受损方。张垍、张均是这样的受损方，被河南尹举荐入仕的宰相陈希烈也是。当长安彻底沦陷，被安禄山的燕军占据后，陈希烈与张垍、张均果然投靠了安禄山，全都被安禄山任命为大燕的宰相，入燕京，也即他们自己的大本营洛阳，为关东的新朝廷卖命。

皇帝行辕至西距长安四十余公里的马嵬驿休息整顿时，爆发了马嵬驿之变，扈从禁军哗变。在禁军将领陈玄礼的率领下，士兵杀死了宰相兼剑南节度使杨国忠及其族人，并逼唐玄宗赐死杨贵妃。表面上看，这是一次偶然事件，其实不然。

安禄山反叛后，杨国忠就对百官说：“人告禄山反状已十年，上不之信，今日之事，非宰相之过。”他将姑息反叛造成动乱的责任全部推给了唐玄宗。但安禄山最初反叛的时候所打的旗号，是讨伐杨国忠，称杨国忠把持朝政，惑主乱上，在长安为非作歹，他起兵是要清君侧，诛除杨国忠。天下官民听此说法对杨国忠的怨气非常大。尽管安禄山已经急不可耐地在洛阳称帝建国，但对玄宗来说，杨国忠一日不死，长安朝廷被杨国忠挟持的这个谣言，就一日无法向天下澄清。

起初，唐玄宗保杨国忠是为了对安禄山表示强硬和不屈服。但如今唐玄宗要逃难，而且是要逃到杨国忠的“老巢”，遍布杨国忠党羽的蜀郡。唐玄宗如果不杀杨国忠，到了蜀郡恐怕又是才出虎口，又入狼窝，依然有被挟持的风险。前朝的隋炀帝杨广在遭遇乱局后，逃亡江都，最终在江都被权臣所杀，可谓殷鉴未远，玄宗岂会不提防。

唐玄宗离开长安时，经过左藏库，即国库，杨国忠要焚烧左藏库，被玄宗阻止。玄宗出了长安，从便桥（西渭桥）渡河至渭河北岸，杨国忠竟然紧跟着要毁掉便桥。唐玄宗走得虽匆忙，但安禄山的军队从潼关杀到长安用了十多天的时间，玄宗还有足够的时间等待后续跟上他的长安官兵及家眷。杨国忠要毁桥，其实也是阻止长安官兵跟进，是断玄宗后路。玄宗又紧急制止。杨国忠是希望玄宗到成都后，成都只有他的党羽，但玄宗希望忠心朝廷的大臣和军队能够陆续抵达成都。杨国忠与玄宗的利益已经产生严重分歧。

其实，唐玄宗在离开长安城之前，应该就已经在部署暗杀杨国忠。

> 及安禄山反，玄礼欲于城中诛杨国忠，事不果，竟于马嵬斩之。（《旧唐书·王毛仲（陈玄礼附）列传》）
>
> 安禄山反，谋诛杨国忠阙下，不克；至马嵬，卒诛之。（《新唐书·陈玄礼传》）
>
> 右龙武大将军陈玄礼谋杀国忠，不克。（《新唐书·杨国忠传》）

早在长安之时，陈玄礼就谋划暗杀杨国忠，但一直没有成功。陈玄礼是跟随唐玄宗五十年的老将军，是唐玄宗的心腹。身为禁军将领原本应该对朝堂之争保持中立，而且他本人以性格谨慎著称，但他在长安就策划诛杨，很难说这里面没有唐玄宗的授意。

> 龙武大将军陈玄礼奏曰：“逆胡指阙，以诛国忠为名，然中

外群情，不无嫌怨。今国步艰阻，乘舆震荡，陛下宜徇群情，为社稷大计，国忠之徒，可置之于法。”（《旧唐书·玄宗本纪》）

到马嵬驿之后，陈玄礼再次向唐玄宗奏请诛杀杨国忠，并知会东宫宦官李辅国，让李辅国将计划提前告诉太子，应是让太子的东宫属军不要产生误会。于是陈玄礼率禁军诛杀了杨国忠族人及同党。最终，唐玄宗还赐死了杨国忠族妹杨贵妃。

这次事件最终被定性为军队哗变，等于唐玄宗向成都剑南军方面与杨国忠余党表示不会牵连和扩大追究。失去了权臣杨国忠这个人际纽带，群龙无首的蜀郡杨国忠余党反而只能与玄宗绑定，成都这才成了玄宗可以放心避难的地方。陈玄礼此后也一直跟随唐玄宗。不过马嵬驿之变爆发后，太子李亨却不愿入蜀。

唐玄宗此时已经年过七旬了。在他以前的皇帝，很少有活到这个岁数的。舟车劳顿下，他随时会撒手人寰。四川盆地四面高山环绕，历来利于偏安，而不利于争夺中原和天下。如果以皇帝和太子为首的唐廷全部迁入蜀郡，恐怕中原人心一失，唐朝就真的会覆灭，把江山拱手让人。唐玄宗老迈无力，但太子如果跟去，仍然与玄宗互相威胁不说，一旦关中彻底丧失，再想出蜀就会难于上青天了。太子李亨决定留在北方，与父皇分道扬镳。而只图暮年苟存的玄宗，也知道自己有负祖宗和天下，这一次他没有强留太子。

太子回到长安，发现便桥已经被毁，于是收揽长安附近的唐军残部后，北上灵武，前往朔方军的大本营。他要依靠河陇三镇的西北军队，做最后的努力。

李亨抵达灵武不久后，为了更好地节制西北诸军，自立为皇帝，是为唐肃宗，并遥尊远在成都的唐玄宗为太上皇。唐玄宗得知后，心知自己年迈，而太子留在北方平叛需要足够的权柄，因此接受了太子自立为帝的事实与太上皇的称号。但玄宗仍希望制衡肃宗的权力，他派皇子永王前往掌控南方诸镇。最终，肃宗的小朝廷以永王反叛为由，击杀永王，肃宗彻底坐稳了皇位。

（四）收复两京

两京俱失，皇帝逃难，唐朝的政治形势严重恶化，面临灭顶之灾。长安陷落后，燕军士气大振，连河北方向的燕将史思明也一度扭转颓势。可占据了两京的安禄山并没有人主之量，他根本不懂刘邦当年约法三章，怀柔敌国的故事，而是在长安屠杀唐朝皇室，残杀当年在朝堂上与自己有过龃龉的政敌，大泄私愤，并且下令士兵大索三日，劫掠长安百姓。长安大街上，枉死者血流满地。安禄山虽然高坐在东京的龙椅之上，但未能收获长安城内的人心。他只是一个会打仗的军阀，没有承担历史使命的胸怀和担当，注定只能得意一时。

公元 757 年正月，因为常年肥胖，安禄山突发眼疾失明，又有病疽难以愈合。安禄山对身边臣下越发残暴，而且想要替换年长的儿子安庆绪，让自己的宠妾所生的幼子做继承人。安庆绪便联合安禄山身边之人，将安禄山活活砍死，并自立为帝。

安禄山的暴虐导致伪燕发生政变，安庆绪上台，这是唐廷绝佳的反击时机。原本唐肃宗的重要谋臣李泌建议肃宗把兵力用在攻克河北范阳，彻底攻克燕军大后方与大本营，让燕军没有退路，然后再进扫中原的燕军，光复两京。李泌认为如果当下急于重复两京而放弃了河北，将来叛军可能会卷土重来。但唐玄宗当初追认唐肃宗帝位，自称太上皇时，许诺唐肃宗收复京师之后，他便会完全退出政务。唐肃宗急于获取所有的皇帝权力，因此将收复京师当作自己的首要战略。他决定将原本在北方的朔方军调回关陇，以朔方军为首，收揽安西、北庭、河西、陇右四镇所剩的所有兵力，全力夺回长安。

其实仔细观察当时的形势，就知道关中与中原一线，肃宗是不得不提前打通。因为就在这次肃宗刚刚收复两京之后不久，还没等到唐军主力前往增援，以数千唐军守军牵制了十万敌军，坚挺了十个月的睢阳城终于被攻破。睢阳，即今商丘市，是淮河流域的门户重镇。一旦睢阳失守，中原叛军便会南下江淮，直接阻断唐廷的漕运命脉。运河的中原至关中一线，原本已经被安氏父子把持，肃宗退守关中西部，是靠长江与汉江线给关中输入漕粮，但如果江淮失守，敌军就会占据支撑唐廷平叛的漕粮产区——江南地区。

长安沦陷后，南阳也沦陷了。一旦临近南阳的襄阳也被叛军占据，地处江淮门户的睢阳也在收复两京之前沦陷，那么汉江漕运线会被叛军截断，长江下游为唐廷输血的江南地区也会陷入战乱，甚至大片沦陷。那么安史之乱，很可能会彻底切断漕运线两端的政治中心与经济中心之间的联系，彻底破坏掉唐朝“奉长安文化为中心，仰东南财赋以存立”的大格局。届时，长江运输线断了，东南漕粮产区也被占领和骚扰，恐怕连蜀中的太上皇唐玄宗也难偏安。

倘若唐廷当时真的将重心放在河北，那么一旦江汉漕运线不保，即使平定河北也只能依赖河北平原的粮草，而与东南地区失联，等于置唐廷于叛军卧榻之侧，作为燕军大本营的河北会全力支持朝廷吗？如果继续留在没有漕粮支撑的关中，军费、军粮被断，岂不是更被动？

当时替唐廷驻守睢阳的张巡、许远，已经是用城中饿死无数军民的代价，才换取了睢阳坚挺至东京收复才沦陷。好在官兵没几天就又重新收复了睢阳，否则，中原不克，黄河以南被多路切割，漕运线首尾被切断，西北连接东南的大基本盘战略反而不保。

先争河北之战略，才是冒着“得点失面”的风险。说到底，只有十五万核心兵力的唐廷，比当时各路叛军加起来的兵力要少很多，唐廷没法做到首尾兼顾，两线同时决战，因此只能保头而不保脚。所幸抢在了睢阳刚刚沦陷就冲出中原收复了睢阳，唐肃宗的豪赌，最终没有错过时机。关中与中原收复，才可继续对盘踞在范阳老巢的叛军进行二次清创。

九月发兵收复长安前，驻跸在凤翔的唐肃宗宴请郭子仪等将领。他对郭子仪说：“成功与否，在此一行。”郭子仪回道：“此行不捷，臣必死之。”誓师之后，唐肃宗长子李俶与郭子仪率领唐军、西域军，以及回纥派来支援唐朝的四千精骑，共十五万大军，浩浩荡荡地向长安推进。

唐军到达长安城郊时，驻扎在香积寺北、沣水以东。而长安城中的燕军也出长安列于唐军之北。这场著名的香积寺之战，从正午打到日落，西北出身的官军与东北出身的燕军，两股大唐境内最大的军事力量在此展开惨烈的厮杀。最终燕军战败，仓皇东逃，沦陷一年零三个月的大唐京师长安城正式光复。

但此时，四千回纥精兵却准备入城劫掠长安。因为唐肃宗当时急于借兵收复城池，借来了回纥兵精骑，又没有什么可以赏赐给回纥兵将，于是许诺克城之日，土地、士庶归唐，金帛、子女归回纥。皇长子李俶见回纥军要入城，急忙制止回纥统帅说："现在仅收复京师，如果大肆抢掠长安，之后东京洛阳就会为叛军死守，再难攻取，希望到东京后再履约。"回纥这才没有进城，驻扎在了城东。

李俶进入长安城，城中的百姓见到皇长子纷纷叩拜，哭泣着欢呼。李俶，就是后来改名为李豫的唐代宗。他之所以劝阻回纥，一方面是如其所讲，是为后来战局考虑，但另一方面，长安与洛阳，此时唐廷更依赖长安，而燕军更依赖洛阳，洛阳的士族也更抵触唐廷。在唐皇室对两京的取舍之间，亲疏已经显现。东京户口十不存一的劫难和命运，也自此注定。

十月，唐军从关中东出，在陕郡再次大败燕军，迅速攻入洛阳盆地。安庆绪见大势已去，只得逃离洛阳，率残部弃守黄河以南，逃往邺城。中原燕军的溃逃，为支援东南争取到最后的时机。

当李俶、郭子仪与回纥军进入东京后，回纥便进入东京府库收取财帛，并在城中劫掠三天，这次李俶没有再阻止。洛阳父老不堪回纥暴行，于是齐力献出一万匹罗锦给回纥，回纥这才停止掳掠。

作为伪燕近两年京都的洛阳城中，以唐朝叛相、伪燕宰相陈希烈、张垍为首的三百多名东都官员，都身穿素服，泣跪请罪。这些东都势力当初对唐廷不满，致使洛阳十余日就被攻克。李俶将他们全部发往长安待罪。

东京收复后，唐肃宗也终于从凤翔回驾长安，并下诏迎太上皇从成都归京。长安城中的士庶哭泣着叩拜皇帝说："没想到还能见到我们的君主。"唐肃宗也万分感慨。肃宗在被毁坏的唐朝宗庙，素服大哭三日后，回到宫中。长安城中当初投降伪燕的官员，也纷纷被弹劾下狱。东京的陈希烈等叛臣被押送到长安后，唐肃宗更是想将这数百人全部处死，但被大臣劝阻，说一旦这样做，不仅数万人受牵连，而且叛军便会进一步顽抗，做困兽之斗。唐肃宗这才作罢，将叛臣分为不同等级的罪名惩处。陈希烈被赐死于家中，张垍、张钧兄弟则因肃宗念其父张说的旧恩，被流放岭南。在唐朝前期十分强势、一度压倒关陇集团的东都势力，竟因此而瓦解。

十二月，太上皇回到长安，玄宗、肃宗父子相拥而泣。这噩梦一般的灭顶之灾，总算是熬过去了。玄宗回到长安后，长期住在他少年时的王府改建的兴庆宫中。一日久雨初晴，他登上了兴庆宫的勤政楼。楼下街道上往来的行人看到了玄宗，无不喜极而泣，感动地声称："没想到今日还能再得见太平天子。"大劫之后，恍如隔世。众人传呼万岁，声动天地。

两京被收复，安庆绪被困在了河北一隅。替安禄山镇守伪燕老巢的史思明见情势不妙，率众降唐。但仅仅半年之后，史思明就复叛唐朝，并于次年杀死安庆绪，吃掉了安庆绪的地盘和人马，割据河北，称帝建国，依旧以"燕"为国号，定都范阳，号燕京。

公元 760 年，驻守东京洛阳的李光弼进行战略性撤退，弃守东京。史思明率燕军又进入洛阳，发现洛阳已是一座空城。河北又一次被叛军席卷，东京再次沦陷，相当于运河漕运线又一次中断，关中的第一道屏障再次被打穿，唐肃宗焦虑万分，试图率军御驾亲征，被群臣所阻。

唐肃宗又催促李光弼出兵收复洛阳，持保守主张的李光弼不得不与叛军交战，结果遭遇邙山之败，致使唐军的防线又从洛阳盆地退至陕郡。史思明叛乱的剧本，与此前的安禄山叛乱如出一辙。这情形似乎被当年的李泌言中。但叛军的剧本也和此前的安氏父子相似，史思明父子也迅速内讧。史思明的长子史朝义也不满史思明偏心小儿子，于是弑父夺位，对伪燕官场进行大清洗。当时南线洛阳附近的叛军将领，与河北史朝义所部互相出现猜忌。不过唐朝也恰巧经历了帝位交替。

公元 762 年四月五日，玄宗驾崩。四月十八日，肃宗驾崩，唐代宗即位。回纥再次出兵协助唐军平叛。十月，唐廷的朔方军、神策军与回纥军攻入东京洛阳。再次沦陷两年多的洛阳又被收复，又经历了一次被回纥烧杀抢掠的惨剧。洛阳城中数万人被杀，大火数旬不熄，周边郡县沦为废墟。就连作为唐廷官军的朔方军和神策军，也把东京、郑州、汴州、汝州都看作是贼境，三月之内，对所过之处大肆虏掠。洛阳一带房屋被毁。

以朔方军、神策军为代表的唐廷关西军队将东京视为贼境，对洛阳进行报复，能看出当时的关西力量对在七年安史之乱中有四年都在叛军手中的东京，已不复对昔日大唐东都尊崇的感觉。某种程度上讲，安史之乱也是一次关西与关东的地缘对弈，虽然曾经对唐朝不满的东都势力已经消解，但东京却成了博弈的前沿，成了被关陇武人报复的对象。

唐代宗又一次选择了怀柔与妥协的路线，为了快速结束叛乱，以安史叛军降将为河北诸镇节度使。这成为中晚唐河北藩镇高度独立自治的源头。

公元 763 年正月，史朝义自尽，安史之乱被最终平定。

第十章

唐：泥潭中的大唐与长安

平时安西万里疆，
今日边防在凤翔。

生于忧患，死于安乐。隋唐起于关西群山之间，筚路蓝缕，锐意革新，才登顶历史最高舞台，开创大一统帝国与万里疆土。直到唐朝中期，皇帝受制于运河瓶颈，仍需不停地“逐粮”于两京之间。这奔波劳碌，相比沉湎于深宫之中的安乐，多少能使其体察民间疾苦和地方实情。但漕运改革完成了，皇帝不出宫门也能坐拥盛世，不再夕惕若厉。唐朝反而像是得了富贵病，在短暂的盛世之后就陷入了内战泥潭。可是这泥潭，远远不是一般人们认为的只有安史之乱。安史之乱只是脓包溃破的开始，后续的感染更严重。

（一）长安二陷，吐蕃之乱

公元763年七月，平定安史之乱的唐代宗意气风发，认为自己是中兴之主，于是改元广德，以示新时期的到来。

然而，在安史之乱中，西域二镇、河陇三镇之兵都被调往中原平叛，整个大西北地区的守军薄弱，吐蕃、党项等族纷纷入扰，侵吞了西北数十州。唐朝已经无力维系广袤的西北疆域。就在唐代宗改元的七月到十月，吐蕃更是迅速侵吞从兰州到秦州的九个州。唐朝不仅丢失了河西走廊和紧邻关中的陇西地区，被吐蕃控制了渭河上游，连关中北部的邠州也被吐蕃占据。可以说，唐廷是刚刚结束内战，又在外敌面前兵败如山倒。

很快，吐蕃就率领吐谷浑、党项、氐、羌等西北各族联军直直杀入关中。长安城是一座有十几个城门，纵横皆十余里的超大型城池，是盛世的象征。这样的城池如果分散兵力守各个城门，很容易被重点突破，因此并不适合防守。

唐代宗看到吐蕃联军逼近长安，自知无力抵挡，竟又选择弃都遁逃。这一次战乱起于西部，唐代宗只好向东避难。十月八日，代宗逃至华州，鱼朝恩率神策军来迎。神策军原本是安史之乱前，陇右节度使哥舒翰在唐、蕃边境一带设置的一支军队。安史之乱中，神策军被调往中原平叛，并吸纳了西北各路唐官军，成为内廷宦官替皇帝掌控的一支部队，逐渐被皇帝所倚重。

十月九日，吐蕃大军进入长安，唐国都再次沦陷。吐蕃为了长久地控制长安，立广武王李承宏为傀儡皇帝，试图控制百官。吐蕃军队在长安城中烧杀抢掠，洗劫府库和市场，甚至离散后的唐朝禁军残卒也加入劫掠居民。官民纷纷逃亡至终南山的山谷中避乱，长安城萧然一空。

这一次长安之难，其实有一个更深层的背景，就是唐廷在平定安史之乱后，对作为平叛主力的朔方军没有妥善赏赐和安置。

在平定安氏父子之乱时，郭子仪首先任朔方节度使，李光弼、仆固怀恩是他的部将。收复两京之后，平定史氏父子之乱时，郭子仪被虚尊高位，留在长安任职，李光弼成为朔方节度使。安史之乱平定后，李光弼被调往江淮地区平定袁晁起义，仆固怀恩又担任朔方节度使。

唐内廷鱼朝恩代表的宦官系统掌握了神策军的兵权，与仆固怀恩带领的朔方军出现了恶性竞争的态势，宦官集团极力诋毁仆固怀恩，造成仆固怀恩心生反意。当时神策军驻守陕郡，震慑中原，朔方军盘踞西北，正是抵御吐蕃的中坚力量。然而仆固怀恩所代表的朔方军担心皇帝卸磨杀驴，在边疆既不积极地抵御吐蕃的入侵，也不听皇帝诏令入朝觐见。

另一方面，坐镇徐州的李光弼也与宦官集团的程元振不和，也不听皇帝征召勤王，而是按兵不动。可见朔方武人集团与神策军宦官集团之间的斗争十分激烈。这是唐代宗继位之后没能妥善解决和平衡西北军镇与被宦官控制的神策军之间利益的结果。唐代宗在安史之乱后畏惧和猜疑雄兵在握的几路平叛将领，想要分化瓦解包括朔方军在内的大型军镇，甚至杀死了平叛功臣来瑱。这些皇帝急于对功臣削权的举动，让仆固怀恩心生抗拒，最终不仅决定谋反，还勾连外敌。仆固怀恩为了避免皇帝卸他的军权，甚至渎职放水，任由吐蕃入侵，这才有了西北局势的突然恶化。西北沦陷速度如此之快，与西北最大的军镇统帅向敌军泄露布防信息与亲自“带路”恐怕关系不小。

长安失陷，情况危急，朔方军昔日的老帅郭子仪为人谨慎且忠心，在大厦将倾的关键时刻，他再次站出来力挽狂澜。郭子仪收揽蓝田、商州、武关一线的士卒，并向唐代宗保证:“臣不收复京城，无面目来见陛下。只要我从蓝田出兵，断不会让吐蕃继续东侵。”

郭子仪率领军队进发长安，并让士兵多举火，壮大声势，做疑兵之计。长安城中的百姓，又很可能有郭子仪安插的线人，骗吐蕃军队说郭子仪率领无数大军前来攻城。其实吐蕃人自己都没想到能攻下大唐的都城长安，也正手足无措。吐蕃人素闻郭子仪大名，恐被郭子仪围歼，于是于十月二十一日惊惶逃走。长安被郭子仪不战而收复，郭子仪奏请唐代宗还京。谁知唐代宗却想要放弃关中，“欲定都东洛”。如果说，此前安史之乱的内战中，皇帝从未有过迁都的念头，这次吐蕃从西边排山倒海、覆压而来的入侵，已经让唐代宗心生弃地迁都的想法，并且已经正式下令移驾洛阳。虽然吐蕃占领长安只有十五天，但唐代宗已经看到吐蕃占据了陇西，成为肘腋之患，是悬在长安头上的一把随时可能落下的剑，关中的防御已成大问题。

郭子仪是西北朔方军和关中士人的领袖，他得知皇帝有此念头，于是上表《请车驾还京奏》:

> 臣闻雍州之地，古称天府，右控陇蜀，左扼崤函，前有终南、太华之阴，后有清渭、浊河之固。神明之奥，王者所都。地方数千里，带甲十余万，兵强士勇，雄视八方，有利则出攻，无利则入守。此用武之国，非诸夏所同，秦汉因之，卒成帝业。其后或处之而泰，去之而亡，前史所书，不唯一姓。及隋氏季末，炀帝南迁，河洛邱墟，兵戈乱起。高祖倡义，亦先入关，惟能翦灭奸雄，底定区宇。

郭子仪先分析了定都长安的地理优势，以及历代王朝依靠关中形胜开国创业的经验，以及离开关中灭亡的教训。

以至于太宗、高宗之盛，中宗、玄宗之明，多在秦川，鲜居东洛。间者羯胡构乱，九服分崩，河北、河南，尽从逆命。然而先帝仗朔方之众，庆绪奔亡；陛下借西土之师，朝义就戮。岂惟天道助顺，抑亦地形使然，此陛下所知，非臣饰说。

郭子仪又将太宗、高宗，中宗、玄宗这些曾主动巡幸过洛阳的唐朝皇帝列出，指出他们在长安的时间更多，在洛阳的时间较短。到了唐肃宗、代宗父子，更是依靠朔方军这些西土之师，以及凭借关中有利的地形才最终平定安史之乱。

近因吐蕃凌逼，銮驾东巡。盖以六军之兵，素非精练，皆市肆屠沽之人，务挂虚名，苟避征赋，及驱以就战，百无一堪。亦有潜输货财，因以求免，又中官掩蔽，庶政多荒。遂令陛下振荡不安，退居陕服，斯盖关于委任失所，岂可谓秦地非良者哉？

郭子仪直接指出，这次致使长安沦陷的吐蕃入侵的原因，是禁军多纨绔子弟，缺乏训练，官场腐败，政务荒废，而不是地理的原因。

夫以东周之地，久陷贼中，宫室焚烧，十不存一。百曹荒废，曾无尺椽，中间畿内，不满千户。井邑榛棘，豺狼所嗥，既乏军储，又鲜人力。东至郑汴，达于徐方，北自覃怀，经于相土，人烟断绝，千里萧条，将何以奉万乘之牲饩、供百官之次舍？矧其土地狭厄，才数百里间，东有成皋，南有二室，险不足恃，适为战场。陛下奈何弃久安之势，从至危之策；忽社稷之计，生天下之心？

郭子仪还分析了经历安史之乱后东京残破荒芜的现状。而且东京是四战之地，很难固守，已经无法承担都城功能。

> 况明明天子，躬俭节用，苟能黜素餐之吏，去冗食之官，抑竖刁、易牙之权，任蘧瑗、史鳝之直，薄征弛力，恤隐追鳏，委诸相以简贤任能，付老臣以练兵御侮，则黎元自理，寇盗自平，中兴之功，旬月可冀。

郭子仪最后还劝谏皇帝，只要能勤俭改革，委任贤能，一定可以中兴大唐。唐代宗于是决心还京，于十二月回到长安。

这道奏疏改变了长安的都城命运，也是历代罕有的系统性总结都城史之雄文。郭子仪看出了外部地缘形势不至于让皇帝放弃长安，中原的经济与政治形势也无法支持皇帝迁都洛阳。郭子仪更点出，唐朝中央禁军不堪重任，而大乱之后朝纲不振，长安贵族的奢靡风气才是真正的祸患。他向皇帝提出“明明天子，躬俭节用”“黜素餐之吏，去冗食之官”，其实就是让皇帝反思唐廷这些年来，已经失去了唐朝创业早期的勤俭自制之传统。

郭子仪真正深刻理解了一代代关西王朝凭借地形之利，同时依靠勤俭自制发动效率革新而成累世之功，理解了创历代帝业的本质动力所在。郭子仪是在呼唤一步步走向糜烂的唐朝，回归到关西王朝的素来本质；呼唤洗心革面，丢掉盛世体面之旧包袱，重启艰苦奋斗的新唐朝。

郭子仪后来在吐蕃退兵后，率领朔方军重新构建了唐朝的西北防御体系。他在陇山沿线的泾州、陇州、邠州等重镇布防，让唐廷依靠陇山山脉作为屏障，有效抵御住吐蕃从陇西的进一步东侵。长安安全了，但唐朝已无力从吐蕃手中收复陇西。正如郭子仪所讲，唐廷只能依靠关中形胜，重新艰苦创业，逐步平定东边的内乱，解决西边的外患。而这一等，河陇地区再次完全回到唐朝，就是近百年后。

回到京师长安之后，唐代宗转而抑制宦官集团，安抚朔方武人。他把李光弼和仆固怀恩的母亲接到长安奉养，实则为人质，又让李光弼的弟弟担任禁军统领，重点安抚在徐州的李光弼。但仆固怀恩的母亲刚到长安就病逝，怀恩仍旧率领朔方军公开谋反。郭子仪身为朔方军最有威望的前主帅，前往安抚朔方军将领，才制止了朔方军的反叛。

李光弼由于不救国难也遭到部下非议，在长安之难后的次年病逝，差点儿晚节不保。而仆固怀恩仍旧不死心，被罢免朔方节度使后，仍连续两年引诱吐蕃、回纥等西北外族势力进攻关中，震动京师，并在第二次进军途中突然发病而死。

仆固怀恩之乱从后果上来说，对唐廷的打击比安史之乱更为严重，因为他将外族引入长安所在的渭河流域上游地区，致使国土大面积沦丧，并将定时炸弹直接安在京畿的卧榻之侧。如果仆固怀恩没有猝死，恐怕唐朝的悲剧会延续更久。这两次入侵均被郭子仪所化解。郭子仪把握住了朔方军作为平定安史之乱的大唐功勋军团的将士心理，用老领导的身份说服朔方军将士放弃跟随仆固怀恩造反，削弱了仆固怀恩的势力。

代宗后来为了安抚朔方军，尽管仆固怀恩已经公然反叛多次，念其满门忠烈，平定安史之乱有功，在怀恩死后仍旧称其并未谋反，以示不做牵连，保全了朔方军的名誉。但实际上，连仆固怀恩的母亲生前都指责仆固怀恩谋反。毫无疑问，仆固怀恩就是叛国。安史之乱最终只是妥协性的招安，其中一个原因就是仆固怀恩积极为薛嵩、田承嗣、李怀仙、李宝臣四个叛将牟取节度使之位，从西北联合东北对唐廷形成钳制。但唐代宗终于发现朝廷直控的禁军实在是太脆弱了。皇帝根本惹不起朔方军，不能继续得罪这些藩镇武将，只能尽量压住事态不扩大化。

代宗生长在开天盛世时期，在位十七年却几乎每一年都要面对西部的入侵和东部的地方叛乱，可谓左右为难，举步维艰。但他也只能硬着头皮把糜烂坠落的唐王朝硬向上拉。

也恰恰是唐代宗强撑时局，内忧和外患却产生了微妙的平衡。“昔日安西万里疆，今日边防在凤翔”。当割据东部内地的藩镇野心家们再想做安禄山时，会发现长安不再是那只盛世中被养肥的待宰羔羊，而是替内地抵住几股强大游牧民族军事力量的国门所在。他们突然发现，长安的盛世之象褪去，终于又回归为撑住整个华夏战略重心压力的支点。长安是拥有巨大权力的帝都，更肩负巨大的国家责任。其实从这时起，唐朝的用东部腹地支撑西部开边，从西部开拓朝贡贸易体系反哺东部腹地的二元帝国逻辑就崩溃了。长安不再是华夷二元板块的结合点，而是在唐朝从二元帝国内缩回传统华夏后，回归到了华夏门户的位置。

唐代宗重用元载敛财，重用刘晏改革漕运、改革常平法。他将神策军纳入禁军系统，并进行扩编，使之成为中唐时期支撑唐廷的武装力量，重塑了唐廷的军事实力。他后期打击宦官，重用清官，重塑风气。然而这些努力仍然只能让大唐在按下葫芦浮起瓢、四处救火、到处亡羊补牢的艰难中前进。他的儿子唐德宗，却不想做这种窝囊天子。

（二）长安三陷，二帝四王之乱

公元 779 年，唐代宗驾崩，唐德宗继位。德宗一上台就推行节俭政策，释放宫女，为先帝修陵从简，禁止宦官对地方官员索贿，罢榷酒利收，将皇帝内库财赋转为国库管理。他重点废除租庸调制，推行两税法：以量出为入为税收原则，减少苛税并加强贮备；以资产税代替人丁税，把税收主要对象转至富人群体，减轻平民压力；征收货币而非征收实物，尽可能用货币经济取代换货经济，加强朝廷的金融主权，促进全国市场统一。德宗颇有恢复关西王朝勤俭自制风气的气象。

但德宗的改革政策只坚持了一年，他就忍不住放弃了。德宗是最后一位少年时代成长自开元、天宝盛世的皇帝，他希望做回像唐玄宗那样号令整个天下的皇帝。他早年与回纥可汗有过矛盾，对回纥强硬。他初生牛犊不怕虎，试图平定不肯将地方权力交给朝廷的、安史势力遗留下的河北割据型藩镇。因此，无论对外还是对内，意气风发的德宗都是鹰派主张。

德宗继位后的第三年，便拒绝任命河北藩镇自己推选的节度使。德宗的削藩政策启动，全国各地藩镇立刻出现反叛潮。德宗为了敛财筹集军饷，把两税法抛诸脑后，将三十税一改为十税一，大肆搜刮商户。除了长安以外，他下令全面恢复榷酒收入，并增加税钱、提高盐价，在关隘要津征收商货税，增收房屋间架钱，设立除陌钱……

为了集中精力削藩，德宗还积极结好屡次侵犯唐朝的吐蕃，以避免在东线削藩的同时在西线爆发边患。为此，唐德宗与吐蕃进行了清水会盟，与吐蕃划定疆界，正式承认吐蕃对陇西、河西的统治权。但这一外交政策最终也因唐蕃又一次平凉会盟时吐蕃突然劫杀唐使而破产。说到底，吐蕃才是最觊觎唐朝领土的唐廷第一大敌。想结好吐蕃，无异于与虎谋皮。

德宗的削藩方式是用藩镇打藩镇，自己在京畿地区筹钱支援。但这些藩镇只是借攻打其他藩镇之名扩大自己的地盘。朝廷无法在政治上约束它们，也无法满足它们无穷尽的粮饷需求。这些开始还愿意站在朝廷一边的藩镇节度使，一旦攻下更大的地盘，便向朝廷讨要这些地盘，朝廷答应就是养虎为患，不答应则要面对新一轮的反叛。淮西节度使李希烈、幽州节度使朱滔等人，就是因为替朝廷平叛后向朝廷讨要地盘不被允许而反叛。李希烈、朱滔等五镇反叛节度使纷纷自立为王，建立政权。这些藩镇，显然想让唐天子成为东周天子。

德宗搅得天下节度使乱战，而他筹集军费又是无底洞，不断巧立名目，横征暴敛，根本停不下来。长安的百姓、商人为了抵抗苛税，甚至一度罢市。没几年，如同在高空走钢丝似的危险平衡终于被打破。唐德宗终于玩脱了。

公元 783 年八月，大臣陆贽就劝谏唐德宗，说朝廷对京畿地区的征发太严重，京师附近又兵力稀少，万一在京畿之内有节度使反叛，后果不堪设想。

他希望唐德宗取消各种苛捐杂税，停止对西北各镇军队的征发。然而已经成为疯狂赌徒的唐德宗根本听不进去。

十月，泾原节度使姚令言率五千士卒从关东平叛后返回长安。这些泾原士兵大都是携带家中子弟为朝廷出战，希望在长安得到朝廷丰厚的赏赐好回去养家。当时德宗诏命官员犒赏泾原军，官员却私自克扣赏赐，只给他们一些粗茶淡饭。泾原兵一直等到部队开拔回镇，却一无所赐。这些背井离乡，为朝廷出生入死的士兵十分愤怒，走到浐河就发生哗变，声称不公，要抢了长安的府库，转身就冲向长安城。节度使姚令言劝阻士卒，但士卒均不听命。

德宗听闻军队哗变后大惊，命令赏赐布帛，先许诺每人两匹，士兵更加愤怒，又许诺每人二十车，但已经无法安抚泾原军的冲动情绪。德宗下令让禁军御敌，但禁军多数在东征，留京数量不仅少，而且新招募的禁军都是些通过走关系、行贿从军，平时只吃空饷并不训练的纨绔子弟和贩夫走卒。这些所谓的“禁军”白天都混迹于闹市中做买卖，皇帝大难当前召集部队，竟无一人报到。德宗于是学起了玄宗、代宗，立刻仓皇逃离长安。泾原军倒是只大肆掳掠府库财物，高喊不劫百姓，也不收百姓的房屋间架钱，以讽刺敛财成性的德宗，引来百姓围观。

此时，叛镇朱滔的兄长、前幽州节度使朱泚正在朝廷任太尉，闲居长安，熟悉朝堂形势。朱泚曾派幽州军前往西北，协助泾原军抵御吐蕃，后被排挤出幽州，此后一度被朝廷委任为泾原节度使。朱滔也携幽州兵反叛唐廷，自立为王，势力不小。幽州军与泾原军以朱泚为桥梁，两军算是有一定的交情，可互引为援依。姚令言便率领泾原军前往迎立朱泚为主。

朱泚原本还只是自封权知六军，考虑迎回德宗。但一些对朝廷心怀不满的大臣与将领也率部加入，令朱泚感到振奋。于是他入主含元殿，称帝建国，国号大秦，并以姚令言为宰相。留在长安城中的唐朝皇室，又遭遇新一轮屠杀。

德宗这时逃到了奉天（今陕西乾县），还准备继续向西逃至凤翔。但大臣

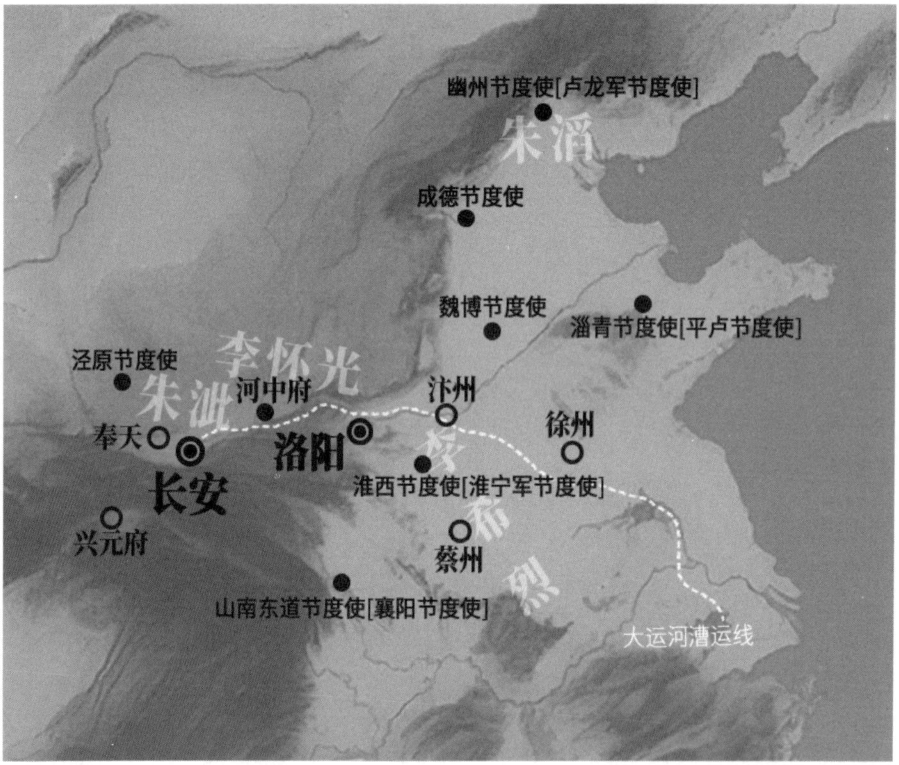

图 72　唐德宗时期反叛唐廷的藩镇

劝阻说凤翔军中有不少朱泚的旧部，并不安全，德宗才决定缓一日再前往凤翔。第二天，凤翔军果然叛乱，投降朱泚。德宗被东边的长安和西边的凤翔夹在中间，更不安全。德宗原本率一千禁军出逃，又招募了五千新兵，勉强支撑住奉天的防御。

关东也是乱作一团，哥舒翰的儿子哥舒曜替唐廷坚守东都，阻止淮西李希烈的进攻。河北的朱滔接到兄长朱泚的诏书，朱泚称其已夺取长安称帝，即将平定三秦，而且封朱滔为皇太弟、节制河北。得此喜讯，朱滔兴奋得向西舞拜。朱泚还让朱滔尽快向南推进，希望兄弟二人合兵洛阳。朱滔于是联络回纥，一起进军东都。

应当说，唐朝这个时候的颓势，已经不是丢京弃地就能中止的。这是比安史之乱时更为凶险的时候，因为唐德宗已经被逼到角落，而整个唐廷控制的区域又被分散切割开，四处都在作战。这是唐朝与唐德宗命悬一线的至危时刻。

关中附近手上还有些兵的忠臣，纷纷赶到奉天勤王护驾。关中附近手上有兵的奸臣，则在瓜分国库的利益驱使下，也纷纷加入朱泚的阵营。由于长安府库里堆积着众多唐德宗聚敛来的财富，成为资敌之用，朱泚的叛军迅速壮大，达到数万人之多。其中甚至还有身为禁军的神策军所部加入。而德宗聚集的兵力仍然只有数千。朱泚加快了围攻奉天的步伐。

公元 783 年十月下旬，护卫德宗的唐将韩游瑰所部在澧泉遭遇朱泚部队，但韩游瑰生怕朱泚掌控的钱财太多，会动摇自己所部士兵的意志，只能先率部远离长安城，回到奉天。朱泚部队则一路跟随至奉天城下，展开进攻。

在第一轮奉天保卫战中，禁军将领吕希倩战死，唐将高重捷也身先士卒，被敌军斩首。在浑瑊、韩游瑰等唐将的奋力抗击下，叛军才被击退。当唐军将高重捷的尸身带回奉天时，唐德宗抚摸着高重捷的遗体，终于忍不住放声悲哭，让人用香蒲结为头颅拼为全尸埋葬，追封他为司空。而朱泚看到叛军带回的高重捷头颅，也哭着说："忠臣也！"命人用香蒲结为身体将其安葬。此后，朱泚频繁地进攻奉天，并击退唐廷西北的一万援军。正率领神策军在河北作战的李晟听闻泾原兵变，率军四千赶回关中勤王，一路招募新兵，发展至万人。

十一月，朱泚持续围困奉天，往城中射发雨点般的箭矢，导致城中伤亡惨重。城中粮食即将耗尽，连德宗也每天只有两斛粗米果腹。绝境之中，德宗与浑瑊相对而泣。朱泚又建造云梯急攻奉天，不少叛军爬上云梯，登上城楼，形势危急。德宗拿出一千多张空白委任状交给浑瑊，许诺浑瑊可以凭功任意填写部下姓名，将来朝廷一律依状授职，不够的话浑瑊还可以自己手写新状。德宗做好诀别的准备，临别道："今便与卿别。"浑瑊趴在地上流涕，德宗拍着他的背，哭得不能自已。或许德宗也会自问："堂堂天子，怎至于此？”

守城的唐军在浑瑊的激励下，死战不退。浑瑊被流矢射中，直接拔出，血流满衣却坚持指挥作战。唐军都深受感动，众志成城。当敌军的云梯陷入唐军提前埋藏好的地道中，唐军纷纷投下燃烧物，云梯上的数千叛军被活活烧死。皇太子李诵亲自督战，唐军士气大涨，最终击退叛军。朱泚又向城中放箭，有的已经射到德宗身前。终于，从河北战场赶回的朔方节度使李怀光前来救驾，在澧泉大败叛军。朱泚暂时退回长安，奉天之围得以解除。

公元784年正月一日，唐德宗改元大赦，并下罪己诏，称自己长于深宫，不知政务、民情，搞得天下大乱。他赦免了所有反叛的节度使，包括称王的朱滔、李希烈等人，只定谋逆罪于朱泚一人。这次罪己大赦，等同于皇帝放弃了削藩主张，承认了各节度使的自治权力，于是“四方人心大悦”“士卒皆感泣”。

这在一定程度上缓和了各方藩镇与唐廷的紧张关系。但唯有淮西的李希烈仍然反心不减，在皇帝大赦之后，他竟然还公开称帝，建立“大楚”。被赶来勤王的唐军各部围在长安的朱泚，也与泾原兵将产生嫌隙，险被泾原兵刺杀。与泾原军闹翻后，他改国号“大秦”为“大汉”。此前四镇称王的危机已经缓和，只剩下朱泚、李希烈这两个称帝的还很顽固。

这时，神策军将领李晟也回到关中。德宗命朔方军的李怀光与神策军的李晟合兵进攻朱泚，着力收复长安。可是李怀光为人跋扈，他趁机要挟皇帝杀死了皇帝身边几名与他不和的亲信，并且阻挠皇帝向吐蕃借兵平叛。皇帝此时仰仗于他，只能答应他的要求。李怀光又担心自己过于跋扈，树敌众多，会被德宗秋后算账，于是他私下勾结朱泚。最终，原本赶来勤王的李怀光反叛，导致逐渐占据上风的唐军又陷入被动。

二月，受李怀光威胁，唐德宗不得不弃守奉天城，向南翻过秦岭，逃至梁州，即今汉中。李怀光在长安附近没有后勤支援，也退守到关中东部同州一带。

五月，李晟率领唐军收复长安。浑瑊也与韩游瑰等军收复了咸阳县。朱泚西逃，在泾州被其部将杀死，传首梁州。持续半年的泾原兵变结束。

七月，时隔十个月，德宗终于回到长安，他不禁掩面流涕。

公元 785 年，朱滔病死，李怀光被朔方军部将所杀。次年，李希烈也被部将所杀。四王二帝之乱彻底结束。

（三）元和中兴与秩序重建

削藩失败，搞得天下大乱，一度如丧家之犬的唐德宗终于明白了安史之乱前的那个高度中央集权的大唐是根本回不去了。从他下罪己诏开始，他便开始长达二十多年的韬光养晦，从对藩镇最强硬的鹰派，急转掉头成为对藩镇最纵容的鸽派。经历了九死一生、恍如隔世的唐德宗，终于明白，以藩镇制藩镇是一条行不通的路，只有重塑唐廷越发脆弱的实力杠杆，在硬实力上压倒河北、淄青、淮西等割据型藩镇，唐廷才有可能重新号令整个华夏。他从此闷头专心敛财，为日后唐廷复仇积蓄财用。

唐德宗以藩镇制藩镇，也至少让所有藩镇意识到，唐廷虽然衰微，无法平定所有藩镇，可唐廷的天子旗帜仍然有足够的号召力，还能枪打出头鸟。忤逆唐廷的藩镇仍会给予周边其他藩镇群攻自己的法理支持。因此，当唐德宗决定认错、收手，不与藩镇为难时，众多藩镇仍然愿意与唐廷和睦相处，维系既有秩序。这给了唐德宗后期足够的时间积蓄力量。

在内，唐德宗开始重建禁军。唐德宗意识到，他将作为禁军的神策军交给武官，神策军就实质性地脱离了他的掌控。泾原兵变时，禁军竟无人来救，甚至有神策军将领率部投降了朱泚。皇帝不可能直接训练和统管军队，但在这个任何骄兵悍将都能自立一方的世道下，军队必须交由自己最亲近和熟悉的群体来掌管，而且这个群体最好无法像割据型藩镇那样形成世袭统帅，才能保证皇帝对军队统治的有效性。德宗于是重新起用内廷的宦官全面掌管神策军，并大规模扩编神策军。

对外，唐德宗知道唐朝此时最大的敌人不是草原上的回纥，而是高原上的吐蕃。他放下了当年与回纥可汗的私怨，转而积极结交回纥，并在西南拉拢原本亲吐蕃的南诏。贞元四年（公元788年），回纥改称“回鹘”。吐蕃从代宗继位初开始，已经占领河西与陇西二十年，阻断了长安与西域的直线交通，让西域二镇成了唐朝疆域的飞地。吐蕃在德宗后期，逐渐蚕食西域，最终占领西域，实力大增。德宗于是在北与回鹘联合钳制吐蕃，在南与南诏联合钳制吐蕃，虽仍无力从吐蕃手中收回故土，但总算摆脱吐蕃对唐朝京畿的威胁，在对吐蕃战争中逐渐有了赢面。

由于淮西镇威胁运河漕运，长安的粮食甚至一度只剩十日的储备。江南的漕粮好不容易到了渭河口的永丰仓，关中河道又失修阻塞，只能通过陆运输送长安，累死了大量耕牛。唐德宗继位初杀了改革漕运的名相刘晏，对漕运不够重视。经历大难之后，他重新回到父亲韬光养晦的路线上，开始夯实内政，任用韩滉、杜亚、李泌等人重新疏浚河道，改革漕运，使得漕粮运输恢复正常。

德宗后期，不仅巧立名目增设皇帝私库，还对官员裁官减俸以囤积财富，到晚年，他敛财的手段越发下作。他甚至借宦官外出采买物资的“宫市”，以及替他豢养动物的五坊小儿，直接在市场和闾巷中敲诈勒索商人、百姓。这使得他因贪财而臭名昭著。然而，德宗本人实际上是十分节俭的，大臣称其“御膳宫厨皆极简俭”，他敛财的目的是养兵，是为了增强朝廷的实力。他对自己刻薄，对商民刻薄，却对“禁军、戍边者，禀赐优厚”。神策军在安史之乱时只是一支万人部队，到了德宗时期，被扩军至十五万之多。德宗背着贪财的骂名，却勒紧裤腰带过日子，是为了报自己当年被群藩欺忤之仇。可他等待了二十多年，最终没能熬到自己亲手报仇就驾崩了。平定藩镇这个使命只能交给后人了。

德宗的继承人是唐顺宗。顺宗在做太子时与德宗甘苦与共，但他在德宗晚年时却突然中风。顺宗继位仅仅半年后，就因健康问题无力统管朝政，让位给了自己的儿子、德宗的孙子李纯。顺宗退位为太上皇，几个月后就去世了。

宪宗李纯上台后，延续了德宗的政策，自己勤政节俭，但不断提升朝廷实力，一心要改变在二帝四王之乱后已经虚弱不堪的朝廷。他对大臣们说，两河数十州都已不听国家政令，河、湟数千里也沦陷于吐蕃。他日夜思雪祖宗之耻，但财力不足，故不得不敛财。但他说自己“朕宫中用度极俭薄”，国库的钱并没有用到自己身上。

朝廷实力扩充后，宪宗靠壮大的神策军进行削藩战争，平定西川、昭义等镇叛乱，又派李愬率地方唐军平定淮西、淄青等镇。淄青与淮西两大割据数十年的藩镇权力被唐廷彻底收回，河北诸镇也出于畏惧纷纷归降，将权力交回朝廷，放弃割据。宪宗终于实现了唐廷对所有藩镇的降服，重塑了唐朝的中央集权制度。这就是让唐廷走出中唐乱世，重新树立起威严，给一度颓靡的唐朝长期续命的“元和中兴”。

宪宗重新构建了藩镇格局，西北边疆型藩镇替朝廷防御外敌，中原防遏型藩镇替朝廷阻遏关东地区的割据型藩镇，东南藩镇则为唐廷供给税赋漕粮，成为财源型藩镇。新的秩序和平衡已经实现，华夏已定，下一步应该是打击侵吞唐土的吐蕃，重现盛唐的辽阔景象，至少也应该收复陇西、河西这样的关中卧榻之侧的领土。毕竟，唐朝是关陇贵族集团建立的王朝，唐朝皇室号称出身陇西李氏，而如今“陇”在吐蕃手中，关陇只剩下“关”。对吐蕃的反击时机按说已经成熟，可宪宗却没了早期的斗志。

其实宪宗已经察觉到，元和中兴只能暂时重建王朝秩序。当年安史势力遗留下河北地区藩镇，也就是中晚唐的河北三镇，也只是暂时交出权力，迟早还会复叛。元和中兴并没有彻底消灭三镇的有生力量，只是靠朝廷壮大禁军后的兵威压迫，迫使河北藩镇将权力交给朝廷。内部矛盾只是暂时被压制，如果又出现反叛时机，河北三镇与朝廷的冲突仍然会被重新点燃。因为德宗、宪宗祖孙的勤俭自制之改革努力，其实并没有触及对中晚唐乱因的改革：募兵制下，对地方职业军人利益阶层的失控。德宗和宪宗的努力，只是让朝廷禁军、神策军变为最大、最强的皇帝直属“藩镇”，靠中枢优势带来的财政优势和拳头硬，暂时压倒其他藩镇。但皇帝对整个天下的军队支配和动员能力，仍然是丧失状态。一旦战火蔓延至边地，朝廷禁军的实力折损，脆弱的统治杠杆势必会再次断裂。宪宗只能小心维系他创造的平衡局面，为了避免外患引燃内乱，他最终也没去触碰占据河陇的吐蕃这个肘腋之患。说到底，此时的中唐不再是昔日的疆域广大的二元帝国了。

唐德宗祖孙尝试财政改革，通过各种敛财政策填充国库，而皇帝自己节衣缩食，意味着唐廷在某种程度上又回归了关西王朝固有的勤俭精神。可是这种勤俭只是为战争动员而做的准备，让当时仍为唐廷统治的地区承受了苛政之苦。不过他们增强了朝廷实力，最终实现元和中兴，让唐朝收回了对绝大多数藩镇的控制权，总算是让唐朝熬过了最艰难的时期。

在十五万以上禁军、神策军的军事实力加持下，唐廷能够有效控制西北边疆型藩镇、中原防遏型藩镇、东南财源型藩镇，构建了汾渭平原军政中心与长江下游平原经济中心的“西北—东南”轴心，压制住了河北三镇像当初安史之乱时那样夺取天下的野心和冲动，构建了中晚唐稳定的统治基本盘。

宪宗在位十六年，突然暴毙。他的儿子穆宗继位，河北三镇果然重新割据。但唐廷已经将割据型藩镇有效限控在河北三镇之内，对其他藩镇基本实现了正常的统治。河北三镇即使在财政权、人事权上高度自主，也需要唐廷在名义上进行敕封，并通过向朝廷进献与朝廷反过来进行赏赐，保持在中原王朝内部经贸循环体系中的位置。唐廷此后虽在征讨河北三镇和安抚河北三镇之间摇摆，地方上也常有小规模的叛乱，但整体上已经结束了安史之乱到二帝四王之乱期间天下大乱、烽烟四起、内忧外患的局面。

（四）中晚唐的新地缘平衡

安史之乱前半段，安氏父子叛乱时，唐廷遭遇两京尽失的灭顶之灾，但唐廷总算是撑住了。但到了后半段，史氏父子叛乱时，唐廷的首都虽然尚算稳固，但经历朝廷持续对内放权，中央的外戚、宦官、朔方武将等各种势力都开始坐大。由于央地平衡被打破，唐廷的统治杠杆趋弱，西北地区、巴蜀地区、荆襄地区、江南地区都发生了叛唐起兵事件。

安史之乱，是“一＜”形的隋唐漕运线分叉出的三大板块的地缘斗争和博弈。“一＜”形以洛阳盆地为中心交叉点，西、北、南博弈三方分别为：崤山以西黄河、渭河连接的汾渭平原，大运河永济渠连接的河北平原，大运河通济渠连接的长江下游平原。

唐都长安与安史老巢范阳，就是两大板块的核心城市。河北平原在安史之乱时，同时向永济渠南端的交叉点洛阳和永济渠北端的范阳“供血”，三叉形漕运线被折断了东北一支。长江下游平原则在大运河被叛军中断后，通过江汉一线的山南漕运向西北唐廷“供血”。

如果没有江汉漕运线，唐朝在被夺取了漕运中心枢纽洛阳之后，王朝气数就已经到头了。运河虽然便利，但自然地理决定了东亚的天下河流大部分是自西向东归入大海，为东西走向。西北的唐廷纵然在各条漕运线上总有陆运瓶颈，却依然可以利用自然河流的走向优势连接江南，勉强熬过了这次运河时代初期的地缘危机。

开元盛世，唐廷以太平之国力维系了“一＜”形漕运线的繁荣。但唐玄宗进行募兵制改革后，在强枝弱干的唐朝军力部署下，军镇坐大，利用地方兵力优势企图控制住漕运中心和运河命脉以扼死李唐。这场叛乱没能成功，不过李唐也再无盛世之力，去探索在运河时代如何更好地维系漕运经济并发掘其潜力，制订更高效的漕运方案。假如唐朝能够延续盛世，以大运河漕运与江汉漕运两路齐发，也许漕运负担会更小。但中晚唐已经进入了央地实力

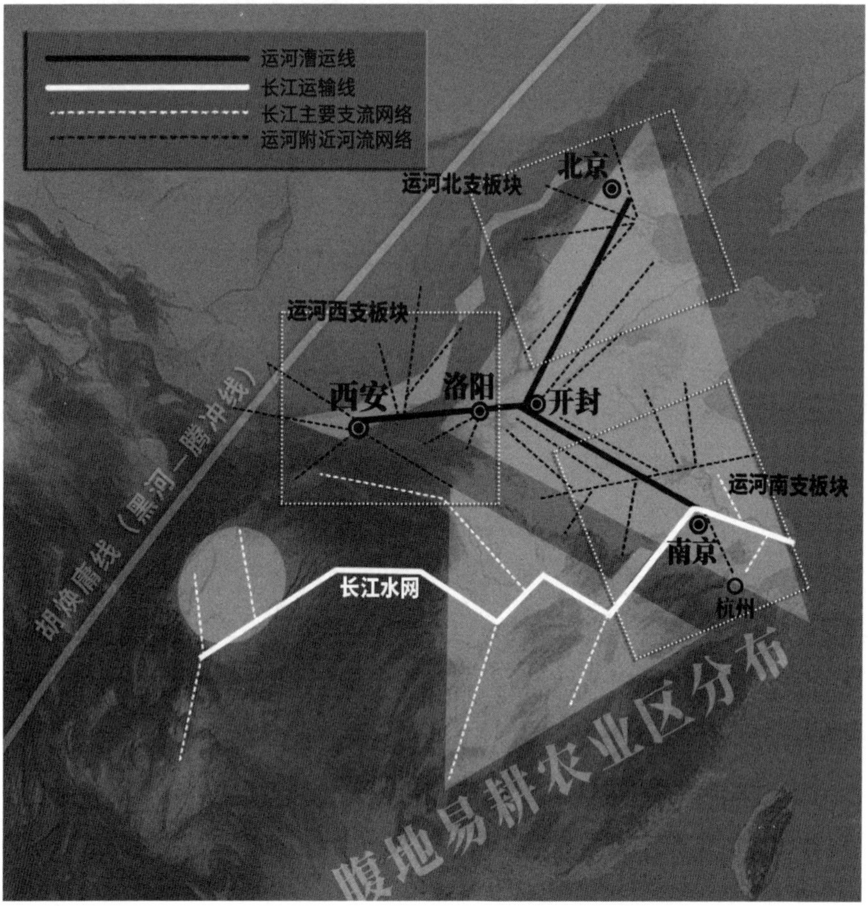

图 73 唐代运河与长江水运对各经济板块的塑造

皆损的弱平衡中，只能挣扎在生存线上。

江南地区作为唐朝中枢的漕粮与税赋供给源头，在北方安史之乱爆发后，也相继爆发了永王之乱、刘展之乱、袁晁之乱。尤其是安史之乱后半段的刘展之乱，致使官军与刘展在战争中荼毒了江南百姓。袁晁之乱更是聚集起了二十万农民起义军反叛唐廷。江南作为给岌岌可危的长安输血的经济后盾，其实也面临巨大的苛政压力，比如唐代宗的宰相元载就一次性征收了江淮地区八年的租调。江淮地区、江南地区势必会在重压之下对唐王朝产生不小的离心力。淮西镇的长期割据也不时威胁着运河漕运。

但在安史之乱、吐蕃之乱、二帝四王之乱三次重击之后，经济中心江南地区最终仍然选择支持和依靠唐廷，即是三叉形隋唐漕运线中，东南方向通济渠一线长江下游平原，选择与正西方向黄、渭一线汾渭平原之站在一起，共同面对东北方向河北平原之永济渠一线的割据。只是唐代宗、唐德宗、唐宪宗代表的唐廷，已经没有足够的余力尽剿河北叛军，只能选择姑息政策，先让天下太平下来，让各方都喘口气，任由河北藩镇在降将控制下进入半独立状态。此后河北藩镇无力推翻朝廷，朝廷也无力从河北藩镇手中收回地方治权。

其实河北藩镇在安史之乱爆发前，也向唐廷大量输送财粮绢帛等贡赋。可河北人口规模与东南和西北相比，是最庞大的，因此无论从承受压力还是反叛动力上讲，河北离心力比东南更强。河北藩镇独立之后，意味着它们不再给西北输血，但同时也将独立承担起在东北方向抵御边患、护卫中原的重任。但东北方向长期脱离全局，仍导致北宋建立后，东北方向成为中原王朝的缺口。

这意味着中晚唐的大格局是：河北平原选择既不给唐中枢所在的汾渭平原输血，也不可能让汾渭平原反过来给河北输血。河北形成的割据型藩镇选择自给自足。但河北藩镇并没有脱离唐朝国家体系，只是局部封建化了。

中晚唐的困局，更深层次的原因是中古到近古的国家与社会之变。河北三镇割据的源头，是唐廷在周边众多文明崛起的浪潮下，被动地对河北平原进行高度武装，以至于安禄山作为三镇节度使一度拥有超二十万兵力；而唐廷的关中禁军则只有区区数万人，只能调动河陇三镇的边兵勤王，又导致西部边疆兵力空虚，被吐蕃等族趁机割走大片领土。河北三镇节度使虽然掌控了人事权，但并不是节度使一人独大。募兵制改革下，藩镇中已经脱离社会生产的职业军人才是唐廷总是按下葫芦浮起瓢，无法彻底压灭各方叛乱的根本原因。藩镇节度使身边的牙兵牙将，即亲兵近卫，就是这些职业军人的代表。古代的职业军人脱离了社会生产，却没有现代的复员、转业军人的待遇，一旦放归社会，不仅失去原有的优越的社会地位和生活资源，甚至可能没有足够的生存技能，没有能力做一个普通的农民。

节度使作为军头，与围绕在他们身边的藩镇悍将与牙兵组成的地方军事集团控制了地方政治和资源。这些已经脱离了生产，形成了利益阶层的职业军人要存活，就要逼藩镇保持独立性，然后截留地方财赋以满足本阶层的利益需要。藩镇节度使甚至也被庞大的利益阶层所裹挟。唐廷纵使可以一时平定某一个藩镇，让原本不听号令的节度使暂时交出地方治权，或者委派新的节度使，但只要这个藩镇的职业军人集团没有被完全瓦解，他们还会选出新的军头、新的代表自己利益的节度使。一些反叛朝廷的节度使就是在彻底得罪朝廷或天下，无法满足这些职业军人整体利益时，被自己的牙兵悍将所杀。同样，朝廷委派的节度使也有被这些职业军人驱赶或者挟持而反叛的。中晚唐的皇帝想要重回安史之乱前的盛世大唐之所以希望渺茫，是因为整个地方的政治结构与阶层生态在募兵制改革后，已经发生巨变。

汾渭平原上的长安，与河北平原上的范阳，处在青藏高原、黄土高原、蒙古高原对中原文化区合围起来的边缘线上。它们自古都是胡焕庸人口分界线东侧边缘的枢纽型大城市，因此也是中原王朝人口腹地面对周边民族的抗压中心。而深处腹地的长江下游平原最终成为被呵护在内、没有太大军防压力的经济中心，成为财源型藩镇，选择为唐廷供血。后来北宋又为开封、明清又为北京供血。塑造军政中心与经济中心分离的内外、南北分工之地缘格局，是东亚各民族国家纷纷崛起的唐宋转型期，中原王朝进行地缘格局再平衡的主要试验。

当唐宋华夏的内缩大趋势已经开始，北宋和南宋的崩溃意味着中原对多民族国家的主导地位趋弱，中原的绝对中心时期已经过去。经济重心东迁南移的大趋势已成，军政中心东移的条件也随之成熟。这是北京经历伪燕都城、割据自治、辽南京、北方首都演变，成为大一统首都的历史动力。

但唐朝这次燕京对长安政治中心地位的历史挑战没能成功，是因为华夏的主要压力仍然来自西北方向。青藏高原的吐蕃王朝崛起，草原上取代突厥的回鹘汗国依然强势，西北陆路丝绸之路上的民族十分庞杂，甚至南诏国也能够威胁唐朝西南。若中原王朝的政治中心在这个时期东移，很可能迎来如西晋一般的崩溃，造成又一次各支胡人涌入中原的大分裂。河北的高度自治，分走地方政治权力背后，是唐朝必须兼顾东西两线的艰难。唐代宗原本想要内迁洛阳，被西北军事集团的领袖郭子仪所阻。郭子仪敦促代宗节俭的背后，是指出唐廷如果只图苟安，放弃西北，放弃“天子守国门”，那么唐廷的全局价值就会锐减，整个东部的分离化趋势就会更严重，唐廷更难存活。

而唐廷要收回河北就不能继续放任强枝弱干的局面，势必要对河北地方裁兵。如果对河北去军事化，即使硬收回河北，也同样会面临更严峻的东北方向的边患形势。河北三镇虽然高度自治，但也替唐朝分担了同时来自东北方向契丹等民族崛起的压力，同时作为人口分界线东侧的大镇，担负起拱卫中原文化区腹地、抵御强敌的责任。

有这些宏观形势的制约，仅仅把禁军发展到十余万人。而且唐廷仍然对沦陷于吐蕃之手的河陇地区感到无力，在东西两面压力之下，不敢轻易损耗禁军力量。可以说，中晚唐时期的唐廷根本没有能力做到兼顾东西，因为中晚唐只是唐宋变革的第一阶段。唐朝统治阶层的前身，可以追溯到北朝的西魏关陇贵族集团。这个集团以小博大、以俭克奢而创业成功。府兵制原本能在版图不大、人口不多时，完成强干弱枝的军事部署。可府兵制瓦解，实行募兵制之后，如何在幅员辽阔的广袤国土上维系强干弱枝局面，又如何驾驭这强干，堪称五百年大变局下的难题。错过了盛世国力窗口期，已经经历弱乱的唐廷根本没能力改革和解决这个难题，总体上是在拖延。

第十一章

唐：长安最后的荣光

昨夜蕃兵报国仇，
沙州都护破凉州。
黄河九曲今归汉，
塞外纵横战血流。

在中唐的最后两位皇帝唐武宗、唐宣宗在位期间，即将进入晚唐的衰亡之前，唐朝竟熬垮了昔日强大的对手，实现了开疆拓土，回光返照一般迎来后期治世。

（一）会昌中兴与大中暂治

唐宪宗驾崩后，宦官拥立宪宗第三子唐穆宗继位。唐穆宗在位五年，对外与吐蕃实现长庆会盟，从此唐蕃之间以和平状态为主。对内，唐穆宗却推行藩镇裁军，导致河北三镇复叛，并收揽被朝廷所裁撤的职业军人，一时间又壮大了力量。穆宗放弃了德宗与宪宗的勤俭自制之道，纵情酒色、游戏之间，在打马球时中风，不久驾崩。

唐穆宗的长子、太子继位，是为唐敬宗。敬宗继位时只有十六岁，少不更事，同样沉溺于享乐。他对政治斗争形势没有足够的认识，既没有制衡宦官，又没有意识到宦官手握兵权，有很强的政治能量。他常把宦官当作一般的家奴，凭一时情绪动辄流放。他很快被宦官弑杀，在位仅四年。

宦官又拥立穆宗的第二子继位，是为唐文宗。对于朝臣、宦官和藩镇，文宗常用拉一派打一派，一派强了再扶持弱的一派的权术进行平衡。他在前朝“牛李党争”时，一时重用牛党，又一时重用李党。在内廷宦官中，他也用神策军左军中尉仇士良扳倒了神策军右军中尉王守澄。

在对藩镇的态度上，文宗同样是拉拢分化。像河北三镇中，李载义这样对朝廷特别恭敬的节度使，即使被其藩镇属下的骄兵悍将驱逐出藩镇，文宗仍然予以重用，赐封为朝廷控制的其他藩镇的节度使，甚至提拔为宰相。而对仗着兵强马壮，对朝廷毫无恭顺态度的节度使杨志诚，当其同样被骄兵悍将驱逐出藩镇后，文宗却趁机将其流放边疆，甚至放任杨志诚的仇人将其杀害。河北三镇虽然事实上割据，但节度使们看到骄兵悍将也有可能会以下克上，威胁自己，而朝廷至少能给节度使留条后路，从此只要朝廷不碰河北三镇的自治权底线，节度使也不敢对朝廷不敬。

文宗觉得自己比父兄更擅长帝王之术，权力逐渐巩固后，他想要再玩一把大的。他企图在文官集团的协助下诱杀仇士良等掌握禁军的宦官，结果事情败露，导致宦官集团发动兵变，软禁了文宗。这就是甘露之变。虽然迫于文官集团和藩镇的压力，以仇士良为首的宦官集团后来不再限制文宗的人身自由，但文宗在人生最后的五年，仍然只能顺从宦官集团，最终像个傀儡一样结束了皇帝生涯。

文宗驾崩时，宦官废掉文宗所立太子，改立文宗的弟弟、穆宗第三子即位，是为唐武宗。武宗在位期间，罢黜权宦仇士良，任用李党领袖、能臣李德裕为相，积极改革弊政，并通过灭佛等措施释放被宗教掌控的人口与劳动力，一度增加中晚唐江河日下的国库收入。

武宗对藩镇也是软硬兼施。他不再像文宗那样搞平衡，而是公开承认河北三镇历代自治的事实，并认可三镇节度使世袭是约定俗成的。此后河北三镇不再援助其他试图效仿河北反叛朝廷的藩镇。昭义节度使刘稹想要效仿河北藩镇割据而发动叛乱，就被孤立，叛乱很快被平定。武宗给河北三镇之外的藩镇明确划线：河北三镇可以自治，但其他藩镇也想要割据的话，朝廷绝不承认，这巩固了唐廷对藩镇的控制力。但武宗面临的最大的变局，是东亚民族格局的又一次剧变。

公元 840 年，武宗继位当年不久，黠戛斯部落就大举攻灭在草原和西域称雄百年的回鹘汗国。突厥灭亡后，回鹘成为草原的主人，并两度出兵帮助唐廷平定安史之乱，不过也大肆劫掠了唐东都。回鹘在唐朝被吐蕃占据了陇西、河西，并逐渐退出西域之后，与吐蕃分别占据了北疆和南疆，并且在西域到河陇一带与吐蕃常年交战。

回鹘作为拥有蒙古高原和北疆的百年大国，突然之间崩溃四散，导致数十万回鹘部队逃至阴山与唐朝接壤的边界一带，在回鹘乌介可汗的率领下试图南侵唐土以获取新的立足之地。唐武宗面对回鹘的入侵，接受了回鹘的敌人黠戛斯的称臣，承认黠戛斯对草原的治权。唐武宗灭亡了侵略唐朝的这支回鹘军队，守卫了唐朝北境。有此武功，武宗虽然仅仅在位七年，其执政却获得了“会昌中兴”的美誉。

不过，回鹘突然崩解，影响仍然深远。东线回鹘被唐朝所灭，但吐蕃却招架不住突然南下涌入境内的众多回鹘部众。西域与河西的回鹘部落，最终投入吐蕃。后来西域的回鹘趁机割据了吐蕃控制的南疆地区，成为安西回鹘。河西的甘州回鹘，也间接引发了河西与陇西吐蕃统治的混乱。加上吐蕃本部发生内乱，吐蕃对河陇的统治也突然崩溃。吐蕃镇守河西的尚婢婢与镇守陇西的论恐热双方火拼在一起。

眼见吐蕃的统治松动，唐武宗于是考虑收复河陇。但武宗此时仍专注于国内平叛和灭佛等事务，并于两年后病逝，收复河陇的想法最终没能实施。

武宗病危时，宦官集团竟矫诏立武宗的叔叔、穆宗的弟弟、宪宗的第十三子为皇太叔，在武宗驾崩后继承帝位，是为唐宣宗。唐宣宗此时三十七岁。皇位在宪宗长子穆宗和其三个儿子间轮转，最终又回到宪宗小儿子手中。因此宣宗继位之后，虽然堪称勤政爱民，明察秋毫，但为了增强自己作为皇叔继位的合法性，对穆宗与穆宗三子这四朝加以清算和否定，连宪宗嫡妻郭太后都没放过，因此掀起了不小的政治风波。

宣宗整顿吏治，用法严明，从谏如流。他恢复了勤俭自制的执政精神，事无巨细、如履薄冰地执掌权力。他再次整顿漕运，让此前已经降至二十万石的每年江淮漕粮的运额，重新涨至一百二十万石。在他统治时期，唐朝较为平稳，史称“大中暂治”或“大中之治”。但“大中之治”最耀眼的时刻，是河陇复归唐朝。

公元 848 年，吐蕃在河陇统治崩溃后常年内乱，致使当地百姓苦不堪言。沙州（今甘肃敦煌）人张议潮率当地民众起义，赶走了吐蕃守将，主持州事，并派使者奏报唐廷。唐宣宗明白，不战而收复河陇的时机已经成熟，他立即下诏封张议潮为沙州防御使。

沙州远在河西走廊最西端，与长安绝远，无法得到长安唐廷的直接援助。唐廷内部，其实有一些朝臣怕此举会激怒吐蕃，激起与吐蕃的全面对抗，反对收复河陇。这本是武宗看到吐蕃在河陇的统治日益衰微却没有直接出手的原因。可宣宗借着张议潮首义，向整个河陇地区的百姓表明态度，只要愿意回归唐朝，唐廷都欢迎。敕封沙州张议潮，就是唐宣宗的态度。

公元 849 年，陇西的秦州、原州、安乐三州及七关举州归唐，即创立唐朝的关陇集团之“陇”，唐朝出身的祖地陇西，时隔近百年终于又回到了唐朝的版图之内。京畿关中的渭河，其上游终于回到唐朝。当年河陇沦陷，唐代宗想要放弃关中，被郭子仪劝阻。如今，唐室终于在关中熬到关与陇重归一体。

半年后，三州七关一千多位军民代表来到长安。皇帝亲临宫城城门，长安百姓与河陇军民无不感动，山呼万岁。为了欢迎河陇百姓回归，唐宣宗免河陇地区五年的租税，优先向河陇子弟开放通商政策，并招募民众前往开发河陇，由朝廷给予粮食和耕牛。不久后，西南地区被吐蕃侵占的多州也陆续归唐。唐宣宗也在陇西驻军，牵制和接应河西的张议潮起义，并平定党项。

公元 851 年，张议潮不负宣宗所望，收复河湟十一州，并向长安献十一州地图，宣告河西大体归唐。唐宣宗封张议潮为归义军节度使兼十一州观察使，让张议潮家族实际掌管河西地区。之后张议潮代表唐廷陆续收复凉州在内的整个河西。

陇西、河西三千里失地终于回到唐朝。唐宣宗感慨道：“宪宗常有志复河、湟，以中原方用兵，未遂而崩，今乃克成先志耳。”意气风发的唐宣宗后来还试图册封安西回鹘可汗，将西域重新纳入势力范围，终因西域其他国家阻挠而没能实现。

但这一次河陇归唐，由于河西地区在吐蕃统治时期进一步胡化，民族成分很杂。在唐懿宗末期，凉州的嗢末与甘州的回鹘又脱离了唐朝，将张议潮家族的归义军与唐朝控制的陇西再次分割隔离开。北宋只继承了唐朝的陇西。而河西复杂的民族局面，促成后来党项人的崛起与西夏的立国。张议潮这一次率领河西归唐，终究是明代以前，中原王朝最后一次短暂地统治河西地区。

唐武宗的会昌中兴与唐宣宗的大中暂治是连在一起的。这二十年的时间是唐王朝最后一次声威远播的振作。不过这场中兴治世，唐武宗与唐宣宗都没能真正解决宦官专权、文官党争、藩镇割据等棘手问题。尤其是唐宣宗，仅仅是靠个人权术和勤政勉力维系着王朝最后的安稳。他是被宦官与文官，以违反宗法制度为前提拥立的皇帝，因此对各方都采取了一定的妥协。为了以和平方式收复河陇，宣宗给予河陇过多的优惠政策，却给东南财源型藩镇带来了更大的税赋压力。在他临死前，南方已经爆发了多处小规模的叛乱和起义。会昌中兴与大中暂治的二十年，更像是唐王朝衰亡前的回光返照。

（二）丝路崩溃——中晚唐之交的东亚地缘格局之变

回鹘汗国的崩溃与吐蕃帝国的内乱，集中在三年之内相继发生，是东亚地缘格局的一次突变。然而这两大国的集中崩溃，或是西北陆上丝绸之路的衰败所导致。

从西汉开辟丝绸之路，东汉发展丝绸之路，形成了欧亚大陆从东到西的四大帝国：汉帝国、贵霜帝国、安息帝国、罗马帝国共同经营丝绸之路。到魏晋南北朝时，从东亚到欧洲都相继陷入分裂，皆无力维系丝绸之路沿线的政治稳定和商路安全，丝绸之路进入了衰退期。

隋唐帝国与阿拉伯帝国的同时崛起，再次整合了东亚和中西亚，连通了拜占庭帝国（东罗马）。三大帝国再次支撑起了东方与西方的世界级文明与贸易联络。

时至今日，海运相比陆运真正的优势，并不单纯在于海运的物理运输成

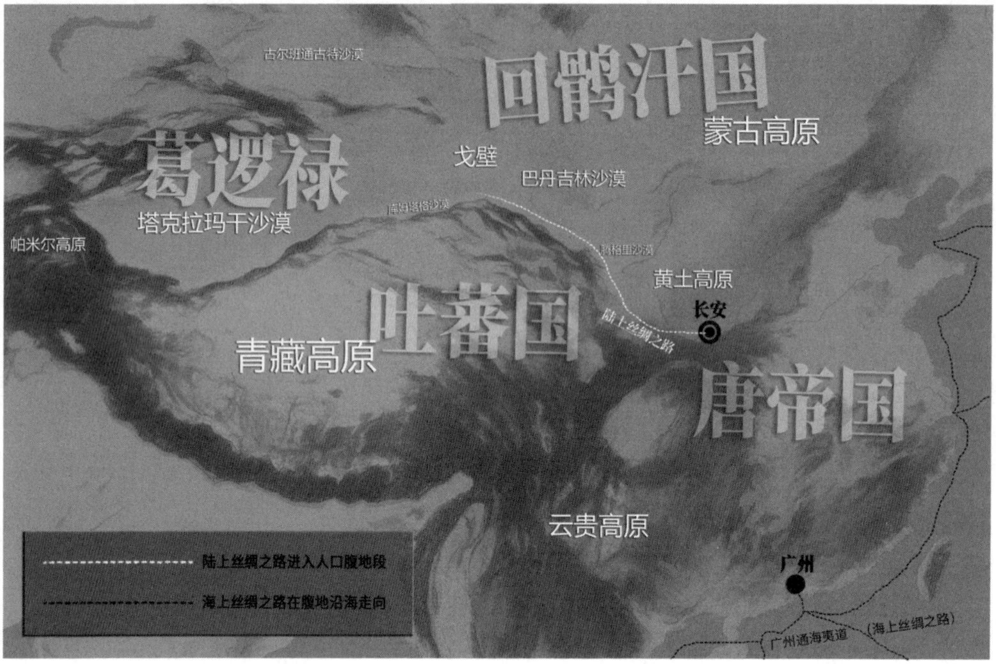

图 74 中唐时期的唐朝西部形势

本更低。陆运的真正隐性成本在于，凡有陆地，就有人类生存，凡有人类生存，就会形成族群与国家，形成复杂的政治力量和行政壁垒。纷乱的国族政治势力很难被整合，那么同处于一条文明贸易通道沿线，各种势力就会做出吃、拿、卡、要等损人利己的行为，干扰正常的商业秩序。而广袤的海洋，除了海岸线与登陆港口以外，公海是真正的没有琐碎复杂的政治力量干扰的万向通道。

一条世界级通道，哪怕只有一个沿线国家没有足够的经济理性，不认真经营丝路，而是对丝路商人透支性索取，或者因为治理水平低下，导致该处盗匪丛生，都会导致丝路贸易的衰败甚至中断。这就是为什么丝路两次繁荣期，汉朝时期有四大帝国，唐朝时期也有三大帝国共同维系丝路的中转贸易。当丝路沿线形成统一大帝国时，政治维护成本与外交协调成本都会大幅降低，让丝路进入高维护水平状态，迈向繁荣期。

唐代前期，唐太宗、唐高宗拓土开疆，将丝绸之路与整个东亚的朝贡贸易体系确立起来，盘活了东亚的贸易格局，并通过收复河西与西域，将丝绸之路东段沿线的政治力量整合起来，保障了陆上丝绸之路的安定与繁荣。陆上丝路进入全盛时期。

然而安史之乱后，唐朝国力受损，内部问题尖锐，无力再掌控丝路东段。失去了河陇与西域后，唐朝疆域缩至丝路起点长安附近，等同于失去了对丝绸之路东段的控制权。回鹘没有选择与唐朝为敌，仍长期接受唐朝册封，吐蕃的蚕食也止于陇山，是因为他们分别驰骋于蒙古高原和青藏高原上，是两支高地文明。温带大陆性气候与高山气候下的生存习性，让他们无法习惯并控制季风气候下的中原王朝农耕文明区。说白了，他们崛起的时间不长，与中原打交道的历史也较短，根本不懂得如何统治农耕社会。

吐蕃控制了陇西、河西与西域南疆区域，即控制了丝绸之路东段。回鹘控制了绿洲条件最好的西域北疆区域与草原丝绸之路，也是控制了丝绸之路的要害。他们利用骑兵优势，占据丝绸之路东段，因此唐朝通过会盟，表示承认失去丝路的既定事实，不再对控制丝路有所诉求后，回鹘与唐朝相安，吐蕃也不再大规模侵扰唐朝。他们甚至主动结好唐朝，因为唐朝虽然不再控制商路，却依然是东亚季风区大平原农耕带的拥有者。有平原农业就有大量的粮食，有粮食就有密集的人口。有人口就有各式各样兴旺繁荣的产业和市场。唐朝失去了丝路，却依然是丝绸之路东端的货源地、产销地和目标市场。吐蕃与回鹘既然要靠控制丝路获利，又怎么会彻底得罪丝路商品的最大买主和卖主——唐朝？

吐蕃与回鹘在中唐长期征战，是希望由自己独家垄断丝绸之路东段商路。然而吐蕃与回鹘没想到的是，随着造船技术与航海技术的进步，大宗商品通过海运进行远距离贸易的时机已然成熟。唐朝对战乱频繁，被吐蕃、回鹘两家管理得越发萧条、混乱的陆上丝绸之路的依赖性和重视性都大大降低。

唐朝前期就已经在广州设立市舶使，后来由内廷宦官担任，替皇帝在广州港收取关税。到了唐朝后期，唐朝“广州通海夷道”迅速崛起，海上丝绸之路压倒陆上丝绸之路的时代来临，原先作为流放之地的岭南地区反而成为中华经济版图中越发重要的板块。晚唐多用兵东南，且南诏也开始觊觎“广州通海夷道”的海岸线屏障岭南、安南一线。西北陆上丝绸之路虽然被唐宣宗收复，但海上丝绸之路的崛起与陆上丝绸之路的衰落已成趋势。

吐蕃与回鹘，以为控制了陆上丝绸之路就可以像盛唐那样，源源不断地获取丝路贸易，赚得盆满钵满。但他们不明白，他们控制了西北丝路，意味着维护西北丝路的隐性政治成本被再次抬高。唐朝作为货源地和主要市场，又有条件开发海上丝绸之路。当大唐看到把控丝绸之路的这些只想从贸易中抽成的高地国家，将陆上丝路的运行成本抬得太高，陆上丝路贸易不安全、不划算了，自然会将贸易通道转移至海上丝绸之路，陆上丝绸之路就被“撂荒”了。那么吐蕃和回鹘面临的就是西北丝路贸易的持续萎缩，西北经济权重的不断下滑。过了丝路逐渐衰败的质变点，失去增量利益的加持，地方管理制度落后且松散的吐蕃与回鹘，对丝路沿线的统治便会集中崩溃，这是大势所趋。

在西北丝绸之路破败，东亚地缘格局剧变之下，唐朝作为世界贸易中的产销高地与目标市场，国力虽然有所衰落，但生产仍然有序。唐宣宗死后，唐朝又坚持了近半个世纪才灭亡。可见唐朝的问题还是在藩镇上，与吐蕃、回鹘不同。这是唐朝能够熬过吐蕃、回鹘的原因。

不过，贸易通道转移至沿海，中原生产竞争力就进一步下滑，而且与东南的海上丝绸之路贸易形成了竞争。吐蕃与回鹘两大老牌强国的统治崩溃，新兴的高地国家暂时无力对唐朝形成严峻的外患，那么外部矛盾就无法牵制内部矛盾。想要瓜分唐帝国的藩镇集团不用顾及西北边境局势，再次蠢蠢欲动。外患压力的突然消失，导致整个唐朝从朝廷到地方安逸化，内斗又成为主题。这次，不会再有第二个“元和中兴”了。

（三）大变革下的双面帝国

唐朝，远看是一个朝代，但近看，像两个朝代。陈寅恪先生在《论韩愈》一文中说："唐代之史可分前后两期，前期结束南北朝相承之旧局面，后期开启赵宋以降之新局面，关于政治社会经济者如此，关于文化学术者亦莫不如此。"显然有许多学者都关注到了中唐的转型是划时代的，使得唐朝前、后两段具有截然不同的两种特征。

前期是府兵制，后期是募兵制；前期是租庸调，后期是两税法；前期是讲究排偶华丽的魏晋骈文，后期是崇尚秦汉质朴的古文运动；前期看中士籍郡望门第，后期推崇雁塔题名进士及第；前期是贵族门阀立国，后期是官僚士大夫治国；前期有外戚巅峰产物"女皇"，后期有令皇帝无奈的激烈党争；前期远设军镇，后期严重依赖禁军；前期是丝路开疆，后期是运河"输血"……显然，唐玄宗改革之前，唐朝更像魏晋南北朝。唐玄宗改革之后，唐朝更像宋、元、明、清。

唐朝前期的那个乱，更像是魏晋南北朝时的乱，比如各种宫廷政变。皇权之乱，并不危及国家实力的基本面。但是，唐朝后期的那个乱，更像是宋朝面对辽、金、元的边患之乱，更像是宋明党争之乱。

秦汉变革终结了上古社会的贵族封建，掀起了大一统中央集权制度的第一个高峰，确立了秦汉帝国的高度。东汉末年到魏晋，是士族门阀壮大的过程，兼具地缘集团与血缘集团双重属性的士族门阀逐渐形成。士族门阀占主导地位的汉末魏晋南北朝，战乱频仍。北朝融合汉胡制度之精华，最终找到了历史的出路，探索出又一个大一统中央集权制度的高峰——隋唐帝国。汉分前、后，唐不分前、后。但唐也在中唐时期的兴衰之间，启动了历史转型的进程。中唐就是一个让古代中国从中古社会步入近古社会的分水岭。

天宝年间的极盛，已经酝酿着诸多变革和危机。有一些学者认为此时继承自北朝的唐政权，逐渐背离北朝政治文化，出现了"南朝化"的倾向和趋势。

南北朝时，北朝经历十六国乱世，在反复的制度冲击后，推行大国有土地均田制。南朝相对而言，更像是东汉、曹魏、西晋时期的正常制度传续，具有鲜明的大庄园土地制色彩。基于基本土地制度，北朝从部落兵制向府兵制过渡，税制上重农、计口。南朝则由世兵制向募兵制过渡，税制上重商、计资。北朝形成了关陇贵族与士族共治局面，二者用科举制、巡幸制等制度方式互相冲击。南朝则是庶族直接向士族夺权，更像是要直接抵达宋朝庶族社会之状态。

安史之乱前后的唐朝出现的南朝化趋势中，影响最深远的就是府兵制瓦解与募兵制确立，均田制与租庸调的衰落与两税法的确立。这两个方面，是中晚唐走入军事封建的泥潭无法自拔，在脆弱的央地关系下，又勉强延续一个半世纪的原因。中晚唐的跌跌撞撞，本身就代表着唐宋转型期唐朝给社会阶层生态大变革这个历史命题交出的一份方案和答卷。

但如果看关西、关东之分，我们又能看出唐朝精神面貌的关东化。北朝政治在北魏分裂后分化为两系，一系是狭促多山的汾渭盆地内，关陇军事贵族为主的前秦—后秦—西魏—北周—隋（文帝）一脉的政治文化，可以称之为提倡勤俭自制的关西理念，是“小平原”尚勤、尚俭，以弱克强之逆境精神的体现。另一系是辽阔富庶的华北平原上，关东士族门阀主导的魏—晋—北魏（孝文帝以后）—北齐—隋（炀帝）一脉的政治文化，可以称之为华丽浪漫的关东理念，是“大平原”尚奢、尚贵，风流洒脱之风气的体现。

持南朝化观点的学者，亦多认为南朝的政治文化本就是继承自东汉、魏、晋，关东的五姓七望与南方侨姓之政治实力是要明显大于关西六姓的，士族门阀更为强势。因此南朝与关东王朝，原本就有传续自士族门阀的中古社会特征。但南朝经历侯景之乱后，南方原本能与东晋皇帝共天下的侨姓士族、吴姓士族均迅速衰落，寒门庶族官僚反而迎来了一个发展期。

关东的北朝在孝文帝迁都后为了完成汉化与民族融合，也重拾士族门阀的尚贵理念，大力倚重关东大姓士族。从西晋王恺、石崇斗富，到北魏元雍、元琛斗富，关东化的北朝比后期庶族化的南朝更加具有中古社会特征。西魏—北周—隋一系“尚俭”的关西北朝建立后，实则在纠偏“尚贵”的关东北朝，让关东化的北朝转向关西化的北朝，为走入死胡同的北朝重新找到了历史的出口。但在隋炀帝、唐高宗、武则天、唐玄宗时期，这种“尚俭”的关西精神遭遇了“尚贵”的关东精神的反弹。

唐朝本身就是融合南北、东西各方制度而成的王朝，关西的府兵制武人社会，关东依然稳固的士族社会，江南逐渐形成的庶民社会，三方理念都在唐朝前期得以保存。但是唐朝前期，由于军事贵族与士族门阀两大传统在北方的牢固，纵然唐朝消弭了民族矛盾、文武矛盾、士庶矛盾、东西矛盾，做到了中古社会最优的平衡方案，但依然会像南朝一样触碰到随着士族社会瓦解，逐渐浮现出来的近古难题。因为中古士族瓦解之后，必然会产生近古庶族社会的新特征。唐朝一定会遇到转型时期的撕裂之剧痛。

隋唐造纸术的成熟，以及雕版印刷术的出现，让知识传播效率大幅提升，传播技术进一步普及，降低了知识学习与获取成本。起码相对于依赖竹简的上古贵族时期和以纸贵为特征的中古士族时期，寒门与平民读书学习的成本大幅下降。庶族地主阶层由此开始壮大。士族庄园主继续搞知识垄断的条件趋弱，代表庶族入仕渠道的科举制便走进历史。

隋唐虽然草创科举制，废除了九品中正制，但此时有才华和名望的高学之人仍然大多出自这些士族高门。唐朝前中期相比宋明，很明显就是士族门阀与科举制度重合度最高的中古末段。唐代科举选拔的规模有限，能够参加科举选拔的有才学者，或被征召举荐为官者，也多是士族出身。但唐朝之所以能发展科举制，终归是因为庶民学习成本得到解放，知识权利向低社会阶层进一步下沉。士族与庶族此消彼长的漫长历史进程，一直持续到北宋初年，中古士族社会彻底瓦解，近古庶族社会完全建立。唐朝的跌宕起伏，就是从中古走向近古的阵痛阶段。

中晚唐由于初次面对近古难题，很多“急弯”没能转过来。唐朝初期解决民族矛盾的方案是追求胡汉共处、世界性的二元帝国，让河陇板块，甚至河北等板块在安史之乱前就出现了一定程度的胡化趋势，对中原文化出现了一定的离心力。

到确立募兵制后出现职业军人利益阶层与藩镇武人利益集团后，疆域撒开太大的唐朝已然形成强枝弱干的局面，最终无力应对地方藩镇割据和吐蕃对西北的入侵。藩镇军阀与西北外患长期消耗下，导致中古社会建立起的道统观念再次崩塌。唐朝在晚唐彻底失去权力，并滑向了五代十国新一波乱世。唐朝前期在府兵制下建立的空前辽阔之疆域，反而让唐朝后期在募兵制下难以维系而出现边疆动乱。战争消耗后，唐朝也难像后来疆域内缩的宋朝那样轻装上阵，聚焦于应对中古、近古之变的内部改革。

（四）中晚唐的三大集团

中晚唐三大交织在一起的集团，即藩镇、宦官、文官，产生了相互钳制的制衡之势。

中古士族社会结束后，近古庶民社会到来，社会资源和权力进一步下沉到低阶层，会形成一种天然的外重内轻的反集中化趋势。权力资源向低阶层、向地方、向外围分散时，如何保持中央集权制度的稳固，保持中央对地方的统筹能力与控制水平，如何保证朝廷对资源的分配主导权，都是唐朝皇帝面临的难题。想要维系大一统集权制度，就需要先集中资源。而这个皇权主动集中的过程，是在与分散化的大趋势做斗争，势必会伴随皇帝疯狂敛财的现象。

唐玄宗、唐德宗等皇帝疯狂敛财，是因为他们自己可能都没有想清楚，他们面临的是怎样一种社会剧变。他们只能头痛医头，脚痛医脚。他们更不知道，京畿只有数万禁军，却把数十万精兵分散于边疆军镇，将骄兵悍将疏散于外，这种强枝弱干的军事布局，正是近古社会的大忌。当藩镇割据已然形成，中晚唐想要探索强干弱枝这剂药方，也已经失去了战略回转空间和改革机遇窗口期。当握着盛世窗口期的玄宗改革方向出现问题，爆发了安史之乱，历史就很难再给唐朝第二次全方位改革的机会。

短暂的元和中兴后，唐朝稳定下来，但没有解决根本问题。唐朝的宦官集团猖獗到了连续拥立穆宗、文宗、武宗、宣宗、懿宗、僖宗、昭宗七位皇帝的地步，甚至据史书记载，唐宪宗和唐敬宗均是被宦官所杀。唐文宗在甘露之变时被宦官所软禁。唐朝的宦官为什么会如此猖狂？因为兵权。宦官掌握着作为禁军的神策军之兵权。

募兵制改革后，藩镇形成了职业军人利益阶层，中央也不可免俗，仍然会形成这样一个利益阶层。但皇帝不可能像地方藩镇的军头们那样与牙兵悍将厮混在一起，以实现自己对禁军士卒的直接控制。皇帝必须任命官员掌管禁军。

此时，中晚唐的庶族士大夫阶层并未像北宋时那样壮大。唐代进士数量以千计，而北宋进士数量以万计。尽管唐代的庶族士大夫群体在发展，但中晚唐时期的士族高门尚未瓦解，庶族士大夫阶层远没有像北宋时那样崛起。因此，唐朝皇帝身边并没有宋明时期代表中枢权力体系的庶族官僚士大夫文官集团，替国家去制约地方新兴的职业军人阶层。

唐代的士族由于中央集权制度的发展，流官现象增多，让原本牢固控制地方的士族精英逐渐分散到各地。唐代的高门常称郡望，可郡望又与籍贯不同。随着空间距离和时间距离拉长，同一郡望的各分支家族开始分割家族资源，关系日渐疏远，导致原本地缘性质与血缘性质都很强固的士族力量其实在走弱。可瘦死的骆驼比马大，在科举制度出现后，士族仍然是可以优先掌控科举制工具的知识垄断阶层，他们与庶族大夫的文斗依旧掣肘中晚唐国家的振作，让唐文宗一度感叹："去河北贼易，去朝廷朋党难。"这是士大夫群体无法振作唐廷、像宋明时期那样全方位支撑国家的原因。

中唐自宪宗开始，持续近四十年的"牛李党争"，就是这个尚不成熟的阶层仍然处在破茧挣扎阶段的体现。终唐一代，越到后期，科举出身的官员比例越大。宰相中带进士第者，相对只有门第者的比例也越来越大。科举出身的官僚，越来越受尊崇和重视是显然的。但中唐毕竟还未经历晚唐、五代、宋初时士族阶层瓦解崩溃的历史洗牌，很多科举进士同时也是高门望族出身的士族子弟。

“牛李党争”起源于宪宗朝的一次科举案争议。这次事件导致文官集团分裂为两大朋党，使朝政走向了不顾是非和国家安危，只顾小团体利益、党同伐异的朋党政治。其中靠科举入仕的牛党领袖牛僧孺，持有用科举制度选拔人才的立场倾向。而靠门荫入仕的李党领袖李德裕，则提倡恢复古制，依照门第取士。因此，这也是一场高门士族与寒门庶族旷日持久的反复交锋。

唐朝以前，关西士族相比关东大姓，在门第名望上要弱不少。关西靠军事贵族建立了北朝、隋、唐一系政权，原本武人子弟更多。但为了适应盛世的文治转型，从唐代中期开始，关中士族子弟与昔日唐代前期的关陇军功家族，更热衷于近水楼台先得月，依靠京城选拔性质的科举考试，整体完成从尚武到崇文的转型。“牛李党争”中的李党多为关东士人，而牛党的主要领袖则都是关西士人。可见在中晚唐的官僚士大夫对抗中，既有士、庶阶层之争的因素，也有东、西地缘之争的影子。这就是中晚唐的又一个困境：唐代士大夫根本无法被捏合到一起。他们内斗不止，无法形成一个像北宋那样与皇权“共天下”的强大的中央文官集团。

皇帝既然不能亲自治军、练兵和统军，就需要与皇权高度绑定在一起的群体替皇帝去统领禁军。他们还不能像宗室、外臣那样与职业军人混熟之后变成威胁皇帝的军阀、权臣，不能将权力世袭给子孙，实质性地挟持天子……宦官，显然是此时皇帝能够选择的最佳群体。

宦官掌握禁军兵权后虽然跋扈，但他们没有子孙后代，便不可能形成家族对禁军兵权的垄断。真正控制禁军兵权的家族，只能是皇族。宦官再跋扈，即使软禁皇帝、弑杀皇帝、拥立皇帝，也只是为自己寻求一个可以持续依靠的主子。

唐朝的宦官集团与东汉的宦官集团不同，其更接近明代的宦官集团。东汉的宦官普遍依附少主，而唐朝的官宦普遍拥立长君。因为唐朝的宦官本质上是生不出孩子，无法世袭的“禁军军头”，本质是家奴做家将。东汉的宦官则是替尚年少而无力独当一面的皇帝掌控皇权，本质是家奴传家令。

并非由宦官拥立的十六岁唐敬宗并不善待宦官，最终被宦官谋杀。而宦官拥立的十二岁唐僖宗由于只依赖陪伴自己长大的宦官、“阿父”田令孜，于是拥立唐僖宗的两位权宦很快就被田令孜扳倒。中晚唐的权宦，无不在皇帝个人意志之下最终交出兵权。宦官说到底还是依附于皇权。那些年幼的皇帝由于没有主见，容易被他人影响，随时可能因喜怒无常导致宦官势力重新洗牌。因此，唐朝的权宦为了人事稳定性，尽可能拥戴与自己相熟的年长亲王即位。这是唐宪宗以后，唐朝皇帝更多是兄终弟及，甚至是皇叔即位的原因所在。

在宫中，宦官掌握了禁军军权。在前朝，唐朝真正为禁军筹措军粮的主要是文官系统掌握的地方行政体系。在地方，唐朝有藩镇和强邻威胁禁军。皇帝于是处在一个多方制衡的居中决策点，宦官与文官在中央制衡，中央与藩镇在内制衡，藩镇与强敌在外制衡，这让想当安、史的割据藩镇节度使也会投鼠忌器。中晚唐最终实现了整体平衡，虽然是一种弱平衡。

可回鹘与吐蕃相继在三年内崩溃后，在外牵制藩镇的外部大制衡方不存在了，反而是藩镇像脱缰的野马一样爆发反叛潮。积重难返的大唐垮了，千年名都长安，也将在退场前集中上演多次城破悲剧……

第十二章 唐：雄都的末日与谢幕

昔时繁盛皆埋没，
举目凄凉无故物。
内库烧为锦绣灰，
天街踏尽公卿骨。

中晚唐时期，百姓的税收负担越来越沉重，但朝廷所获得的财政收入却一路下滑，一代不如一代。武宗、宣宗的改革终归是治标不治本，唐廷在与地方的财政收入竞争中逐渐落了下风。唐朝已经走入了国家功能结构性衰竭的王朝末路。如果说中唐时，藩镇的选择是在自己的区划范围内割据或不割据，那么晚唐时，则是藩镇之间不得不大鱼吃小鱼，小鱼吃虾米。

（一）长安四陷、五陷，黄巢的暴击

唐宣宗驾崩后，宦官集团拥立宣宗长子，是为唐懿宗。唐懿宗时期，各地藩镇反叛、农民起义、外族侵扰不断，且规模逐步扩大。

首先是裘甫起义重创了江南地区，然后是南诏国频繁袭扰西南地区。唐朝庞勋率领的桂林戍卒，在反击南诏侵扰的过程中，受到朝廷不公待遇，回到淮河流域也发动起义，重创了江淮地区。这些遭遇战乱的地区都是唐廷的财源漕粮重镇。这些起义虽然被镇压，但并不彻底。在镇压起义的过程中，沙陀族的李国昌、李克用父子又借军功建立起自己的军事力量，盘踞在代北等地区。

懿宗在位十五年，唐廷仍旧对天下秩序起着主导作用，但乱象已然四起，而懿宗又无力协调各方势力以稳定局面。懿宗驾崩后，宦官拥立懿宗第五子、年仅十二岁的唐僖宗，唐朝的噩梦再度降临。

唐僖宗继位后，西南战事还未结束，中原就又相继爆发王仙芝起义、黄巢起义。江淮和江南也爆发了起义。这下又成了当年唐德宗时代那样按下葫芦浮起瓢，四处救火也救不及的乱局。区别是，当年唐德宗是藩镇之间混战，而这次是王朝腐朽入髓后，在朝廷与藩镇地方双重剥削压榨下的百姓活不下去，农民起义的星星之火迅速燎原。

各路起义军并不是占据根据地型的割据势力，而是一路横扫天下。这场大范围且持久的起义，将唐朝的统治体系和地方秩序粉碎得四分五裂。面对全局性的起义潮，朝廷根本无力集中兵力扑灭。起义军四处游走，所过之境，杀官吏、屠豪门，最终导致天下户口减损数百万之多，直接令自东汉形成的，主导了中古社会八百年的士族门阀走向衰落，为北宋庶族士大夫阶层的形成和壮大腾出了空间。

起义军中以黄巢的实力和成就最大。黄巢起义军游走了大半个中国，从北方的中原到南方的岭南，从东边的江南到西边的荆楚，行军路线足有数千公里，最终扑向洛阳和长安。

公元880年十一月，东都留守率官员出城迎接黄巢起义军入城。起义军纪律严明，在洛阳仅仅“供顿而去，坊市晏然”，与民秋毫无犯。黄巢只在洛阳短暂停留，就一路攻克陕州等要塞，向关中挺进，号称六十万大军。

唐禁军神策军等十万官军驻守潼关。由于神策军多是行贿入伍、挂军籍、吃空饷的关系户，根本没有战斗力。听说要上阵杀敌，神策军士兵吓得父子抱头哭泣，纷纷雇佣贫民顶替出征。朝廷派拨的军粮也不足，官军只得集中在潼关防守，士气低落。起义军于是大破潼关。

十二月，听闻黄巢已经破关，朝臣纷纷逃亡。唐僖宗也在宦官和数百神策军的护卫下，仓皇西逃。时隔百余年后，长安城再次上演了皇帝失踪、城中大乱的一幕。溃逃回长安的官军则与城中百姓争先盗抢府库。这一次，僖宗选择了玄宗的老剧本——入蜀。

不久，黄巢进入长安城。黄巢乘坐黄金车，侍卫身着绣袍，红巾束发。起义军皆披发、着锦衣。辎重队伍在两京之间绵延千里，几十万骑士整齐有序。黄巢并非第一次来长安，他是商人的儿子，早年寄希望于科举，在长安多次应试科举，但都名落孙山。他当年愤懑之下，在长安写下了著名的《不第后赋菊》一诗：“待到秋来九月八，我花开后百花杀。冲天香阵透长安，满城尽带黄金甲。”如今，黄巢终于实现了自己的梦想，带着满城的甲士入主长安。

黄巢进入宫城，登上太极殿，宫人无不叩拜高呼“黄王”。黄巢志得意满，却没有忘记自己是起义军，自己将要统治长安。于是他依然约束部队，让军队给穷人送钱财，对长安百姓宣扬他爱民如子。黄巢卜选吉日，入住含元殿，正式称帝，国号“大齐”，并大赦天下，改年号为“金统”，尊其妻曹氏为皇后，并设置百官。

但起义军只忍耐了几天就开始放纵起来，在城中奸淫掳掠。巨商豪族、李唐宗室遭到起义军的屠杀。黄巢难以约束部下，百官对他也避之不及，于是黄巢又大肆屠杀百官。

唐僖宗到达兴元（今汉中），听闻黄巢在长安称帝，诏令西北各藩镇勤王，然后继续向成都遁逃。于是西北地区的唐军开始反扑黄巢，杀至长安城下。公元 881 年四月，因长安城太大，城门太多，不易分兵防守，黄巢放弃长安，驻兵至长安东郊的霸上，打算用空城计诱敌。长安百姓又迎接唐军入城。但这些勤王的藩镇唐军，收复京师是其次，趁机打劫肥得流油的长安城才是主要目的。毕竟长安积蓄百年财富，光黄巢打劫一波也来不及搬完。黄巢派人侦察，得知长安城中的各路唐军正在专心抢劫，于是奇袭长安。城中百姓误以为还是唐军进城，担心怠慢官军招祸，不得不开城相迎。城中唐军正在搬运财物，措手不及，遭遇惨败。黄巢再度进入长安，对百姓欢迎唐军的行为十分愤恨，于是屠杀长安百姓八万人。长安街道血流成河，谓之“洗城”。这下黄巢彻底失去了长安的人心。

此后，黄巢逐渐被各路勤王的唐军围在关中，做困兽之斗。其中包括当初盘踞代北的沙陀人李国昌的儿子李克用。李国昌、李克用父子趁黄巢之乱，扩大自己的地盘至河东（此时太原一带为河东节度使管辖，昔日的晋南河东郡为河中府），并进入关中参与围剿黄巢。黄巢的大将朱温见黄巢大势已去，向唐廷投降。此后黄巢起义军陷入内讧和分裂。

公元 883 年四月，黄巢连续遭遇失败，唐朝各路军队进入长安。黄巢在巷战中被李克用击败，趁夜色携十余万残部，从蓝田与武关逃离关中，奔向关东，最终在泰山一带被剿灭。

公元 885 年三月，离开长安四年多的唐僖宗终于回到长安。然而他和当年回到长安就能稳定局势的唐德宗已经不可同日而语。他回到长安，除了少数京畿附近的藩镇仍然听命于朝廷，其他各路藩镇已经在这次平定黄巢之乱中趁机坐大，不再听朝廷号令。而且这四年多关中混战，长安屡遭劫掠，京畿地区的经济实力已经空心化，使唐廷失去了让天下继续臣服的实力杠杆。唐廷自己也趋于藩镇化，皇帝像个节度使一样只能控制长安附近的一小片区域。

反叛黄巢的降将朱温，此时在中原一带建立地盘，而沙陀人李克用也趁机在河东坐大。他们并非唐朝旧有的藩镇武人集团，而是两大新兴力量。由于李克用的势力范围延伸至晋南，相当于关西唐廷的京畿东北方向被李克用控制。因此唐廷试图抬高与李克用有仇的中原朱温之地位以牵制李克用，并收回对晋南的控制。见唐廷要讨伐晋南，李克用于是出兵进攻长安。

公元 885 年十二月，“少爷兵”组成的神策军再次败给李克用，在长安还没待够十个月的唐僖宗再次逃向兴元。

黄巢占领长安是要在此建都。李克用进入长安，并不打算占领长安。他的部队不仅劫掠百姓，而且纵火烧毁宫室，烧死宫人，最后撤出残破的长安。

原本奉命征讨晋南的唐将朱玫却背叛僖宗，返回长安将襄王李煴立为傀儡皇帝，遥尊唐僖宗为太上皇，然后当一回曹操，挟天子以令诸侯。唐僖宗没办法，节度使一个个都使唤不动了，他又反过来讨好李克用，让李克用去征讨朱玫。

公元 885 年十二月，朱玫被部将所杀，李煴也被抓住杀死。长安城再一次遭受劫掠，城中满街都是冻饿而死的百姓的尸体，一片惨象。

公元 887 年三月，返京的唐僖宗到达凤翔，又被凤翔节度使劫留。六月，凤翔节度使在与其他藩镇的火并中战败被杀。

公元 888 年二月，流浪两年多后的唐僖宗终于又回到长安，又回到自己的家里了。他原先只是个家中排行第五的贪玩孩童，若生在唐朝盛世，他能做个安乐王侯。可生逢颓世，又重任在肩，他在浑浑噩噩、不知所措中，身体被折腾垮了。三月，颠沛流离七年的唐僖宗驾崩，年仅二十七岁，在位十六年。宦官于是拥立僖宗的弟弟、唐懿宗的第七子李晔，即唐昭宗。昭宗看着这已经千疮百孔、彻底糜烂的唐朝，却还想再做最后一搏。

这位二十二岁的皇帝，并不打算像父兄一样贪图深宫安逸，假他人之手自保。既然节度使可以凭武力迅速壮大，拥有皇帝名分的他又为何不可呢？他动用了唐廷府库剩下的所有积蓄，招揽了十万禁军。他要像自己的祖先那样，真刀真枪地重新打出一片天，重建大唐的辉煌……

（二）长安六陷，不复为都

黄巢之乱使唐廷禁军溃亡，使士族大姓与文官集团趋于瓦解，使唐朝对地方藩镇的行政控制与基层治理体系彻底崩溃。如果说中唐是河北三镇割据，而其他藩镇仍然是唐朝行政制度下的地方机构，那么晚唐至此，朝廷的统治体系崩溃，藩镇也失去了王朝的法理保护，藩镇之间的兼并战争全面爆发。这时的藩镇割据已经不仅仅是既有区划内的自治和割据，而是进入大鱼吃小鱼、小鱼吃虾米的兼并、争霸、逐鹿之时代。

自从唐朝收复河陇后，西北方向的外患压力骤然降低，京畿安全形势大幅提升，禁军也逐渐懈怠和腐化。晚唐宦官为了更牢固地控制禁军，广收养子安插入整个禁军系统，这些宦官竟然也实现了“家族式经营”。朝堂上，任人唯亲、贿赂之风盛行。黄巢之乱后，禁军得以重建，但依然是一支临时招募的松散部队。掌握禁军的宦官集团也不再是依附皇权，而是挟持皇权。

唐昭宗是一个有志气的皇帝，然而他执掌的是一个摇摇欲坠的国家。他提出“当减省侈长示天下”，立志要做一个勤政节俭的好皇帝，挽救颓靡的大唐。他深知天下已然大乱，残酷的淘汰赛已经开始，即使贵为皇帝也只僻居一隅，必须要像藩镇那样“以武功胜天下”，参与逐鹿。他比哥哥僖宗更懂“兵强而天下服”的道理。

唐昭宗认为，在黄巢之乱中被李克用等势力控制的从太原到晋南的大河东板块，是关中的战略屏障。重建关中的防御体系，必须拿下大河东板块。于是昭宗发动新招募的十万禁军，并联合汴州的朱温等节度使一起征讨河东的李克用。结果朝廷联军居然大败，禁军又遭遇惨重折损。

现实是残酷的，唐昭宗不明白他身上背负的是朽入骨髓、积重难返的唐廷。身处大明宫的深宫大院中，他怎么可能像实则是牙兵牙将的老大藩镇节度使那样，与士兵打成一片，建立起自己的军中嫡系班底，实现对禁军的有效控制呢？他还是要面对宦官集团这些皇权与军权之间的中间人、代理人的掣肘。

昭宗认为耽误禁军建设的是宦官集团，于是强行罢免拥戴自己即位、掌控禁军和朝政的权宦杨复恭。杨复恭原本就阻挠昭宗讨伐李克用，想要保存自己掌控的禁军实力。昭宗这次下定决心要从杨复恭手中夺回禁军。

可杨复恭早就将自己的一众养子任命为秦岭南麓的各镇节度使。被昭宗罢免后，他跑到兴元，率领自己的众养子在兴元等镇叛乱，隔断了关中与蜀中的联系。关中西部的凤翔节度使李茂贞和关中东部的镇国军节度使韩建等一众关中的节度使，又前往讨伐秦巴地区的这些叛乱的藩镇，最终剿灭了杨复恭等宦官势力。

权宦杨复恭的这次叛乱，让唐廷禁军严重内耗，昭宗的实力杠杆进一步衰弱。关中各镇节度使也趁乱坐大，不听昭宗号令。昭宗能够真正控制的恐怕只有京兆府一府之地了，不得不继续倚重宦官。唐昭宗一度想要让宗室子弟掌管禁军，结果也遭到宦官集团的激烈反对而作罢。想要改革的昭宗，每一步都被捆住手脚。此时，宦官掌握的那点儿兵权已经无法遏制关中地区各镇节度使的反心了。

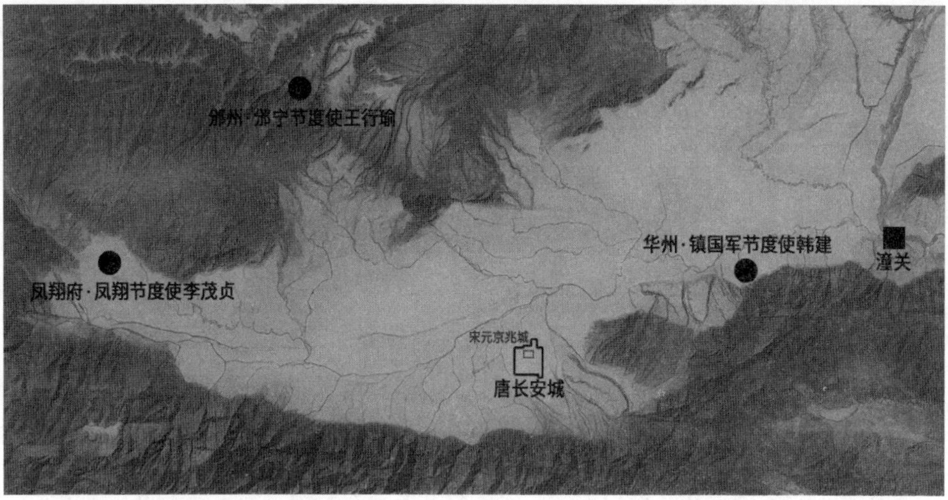

图 75 晚唐的关中三大方镇

公元 895 年，李茂贞、韩建及关中北的邠宁节度使王行瑜，因向唐昭宗讨要官爵被拒，于是一起发兵进入长安，诛杀昭宗身边的大臣和宦官，并谋划废掉昭宗。结果河东的李克用瞅准机会，以征讨三镇、进京勤王为名，大举入关，最终进入长安。

唐昭宗见一群乱臣贼子蜂拥而至，逃出长安奔向终南山。他发觉李克用这次来长安没有敌意，于是命李克用进攻三镇之兵。李克用率领的沙陀兵是此时全天下最精锐的部队之一，关中这些小藩镇根本无力抵抗。韩建回到华州躲了起来，王行瑜被杀，李茂贞向皇帝请罪。李克用说李茂贞迟早还会犯上，谏言诛杀李茂贞，但昭宗怕西边的李茂贞被消灭，就更没人能制衡东边的李克用，竟放过了李茂贞。李克用被昭宗封为晋王，志得意满地离开了长安。

公元 896 年，昭宗再次扩充禁军数万人，并让宗室的亲王领兵。李茂贞怕皇帝坐大，果然又进攻长安。禁军战败，昭宗又一次逃离长安。刚走到渭北，却又被韩建劫去了华州。李茂贞进入长安，再次劫掠全城，焚烧宫室市坊。

这些年，关东地区的藩镇混战与兼并也从未消停，小节度使不是被大节度使吃掉就是只能依附大节度使。浙东地区甚至还有节度使称帝。李克用已经在太行山东、西建立了大片的根据地。朱温也控制了西至东都洛阳，东至徐州的黄淮地区。成都被王建控制。以江都为中心的江淮地区则被杨行密控制。于是，朱温上表请昭宗迁都洛阳，王建请迁成都，杨行密请迁江都。他们都想趁机挟天子以令诸侯。只有李克用想再次入关勤王，奉昭宗还长安，趁机把关中并入自己的势力。但他此时却深陷河北战场无法抽身。

韩建和李茂贞见到关东的强藩都蠢蠢欲动，随时可能会借勤王的名义杀向关中，抢夺唐昭宗，霸占关中，便也不敢继续为难皇帝。焚烧了长安宫室的李茂贞反过来又献出十五万贯修复宫室，待修好后让唐昭宗再回到长安。

此时的唐昭宗，像极了当年李傕、郭汜之乱时困在关中的汉献帝。而李茂贞和韩建，也像极了当年的李傕和郭汜。他们都是关中的小军阀，却不敢招惹在关东坐大的大军阀，只敢和作为“邻居”的皇帝斗来斗去。如果昭宗有能力控制住禁军，操练好禁军，先平定关中，如果关中西部的李茂贞和关中东部的韩建能团结在朝廷周围，和关中中部的朝廷少一些内耗，也许唐朝还有救。也或许，昭宗什么都不做，不那么努力，反而还能苟活得久一点。但朝廷已经烂了，偏偏还有敕封节度使和官爵的名分，甚至还能收缴到一点点关东的粮赋，让这些小节度使依然垂涎三尺，总想劫持皇帝。

这就是博弈论中的囚徒困境，每个个体都想自己的利益最大化，换来的一定是集体利益的最小化。这是个人理性与集体理性的冲突，是每个走到末世，已经像溃脓一样彻底烂掉的王朝，无法像新兴集团和新生阶层那样轻装上阵，无法自己毁掉脚下腐朽的政治基础，只能做困兽之斗，等待灭亡的原因。唐昭宗无论愿不愿意，他都是所有藩镇的靶心。他无力整合朝堂上的腐朽势力，也无力整合关中那些目光短浅，只敢窝里横的军阀。大唐积重难返，已经没有改革和掉头的回转余地，犹如一棵庞大却苍老的枯树，守着看似巨大的身躯和悠久的年轮，岿然不动，很是气派。其实皴皱又坚硬的表皮中，已经再也长不出一丝新绿。

汉献帝曾经千方百计地想回到洛阳，而唐昭宗也是千方百计地想回到长安。哪怕这王朝已经走入了末日，他们终究还是想回到自己的家，在家里等待最后一刻末日的降临。但军阀们连这一点小小的愿望都不打算让这些亡国之君得到满足。在华州，韩建屠杀了掌管禁军的宗室亲王们，并彻底解散了唐昭宗手下的禁军。

公元 898 年，朱温在洛阳修整好宫室，想要迎接昭宗东迁，这才让韩建和李茂贞加紧修建完成长安的宫室。否则失去了皇帝这张牌，他们这些关中的小军阀就会像东汉的李傕、郭汜一样被迅速剿灭。重建又烧毁，烧毁又重建，长安的皇宫大明宫想必已经远没有昔日的规模。被韩建控制在华州两年，昭宗最终还是返回了长安。他想回家。

公元 900 年，昭宗还是想再挽救一下。回到长安，禁军又重新建立起来，依然控制在宦官手中。昭宗与宰相崔胤计划诛除宦官以掌控禁军，结果宦官得到消息，将昭宗囚禁起来。宦官这次来了狠的，直接废了昭宗的帝位，让太子即位为帝，尊昭宗为太上皇。宦官还屠杀了昭宗的亲信，并当着昭宗的面列数昭宗罪过，十分猖狂。但宦官们没想到，神策军这些年反复重建，军中将领早已与掌军宦官貌合神离。

公元 901 年，神策军将领联合宰相崔胤铲除了权宦，迎昭宗复辟。昭宗复位后，崔胤希望由他代表的文官掌管禁军。但昭宗思虑很久之后，决定还是让宦官掌军。可昭宗优柔寡断的性格，让他在哪里跌倒，爬起来后还在哪里跌倒。他让宦官掌军，却又与崔胤秘密商讨诛除宦官，而且又被宦官得知。宦官引入李茂贞部队担任京师宿卫，与李茂贞合作抵制崔胤。崔胤又秘密联络关东的朱温，让朱温发兵进长安迎昭宗至洛阳，以摆脱与李茂贞结盟的宦官。

听闻朱温率大军逼近长安，宦官又挟持唐昭宗前往凤翔投奔李茂贞。唐昭宗第三次被迫出逃长安，次数已经超过了他的哥哥唐僖宗。宦官为了报复皇帝，又一次烧毁皇宫。皇帝和宫中女眷、亲王无不恸哭。

朱温大军一路攻破了华州的韩建，并将韩建调离到关东。朱温到达长安后，宰相崔胤率百官相迎，希望朱温能够解救唐昭宗。朱温于是向西围攻凤翔。

公元 902 年，李茂贞无法抵抗朱温，便与朱温讲和，并将挟持昭宗的宦官全部杀死。朱温将昭宗迎回长安，并且捕杀了长安所有的宦官。朱温留下自己的侄子和一部分军队，控制了京师、皇宫和皇帝。唐昭宗终于遇到了自己的“曹操”，从东周那样的蜗居天子，成为像汉献帝一样被权臣控制的傀儡。朱温回到汴州后，依然遥控着长安的一切。

公元 903 年，朱温杀死了试图重建禁军、反抗朱温的宰相崔胤。禁军折损又补充，补充又折损，最终彻底被朱温的藩镇兵所取代。这熄灭了昭宗最后的希望。

公元 904 年正月二十六，在朱温的逼迫下，唐昭宗不得不起程迁都洛阳。朱温毁掉了长安城的所有宫室和民宅，将拆毁的建筑材料顺着渭河、黄河浮游而下。朱温先前就已经修建好了洛阳的宫室，因此这些材料有可能一直被运往汴州修筑朱温自己的宫殿。也许，北宋东京大庆殿的某一根宫柱，就是昔日大唐长安大明宫的木料。

朱温对长安城的拆毁是全方位的。他不仅强迫唐室东迁，而且强迫整个长安的居民东迁。显赫三百年的隋唐京师，当时世界首屈一指的大都会，从此成为废墟。千年帝京长安，自此不复为都。

被强行东迁的长安百姓，在大唐两京之间拉起了绵长的迁徙队伍。这些百姓边走边哭泣，月余不息。他们怒骂说：“国贼崔胤，召朱温倾覆社稷，俾我及此，天乎！天乎！”

当皇帝的车驾走到华州时，沿路民众夹道高呼万岁，昭宗却流着泪说：“勿呼万岁，朕不复为汝主矣！”路上他和侍臣说：“鄙语云：‘纥干山头冻杀雀，何不飞去生处乐。’朕今漂泊，不知竟落何所！”说着又擦起了眼泪。身边的大臣，都不忍看到皇帝这样。但昭宗在前往洛阳的路上，依然还想挽回，他偷偷发密诏令天下诸镇讨朱温勤王，可没有藩镇愿意再搭理他。

凤翔的李茂贞看着皇帝和长安走向末日，也无可奈何。他从此龟缩在凤翔，势力范围越来越小，却坚持到了五代后唐时期才病逝。

华州的韩建则被朱温派回关中，入驻长安这座空城。朱温改京兆府为大安府，改长安城附郭县长安县为大安县，附郭县万年县为大年县，以大安城为佑国军，任韩建为节度使。后来李克用之子建立后唐，才将京兆府、长安县、万年县恢复本名。

韩建回到长安后，放弃了唐长安庞大的外郭城墙，而是利用唐长安皇城的残墙为郭城，在废墟之上重建了新城。三年后，韩建又被调离至关东，后遭遇兵变被杀。明朝将这座城的北城墙与东城墙向外稍扩，即成为今日之明清西安城。

唐昭宗到了洛阳，就已经在朱温的控制范围内。可朱温仍然忌惮这个在位十七年的皇帝。到达洛阳四个月后，朱温派人弑杀唐昭宗，立昭宗之子为帝，即唐哀帝。

公元 907 年，唐哀帝被迫禅位于朱温。朱温即皇帝位，定都开封，改国号为梁，史称后梁。立国两百八十九年的大唐王朝灭亡。

（三）回望长安无数山

纵观西安的建都史，就是在两个大时代的后半段崛起，然后一脚跨入下一个大时代的起步期，完成历史规律交予的使命后，另一脚还没跨过去，这一波都城史就功成身退。

第一个大时代，是上古贵族时代。这个贵族，不是说像后来有权、有钱的就叫贵族，而是自原始社会，从氏族、部族发展而来的国家社会早期之原生贵族。

夏朝、商朝，是贵族时代的起步期。那时候天下共主经常出现在环嵩山的中原一带。

西周、秦国，是贵族时代的成熟期。周、秦王族与夏、商王族一样，都是王朝出现之前就已经确立氏族统治身份的原生贵族。但进入贵族时代后半段的周、秦，天子或霸主反而长期出现在关中一带。

秦朝、西汉，是贵族时代的退潮期。从秦始皇概不分封功臣和皇子，到西汉平民皇帝与平民将相迭现，关中成为终结这个大时代、开启下一个大时代的国家心脏。

第二个大时代，是中古士族时代。西汉时士族虽然没有形成，但西汉经学儒士与豪强庄园主的崛起，已经为东汉两股力量相结合，为汉魏士族的形成做好了铺垫。中国从上古社会走向中古社会的历史进程已经启动。

东汉、曹魏，是士族时代的起步期。皇帝又经常定都在环嵩山的中原一带。

西晋到南北朝中期，是士族时代的挣扎期。北方也仍定都在中原。

士族门阀主导的士族时代，对天下的再整合是失败的。因为士族的影响力和资源在地方，而非中枢。士族时代的逻辑又回到了地方自治之中，因为士族的主要追求是“乡里称善人”，是治理一郡，坐拥一方。士族的根多在地方，少在朝堂和国都。东汉皇权长期不振，而魏晋更是战火纷飞，少有统一。士族时代并没有真正意义上的成熟期，因为士族庄园地主、坞堡主所主导的社会形态之巅峰，其实是魏晋十六国北朝乱世。

西魏到隋唐，是士族时代的退潮期。都城又开始回到关中。

西魏、北周的府兵制建立，关陇军事贵族打破士族门阀的规矩。到隋唐完善科举制度，寒门庶族士大夫又开始冲击高门士族士大夫。但府兵制瓦解，募兵制下武人集团的持续壮大和崛起，让武人割据中断了这一波庶族崛起。

虽然中晚唐地方武人集团势大，士、庶党争之势仍旧激烈，士族并没有完全退出历史舞台，但士族占据绝对主导权的时代已经终结。士族政治生态的瓦解，加上唐末农民起义的冲击，为下一个大时代——宋、元、明、清的近古庶族时代，寒门士大夫、庶族地主阶层全面上位成为统治阶层奠定了基础。

因此，唐朝已经是一只脚迈入了近古，而另一只脚仍然拖在中古，泥足深陷。唐朝也只能像西汉一样，再次“功成身退”。

因此，长安真正的建都有两大周期，第一个大周期是西周—秦（含秦国）—西汉，第二个大周期是西魏—北周—隋—唐。但夹在两大周期中间又有两个小周期：

第一个小周期，以东汉献帝、西晋愍帝、汉赵刘曜为代表，士族时代始终无法整合天下时，汉、晋、赵等政权努力尝试用关中形胜进行自我保存。很可惜，政治没能搞好，关中的地理优势也发挥不了作用。凡是这类政权自身出现问题迁至关中的，关中救不了。

第二个小周期，以前秦苻坚、后秦姚兴为代表。这两位帝王被《隋书》誉为：“其中原则战争相寻，干戈是务。文教之盛，苻、姚而已。”后秦姚兴本人就是生长在前秦苻坚的治下，两人的执政风格一脉相承。这个周期，是长安政权在乱世中独立创业，不再是迁都。这个周期的高潮是苻坚将前秦版图扩张为西及西域、东到辽东、北至草原、南到巴蜀，一度天下四分有其三。然而其间苻、姚只是掩盖了一些政治问题，并没有找到真正的历史出口。比如民族矛盾，他们只是希望用自己的贤仁捏合天下各族，强行弥合各民族仇恨，并没有探索出突破民族隔阂的政治方案和方向，因此长安这一轮创业最终没能成功。后秦姚兴更是只借贤君政治统治了关中到中原一线，面对北方的草原民族北魏可以说不堪一击。苻坚、姚兴本人一死，国家立马分崩离析，都只是一世之威而已。

西魏—北周—隋—唐一系关西王朝最终能够成功，是吸取了十六国和北魏的经验教训，最终寻找到了历史终极方案，成就了大唐盛世。不过大唐盛世之后，中古的问题已经解决，近古的问题又浮现出来，比如依门第推举改科举选拔后的朝堂文官党争，府兵制改募兵制下的藩镇悍兵割据，经济中心东移后的运河交通革命与漕运难题等……

唐朝仍然留有魏晋南北朝的中古士族时代的基因。它是最优秀的士族时代政权，是最后一个，也是最成功的中古王朝。但唐朝又第一个遇到近古社会难题，它也是最稚嫩的庶族时代政权，最手足无措的第一个近古王朝。只有昙花一现的极盛之世开元、天宝时期，那时是历史交卷时刻的短暂过渡期、等待期，是中古问题被解决，近古问题仍未完全浮出水面的历史红利期。但近古社会的难题被释放出来之后，盛世大唐经历了安史之乱，只剩下病来如山倒，病去如抽丝，仿佛望不到尽头的中晚唐……

极尽荣辱的大唐，终于走到了末日。显赫两千年、定都超千年的长安，在缔造了礼周、强秦、大汉、盛唐，攀援并翻越过一座座中华历史与文明的高峰之后，也最终谢幕于璀璨而坎坷的大唐。

礼乐制度、分封制度、宗法制度、皇帝制度、大一统郡县制度、三公九卿制度、三省六部制度，中国人一个个耳熟能详的政治制度，无不酝酿、诞生或成熟于这座古都。

周人的敬天法祖，秦人的一统六合，汉人的开疆拓土，唐人的开放包容，这座古都给中华文明烙下了永恒的印记。

秦皇汉武，唐宗女主。那些叱咤风云的帝王，用两千年的时间写就这座古城厚重的故事，赋予这座城市以历史盛名。如今西安繁华的商业步行街游人如织，灯火通明。但隐没在杂草中无人问津的断壁残垣，以及那些寂静耸立的帝陵与古塔，才是这座城市真正深邃的灵魂。“行人莫问当年事，故国东来渭水流。”历史的繁华早已褪去，王侯作土，功名成烟，只有渭水仍旧穿越一代代沧桑古迹之间，一如既往地默默东流，续写着秦川崭新的历史。

西安的都城史结束了，但西安的历史并没有结束。宋、元、明、清，不再成为京都的西安，仍然以西部军事、政治、经济重镇等多重功能，以及千年不曾间断的大区首府之位置，替中华承担地缘历史之重任。唐朝未竟的事业，未能解决的难题，也要靠宋、明这些王朝继续寻找答案。西安，仍在扮演着关键角色。

第四部分

宋明称大府

京兆（宋元）
|
安西（元）
|
奉元（元）
|
西安（明清）

回望历史，唐代以后的长安仍然是历代议都的选项之一，可谓王气残存。想要明白长安为什么会成为一代名都，反而要去长安失都之后的历史中找寻终极答案。因为只有对比因何而失去，才会窥见因何而拥有。

第一章

宋：常被想起的京兆

人游曲江少，草入未央深。

北宋与唐朝是一个很好的对照，因为它们分处中古社会向近古社会滑变过渡期的两端。北宋解决了一些唐朝始终没能解决的问题，但可惜的是，北宋还有一个问题没法解决——都城形胜。北宋有过两次迁都之议，长安都是重要选项。

（一）久当迁长安？

公元 975 年十月，宋太祖赵匡胤遣大臣修葺洛阳宫。

公元 976 年正月，宋太祖下令疏浚洛水，并下诏将巡幸西京洛阳，在洛阳南郊举行郊祀。三月，宋太祖率百官从京师开封出发，于四月到达西京洛阳。然而让文武百官没有想到的是，宋太祖这次来到洛阳就不想走了，还召集百官商议迁都洛阳之事。他试图像北魏孝文帝一样，皇帝本人赖在洛阳造成迁都的既成事实。

迁都是动摇国本的大事，于是百官纷纷进谏，列数洛阳的诸多不便，强烈反对迁都。但太祖一概不听。禁军武将李怀忠也劝太祖说，东京有汴河漕运优势，每年从江南地区运到东京开封的漕粮有数百万斛之巨，养活了驻守在京城的数十万禁军。洛阳运输不便，无法保障每年如此庞大的漕粮运额供给。他也反对迁都。但赵匡胤还是不听。

晚唐、五代，隋唐大运河逐渐荒废，运河只东拐到开封附近就已经不再向西，洛阳的漕运逐渐荒废。五代的后唐定都洛阳期间，洛阳就发生粮荒。后唐庄宗“以军储不充，欲如汴州”，想要巡幸汴州（开封）就食以缓解压力，结果被大臣以“自古无就食天子”为由所谏阻。但仅仅四个月后，禁军就爆发兵变，不仅占领汴州，而且在洛阳弑杀了后唐庄宗。从某种意义上说，五代时洛阳三度为都，但作为都城的优势越来越弱，最终被开封所取代，就是在漕运便捷这一项上输给了开封。

北宋后期，因为大运河的汴河段一直引泥沙含量很大的黄河水充当水源，时常导致淤积阻塞，宋神宗于是命人拦截黄河水入汴河，转而引洛水为水源。在集权制度下，都城属于大量行政人口堆积的消费型城市。都城，往往因定都而繁华，而非繁华才定都。宋朝政治中心东移至开封，西部板块经济地位下滑，洛阳已经不具有唐代时那般大运河中心与漕粮重要囤储地的作用。

宋太祖想要迁都洛阳这一年，是他在位第十七年。除了太原的北汉，宋朝已经大体上统一了中原地区与南方。宋太祖明白，如果说晚唐、五代乱世是没有足够的国力和稳定条件去维系运河向西的远距离运输，让运河在东部的枢纽开封得到了战略机遇，那么统一后的国力是能够支撑更长的漕运线维系成本的。然而经五代洗礼的开封，就是在与洛阳的竞争经验中崛起的都城，碍于时人的历史经验，群臣中并没有支持宋太祖迁都的。但从宰相到禁军将领，文武群臣都拗不过宋太祖这个开国皇帝。这时，最具说话分量的人站出来了。

开封府尹、晋王赵光义前往洛阳当面反对自己的哥哥、太祖赵匡胤。太祖见自己这个弟弟终于说话了，也道出了自己的真实想法：“迁河南未已，久当迁长安。”（《续资治通鉴长编》）河南就是指洛阳城所在的河南府。

赵光义听到太祖的长远意图和最终目标竟然是长安，于是询问理由，太祖说：“吾将西迁者，非它，欲据山河之险而去冗兵，循周、汉故事以安天下也。”太祖的理由就是开封处于华北平原之上，周边没有任何山脉，无险可守。因此开封不得已囤聚了数十万的禁军，可以说是“堆人为险”，靠成本极高的“人肉长城”保障京师的防御安全。而这些脱离了农业生产的冗兵会消耗大量的国家财政收入，于国不利。赵光义听到这个理由后，也无法正面反驳，只回应一句：“在德不在险。”太祖见弟弟依然是阻止的态度，也沉默不再应答。待赵光义离开后，太祖才对身边的人说，晋王之言固然好，但“不出百年，天下民力殚矣”。

其实定都开封就有德，定都有两千年都城传统的洛阳或长安就无德，本身就是没有逻辑的话。赵光义做了十几年的开封府尹，即京尹，又是晋王，一字亲王爵。按五代的继承传统，皇帝的弟弟做京尹兼亲王，等同于皇太弟，是台面上的皇位继承人。因此经营开封城十多年的赵光义站出来反对皇帝，而且用“在德不在险”来暗示皇帝如果强行迁都，那就是皇帝失德，将得不到百官拥戴，实际上已经暗含警告之意。赵光义作为皇位继承人，有可能为此制造皇族内讧，才是让太祖不情不愿地打消迁都念头之原因。

赵光义后来能够成为宋太宗，以兄弟身份继承太祖的皇位，就是因为他的势力主要在开封。太祖想要摆脱他的势力，迁都未尝不是一个较为便捷的途径，但太祖最终还是没能拗过赵光义。因为迁都之议，很明显文武百官都不认同太祖，都站在赵光义一边。太祖回到东京之后，原本身体很好，但不到半年就突然驾崩，而且留下斧声烛影被弟弟弑杀的传说，让人不禁遐想。

后世史家多认为北宋就是被冗兵、冗员、冗费这“三冗”所拖垮的，往往感叹北宋国运不幸被太祖言中，认为太祖主张迁都是高瞻远瞩的战略。但如果纵观唐、五代、北宋之历史，也能发现，北宋皇帝和士大夫并非不知道“三冗”问题始终伴随着北宋。“三冗”是北宋关于国策与国运的主要路线争执点。但从当时的历史局限来看，都城方位与“三冗”，只是北宋避免中晚唐藩镇割据的一个间接代价，是不得已而为之。宋朝主动背负“三冗”，就是为了汲取宋朝建立前的历史经验教训——军人割据。

（二）解决藩镇割据的药方

唐代募兵制取代府兵制后，各地藩镇形成了军阀割据。晚唐之后，唐朝依靠东南财赋供养的禁军力量瓦解，皇权式微，加上中晚唐高门士族力量的走衰与寒门庶族力量的成长，让此前更加倾向于强调家族血统出身的中古门第理念与汉唐固有的道统观念受到冲击，晚唐的军阀便不再听话，纷纷开始自立为帝。大大小小的政权，凭着拳头硬，把整个天下搞成了皇帝轮流做，今年到我家的混乱局面。

中晚唐与五代十国的皇位继承，父死子继的正常继承顺序反而罕见，更加盛行的是兄弟或叔侄之间传位。兄终弟及或叔侄传位还算是基于血缘的传承，五代十国甚至还有不少养子继位的案例，比如五代的后唐皇族号称是唐朝宗室，但其实是被李唐赐姓的沙陀族人，并非李唐血统。后唐建立之后，后唐明宗不是后唐庄宗的亲兄弟，而是其父亲的养子。后唐末帝又是后唐明宗的养子。这相当于后唐不仅与他们继承的唐朝没有血缘关系，后唐的皇族也分为三支不同的血缘。

五代十国短短数十年，中原相继出现五个朝代，中原之外出现十个国家政权。一共出现了五十多个帝王，没有称王的割据政权则超过七十个。单个政权中，后汉仅四年的时间出现了两个皇帝。若把创业期的北宋也算进去，到宋太宗时期，除了被赵匡胤夺权的短暂在位的后周小皇帝，后周、北宋，两朝四代皇帝，郭威、柴荣、赵匡胤、赵光义，三姓四家，后周的郭威与柴荣是养父子继位，赵宋的赵匡胤与赵光义是兄弟继位。我们觉得宋朝开国皇帝竟然将皇位传给自己的弟弟这一支，是很不正常的情况。实际上，放在中晚唐与五代十国的历史视野之内，兄终弟及反而是主流，比父死子继正常。

五代十国的皇帝所册立过的太子更是少得可怜，只有南唐李璟、南唐李弘冀、南唐李煜、前蜀王宗懿、前蜀王宗衍、后蜀孟昶这屈指可数的几个正式的太子。只有扬州的南唐和益州的巴蜀，这两个政权处在唐朝号称“扬一益二”的富裕地区，道统思想相对浓厚，连皇帝都附庸风雅，文采斐然。由于文人士大夫力量相比军人政权更强固，所以他们还能够立太子。

从唐昭宗长子李裕被废太子，到宋太宗的儿子赵恒被立为太子，这将近百年的时间里，别看皇帝有七十多个，满打满算也只有六个是在身体健康时就提前册立了太子。其实中唐开始，所谓太子很多是皇帝病危前册立的。

为什么中晚唐、五代、宋初的父死子继传统衰落，会出现这种与其他历史时期截然不同的继承特点？因为五代看似是皇帝制度，其实都是军头政治。

他们即使立了年幼或年轻的儿子做太子，由于太子年幼，与牙兵悍将们混不熟，将来即使强行继位也会倒台。像后周皇帝柴荣就把皇位传给了七岁的小儿子，结果仅半年“军头”赵匡胤就黄袍加身，夺取了帝位。

五代十国，不仅政权更替飞速，而且同一政权内，纵使是兄终弟及，也罕有正常继位的，政变次数堪称恐怖。每次政变，都伴随着烧杀抢掠以及对皇族的灭门。别看军头们顶着皇帝的名头，本质上还是军阀。军头政治的实际秩序是“山寨式”的：“大当家”死了“二当家”上，而不是“大当家”的儿子上。因为弟弟要比儿子年长得多，弟弟能与京师的牙兵悍将混熟了，才有可能压得住职业军人、坐稳皇位。家族的地位，甚至侄子的生命安全才能得到保障。这等于是“大当家”把年长的亲弟弟培养成“二当家”接班。

赵匡胤杯酒释兵权，不杀功臣，也是因为在这种政治生态之下，即使杀光了中高层将领，职业军人集团也会推举出新的将领代表本集团的利益。所以，赵匡胤花大价钱，与这些中层军头共富贵、共天下，靠着自己这个“大当家”还活着，跟弟兄们说话还管点儿事，跟兄弟有一说一，就地把利益分了，解决了中层军头的威胁。赵匡胤到这时加速禁军集中化管理改革，已经很不容易了。

赵光义继位后，尽管经常打败仗，但他是实际上终结五代乱象的皇帝。包括坚持以临近运河的开封为国都，大批起用文人，明修典章，重塑道统文脉，抑制武将，实行强干弱枝的基本国策，大兴科举选拔制度，广泛吸收庶族，重建以庶族为主体的新士大夫阶层。甚至他很可能不顾金匮之盟，拒绝履行传位给三弟及太祖之子的约定，强行恢复正常的父死子继制度，让自己的儿子做太子。尽管这些措施有不少副作用，一直影响着北宋的国运，但起码他给自中唐以来的近古社会定了个大方向。

宋朝一直都在全力探索如何克制乱局诱因，重建符合近古社会的全新道统伦理。从周敦颐到二程，再到朱熹，还有在关中建立“关学”，提出“为天地立心，为生民立命，为往圣继绝学，为万世开太平”的张载，宋朝理学在这些名儒的儒学改革下发展起来了。一套更保守、更具禁锢性的儒家思想发展起来了。女人要裹小脚，要舍命保贞操……但也正是这个像宗教教条一样繁复的新儒学之礼教，让终于实现文官掌握禁军的北宋庶族士大夫，必须在政治上自我克制，被这些他们自己建立的诛心之说禁锢起来，以避免让皇权感受到威胁。

（三）强干弱枝

唐朝的禁军因关中形胜，最多时数量不过十八万，一般仅保持在十万出头。但宋朝的禁军，到宋太宗时就有四十多万，到宋仁宗时就达到了八十多万，这还不包括地方常备军中的厢军与乡兵，仅仅是朝廷负责给养的禁军人数。将天下兵马高度集中于朝廷直控的禁军，正是解决唐朝藩镇割据，实现强干弱枝的另一个关键方案。

地方军事力量远远无法与禁军匹敌，割据的问题就会迎刃而解。但为什么唐朝做不到，宋朝就能做到？

首先，唐朝错过了漕运最佳改革期。唐高宗时期，原本可以在府兵制开始松动时优先改革漕运，为唐廷实现强干弱枝铺垫更长久的机遇期。但高宗选择了百官巡幸就食之法，还导致一天二日、两虎相争的都城问题，加大了安史之乱的破坏性。

其次，唐玄宗的军事改革有包袱，且方向也有问题。玄宗为了维系庞大的疆域，必须拉长边境防线，将精锐部队外疏到十大边境军镇中。但这种军力部署形势，是典型的强枝弱干，导致外围军镇尾大不掉，而募兵制改革后，中央养兵财政压力巨大，京师禁军在数量与质量上反而远不如边镇。放权让地方养兵，以至于中央军力低于边疆，一定会乱。中唐失去了改革空间。

最后，唐朝没有由庶族士大夫构成的强壮的文官系统，帮助唐朝管理庞大的禁军。募兵制职业军人这个利益阶层形成后，让武官掌禁军，又很容易形成军头。于是唐朝让皇帝的家奴宦官系统掌握禁军。到了唐昭宗时，宦官也学会了认干儿子让禁军军权世袭。唐朝奄奄一息时，才尝试让文官掌禁军，却已经无法实现。

宋朝能够做到强干弱枝，首先，都城直接定于华北平原的中心开封，周边是广袤的农业区，而且距离漕粮输出地、经济重心江南地区，相比长安少了将近一半的路程，禁军更容易近距离保护漕运。

然后，宋朝用牺牲军事效率的方式，把兵力全部聚焦于内缩且较小的版图之内，用较小的国土面积压低了军事向遥远边疆分散的强枝压力，为中古向近古变革的后半程探索期争取了足够的时间与空间。

最重要的是，科举制下，终于形成了强大的庶族官僚集团。他们不再像延续八百年的士族大姓那样，拥有皇权都无法撼动的地方影响力。士族靠血缘称雄一方，而庶族必须依赖科举制下，京师的门生故旧关系形成自己的人际网。后者更依赖京师这个平台，往往自称是天子门生。他们是中枢利益的代表，而不是地方利益的代表。而且庶族地主的背后是小农经济，不再是大庄园经济。庶族家族的洗牌频率非常快，真正成了“富不过三代，穷不过五服”。他们很难动摇皇权，但又能够靠密集且庞大的门徒人脉网制约皇权。

有了科举制庶族官僚士大夫的崛起，从北宋开始，中国的分裂期大大缩短，割据现象也极大减少，长期稳定的大一统成为常态。纵然国家仍然有分裂，但几乎不会再有碎片化的地方武装割据，往往只是中原与少数民族地区对立。

宋朝的经验，被明朝所汲取。比如明朝的禁军也一度高达七十万。强干弱枝，是宋朝为近古中国探索出的重要经验。但北宋解决割据问题的方案也是有代价的，这个代价就是冗员、冗兵、冗费。华北平原农业发达，距离江南税源地又近，确有优势。但平原无险可守，且北宋牺牲了军事效率，让文官抑制武官，又把禁军集中在一起，徒增管理的难度，导致北宋军队战斗力衰弱，始终没能收复整个华北平原。辽、金的骑兵可以从华北平原的幽州方向迅速南下，威胁平原上的京师开封。西夏在西北的独立，也是都城方位过于靠内，对西北鞭长莫及，而且军事效率过低带来的副作用。宋朝终究只是部分解决了中古社会遗留的问题。包括都城继续转移等新的历史尝试，是在明朝迁都后才最终完成的。

洛阳自东汉以后，独立作为国都的时间没有超过五十年。这些中古时代的教训，多少冲击到儒家传统理论下“天子居中”的都城理念。即使是提出迁都的宋太祖，作为杰出的军事家和政治家，对洛阳从魏晋到后唐的建都历史大概也心知肚明。如果没有内乱，开封并不会有险情。如果有大规模的内乱，洛阳也不一定比开封支撑得更久。何况开封才是当时宫室最多、规模最大、繁荣程度最高、地理位置最为重要的城市。迁到洛阳，仍然需要巨大支出去维护运河水道，还要花费巨大代价重新建立宫殿城池。长安更是遥远，会面对更多不可预知的难题，比如漕运线更长，且依然有三门峡瓶颈，都是不可控的。宋太祖连迁都洛阳都遭到反对，迁到关中更是虚无缥缈、不切实际的愿景。说到底，开封而非关中或者三河（河东、河内、河南）才是北宋的基本盘。

宋太祖应是为继承人问题才突然发起迁都。至于宋太祖说宋朝的冗兵，如果有长安或洛阳的地理形胜，的确可以裁去大半，但这无异于又走回了唐朝的老路。唐朝就是依仗关中的形胜，禁军只有区区数万人，藩镇坐大后，就成了强枝弱干、军阀横行的局面。宋朝解决唐五代乱因的关键，就是天下之兵收归中央。就算是迁都长安，凭借关中的形胜，北宋也不会把禁军重新削减到唐朝时期的水平。如果地方军的规模、力量再次超过禁军，像唐朝那样强枝弱干，军头问题又会重新出现。与其如此，不如就用庞大的禁军在开封筑百万人之城。

这才是北宋一个不能摊开说的隐秘的基本国策——要的就是冗兵。管制冗兵就会出现冗员。养活冗兵、冗员就必须有冗费。三冗是宋朝克制唐五代乱因的主动选择，是代价。

因此，维系庞大的中央军，是战略的因。选择便于供给这支军队、临近江南的运河枢纽开封，是战略的果。如果反过来，裁撤冗兵是宋朝战略追求的话，那么北宋即使没能在太祖时期迁都，也会在后来迁都，或者先实行两都巡幸制，逐渐转移政治中心，最后借助迁都后的形胜去冗兵。但历史事实并非如此，事实是北宋历代君主，宁可背负巨大的中央财政压力，也要让禁军以压倒性的比重集中于京都。北宋应该凭借都城形胜裁去冗兵，只是部分人对北宋统治战略因果倒置的错误揣测。

即使如此，禁军也并非全在开封中央，西北禁军和河北禁军仍然是抵御外族的中坚力量。尤其是西北禁军让陕西扛起了重任，让北宋在灭亡前，又一次出现了迁都长安之议。

（四）西军最后的努力

唐廷是以关中平原作为对抗外患压力的前沿和中心，在西北方向抵御试图进入中原的各族群。河北则是另一个抗压中心，在东北方向高度自治，抵御试图进入中原的各族群。

北宋则定都于开封，处于华北平原与运河的正中心。由于在制度上牺牲了军事效率，在东北方向始终没能从辽国手中收复幽州到云州一带，导致华北平原还剩北角不在宋朝手中，军事上较为被动。在西北，在宋初原本已经臣服的党项人利用陕西以西的复杂民族形势，后来复叛宋朝，建立西夏国。

关中在唐朝灭亡后已经残破，长安从都城变成了京兆府府城，宋代一般称“京兆”。北宋也出现了最早的陕西区划——陕西路。但后来又陆续分为多个路级区划，仍被统称为陕西。京兆沦为了只有几万人的小城。但宋、夏在西北长期对抗，作为西北、陕西的政治、经济中心，京兆府也担负起了整个西北战略支点的作用。

北宋的陕西诸路虽然山地高原居多，但人口稀少。京兆城最多时只有十多万人口，已经远不及唐长安城的人口规模，也不可能与北宋东京开封城相比。但京兆府地处平原，加上城外的整个州府的人口相对稠密，名列全国前茅。北宋发展到后期，《宋史 · 地理志》所载的京兆府崇宁年间户口数据为234599户，537288口。这里的口数应是全体男子的数量，而不是总人口。按人口数据，京兆府在北方仅次于太原府和大名府，高于开封府，说明了京兆府在农业经济方面对西北战局的支撑力度之大。

北宋都城开封过于靠内，距离幽云地区与河陇地区较远。但北宋又不能像唐朝那样将边防重任交给地方军，只得将禁军分为三支：对抗辽国的河北禁军，对抗西夏的西北禁军，拱卫开封的中央禁军。

由于北宋在前期与辽国实现了弭兵和约——澶渊之盟，河北禁军的压力逐渐减少，因此北宋中后期的战争压力主要来自西北。与北宋其他军队的"将不知兵，兵不知将"不同，北宋西北禁军多由将门世家率领，形成了陕西将门林立的局面。这是因为北宋都城开封对西北战线鞭长莫及，不得不对西北将领放权。西北禁军后来被称为西军。

因此，北宋对外患的抗压形势，与唐朝也有类似之处。唐朝强枝弱干，让河北军阀高度自治。北宋强干弱枝，但依旧让陕西将门自由发展。唐之河北，北宋之西北，无不让外患压力最大的区域拥有相对灵活自主的军事权力。

李元昊建立西夏后，在西北战场连连取胜，眼看要威逼陕西。李元昊甚至公开声称："朕欲亲临渭水，直据长安。"宋仁宗面对西北战局的危机，派韩琦与范仲淹前往经略陕西，后又任命范仲淹、韩琦、庞籍等名臣担任陕西安抚、经略、招讨使，最终巩固了陕西边防，遏制了西夏的野心，并促成宋夏议和。西军就是在这个时期开始成形的。到宋神宗起用王安石变法后，宋朝在西北实现了熙河开边，对西夏形成主动的战略扩张，并灭亡了青唐吐蕃。此时，西军的战斗力在北宋后期算是较强的一支。

除了在西北作战，北宋在越南李朝入侵，平定方腊起义，甚至后来趁金国与辽国战争收复幽云时，皆派西军四处作战。西军在西北山原沟壑地形下战力较强，对付越南这些山地国家也比较得心应手，平定方腊这类农民起义也绰绰有余，但在平原上对金国的骑兵作战则稍显吃力。西军毕竟也是众多被赋予地方特权的将门世家组成的军队，各大家族能够独当一面，但拼凑在一起，协调上也会出问题。

活跃在陕西的北宋将门世家，主要有府州折家将、麟州杨家将、青涧城种家将、三原姚家将等，他们都是数代人在边境经营西军的显赫家族。

公元 1126 年，攻破北宋黄河防线的金军进逼开封。此时，宋徽宗为了躲避金兵的锋芒，退位为太上皇，让儿子宋钦宗继位为皇帝驻守开封，自己巡幸东南地区以逃命。

宋钦宗眼见自己成了替死鬼，也想要出逃，大臣劝宋钦宗巡幸襄阳一带。但兵部侍郎李纲力主保卫开封，压下了皇帝的出逃之议。但宋钦宗到半夜仍然觉得不安，又临时决定逃离开封。他哭泣着对群臣说："卿等毋留朕，朕将亲往陕西，起兵以复都城，决不可留此。"（《靖康传信录·卷一》）宋钦宗的目标原来不是襄阳，而是陕西，是关中。因为此时北宋最后的精锐部队，主要是驻守陕西的西军。宋钦宗试图利用关中的地理形胜优势和西军的战力以保命。

李纲力谏劝阻说京师的禁军将士都是开封人，家眷都在开封。如果抛弃开封，这些禁军很可能会逃散，届时没有军队保护，金军得知皇帝落单再追击皇帝，反而更加危险。宋钦宗这才打消了西巡的念想。金军包围开封后，李纲组织京师部队展开开封保卫战，固守城池。这时，金国西路军执意要围攻太原，拒绝替金国东路军封锁潼关。因此在金国东路军围困开封时，由种师道、姚平仲等陕西名将率领的北宋西军西出潼关，与其他各路宋军至京城开封会师勤王。金军见宋军势大，退守开封远郊，开封城于是解围。宋钦宗设宣抚司，任命种师道为宣抚使，姚平仲为都统制，节制天下勤王兵马，并将京城前、后军也划入宣抚司统管。

种师道是北宋名将种世衡之孙。种世衡的祖父种诩原为洛阳人，后至长安做官，种家便迁到了关中终南山下。种家在西北几代为将，驻守陕西。种师道师承关学泰斗张载，是名震天下的西北种家将的最后一代掌门人。此时，他已经七十六岁了。

宋钦宗刚刚继位，根基不稳。尤其他是被急于逃命的父亲临时推上台当替死鬼，此时开封的重臣并非都是他的亲信。宋钦宗原本想要逃往关中，又命西军勤王，将勤王部队全部交给种师道，甚至还划禁军给种师道，是想拉拢和依靠西军这路精锐作为自己在军中的筹码。

然而北宋的派系权斗实在太厉害。此时开封城中主张割地议和的主和派，处处给主战派使绊子。而主战派中，掌控京军的李纲与掌控西军的种师道，实际上对敌路线也不同。种师道还分走李纲的前、后军。西军又是将门林立，姚平仲也担心种师道独领战功，因此急于争功，领军偷袭金军大营，结果主和派有人向金军透露消息，导致姚平仲所部西军全军覆没。

宋钦宗因战事不力罢免了李纲等主战派的职务，结果引发京城太学生与军民联合抗议，直到种师道出面才停止。宋钦宗迫于压力又不得不重新起用李纲等主战派。金军攻城久攻不下，宋钦宗又贬主和大臣，种师道进兵逼河北，于是金军北还，第一次开封保卫战取得了胜利。

唐朝建立一百三十八年后，安史之乱爆发，两京沦陷，唐玄宗出逃成都，退为太上皇，唐肃宗在北方收拾残局。一年后，唐朝收复长安，唐肃宗迎太上皇北还。宋朝建立一百六十六年后，靖康之变爆发，开封第一次没有沦陷。宋钦宗于是迎太上皇北还。宋钦宗拿的是唐肃宗的剧本，而且看起来做得比唐肃宗更好。宋钦宗升种师道为太尉，让他负责河北、河东战场。

在金军退兵后，种师道请求将关中与河南的军队合兵驻扎在黄河两岸，防范金军再次南下。宋钦宗本已批准，但主和派大臣认为金军不会再来，又推翻此案。开封城内由于有两位“皇帝”，党争尤为激烈，宋钦宗显然动摇了。

不久后，太原陷落，金国西路军的兵力被释放。种师道判断东路金军一定会趁机再次南下，开封这次就很难再固守。种师道奏请皇帝西幸长安，暂时迁都以避金人锋芒。可这一次，连主战派都表示反对，称种师道胆怯。种师道是戎马一生的老将，遭此羞辱竟一命归西。

金军果然卷土重来，很快就以迅雷之势再次南下包围了开封。这下刚刚回到开封的太上皇宋徽宗也来不及再次逃走了。

开封最终还是输在了都城周边的防御形势上。宋朝为了阻止辽国骑兵南下，当年硬是把广袤的河北平原中北部广挖池淀，搞成了森林、水泊带，即塘泊防线。辽国以治求治，可以与宋朝和平共处。阻止辽国南下的，其实是辽国自己作为百年大国的制度克制，而不全因畏惧塘泊防线。如今金国取代了辽国，但其还没有什么治国经验，一味以战养战，追求南下劫掠，赚“快钱”。金国骑兵驰骋南下，宋朝挡得住第一次，挡不住第二次。

公元 1127 年，金军第二次围开封。金军吸取了第一次的经验教训，从太原战场被释放出兵力的西路金军分别进入洛阳，并封锁潼关，将宋朝西军憋在关西，不让西军再有出关勤王的机会。很快，开封城破，宋徽宗、宋钦宗二帝被俘，宋朝皇室被掳去金国，北宋灭亡。宋钦宗终究没能成为唐肃宗，没能实现中晚唐那样的续命。

宋高宗建立南宋后，种师道的灵柩被运回京兆，归葬于万年县神禾原。京兆城南的神禾原一带就是种氏家族墓地所在。这里临近安史之乱时唐军收复长安的香积寺。唐朝的香积寺之战，唐军大胜叛军，扭转了唐王朝的颓势。种师道终究没能在自家的香积寺凭战成为宋朝的“郭子仪”。

西军在第一次随种师道、姚平仲等西北将领前往开封勤王后，就折损了大批精锐。此时还要募兵、征粮，向南宋高宗的行在输送，颇为吃力。而且西军本身也是各自驻守防区，此时也面临着群龙无首的涣散局面。

公元 1128 年，金西路军攻占京兆，不久之后又被西军击败，撤出关中。

公元 1130 年，金军再次攻入关中，占领京兆。宋朝西军在京兆府富平县大规模反攻金军，原本还占据优势，收复了京兆，但终因缺乏协作，被金军找到破绽后一举击破。后西军在和尚原之战中大破金军，阻止了金军越过秦岭继续南下，但关中已然彻底被金朝占领。

金朝此后在短暂的宋金议和期间，一度归还之后又夺回陕西。金朝后期，蒙古崛起，金与西夏都被蒙古所灭。

开封作为都城的时代过去，中国的文化中心也从中原转移至江南。北宋完成了向近古社会的大致过渡，但开封的都城区位问题仍然存在。历史还要继续试验，最终筛选出那个最适合作为近古都城的城市——金朝的首都金中都，今天的北京。

第二章 元：世祖分地王关中

昔在元世祖，分地王关中。
潜藩富才彦，一一皆夔龙。

蒙古帝国大汗蒙哥与藩王忽必烈是一母同胞的亲兄弟，关系十分亲密。蒙哥即位为大汗后，令忽必烈总领漠南汉地的军政国事。于是，忽必烈在蒙古草原的东南部，临近燕山及其北部余脉的金莲川草原，即今内蒙古自治区锡林郭勒盟正蓝旗闪电河一带，修建了开平城。开平地处草原又毗邻汉地，忽必烈在这里开府理政，广纳各族人才，替蒙古帝国统治漠南汉地。这就是著名的金莲川幕府。开平城就是后来元朝两都之一的元上都。不过忽必烈在汉地的封地，却是昔日的长安，当时的京兆，今日的西安。

（一）忽必烈治陕

公元 1253 年，大汗蒙哥命蒙古忽必烈挑选在汉地的封地。蒙哥给了忽必烈两个选项，一个是北宋的故都开封，另一个是汉唐故地关中。这个时候，忽必烈已经在开封设置了经略司，为进攻南宋做准备。按理说他应该接受开封附近作为封地，然而他最主要的汉族谋臣姚枢却向他建议："南京（开封）河徙无常，土薄水浅，舄卤生之，不若关中厥田上上，古名天府陆海。"（《元史·列传第四十五》）他认为开封一带黄河河道迁移无常，土地盐碱化严重，缺乏适宜灌溉的水网，应当请封关中。

于是，忽必烈向蒙哥请封关陇，受京兆分地。此后，忽必烈在关中立京兆宣抚司，正式将关陇地区作为自己的封地进行治理。忽必烈旗下诸将见忽必烈汉地分地的中心在京兆，皆筑第建宅于京兆。忽必烈手下的一批潜邸汉臣也前往京兆就职。

蒙哥将关中封给忽必烈后，认为关中的人口规模还是比较小，又将怀孟地区也封给忽必烈。怀州、孟州就是秦汉时期的河内地区。掌控了关陇到河内，基本就掌控了从长安到洛阳一带。忽必烈还以战备为由，奏请割河东盐

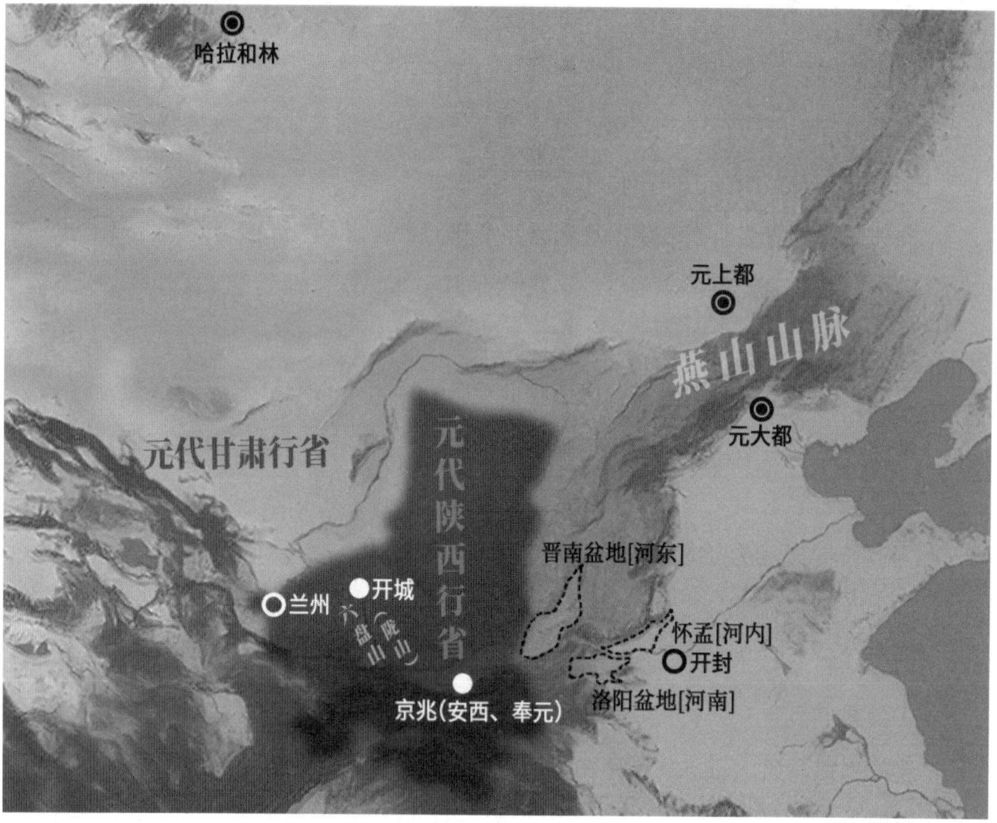

图 76　元代陕西行省

池以供军需，同时控制了晋南地区，并在京兆设立从宜府负责管理该事宜。

关陇与三河（河东、河内、河南），昔日的两汉京畿司隶成了忽必烈在西部的基本盘，这是汉地常常能够逐鹿成功的龙兴之地。忽必烈大军就是从关陇地区的六盘山集结出发，从西部大迂回灭亡西南的大理国，最终形成对南宋的战略包围。

因此，京兆也可算是忽必烈的龙兴地之一。当时蒙古宗王没有汉地传统的王号。如果有，忽必烈很可能就是秦王。金莲川与京兆，支撑起了忽必烈在担任宗王时期治理北方的两大政治中心。金莲川是漠南草原中心，京兆则是汉地封地中心。忽必烈治陕，用汉法、汉臣治汉地。忽必烈在陕西立屯田，革吏治，发展农业，创办学校，使关陇大治，得到了北方、中原汉族豪门的支持，成为其日后争夺汗位的战略要地。

忽必烈毕竟是蒙古贵族，他主要坐镇在草原金莲川开平城，或者在漠北的蒙古都城哈拉和林活动。但他通过汉臣遥控京兆，通过京兆控制陕西，再以陕西腹地，以京兆为支点，向南经略对南宋的西南战事，向西经营河陇，防范其他蒙古汗国势力东侵。

忽必烈治理关陇，京兆是其统治汉地的支点城市，遍布忽必烈本人的党羽。忽必烈南征不断取得胜利，功高盖主，引起蒙哥的猜忌。蒙哥感觉到忽必烈有尾大不掉之势，在京兆设立陕西行尚书省，任命阿蓝答儿赴京兆任陕西行省左丞相，并于关中设钩考局，查核京兆、河南财赋，罗织京兆宣抚司官员罪状，打击忽必烈在京兆的势力。阿蓝答儿是蒙哥另一个弟弟阿里不哥的亲信，是忽必烈的政敌。阿里不哥反对汉化，此时插手陕西，显然是蒙哥对忽必烈的制衡。

后来，蒙哥猝死，正在南征的忽必烈赶回草原与阿里不哥争夺汗位，命曾经营京兆的汉族近臣姚枢赶赴京兆，夺回对关中的控制权，并委任另一位元初名臣廉希宪为京兆宣抚大使，掌管川陕军政事务。陕西行尚书省旋即被废。京兆作为忽必烈的根基之地，后来仍是忽必烈的亲信近臣经营西部的据点，为陕西四川等路宣抚司治地，是忽必烈节制东川、西川两个行枢密院，支撑四川伐宋战局的大后方中心。

公元1260年，忽必烈在金莲川草原的开平城即位为蒙古大汗，称皇帝，定都开平府。此时忽必烈还没有建立“大元”为国号，但却设立中书省，总管汉地政务，定年号“中统”。忽必烈为了取得汉人支持，开始效法汉制，但却并没有立刻依汉制立太子。

忽必烈的另一个弟弟、留镇蒙古都城哈拉和林的阿里不哥也在漠北自立为蒙古大汗，忽必烈在漠南贵族与汉族地主的支持下，与阿里不哥展开了四年的汗位争夺。

公元 1262 年，忽必烈将嫡长子真金封为燕王，一字亲王，领中书省事，后又兼判枢密院事。此时，蒙古改金中都而来的燕京（今北京）还不是蒙古的都城，因此成为燕王封地。

公元 1263 年，忽必烈改京师开平为上都。

公元 1264 年，忽必烈平定了阿里不哥之乱，定昔日的金中都、蒙古国燕京为陪都中都、冬都，上都开平为夏都。元朝皇帝在两都间轮流驻跸的两都巡幸制度自此确立。

公元 1266 年，忽必烈封嫡三子（嫡长子早逝，仅以在世诸子为序）那木罕为北平王，出镇漠北。

公元 1267 年，忽必烈在中都的故金城址东北郊兴建中都新城。这一年，忽必烈封庶子忽哥赤为云南王，出镇云南。

公元 1269 年，忽必烈庶子奥都赤受封西平王，先后出征建都蛮和吐蕃。

公元 1271 年，忽必烈正式建国号为“大元”，并开始全力推进灭亡南宋。

公元 1272 年，忽必烈将草原地区的元上都降为次都，改华北平原的元中都为元大都，以元大都为京师，也即大汗之国“汗八里”。至七年后南宋灭亡，元大都完成了从金代地方政治中心向元代全国政治中心的华丽转变。

但直到公元 1273 年这一年，嫡长子真金封燕王，嫡三子那木罕封北平王，庶四子忽哥赤封云南王，庶五子爱牙赤终身未得封王，庶六子奥都赤受封西平王。年长的皇子都有了王爵，偏偏皇后的第二子、嫡次子忙哥剌始终未被封王出镇，一直留在忽必烈身边。因此不少人判断，忙哥剌当时为忽必烈所喜爱，很可能是作为太子人选一直留京不封。然而，按照汉制传统的嫡长子继承制，忽必烈的汉族重臣姚枢等人都支持真金成为储君，“真金”就是汉人高僧所起的汉名。真金师从姚枢等汉臣，有深厚的汉学功底，是元朝皇族中倡导汉制、汉化的代表。因此在建立元朝，并需要依靠北方汉臣和汉族大地主支持全力伐宋的情势下，忽必烈终于在公元 1273 年初遵循中原的嫡长子继承制，正式册立燕王真金为皇太子。

始终未封爵出镇的忙哥剌，这下彻底从储位竞争中出局。但作为忽必烈喜爱的儿子，忽必烈这次需要给他谋一块优质的封地，以补偿忙哥剌。放眼整个汉地，忽必烈再次选中了自己昔日作为宗王的汉地封地——关陇京兆。

公元1272年冬，忽必烈封忙哥剌为安西王，开王府于京兆，驻兵六盘山，授二等螭纽金印。忽必烈将自己的封王之地给了嫡次子，预示着京兆为天下首藩。他自己经营京兆多年，不会不明白京兆在汉地的战略重要性。他就是要把京兆从昔日治理京兆的姚枢等太子派手中拿走，让关陇脱离太子真金的势力范围。“帝念关中重地，风俗强悍，思得刚鲠旧臣以临之。”如果说元大都形成了一股以太子真金为首的汉族官僚势力，那么忙哥剌被封在京兆，就相当于控制住汉地的西部要隘。这种汉地东部、西部分属两皇子、两股势力的制衡形势，正是忽必烈想要达到的地缘制衡效果。

公元1274年，忽必烈加封忙哥剌为秦王，加授一等兽纽金印，忙哥剌成为位在太子之下、诸子之上，继燕王被立太子之后，忽必烈的皇子中唯一的一字亲王。

元代金印分五个等级：兽纽金印、螭纽金印、驼纽金印、驼纽金镀银印、龟纽金镀印。忙哥剌一人拥有兽纽金印与螭纽金印两金印，兼秦王、安西王双爵，首创元朝亲王“配二王印，开二府”的尊崇之制。

忽必烈还命忙哥剌仿效元大都为夏都，元上都为冬都的皇帝两都巡幸之制，冬居关中平原的京兆府邸，夏居六盘山的开城府邸。京兆为周、秦、汉、隋、唐的龙兴之地、定都之地，以及忽必烈本人的宗王分地，重要性自不必说。六盘山的开城王府，实际上也是成吉思汗晚年征西夏时的避暑行宫，后来的大汗蒙哥及忽必烈本人，都曾以此为行宫和驻军点进行南征。忽必烈把先帝行宫都赏给了忙哥剌，对这个儿子的喜爱可谓深厚。

由于元初的京兆和关陇，实际是包含川陕的整个西部的政治中心，忽必烈还特批安西王独设王相府，规格高于其他封王的王傅府，权力极大。忽必烈又派遣自己昔日金莲川幕府的一批潜邸大臣前往京兆辅佐忙哥剌。

忽必烈几乎是将忙哥剌看作自己在京兆的分身。这背后，也有忽必烈对关陇和京兆的重视，是忽必烈用西部次子力量牵制东部长子力量之布局。但在忽必烈的纵容之下，秦王之国逐渐形成了高度自治的国中国。

（二）京兆安西势力的坐大

从宋朝开始，汉地政治中心东移至东部，与北方游牧或渔猎民族的主要贸易线路也随之转移，相应的北方外患压力也从西北方向转移至东北方向。辽、金、清三个少数民族政权，都是起自山海关外的东北平原。蒙古也是先从华北平原南下。中原的军政中心东移，北方民族的军政中心也跟着东移。

京兆虽然是忽必烈作为藩王时期的战略基地之一，在南、北战争没有结束时，京兆仍然是征讨西南、西北的战略支点所在。元朝统一前，忽必烈以开城、京兆为两大支点，形成自己在草原与中原的两片基本盘。但元朝统一后，京兆位处汉地腹地，已经远离外部压力中心。京兆虽是忽必烈分地，但并非忽必烈建立元朝后的都城选项。

从都城方位上来说，元大都、元上都虽然是大中原区与大草原区的两座代表城市，但其实它们都处在燕山山系的南北两麓，实则皆代表着忽必烈金莲川幕府的燕山基本盘。燕山南麓的元大都作为华北平原的北角、中原文化区的最北端，临近草原，是蒙古势力进可经略汉地、退可回守草原的最佳平衡点。元大都、元上都看似两城，实则是同区一脉。元朝大都与上都只有两百多公里的距离，大都实际是上都越过燕山的延伸，作用仍是强化忽必烈燕山都城区位战略。当元朝政治中心正式进入华北平原上的元大都，强化了燕山中心对汉地的直接影响，京兆作为忽必烈在汉地另一基本盘的政治价值就相对降低了。

元朝统一之后，京兆位于版图的腹地中央，失去了经略战争前沿或族区前沿的关键作用。加上忽必烈一朝最终贯通了不再西拐中原的京杭大运河，将北宋之后呈离散之势的整个关东大平原再次整合在一起，关西京兆的经济价值也相对减小。

不过，由于元朝势力范围地跨欧亚，让陆上丝绸之路焕发了新的生机，从而让京兆这个作为丝绸之路进入胡焕庸线以东的重要门户又迎来一次历史性的发展。蒙古虽然重点经营草原丝绸之路，但通往京兆的陆路丝绸之路也作为重要支线，其贸易被激活。

意大利旅行家马可·波罗在其著作《马可·波罗游记》(梁生智译本)中记载:“走了八日后，就到达了京兆府城。这个城市是一个很有势力的大王国的都城，是许多君主的长驻之所。该城以制造武器著称。大汗现在将这里的统治权交给他的儿子忙哥剌，让他负责治理。这里是一个大商业区，以制造业著称，盛产生丝、金丝织物和其他绸缎，军队所需的各种物品也同样能够制造。各种食物也都十分丰富，并能用中等价格购得。居民大多崇拜偶像，但也有些基督教徒、土库曼人和萨拉森人。离城五英里的一个平原上有忙哥剌的一座宏伟的王宫，王宫内外有许多泉水和小溪点缀。此外还有一个美丽的花园，周围高墙环绕，上面还有墙垛。花园面积达五英里，园中畜养着各种各样的野兽与禽鸟，用来供君王娱乐。花园的中央是宽敞的王宫所在之处，王宫的整齐与美丽无以复加。宫中有许多大理石建造的大殿和房间，装饰着图画、金箔和最美丽的天蓝色。忙哥剌能够继承父志，用公平的手段治理国家，所以深受人民爱戴。”

这段游记描述了忽必烈在京兆城东北约三公里的地方，为秦王忙哥剌修筑的一座规模壮丽的宫城。马可·波罗是在公元1275年到达陕西时，看到世所罕见、华丽无比的安西王宫。今天西安东郊的安西王宫遗址被称为“翰尔垛”，就是蒙语宫城或行宫的意思。

虽然京兆的政治、经济价值趋弱，但忽必烈父子的经营，让京兆在元初也是高度自治的国中之国。西安与北京，在唐朝一个是中央，一个是自治地方。到了元朝，二者仿佛反过来了。这成为后来第二代安西王阿难答之乱的重要因素。

公元 1278 年，只有三十多岁、被忽必烈宠爱且寄予厚望的秦王忙哥剌去世。秦王妃极力奏请忽必烈，希望尽快让秦王世子阿难答继承王位。但忽必烈信得过儿子忙哥剌，却对这个远在千里之外，被其母亲和西部势力控制的年幼孙子不放心。忽必烈撤安西王相府，重设陕西四川行中书省，夺了京兆的治权，并改京兆路为安西路，一直拖到公元 1280 年才让阿难答继位为二等爵位安西王，不再封秦王。

此时，秦王府还陷入了内斗。王相赵炳被秦王妃所杀，阿难答的弟弟按檀不花趁机拿走秦王印，自称秦王，竟还被忽必烈睁一只眼闭一只眼地不去追究。这是既要让西部京兆势力制衡东部大都太子势力，又要让西部京兆势力分化为安西王势力和秦王势力两股力量，以防止安西王国这个国中之国过分坐大。

公元 1286 年，太子真金在忽必烈的恫吓之下去世。忽必烈巩固了自己的执政地位，才从按檀不花的手中收回了秦王金印，罢秦王王傅府，并将陕西、四川分省以限制安西王国势力，正式承认安西王阿难答是忙哥剌唯一的继承人。此后阿难答也被时人俗称秦王。元朝的陕西四川行省将四川划出去后，成为元明两朝大致涵盖从兰州到渭南，包含陇西、关中在内的大陕西。关中东部的同州等州也并入京兆路（后改名安西路、奉元路、西安府），使京兆的辖县罕见之多，面积罕见之大。

公元 1294 年，忽必烈驾崩，已逝的太子真金之子铁穆耳继位为帝，是为元成宗。

安西王阿难答多次奏请元成宗，希望复设安西王相府，由自己管理陕西，元成宗反问道："岂欲以四川、京兆悉为彼有耶？"元成宗同意复设安西王相府，但只让王相行王傅事，也就是只能做安西王的师傅，不能治国。成宗不愿意让安西王在地方拥有更多的自治权限。为了加强朝廷对京兆的控制，成宗还将陕西诸道行御史台设置在京兆，作为元朝御史台两大行台之一，与建康（今南京）的江南诸道行御史台并称为西台、南台。

公元 1306 年，开城路地震，安西王在六盘山的开城王府被毁，仅剩京兆王府。但安西王阿难答此时的势力范围已经南达四川，西抵吐鲁番，北至宁夏，东到潼关。由于控扼陆上丝绸之路，阿难答得到了西北到中亚各少数民族"色目人"群体的支持，并皈依了伊斯兰教。他坐拥超过十五万大军，实力越发强大。

元朝的国教是佛教，元成宗以阿难答背叛佛教为由试图削藩，终因阿难答割据势力太强大而放归阿难答。

公元 1307 年，元成宗驾崩，却因为皇后卜鲁罕没有儿子，因此并未立嗣。成宗长年患病，皇后长期干政，成宗朝势力最终集结在皇后身边。在皇位继承者人选上，皇后卜鲁罕与中书左丞相支持元成宗的堂弟、安西王阿难答，形成了大都—京兆联盟，积极对抗中书右丞相支持的元成宗的两个侄子——海山与爱育黎拔力八达兄弟俩。海山常年出镇漠北，根基在哈拉和林。他的弟弟爱育黎拔力八达则长居怀州。怀州也是忽必烈的封地，临近洛阳。爱育黎拔力八达的汉学造诣极高，是汉人士大夫拥戴的对象。他们则建立起了一个哈拉和林—怀州联盟。

支持皇后和阿难答的群体，主要是关西汉族地主与色目商人。支持海山和爱育黎拔力八达的群体，主要是漠北蒙古贵族和关东汉族地主。

阿难答是忽必烈的嫡孙中最年长者，海山兄弟则是元成宗的侄子、忽必烈太子真金的孙子，从血统上而言，也不相上下。阿难答许诺皇后卜鲁罕，如果自己继位，将来皇后可以垂帘听政。但爱育黎拔力八达深得汉族大臣的爱戴，被汉族士大夫寄予推动深度汉化改革之厚望。拥有兵马的海山许诺弟弟爱育黎拔力八达，如果自己得到皇位，就让爱育黎拔力八达做皇太子（实际是皇太弟），将来接自己的班做皇帝。原本元成宗就是真金第三子，是违逆汉人嫡长子继承制上位，让汉族官僚十分失望。如今见到爱育黎拔力八达将成为皇太弟，阿难答虽然坐拥昔日大汉都城长安，却是个伊斯兰教皈依者，汉族官僚这支强大的力量自然倒向海山一边。

原本阿难答已经到达京师，皇后卜鲁罕决议立安西王阿难答为皇帝，但拖延了些日子，最终，就在阿难答册立为皇帝的前一天，右丞相发动政变，诱骗并拘捕阿难答，并拘禁皇后，杀死左丞相等拥立阿难答的大臣，推到达京师的爱育黎拔力八达监国。待海山从漠北到达上都后，继位为皇帝，是为元武宗，他下诏废杀成宗皇后卜鲁罕，并押送安西王阿难答一党至上都处死。

由于没有尽快登基耽误了时机，一夜之间，阿难答即将到手的皇位就飞了。这场夺位之争虽然落幕，但阿难答身后的资本是盘踞西部的安西自治力量，并非一夜之间就可以瓦解。

元武宗海山继位后，可能是搞不清汉制还有皇太弟的说法，因此按照先前承诺立弟弟爱育黎拔力八达为皇太子，并将安西王国的赋税转入太子管辖的詹事院，相当于把阿难答的地盘利益悉数转交给作为继承人的弟弟，让太子爱育黎拔力八达管理川陕事务。

五年后，元武宗驾崩，爱育黎拔力八达继位，是为元仁宗。元仁宗改安西路为奉元路，以示“尊奉大元”。

按蒙古旧制，藩王叛乱并不祸及子孙。但元武宗、元仁宗兄弟二人始终不让安西王阿难答的儿子月鲁帖木儿继承安西王爵位。直到元仁宗的儿子元英宗被刺杀后，皇位流向武宗、仁宗的堂兄弟泰定帝一支，月鲁帖木儿才短暂复立为安西王，但仅数月之后就又被夺爵。月鲁帖木儿最终在元文宗朝，宗室夺位、继位混乱的局面下，又试图夺取皇位失败，最终被诛杀。至此，从元世祖时期开始的以京兆为中心的元朝西北割据问题，才算彻底终结。

第三章 明：最后一缕王气

相宅图方献，还宫疾遽侵。
鼎龟悬宝命，笙鹤动哀音。
谁绍三王治，徒倾四海心。
关中诸父老，犹望翠华临。

明太祖朱元璋在与陈友谅争霸鏖战之际，写下了《征陈至潇湘》：“马渡江头苜蓿香，片云片雨渡潇湘。东风吹醒英雄梦，不是咸阳是洛阳。”

朱元璋的一生从未到过陕西，甚至没有到过开封以西，但早年的朱元璋却把秦始皇的都城咸阳比喻为英雄之梦。可见朱元璋对这座历史古都的印象不错。

朱元璋建立明朝后，立嫡长子朱标为太子，立嫡次子朱樉为秦王，效法元朝将西安定为天下首藩。在划分行省时，西安府所驻的陕西承宣布政使司管辖范围，涵盖包括今天的陕西西安、甘肃兰州、宁夏银川三处省会之地，连西安府的辖域也包含今西安市、咸阳市、渭南市、铜川市、商洛市五个地级市，辖六州、三十一县，是整个明朝所辖州、县最多的府级区划。西安留存至今，始建于洪武年间的钟楼与鼓楼，对明代京师的钟、鼓楼形制与规格，也多有僭越之处，规模远远超出了同时期一般府城级别的钟鼓楼。连西安城墙的平均宽度都超过了当时的京师，高度也超出了一般府城。对于从未到过的西安，朱元璋在心里虽谈不上有感情，但却似乎存在一种别样的偏爱。毕竟西安，也曾经是朱元璋都城选项里重要的议迁对象。

（一）朱元璋的都城困扰

朱元璋是历史上唯一定都于南方的南京，最终实现统一中国，建立大一统王朝的开国皇帝。这个历史上从未有过的以东南为基本盘的大一统帝国，面临了一个新的问题，那就是它应该如何构建以南京为中心的都城战略？起初，朱元璋的想法是比较简单的。

公元 1368 年，明朝建立当年，朱元璋前往开封督战北伐，并在离开开封时下诏，以金陵（今南京）为南京，以大梁（今开封）为北京，皇帝将春秋往来巡狩。朱元璋为宣示正统，继承了北宋的都城开封，又效法元朝的两都巡幸制。

公元 1369 年，随着元大都和关中的相继平定，朱元璋对前一年制定的两京计划有所迟疑，于是召群臣询问可以建都之地。据《明太祖实录》卷 45 记载，有的人说："关中险固，金城天府之国。"有的人说："洛阳天地之中，四方朝贡道里适均。汴梁亦宋之旧京。"还有人说："北平元之宫室完备，就之可省民力者。"但朱元璋却认为天下初定，民未苏息，如果明朝迁都会劳民伤财。他说："今建业，长江天堑，龙蟠虎踞，江南形胜之地，真足以立国。临濠，则前江后淮，以险可恃，以水可漕。朕欲以为中都，何如？"群臣这才看出，朱元璋这次是给坚持定都南京的大臣吃颗定心丸，顺便建设自己的家乡临濠（凤阳），于是连连称是。于是，朱元璋定临濠为中都，开始在家乡修建城池宫殿。

其实朱元璋最初这一版南京、中都、开封的都城战略，也并非突发奇想。当时的南京在长江南岸，临濠在淮河南岸，开封在黄河南岸。朱元璋面对华北的蒙古势力，相当于构建起了以黄河、淮河、长江为屏障，以三座江河之都为中心的三层防御带。这就是典型的守江必守淮，守淮先守黄。

自两宋之交，黄河被决口以来，经历金朝和元朝的黄河仍持续泛滥，甚至多次在战争中被人为决口，这是黄河改道最为频繁的时代。朱元璋洪武年间仍经历了多次黄河改道。明朝建立不到十年，黄河干流就从开封以北奔至徐州由泗入淮，改道为从开封以南回到元朝贾鲁河故道，在下游又夺颍入淮，整体向西大幅偏移。面临这样漂移不定又严重干扰淮河的黄河，朱元璋终于感受到了此前黄、淮、江三层都城防御带的计划十分脆弱。

公元 1375 年，朱元璋停建中都，放弃让家乡凤阳做陪都的想法。

公元 1376 年，监察御史胡子祺看出朱元璋在都城战略上的苦恼，上书请都关中："天下形势之地，可都者四。河东，地势高厚，控制西北，尧尝都之。然其地苦寒，江淮士卒不堪。汴梁，襟带河淮，宋尝都之。然其地平

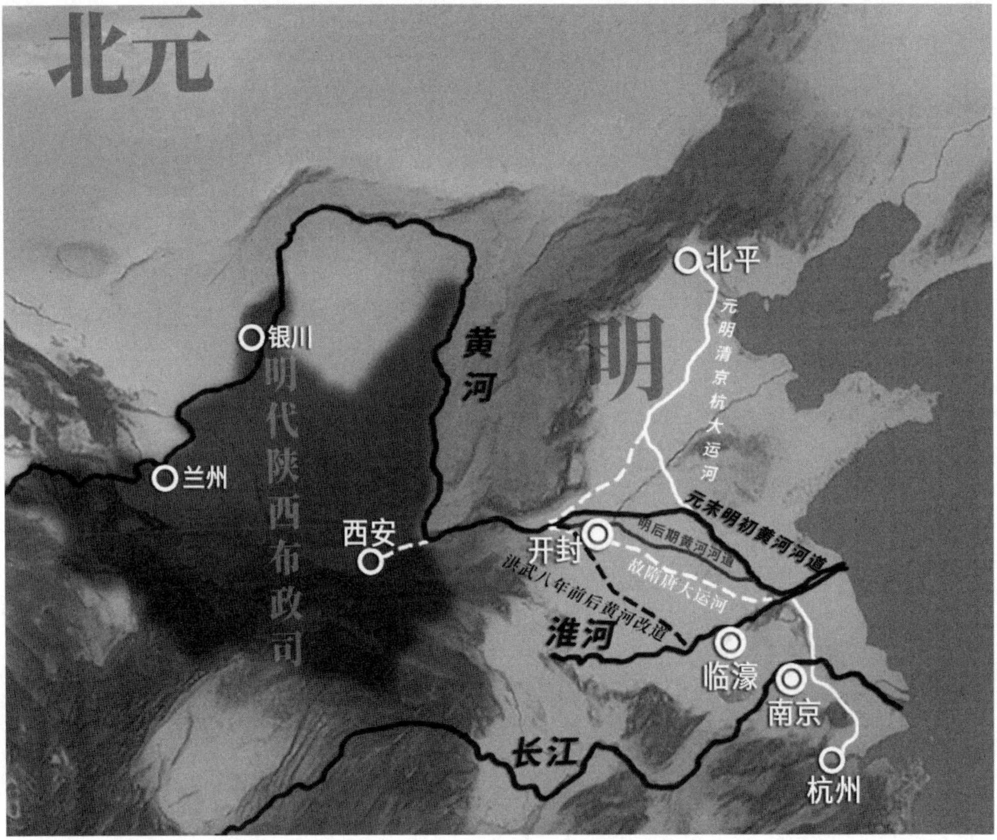

图 77　明代陕西布政司

旷，无险可守。洛阳周公尝卜之，周汉尝迁之，然嵩邙诸山，非有殽函、终南之固，瀍、涧、伊、洛，非有泾、渭、灞、浐之雄。故据百二山河之胜，可以耸诸侯之望，可以绵宗社之久，举天下莫关中若也。”（《明太祖实录》卷106）对于胡子祺的奏疏，朱元璋表示认可，但却并没有什么实质的迁都打算。毕竟，关中和西安远在近两千里之外，这样的迁都会严重动摇王朝基本盘，动摇国本。而且北方糜烂，战事方平。南方人口有接近七千万，而北方仅有一千五百万。此时北方的经济条件不足以支撑国都之重任。

公元 1378 年，朱元璋罢开封府的北京之都号，放弃了十年前三层江河之都计划，决心老老实实地守着繁华的江南与南京。也是这一年，他的嫡次子秦王朱樉正式前往封地就藩，入驻西安秦王府。这意味着胡子祺都关中的建议不被采纳。不到逼不得已，朱元璋不会改变自己的基本盘——江南。

在五代时期，以南吴、南唐、吴越为代表，江南一度进行放弃北方军政集团的割据化尝试。但随着北宋建立，这次尝试失败了。

在南宋时期，以南宋为代表，江南一度进行与北方军政中心隔离的半壁化尝试。但随着元朝统一，这次尝试也失败了。

到明代初期，以定都南京的明朝为代表，江南一度进行既做经济中心，也做军政中心的尝试，试图直接取代北方军政中心的作用，实现政治中心、经济中心于南方合为一体。但显然，朱元璋感受到了一种来自都城方位的压力。

自西晋以来，北方经历一轮轮激烈的车轮战，扛住了最沉重的外患压力，饱受战争摧残，人口凋零，经济萧条。东南地区则是腹地中的腹地，被呵护在内，随着几次中原避乱人口南下，逐渐被开发，最终取代中原成为全国经济中心。

可江南地区既做军政中心又做经济中心，就出现了一个问题：南京远离北方边患压力中心。如果将王朝精锐重兵集中囤于边境外患压力中心，就会远离处于腹地的京师南京，形成后来燕藩威胁明南京那样的边兵坐大，京师无力控制的局面。若王朝精锐重兵分散化部署，就容易形成中晚唐的藩镇割据。若王朝精锐重兵高度集中于京师，又容易形成像北宋那样边疆战事不振，最终防线被外患接连冲垮的局面。

强干弱枝，要求大部队必须靠近京师。但中国的南北形势，决定了大部队也要靠近边患压力所在。江南因深处腹地、少战乱而成为经济中心，却也因为深处腹地、远离边患而不适合承担全国军事中心的责任。要照顾京师，边防就会空虚。要照顾边防，京师就会空虚。在包含北方、面对北方边患的全国性政权都城方位问题上，江南区位与强干弱枝的都城策略天然冲突。这本就是地缘规律，也是南京只有明初一小段全国统一政权都城史的根本原因。

朱元璋与朱棣父子定都南京期间，在一次次派大军远征时，就已经感受到了部队总是离皇都太远、极易失控这个最让皇帝恐惧的问题。朱元璋父子，作为打下江山的皇帝，尚有权威可控制局面。但这终归是一种危险的平衡，后世子孙一旦皇权势弱，暗藏的矛盾就会随时爆发。燕藩反攻京师的靖难之役本身就是例证。

这形势迫使朱元璋晚年不得不再去思考这个严峻的问题：都城，是否应该北迁?

（二）东宫营秦，巡陕相宅

公元 1389 年，朱元璋改大宗正院为宗人府，任命秦王朱樉为宗人令。

> （二十四年六月）帝于庭中称誉擢尚书尝奏事，被顾问天下户口、漕运、地理险易、计数时日，应机响答无遗谬，自谓刘晏以下不论也。（吴朴《龙飞纪略》）

公元 1391 年六月，郁新由户部右侍郎被提拔为尚书，朱元璋在庭中向郁新询问了人口、漕运、地理、运输等事宜，尤其郁新提到了中唐漕运改革的主要设计者、主持者刘晏。刘晏是继裴耀卿之后解决了唐代长安漕运瓶颈的关键历史人物。朱元璋在这个时候，突然与户部顶级技术官僚谈及唐代关中漕运改革，显然萌生出了想要了解关中漕运环境和条件的心思。

> 洪武二十四年八月乙卯朔召秦王樉还京师。（《明太祖实录》）
>
> 秦王樉见宫瓦碧，将杀耿炳文，上召王还。（《国榷·卷九》）

秦愍王樉，国西安。高后生。洪武三年，封封。九年之国。耿炳文为王作宫，王见宫瓦碧，将杀之。高帝闻，召王还，至，方食，擢发绾以箸，予以红杖红棬一居。久之，王市人浙江。上责长史辅导，奈何不谏，悉诛之。追念故长史文原吉善辅王，赏而赐之……复召王还。（《名山藏·卷三十六》）

八月，朱元璋把秦王朱樉从西安召回京师。原因是秦王要杀常年在陕西练兵的开国名将、镇守陕西的耿炳文，理由却仅仅是耿炳文为秦王修建的王宫“见宫瓦碧”。耿炳文在秦王幼年负责修建王宫，王宫修成后秦王就国，耿炳文又以秦王相府武相之职辅佐秦王多年。此时秦王府已经建成十三年之久，而秦王却以宫殿为理由要杀耿炳文，背后显然有更深层的原因。

耿炳文的长子耿璇娶了太子朱标的女儿江都郡主，与朱标一脉联姻。后来他成为朱标之子建文帝所倚重的禁军统帅。秦王突然要杀耿炳文，或是遭遇了来自太子方面的压力。

朱元璋听闻秦王要杀耿炳文，将秦王与耿炳文都召回京师，让朱标的太子妃常氏的舅父、凉国公蓝玉接管了陕西防务。朱元璋还诛杀了现任秦王府长史，也就是秦王相，却嘉赏了已经致仕的前任秦王相文原吉，并取消了秦王统领的军队——西安三护卫。这一次，朱元璋是要废黜秦王。秦王回到南京实际上是被软禁起来。

太祖与侍臣论汉高帝听张良之言，即销六国印，太祖曰：“高祖闻一善言即能感悟如此者，安得不兴？后之为君者少有及之。”侍臣曰：“汉高以后，若唐太宗亦能从善，故其为治亦有可称。”（《明太祖实录》）

几日后，朱元璋又和近臣谈论起汉高祖和唐太宗两位定都长安的皇帝。

这次他还提及了张良。张良就是力排众议、劝汉高祖定都关中的谋主。

> 乙丑，命皇太子巡抚陕西。上谕皇太子曰：“天下山川，惟秦中号为险固。向命汝弟分封其地已十数年，汝可一游以省观风俗，慰劳秦民。”于是择文武之臣扈从，皆给道里费，仍命经过府县以宿顿闻。（《明太祖实录》）
>
> 遣使敕谕皇太子曰：“尔自幼至长，未尝出远。今命尔巡行陕西。方渡江之际，天道赫然有变，雷起东南尔……”（《明太祖实录》）

然后，朱元璋对太子朱标说，关中是天下最为险固之地。秦王受封秦地已经二十年。他让太子前去考察风俗，巡抚秦民。朱标率领文武扈从前往西安的路上，朱元璋又发了一道诏书，叮嘱朱标要一路小心，再次明确提及“今命尔巡行陕西”，而且提到了“天道赫然有变”，很可能是提醒朱标要提防暗算。

> 癸巳，皇太子至西安。百官及耆民郊迎皇太子，慰劳之。赐秦民白金及钞。（《明太祖实录》）
>
> 至九月初九日，各处功侯都到陕西朝东宫殿下……如今殿下领着京城军马并各功侯尽数在这里……（《逆臣录》）

九月，太子朱标到达西安，并在西安大会功侯诸将。这一次朱标率领的京城禁军人马阵仗十分庞大，凉国公蓝玉、宋国公冯胜、颍国公傅友德率领的明朝三大精锐部队也都先后到达西安。一时间，西安竟成了帝国兵锋集聚之所。显然这次太子巡陕，是一次具有震慑作用的军事行动，不仅仅是针对秦王本人。

> 比还，献陕西地图，遂病。病中上言经略建都事。（《国史献征录》《明史》）

可十一月，太子回到南京后，突然一病不起。太子向朱元璋献上了相宅图《陕西地图》，这是他对陕西、关中、西安之都城地形的考察成果。他在生病期间，建言朱元璋迁都西安。

公元1392年三月，太子薨逝。方孝孺是与太子师从宋濂的同门师兄弟，是朱元璋为太子指定的辅佐人才，后来为太子之子、建文帝朱允炆效忠而死。方孝孺在《懿文皇太子挽诗》中写道："相宅图方献，还宫疾遽侵……关中诸父老，犹望翠华临。"作为当时的名儒，主持修撰第一版《太祖实录》的副总裁，方孝孺通过描绘关中父老对太子再临关中的期盼之情来表达太子主持迁都未成的遗憾。

> 八月乙卯朔，秦王樉有异，召还京师……谕皇太子巡抚陕西……皇太子至西安……皇太子还自陕西……念天下形势在西北，金陵偏左，宫殿稍洼，欲徙都关中。秦王闻之有怨言。召入京锢之。命太子巡抚。父老欢迎曰：山河百二，复见汉官威仪矣。太子悦，还奏，上亦甚喜。计定，赦秦王，将改封。仅五阅月，二十五年四月，太子薨。（《大政记》）

天启年间总裁《国史实录》的内阁大学士朱国桢在《大政记》中对此事件的记载是最深入的。他将秦王获罪的真实原因也点了出来，那就是因为朱元璋准备迁都西安。秦王经营了二十多年的地方利益受到影响，所以他非常抗拒。朱元璋先软禁秦王，待朱标考察陕西之后与他计定迁都，才赦免秦王，但没有让秦王归国，而是准备将他改封到其他地方。但因太子猝死，迁都之议不了了之。

结合《大政记》的说法，秦王突然要杀耿炳文，或许就是因为朱元璋与朱标已经通过执掌陕西兵权的耿炳文向秦王施压夺藩，希望秦王让出封地。秦王要杀耿炳文，说小是抗拒不从，说大是已经有了反意。而所谓的太子朱标为秦王说情，朱元璋才饶恕秦王，实际上是为秦王被夺爵徙封做准备。

> 初，上薄南都，命太子图关洛形胜至是献图，拟都长安。郭子章曰，都秦者，西汉二百余年，唐二百八十年，秦隋俱二世而亡。其长短之数可睹矣。都洛者，东汉百九十五年，魏晋百年，唐末徙洛，至宋靖康，在汴洛间二百二十年。拓跋完颜又百年，其长短之数又可睹矣。则洛何以不如秦哉？夫秦，天下之首也。洛，天下之腹也。首之为体尊，而腹之受大，其可以都一也。明兴，定都金陵，似若循六朝之旧。洪武初，营汴为北京，则亦周公意也。末年，东宫营秦，则亦娄敬、张良艺祖意也。（《国榷》）

谈迁在《国榷》中也提及了这次拟都长安，并摘引了万历年间兵部尚书郭子章提及的朱元璋晚年“东宫营秦”。

但太子猝死，继承权不稳，让这一次的迁都尝试彻底流产。朱标之子朱允炆被册立为皇太孙。太孙年幼，朱元璋只得通过打击开国武将拿回兵权，又回到了倚重宗室藩王掌兵的老路上。问题就是，只要不形成强干弱枝的央地军力部署，即使异姓武将无法反叛，掌兵的宗室也会反叛。这是集团利益格局使然，不是某个王爷或皇帝的亲情和道德可以左右的。

> 朕经营天下数十年，事事按古有绪，维宫城前昂中洼，形势不称，本欲迁都。今朕年老，精力已倦，又天下新定，不欲劳民，且废兴有数，只得听天。惟愿鉴朕此心，福其子孙。（《天下郡国利病书·卷十三·南京宫殿·祭光禄寺灶神文》）

朱元璋在洪武二十五年（公元1392年）太子薨逝这一年的《祭光禄寺灶神文》中，更是亲笔承认自己想要迁都，但因年迈且精力疲倦，最终放弃了迁都的想法。太子已死，放弃迁都的朱元璋扣留秦王近一年后，终于放秦王还国，并恢复了秦王的西安三护卫。公元1395年，回到西安的第三年，秦王被下人毒害。

朱标去世之后，西安实际上就退出了明初都城议迁的选项。朱棣即位后，迁都北京的方案逐渐浮出水面，西安已绝无可能。从微观面来看，这是人事意外，从宏观面来看，西安真的就是一座已然衰落的“废都”吗？

有人说西安在唐朝以后彻底失去都城地位，是因为西安的气候变冷。这固然是一个因素，但还称不上是一个决定性的根本原因。因为如果定都的决定性条件是气候的话，那么至少北京与西安的气候相差并不显著，后来的都城不会常设在北京。

直到明朝晚期之前，西安的实力并未像一般人们以为的那样彻底衰落。《大明一统志·卷四》记录了明万历年间全国两百六十个府的税粮数额排名：一、苏州府；二、平阳府；三、松江府；四、西安府；五、济南府；六、常州府；七、开封府；八、青州府；九、嘉兴府；十、太原府。西安府名列前茅，排在第四位。第一位是苏州府，第三位是松江府，即今天的苏州、上海一带。它们是江南地区的粮仓所在。第二位是平阳府，即今天的晋南盆地临汾、运城一带，昔日秦汉的河东郡。晋南盆地与关中盆地隔河相望，同属汾渭平原，又有黄河、汾河、渭河内河运输线相连。可见，西安所处的汾渭平原，虽不及长江下游平原大粮仓，但也并非后来所谓的贫瘠之地。汾渭平原的衰落，实际上是在晚清、民国发生了经济触底。因此给近当代人造成了西安自唐以后始终衰败的刻板印象。

明朝前期，朝廷在陕西、山西、河南制定了鼓励汾渭平原及周边地区向西部、北部边疆就近输送粮食，以换取食盐运销权的盐引制度，被称为“食盐开中”。陕西商人趁着这股几乎是为陕西量身定做的用粮食换盐引的政策利

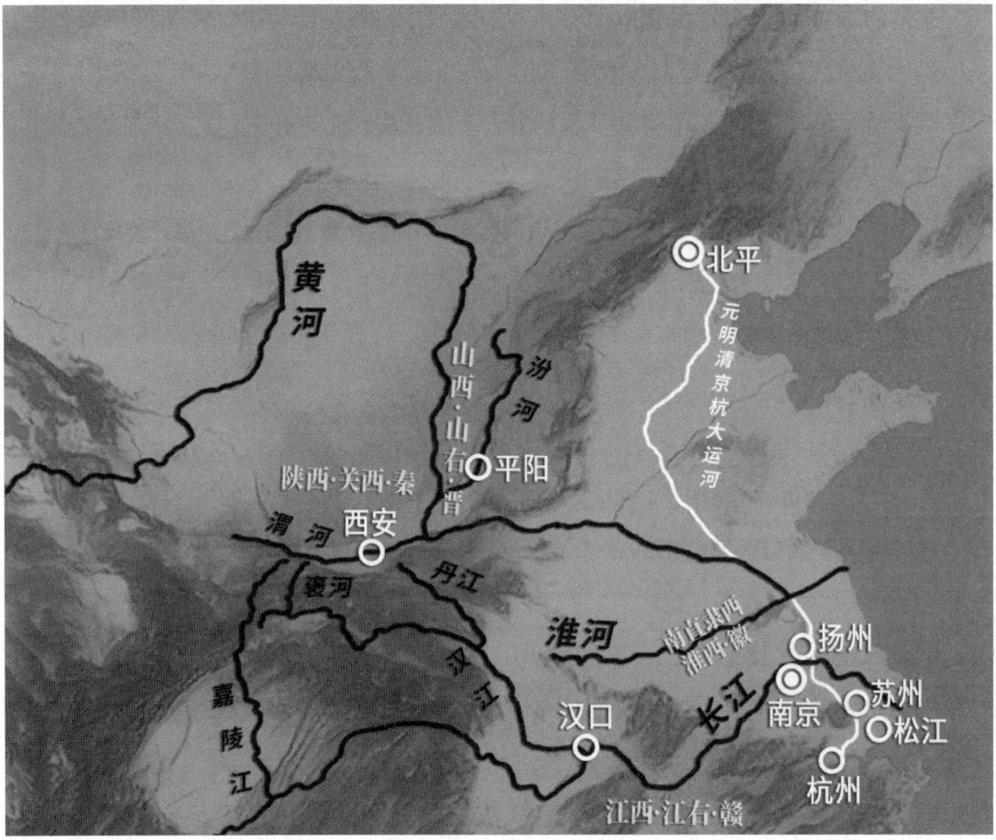

图 78　明代水路与秦、晋、江、淮四大商帮所在方位

好，最先控制了扬州的淮盐，成为明朝最先崛起的天下第一大商帮。

> 商之有本者，大抵属秦、晋与徽郡三方之人。（《天工开物·野议》）

明代的秦商不仅控制扬州的淮盐，而且控制了西部的布匹、毛皮、烟酒、药材、木材、典当等生意。尤其是西部地区的茶马交易，用茶叶换取大西部少数民族的战马，让秦商在明代长期位居众商帮之首。其次是晋商。明代成化年间汉江改道，转移至今天汉口入江。当时秦商也是顺丹江、汉江直下，早于徽商等最先进入汉口，推动汉口开埠形成商业城镇的商帮。

> 聚四方之民，新都（徽商）最，关以西（秦商）、山右（晋商）次之。（《扬州府志·序》）
>
> 扬州皆四方贾人，新安（徽商）最盛，关陕（秦商）山西（晋商）、江右（赣商）次之。（《扬州府志·卷一》）

在明代后期改盐引法为折色法后，秦晋商人的淮盐垄断地位被打破，淮西的徽商和江右的赣商等商帮才利用近水楼台先得月的优势逐渐崛起，逐渐蚕食了秦商在扬州的盐利。

秦商在清初旗帜鲜明地支持反清复明，因此被清廷所排挤，彻底退出了以扬州淮盐为中心的东部商业竞争，转而重点经略大西北、大西南商路。失去了淮盐后，秦商在明初控制了四川的井盐。清代四川有民谣：“皇上开当铺，老陕坐柜台；盐井陕帮开，曲酒陕西来。”但秦商作为明清十大商帮最先崛起的鼎盛态势，却一去不复返。

亲明廷的秦商与亲清廷的晋商，到清朝经历地位上的此消彼长。晋商成为西商（山西、陕西商人合称）之首。但他们仍然抱团取暖，对抗长江下游的商帮。

在海洋时代到来之前，西安的农业与商业并非不堪。而明朝晚期，隆庆开关，解除海禁之后，海洋时代来临，内陆整体竞争优势沦丧，西安真正从经济上衰落。因此明初的东宫巡陕，议迁西安，并非不可理喻的决策。

但是，海洋时代真正来临的晚明，西部整体出现经济问题时，西安却又成了明朝的反抗者与终结者奋起之地。

（三）北京——历史的最终选择

公元 1402 年，朱棣攻破南京，建文帝下落不明。朱棣即位称帝，下诏改自己的燕王城北平为大明的陪都北京，改北平府为顺天府，与京师南京的应天府对应，形成两都制。

公元 1409 年，朱棣命淇国公丘福率十万大军北征蒙古，结果明军全军覆没，包括丘福本人，明朝折损一公四侯。这是明朝开国后的第一次惨败，曾经威震天下的朱棣终于意识到了他父亲和侄子面临的难题：京师如果远在腹地的南京，应对边患不仅补给线过长，而且对军队的控制力会明显下降。

公元 1410 年，朱棣决定御驾亲征。他本人在哪里，明朝禁军大部精锐就在哪里。他亲率五十五万大军再征蒙古，这一次大获全胜。但朱棣明白，明朝必须要在都城方位及其军力部署上实现强干弱枝下的重叠。

宋、明时期，强干弱枝的都城兵力部署方案，是科举制庶族地主阶层作为社会主导阶层时代的必然要求。

在荐举制下士族地主阶层主导的时代，这些盘根错节的世家大族叱咤华夏七八百年。他们都是地方大姓，对地方的影响力极大。察举制、九品中正制本质为荐举制。推荐人才，自然会优先高门子弟。士族地主可以保证在荐举制规则下，世代推举本家族的高门子弟为官。但宋、明科举制下庶族地主阶层崛起后，统治家族的更替就变得频繁，即所谓富不过三代，穷不过五服。庶族地主即使可以通过官职和财富为子弟创造更优越的学习条件，也无法保证在科举制入仕的规则下，世代都让本族子弟考中进士，甚至连世代考中举人都很难。因为考试，是相对公平的竞争，何况科举本身选拔人数相比全国人口而言并不多，考中难度很大。

当及第做官的原则取代了门第做官的原则，士族社会就在晚唐五代瓦解了。庶族士大夫成为近古文官集团的中坚力量，通过科举考试真正实现了“朝为田舍郎，暮登天子堂，将相本无种，男儿当自强”。近古望族更替频率不仅高，并且由于都是经过科举制纽带形成的门生故吏集团，人脉资源其实在考试制度的中心——京师，而不是在地方。凡中进士的考生，不仅要对朝廷重臣拜码头，构建师生关系，而且经历过殿试，更是以天子门生自居。即使下地方基层锻炼、镀金并积累经验，未来也是要朝着作为流官的封疆大吏或庙堂重臣而去。他们的根本利益在中央，而非地方。因此宋、明的文官集团，虽然与皇权存在竞争和博弈，但高度依附皇权。他们构建起理学主导的新型士大夫模式与新儒学理念，替皇权控制整个社会的基层肌理，以及兵权。

宋、明文臣，个个“武能上马安天下，文能提笔定乾坤”，出将入相。他们成为皇权控制兵权的抓手。当然，当文官集团尾大不掉、皇帝无法抗衡时，皇帝又会抬出宦官集团去制衡文官集团。但总而言之，庶族时代的文官集团已经失去了士族时代的高度地方本位带来的分裂性。这是宋、元、明、清罕有地方割据，更多是民族政权对峙和农民起义的原因。其中，元、清两朝，由于是少数民族建立的政权，更多是以族为兵，相比宋、明两朝，文官与武人的分离程度很高。

以文制武，让更依附中央皇权的文官集团渗透兵权，把兵力集中于京师，服务于强干弱枝策略，就是这种时代解决魏、晋、南北朝和唐、五代地方军阀割据的首要方案。朱棣也必须这么做，否则就会面临中晚唐藩镇割据的棘手问题。

可如果强干弱枝的数十万禁军兵力集中于南京，比北宋开封还要深处腹地，不利于征讨外敌，又会出现两宋军事不振、疆域不张的棘手问题。朱棣面对这个唐、宋都未能有效解决的问题，终于要交出自己对历史的答卷，给出明朝的终极方案。

公元 1411 年，朱棣开始重新疏通元朝的京杭大运河。他在恢复元朝的方案——以京杭大运河连接军政中心北京与经济中心江南，仰东南之财赋，奉北京以军政。

公元 1414 年，朱棣第二次北伐蒙古，再次大获全胜。

公元 1415 年，早已荒废的京杭大运河被再次贯通，北京与江南被再次整合在一起。从某种意义上说，北京城从此已经不是河北经济区的一员，而是江南经济区通过哑铃状的运河经济带供给的另一端。

明朝漕运之所以不选海运而选运河，一来是海上容易受到海盗干扰，二就是运河可以直接进入北京宫城，但海运则需要在渤海登陆后海船转河船，仍有三百里距离。自隋朝运河时代开启，至明朝此时，大运河即将迎来在明清的巅峰期。

公元 1420 年，朱棣正式下诏迁都北京。北京此后改称京师，再次成为全国的心脏。

公元 1422 年、1423 年、1424 年，朱棣又三次北伐蒙古获胜。他在最后一次北伐的归京途中驾崩。

弘治年间的著名政治家、理学家、史学家丘濬曾讲道：“用东南之财赋，统西北之戎马，无敌于天下矣。”万历年间参与纂修国史的张萱曾评价中国五大古都：“天地间之形势，大抵无如燕京，其次则关中。洛阳四面受敌，非用武之地，然视汴犹为上游焉。若金陵则僻在东南，不足控驭西北，非胜地也。”

明朝多数学者其实都认同朱国桢在《大政记》中指出的：“念天下形势在西北，金陵偏左。”对于明人而言，北京其实也是控扼西北养马地的重镇，这个西北大致是说胡焕庸人口线以西区域。北京、西安，都正好离这条人口分界线不远，是王朝人口腹地的门户。迁都北京，实际上也是为了“统西北之戎马”，让政治中心与军事中心重合，避免强枝弱干，消除边师压倒京师的隐患。但都城为国本，牵涉甚重。历来迁都都会有诸多问题和麻烦产生，北京的地位后来也经历过动摇。

而西北方向自宋以后，民族问题不再尖锐。北部外患压力中心反而随着中原王朝的都城向东北方向移动。中原王朝是东亚最大的生产高地，中原王朝的政治中心东移，势必会引发北方强势族群的中心对应东移。因为中原王

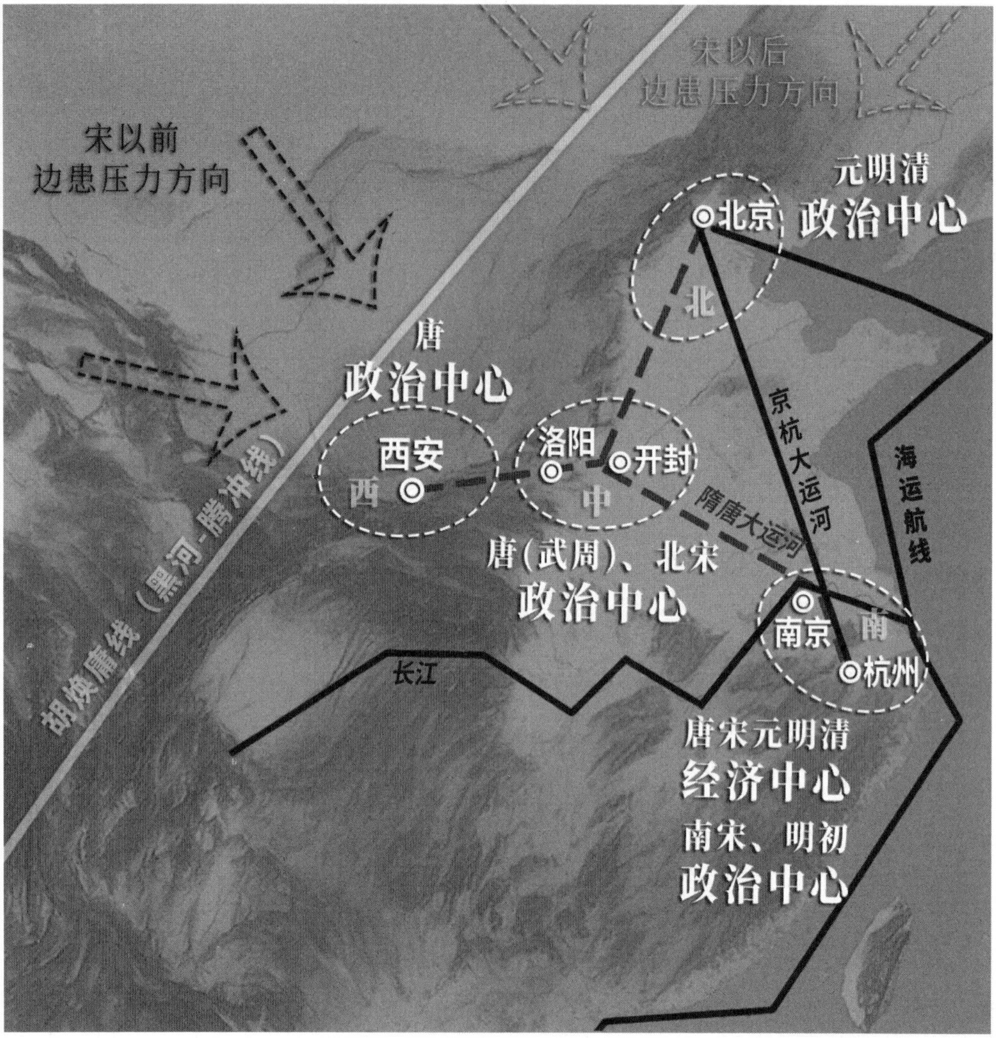

图 79 政治中心的东移

朝都城巨大的消费经济足以带动和提升相应方位的少数族群实力。东北方向少数民族区域的贸易得到了刺激和发展，少数民族实力开始壮大。西安虽然也是面对西北控扼门户的支点城市，但经济战略重要程度显然不如汉唐时期。

公元 1425 年，朱棣驾崩的次年，继位的明仁宗便又下诏复南京为京师，降北京为行在。明仁宗想要迁都回南京，并派太子朱瞻基回南京负责迁都的准备工作。然而登基仅十个月的明仁宗却猝死。虽正史无载，但民间有传闻说明仁宗死于非命。太子朱瞻基回到北京继位，是为明宣宗，从此放弃迁都打算。

“京师”与“行在”，是有严格的主副都城名分之分和界限的。当南京为“京师”时，南京六部直接称“六部”，而北京六部称“行在六部”。当北京为“京师”时，北京六部直接称“六部”，而南京则称“南京六部”。这意味着南京做首都，则北京做行都。北京做首都，则南京做留都。实际上，都城势力的博弈，远比史书上反映出来的要复杂和残酷。于国家，这是国本、国运之争。于官场，这是集团利益之争。

明宣宗在都城问题上继续打了一个擦边球，他虽然留在北京，不再提迁都之事，但却没有改南京的“京师”与北京的“行在”之号，如同隋唐两京巡幸时期那样搞了一次暧昧。直到宣宗驾崩、英宗继位后，才正式将北京再次由“行在”改为“京师”。

明朝终于彻底解决了唐宋没能解决的问题——京师方位。这一方向性的选择，历史影响力绵延至今日。从唐宋转型，中古时代向近古时代转型以来，中国面对北方边患压力：

政治、经济中心分离的西部时代——唐后期（约一个半世纪）

■ 关中：首都，军政中心，“一＜”形漕运线西端

■ 中原：陪都，经济衰落中，“一＜”形漕运线中心

■ 幽燕：割据，军事中心，“一＜”形漕运线北端

■ 江南：地方，经济中心，“一＜”形漕运线南端

政治中心东移的过渡时代——北宋（约一个半世纪）

■ 关中：地方，军事中心，将门自主

■ 中原：首都，军政中心，“＜”形漕运线西端

■ 幽燕：陪都，军事中心，辽国南京

■ 江南：地方，经济中心，“＜”形漕运线南端

政治、经济中心对峙的东部时代——南宋（约一个半世纪）

■ 幽燕：首都（半壁），北方军政中心，金中都

■ 江南：首都（半壁），南方军政中心，宋临安

政治、经济中心分离的东部时代——元（约一个世纪）

■ 幽燕：首都，军政中心，“丨”形漕运线北端

■ 江南：地方，经济中心，“丨”形漕运线南端

政治、经济中心重合的东部时代——明初（约半个世纪）

■ 江南：首都，军政中心、经济中心

中晚唐、北宋、元，是关中、中原、幽燕三个地区，三次分别“仰东南之财赋”的时代。而南宋与明初，则是东南财赋高地自己做军政中心的时代，只不过南宋临安是半壁江山的首都，明初南京是全国首都。但朱棣迁都北京以后，幽燕与江南配成了历史的最终方案。

中晚唐的一个半世纪，京师在西安。但唐朝无法解决藩镇割据、武人乱政的问题。

北宋的一个半世纪，京师在开封。但开封无法解决都城周围一马平川的地形问题，没有形胜优势，虽然实行强干弱枝政策，军队主要集中于京师，但都城距离边境军事抗压中心太远，无法让政治中心与军事中心叠合。最终国弱兵疲，被草原政权冲开了华北平原北角的塘泊防线。

元朝，京师在北京。元朝直接把东西向大运河改成南北向大运河，也就是京杭大运河，把连接政治中心之京师与经济中心之江南直线相连。可是元朝存在民族矛盾尖锐和治理水平低下的问题。最终，代表江南经济中心的明

朝冲在了推翻元朝统治的第一线。

南宋、明初，做了军政中心与经济中心叠合的试验。作为经济中心的江南地区推出自己本地的政权，把政治中心就放在经济中心。然而，这类试验还是失败了。江南作为半壁政治的中心，无法在与北方民族的对峙中取得优势；作为全国政治中心，也有发生靖难之役这样内部势力尾大不掉、最终颠覆朝廷的事件的危险。毕竟，内部势力一样会在一马平川的大平原上直接南下。

明初的试验虽然失败了，但靖难之役的获胜者是朱元璋的儿子，他又回到了元朝的模式。作为对于元朝政治中心与经济中心分离模式最关键的补充，明朝把南京和江南作为留都和南直隶，以两都制解决了元朝的江南经济中心挑战京师政治中心的漏洞。清朝虽然没有在江南设都城，但是在康乾时期，皇帝下江南十余次，同样延续明朝对江南的重视。

但清朝在后期对江南的经营逐渐荒疏后，太平天国以此为都，洋人在此广设殖民地，辛亥革命以此为都，民国时期的南京国民政府最终推翻了北京北洋政府……经济中心一次次地捶打政治中心，长安与洛阳的东西两都双城时代，早已不觉间变成了北京与南京的南北两京双城时代。南京这座古都，无论在关中与中原时代还是幽燕时代，都是不曾离场的挑战者。

唐宋转型完成之后，面对中原衰落，政治中心与经济中心分离的宏观命题，各个朝代就都城方位进行了多次试验，经历了中晚唐、宋、元、明初长达数百年的摸索与筛汰。这就是从“长安－中原配”到“北京－江南配”的转移过渡轨迹，也难怪有人说“宋以前无北京，宋以后无长安”了。

最终，历史从长安（中晚唐），开封（北宋），北京（元），南京（明初）几个备选中，最终敲定定调了北京与江南配。北方军政集团与江南经济集团最终找到最合适的合作模式：北方军政集团守国门，防止北方草原族群南下，同时掌握国家机器。江南经济集团通过运河向北方政治中心输血，同时获得最高的政策权利、经济地位、入仕渠道、文化尊崇。

都城方位、南北政治与经济关系模式等历史命题被解决之后，中国便展现了超长稳定大一统朝代的历史惯性。即使在明清交替之时，也是北京迅速替换了北方军政集团，但整个北京－江南配的大基本盘并没有变。这个历史底层逻辑，到今天仍然适用。

朱棣夺位与迁都，意味着朝廷还得把自己的重兵陈于北方以同时兼顾北方疆防之患和江南离心之患。京师在北京，即重兵在平原北角，一可防北方民族进入华北大平原，二是沿京杭运河一线，京师军队也能够在黄淮海平原上一路无阻，南下高效扫乱，维护统一的成本较低。整个黄淮海平原，终于被整合划一。整个大平原都成了首都北京的腹地。北京与江南配，就是近古乃至近当代中国都城方位的最优解。

实际上，我们分析到明朝，已经可以得出西安失都这个问题真正核心的解释——近古庶族社会，碎片化割据的乱世明显减少，因此关中的四塞形胜，显得不再那么必要。西安都城史，西周起自夏、商近千年邦国林立之乱世。秦、汉起自春秋、战国五百年封建割据之乱世。隋、唐起自三百年东晋十六国、南北朝之乱世。西安纵然在失都之后仍具有西部战略支点城市的作用，但它每一次成为大王朝首都，都是经过乱世长期筛汰，在长久且纷乱的内战中成长起来的。

宋、元、明、清，多是拥有半壁以上江山的民族政权对峙，没有地方割据型且特别碎片化的乱世。大一统的时间比重更大，王朝末期的农民起义也并不长久。当生产力水平、交通运输技术、信息传播技术足以使黄淮海大平原以及全中国得到有效整合，西安就失去了上古、中古时代的创业土壤。当然，它总是宋、明、清乃至民国的议迁对象，因为它仍然是西部重要的战略支点。

陕西据天下之上游，制天下之命者也。是故以陕西而发难，虽微必大，虽弱必强，虽不能为天下雄，亦必浸淫横决，酿成天

下之大祸。(《读史方舆纪要·陕西方舆纪要序》)

不过，西安所在的汾渭平原，只是远离海洋，而且与黄淮海平原有两段浅山地段阻隔。虽然它相比北京而言，不再适合做近古时代的首都，可是它作为一个挑战者，仍旧是瘦死的骆驼比马大。北宋依靠陕西西军续命，忽必烈依靠陕西封地壮大，而明朝，最终被陕西势力所推翻。

(四)三京对决

公元1643年正月，流动作战十余年的农民起义军领袖、闯王李自成，攻破承天(今湖北钟祥)，决定在荆襄建立政权，改襄阳为襄京，号“奉天倡义大将军”，称“新顺王”。他大设宰辅、六部(六政府)、百官，建地方府、州、县行政。起义十几年来打一枪换一个地方的李自成，在北方各路农民军已经冲烂了明朝北方后，终于意识到要建立自己的战略基地，向治理型军政集团转型。

对于下一步要进军哪个方向，李自成的谋士牛金星建议北上河北，进攻京师北京，夺取明朝的政治中心。杨永裕建议南下江南，进攻南京，夺取明朝的经济中心，断绝北京的漕赋源头。顾君恩则认为，南京在下游，虽然富有，但拿下南京不是当务之急。如果直取北京，若不胜，无处可退守，又操之过急了。李自成是陕西延安米脂县人，关中作为陕西的政治中心是李自成的家乡，又是李自成起义十几年来主要活动的区域。关中百二山河，有四塞之固，而且面积广大，得天下三分之二，有战略纵深优势，顾君恩建议先取关中建立基业，然后经略陕西三边重镇，以其兵力再攻取山西，最后进攻北京，可进可退。李自成最终采纳了先夺关中再北上灭明之策，回军陕西。

十月，李自成北上豫西，西破潼关。明陕西巡抚孙传庭战死。李自成大军进入关中，围攻西安。城内将领开东门投降，迎入李自成大军。李自成从西安城东门长乐门进入西安时，见城楼挂着“长乐门”的匾额，说：“若让皇帝长乐，百姓就要长苦了。”于是其部将烧毁了长乐门城楼。后来清朝平定西安后才重修了长乐门城楼。

李自成这次不再像两年前流动作战时那样，攻破洛阳就杀洛阳的福王，攻破襄阳就杀襄阳的襄王。李自成这次要将陕西作为自己的建国基地，于是他一转以往仇视宗亲权贵的态度，积极笼络西安的权贵阶层，给西安的末代秦王等人都封了官爵。

李自成的军队以劫富济贫、均田免赋为主张。入主西安后，李自成改西安府为长安府，以长安城为西京。他逼迫陕西大户捐资助饷，发动民力修长安城，建驰道，据长安分兵四出。不到两个月，陕北的延安、陇上的宁夏、河西的甘州、晋南的平阳就纷纷被李自成攻占。加上此前李自成已经在荆襄与河南建立了战略基地，昔日屡屡作为西部王朝创业根基的地缘雏形再次显现。

西部王朝的历代根基，就是关陇（关中与陇西）、三河（河东、河南、河内）。李自成已经拥有关西基本盘，下一步，就该是选择统一北方，还是统一西部。李自成集团的选择是进攻北京，统一北方。

历史上比较成功的西部王朝，如周、秦、汉、隋、唐，不仅拥有关陇与三河，还需将四川盆地纳入版图，形成大西部政权，最终实现对黄河与长江两条世界级大河上游的控制，在第二地理阶梯南北两路，对第三地理阶梯的黄河中下游之中原，与长江下游之江南，形成居高临下的战略优势。

西周文王时期的周国很可能就已经伐蜀成功，秦惠王时期的秦国就已经吞并巴蜀，西汉高祖刘邦原本作为汉王的封地就包含巴蜀，隋朝建国前关陇贵族王朝西魏就已经纳入巴蜀，唐朝开国时巴蜀就归顺唐朝，安史之乱后唐朝也一直优先控制蜀中藩镇。包括诸葛亮的隆中对，战略核心就是兼有关陇、巴蜀，前秦苻坚也在战胜关东后很快就纳入巴蜀。这都是优先统一西部。

而李自成的对峙战略，显然与这些上古、中古王朝不同。李自成从未将兼有陕西与四川、整合西部作为自己的战略方向。李自成据有陕西后，另一支由张献忠率领的农民军力量也进入四川盆地，从此经略巴蜀。李自成只一心要直捣明廷大本营北京，忽视巴蜀。而且他从未想过，东北方向还有一支明廷几乎快要压制不住的东亚劲旅——清军。

公元 1644 年正月，李自成在长安建国称帝，国号大顺，建元永昌，封官定爵，开科取士，传檄天下。这是时隔七百多年后，长安再次出现称帝政权。

二月，李自成沿着汾渭平原一路直上，攻克太原。

三月，明崇祯皇帝拒绝迁都南京的建议。李自成最终从晋陕盆地带一路到达北京城。当李自成攻入内城时，崇祯皇帝于皇宫北侧的煤山自缢而死，明朝灭亡。北方各地见明京师已破，明帝已死，纷纷归降李自成的大顺。一时间，李自成已经坐拥北方大部，据有半壁江山。

可李自成想要完全约束他这支历来以劫富为目标的部队仍然不容易。其部将刘宗敏在对北京官员追赃索饷时动用酷刑，迫害百官。刘宗敏甚至还见色起意，从吴三桂的府中掠走了吴三桂的爱妾。吴三桂统领着明朝抵抗清军的最后精锐——关宁铁骑，他原本要勤王救驾，但到达山海关时明朝已亡。吴三桂原本有意归降李自成的大顺，但因爱妾被抢，居然冲冠一怒为红颜，决意与李自成为敌。

四月，李自成率兵前往山海关迎战吴三桂，结果吴三桂降清，引清兵入关。清军与吴三桂军在山海关大败顺军。李自成只好退回北京。眼见北京已经守不住，李自成匆忙在北京举行了又一次登基大典，宣示明亡顺兴，强调自己拥有代明而立的天下治权，于是返回长安。北方各地见李自成兵败，又纷纷叛顺。

五月，明福王在南京称帝，建立南明弘光政权。清廷则决定建都北京。北京既是明朝京师，拥有当时最深入人心的正统性，又距离辽东最近。燕山与渤海之间，以山海关所在的辽西走廊为连接线，北京北可控东北平原，南可控华北平原。与蒙古定都于此，进可攻退可守一样，北京是东北渔猎民族

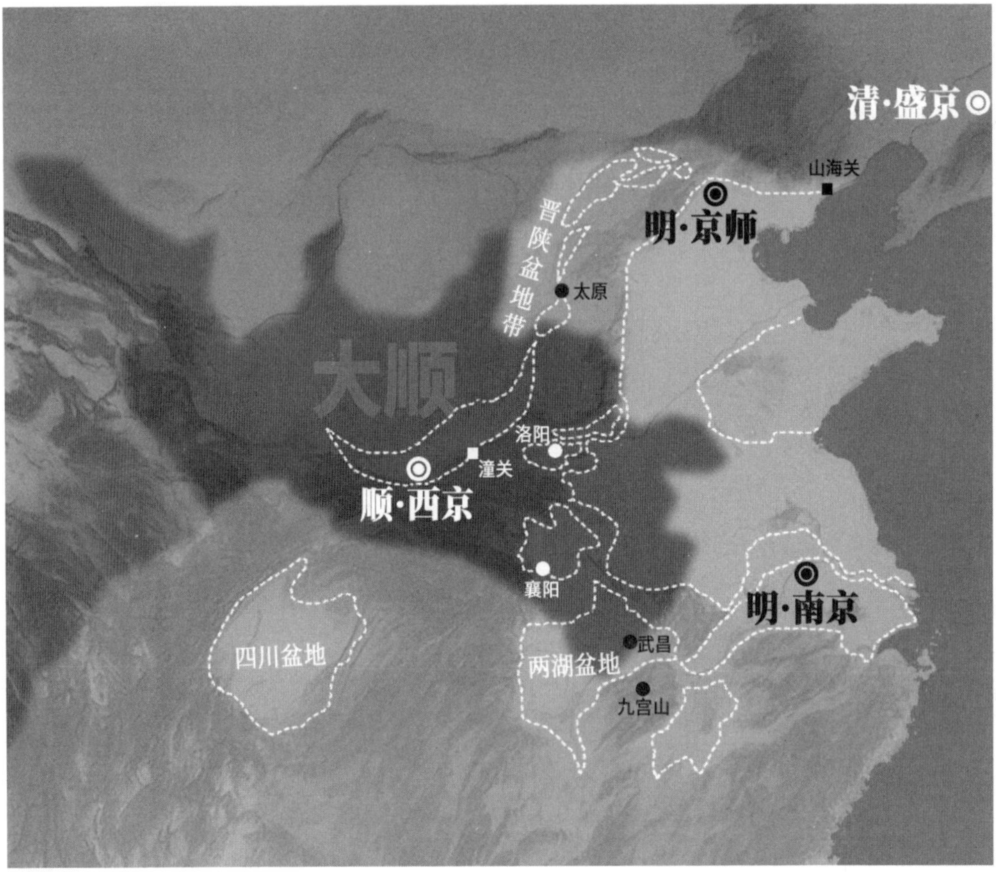

图 80　大顺政权势力范围

出身的大清最佳的落脚点。

但李自成回到长安后，也仅坚持了半年，就在清军势如破竹的攻势下，将太行以西、秦岭以北的西北基本盘逐渐丢失。

公元 1645 年正月，清军攻破潼关，进入西安。此时李自成已经焚烧西安宫室，从武关道逃离关中。此时另一股农民军张献忠已经攻破成都，在四川建立大西政权，李自成不能南下巴蜀，只好沿着汉江向东南入据武昌。当清军攻克武昌后，李自成向东逃至通山九宫山，最终被当地的地主武装袭杀身亡。

明亡清初是一场风云际会。农民起义军的代表李自成、张献忠，失去了朝廷补给而沦为军阀的吴三桂，保有长江以南的流亡朝廷南明，作为少数民族政权的清，历史上各种形态的军政集团在公元 1644 年同时走上了历史的舞台。农民起义军队、边镇军队、民族政权军队、流亡政权军队，展开了一场罕见的同台竞争。西京（长安）、北京、南京，东亚平原区等边三角形三个角上的三大古都，也几乎在同一时刻展开了世纪对决。

李自成的农民军，因为经营陕西，吸收了明朝末年崩溃的九边重镇中陕西三边的明朝西北边军。清朝在入关后，又吸收了明朝东北各边镇的边军。按说几方实力相当，为什么最终是北京的少数民族政权胜利了？

（五）西部，西部

立国仅三代的清朝虽然国小，但国政正处于政通人和、如臂使指的蓬勃期，在组织效率和制度机器等方面是十分完备的。此时的清朝正如其名，虽然在军事上多显残酷，但政治上却仍处于开国不久的清明状态。

明朝在崇祯年间不断向民间摊派苛捐杂税，尤其不断加征以辽饷、剿饷、练饷为代表的三饷，把普通百姓压得喘不过气，民不聊生。李自成这十余年能游走在中西部内陆地区，四处流动，没有战略基地还能不断壮大，正是因为多数百姓已沦为赤贫，生存没了保障，选择加入起义军。但李自成的劫富济贫，只是流于表面。他每到一个地方，就劫一次富、济一次贫，但他走了之后呢？没有足够的制度建设，没有深耕自己的基本盘，无法构建一个运行高效、顺畅且清明的政治集团，这才是他失败的根本。

李自成如果最初据守山陕和中原，让大明作为自身与清朝之间的缓冲，用数年时间经营出自己成熟的西北军政集团，恐怕不会败亡得那么迅速。其间最好再借协助张献忠为名，南下争巴蜀，整合西部，行固本培元之道，效法朱元璋高筑墙、广积粮、缓称王，扼守关隘守护关中后方，那么届时再东征灭明，便可像朱元璋一样遥控河北，让本集团心腹将领或宗亲将领防御燕山一线。但李自成放弃了周、秦、汉、隋、唐的以西部整合为优先方向的战略，又无法说服习惯于游走的部将甚至自己先巩固关中腹地，耐心地在西部耕耘数年。

李自成直接冲向了北京。刘邦进入关中后对秦父老约法三章行宽赦，封存府库护秩序，还军霸上禁犯民，善待子婴消仇恨。李自成进北京后并没有做到这些，他更像是重复了黄巢的做派。他灭亡了顶着东北方向巨大边患压力的明廷，打开了泄洪的闸口，却又放弃了北京，躲回到了关中。但在他攻破北京后，其实清军就成了他的大患。一旦要直接面对清军，就势必要有效控制河北。李自成对西北尚未牢固掌控，遑论河北。

李自成没有意识到，作为一个新兴政权，而非像战国时期的秦国、南北朝后的隋朝那样早就稳定运作数十甚至数百年的政治集团，他应该效法的是汉之刘邦、西魏之宇文泰、唐之李世民。大顺虽以关中为中枢，但关中紧邻中原，是逐鹿之地，做不了避难所。关中形胜是在乱世中拥有更高的容错率，可以提高外部势力攻入的成本，降低被攻入的概率，减小腹地经济受损的可能性，但并非万无一失。刘邦、宇文泰、李世民这些初立政权之领袖，无不要亲身冲在前方，回护身后的关中腹地。

李自成将北京的财富源源不断地运往长安，他自己却放弃了扼守关中东边的晋中、晋南门户之职责，本人也退回关中——他是打算当个偏安的安乐侯了。

如果李自成撤出北京后能像刘邦坐镇荥、洛那样，坐镇晋中、晋南抗衡清军，然后集西北、中原的后方之兵员、税源，坚守住山西防线，大顺恐怕也不会那样兵败如山倒。李自成流动作战了一辈子，偏偏在最后时刻，缩回到关中不愿冒头，最终让前线很快推进到了潼关。何况李自成真正经营陕西才短短数月。李自成在作战中，轻易放弃作为关中外围的山西等战略缓冲带，让战火轻易地延烧至关中边缘，这注定他也会被与他并不熟悉的关中地方父老所放弃。

李自成不应该放弃北京，更不应该弃守河北、山西在内的整个华北。李自成一生把明廷当作自己的终极敌人，灭明后便撤向西北，把华北拱手让给清廷。他没料到一旦给予清廷华北平原这样的经济盘面，清廷将成为远比明廷更难对付的敌人。

清廷入关，以为崇祯皇帝报仇为口号，并厚葬了崇祯皇帝。即使是作秀，这也与刘邦善待子婴如出一辙，招揽了人心。清廷迁都北京后，立刻免除“三饷”，对平民实行轻徭薄赋政策，穷苦百姓再反感清廷的移风易俗，至少能切实地感受到身上的担子轻了。清廷此后还多次减税。清廷是已立三世的国家，从税收制度上进行分配公平性调节，远比李自成简单粗暴的劫富济贫见效更快。尤其对于缙绅阶层的庶族地主等富裕群体来说，清廷用制度杠杆进行调节，庶族地主们是可以看到底线的，无非是舍财而已。但李自成的派饷是没有标准的，激烈时庶族地主还要舍命。

清廷的八旗制度是部落世兵制的变体，可以保证军事由按民族划分的专职军人操作，实际上也间接减轻了汉人的兵役之苦。从某种角度上说，清朝是用少数民族世兵制替代了宋、明的冗兵策略，做到了满汉分工。旗人务兵，汉人务农。清朝前期，不断在西北、西南征战，稳固了统治。因为这是八旗军人在重新开辟各条陆路商道，重新激活东亚朝贡贸易。这种分工，是科举制下汉人庶族官僚地主阶层可以接受的，是与汉地经济互补的。

宋、明在京师大囤冗兵以保证皇权对主力军队的绝对控制的强干弱枝策略，在清朝出现了变化。因为清朝有满汉、旗民的大界限，因此旗人作为军人，在民族间的大制衡下、八旗间的小制衡下，很难再拥兵自重。清朝的京师人口相比宋、明的动辄百万，降至数十万，就说明旗人作为少数民族以小御大，专职做军人。汉人地主则继续延续庶族时代的科举制，专职做读书人，通过考试选官入仕。旗人当兵和当贵族，汉人种粮和做官，这种分工反而让宋、明时期的三冗问题得到了缓解。

清廷虽然在包括京师和各重镇实行旗、民分城居住的政策，但清朝皇帝却依然延续中华敬天法祖之宗法社会信仰，重视儒教，推行科举，给予庶族地主入仕权与做官的权利。清朝皇帝后来说汉语、写汉字、读汉史，坐镇华北平原治理全国，实现了少数民族政权长达两百余年的全国性统治。

李自成的西安政权就像昙花一现，让西安这座失都已久的赫赫名都再次冲击了中华历史。国祚超过两个半世纪的近古大一统王朝——大明，竟然陨于西安政权之手。其实回顾西安史，它不仅仅是十三朝古都那么简单。从商朝到明朝，不少王朝直接覆灭于陕西政权之手。只不过在海洋时代，西安已经没有了成为都城的区位优势。

明朝是海洋时代的崛起期，西方地理大发现带来了全球贸易的大发展，白银成为国际贸易中的硬通货。明朝是个富铜贫银国，以往都是以铜钱货币为主。可明朝也是当时全球最大的贸易顺差国，大量白银不断流入明朝。自隆庆开关、张居正改革开始，“一条鞭法”税制改革确立了明朝银本位的货币制度。田赋、徭役以及所有杂征都被合并为征收银两。白银成了明朝官方认定的货币。但由于白银主要是通过沿海贸易流入，登陆区域势必是东部。东部白银贸易下的商品供需主要都在海外，很难大规模流入贫银的内陆区域。国家又强行对内陆征银，这些都加剧了内陆银贵钱贱、银荒谷贱的局面，加重了内陆百姓的经济负担。

晚明的衰落与西部的糜烂，根源就在于北京军政集团已经收不上江南经济集团的税。江南的地方本位主义已经严重破坏了全局公平，将税赋压力转移至西部小农身上。晚明税收不但没有实现“损有余而补不足”，反而成了“损不足而奉有余”。

隆庆开关后的明后期，江南作为内外生产与贸易重镇，出现了资本主义萌芽。按说江南本就是近古粮食主产区、税赋中心，这个富银的生产高地应当成为国家的税赋重镇。但晚明的江南突然又出现了一种地方本位风气——

江南的富裕是靠本地的努力奋斗得来的，凭什么要像历史上那样，给长安、开封、北京等军政中心输血？这一次，江南缙绅庶族地主群体开始拒绝成为明朝经济调节中输出的一方。万历皇帝发现自己在富银区的江南，商业、矿业、手工业都异常发达的江南，反而收不上税，只好让宦官集团替皇帝前往征税。征来的税赋在拨入国库时，竟一度遭文官掌握的户部拒绝入库。因为晚明的江南士大夫已经形成了强大的地缘经济集团。他们将家族、家乡利益置于优先地位，极力阻挠皇权在白银秩序之下，把江南矿税和工商税作为税收重点。万历皇帝只得将宦官收缴来的收入都放入皇室内库中，背负贪财、敛财的昏君之名。但万历皇帝正是靠内库税收打赢了万历三大征，维系了晚明在东亚国际秩序中的主导地位。

然而崇祯皇帝上台后，虽有勤政之态度，强国之愿望，但辨事、辨人不明。尽管他动辄惩治大臣，却对整体失控的文官集团越发难以控制。明廷放着利润高昂、赚得盆满钵满的江南商铺、富矿不收税，反而继续对内陆已经快要沦为赤贫的小农加征加赋。结果流民越多，农民起义军就越壮大，最终在西部形成了颠覆大明的直接力量——李自成大顺政权。

调节东西差距、城乡差距、贫富差距、工农差距、海岸线与内陆的差距，这才是统一国家之所以存在，所要统筹的目标事务。整个明朝北京军政集团与江南经济集团的腐朽、无力、贪婪与短视，使得沿海市镇与内陆形成了一边繁花似锦，一边烂入骨髓的冰火两重天之情景。但中国之所以一次次统一，是因为地处平原地带的江南虽有经济蓬发之区位条件，却并不具有作为一个独立政治单元的地缘条件。当内陆崩溃时，迎接江南经济集团的，不再是偏安独活、隔岸观火，而是扬州十日、嘉定三屠等战火蹂躏，江南的经济命脉也一度被破坏和中断。这时，江南缙绅该缴给明朝北京的税，依然要一分不少地缴到清朝北京。区别仅仅是，此时的北京换了一个新的北方军政集团。

历史对北方军政集团的要求，是要替经济腹地抵御外患，通过国家机器对区域分工与利益再分配。大一统，本身就是要在庞大的国家内部进行有序的全局统筹和调节。当国家机器腐朽失效时，历史规律同样会对北方军政集团秋风扫落叶。南方经济集团只要权利而放弃责任，也会遭到历史的惩戒。只不过，每当历史的宏观规律上演时，对国家和人民来说，总会是一场悲剧。

节制，可以救人，也可以救己。但人性的短视和贪婪，决定了每个帝制王朝的统治阶层，其制度性的节制理念，往往会随着利益的固化而不断衰减，如同物理上的熵增定律一样，向着混乱的高熵态不断发展。将全局利益、国家利益、民族利益置于首位，对人性而言很艰难。因为个体理性追求个体利益最大化，但个体理性可能导致集体非理性，致使个体利益随着集体利益的崩盘而一起崩盘。维系大一统制度的良好运转，本身就比维持松散联盟更困难，更需要克制其中天然的松懈趋势，有意识地保持集团理性。但一旦做到、做好，就能兼顾更大范围的平衡性。大一统国家的延续，本就是一场艰难的逆熵之旅，不能因艰难就放弃。

能者多责，勤俭自制的共识没能建立，已经发展数百年的庶族地主阶层掌握着国家机器，却也不愿再承担更重的纳税责任，而是将其转嫁给中下阶层。当一个国家的统治阶层违背了国家之所以存在的宗旨——调节与分配，就意味着国家机器失灵。这个统治阶层也将被历史淘汰。

晚明，江南依靠河运便利与海洋贸易，繁华独好，但国家的主要税源却不在这里的士绅富贾身上，而是在天灾四起、哀号遍地的内陆小农那里。到李自成兵临城下的时候，崇祯皇帝发动北京的朝臣们捐饷，以犒赏北京的守城将士，居然收不上来。

西安，这座寂寥已久的古都，像火光迅速闪现了一下，马上就又熄灭了。但这次起于西部的反抗，却倒逼统治者反思东、西经济运行的逻辑。中国的平原集中在东部，海岸线集中在东部，宜居气候带集中在东部，人口集中在东部……但周、秦、汉、隋、唐等著名朝代，是以弱胜强而立国的西部王朝。它们的崛起，本身就代表着西部的诉求。它们之所以为历代西部带来的繁华，原本就是通过在东西部之间，以行政手段促使东部要素流入西部，以减缓东西差距。而政治中心、经济中心尽皆东移之后，西部就应该被放弃吗？唇亡齿寒，巢毁卵破，毛将焉附，这就是东西关系的本质。东部的繁荣，背后有西部的代价。西部崩溃，则东部遭殃，这是历史一次次证明过的。

第四章

清：跨越两千年的末世对望

燕台又拟相逢日，
共说长安古帝州。

如果说元朝与明朝，是提升西安战略地位，为陕西和西安做加法的时代，那么清朝则是给陕西和西安做减法的时代。元明两朝西抵兰州的陕西，在清初被一分为二，陇西板块被划分出去，与河西一起成为今之甘肃。西安府也从包含了关中中部、关中东部的第一大府，被一分为二，将关中东部划出设立同州府。清朝中期，陕甘总督的治所也从西安迁移至兰州。西安失去了作为西北战略中心的地位。但也正是给西安做减法的清朝，其皇帝最后逃到了西安。

（一）大后方战略雏形与西迁之议

公元 1860 年，英法联军入侵北京，咸丰皇帝仓皇北逃至承德。

当海洋时代来临，守旧的清廷没有能力守护海上门户时，首都北京也变得不再安全。在南方占据着南京的太平天国还没有被平定，首都又被洋人夺去。洋人在京城烧杀抢掠，焚毁宫苑。咸丰帝惊惧，产生了迁都内陆以避沿海洋人锋芒的想法。

云南学政张锡嵘上书咸丰帝："闻夷借和议拥众入城，势恐难测。恭请圣驾临驭关中，以系天下之人心，以植中兴之基础……"张锡嵘指出了应迁往陕西关中，而非关东（山海关以东）的陪都盛京沈阳的关键原因："然关东多滨海之区，则夷船窥伺，实在可虞……"

原本经济中心东移，是因为东部沿海没有外患之忧，沿海地区可以减少冗兵，安心发展经济，供给北京。然而此时，太平天国割据东南，北京－江南配的东部王朝基本盘已经被破坏。在技术上远超清朝的西方列强又来自海上。海洋不仅不再是没有忧患的屏障，反而是超过了历代外患的压力来源。因此张锡嵘的迁都主张，就是让皇帝远离沿海地区。

张锡嵘还指出了迁都西安的几个优势，“以西北而控制东南则顺而易”，对西北也可以“联络控制”。他认为“关中财用之富饶”，加上“本地多产米之区，界接三巴，川米亦易接济”，可以将以川陕为核心的整个西部都作为后方基本盘。当然，提到西安，总会提到历代念兹在兹的“形势险要”。

这篇奏折引起了迁都之议，很快又得到了湖广总督王佳·官文的上奏支持：“至热河（承德）非久驻六师之地，盛京亦近在海隅，若万不得已，以关中究属完善。”

> 癸酉，谕军机大臣等，本日据恭亲王奕䜣等奏，遵旨会同密商西巡事宜，并开列条款呈览。西巡事关重大，必须慎重图维，以期悉臻妥善。现在不过先事豫筹，须俟明年二三月闲，察看夷人如何举动，再行酌量办理……本日复据恭亲王奕䜣等，会同密商西巡事宜，并酌议条款开单呈览。京师为根本重地，自不便轻议迁移。即巡幸之举，亦必须筹画万全，方为妥善。夷人现虽尽退，明岁尚来驻京。能否相安，实难豫定。自宜豫择一巡幸之地，以期有备无患。陕西古称天府，雄据上游，与中原声息相通，人心系属，转饷亦易，诚为便宜。将来跸路经行，由山西太原、平阳等处，折入潼关，尚属可行。惟事属创始，所有沿途行宫尖宿处所，及慎设防守筹画经费各事宜，必须先为筹议周妥，始可举行。（《大清文宗显皇帝实录·卷之三百三十三》）

迁都西安之议很快得到了咸丰帝与恭亲王奕䜣的支持。他们做好了从宣化、大同、太原、平阳、潼关一线进入关中的路线规划，但皇帝不让公开此议，认为不到万不得已不能轻易西巡，而且他要观察朝臣动向。

漕运总督袁甲三听闻皇帝有迁都的意思，立刻上奏反对。他作为掌管漕运的大臣，自然知道以此时清朝面临的内忧外患的形势、腐朽衰败的国力，迁都并不现实。他指出“民生如此凋敝”，历史上“凡迁都以后，未有不日就衰废者”，“盖根本一变，则全局动摇”。他要求咸丰帝“如有敢以迁都之议进者，即治以误国之罪，以杜浮言而坚众志”。

其他反对说法也认为，另建新都“论费以千万计，论时以数年计”，成本太高。而且当时法国人听闻咸丰有意迁都陕西，因此在保定索要传牌，想要去往陕西持续威胁咸丰帝并探察西安的形势。因此袁甲三的反对理由中，还有清廷能迁都西安，“寇亦能往”。

咸丰帝见大臣反应激烈，加上已经签订丧权辱国的《北京条约》以换取与洋人的苟安，他向反对派表示：“初因京师危在呼吸，原有此议。近则扶议已成，断无轻议迁徙，自就偏安之理。”最终，咸丰帝与清廷用损害国家利益作为代价，换取英法退出北京，结束了这次危机，迁都之议不了了之。

迁都固然有巨大的经济成本，但如此局面之下，让渡给洋人的国家利益又是多大的成本？清廷无法迁都，说到底是清廷官僚体系已经进入了臃肿腐朽的阶段，皇帝和权贵受不了省吃俭用、艰苦抗争的日子。

而“寇亦能往”，更是无稽之说。英法联军在中国一共只有不到两万的兵力，能够投送到陆地上的兵力是六千多人。这六千多人，如果真要深入内陆腹地，尤其是面对第二地理阶梯的深山和险关长期作战，恐怕武器技术再先进，也会被四亿中国人淹没。北京距离海边仅两百多里，而且北京东部是平原，面对海上强敌根本无险可守，才是真正的问题所在。

法国人号称要去陕西，但其实他们对中国内陆的情况还知之甚少。公元1860年这一年，恰好是西方著名地理学家李希霍芬第一次来到中国，试图考察内陆却被阻止的年份。八年后，他深入中国内陆腹地进行考察，最终提出了“丝绸之路”这个响动世界的历史地理概念，将中国内陆地理形势通盘记录下来，才让西方列强有了内地更详尽的资料。

如果说两次鸦片战争让清朝意识到自己不如西洋人，还曾试图自强，那么被东亚的邻居、清朝一贯轻视的小国日本打赢了中日甲午战争后，清廷与国人的自尊心和自信心都遭遇重创。为什么清朝不但打不过完成工业革命升级的洋人，而且连自古一直视中国为榜样的日本也打不过？

公元 1894 年，经历维新后的日本，开始发力挤压清朝在朝鲜半岛的势力，黄海进入渤海的京师海上外围战略屏障被渗透。

公元 1895 年，中日甲午海战，清朝战败，清朝的海上主力北洋水师全军覆没。日本入侵北京卧榻之侧的内海——渤海，再次威胁清朝的京师，扬言要直捣北京，让光绪帝“面缚乞降”。清廷为了不再出现咸丰时期北京城破的局面，竟和日本也签署丧权辱国的《马关条约》，不断出卖国家利益。

此时广大的中国士子也终于看出，清廷虽然海上实力不济，国力衰落，但幅员辽阔的国本犹在，但清廷总是沿海方破就立刻卖国，是为了保京师而不保国家。

这一年，康有为与梁启超等维新派集结一千三百余名举人，联名上书光绪皇帝，反对签署《马关条约》，这次事件即著名的公车上书。公车上书中一项核心主张就是迁都长安“以定天下之本”，明确提出“舍燕蓟之旧京，宅长安为行在”。

维新派在公车上书中认为，清朝屡次败给洋人和日本，就是因为皇帝总是依赖京师，把保京师作为比保国家利益还要重要的优先项。维新派认为正是因为列强看到了清廷保都畿而不保疆土，保皇家而不保国民的妥协态度，才会“借京师以为要挟，诸口益开，巨款累偿”。如此不断地割地赔款，弃土弃民，迟早会“民心先离，将有见土崩瓦解之患”。

以爱国士人为主的维新派认为，大清幅员辽阔，如果和日本在陆地上打持久战，日本当时只是刚刚崛起，尚无广大殖民地，以其国力肯定无法坚持，那么大清就会获得最终胜利。不应为京师一地一时之得失就置更大范围的国土、国民与国家利益于不顾。迁都西部，依靠内陆纵深与日本做长期抗战的准备，这其实就是后来抗日大后方战略最早的雏形。

公元 1898 年，两年前就举行过亲政典礼的光绪帝，在慈禧太后又训政两年后，终于正式亲政。光绪帝重用维新派，以维新派公车上书中的主要主张为政治纲领，实行“戊戌变法”。康有为仍然坚持迁都等显得较为激进的主张。维新派由拥护清朝的士子组成，是站在清廷一边的积极改革方。但这次变法，仅仅实行百日，就遭到以慈禧太后为首的保守派权贵的反攻倒算。他们发动政变之后，光绪帝被软禁，慈禧太后重新执政，维新派被罢黜，其主张全部被废除。青年皇帝主导的新政流产，迁都之议又一次不了了之。

不过，权贵能够阻止维新派改革，却阻止不了历史的洪流向前，冲垮不愿积极变革的大清这棵朽木。保皇的维新派没能被清廷所选择，历史就会让反清、反帝的革命派走向舞台中央，承担起历史的责任。但在这之前，少不了清廷遭遇的阵痛。这一次，慈禧必须咽下自己种下的苦果。西安，在屡屡议迁不成之后，终于迎来了一次迫不得已的帝后西狩。

（二）从第一个实权皇帝到最后一个实权皇帝

慈禧太后软禁了她的外甥兼养子——光绪皇帝。洋人认为她阻碍了中国的西化进程，因此抨击她。士子们认为她阻碍了皇帝的变法图强，侵夺皇权，也反对她。慈禧太后成了众矢之的，她终于暴怒。她招抚了主张“扶清灭洋”的民间反洋人团体义和团，竟对英国、美国、法国、德国、俄国、日本、奥匈、意大利这八大列强同时宣战。

这是病入膏肓的清王朝在维新派主导的自我改良失败后的又一次试验。中国幅员辽阔，人口众多，因此才是20世纪上半叶整个亚非拉屈指可数的几个能够留存主权的传统国家之一，没有彻底沦为西方列强的殖民地。这背后不能说没有中国特有且深厚的文明观念和历史底蕴在支撑。以慈禧为代表的守旧派，想最后再试一把，让如汪洋大海的亿万国人去吞没列强。

然而清朝此时不只国家机器朽败，制度建设、技术水平已经与列强相差太远。八国联军迅速击败清廷。清朝京师北京被列强轻易入侵和蹂躏的噩梦再次上演。这一次，八个国家将它们各自的旗帜，插进了中国的心脏。这是中国莫大的耻辱，史称“庚子国难”。

> 戊辰，谕军机大臣等：朕恭奉慈舆，暂行巡幸太原，本非久计。长安为自古帝王州，山川四塞，雄据上游。着端方审度情势，于西安省城，酌备驻跸之所。沿途跸路所经，并饬地方官豫为筹备……寻奏行宫各事，业已筹备，拟请驰诣行在迎驾。得旨俟西巡有日，即着在潼关迎驾，毋庸远来。（《大清德宗景皇帝实录·卷之四百六十七》）

公元1900年十月，慈禧太后挟持光绪帝沿晋陕盆地带，一路经太原逃至西安。当年她的丈夫咸丰帝策划好的逃亡西安路线，最终被她给实践了一遍。在力有不逮之时，想实践亿万国人的汪洋大海战术，主政者须不计自身之得失，敢于放弃自己富饶的都城，退守艰苦的大后方，坚定意志，有和敌人做长期斗争的准备。但是显然，临时抱佛脚的慈禧太后以及清廷的权贵们根本没有做好在后方动员全民抗争的准备。他们吃不了苦。

此时，京师权贵们积极筹划再次用绥靖甚至丧权卖国的投降方式，重新换回他们经营了两百多年的大本营北京。而在镇压太平天国运动中崛起的汉族官僚地方势力，早就看出慈禧的尝试是草率、疯狂且不坚定的，注定会失败。他们早早就签署了东南互保协议，在义和团运动和八国联军侵华时与清廷主战派划清了界限。在关键时刻，东南财赋重镇再次抛弃了清廷。这些权贵阶层意志如此，又怎么会真的实现迁都西部以长期抗争的大后方战略呢？

慈禧和光绪并没有打算迁都。这次到西安，一是西安有形胜，更加安全。二是甲午前后，维新派有迁都长安之议，长安是维新的象征。西巡长安可以安抚保皇的士人，有昭示接受改革的暧昧之意。但慈禧不可能放弃北京，也没有国力建设陪都，更没有心力推动改革。

又谕、电寄李鸿章、密片所陈各节已悉……总之此次暂行驻跸西安，并无久居之意，该大臣等切毋误会。一面仍会商各国使臣，速行开议，以期事定早日回銮……至所称以回銮之迟速，定和议之成否，足见各国有心挟制。总之长安并无久居之意，一俟款议就绪，即当降旨定期回銮。（《大清德宗景皇帝实录·卷之四百六十七》）

慈禧将这次祸乱全部推责给义和团，然后让宗亲、旗人领袖庆亲王奕劻和汉族官僚士大夫领袖李鸿章去与列强协商并签订丧权辱国的《辛丑条约》，以换取能够回到北京苟存。在清朝一次次妥协让步，一次次出卖国家根本利益之后，国家已经是千疮百孔，举步维艰。慈禧只有斗争的冲动，却压根没有斗争的意志。她又回到了维新派总结的，清廷一贯保都畿而不保疆土，保皇家而不保国民的投降路线上。

然而，从宏观来讲，清廷依靠的是八旗贵族、庶族官僚地主这样一群此时落后腐朽的阶层。慈禧也知道这样投降下去是温水煮青蛙，迟早还会出大问题，因此才会短暂出现用战争解决问题的冲动。但她看到旗人贵族要求割让国家利益赎买京师，官僚地主与清廷在对外战争中划清界限等行为时，她作为衰颓的政治生态中的个体，纵然大权在握，也很难撼动自己身后这些落后的统治阶层和集团，更不可能在内忧外患中主动推翻自己腐朽落后的政治制度。

清朝不愿意走艰苦路线，畏惧以斗争求和平，懒于重建政治基础，在戊戌变法的百日维新失败之后，其实就已如同行将就木的等死王朝了。

但中国是天地崇拜和祖先崇拜之风俗最浓厚的国度，是天人理念和宗法制度牢固的古文明。农业文明注重苍天赐予的风调雨顺，大地赐予的沃壤丰收，而子孙满堂为农耕社会下的小农家庭带来富足的农业劳动力。因此中国人既敬天又法祖。家族土地稳定传承则形成了安土重迁文化。农业对经验传承与社会稳定的要求，又促成中国人对历史的推崇。正如北京紫禁城（今故宫）的政治中心象征无疑是作为朝宫的三大殿之首——太和殿。但太庙作为皇家宗法制度、法祖文化之象征，建筑纯高度却高于太和殿。天坛祈年殿作为敬天文化之象征，其建筑高度也高于太和殿。儒家提倡的天命观与忠孝人伦，其实就是天人理念与宗法理念的显化主张。

数千年的文明核心观念，促使古中国的律法之上有礼法、律法之下有家法。明清之时，家族对违反族规的子弟动用私刑，甚至刑杀，都可轻易地脱离法律管辖的范畴。在基层进行宗族自治，与在高层进行高度中央集权的古中国皇权相辅相成、互为补充。即使到今日，中国的自然村还多以姓氏命名，可见家族理念历史之悠久，力量之强大。

浓厚的宗族意识，甚至可以让民族意识有所让步。清朝虽然是少数民族建立的王朝，而且是强制百姓剃发易服，改变主体汉族风俗的统治民族，可只要紫禁城的太庙仍然屹立不倒，只要科举制不废，清朝的皇帝就是全天下所有大大小小的地主家族、宗族社会的代表。这就是洋人在入侵中国之后，摸不清中国这个独特文明的底层文化逻辑，无法轻易将中国彻底殖民化的原因之一。而清朝能够在风雨飘摇中苟活半个多世纪，也是因为清朝仍然代表着读四书五经，讲忠孝节悌，崇拜祖先、崇拜宗族、崇拜历史的庶族士大夫。

虽然在西方工业革命变局下，受儒学熏陶的晚清缙绅大地主已经是落后阶层，但只要他们没有彻底瓦解，就仍会支撑着清朝这座危房勉强不倒。因为相比洋人的工业社会文化、太平天国的异化基督文化、陕甘回变背后的伊斯兰文化，清朝仍然代表着传统的儒家文化。这个逐渐落后但仍然庞大的礼教士大夫群体，支撑住清朝在咸丰到同治年间的四方乱局中不倒，竟然度过了 19 世纪的艰难期，挺到了 20 世纪初。但在这次八国联军入侵时，清朝就已经开始死亡倒计时。

慈禧太后与光绪皇帝来到西安后，下令南漕改道，东南粮赋由长江、汉江、丹江至商洛丹凤县龙驹寨，然后转陆运至西安。各省遂将解京钱粮转入西安。

当时的西安城，钟楼东的东大街以北，钟楼北的北大街以东，有内城城墙合围至西安城北墙和东墙。这座城中城就是西安满城。作为清西安内城的满城，清陕西政府是将明秦王府城改为八旗校场时扩建而来的，作为西安练兵之所，并围绕八旗校场修建的旗人聚集区。满城在辛亥革命后被拆除，民国西安人将其称为新城，此即今西安新城区的名称由来。

慈禧与光绪帝来到西安，没有入住满城，而是先住在鼓楼以南的总督府，也叫南院。陕甘总督在清代中期移驻兰州，因此西安的总督府虽然面积最大，却沦为总督临时驻所，周边多是民居，环境嘈杂。太后与皇帝很快又搬至鼓楼北边的北院，即陕西巡抚部院。北院于是成了行宫。

西安，曾经诞生了皇帝制度，却已经近千年未做过首都。谁料在皇帝制度即将退出历史舞台之前，西安再次成为国家的临时中枢所在。

此时，慈禧与光绪眼中的西安城，与作为明清都城经营了五百年，作为清廷大本营经营了两百多年的宏大繁华的北京城，已是云泥之差距。要知道即使到民国中期，西安城内的人口也才刚刚十万。陕西和西安被清朝不断做减法进行削弱，而且经历了同治陕甘回变的人口重创，陕西与关中的经济彼时正处于历史低谷期。

光绪皇帝是中国历史上最后一个亲政过且成年的皇帝。虽然他执政仅仅百日就遭遇了政变。他来到维新派主张迁都的西安，这里正是皇帝制度的故乡，诞生过历史上第一个皇帝——秦始皇，有过汉高祖、汉武帝、隋文帝、唐太宗等声名赫赫的雄主，也有过和他一样想要力挽狂澜而又无可奈何的汉献帝、晋愍帝、唐昭宗，还有过和他一样面临困局，不得不逃离京师避难的唐玄宗、唐代宗、唐僖宗等……而如今，他逃到了这里。

在西安的鼓楼下，光绪皇帝可以望见西安西城墙的安定门城楼。那段城墙内部，包着唐长安城皇城城墙的夯土内芯。当他望向西安这座曾以咸阳、长安之名威震华夏史的城市，这也是中国最后一个实权皇帝望向中国第一个实权皇帝，是中国最后一个大一统王朝望向中国最早的大一统王朝。历史，从长安到北京，而他，从北京来到长安。在帝制末世，他作为最后一个有过实权的皇帝，来到第一个实权皇帝的创业之地，历史到底想从这场乱世中找寻什么答案？光绪帝背负名不副实的皇帝制度，沦落至此，他又会是何种感受？

也许他终究想不明白，两千多年的皇帝制度已是行将就木，即将退出历史的舞台。从上古贵族社会，到中古士族社会，再到近古的庶族社会，历史始终在前进。当能够适配海洋时代、工业时代、空铁时代的近现代公民社会即将来临时，皇帝制度早已充满了腐朽的味道，与这个即将到来的一切都显得那般格格不入。顽固地坚守礼教的庶族官绅大地主，与他这个代表这些大地主的皇帝，都已经是阻碍公民社会建立的负担。

光绪的到来，像是一次末世的历史对望——最后一个掌权过的皇帝来到皇帝的故乡，向两千多年的整个帝制时代做最后的道别。这是北京与长安两座古都在帝制时代的最终互动，宣告了历史的车轮滚滚向前，曾在这里诞生的“皇帝”，将在历史中一去不复返。

公元 1901 年 8 月，又一大丧权辱国的《辛丑条约》签订后，清朝终于赎回了都城。慈禧太后挟光绪皇帝从西安返京。西安终于完成了它最后一次承载皇帝的任务。慈禧太后这一次不再经过晋陕盆地带，而是出潼关与崤函，经洛阳、开封北返。这对表面上是回家，其实正在走向灭亡的帝后母子，就像是要在两千年帝制史的历史长廊中最后看一眼这些书写中国帝制史的中原古都。

公元 1908 年，光绪帝驾崩，次日，慈禧太后病逝。继任的末代皇帝溥仪只有三岁，清廷实际上由其生父摄政王载沣执政。

不过，当国家千疮百孔，清廷迫于社会压力不得不进行君主立宪改革，成立的却是自欺欺人的贵族内阁时，坚守儒教的官僚士大夫地主也就不再去支撑这个背叛儒家的清王朝了。同样，历史既然要向前一步，清廷与皇帝制度不愿意跟进，那历史何不选择没有礼教包袱的革命派？

公元1911年10月10日，武昌起义爆发，辛亥革命的浪潮迅速席卷中国大地。清朝的丧钟正式敲响。

公元1911年10月22日，西安起义爆发，与长沙同日打响了辛亥革命第二枪。西安起义军于当日宣布陕西独立以响应武昌起义。陕西是辛亥革命中第二个宣布独立的省份。

公元1912年1月1日，中国历史上第一个去帝制共和国“中华民国”，在南京正式成立。

公元1912年2月12日，隆裕太后带着年幼的清宣统皇帝溥仪发布退位诏书。清朝灭亡，中国历史上的帝制时代结束。

公元1931年9月18日，“九·一八”事变爆发，日本侵占东北。

公元1932年1月28日，“一·二八”事变爆发，日本进攻上海，试图扩大侵华。国民政府暂迁洛阳，并组织抵抗日军，史称淞沪会战。

公元1932年3月5日，国民党第四届中央执行委员会第二次全体会议召开。会议认为“陪都之设定，在历史地理及国家将来需要上，终以长安为宜”，最终通过《提议以洛阳为行都以长安为西京案》，决定将长安设为陪都，定名西京，计划暂迁至西安以抗日。

公元1932年5月5日，中日签订了《淞沪停战协定》，这次国民政府试图迁都西安以避难的计划被中止。但此后国民政府为了应对日益临近的日本全面侵华，继续推动西安直辖，并先后设立西京筹备委员会与西京市政建设委员会。西安成为国民政府抗日大后方战略的北方支点城市。

公元1936年12月12日，西安事变爆发，最终促成抗日统一战线的建立，成为中国由内战走向全民族抗战的转折点。

公元1937年7月7日，“七七”事变爆发，中国全面抗战开始。

公元1937年11月，重庆被定为行都。

公元1940年11月，重庆被正式定为陪都。

公元1942年1月，西京市政建设委员会被撤，改设西安市政处。

公元 1945 年 4 月，抗日战争胜利在即，西京筹备委员会被撤。持续了十四年之久的陪都西京计划，最终未能成功推动建都与设市，至此流产。西安历史上最后一次议都事件结束。